一个编辑人的世界

The world of an editor

赵泓◎著

中国出版集团

世界图书出版公司

广州·上海·西安·北京

图书在版编目（CIP）数据

一个编辑人的世界 / 赵泓著 . -- 广州 ： 世界图书出版广东有限公司，2012.8

ISBN 978-7-5100-4904-0

Ⅰ . ①一 … Ⅱ . ①赵 … Ⅲ . ①出版业—研究—中国 Ⅳ . ① G239.2

中国版本图书馆 CIP 数据核字（2013）第 148863 号

一个编辑人的世界

作　者	赵　泓
责任编辑	阮清钰
出版发行	世界图书出版广东有限公司
地　址	广州市新港西路大江冲 25 号
电　话	020-84459702
印　刷	东莞虎彩印刷有限公司
规　格	787mm×1092mm　1/16
印　张	16
字　数	255 千
版　次	2013 年 6 月第 2 版　2013 年 9 月第 3 次印刷
ＩＳＢＮ	978-7-5100-4904-0/G•1067
定　价	49.00 元

序

肖东发

认识赵泓整整8年了。记得2004年寒假，我正在沈阳过春节，接到他从广州打来的电话，想约请我写一本《中国出版图史》。交谈中得知他是从北大新闻学院的同事那里打听到沈阳老家电话的。我为他的这份诚意所动，便应承了下来。后来因为诸事繁杂，这本书的写作时断时续，正式付梓已经到了2009年年底，而赵泓早已于2005年调到华南理工大学任教。但这本书的清样出来后，他主动要求校对一遍，纠正了不少差错。

在此之前，我与他并未见过面，只是通过几次电话和邮件，但感觉到他是一位值得信赖的编辑。第一次见面到了2010年元月，那时我正在北京大学深圳校区讲学，他得知后专程赶来看我，第二天又陪我和两位研究生去东莞博物馆看展览。虽然我跟他交道不多，但他待人的热情和对事业的执着，给我留下了深刻印象。

这次，赵泓将他发表的关于编辑出版方面的各类文章及访谈录结集成书，嘱我写一篇序言。我很高兴他的成果能通过这部著作得以展示。书中收录的这些文章大多是他个人的一些编辑、教学心得，或对出版业的独到见解，我认为他的这些成果值得与广大读者分享。

美国著名出版人格罗斯曾经说过："编辑其实是一群热情地献身于工作，富于爱心的专业人士，他们关怀作者，愿意全力以赴协助作者找到最有效的方式来表达他们想表达的内容，以及尽可能触及最广大的读者。"他还谈到，"作者与编辑紧密地形成一种共生关系，在这种关系中，信任和开诚布公是必需品，如此才能建立起富于创造力和生产力的长远关系。"处理好编辑与作者的关系，是一名编辑走向成功的关键。在这本书里，赵泓着重叙述了他跟作者的交往及建立起的真挚友情。我们从"书缘·情缘"一章中看到，跟他交往的作者当中，不仅有知名学者李希光、曹鹏，还有只有初中文化的退休女工朱雪芹。他花了两个多月时间修改朱雪芹的《我替丈夫打官司》，并发表文章《一个老百姓与她的泣血之作》予以大力推介。这说明他不仅坚持了认稿不认人的编辑原则，还体现出了悲天悯人的人文关怀。他与曾华国未曾谋面，却编辑出版了他的两部著作《媒体的扩张》和《中国式调查报道》。曾华国英年早逝后，他写下《天堂里要不要勇敢者代言》一文，感情真挚，令人动容。我们可以从书中感受到编辑与作者之间心灵默契的精神交往。

"编后感言"主要收录了赵泓为自己担任责编的图书所写的书评，"作者答问录"则是新书出版后，他与作者之间的对话。这些书评和答问录都曾经在报刊上公开发表过。像《直面后单位社会》、《美国报业就像快熟透了的苹果——〈对话美国报业总裁〉作者答问录》等，都有较长的篇幅。我们可以看出他不仅有令人感佩的敬业态度，而且还有较宽的知识面以及对一些问题的思考深度。编者与作者以书为媒，以答问和书评的形式展开深层次的交流，可以增进编者、作者与读者之间的相互了解。这也说明赵泓对作者和读者有着强烈的服务意识，每次新书出版后，他都自觉地向读者大力推广。从策划、组稿、编辑加工到宣传推广，编辑都坚持与作者一道，共同打磨出优秀作品，满足读者的需要。

从一名图书编辑成功转型为高校老师，赵泓从未中断过对中国出版业的思考。他发表的《文化大省首先应是出版大省——也谈广东图书出版业的困境与出路》，是一篇较早探讨广东地域出版文化现象的文章，虽然论证上还存在不够严谨之处，但引发的思考至今热度仍在。他的一些观点在其接受《新快报》记者访谈时有进一步的阐发。《从南方日报出版社看报业资源整合》一文，则探讨了中小型出版社如何创立品牌，走个性化出版之路。虽然只是一个个案，但其做法值得同行借鉴。

赵泓于2005年到华南理工新闻与传播学院执教后，注意结合广东本省编辑出版专业人才就业趋向，以及所在学校资源的优势，着手调整该院编辑出版专业的培养方向，使之由最初的书刊编辑出版定位，逐步调整为以"新媒体"为专业发展方向，形成了培养跨媒体复合型编辑人才的办学特色。这种从就业出口入手，分析用人单位需求，进而调整专业培养方案的做法，避免了专业教育与业界需求严重脱节的尴尬。他在教学中还十分注重实践环节，经常带领学生办报办刊，这几年做得有声有色。

编辑出版学是一门相对比较年轻的学科，学科体系并不完备。如何从"术"的层面上升到"学"的层面，要经历许多的曲折艰辛。希望赵泓继续努力，有更多的成果问世。

2012年4月23日

（作者系北京大学新闻与传播学院教授、博士生导师）

CONTENTS
—目 录—

壹

书缘 · 情缘

网络书缘

认识曹鹏很偶然。2001年3月，我在一家出版网站的BBS上见到网名叫云中君的一个贴子："我有一部茶书，文笔稍胜余秋雨，专业略逊陆鸿渐。"并附有电子邮箱地址。我感觉此人口气颇大，或许是个率性才子，虽不知匿名作者为何方神圣，仍寻踪而去，发了一封电子邮件，并留下电话。

次日，不意接到云中君打来的电话，自报家门，方知这位仁兄乃经济日报发展部副主任、媒介经济学博士曹鹏。不过我并不知他已在媒介理论界颇有些声名，那时我从内地某出版社调到南方日报不久，不太清楚传媒界的底细。我只关心他的那部茶书，便叫他将书稿发到我的电子邮箱里，待看过再作确切答复。这是《功夫茶话》正式出版前我跟他通的唯一一次电话，其后一切都靠电子邮件往来。

曹鹏后来告诉我，这部茶书是他闲暇时写下的，原是《保定晚报》上的专栏文章，用他自己的话说，是"计划外生育"，并不急着出版，所以没有找他熟识的出版社，而是将信息发到网上，静候懂行的编辑知音。

看过书稿后，觉得此君文字功底颇深，闲适中透出典雅、精致，有一种身旁摆着一杯清茗，躺在阳台的椅子上轻松阅读的快感。这部书稿每篇六七百字，作者不只是论茶说茶，而是写"茶事"，叙"茶缘"，说"茶艺"，讲"茶道"，娓娓道来源远流长、博大精深的茶文化知识，令读者悠然心会，心旷神怡，恍若置身于茶香袅袅的茶室。

我立即向社委会力荐这个选题，认为这类高质量的休闲读物满足了现代都市人愉悦性情、放松自我的需要，肯定会有市场。社委会非常支持，选题很快

《功夫茶话》曹鹏著，
南方日报出版社2001年7月版

上马，我一边着手编辑，一边就出版环节中的一些事宜与曹鹏不断交换意见。两个多月后，这本从内容到包装都十分雅致的茶书正式出版。该书小32开，218页，封面用特种纸印刷，黑白单色，配了齐白石画的一把古拙的茶壶，书名用隶书字体，下方加几行小5号宋体的导读文字，封面右侧模压凸出篆体"茶"字。风格简约，一如内文文风。

曹鹏收到样书后，将我俩往复的电子邮件缀到一块发给我，居然有70余封。记得那天夜里，我坐在家里的电脑桌前，打开这封电子邮件后吃了一惊，完全没料到他居然那么细心，完整保留了我俩往来的每一封邮件。我将这封约有八九千字的特殊信函细读了两遍，心中涌起一阵阵的感动。这些信都是围绕《功夫茶话》的出版展开的，虽然简短，却真实记录了一个作者与一个编辑是如何联系、探讨并接生一部新书问世的，也见证了我俩之间纯洁的交往与合作。这种文化的共鸣，精神的交往，带给我的愉悦是巨大的。曹鹏也在后来的信上说，"《功夫茶话》略带传奇色彩的出版，是2001年我最得意的快事"。2001年9月21日的《生活新报》选登了我们最初的4封电子邮件，读者可以从中看出一个出版人是如何同一个素昧平生的作者结缘的。

"不惜歌声苦，但伤知音稀"。曹鹏说每每在各大书店、书城里见到自己的著作，总有一种说不出的高兴。这本茶书出版后，一直深受读者的喜爱。全国有40多家报刊先后发表书讯或书评，积极推介。西安、辽宁等地的几家报纸还部分连载了这本书。这本薄薄的小书虽谈不上十分的畅销，但在当下低迷的市道，能重印3次，销出1万多册，已经很不错了。

2002年8月间，著名茶文化学者阮耕浩先生费了不少周折找到曹鹏的电话，说读到了新出的《功夫茶话》，并告诉他《茶博览》将复刊，希望他写点什么。上海文新集团的贾亦然是曹鹏个人专栏"传媒观察家"的责编，两人相

2001年9月在昆明举办的第十二届全国书市上与曹鹏首次相见

交多年，却不知彼此都迷恋茶学，读到该书后喜不自禁，约好下次见面一定专门聊茶。书出版后，不断有读者打来电话，希望和他切磋茶艺。有意思的是，浙江一家茶庄的老板打电话给我，说是看过《功夫茶话》后，有种找到同道的感觉，并盛情邀请我和曹鹏去他的茶庄喝茶。前不久，深圳的一位读者找我要到曹鹏的电话，说是一定要上北京专程拜访他。

与曹鹏第一次见面是在2001年9月。我去昆明参加全国书市，正好当地的《生活新报》邀请曹鹏帮忙办10期"书市特刊"。在书市上，我见到了神交已久的"云中君"曹鹏先生。见面时我们都有些许的激动。我没想到他那么年轻，因为这般年龄的人文字很难如此老到。记得曹鹏在书里有这么一段话："'一啄一饮，莫非前定'。喜欢不喜欢喝茶，喜欢喝什么茶，这也是缘份。"其实，在这尘世之上，两个人能否相识，乃至相知，何尝不也是一种缘份。

写于2001年12月

一个老百姓和她的泣血之作

　　1999年9月，我从内地一家出版社刚调到成立不久的南方日报出版社，正苦于手头没有好稿。这时有朋友介绍我去找素有彭城才女、彭城女济公等美誉的作家兼画家袁成兰老师。袁老师上世纪90年代因为一篇涉及"梅花奖"舞弊案的杂文，打了数年官司，1997年根据这一经历写了《我当被告》，一时洛阳纸贵。那时她正在深圳红荔艺术馆办个人画展，忙得不可开交。接到我的电话后，她热情地说："我给你推荐一部书稿，是讲述自己如何替丈夫打官司的独特遭遇的，非常感人，写得比我的那本书好，我给你地址，你去跟她谈。"于是，我便与这部书稿的作者朱雪芹联系上了。没几日书稿便寄了过来，厚厚的一摞，名为《恶梦》（正式出版时改为《我替丈夫打官司》）。我

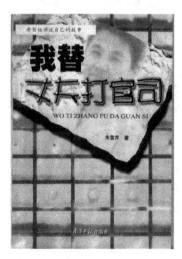

《我替丈夫打官司》，朱雪芹著，
南方日报出版社1999年12月版

很快被书稿的内容震惊了：一是我干了多年图书编辑，从未见过如此原汁原味的由老百姓自己写出来的书！二是书中揭示出的残酷事实深深震撼了我。我没有预料到，一个只有初中文化的退休女工，居然能够写出如此情文并茂的作品。

经过紧张的编辑加工，《我替丈夫打官司》于是年年底出版，随即引起社会强烈反响。面市当月，在广州最大的书店广州购书中心，该书荣登最新畅销书排行榜。《南方日报》、《西藏日报》、《贵州都市报》、《蜀报》等数家报纸连载后，先后有数十位读者来信来电，对这本书的出版表示欢迎。还有好几位读者诉说他们有着与作者相似的遭遇，希望与作者联系。甚至有两位读者把一大叠上诉材料直接寄给我，请我转交给有关部门。

有人评价这本书："这是自高玉宝之后，最震撼人心的百姓文本！"

事出有因，举报信惹来一场横祸

朱雪芹退休前是徐州一家商店的营业员。她待人热情，性情刚烈，办事很是泼辣。丈夫杨启信生性耿直、木讷，不通世故，是公认的老实人；曾在部队服役18年，后被安置到徐州市经济技术协作服务公司（以下简称"协作公司"）工作，担任人秘科副科长。在过去的十几年里，要不是丈夫杨启信的举报信招惹一场横祸，他们和3个活泼可爱的女儿本可以一直平淡而幸福地生活着。

徐州市计委属下的"协作公司"虽然级别不大，背景却不小。它由市政府一位副秘书长亲自主管，曾经一度盛传它是市里的小金库。杨启信进"协作公司"不久，很快发现公司领导郭振贵有重大经济问题。他搜集了大量证据，一连写了数封举报信，分别寄给省市领导和有关检察部门。这位老实人没有料到，他写的那些举报信一一落入郭振贵的手中。就在他痴痴等候上级来人查处时，郭振贵已通过司法机关整他的材料了。结果他反被公安局抓走，经徐州市中院和江苏省高院判了5年徒刑，罪名是诈骗公司2万元伙同王某某做生意，导致公款无法追回。而事实上，与王某某做生意的不是别人，正是被杨启信举报的公司经理郭振贵。郭批准借款给王某某合伙做生意，让杨启信把款汇给合

朱雪芹曾经幸福的一家

伙人，后来生意砸了，罪名便扣到这位告状人的头上。

公安局秘密抓走杨启信那天，朱雪芹正好出差在外。她得知消息连忙赶回来，但四处打听，都无从知道到底是哪个部门抓走了自己的丈夫。朱雪芹带着三个孩子，冒着凛冽的寒风到南京申诉。刚开始还不太懂得如何告状的她，学着古戏上秦香莲的样子，顶着状纸和孩子们一起跪在省政府的大门口，大声喊冤。她的身边围了不少好奇的人，但载着她希望见到的大官的小轿车从她的身边一一驶过，丝毫没有理会。在好心人的指点下，她慢慢知道了该如何一个部门一个部门地上访。一个没有任何背景的弱女子，要告倒有层层关系网保护的特权人物，其中遭遇的曲折、磨难和屈辱，岂是文字所能表述的！就拿寻找丈夫的下落这一看似简单的事情来说，也要等到她四处奔走上告，被折磨得心力交瘁之后，因市政府秘书长被惊动，亲自打电话过问才得以解决。

由于丈夫的举报信牵扯到了市里一些有头有脸的人物，朱雪芹越告，这些人就越害怕，对她的迫害也就越厉害。当她第二次去南京告状时，省委有关单位的工作人员，竟然编造省委重要领导要出面接见她的谎言，把她骗进监狱，第二天逼她写下再不来南京告状的"保证书"后才释放她。在徐州，一些办案人员更是迭出高招，时时刻刻想算计她。为了防止她外出告状，公安局在春节期间下了"拘传令"，限制她的自由。甚至企图罗织罪名，把她也投进监狱。

只因苦无证据，这一阴谋才未得逞。在公、检、法一些部门，有那么一些人不仅不施援手，反而奚落她、刁难她，落井下石。身心俱损的朱雪芹曾一度陷入绝望的深渊，产生过与迫害她的恶人同归于尽的可怕念头。

庆幸的是，在那段苦难的日子里，有人或暗中予以点拨，传递信息，或挺身而出，仗义执言。特别是她终于找到了一腔正气的著名律师张汉良。张律师凭着他的智慧和勇气，替她把官司打到了最高人民法院，最后使丈夫平反昭雪。

不平则鸣，字字得来皆血泪

朱雪芹在给我的一封信中写道："文人用笔墨写书，我用的是生命和泪水。"

对过去那段不堪回首的日子，朱雪芹本想尽量淡忘，让时光慢慢褪去心中的伤痛。可是，她欲罢不能。那些梦魇般的往事不时袭上心头，使深受创伤的心灵无法复原。丈夫平反不久，她萌发了写书的念头，想把自己替丈夫打官司的经历写出来，以警醒世人。但想到自己文化有限，又没有什么写作经验，就把这一念头打消了。1995年，她在《民主与法制》杂志上发表了《一封举报信，冤判五年刑》一文。文章在徐州的一些领导和市民中引起了不小的反响。这件事给了她很大的信心，她决意要写这本书了。

她在打官司的过程中记下的10本厚厚的日记帮了她不少忙。开初上访时，有位老干部对她说："你最好记日记，把当天发生的事情都记录下来，你好根据这个分析案情，也好作为日后的证据。"从那天起，她就开始记日记，一天都没间断过。为了使书中的情节更加真实、生动，她还重新回到北京、南京等曾经上访过的地方，再次体验当时悲苦无助的感受。这样做对一个心灵曾经遭受重创的人来说，未免太过残酷，但会使书中的叙述更有现场感，人物更有血有肉。为了写好《奇异的审判》这一章，她多次到徐州市中院参加旁听。

为了使写作不受干扰，3年的时间里，朱雪芹独居一室，熬更守夜，一提起笔，往事就历历在目，思绪如潮水般奔涌。一触动到伤痛的神经，她就止不住泪流满面，再也无法下笔。这样和着血泪写就的文字，累积有两百余万字。有时，她半夜躺在床上，突然被一个情节所激动，再也睡不着，于是披衣而起，打开台灯，一直写到天亮。她给小女儿立下一项规矩，在她写作的时候不可打扰她，就是到了吃饭时间也不行。所以，她有时一天只吃一顿饭。女儿虽然一直遵守这一规定，却心痛得要命，禁不住抱怨："妈妈，你不要命了！"

由于流泪太多，朱雪芹患了严重的眼疾。给她看病的崔大夫说："再晚来几天，你的眼睛就危险了！"在随后几个月的治疗中，她仍然没有停止写作。

经过四易其稿，《我替丈夫打官司》终于脱稿了。

在朱雪芹笔下，一个个心态各异的人物粉墨登场，纤毫毕现。在这本书里，她并不急于评判事情的是非善恶，而是自始至终固守一个平民的视角，让一步步推进的场景去说明一切，这种独特的表述方式也让读者从一开始就欲罢不能。从打官司的角度说，这本书堪称一部详尽的告官指南；从揭露法制腐败的角度看，这本书又可以被称为当代《官场现形记》。我们在为书中叙说的故事扼腕叹息、心酸落泪的同时，也为这位能够著书的"秋菊"感到欣欣鼓舞。

好评如潮，百姓文本更动人

据我所知，朱雪芹是自高玉宝之后文化最低的畅销书作者。当年，只念过几天书的高玉宝硬是用画圈作记号等方法写出了一部《高玉宝》，30岁以上的人没有谁不知道其中《半夜鸡叫》等脍炙人口的故事。通过几十年的扫盲，高玉宝这类文盲或半文盲著书的环境不复存在了。正因为这样，朱雪芹的这本书才显得弥足珍贵。而且，这本书和许多专吃文字饭的作家的作品比起来，毫不逊色。你几乎不敢相信这本情文并茂的书出自一位只有初中文化的退休女工之手。难怪这本书出版后，有些读者不相信是她本人写的，甚至有人直言不讳地问她，这本书是否请了专业作家代笔。听到这话，朱雪芹总是自豪地笑起来。

《我替丈夫打官司》一书出版后，徐州市从市长到平民百姓，许多人读到了这本书。由于从一开始，朱雪芹就不想有丝毫的虚构，所以在她这本书里，从市委书记到一般办事员，她都是用其真实姓名。有人问她："你点了那么多人的名字，难道就不怕他们报复？"朱雪芹倔强地说："我写的都是我亲身经历的，有什么好怕的！"当初办过她的案子的法官孟昭伦说："你能这样真实生动地把这个案子写出来，真不容易，我们应该感谢你。"检察官李汝梅说：

"我看过之后掉了泪，你打官司时那么坚强，想不到书也写得那么好。有些内情你还没弄清楚，你的书如再版的话，我会详尽地告诉你。"

朱雪芹打官司的坚强毅力感动了很多读者，也让不少和她有着相似经历的人深受鼓舞。有好些读者找到她，希望她能帮助申冤。朱雪芹只是个弱女子，自己九死一生从官司中走出来，哪有能力再替别人打官司呢？不过她还是热心地联系以前曾帮她打官司的正义律师张汉良教授，看他是否合适出面。她在打官司以及后来接受采访时也认识了一些记者，有时她也找到记者们请他们帮助申诉。《中国法制报》记者胡震杰见到这种情形，感动地对她说："以后碰到这类事，叫他们找我，我会尽力而为。"

朱雪芹告诉我，丈夫老杨落实政策的事已尘埃落定，三个女儿也先后出嫁，现在一家人享受着幸福平静的生活。她还告诉我，她正在写第二本书。她说："写作并非文人的专利，我要通过现身说法，让大家知道普通的老百姓也能写出震撼人心的作品！"

原载《海上文坛》2000年第7期

壹

书缘·情缘

===== 补记 =====

《我替丈夫打官司》出版很多年了，没想到作者朱雪芹还会专程来广州看我。

2007年1月5日上午，她发来短信说已经到了广州。因为学院开了一整天的会，到了下午6点，我才开车赶到广美生活区的公交站前接到她。虽是初次见面，但我们通过很多信，已彼此熟悉。我见过她的照片，她却没见过我。她说我跟她想象中的样子差不多，只是要瘦削一些。这回她从徐州带来了一大包苹果、银杏，还有两把自己做的鹅毛

我和作者朱学芹在大学城南亭村

扇。2005年夏天，我也曾收到她寄来的同样两把扇子。

转眼间，《我替丈夫打官司》一书出版已逾7年。距离我来大学城也已经一年半了，但仍有不少作者惦记着我，这让我感到分外温暖，也夹杂着一些不安。

我俩坐在珠江边一家叫聚龙湾的餐馆里，一边打边炉，一边聊着这些年发生的故事。她谈到了她完成的第二部书稿，老杨及三个女儿，她和周围一些人的是是非非，还有目前在徐州老年大学的学习。她跟我母亲同庚，都是1946年生人，经历了太多人生的悲喜剧。

那天晚上，本来安排她住D2栋的招待所，但因为军训住着很多军官，没有空房，只好让她住在C2的学生公寓。

朱雪芹是第一次来广州。她说看到满城盛开的紫荆花，感觉很新奇、很开心。

2007年1月6日

怀念南都有"民间纪事"的日子

拿起笔，记录生活，你也是记者

当年《南方都市报》的民间纪事创刊词中有这么一段话：

我们一直朝着这个方向努力：坚持用独立的民间的眼光打量周围的现实。我们推崇一种新的记录历史的方法。那种我们熟悉的四平八稳的历史，像一个正对照相机的人，面孔平庸而虚假。我们不知道那些类似八股的记述与历史真实行进的姿态距离到底有多远。

平板的记述后面可能是一群人的哭泣与叫喊、欢呼与跳跃。而过去的历史顶多只记录了那个挥舞着旗子的人的姓名，真正鲜活的东西尘封在逝去的时间里面。

希望您同我们一起来做这件事，来自社会各个层面各个角落的记录者才能提供一幅真正鲜活而全面的历史图景。

纪事簿打开了，它的记录者来自民间。

现任《时尚先生》杂志主编钭江明，曾经是《南方都市报》一个副刊编辑，负责编辑《生活话题》、《老百姓》两个版面。后来，《老百姓》与《生活话题》加上后来延伸出来的版面《民间纪事》，合起来成为一周出一期的《百姓周刊》。2000年，我请他和石晓文将上面的文章结集出版《边缘部

《隐情地带》，钭江明、石晓文编，
南方日报出版社2000年10月版

落》和《隐情地带》二书。

由钭江明喊响的"拿起笔，记录生活，你也是记者"那句口号，不知激励了多少人勇敢地第一次用文字忠实地记录发生在自身或身边的真实故事。他们不是职业写手，甚至不是业余撰稿人，但他们发乎真情，也许平生第一次用心去写自己经历的事情，倾吐自己的郁闷、迷惘、苦难、欢乐，这些文字虽然稚嫩，但非常鲜活，极具生命的穿透力。正如一位常给这个版面投稿的打工仔所说："我没有发现哪家报纸愿意像《南方都市报》这样辟出如此大量的版面，真切地关注众多藉藉无名的小人物的悲欢离合。"

一位笔名叫船海的民间记录者（这位草根写手后来到了《南方工报》，在我的大学同窗手下当了一名记者）这样看待"民间纪事"的意义：

一、真实的鲜活的资料。"民间纪事"的所有文字都是来自民间的，是民间——那些挣扎者、劳动者、歌唱者发出的声音，这声音与汗水与泪水贴得很近很近，它反映的是广大人群实实在在的生活。这些文字的记录，为我们打开了一扇没有谎言的窗口，它让我们可以用自己的良知和眼睛去看世界，它让我们远离了瞒骗，接近了真实。

二、这里有安慰。来自底层的老百姓讲述自己的故事，来自底层的记录者记录底层老百姓的生存，读者可以读到未经虚饰、未经过滤的真实生活，这就是一种安慰：原来我们也可以像名人一样放声讲话，我们也可以是"主要"

的，我们的情感和思想，我们的辛苦和挣扎，也可以获得许多尊重和掌声。

三、这里有历史。中国的历史记录的全是帝王将相，而对草根社会不感兴趣，2000多年历史记录原来是如此残缺。现在有"民间纪事"来记述老百姓的生活，还原了生活的本真面目。传媒关注民间的努力，他们的根本目的正是要使历史完整甚至真实起来。

民人记录的历史是最真实的历史

有两件事鼓舞我着手策划"民人"丛书：一件是南都"民间纪事"这个栏目的空前成功，另一件是我责编的《我替丈夫打官司》一书引起的轰动。《我替丈夫打官司》于1999年底出版。这部由上访人亲笔撰写的非虚构作品出版后好评如潮，有六七家报纸连载。我想，一位只有初中文化的家庭妇女，居然可以写出如此具有震撼力的文字，可以想见被知识界普遍忽视冷落的底层民众中，蕴含有多么丰富的资源啊！于是，我打算策划一套"民人丛书"。

出版一套由老百姓自己写自己的书，在中国出版史上还是破天荒头一遭，难度可想而知。如果你见过"民间纪事"版的编辑怎样把一篇文理不通、字迹潦草的长稿提炼、打磨成能够发表又不失原有韵味、底色的文章，你就明白做这件事该有多大的耐心和智慧了。我打算先将"民间纪事"上的文章结集成书，再寻觅民间具有写作潜质的作者。

我的想法与"民间纪事"版的编辑一拍即合。在我的催促下，钭江明和石晓文抓紧利用业余时间将栏目上的文章剪辑下来，分门别类，辑录成册。2000年秋日的一个早晨，生性腼腆的钭江明笑眯眯地将一大摞稿件堆放到了我的桌面。

在一个多月紧张的编辑过程中，我不时被其中原汁原味的百姓故事所打动，虽然平日我也常浏览"民间纪事"这个栏目。

《边缘部落》和《隐情地带》两书的封底，有我写下的这段文字：

《诗经·大雅》："人有土田，而汝有之；人有民人，而汝夺之。"民人，就是咱老百姓。

我们为什么要出版"民人"？因为民人记录的历史是最真实的历史，民人发出的声音是最真切的声音，民人表达的语言是最质朴的语言。我们认为民人记录的有血有肉的文字比那些自以为高人一等的名人的作品更有价值，民人源自生活的思考比那些自以为深刻的学者的高头讲章更有思想，民人发自肺腑的嬉笑怒骂比那些惯于吟风弄月的作家的创作更有灵性。

昆德拉曾经预言："到了21世纪，每个人都可以成为作家。"今天，他的预言已经变成了现实。

在这两本书里，我们可以读到游医的独白、骗子的忏悔、"枪手"的尴尬、打工仔的工资单、二奶的自述、发廊妹的日记……这些活在社会边缘的人，为我们提供了生活中触目惊心的部分真相。

"大众的声音"

很遗憾，现在的南都已经没有"民间纪事"这类栏目了。南都最初的口号是"大众的声音"，风格颇具平民化。它的一些栏目如"城市笔记"（这个栏目我也将其结集成书，名为《速配的尴尬》和《钞票的表情》）、"民间纪事"等有着鲜明的民间立场。当时该报的主编是性格刚直、豪爽的关健先生，他每天坚持用"无为"这个笔名在头版发表一篇短评，针砭时弊，广受欢迎。2000年5月，他因为某篇招惹麻烦的报道受到牵连，被调离南都，到南方日报出版社担任总编辑，我得以有幸在其手下共事。不意仅过了一年多，他因罹患肝癌辞世，令人扼腕。

我很怀念那时的南都，虽然有人嘲笑它是"民工看的报纸"。我不知道自己是不是民工，反正很喜欢这张报纸。据说南都后来取消"民间纪事"这类栏目，原因是这类读者不是社会消费主流人群，对广告商没有吸引力。我不明白，这份有72个版面的厚报为何留不住一两个版面的"民间纪事"？

"民间纪事"栏目不见了，"民人"丛书计划也搁浅了。虽然二者之间没有必然的联系，但取消的原因是相同的，那就是反对者认为它面对的是社会弱势群体，消费能力有限。近些年来，名人出书热一波接着一波，炒作风潮一浪高过一浪，名人的书总是占据畅销书排行榜前列。面对这一事实，颇觉无奈。

2002年年初，南方日报出版社安排我负责传媒类图书的出版，"民人"丛书的后续出版计划更是无望。当初编辑《我替丈夫打官司》，作者32万字的书稿，我花了两个多月时间，硬是将它删削到20万字。《边缘部落》和《隐情地带》二书，则因为要赶那年10月南京的全国书市，编辑活就干得差远了，留下许多遗憾。

2001年，我约请《南方都市报》深圳记者站记者陈文定写一部关于周立太律师的书，后来跟周立太也通过几次电话。周立太只有小学二年级文化，几近文盲，竟自学法律成才，考取了律师资格证书。他从1996年在深圳开始专门为民工代理工伤索赔的官司至今，受理各类工伤赔偿及劳动争议案件上万件。约请陈文定写书的目的不是为了替周立太树碑立传，而是想让读者通过这样一部书了解到底层民工的真实状况。那时陈文定在一线做突发记者，每天忙于采访，如流水线上的新闻民工，根本停不下来思考，写了一章便放弃了。后来周立太主动向他提供素材，让他继续写。他断断续续花了好些年，终于写出了《从底层滚出来：文盲周立太何以名值千万》一书。

2009年11月的一天，我正在大学城内环路跑步，意外接到陈文定的电话，说当年约请他写的周立太一书刚刚由中国发展出版社出版，准备寄我一册。放下手机，我突然感觉刚才这声音有些不真切，似乎隔着一层幕障，从远处飘来。是啊，都已经过去8年了！

写于2006年8月7日
改于2012年4月19日

说说我所知道的李希光

认识李希光颇有些戏剧性。

2002年春节期间，我从网上搜集到了国内一些知名传播学者的背景资料，有选择地向其中几位约稿，其中就有李希光。我主动向他约稿，并非无的放矢，而是因为经常浏览他负责的清华大学国际传播研究中心网站，发现内容挺好，有些可以整理后出版。

电子邮件发出去不到1小时，即意外地收到他的回信，说他手头正好有一套刚整理完毕的书稿，愿意将书稿拿到南方日报出版社出版。这就是后来的这套"传媒前沿"丛书——《新闻学核心》、《媒体的力量》、《全球新传播》和《下一代媒体》。

那是我第一次和李希光打交道。我最早是从《妖魔化中国的背后》知道他的大名。这部上世纪90年代后期风靡一时的著作，使他一夜之间暴得大名，"妖魔化"一词也从此成了中国人的常用词汇。

春节刚过，李希光即从北京飞到广州，带来一大撂打印好了的书稿。这次他还约了香港大学新闻与传媒研究中心主任陈婉莹教授来到广州，一起商量编辑出版事项。陈婉莹也是记者出身的知名学者，曾在美国、台

《新闻学核心》，李希光著，
南方日报出版社2002年4月第1版

湾等干过10多年新闻，因为揭露大陆偷渡事件的系列报道一度遭到黑社会追杀。她年约60，矮矮的个子，一脸的和气，很难想象她当初居然有那么大的勇气去卧底调查。

当时出版社的总编辑是关健，他拍板定下出版这套"传媒前沿"丛书。这套丛书本来还包括美国记者协会主席科瓦奇的《新闻学要素》（*The elements of journalism*），陈婉莹教授已经请人翻译好了，后来因为作者不同意译本做任何删节，出版社只好忍痛割爱。

陈婉莹教授回香港后，很快给我发来丛书的序言，里面写道："这套'传媒前沿'丛书正是清华国际传播研究中心通过细致的个案分析和综合分析，多层次、多角度、多方位在研究问题的成果。丛书尽管还有不足之处，但标志着清华新闻传播学的诞生。"

丛书中的《新闻学核心》赶在4月23日召开的"21世纪新闻教育峰会"上亮相。这次会议由香港大学新闻与传媒研究中心、清华大学国际传播研究中心和汕头大学新闻信息传播系联合主办，李嘉诚基金会赞助。会议召开的前天晚上，我带着刚刚印出的200本新书上了飞机，赶往会场所在地点北京东方广场的君悦酒店。

第二天上午，每位入会代表领到了一本猩红色封面的《新闻学核心》。会上，教育部副部长韦钰，美国著名新闻教育家，旧金山州立大学新闻系前主任贝蒂·迈斯格（Betty Medsger）教授，斯坦福大学新闻学教授吴惠连（Williamf. Woo），美国网络新闻学创始人，《圣何塞信使报》科技专栏作家丹·吉尔摩(Dan Gillmor)，以及《中国青年报》副总编陈小川，《北京青年报》总编辑张延平等分别在会上发表了演讲。

坐我身旁的一位年轻学者带着同声翻译耳机仔细聆听，会间休息时闲聊，始知他是清华大学新闻学院的崔保国教授，从日本回来的博士。后来他成了我策划的《走进日本大报》一书的作者。

下午，李希光带着一帮国外专家去了国务院新闻办，赵启正主任跟他们进行了座谈。我则去新华社组稿，接着拜访了北京的一些作者和朋友。

26日返回广州时中途在岳阳站下车，想趁机在老家呆上两天。还没出站，就接到李希光的电话，说他现在汕头大学，第二天要去广州讲学，南方日报也安排了一场演讲，希望我们能在广州见面。于是，我在家只呆了几个小时，又上了火车。

28日上午快9点时，广州市委宣传部政策宣传处处长（后担任广州日报副总编辑、广州市社科联主席）顾涧清陪着李希光来到报社二楼会议厅，演讲《阳痿的新闻与僵硬的宣传》，主要谈僵化的宣传模式与宣传语言如何使读者失去阅读的兴趣。

第二天，应市委宣传部的邀请，李希光教授在广州艺博院的"广州讲坛"发表"全球化经济时代的媒体传播"的演讲。

"传媒前沿"丛书给人的感觉是"新"，在当时出版的同类著作有些不同凡响。有位读者在让我转交给李希光教授的信上写道："您的《新闻学核心》与以往我读过的新闻传播理论著作不同，您的书将我脑中那么点理论知识与实际结合起来，新闻传播的概念在我眼前清晰起来——原来新闻传播是那么一个生动的东西！"

这套丛书发行量至今已超过一万套，《新闻学核心》更是重印4次，销售达到1.5万册。这对于一部学术专著而言已殊属难得。

2004年年底，《新闻学核心》已经脱销。考虑到该书已经面市近3年，我在跟李希光的一次通话中，谈了对这本书的修订意见。他也正有此意，希望能将近两三年新的研究成果补充进去。

经过3个多月的紧张修订、补充，李希光发来了50余万字的《转型中的新闻学》。全书共分六个部分：商业环境中的新闻学、新媒体环境中的新闻学、全球传播中的新闻学、党报环境下的新闻学、好新闻的标准和新新闻观与新闻教育。这本书成了李希光的代表作。

李希光的言论总是能够引起业界广泛的关注。喝彩者有之，痛骂者亦有之。他的一些观点常引起人们巨大的争议。例如，他指出"新闻传播学教育正在掉进传播学的理论陷阱里，或掉进以金钱为目的的'新闻策划'或'媒体策划'的陷阱里，二者都走进了一个远离新闻学真谛的真空世界"，结果被一些人骂为"对传播学一窍不通"；他提出的"美国报纸比《人民日报》和《北京青年报》更多地依赖于政府新闻来源"，"比起中国新闻界，美国新闻界在什么决定了新闻这个问题上看法更统一"等观点，被人讥为"妖魔化中国"的翻版，是"御用学者"的一贯手法；他接受采访时随意说出的一句"人大应该立法禁止任何人匿名在网上发表东西"，在网民中引起轩然大波，成为轰动一时的"李希光事件"，网民的唾沫差点把他淹死。

他的行为也总是饱受争议：有人说他太偏激，有人说他富有激情；有人说他太喜欢炒作，有人说善于利用媒体；有人说他太投机，也有人说他会拿捏学术与政府互动的分寸……总之，只要学术界李希光存在，争议就不会停止。他永远都是学术界的一个另类。

有次我去某学院演讲，中间介绍了自己编辑的一些书。事后，有人悄悄告诉我，说底下有位教授听了我的介绍后不大高兴，因为我给李希光出的书太多了！

作为责编，我当然了解李希光的一些毛病。进入学界时间不长的李希光，近年来发表了大量言论。他的某些观点有失偏激，表述没有经过深思熟虑，论证也有不严谨的地方。另外，他善于利用媒体包装自己的做法，与传统学者低调行事的做法格格不入。他被各级政府宣传机构频频邀请，也被人看作与官方贴得太近。

我是从编辑的立场去看待李希光的。我认为李希光在学界的存在具有独特价值。比如，他富有激情，注意与西方学者交流，所以，他的著作能吸纳许多新观点。而且，他的作品读起来比较轻松，即使那本厚厚的《转型中的新闻学》，也不会令人恹恹欲睡。他授课生动，课堂非常活跃。他知道利用媒体的价值，所以他不光自己"做秀"，也在各级干部培训班上，鼓励官员们大胆"做秀"。

新闻传播学界与媒体、政府互动是十分必要的。但如何做到三者之间既能达到良性互动，又能保持学术的独立性，不光是李希光个人所面临的困惑，也是目前学界面临的一个巨大挑战。

写于2006年12月17日

结缘深圳报坛"三剑客"

2005年11月，南方日报出版社推出了45万字的《对话美国报业总裁》。这是我国第一部实地探访、全面揭示美国报业集团发展、运营和管理的力作。该书跟我先前担任责任编辑的《走进美国大报》和《走进英国大报》同属一个系列，都是对英美两国报业的实地考察记。

我国研究西方发达国家报业的专家学者颇多，但像他们三位作者这样却甚为少见：同为记者，供职于同一家报社——深圳特区报，毕业于同一所名校——中国人民大学，均被深圳市政府派往海外进修，回国后相继推出大部头专著，又在同一家出版社出版，且都在业界引起热烈反响。这三人的经历，不由得让我想起一个词：三剑客。

"三剑客"何许人也？他们就是《走进美国大报》作者辜晓进、《走进英国大报》作者唐亚明和《对话美国报业总裁》作者苏荣才。

"中国传媒的容闳"

上个世纪末期，中国传媒业进入了快速增长轨道，传媒格局已经发生了前所未有的变化。中国报人在深入推进改革、加快发展的同时，亟欲了解英美等国报业运营最新态势及运作的细节，尤其是需要通过发达国家的传媒来观照中国的现实，回答中国报业改革和经营中碰到的各种问题。

基于上述判断，2000年底，我准备策划一套能够真正揭示西方发达国家传媒业经营内幕的图书。我和国内一些知名学者和业界朋友不断讨论这一构想，得到了他们的高度认同和支持。我还跟中国青年政治学院新闻系主任展江教授一起策划了"美国大众传媒研究"丛书，准备约请北京的一批知名学者参与其事，但经过接触，我发现这些作者掌握的第一手资料太少，无法给读者提供直观的感受，于是，这套丛书便搁置下来。

我要找的作者应当具备以下几个条件：一、有较扎实的新闻与传播学专业知识，眼界开阔，是那种"学者型报人"；二、在传媒发达的西方国家呆过一段时间，对国际知名媒体机构作过详细的实地考察访问；三、有敬业的态度和钻研的精神，真正了解到了这些媒体运作的要领和一些重要细节。四、要有较好的文字功底，作品要有一定的可读性。

但符合这些条件的作者并不多。虽然自上世纪90年代末以来，各媒体机构派往国外考察的人一拨接着一拨，然走马观花的多，取到真经的少，至多也就发几篇文章，所以自胡舒立的《美国报海见闻录》出版后，已经长达10年没有此类著作问世。

为了寻觅到合适的作者，我一面通过专业报刊以及网站寻找线索，一面托熟识的专家学者及业界朋友帮忙物色。这样大约过了1年的时间。

2002年春节刚过，展江教授和时任经济日报发展部副主任的曹鹏差不多同时给我发来电子邮件，说深圳特区报的辜晓进刚从美国考察学习回来，打算写一本关于美国报业管理方面的专著。辜晓进和他们俩是在中国人民大学新闻学院读研究生时的同窗好友，曹鹏跟辜晓进还是室友。辜晓进回国后跟他们在电话里聊自己在美的观感，还谈及自己正着手写一部关于美国报业最新态势的书。展江和曹鹏没有忘记我的嘱托，及时把我引荐给他。有他们俩的介绍，辜晓进对我自然很信任。不几日，我即接到他主动从深圳打来的电话。事先，我已收到展江和曹鹏发给我的电子邮件。

虽然是第一次通话，但我们谈得颇为投机，可谓一拍即合。之后，我们便互通邮件，就这本书的体例和写作思路不断交换看法，很快达成了一致。

辜晓进从最基层的记者干起，先是在江苏科技报社，后考入中国人民大学新闻学院读研究生，毕业后分配到深圳特区报社，累计有20余年的新闻从业经历。2001年出国考察前担任深圳特区报业集团助理总编辑兼经济部主任，回国后即被委任为《深圳日报》（英文版）总编辑。

《走进美国大报》，辜晓进著，
南方日报出版社2002年9月版

　　辜晓进赴美的任务并非考察报纸，他是被组织上安排到纽约市立大学和哥伦比亚大学新闻学院学习，采访都是他利用假期及周末完成的。居美一年，他的住宿费、电话费、邮费等都比别人多得多。为了采访，他还特意买了一辆1991年产的丰田佳美，临回国时又登广告卖掉。这些全是个人掏腰包，因为他觉得这是"自己揽的私活"。其间，他驱车两万余公里，访问了《今日美国》、《纽约时报》、《华尔街日报》、《洛杉矶时报》、《华盛顿邮报》、纽约《每日新闻》、《新闻日报》、《纽约邮报》、《芝加哥论坛报》、《波士顿环球报》等18家报社，其中9家报纸位居全国十大报纸行列。另访问了全国首屈一指的报业集团甘尼特公司、目前综合实力排第二的论坛报公司、综合实力位居第五的道·琼斯公司共3家大型报业集团以及两大报业集团合作的产物——底特律报业公司。总共采访了近40位报界专家，其中近30位是各报或报团的老总，包括12位总编辑、1位发行人，并列席了一些著名报纸的编前会和社论委员会会议，从而获得大量第一手资料。

　　回国后，辜晓进先赶写一份调研报告交差。深圳市委组织部要求每个访问学者交一份不少于5万字的调研报告，他足足写了7万字，被评为"优秀"。在这个基础上，又用了4个多月的业余时间赶写出了40余万字的《走进美国大报》。书中不仅介绍了美国报纸在采编、发行、广告诸环节的运作和被访报纸的发行数据、广告数据、员工规模、内部结构等，还介绍了各家报社的沿革，以及2001年美国各报在动荡的社会背景下发生的重大事件。这些都是中国报人感兴趣的内容。

我跟辜晓进第一次见面时，书稿已经发排。此前，我们已通过电子邮件交换意见，前后计四五十封，内容均围绕标题、体例、图片、文字的增删乃至最后的版式等等，可谓神交已久。那天，我正端坐在办公室电脑前，只听见有人敲门进来，用有些熟悉的声音打听我的名字，我抬头望见一位中等身材，皮肤微黑，戴副眼镜，风度儒雅的中年男子正笑脸迎我，便知他是辜晓进先生。我指着门上的《走进美国大报》招贴对他说："这份招贴昨天才印出来呢，它倒抢在我的前面迎接你了！"

第二天，辜晓进受邀在南方日报报业集团2楼会议报告厅作了一场关于美国报业现状的演讲。效果不错，从听众提问看，报社同行最感兴趣的是他讲到的NIE（"报纸参与教育"）、JOA（"报纸合作经营协议"）等内容。

《走进美国大报》赶在2002年10月福州全国书市上亮相，这本定价56元的专业书一下子订出去了5000多本，表现不俗。

台湾《新新闻周刊》社长王健壮把辜晓进比作"中国传媒的容闳"。他在给《走进美国大报》繁体字版所作的序言里说："在大陆报业史上，虽然出版过许多有关美国报业的书籍，但几乎都是翻译书，辜晓进自己就曾经翻译过《报业管理艺术》。即使是在传媒丛书多得不计其数的台湾，我印象中似乎也只有曾经在《纽约时报》工作过的李子坚，以及曾经在《时代》杂志工作过的姜敬宽，写过他们在这两家知名媒体工作经验的书籍。即使如此，他们写的只是单一媒体的故事，并不像辜晓进这本书写的是18家报纸与4家报业集团的故事。因此，《走进美国大报》这本书，可以说是华人世界第一本根据第一手采访资料而用中文写的美国报业书籍。"

来自世界报业竞争最激烈之地的报告

《走进美国大报》上市时，唐亚明正在英国学习考察。他接到夫人从国内打来的电话，说辜晓进刚出版了 本新书，反响很大。唐业明闻听此言，赶紧让她快递了一本。他阅后大受鼓舞，便也打定主意弄一本关于英国报业的著作。打这以后，他穿梭英伦三岛之间，一家一家地访问了具有代表性的十几家报纸以及一些行业组织。

唐亚明是辜晓进的同事，时任深圳特区报经济部副主任。辜晓进曾是他的前任。他出生于1968年，正好比辜晓进小了近一轮，也是在90年代初从中国人民大学新闻学院毕业后分配到深圳特区报工作。

英国是现代报业的发祥地，也是当今世界报业竞争最为激烈的地区。甚至有人大胆放言：如果一份报纸能够幸存于伦敦，那它就可以生存于世界上任何地方。在长期的市场竞争下，英国报纸不断创新，在新闻采编和经营管理方面都积累了大量的成功经验，在报业自律、发行量审核等方面也建构起一系列较为成熟的游戏规则。因此，英国报业所积累的各种经验，对中国的报业实践最具借鉴的意义。

唐亚明先后访问了英国9家主要的全国性日报、2家全国性星期天报纸、1家最大的免费日报、2家典型的地方报纸、2家各具特色的知名杂志以及2家在英国报界有重要影响的独立机构——英国报刊投诉委员会、发行稽核局，可谓门类齐全。在采访对象的选择上，既有运筹帷幄的总裁、总经理、主编，又有在一线冲锋陷阵的部门主任、普通记者乃至街头报贩。好在英国国土面积不大，唐亚明不用跑辜晓进那么多的路，但他的认真劲丝毫不亚于辜晓进。比如他造访泰晤士报，从联系采访到终于走进该报大门，就花了一个多月时间。

唐亚明回国后很快整理出几十万字的访谈及背景资料，并着手撰写一部考察报告。因为有《走进美国大报》的成功，而我在跟辜晓进的不断交往中已经成为惺惺相惜的朋友。于是，唐亚明希望把他的这部处女作拿到南方日报出版社出版。在辜晓进的热心推荐下，唐亚明和我联系上了，并给我传了个简略的提纲。我一看那些章节目录，第一感觉就是"有戏"。刚好报社正在开2004年选题会，会上一拿出来，就得到大家的普遍看好，列入次年的重点选题。

因为这部书稿可以看作《走进美国大报》的姊妹篇，而且《走进美国大报》这种写法得到了读者的一致肯定，我建议书名就叫《走进英国大报》，体例亦依照《走进美国大报》。起初，唐亚明对此建议有些犹豫不安，担心背负跟风的嫌疑。我劝他不妨坦然些，毕竟他的这部书稿内容跟《走进美国大报》完全不同，只是借鉴了写法而已。唐亚明最后听从了我的意见，还表示若按这种写法反倒省心不少。之后，他果真一气呵成。

我在2004年底广州的一个会议上碰到浙大新闻系主任吴飞教授，聊及辜晓进、唐亚明的两本书，他就对这种写法大加赞赏，认为脉络清晰，有媒介

MBA的风格，读者易于接受和消化。

2003年1月7日，我去深圳大梅沙海景大酒店参加由辜晓进负责牵头组织的深圳新闻培训交流中心与美国密苏里新闻学院联合举办的美国报业管理高级研修班。我此行的目的是请密苏里大学的克罗普（Fritz Cropp）教授及留美博士章于炎先生推介美国有影响的新闻实务类图书（2005年底出版的《调查记者手册》即得力于他们牵线搭桥）。

第二天上午，我前往深南大道深圳特区报大楼拜访唐亚明。虽然跟他打了多次电话，通了好些封电子邮件，却未曾谋面，寒暄之后，方知他的妻兄乃我中学同学，也在深圳工作。不由感叹这世界真小。

我们在豪华气派的深圳报业大楼顶层的餐厅靠窗坐着。冬日的阳光透过巨大的落地窗照射过来，晒在身上暖洋洋的。从窗前远远望去，可以看见蔚蓝色的深圳湾。虽是初次见面，但我们都觉得颇为投缘。至于书稿之事，因为事先已经沟通得差不多了，反而谈得不多。

也许是成长在海边以及记者跑腿多的缘故，唐亚明皮肤比辜晓进还要黑，也有些粗糙。他的话语不多，表情有些严肃，但很实在，给人以低调沉稳的印象。他在专业报刊上发表的论文很少，功力深藏不露，在同行眼里几乎默默无闻。

唐亚明平时工作比较忙，书稿大多是在晚间动笔。起初我对该书能否赶上5月份的全国书市颇有些担心。还好，在我的一再催促下，他挑灯夜战4个月，终于顺利完成书稿。出版社加班加点，做出两本样书上了书市。和《走进美国大报》一样，《走进英国大报》书市上一炮打响，受到业界的广泛好评，在不少城市的畅销书排行榜上多次名列其中。

《走进英国大报》篇幅接近《走进美国大报》，内容上前者偏重报业的经营与管理，后者则偏重采编业务及版面设置。唐亚明的文字冷峻而且简洁，近40万字的稿子偶有几处个人心绪的祖露和一闪而过的幽默，看得出是老练

《走进英国大报》，唐亚明著，南方日报出版社2004年6月版

的记者笔法。

　　复旦大学新闻学院博士生导师童兵教授在给《走进英国大报》作序时说："作为本书的第一读者，我读罢书稿后还有两点想法。一是深圳市注意选派青年业务骨干出国考察的指导思想和操作方法值得赞扬。一年前我们读到辜晓进去美国考察回来后出版的《走进美国大报》，这次唐亚明去英国考察一年，又写出了《走进英国大报》。外派的业务骨干选得对，有成果。这比一些省市派人到外国走马观花，不出成果，不知好多少。深圳市领导没有白花纳税人的银子。二是唐亚明和辜晓进均是身处一线的新闻工作者，有比较丰富的实践经验，回头再搞研究，其成果明显有别于学院式研究。搞哲学社会科学的人，需要有一段工作经历和人生阅历，从校门到校门搞研究，不易出成果。我向来主张招收有工作经验的人攻读硕士、博士学位，辜晓进和唐亚明的成功，使我更加坚信自己的想法和做法。"

　　资深记者、《大败局》一书作者吴晓波在2004年向读者推荐的20本书中，其中两本就是《走进美国大报》和《走进英国大报》。他说："这两本书都是用眼睛和脚写出来的，所以很真实，我还记起当年看胡舒立写的《美国报业见闻录》，这些书对于从事传媒的人来说应该很有价值。有时候读一下，你至少对自己从事的这个职业不会太多失望：在这里地球上，真的有人在实现你的记者理想。"

窥探报业集团运作的秘诀

　　2005年八九月间，在审完苏荣才发来的样稿后，我不得不对名不见经传的他刮目相看。

　　说实话，一开始我对苏荣才能否胜任《对话美国报业总裁》一书的写作有些怀疑。一是因为他的年轻（出生于1971年），和辜晓进和唐亚明相比，是不是太嫩了一点？二是他考察的对象是美国报业，而辜晓进的空前成功无疑加大了他突破的难度。但是，苏荣才出乎意料地以独特的视角和流畅的文笔完成了这部40多万字的处女作。

　　苏荣才也是由深圳市政府和深圳报业集团委派到美国考察学习。他于

《对话美国报业总裁》，苏荣才著，
南方日报出版社2005年10月版

2003年11月赴纽约市立大学进修，在美国一年间，足迹遍及一二十个州，采访了15家报业（媒体）集团。其中既有年销售额在数十亿美元的超级媒体集团，如美国最大的三家报业集团——甘乃特、奈特－里德、论坛公司，又有几家中小型、地方性的报业公司，如社区报业控股公司、世界日报社；既有以报纸为主要或唯一经营业务的媒体集团，如奈特－里德、麦克拉奇等，也有赫斯特、考克斯公司那样从事多种类媒体业务的综合性媒体公司。这15家公司的历史沿革、经营理念不尽一致，他将每一家公司作为单列的一章，注意突出这些集团的个性特征和最值得借鉴之处。比如，甘乃特公司侧重发展历程、公司组织架构、分片管理模式；奈特－里德公司则详细展示了美国大型报业集团内部权力分配的模式和报业应对挑战的策略；而论坛公司、媒体将军公司则用了很大的篇幅介绍美国报业集团推进"报台网"多种类媒体融合的发展战略，等等。这样既可以使读者对美国报业（媒体）集团有一个全方位的了解，又可以从中找到国内报业集团最感兴趣的部分。

据粗略统计，苏荣才在15家报业（媒体）集团里先后采访了美国报界、传媒产业界和媒体研究专家40人左右。像甘乃特报业总裁盖瑞·沃森先生，论坛报业总裁杰克·富勒先生（现已退休），麦克拉奇的董事长兼CEO盖瑞·普鲁特先生，赫斯特报业总裁乔治·爱尔兰先生，国际数据集团创始人兼董事长麦戈文先生等，都是业界风云人物。

一年时间，在人地生疏的环境中，苏荣才成功地采访到这么多有影响力的报业（媒体）集团高管，花了不少心思，体现了一个记者的功力。

苏荣才告诉我，为了采访这些著名报业集团的负责人，他费尽心思，精心准备，让他们觉得作者去采访他，不是单纯地为了采访而采访，也不单纯是为了完成个人的研究课题，而是为了要把美国的情况和对方的观点介绍给中国的同行，以推动中国报业的发展。

这里选取作者采访美国第一大报业集团——甘乃特公司的报业总裁盖瑞·沃森时的提问可以看出这点。如：作为报业总裁，你平时是如何来指挥和管理公司所属的101份日报和660份周报的呢？报业部与地区报业集团之间的关系是怎样的？你所管的地区报业集团的总裁，他们有哪些事情在作出决定前，需要向你请示，获得你的同意和授权？在收购和兼并报纸，特别是一些大的报纸和报业集团的时候，你们考虑的主要因素是什么？每收购完一份报纸，你们都要换掉那里的负责人吗？你如果看待报纸的前景？据作者说盖瑞·沃森一开始不是很热情，但后来被说动答应接受采访。第一次见面时，他们只寒暄了一句，就正襟危坐开始访谈。后来，他们越谈越欢，结束后，他亲自把作者送到电梯口，在过道和电梯间里，又聊了好长一会儿。这主要是作者准备工作充分，提的问题比较准，也对他的口味。

美国第二大报业集团奈德-里德公司华人副总裁刘诚中不仅接受了访谈，还欣然为这本书作序，希望中国的读者通过这本书试着了解到：在美国，媒体到底是如何运营的，占了什么样的地位？在社会中的影响力如何？媒体是如何保持其中立性，达到"为民喉舌"的功能的？同时，媒体企业是如何提高其价值，提高企业竞争力，与其他媒体展开竞争的？

苏荣才回国后，唐亚明立即把他介绍给我。他们的互相推荐有点像接力，最后把棒交给了我，让我有种重任在肩的感觉。苏荣才在电话里声音老成，让我猜不到他到底青春几何。等到2004年国庆节在深圳见面时，才发现这个开口喊我"老赵"的人，虽然个头不高，却很机灵帅气。

苏荣才动笔时，和我商量书名。不等我发话，便声明决不能用"走进"二字了。"若用'走进美国报业集团'，那要笑死人了。"他说。

我倒喜欢他的直率，心想这书名得跟《走进美国大报》差别大一点才行，以免读者弄混，可很长时间想不出一个合适的名字，于是请荣才贡献智慧。荣才倒颇积极，用手机短信请教报社的一帮同事，然后把征集到的一串书名发送给我：对话美国报业总裁；与媒体总裁面对面；对美国15家传媒集团的实地探访；发问传媒总裁——对美国15家媒体集团的实地探访；美国媒体集团实探；美国报业集团巡礼；报业集团化运营之道；美国报业风云实录……我觉得都不太合适，可想破脑袋也想不出更好的，最后还是用了第一个书名。

2005年12月底，曹鹏来广州讲学，我赠以《对话美国报业总裁》一册。曹鹏对中国报业集团素有研究，1998年完成的博士论文答辩即以此为题。他回京后发来电子邮件："书粗略看过，与晓进的书很像，还蛮好的。连长相小苏与晓进都有点像，这让我很觉得有趣。"《对话美国报业总裁》书名虽然没有用"走进"二字，封面设计风格和前两本书相比差异甚大，但体例、内文版式及文字风格，跟前面出的两本书都非常的接近。

作为一名编辑，最重要的职责是不断发现市场的空白点，并寻找到合适的作者，跟他们一起共同努力，以满足读者的需求。我有幸和深圳报坛"三剑客"结缘，一起催生出这三部深刻影响到了中国报人和传媒研究者的著作，就是这种不懈努力的结果。正如《编辑人的世界》一书的作者格罗斯所言："最好的编辑与作者的关系是相互肯定、尊重、欣赏，并且在才能上互补，这种关系才能造就出最好的书。"

原载《中国编辑》2006年第3期

031

壹

书缘·情缘

天堂里要不要勇敢者代言？

那些惊世骇俗的悲剧本身并不会说话。它们需要勇敢者代言。在中国特殊的环境下，那些有良知的"扒粪者"更需要特殊的素养：既要有政治家的眼光，也要有活动家的周旋；既要有士大夫的礼数，又得有梁山英雄的豪气；既要有文人的悲天悯人，又得有法官的冷静理性……

——《中国式调查报道》作者题记

2006年9月22日下午，华国兄走了，中国新闻界损失了一位有影响的实力派人物。

之前的一周，华国兄发来电子邮件，我方知他正与癌症搏斗："在我的放疗计划终于结束时，书终于可以很快见到了。以前一直不敢告诉你们病情，害怕病情影响你们的要求。如果你们有什么宣传计划，可以告诉我，我会尽量以身体条件为前提参加。许多北京的资深媒体人希望有这样的活动。"

去世当天，印刷厂终于送来样书。当晚，打他的手机不通。今晨，从网上得悉噩耗。

本来，国庆日是他35岁的生日，可癌魔吝啬得连8天时间都没给他。

《中国式调查报道》，曾华国著，南方日报出版社9月他太年轻，走得太可惜。

华国兄是广东肇庆人。兰州大学新闻系毕业后分配到新华社。他是个极具天赋的记者，思维敏捷，文笔犀利，不久即崭露头角，报道了几起震惊国内的大案要案。1999年，他跟踪报道原湛江市委书记陈同庆参与走私的大案，险些丧命。后来，他又参与报道了轰动全国的刘涌黑社会及慕马案、萍乡爆炸案等。这些报道在给他带来荣誉的同时，也招惹了不少麻烦。他离开新华社跟媒体环境不够宽容有关。

我虽给华国兄编过两部书，却未曾见过面。其间仅通过数十封邮件，打过几次电话，但彼此颇为投缘。他在今年2月16日的来信上也说到："虽然我们没有见过面，但我相信咱们已是哥们。"

华国兄最初是通过新华社的老同事联系上我的。那时他在英国华威大学攻读传播学博士学位，写成了《媒体的扩张——大众媒体的产业化、集约化和全球化》一书的初稿，正寻求出版。这本书主要介绍当今西方媒介经济学和媒体企业运营的基本理论，以及国际知名媒体企业的扩张案例。全书结构宏大，视野开阔，风格完全不同有些学者关起门来写的专著。

此书于2004年1月出版。不久，华国兄回到国内。那时，他刚做父亲，妻子是哈尔滨人。临回国前，他和我通了次电话，幸福之情溢于言表。

回国后仅两年多的时间，华国兄在媒体圈如鱼得水，腾挪了几个地方，始终做得有声有色。他先在上海的《瞭望东方周刊》任总编辑助理，使新华社旗下的这份杂志抹上英国《经济学家》的色彩。大约过了一年，他又受邀担任南京《董事会》杂志执行总编辑，力追《哈佛商业评论》。去年初，他离开《董事会》，到北京一家媒体投资公司担任总裁，具体负责媒体投资以及媒介推广。

2005年11月，我以南方日报出版社特聘编辑的身份向华国约稿，他回复正有一本书的写作计划，内容以他在新华社作内参调查记者7年时间写出的最有影响的报道及连续两年获全国名档目"新华视点"的文章为基础，分析我国深度报道的互动采编模式与传播渠道和社会影响力。华国兄在新华社作调查记者时曾写过刘涌案等大案的采访手记，在《瞭望东方周刊》工作时又写了一系列探讨调查报道采编模式的文章，所以这本书写起来驾轻就熟，没有费太多时日。

今年1月20日，华国兄发来了这本书的目录，书名为《中国式"扒粪"——调查报道、大众传播和社会变迁》，信上说明"原本是准备纯探讨'扒粪'新闻写作的，后来写成了"扒粪"与社会变迁了。涉及到一些大众传媒与政治公共空间领域。看来，我的PHD影响还是十分深刻的。目前正在修改。估计一个月能够修改完毕。"我曾就全书的架构提出了几点修改意见供他参考。

春节过后不久，华国兄发来全部书稿。我审读一遍后，即交清钰兄负责文字处理及安排出版事宜。

如果顺利的话，此书本可以在五六月间出版。无奈主管部门认定书名有问题，勒令更改。后来我跟华国兄商量，拟将书名改为《真相的权力》。可这个书名出版社又有人认为太虚，主张仍用原先的《中国式"扒粪"》，希望再次报批。碰巧主事者准备出国，没有心思处理此事。等此君回国之后，出版社专门打了报告，依旧不肯。这样又浪费了一个多月。等出片下厂，已到了9月。

一个好书名没有了，也许这正是中国出版现状的一个缩影。而华国兄未能生前一睹他的新作，又让我愧疚不安。

我若早些知道他的病情，此书提前几周出版应该可以做到的。

据他的朋友讲，去世的前一天，他还在MSN上跟人聊天，还在更新他的博客。

没想到第二天就遽然离世。

虽然一生短暂，但他——

生如闪电之耀亮，死若彗星之迅忽。

走好，华国兄！

写于2006年9月24日

贰

2

编读余话

新闻学需要更多的良知和胆识

李希光教授的《转型中的新闻学》一书二校样交到手上时，意外地发现一丝不苟的校对员在校样的首页上用铅笔写上这么一行话："佩服作者，有良知，有胆识！"

这是我10多年编辑生涯中，第一次见到校对员在校样上写上跟自己业务毫无关系的话。也许是这位老校对在校完这本书后，被作者的学识和道义感所打动。我相信，每一个读完这本书的人都会深有同感。

这是一部50余万言、16开本厚达660多页的学术专著，封面简朴高雅，深蓝色的仿宋体书名印在不易觉察的浅纹白底上，显得非常清秀。这部沉甸甸的著作不仅记录了

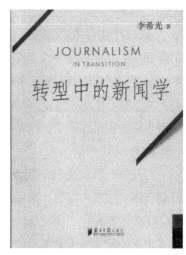

《转型中的新闻学》，李希光著，南方日报出版社2005年5月第1版

李希光教授自1999年离开新华社记者岗位进入清华园以来几乎全部的学术成果，也是我两个多月没日没夜伏案工作的一个见证。

作者在《新闻学核心》一书基础上修订扩充而成此书。全书架构经过了大的调整，篇幅增加了一倍以上，内容也经过了大量的修改、增删，给人耳目一新之感，读者完全可以视作一本新书。

《新闻学核心》一书于2002年4月由南方日报出版社出版，是李希光教授主编的"传媒前沿"丛书之一种，其他3种分别是《全球新传播》、《下一代

媒体》和《媒体的力量》。《新闻学核心》出版后，有人评论它为"目前最具创新性的新闻学术性著作"。有位杭州的读者在托我转交给李希光教授的信上写道："您的《新闻学核心》与以往我读过的新闻传播理论著作不同，您的书将我脑中那么点理论知识与实际结合起来，新闻传播的概念在我眼前清晰起来——原来新闻传播是那么一个生动的东西！"

《新闻学核心》重印了4次，销售达到1.5万册。这对于一部严肃的学术专著而言已属不易。

2004年年底，《新闻学核心》已经脱销，但需求者仍众。考虑到该书已经面市近3年，内容需要增补更替，于是我跟李希光教授通电话，详告本人对此书的修订意见。他也正有此意，并希望能将近两三年新的研究成果补充进去。

经过3个多月的紧张修订、补充，李希光教授发来了50余万字的《转型中的新闻学》。全书共分六个部分：商业环境中的新闻学、新媒体环境中的新闻学、全球传播中的新闻学、党报环境下的新闻学、好新闻的标准以及新新闻观与新闻教育。相比较《新闻学核心》，这本书体系更加完备，叙述更为严谨，材料也更为丰富扎实了。我认为，这部著作可以看作李希光教授学术成熟期的一个标志。

打开第一章，我们即感受到作者对媒体的高度商业化和娱乐化深表忧虑。开篇言道："有人相信，高度商业化的媒体会满足人民的知情权。现实恰恰相反。媒体的产业化、商业化给我们新闻界带来了一种新的运作模式，但是这种模式带来的新闻报道的视角和焦点是追求丑闻化、片面化、脸谱化、简单化、戏剧化。很多人只看到了有线电视、数字电视、卫星电视、网络媒体、短信、QQ、报纸给媒体的投资者带来的大量利润，但是没有考虑到给社会普通大众带来的负面效果——信息过剩和垃圾信息。"

记者出身的李希光教授在书中始终反复强调新闻媒体的责任，即让公众了解事件的真相。他认为一个真正的记者应该去努力挖掘真相，尽量做到公正、客观、没有偏见，而不是发表充满个人观点的评论。

但是，媒体的商业化使得记者在第一时间争抢新闻，很多不真实的甚至有害的信息来不及过滤即发布出去。特别是当新闻报道因为垄断失去竞争时，新闻的核心价值即公正性受到威胁，媒体往往丧失独立的立场，甘受有钱人的摆布，谁有钱就可以垄断信源和操纵信息。

李希光教授提醒人们，商业媒体每天充斥大量的坏新闻——新闻不核实、不准确、不公正、随意猜测、片面报道、煽动仇恨、低级趣味；传统的公共精神新闻学正让位于金钱驱动的商业化了的新闻学，使得中国的传媒在重大的国际国内新闻报道上，特别是涉及到最广大人民群众利益的公共事务、公共政策、公共利益、公共安全等方面反而加以轻视。记者在这种媒体环境下，高远的新闻理想正被商业化的低级炒作一步一步地蚕食，逐渐沦为一个仅仅为养家糊口而日夜奔波的人。他甚至不无担心地指出："今天中国媒体的普遍现象是：记者们年龄偏低、报酬低廉、身体每况愈下、没有晋升、没有前途。""身处生活和工作窘境的记者在市场经济中各种利益集团的角斗中，很难成为忠实的传递信息的邮递员。"

他还尖锐地指出，在今天的新闻文化中，本应代表公众利益、以报道公共事务、公众政策、公共部门为己任的党报却因为"把新闻埋葬在一堆空话中"，变得越来越同老百姓"不相干"。而那些代表商业利益和媒体投资者利益的报纸报道的选题和内容虽然多半与读者的真正需要关系不大，但它们却拥有大量的读者。长期以往，读者就会把那些与他们没有利益关系的商业化和娱乐化的故事当成他们想要看的新闻，而把那些与他们利益密切相关的公共事务的报道不当成他们需要看的新闻。所以，以党报为核心的主流报纸应当通过大胆的新闻改革，用更吸引人的报道方式去争夺读者。

李希光教授同时对网络时代的新闻传播表现出担心。一方面，他认为网络弥补了传统媒体在新闻采集和传播上的缺陷，另一方面，在新闻垃圾层出不穷、新闻出口呈现多元、新闻越来越娱乐化的大众传媒时代，新闻的核心功能面临前所未有的威胁。特别是在全球化传播时代，新闻信息越来越被少数跨国传媒集团所控制，人们从互联网、有线电视、卫星电视上面看到的国际新闻，往往代表着美国政府的声音。所以，他从国家安全与国家利益的高度，提出了这样的疑问：如果中国未来的新媒体没有丰富、新鲜和可用的内容和新闻，这些网民就只是美国人开的麦当劳或比萨饼屋里的又一个食客。最可怕的是，这一亿中国网民听到的或看到的信息和新闻都是美国在线这样的网霸过滤过的内容。

在全球化传播时代，中国的声音将来会在哪里发出？中国人每日思考和谈论的话题由谁来设定？李希光教授这样的喝问的确有着振聋发聩的作用。

作为一名有着丰富的新闻实践和教学经验的教授，李希光觉得自己有责任去教会学生如何去写新闻。本书最后三个部分即主要总结了新闻采访与写作的经验，有很强的实用性。他指出新闻就是一门寻找故事的艺术，一个好的记者应该具有讲故事的高超技巧。所以，李希光教授别开生面地在清华大学设立"大篷车新闻学课堂"，把学生带到罗布泊、带到川西藏族地区、带到蒙古大草原，让学生在活生生的实践中学会如何去寻找故事。这种走在路上的新闻学取得了很好的效果。他的一位学生感言道："跟随老师'走在路上'，我逐渐学会了：洞若观火地观察事件；辨别事物最最细微的差异；寻找真实却不落俗套的采访视角；吸引读者眼球的写作技巧；进入对学习、生活、工作充满活力的、激情的状态。"正是凭着"走在路上的新闻学"，李希光教授于2004年获得"全国十大教育英才奖"。

在《转型中的新闻学》这本书里，作者带给我们以下思考：在商业媒体环境下，新闻工作者如何坚守自己的良知；在新媒体环境下，如何应对汹涌而来的各种信息；在全球化传播格局当中，中国如何发出自己的声音；在充斥各种坏新闻的今天，主流媒体如何通过变革吸引更多的读者；在社会需要复合型新闻人才的背景下，如何打破僵化的新闻学教育模式……

透过《转型中的新闻学》，我们看到了李希光教授既忧心忡忡又激情满怀的形象。

原载《新闻与写作》2005年第10期

《走进美国大报》编后记

《走进美国大报》是中国报人期待已久且终于有些解渴的一本书。

1991年，胡舒立女士在单枪匹马考察有代表性的美国报纸后，出版了一本《美国报海闻见录》。这是中国大陆报人对美国报业第一次真正意义上的零距离接触和生动细致的描述，许多报人正是通过这部访问记对美国报业有了初步的了解。也就在同一年，还是中国人民大学新闻专业研究生的辜晓进翻译出版了新中国第一部外国报业管理专著《报业管理艺术》。

10多年过去了，中国报业获得长足发展。新的报纸不断诞生，从业人员不断壮大。人们发现，报纸变得越来越厚了，内容越来越丰富了，广告越来越多了，版式越来越活了……但中国报业产业化、集团化程度还非常低，各地报社还处在转型期的阵痛当中。反瞻西方，报业产业化风雨兼程数百年，在新闻采编、报业管理及集团化运作等方面积累了丰富经验。现实的巨大渴求使得国内媒体人越来越关注发达国家，特别是英美等国报业发展的最新动向。

涉深水者得蛟龙。2001年，时任深圳特区报业集团助理总编辑兼经济部主任的辜晓进，作为深圳市委第五期出国进修干部赴美国纽约市立大学和哥伦比亚大学新闻学院学习。他利用假期及周末，驱车积两万余公里，访问了《纽约时报》等18家报社，采访了近40位报界专家，其中近30位是各报或报团的老总，包括12位总编辑、1位发行人，并列席了一些著名报纸的编前会和社论委员会会议，从而获得大量第一手资料。书中不仅介绍了美国报纸在采编、发行、广告诸环节的运作和被访报纸的发行数据、广告数据、员工规模、内部结构等，还介绍了各家报社的沿革，以及2001年美国各报在动荡的社会背景下发生的重大事件。

辜晓进此行是中国报人窥探美国报业内幕的继续。但这次他带的疑问更多，接触的范围更广，访问也更加深入。事实上，这些年也有不少传媒人士到欧美考察学习，但大多只是走马观花，像他这样取到真经的少得可怜。这一方面由于他有着令人感佩的敬业精神，锲而不舍地走访一家又一家报社，这种脚踏实地的"笨工夫"一般人是做不来的；另一方面由于他来自新闻第一线，有着多年办报的经验，作为内行人深谙其中的门道。

辜晓进回国后，与同窗好友曹鹏、展江等人通话长聊，共同分享赴美一年的真切感受，并吐露自己正准备写一本美国大报访问记。曹鹏和展江听说后连忙把我引荐给他。不日，我即收到曹鹏、展江发送来的电子邮件，差不多同时又接到辜晓进从深圳打来的电话。书名最初为《走访美国大报老总》，后经反复磋商，改为《走进美国大报》。该书出版后很快热销。2003年4月23日的《文汇读书周报》上一篇题为《出版界劲吹媒体图书出版风》的文章开篇写道："《走进美国大报》、《解析传媒变局》……自去年9月以来，书界突然涌现这样一批媒体理念、媒体管理及运作实例的图书。与以往媒体类图书侧重新闻理论分析，只为学界所知，三五千册销量就算不错的情况不同，这批书引起了传媒界人士的广泛关注，其中有的书走进了街头书报亭，登上了网上书店畅销书排行榜。"

当初，在我的不断催逼下，辜晓进仅用了4个月的业余时间就写出了这部长达40万字的著作。他在后记里坦言"这本书写得很苦"，甚至连自己都不敢相信这么短的时间弄出了这么厚的一本书。要知道，他还分管《深圳日报》（Shenzhen Daily）的一摊子事！去年5月中旬，我参加桂林书市时巧遇晓进的一位同事，惊悉他生了重病，正在上海一家医院治疗，我不免内疚地想，当初是不是把他逼得太紧了！

《走进美国大报》是一部以中国传媒人的视角揭示美国报业运作秘要的力作。我们可以从中感受到美国同行工作时的氛围——饱经"9·11"劫难之后的《华尔街日报》编辑部，甘尼特公司豪华气派、通体透明的新办公大楼，《芝加哥论坛报》热闹的社论委员会会议，纽约《每日新闻》头版陈列室……一切都有历历在目的现场感。书中很多材料直接采自作者近50个小时的谈话录音，这是本书最有价值的部分。作者对每一次采访都做了充分的准备，用他自己的话说，是带着问题去的，所以这些谈话针对性都很强，对国内同行有着十分重要的参考价值。内容主要涉及诸如报业的兼并与扩张、广告与发行营销的手段、版面的设置与安排、总编辑的职责、报业内部各部门之间如何协调、报业集团跨媒体经营等具体的问题。作者严谨踏实的敬业精神令人感动，如他在2001年11月20日好不容易采访到《纽约时报》的总编辑豪厄尔·雷恩斯先生，得到了两个小时的录音资料，结果录音机出故障弄丢了。但他没有气馁，于12月12日再次造访百忙中的雷恩斯先生。为避免同样的话题令人兴味索然，他又准备了另外的话题。

他不光真实记录了自己的所见所闻，还将源自各类渠道的有用信息及背景资料尽量注入相关的章节，我们从书末列出的大量参考资料和书目中，可以窥见作者的这一匠心。为写好这本书，作者回国后与美国报界朋友一直保持联系，曾数十次向他们核实或索要资料，同时充分利用在美国注册的ABC网站账户及纽约公共图书馆上网密码等资源，不断补充内容和更新数据。所以本书资料翔实、信息密集、事例生动、数据新鲜，加之配有一百多幅精美的图片，使人耳目一新。透过此书，我们不仅可以了解到美国报业发展的历史及最新的格局，而且能够大略了解到美国的媒体企业是如何做大做强的。

《走进美国大报》出版后，好评如潮。《中国图书商报》发表书评指出："这份来自美国报业现场的最新报告，其中所蕴含的报业老总办报理念和著名报纸的经营要诀，是我们接轨全球化时候最好的参照和归依。"《中国新闻出版报》、《中华新闻报》、《中华读书报》、《新闻战线》、《新闻记者》、《中国报业》、《南方周末》、《中国青年报》、《中国经营报》等20余家报刊纷纷发表书讯、书评或摘登。新浪、搜狐、中国新闻研究中心网等著名互联网站连载了这本书，最多时全国有200多个网站刊登了该书的评论或摘要。南方日报报业集团、深圳报业集团、解放日报报业集团、大众日报报业集团、天津日报报业集团、浙江日报报业集团、长江日报报业集团等全国一大批报社都为骨干员工或领导班子购买此书，以促进业务学习。北京大学新闻与传播学院、中国青年政治学院、浙江日报报业集团、南方日报报业集团、解放日报报业集团、中国企业家世纪论坛、北京晚报、京华时报等数十家新闻单位和相关机构先后邀请作者做专题演讲。另外，作者还收到读者100多封热情洋溢的来信。

令我感愧莫名的是，海南出版社资深编辑张大椿老先生对此书青眼有加，一口气买了好几本分送给《中国日报》（China daily）总编辑、新华社海口分社社长等新闻界朋友，自己一边仔细阅读，一边将文字及译名方面的差错校正一遍，之后又将订正过的书与一封语重心长的信寄给我。这样的编辑与读者是我素来所敬重的。

2004年2月，以出版高品位文化图书而著名的台湾左岸文化出版公司出版了《走进美国大报》繁体字中文版，读者反响热烈，岛内多位主流媒体负责人纷纷撰文评介。台湾《新新闻周刊》社长王健壮以《辜晓进让我想起容闳》为题作序。曾任台北市政府新闻处处长、台湾政大新闻系教授，现任台北市副市长的金溥聪，则在为该书写的序言中称"这本书的作者完成了许多新闻人的梦"。该书台湾版一面市，即上了"金石堂"和"博客来"两大连锁书店的畅销书排行榜，并获五颗星的最高读者人气指数。

《走进美国大报》首印6000册不到3个月即告售罄，2003年2月赶紧加印了4000册，结果刚到年底又脱销了。看来当初对这本书的市场预测保守了一点。

2004年春天，晓进先生开始修订此书，后来虽病休在家仍笔耕不辍，以使本书能够跟踪反映美国报业最新态势。修订版主要做了以下几项工作：一是增加了一些新的内容。如第二章增添"雷恩斯受丑闻牵连辞职"一节，介绍发生于2003年的《纽约时报》记者造假丑闻、该报高层的人事更迭以及现任总编辑状况；第三章增补"伍德沃德仍是明星"一节，介绍水门事件名记者伍德沃德2004年出版披露伊拉克战争决策秘闻的新书《进攻计划》及其在美国社会引起的轰动效应，以及一直守口如瓶的伍德沃德，在"深喉"——白宫神秘线人于2004年7月27日逝世后，终于揭开真相；第五章增补"女总编辞职令人扼腕"一节，介绍《今日美国》一位参与创刊的资深记者涉嫌造假以至牵连该报总编辑和执行总编先后辞职事件，折射美国报纸自律精神；第九章增补了报业巨子布莱克2003年的酬金丑闻及其辞职情况；第十一章增补了论坛公司发展广电事业的历史及近两年经济发展情况；第十九章增补"虚报发行量造成惨重损失"一节。等等。二是对几乎所有数据作了全面更新。如原版自序《21世纪美国报业现状》中增加了2001年以来直至2004年第一季度美国报纸广告的变化和具体数字；各报的发行量也取自2003年第四季度的数据。附录中美国20大日报最新发行量排名、美国20大星期天刊发行量最新排名及美国最大20家报业集团总发行量排名均取自2004年的最新统计数据。另外，修订版也进行了一些文字上删改及润色，以使行文更加顺畅，并改正了文字及译文上的差错。

　　《走进美国大报》是部并非容易过时的书。虽然如今图书在书店摆架的时间越来越短，新书像走马灯似的换，但我对这本书到底能摆放多久还是挺自信的。经过此次修订，相信它的生命力会更持久旺盛。

写于2004年9月2日

贰

编读余话

传媒的核心竞争力是自己的雇员

——《傲视财富：世界顶尖财经媒体透视》读后

今年早些时候，新华在线的"新华传媒工场"及其战略合作伙伴联合组织了一次"新港传媒之旅"的传媒考察活动，国内13家财经和大众媒体中的高层人士近20人先后考察了位于新加坡的道琼斯亚太区总部、亚洲华尔街日报、远东经济评论、CNBC和位于香港的道琼斯中国区总部、星岛集团、香港联交所、香港有线台数码新闻中心，这些都是当今全球或亚洲最著名、经营最成功的财经类媒体。一位参加"新港传媒之旅"的媒体高管谈到自己此行的体会时说，员工其实是媒体运营中最重要的资源，而保有和发展人力资源是媒体管理之道中的根本，是培养和挖掘媒体经理人的关键手段。

纵览全球，几乎所有成功的企业无不将其雇员视为核心竞争力之所在。南方日报出版社新近出版的《傲视财富：世界顶尖媒体透视》一书对这一观点作了有力的注解。该书选取《金融时报》、《华尔街日报》、《财富》、《福布斯》、《经济学家》、路透集团、道琼斯公司、布隆伯格集团等世界顶尖财经媒体，对其管理机制、品牌经营、报道特色等方面作了全面的介绍和分析。这本堪称世界顶尖财经媒体最新解读的著作，由新华社新闻研究所中外媒体发展研究中心主任、高级编辑唐润华先生主编，该所数位同仁参与其事，费时二载始告其成。

该书在谈到布隆伯格集团独到的科学经营管理理念时指出，布隆伯格集团之所以能在激烈竞争的财经新闻信息服务领域不断发展壮大，势头直逼有着

《傲视财富：世界顶尖财经媒体透视》，
唐润华主编，南方日报出版社2002年9月第1版

一百多年历史的路透集团和道琼斯公司，是因为它贯彻了这样一条原则：布隆伯格的主要资产不是技术、数据库、专用通信网，甚至也不是客户，而是自己的雇员。这条原则就是布隆伯格致胜的法宝。20年前由30万美元起家的布隆伯格集团，现已成长为向全世界100多个国家和地区的用户提供各种新闻信息、电视、广播、出版和互联网等服务的新闻信息商，拥有雇员7000多人，设有9个营销办事处、2个数据中心和79个采访分社，年经营收入超过20亿美元。

将战略重点定位在"发布世界最有活力的商业新闻和信息"上的道琼斯公司，始终将工作寄托于所有雇员的责任感上。为激励高级管理人员，股东大会每年均做出决定给高级职员金额不等的股票认购权。该公司经常性地在其遍布55个国家的90个分社中为员工提供升迁和换岗的机会，使员工在这种积极的变化中感受到工作的乐趣和新的挑战。

在跨媒体传播时代，随着"旧经济"公司进入互联网，新旧经济日趋一体化，旧的管理模式日趋落伍，经营管理的手段和技能在这种环境中显得越来越重要。路透集团、道琼斯公司、布隆伯格集团集中了它们的优势资源实现了财经传媒的立体化运营。通过其所拥有的报纸、杂志、电视台、网站等信息发布机构，信息产品通过不同的媒体表现形式被多次销售，充分发挥了大型通讯机构的整体优势，使一笔投入获取最大限度的回报。而这种立体化运营的成功关键，在于它拥有训练有素的专业人才，特别是管理人才。

2001年7月，41岁的美国人汤姆·格罗瑟担任路透集团总裁一职。这是路

透社150年历史上第一次由非新闻工作者且由美国人担任最高领导人。这一变化透露出一个重要信息，那就是路透社正在逐渐采用国际上现代企业通行的聘用职业经理人担任公司最高管理者的做法。

本书所探讨的这些世界顶尖财经媒体完全采用企业化运作，从信息采集与加工的流程上来看，在这些媒体内部都已经形成了完整的产品链和作业流程，保证了作为媒体机构的信息专业性和作为一个企业机构的运作效率。这些都是各路媒体精英们施展绝技的结果。

与这些国际知名财经媒体相比，我国现有财经媒体还很稚嫩。掐指算来，中国真正的财经媒体为数并不多，或者说正在成长过程中。从2001年开始，以金融市场为核心的财经领域的信息需求日趋旺盛而引发的一场至今仍未消退的财经媒体热，直接导致了一批财经报刊和电视财经频道的诞生。财经媒体间的竞争也凸显出来。要造就自己的强势品牌，提高自己的核心竞争力，关键在于人才的引进和管理。在传媒领域，一流的财经编辑记者最为缺乏，这和我国财经媒体的发展相对滞后及新闻教育对这一领域的长期忽略有直接的关系。随着国内财经媒体竞争的加剧以及跨国传媒集团的渗透，财经媒体人才的挖角战会日趋激烈，媒体企业如果不能做强做大，相对处于劣势的媒体会很快败下阵来。在媒介经营管理方面，人才也是捉襟见肘。在中国媒介步入市场经济环境之后，经营管理队伍却无法跟上职业化的步伐，特别是缺乏懂经营懂管理同时谙熟媒体运营规律的"媒体经理人"，这已成为媒介业人力资源最大的缺陷。

媒介市场化使得媒体人必须用这样的方式来思考经营问题：我的用户是谁，我怎样获得收益，怎样发掘并满足用户的各种需求，怎样实行成本控制，怎样合理安排运营流程，怎样调动员工的积极性，等等，使得人尽其才，物尽其用，货畅其流。这就是现代化管理。衡量一家媒体企业是否成功，一要看利润，二要看占有的市场份额，达到这两个目的的关键在人才。将职能教育培训作为谋求媒体企业发展的重要手段，注重结合现代新闻理念和现代信息技术，让每位员工都享有公平的受教育机会，并采取开放内部劳动力市场的做法，在企业内外招聘能人，努力做到人尽其才，这才符合现代媒体企业运作的规律。

原载《中华新闻报》2002年9月28日

来自传媒航母的严峻挑战

——《解密国际传媒集团》一书读后

新华社新闻研究所中外媒体发展战略研究中心主任唐润华研究员与他的数位同仁近年来一直致力于国际著名传媒企业的研究，继去年出版《傲视财富：世界顶尖财经媒体透视》之后，又于日前推出了《解密国际传媒集团》一书。作者多角度地从运作方式、品牌打造、全球战略、跨媒体扩张、企业文化特征、核心竞争力的形成等方面，对全球最大的6个跨国跨媒体集团——维亚康姆、美国在线时代华纳、维旺迪环球、迪斯尼、新闻集团、贝塔斯曼进行了深层次的解读。

经济的全球化打破了过去的传播格局，特别是加入世界贸易组织后，国际传媒集团进入中国市场的步伐进一步加快，对我国的传媒企业构成了直接的竞争。他们凭借规模化经营和雄厚的财力，借我国加入WTO后开放市场的机会，纷纷抢滩中国。中国传媒业正面临来自国际传媒集团的巨大挑战。这些超级传媒航母凭借资金和技术的优势，大量输出自己的文化产品。上世纪90年代以来，6大国际传媒集团的总裁或董事长频频访问中国。美国的维亚康姆公司已选定MTV音乐电视频道这一娱乐形式，先行来到中国。迪斯尼已经携手"海虹"，正式进军中国互联网，而美国FOX公司办事处也已正式进驻上海。最早在国内图书分销市场试水的德国媒体巨头贝塔斯曼正与新华书店旗下的新华驿站积极接触，探讨进入中国书报刊零售市场的可能性。

维亚康姆中国区主管李亦非曾感慨道："过去10年里，许多在更早的10年被预测为不可想象的事情都一一实现了，所以很难说下一个10年里不会发生什么事。在对传媒的政策上，中国正在逐步地开放，窗户在一扇扇地打开。"按照"国民原则"，国外的大众传媒也将逐渐享受与国内传媒相同的待遇。

《解密国际传媒集团》，唐润华主编，南方日报出版社2003年8月 第1版

我国传媒产业蕴藏着巨大的市场潜力。中国有着世界上最庞大的受众群体。在信息时代，拥有用户就是拥有财富，传媒产业所拥有的用户资源，是一般行业所无法企及的。这意味着传媒产业在吸引资本上有着天然的优势。我国的传媒产业，经过1980年代的市场导入阶段，到1990年代进入高速成长期。中国传媒产业经过较快的增长，市场竞争也越趋激烈。人们越来越意识到，要提高市场竞争实力，就必须整合资源，充分利用资本的力量，加速扩张，通过资源的优化配置，大规模涉足以信息数字技术为特征的新型传媒领域和市场潜力巨大的公众娱乐领域，将传媒业渗透到社会经济生活的各个层面，建立起经济效益和社会效益显著的传媒集团。

相比较已经国际化的西方传媒集团，中国传媒企业大多数规模小，竞争力弱，总体实力显得相当薄弱。如维亚康姆公司2002年收入达246亿美元，而中国的中央电视台只有不到70亿人民币（注：直到2009年，中央电视台年总收入230亿人民币，跻身全世界电视台前50位）整个中国电视一年的总收入也仅仅300多亿人民币（注：2009年中国电视广告收入达到675.82亿元），加起来不如维亚康姆一年的收入多。中国报业中年广告收入最高的是广州日报，目前达到14亿人民币，而《纽约时报》一天的广告进账就有近1个亿人民币。差距是惊人的。一方面，中国尚未形成具有真正经济规模的传媒集团，从而难以形成全球化背景下的竞争优势；另一方面，由于经济规模和语言影响力的限制，中国传媒要取得国际性的影响，尚需时日。中国经济的飞速发展及其与世界经济的日益一体化，要求中国传媒在国际舞台上发挥更大的作用。传媒实力成为国家实力的象征，是一个国家在全球取得话语权的必备条件。因此，我们今天

一个编辑人的世界

有关中国传媒业的讨论，应该上升到关乎21世纪中国整体竞争力的战略高度。而且，在当今这个竞争与合作并存的"竞合时代"，外国传媒集团进入中国市场，也必然会选择与中国本土的传媒机构合作的方式。因此，对国际传媒集团的了解和研究今天显得愈发重要而迫切，只有这样才能在合作中实现双赢。

人们对于6大国际传媒集团应该并不陌生。贝塔斯曼图书俱乐部在中国就拥有150多万会员，维亚康姆MTV频道早已落户珠三角地区，香港迪斯尼乐园已破土动工……一些国际传媒大亨的传记流布坊间，光默多克的传记就有10余种之多。一些读者对国际传媒集团的故事与发展轨迹的了解大多是从这类著作中得到的。但总体来讲，人们对国际传媒集团的了解还不够深入，对其组织方式、操作流程、资源共享规则、市场策略、发展战略等等深层的东西还知之不多，尤其是在把以集团化为核心进行结构调整作为传媒发展基本战略的时候，尤其是我们必须直面国际传媒集团的竞争的时候，就更感觉到因缺乏对它们深层次的了解所带来的困惑。从这一角度看，《解密国际传媒集团》一书的出版可谓适逢其时。如作者在介绍世界第一大娱乐传媒企业维亚康姆公司时，重点放在对其经营要诀的解读上，简单讲就是国际传媒企业的三部曲——ABC。A即Acquire（购买），就是购买和开发最好的内容；B即Brand（品牌），就是对内容进行品牌建设；C即Copyright（版权），就是为自己创建品牌的内容进行严格的版权保护。在介绍维旺迪环球这家前身为法国古老的水务公司，后通过快速兼并，迅速成长为当今欧洲第一、世界第二的国际传媒集团时，作者对其兴衰史做了一番全面的分析，特别指出由于它没有处理好资产与负债、快速扩张与资源整合、传统业务与新增业务、资本运作与经营业绩的关系，近两年出现巨额亏损，以至于举步维艰。

通过并购手段进行扩张是传媒集团化国际化的必由之路。但并购常常是一把双刃剑。我们在惊羡国际传媒集团通过并购手段实现其大其强时，也应该看到并购失败所带来的风险。并购的目的不是唯求其大，而是为了追求利润的最大化，企业最终要靠业绩说话。总结国际传媒集团得失，探究其运作之奥妙，为国内媒介企业的扩张与资源的整合提供有益的借鉴，乃《解密国际传媒集团》一书价值之所在。

原载《中华新闻报》2003年9月22日

贰

编读余话

媒体的扩张与扩张的理论

——读曾华国的新著《媒体的扩张》

　　跨国媒体公司是知名媒体企业在不断扩张中形成的，它们往往先做大，然后再做强。我们对国际著名跨国传媒集团传奇般的扩张经历多少有些了解。媒体的扩张不单单是一味地向做大的方向发展，而且也有媒介扩张理论支撑，这就是传媒研究人员探究媒体公司不断扩张的动因所在。英国华威大学博士候选人、现任新华社《瞭望东方》总编辑助理的曾华国先生在其新著《媒体的扩张》一书中，运用西方媒体扩张理论，深入探讨了大众媒体的产业化、集约化和全球化问题。英国利兹大学传播研究中心主任Robin Brown对这本书给予了很高的评价，认为这本旁征博引的著作，结合了MBA和传统媒介研究方法，以丰富的案例分析阐述媒介经济理论，"即使在欧美学界，也鲜有先例"，"或许西方的媒介理论并不适合中国，但市场经济的规律是相通的。跨国媒体公司的扩张理论，无疑对于研究改革中的中国媒体市场具有一定的参考价值"。

《媒体的扩张》，曾华国著，
南方日报出版社2004年1月版

　　《媒体的扩张》主要分为两大部分。第一章到第六章主要解决媒体经济的基本概念、跨国媒体公司的主要扩张形式以及跨国经营的成败得失。对概念的论述主要通过大量知名媒体的个案来完成。第二部分转向媒体政治经济学的探讨。在结论中，作者对中国媒体扩张的方向进行假设，为进一步进行研究提供线索。从某种角度而言，这是一本全面介绍西方媒介经济学的著作。

作者根据媒体产品具有公共产品的特性以及媒体市场的双重性，对媒体企业的发展扩张总结出"水平扩张"、"纵向扩张"以及"跨媒体扩张"等媒体企业三种基本扩张模式，在此基础上延伸出"媒体品牌化"和"媒体全球化与本土化"方略。目前国际上的大公司，基本上都是走过这三个阶段。比较而言，国内大多数媒体的发展，还只不过是第一阶段的初始步骤。中国加入WTO后，包括新闻出版、广播影视、音像、电子和网络传媒等在内的文化产业面临经济全球化的巨大压力。长期以来，我们的新闻出版、广播影视文化单位偏重于宣传功能，在打造品牌，推行媒体全球化和本土化的战略方面考虑甚少，滞后于现代产业经济发展的要求。特别是在跨媒体集团化发展方面，与国际一些大型文化传媒集团相比，存在很大差距。中国要积极参与国际竞争，必须建立自己的大公司、大集团。就拿电视而言，中国拥有世界上人口最多的广播电视网，广播人口覆盖分别为93%和94%，拥有10亿听众和观众。中国的有线电视网已达300多万公里，用户1亿户，年度电影观众曾经创下293亿次的记录。然而，居世界百强电视台第一位的时代华纳，1998年的营业额是123亿美元，而世界排行57位的中国中央电视台的年营业额才6亿美元。

曾华国指出，中国媒体经营管理存在诸多不足，主要表现在：各地各级媒体的重复建设现象严重，水平分割和垂直分割使媒体资源分散，缺乏优化配置的机制；政企不分，经营意识不强；市场竞争机制尚未真正形成；缺乏传媒业高级管理人才。作者作为大众传播的一线从业者，深知中国的传媒产业，不仅在固定资产等硬件上与西方发达国家难以匹敌，在经营管理、思想观念、人才素质、新闻传播的教育体制等软件上的差距实则更大。

曾华国在对"文化帝国主义"的论述中，既强调文化殖民主义确实在某些方面存在，又指出在全球化冲击下，媒体开放是大势所趋。近年来，发达国家的文化传媒企业为了谋求丰厚的经济利益，不断向发展中国家倾销大量影视节目，扩大其卫星电视覆盖网。如美国传媒大王默多克的新闻集团拥有自办、合营、合作的卫星电视网和有线电视网10多家，不仅在英国、德国、印度、日本等国扩张，更把中国、印度等亚洲国家和拉美地区作为进军重点。1993年以5.25亿美元购得香港卫视63.6%的股份。目前在亚太地区上空有200多个卫星电视频道，其中绝大部分是西方电视集团对亚洲开办的电视频道，其文化产品已经在国际市场上获得了垄断地位。现在，美国控制着全球75%电视节目的生产和制作，每年出售的节目高达几十万小时，面向160多个国家和地区，造成以美国为首的西方国家垄断节目市场的局面。在许多第三世界国家，60%~80%的电视节目来自美国，几乎成为美国电视的转播站。非洲的外来节目更占节目总播出的90%。而在美国自己的电视节目中，外国节目的占有率仅有1%~2%。有基于此，作者一方面指出媒体产品无可避免地隐含着社会价值观。如果任由外国媒体产品进入中国，势必会造成中国文化身份的混乱与丧失。文化保护主义虽然极端，但适度的准入规矩也是需要的。另一方面呼吁中国传媒企业面对西方实力雄厚的文化传媒集团的竞争，加速产业的重组整合，提高产业化程度，尽快培育建立一批多媒体兼营的大型综合性文化产业集团，承担起弘扬和发展民族文化的重任。

原载《中华新闻报》2004年3月15日

全球化背景下中国广电业突围

——《走进美国广电传媒》一书读后

2001年2月，深圳市委派一批出国进修干部，到美国进行为期一年的学习调研。其中有深圳市委宣传部的钟海帆。在此期间，他走访了CBS、ABC、NBC等著名电视网、时代华纳有线电视、纽约市信息技术和电信局、纽约电影、戏剧和广播电视办公室等单位，请教专家，查阅资料。《走进美国广电传媒》一书即在7万余字的调研报告基础上扩充而成。该书的出版可谓适逢其时，对我国目前正在进行的广电改革提供了有益的借鉴。

经过几十年的努力，我国已成为一个名副其实的广电大国，但无论从规模上还是效益上，我们和一直在全球处于领先地位的美国广电媒体相比仍存在巨大差距，因此学习借鉴美国广电媒体管理方面的先进经验，探究其媒体运作的奥妙之所在，非常的必要。面对经济的全球化，中国从管理层到地方媒体，都深感传媒体制变革的重要性和迫切性，中国广电业体制正在进行着结构性裂变和战略性重组。由于广电业在"新经济"格局中，特别是媒介产业形态格局中的龙头地位和作用，这次改革的成功与否，直接关系到我国传媒业，甚至是社会经济发展的进程。

我们广电业长期存在的分散和资源浪费、融资渠道不畅等问题，都是体制性障碍造成的。改革的重点应该是允许强势媒体在各自组建集团的基础上，以资本为纽带，打破地方和部门所有制，实现跨媒介、跨行业、跨地区、跨集团、跨级别的媒体兼并。有基于此，中央宣传部、国家广电总局、新闻出版总

《走进美国广电传媒》，钟海帆著，
南方日报出版社2003年4月版

署《关于深化新闻出版广播影视业改革的若干意见的通知》（即17号文），
进一步明确了要积极推进传媒集团化改革，组建跨地区、多媒体大型新闻集团
的目标，对比较敏感的传媒业融资问题、媒体与外资合作、跨媒体发展等问题
都做了积极、具体的回应。有线电视台、网分离，有线电视、无线电视合并，
组建广播影视集团等，都是管理层目前推出的一系列重大举措。

　　与此同时，我国正不遗余力地推动数字化、网络化技术的发展，促进我国
媒介产业的升级，为媒介集团的跨媒体、跨行业、跨地区的整合提供统一的平
台。媒介产业是知识密集型的产业，高新技术的运用，直接关系到媒介的生存
和发展，也关系到传媒的经济效益和社会效益。当前数字化革命已强化了信息
的编码和解码过程，各种文字、资料、声音和图像都可以转化为数字信息，而
网络技术则把各种数字信息连成一个整体，从而加速了信息的流通和共享。全
球数字化浪潮使得广电业既面临空前激烈的竞争，又开拓出诱人的巨大市场。
随着数字电视在越来越多的城市试播，专家们估计，在未来10年内，中国的
数字电视及其上下游产业将会浮现出1.5万亿的商机。

　　兼并、联合、重组，走集团化道路，是西方媒介集团发展壮大的主要途
径。从20世纪80年代开始的以美国为首的世界广电产业的重构，使得在不长
的时间内，全球媒介市场已经成为九至十个最大的跨国媒介公司的天下。在全
球化浪潮下，企业更趋巨型化，只有通过并购等手段扩大公司规模才能赢得巨

大的经济优势。因此，美国政府不断放宽针对广电产业的限制性政策。1999年维亚康姆（Viacom）出资406亿美元收购了CBS，加上Viacom收购的两个最大的广播网——无限广播网和W集团，维亚康姆成为拥有电视台和电台数量最多的公司。它在美国最大的20个广电市场中的18个市场拥有自己的电台、电视台，覆盖全美41%的人口——这一点与美国联邦通讯委员会（简称FCC）1996年《电信法》中"任何一个广播电视集团不得覆盖到美国国内受众的35%以上"的规定相违，但美国政府并没有出面阻止这一收购。按照美国政府实质上所一贯奉行的支持广电产业中大企业的策略，FCC对广播电视公司覆盖率的限制随着广电集团规模的进一步扩大而放宽。而且，由于新兴的媒介技术进一步引入媒体中，高科技企业、通讯公司与传统媒介企业集团的合并也成为一种趋势。当今美国最大的25家企业集团，都是包括了电台电视台、报刊、网络、广告、音像、出版、电影、娱乐、体育、零售业等多个产业在内的庞然大物。复合多样化的经营使企业间互相联系，互相渗透，互补性极强，并且形成了从制作、销售到服务以及衍生产品开发的一条龙，产品结构和产业结构的优化极大的提高了媒介集团的综合竞争力。这种按照产业发展规律进行的组合经营，往往能迸发出巨大的经济效益。

目前我国业已建成的广电集团，实际上只是依靠行政命令捏合而成。从市场运行的结果看，我国传媒集团化是在缺乏竞争性的产权市场环境下进行的。在市场经济的条件下，广电事业单位必须彻底实施"自主经营，企业化管理"。目前我国的新闻媒体还很难称之为企业，整体而言还不能按照市场经济原则实施"产业化"，但新闻媒体在许多方面都具有产业的性质，也具有各种生产要素，拥有物业、设备等各种有形资产，以及具有专营性质的刊号、呼号等无形资产，这些生产要素和资产都可视为资本，通过资本运营的方式实现价值增值。只要符合国家的产业政策，就应该允许它到资本市场上去融资，促使媒介投资主体的多元化，实现媒介资本与产业资本和金融资本的对接与融合。资本运营就是将经济体所拥有的各种社会资源、各种生产要素都视为有经营价值的资本，通过流动、兼并、重组、参股、控股、交易、转让、租赁等方式，进行优化配置，实现最大限度的增值。媒介集团要真正做大做强，需要成功的资本运营手段才能实现。

随着经济全球化、技术一体化的发展，我国广电业正面临内挤外压的态势，管理体制需要一场大的变革，行业发展需要一次有效突围。《走进美国广电传媒》一书不仅有助于管理层及广电传媒从业人员直观地了解到美国广电业的最新态势，而且为他们提供了不少可资借鉴的操作手法。比如FCC对电台电视台的技术指引和监督、纽约市对有线电视的管理、大型媒体集团的架构及运作、媒体的财务管理和广告经营等等，相信这些都是迫切需要了解和熟悉的。

原载《南方电视学刊》2003年第3期

一个编辑人的世界

通信革命的力量[1]

——评《中国通信图史》

中国科学院院士、微波通信及光纤通信专家叶培大先生有言："信息的流动对于人类社会而言，确实如同血液之于躯体。"信息的有序流动需借助一定的媒介或技术，而通信则是服务于人的信息表达、存储和传送的技术。回顾历史，从结绳记事到烽火狼烟，从雕版刻字到图书报刊，从电报、电话到互联网，人类传递信息的方式在不断更新和拓展。每一次通信技术的革新，都会极大地加快人类信息传递的速度并拓展其传递范围，带来社会乃至人类生活方式的变革，并推动人类通信历史迈向新的里程。

近年来，国内学界、业界对人类通信史的研究越来越关注，成果层出不穷。由南方日报出版社出版的《中国通信图史》，称得上这一研究领域的代表作。该书作者以社会史和技术史的视角，探索了口口相传的语言交流、文字符号系统的产生、造纸术的发明，尤其是电报、电话、电视、互联网等巨大通信系统的起源与发展。在渐次展开的历史图景中，人们看到了通信工具是如何借助国家力量得以创设，并逐步从公共领域延伸到私人领域，从公共空间进入私人生活的。

掌握翔实资料是研究历史的前提。该书亮点之一便是资料具有丰富性、完整性、代表性以及典型性。全书从远古时代发端，探寻中国通信的历史渊源，然后一直延伸到21世纪，梳理了中国通信史的发展脉络，构思精巧，视野广阔。为编著此书，作者倾注多年精力收集了大量第一手材料，收录了很多通信

---

1. 此文系与2009级研究生肖雪龙合作完成。

《中国通信图史》，黄和生主编，
南方日报出版社2009年9月版

一个编辑人的世界

行业最新研究成果与数据。更有精心挑选的图片近千幅，有些还是非常珍贵的
资料图片，给人耳目一新之感。

对材料进行梳理，将它们整合为有序的谱系是很艰巨的任务。通信技术的
发展并不像社会历史发展那样，新的历史诞生的同时也就宣告了旧的历史的终
结。在通信技术的发展过程中，即使有更先进的新技术产生，也并不意味着旧
的技术被淘汰，相反新旧技术大多会并存甚至相互融合。对此，人们要用符合
通信发展内在规律的独特视角解读中国通信史。

《中国通信图史》提出将中国通信史划分为话语时代、符号时代、仿真时
代、虚拟时代四个历史时期，显示了编著者的智慧与气魄。作为有着丰富通信
行业经验的专业人士，他们以自身对通信的深刻理解，坚持主张通信本质上是
服务于人、离不开人的，提出以通信所依据的人类感官使用模式为基础断代，
从而构建起了中国通信历史的整体框架。这种划分既有创新，又具有非常合理
的依据，突出体现了编著者对通信发展内在逻辑的独特性的准确把握。

该书的另一特色体现在对图片资源的利用上。在阐述历史时，文字固然能
以其严密的逻辑性和深刻的思想性来对历史进行描述和提炼，但若只是单纯的
文字说明，则较抽象并会使读者产生距离感。而图像相对直观，有时比文字更
能取得"此时无声胜有声"的"阐释"效果。该书以图说史、图文结合，便是
一种极好的做法。

《中国通信图史》以"论从史出，史论结合"的求真写法，对如山似海的

资料进行精心摘取和选编，力求避免材料的堆砌。在"还原历史"的基础上，辅以各种有趣的历史小故事和通信技术知识链接，将史实、图片、故事、技术资料以及简要的议论有机结合，加上平实晓畅的行文表述，从而使较抽象、专业的通信技术史变得有趣、生动起来，有利于被一般受众所接受。整部书体系严谨，图文互释，装帧精美，尤其是对通信历史的概括、划分、总结，超越了前人，具有很高的学术价值和欣赏价值。

由《中国通信图史》人们还可以深深体会到中国人在通信的历史长河中那勇敢搏击、自强不息的精神。符号时代，造纸术的发明是对世界信息传播的一次重大革命，它轻便了内容载体，丰富了视觉内涵，使信息传递范围更广、更准确。仿真时代和虚拟时代，尽管中国在起步上落后于外国，但中国人并没有放弃自主创新的努力。在借鉴国外先进技术的同时，自主研发通信发展的关键技术：1998年12月31日，中国"八纵八横"光缆干线网建成，使我国通信传输网的技术层次、网络规模跃入世界先进水平；2000年5月，中国TD-SCDMA正式成为国际电联认可的三大国际3G标准之一，这是中国百年电信史上第一个具有完全自主知识产权的国际通信标准；2004年12月25日，中国第一个下一代互联网示范工程核心网（cernet2）正式开通，成为世界上规模最大的纯IPv6互联网，从而使我国在世界下一代互联网发展上占得先机。

如今，电话、电视与个人计算机共同构成了宏大的通信革命的三块基石，互联网更是以前所未有的力度推动着通信革命向纵深发展。英国《经济学家》杂志社编辑弗朗西丝·凯恩克罗斯在其所著的《距离的消失》一书中把邮件、电报、电话、电视、互联网等通信技术的革新看成是"人类三次伟大的运输成本革命之一"。他认为"19世纪，蒸汽机船与铁路革命性地降低了货物运输的成本；20世纪，先是发动机汽车然后是飞机，降低了客运的成本；在新世纪，这一技术（指通信技术——本文作者）将降低知识与新观念的传输成本"。诚然，在通信革命浪潮中，电子邮件、视频通信、远程教育、远程医疗等新通信技术正在迅速淡化距离，人们可以在家工作，也可以在飞机、航船等移动状态中工作。尤其是在数字网络时代，中国互联网所蕴藏的无穷力量更是让人类对通信的未来充满了憧憬。专家预测下一代互联网将开启人类真正的数字生活，任何人都可随时随地用任何一种方式高速上网，任何可能的东西都会成为网络生活的一部分，都可以通过网络来调控，甚至在网上可传播气味，可触摸虚拟现实。如果这些构想都一一实现的话，必将是人类通信史上史无前例的巨大飞跃。

"读史使人明智。"言说历史的真正意义在于当下和未来，以史为鉴，借古察今，才能更加理智地面对未来。新通信技术不仅改变了政府与民众、企业与消费者、企业与企业的关系，也改变了我们的日常交往、生活习惯以及思考和讲话的方式。当人们在为通信技术变革带来的便利、自由而欢欣鼓舞时，也不由得产生一些隐忧：如垃圾信息泛滥、数字鸿沟、工作与闲暇的界限越来越模糊等。

原载《中国编辑》2010年第4期

品牌，媒体竞争之利器

——"中外传媒品牌经营丛书"评介

围绕着品牌经营这一当下传媒业生存发展的关键，从报刊电视以及网络媒体的品牌定位、核心价值的构建以及各类传媒品牌资产要素如何管理，丛书以丰富翔实的资料、独到的视角，系统研究了传媒企业的品牌经营问题。书中富有操作性的实战案例、故事性的叙事语言更增添了其可读性。

由金雁主编、中国人民大学出版社出版的丛书"中外传媒品牌经营丛书"，在林林总总的媒体经营书籍中，因以"品牌经营"这一关键词统领而令人耳目一新。《专业报刊品牌经营》、《都市报业品牌经营》、《电视与新媒体品牌经营》三册中论述的品牌经营之道基本涵盖了新旧两大类媒体。

围绕着品牌经营这一当下传媒业生存发展的关键，从报刊电视以及网络媒体的品牌定位、核心价值的构建以及各类传媒品牌资产要素如何管理，丛书以丰富翔实的资料、独到的视角，系统研究了传媒企业的品牌经营问题。书中富有操作性的实战案例、故事性的叙事语言更增添了其可读性。

媒体要打造品牌，首先需要有准确的定位——"我是谁"、"我能做什么"、"我能在读者心目中占有什么位置"？这是媒体品牌定位必须回答的几个问题。《广州日报》的回答是：我是"大米白饭"，没什么特别，但市民的日常生活少不了，体现了"服务性"这一品牌差异化的核心识别；我能"提供各类信息服务——新闻、生活及各行业资讯、政策解读；至于"我能在读者心目中占有什么位置？"它的答案是"引领潮流永立潮头"，做都市类报纸的第一。书中对《广州日报》的定位表达，是都市类报纸中品牌定位描述的生动一例。

专业报刊的品牌定位则更加精准、读者群更加细分，在秦朔看来，财经类报刊的读者大体可以分为三类：1.核心读者，即比较专业的受众；2.个人投资者或中小投资者；3.兴趣人士。他认为《第一财经日报》选择的占位就是要做财经日报这一领域里的领导者。再如《中国企业家》、《中国经营报》定位为不同层次的企业家，《中华工商时报》则守望民营企业，《21世纪经济报道》、《第一财经日报》瞄准商业精英，《中国经济时报》则定位为经济工作者和政府官员不可缺少的读物；《南方周末》、《南风窗》面对的是全国的读者，尤其是知识层消费者。市场化报刊所以需要准确定位，在于市场已经细分，在于要吸引一个相对固定的读者群。任何一家媒体虽然不可能吸引普天下的读者，但却可以吸引普天下需要该媒体的读者。

看准了读者，清楚他们需要什么，并且有一个清晰的占位目标，这是品牌打造的第一步。

品牌建设最关键的一环是核心识别的，即品牌DNA的构建。《都市报业品牌经营》一书第三章以广州地区报纸为例，从《羊城晚报》、《广州日报》、《南方都市报》的先后崛起和逐渐形成的各自差异深入分析了报纸的核心识别构建：《羊城晚报》靠内容上的关注社会热点、浓浓的文化味为特色的"晚报风格"先于20世纪80年代后期成为广州报业市场的领导者，《广州日报》则以"早报"、"厚报"为特征的"服务性"在20世纪90年代后期取代了《羊城晚报》的第一地位，而《南方都市报》则在两个巨人之中找到了"相对宽松的言论空间"的"空当"并以此为核心形成了自己的人文关怀特色，很快占据广州报业市场的第二。

在《电视与新媒体品牌经营》一书中，作者在"中央电视台的'非常6+1'的特色"、"CNN能够拿到全球范围内焦点事件第一手材料的组织能力和敬业精神"、"北京电视台与皇城根儿的家常话特色"、"凤凰卫视台标代表了民族话语"、"腾讯网的'企鹅传奇'"中的评说中，分别从品牌的产品、组织、个性、标识等品牌延伸识别的四个层面论述了电视媒体的品牌差异化问题，读来深受启发。

面对新媒体的竞争，是所有传统媒体不可回避的问题。丛书的三册中，从不同角度和层面对它进行了论述：

　　在《今日美国》执行主编金赛·威尔逊的"第三代媒体消费与'面貌书'"一段中，讲述了《今日美国》这一传统媒体如何通过"面貌书"这一网络新媒体找到了融合、联合的途径，并且使报纸的品牌得到了延伸；《广州日报》将网络首页的排版模式引用到报纸，开创"导读与索引"版，在报纸网站——"大洋网"上开设"报网直播室"，《广州日报》向全媒体的进军，使报纸品牌生命力获得了进一步提升；《北京青年报》社长张延平的观点："未来读者群会是报纸价值观的认同者"，以及《芝加哥论坛报》的"提供'芝加哥式见解'"，则从报纸应发挥其独特的竞争优势层面，提出了与新媒体竞争中传统媒体品牌建设的有效途径，就是构筑与自身价值观和风格认同的受众之间的关系；《中国国家地理》则利用自己的网站加强与受众的互动，请读者评选下一期的封面图片、在网上组织过网友对美国的《国家地理》和《中国国家地理》品牌标识——封面设计的对比。

　　品牌资产管理是考量传媒领军人品牌管理智慧的重要课题。正如书中所言，"品牌资产管理，是将品牌定位和品牌识别体系规划付诸实施的一项经常性的品牌管理工作。"从品牌创建、维护到品牌发展，都要靠各种市场营销手段让品牌"落地"，在丛书的相关章节中，这些都通过不同的媒体案例及操盘手得以再现：从《华盛顿邮报》如何通过"五角大楼机密文件事件"的营销令其成为成功捍卫新闻自由的报纸而名垂青史、《广州日报》为何因里程碑式的"97版香港回归特刊"策划而名声鹊起，到《南风窗》怎样通过"大学生调研中国暑期社会调查"让老化的品牌焕发青春、英国弗里曼特尔媒体公司打造的"流行偶像"真人秀品牌电视节目如何风靡30多个国家，还有"第一财经"品牌如何从电视、网络到平面媒体的联合立体互动令品牌知名度迅速提升……

　　丛书中大大小小的案例以及故事性的叙事风格也成为该书的一大特色，像《南风窗》品牌的起家、腾讯网的"企鹅传奇"、CNN创办者特德·特纳的"冒险经历"、《21世纪经济报道》"汉芯一号"造假调查案侦探小说式的描写等，读来栩栩如生。

原载《中华工商时报》2010年12月24日

叁

3

作者答问录

访谈国宝级艺术大师

—— 一项正在进行的文化"抢救"工程

像《大师谈艺录》这样有着沉甸甸的文化含量的著作，放在国内任何一家出版社，都可以视为"看家书"之一。在2004年5月中旬桂林全国书市上，出版方请出书中访谈对象之一、国宝级书画大师、百岁老人阳太阳老先生签名售书，创下了国内签名售书年龄最长的记录，中央电视台、《南方周末》、《中华读书报》等媒体都予以报道，成为一时美谈。

在风景幽美的桂林榕湖宾馆，我与该书作者、《中国书画》主编曹鹏博士有下面的对话——

赵　泓：厚厚两大本《大师谈艺录》终于面世了。作为这本书的作者，你如何看待它在中国美术史上的地位？

曹　鹏：《大师谈艺录》是《中国书画》系列专栏文章的结集，访谈对象都是当今中国书画艺术界最有代表性的人物，在中国现当代美术史上都是值得一书的。像这种聚集了这么多大师级人物的访谈录，以前还未曾有过。特别是这些大师级人物平均年龄超过了85岁，我想以后再也不会有人能集中这些国宝级大师进行访谈了。我同我的几位助手做的这项工作，就是为了替中国传统文化薪尽火传做点贡献。在世界美术史上有一部名著瓦萨里《意大利艺苑名人传》，是文艺复兴时期的巨著，我们的这部《大师谈艺录》，在篇幅与定位上，应当是这样一部同时具有艺术文献价值与文化传记价值的图书。在艺术性

《大师谈艺录》（共2册），曹鹏著，
南方日报出版社2004年5月版
2007年，该书获广东省首届优秀出版物奖

与思想性、可读性等方面，《大师谈艺录》都更有时代感。在这里我可以预言，此书会成为研究当代艺术家的必读书，一定会传世的。

　　赵　泓：我见到你们为这套书做的宣传招贴上，有最醒目的一句话——"一本杂志和一项文化'抢救'工程"。"抢救"两个字用得好！我们应该从这个角度理解这套书的价值。你能留下这些大师对艺术及人生的第一手资料，算是做了一件功德无量的事情。

　　曹　鹏：可以说，这是中国最后一批文化大师留下的声音，以后几乎没有谁有机会和能力做这件事了。我之所以说他们是中国最后一批文化大师，是因为今后虽然不乏书画大师，但他们在中国传统文化的素养上，和这些前辈比，已不可同日而语。中国文化现在已面临一个断层，传统文化在现代文明的侵蚀下，正一块一块地丧失领地。这些大师大多已届耄耋之年，我们做这项工作，就是对传统文化的抢救。有的文化大师，像施蛰存先生、钱仲联先生、周而复先生等，已列入我们的采访计划，或正进行采访，却遽然仙逝，令人扼腕不已。当然，不是说别人就一定见不到这些老先生，而是很难进行如此深度、广度的思想交流与人生、艺术的探讨。

　　赵　泓：这是一项繁巨的工程，做下来不容易啊！

　　曹　鹏：这也是因缘际会的结果。如果不是我有幸创办《中国书画》这份杂志，也很难办成这件大事。自2001年创办《中国书画》杂志以来，始终得到各方朋友及书画界各位大师的支持和帮助，在很短的时间内，我们将这份杂志办成了中国品味最高端的艺术杂志，这些大师也很认同这份杂志。对这些大

师的系列采访虽然进行得十分艰巨，但还算顺利。可以说，这是一项规模浩大的文化工程，如果没有事业心与敬业精神，是很难进行的。我所做的访谈准备，几乎都是按照至少是博士论文的研究水准，访谈的劳动强度非常大，这主要是指高强度的艺术造诣与相关知识调度，以及话题设计与掌控、引导，再有，就是对由于大师们年事过高、精神状态、身体状态导致的各种情况的灵活处理，比如，二十几位大师分别是天南海北的，所说的话带有不同的方言色彩，多亏我在大学读过方言这门课，又多年全国各地跑，否则仅仅在语言交流上就很难胜任。

赵　泓：大师就是创造了经典作品的人。"大师"之大，在于学问的博大精深、技艺的超凡脱俗，不是一般人所能企及的。大师的艺术必定是某个时代精神文化的代表，也一定对艺术的形式语言有创造性拓展或经典性总结。对于一个时代而言，大师往往是十分稀缺的。你认为书中收录的这些大师能得到业界、乃至中国美术史的承认么？

曹　鹏：我们对"大师"这一名号始终心存敬畏之心，不会因为利益因素降低评判的标准。这些大师都经过我们严格的挑选，他们堪称中国书画艺术界最有代表性的人物，他们的艺术成就构成了中国现当代美术史的主要内容。看

2004年5月中旬第十四届全国书市在桂林召开，我和南方日报出版社副总编辑赵焜森在《大师谈艺录》首发式上。

看这套书的目录上如雷贯耳的名字，你就可以掂量出这套书的份量。说实话，我们也曾有过不少诱惑，一些人找关系托人情，希望我们能将他们纳入这个访谈系列，甚至有人以赞助数十万元作为交换条件，但被我们拒绝了。我们有我们的标准，大师访谈系列是《中国书画》的一个品牌，不能因为眼前的利益弄砸了！

赵　泓：著名美术理论家陈传席看过你对启功的访谈后，撰文认为这是他见过的中国美术界最有价值的访谈录，称赞说"采访者的水平和知识面决定了被采访者回答的心情和深度"。访谈是否成功，很大程度上取决于采访人是否具备对话的能力。拿启功访谈录来说，陈传席对以往媒体上发表的相关文章不甚满意，就是因为采访人的素养还不够。

曹　鹏：是的。一个记者是否有水平，就看他如何提问，看对话的效果。有家电视台也想做对这些大师的访谈节目，因为采访者没有恰当的人选，最后还是想到了我。经常有人提倡学者型记者，其实，依我看更理想的不是学者型记者，而是学者兼记者，甚至是专家、权威兼记者。

赵　泓：我了解到你兴趣广泛，对传统文化有较深的素养。但拜读过《大师谈艺录》后还是暗自有些吃惊，那么多专业的书画知识，而且牵扯到众多的名物掌故，你却和这些大师侃得颇为投缘，真不容易！毕竟书画不是你的专业。我想你在采访前一定做过不少功课吧？

曹　鹏：（笑）那当然！说实话，我在美术史专业也还算是专家，不少人问我的博士学位是不是在中央美术学院得的。我把每一个人物的访谈都当作一个学术课题来做，事先做了许多准备工作。这些大师的著作凡是能找到的差不多都啃了一遍，另外还有一些相关的参考书。为了做好这件事，我下的功夫还真的不在美术史专业博士或教授研究员之下。你得提这些大师感兴趣的问题，还得找机会把这些问题引向深入。他们谈的东西如果你听不懂，或者话不投机，那怎么行！被访者擅长多个领域，像启功、黄永玉、王世襄、周汝昌、饶宗颐等等，其身份已非"书画大师"所能局限，因此访谈录的价值也远远超出书画领域。

赵　泓：那要看很多的书啊！

曹　鹏：我去过的美术界人士书房，美术专业书很少有比我多的。我对于占有资料非常重视，因为我相信"一事不知，儒者之耻"，在访谈时不打无准备之仗。光是大师们的著作与作品集、画册就买回来一大堆，当然有些是老先生们赠送的。我所访谈的每一位大师，几乎都题赠给我图书，这些都是我访谈的必读书。很多书画集价格都不菲，像王世襄老先生的书我们就买了几千块钱的。我的阅读速度与读书方法还行。每次访谈前，我都会用自己设计印刷的专用卡片记下问题清单，少的三五十张，多的一二百张，现在我有一个小柜子装得满满的全是提问的卡片，《中国新闻出版报》的记者王燕枫来看过，非常吃惊，说从未见过这样做采访准备工作的，这简直是把访谈当成学问来做了。

赵　泓：临时抱佛脚肯定不成。你先前本来就有这方面的知识积累，再充充电，才能做到应付裕如。

曹　鹏：我其实从小就对书画感兴趣，自己还一直练书画。艺术方面的书以前就读过不少，至少比美术专业的学生读得多。要具备同这些大师对话的能力，光了解书画方面的著作是远远不够的，还得有文史哲等领域的训练。像启功先生，他首先是位大学者，然后才是大书法家；像周汝昌先生，人们一般只知他乃红学界泰斗，其实他的书法自成一体，有大家风范。像徐邦达、史树青等先生，都是大学问家，所以在文物鉴定领域，别人无法超越。他们都是艺德双馨的大师，我能面聆这些大师的教诲，真是三生有幸！

赵　泓：这些大师谈了他们半个多世纪的人生经历，许多可以作为中国现当代艺术史的珍贵史料。我感觉里面有些内容这些老先生平常都不见得与人谈起过。

曹　鹏：是的，从这种角度看，这可以看作一部中国艺术史的《往事并不如烟》，书里面确实揭示了不少中国艺术史上的一些内幕。有些史实足以改写中国美术史。访谈中披露的一些细节，在杂志上刊载时不便公开，这次收入书中也只好忍痛割爱了，等以后有机会再发表吧。也许，在此书以后再版或修订时可以补进去。

美国报业像成熟得快烂的苹果

——《对话美国报业总裁》作者苏荣才答问录

2005年11月，南方日报出版社推出了45万字的《对话美国报业总裁》。这是我国第一部实地探访、全面揭示美国报业集团发展、运营和管理的媒体力作。作者苏荣才先生系《深圳特区报》首席记者，2004年受深圳市政府和深圳报业集团委派，赴美国纽约市立大学进修深造，环美访问了15家著名报业（媒体）集团，与一批报坛巨子、传媒大亨、媒体高级经理人和专家学者促膝交谈，获得大量第一手材料和最新资讯，回国后撰成此书。

以下是笔者与苏荣才之间的对话——

这本书定位于报业的经营管理

赵　泓：你和你的同事辜晓进、唐亚明到国外进修深造后，都各自写出一本算得上大部头的著作，你的这本《对话美国报业总裁》和《走进美国大报》、《走进英国大报》出版后读者反响热烈，特别是报业同行给予了很高的评价。当初，你写这本书的动因是什么？

苏荣才：首先，我想感谢深圳市委、市政府和市委组织部、深圳报业集团给我提供了出国进修的难得机会。我也要感谢辜晓进、唐亚明等几位先期出国进修的同事，他们开了个好头，为我树立了榜样，也提供了许多帮助。

2003年11月，我参加"深圳市第八批出国干部进修班"，以访问学者身份赴美国纽约市立大学史坦顿学院进修、深造一年。这本书就是根据在美一年期间学习、采访的所见所闻而写的。

我写这本书主要受到三个因素的驱使：一是好奇心，二是危机感，三是如何有效利用时间。

所谓好奇心，就是最近一些年来，中国报业的改革和探索不断深化，集团化经营是一个重要的内容。我国的报业集团搞了10年，成绩有目共睹，也碰到了不少问题，报业集团究竟应该怎么搞，下一步往哪里走，众说纷坛。而美国是世界媒体产业和报业最发达的国家，人家是怎么干的，美国报业集团走过了一条什么样的发展道路，现在又是如何运营、管理的，我很好奇，想亲眼看一看。

所谓危机感，就是身为报纸的记者，在这个媒体生态剧烈变化、新型媒体层出不穷的形势下，我的内心深处始终有一种挥之不去的隐隐的危机感，始终对报纸的未来不太乐观，感到它的中长期发展形势不太妙。这种危机感，驱使我要作一些实地探访和考察，试图让自己对大势看得清楚一些。

另外，如何合理高效地利用出国一年的时间，也是我采访、写作这本书的动因。

大学毕业10多年来，我一直在新闻采访的第一线，现在，有机会到美国深造进修一年，这是非常难得的机会，我极为珍视。出国一年，说长也长，说短也短，稍不留神，就会一晃而过。确定一个题目，然后开展研究，再作一些实地考察，条件许可的话写一本东西，这样做，一是可以提升专业水平，开阔视野，学点新东西；二是逼着自己提高英语水平，要不然，出门访问，如何开口？三是以此为契机到处走一走，加深对美国社会的了解，这比单纯地旅游观光要好得多啊。应该说，辛苦了一年多，这几个目的都达到了。

赵　泓：为什么选择报业集团这个题材？你以前对这方面的情况作过研究吗？

苏荣才：选择报业集团这个题材，主要是因应国内报业发展的现实需要。与其说我眼睛盯着美国报业及报业集团的发展，不如说我心里想的是中国的报业和报业集团。

坦率地说，出国之前，不要说对美国的报业和报业集团，即使是对中国的报纸和传媒产业，我也不甚了了。我长期做记者，对报业和报业集团的运营、管理感兴趣，但只是个旁观者。

出国前，我对美国报纸的了解，主要通过两本书。第一本，大约是在1991年前后，我在中国人民大学法律系读书时，看过胡舒立写的《美国报海闻见录》，这本书给我印象很深。第二本，就是前两年我的同事辜晓进写的《走进美国大报》。

赵　泓：辜晓进已经出了一本《走进美国大报》，在业界已有了口碑，你再写一本关于美国报纸的，不觉得难度太大了么？

苏荣才：这个问题当初也有很多人问过我，但实际上，我从一开始就明白自己要干的活，与胡舒立、辜晓进这两位学长所涉及的还是有区别的。他们二位主要偏重于新闻采编、办报风格理念、编辑部运作和管理，而我则定位于报业的运营、管理。很多人看了我的书，都觉得基本上与前两本避开了，讲的不是一码子事，不是一个话题。

我动了不少脑筋
才采访到这么多重量级人物

赵　泓：我看书中你跟美国报业老总提的那些问题都显得很内行，想必你事先一定做了很多的功课吧？你是如何着手准备你的采访的？

苏荣才：这个说来话长。刚到美国时，可谓举目无亲、两眼一抹黑。首先，我对研究对象知之甚少，美国报业的整体发展状况如何，有哪些报业集团，规模怎么样，谁大谁小，有哪些类型和特色，我一概不知，甚至不清楚应该从哪里、找谁才能获取这方面的信息。第二，我在美国的新闻和媒体圈内没有任何朋友、熟人可供咨询，一切都要靠自己摸索。第三，我的英语水平还需要提高，刚到美国时，不要说出门采访，就连打电话也够呛，那时，拿起话筒前先要考虑如何组织单词、句子，对方说得稍微快一点，我就不太懂了。

针对这种情况，我把在美国一年的时间大体切成两块：一块是前半年，主要提高、突破外语，同时依托大学这个平台，从外围了解情况，开展专业研究；另一块是后半年，待口语提高、可以交流之后，就展开实地采访，然后根据采访情况，搜集、充实材料，为下一步的写作作准备。

说到这里，我要特别感谢当初提供帮助的一些人。比如，到美国不久，我曾向几位美国大学的老师发去电子邮件，希望他们推荐一下我应该去了解哪些报业集团、读哪几本书最管用、上哪几个网站。虽然素昧平生，但他们都分别回了邮件，提供了不少信息，可以说，这给我的研究打开了一个缺口。后来，我就是凭借这一缺口不断扩大、深挖，广泛联络，一步步摸到了自己想要的东西。

赵　泓：你在美国采访到很多报业巨头，他们都是知名报业集团的总裁、CEO，层次很高，你是如何联系到他们，让他们接受你的采访的？

苏荣才：说实话，能够采访到这么多重量级的报业总裁，连我自己当初也没想到。不瞒你说，我是动了不少脑筋的，有一些体会值得和同行分享。

体会之一：直接联系本人。起初，我联系采访报业总裁，总是先登陆这些报业公司的网站，因为网站上通常都会有媒体采访联系人，或公司公关部经理，然后，我直接给这些人写信，希望能安排采访公司的老总。但大部分公关经理会婉拒，我感到这条路很难行得通。后来，我请教了有关朋友，他们告诉我，最好直接给这些报业集团的老总发邮件。那么，如何搞到他们的邮件地址呢？这看起来很难，实际上简单得很，因为美国大一点的公司，它里面的每一个人都有一个电子邮箱，这个邮箱地址的编排都有一定的规律，有的是全拼，有的是截取姓和名中的某几个字母组合而成，老总也不例外，只要你掌握了其中的"门道"，就可以让公司的总裁直接收到你的邮件。

体会之二：要善于说服对方接受采访。在这一点上，我的确动了一些心思：第一，我说我是一个在职的中国记者（working journalist），这一点对很多美国人有一定的吸引力。与外国记者打交道，不独中国人觉得神秘，也是很多美国人一辈子都没有经历过的，何况还是来自遥远的中国的记者？第二，我告诉他们：我现在是一个受到中国官方资助的访问学者，来美国研究、考察报业和传媒产业发展。第三，中国的媒体产业市场化改革启动不久，正在深入推进；我所供职的报业集团是中国规模最大、经济实力最强的报业集团之一，也是这场改革的试点和先锋。第四，中国报业改革和发展需要学习、借鉴美国的经验，而贵公司的发展经验和总裁本人的意见，必将对中国的报业和媒体产业发展有所裨益。以上说辞，足以打动绝大多数报业总裁的心，让他们觉得，我去采访他，不是单纯地为了采访而采访，也不单纯是为了完成我本人的研究课题，而是为了要把美国的情况和对方的观点介绍给中国的同行，以推动中国报业的发展。谁又能拒绝这种请求呢？通过这种办法，我成功地采访到了美国最著名的一批报业集团的总裁，比如"三巨头"甘乃特公司、奈特–里德公司、论坛公司，以及赫斯特公司、麦克拉奇公司、媒体将军公司、自由通讯公司、美国国际数据集团的最高层管理者，许多还是公司的"一把手"。

体会之三：这些报业总裁、CEO热情、亲和的态度，令人难忘。在美国联系、采访报业总裁的过程，已成为我十分愉快和美好的回忆。比如，自由通讯公司的总裁兼CEO安伦·贝尔先生，是一位70多岁的老人，他是第一位答应接受我采访的报业总裁。在美一年间，我先后给他写过十几封电子邮件，他每件必复，每复必快，有时我发出邮件后，不到10分钟就拉到回复了。可以说，我们之间结下了友谊，2004年圣诞节期间，他来东南亚度假，途经香港时，我已回国，他约我到港一见，叙谈两三个小时。再比如，国际数据集团的创始人、董事长麦戈文先生，有"IT传媒大王"之称，论财富，他拥有二三十亿美元身家，排在2004年度《福布斯》"美国最富400人"排行榜的106位。就是这样一位大亨、巨贾，接到我的采访请求后当天就回复答应。在我到访后，他步出办公室，亲自到大堂来迎接，让我既感动不已，又感慨万千。

赵　泓：这些经历确实很宝贵，我想国内同行一定对此有兴趣，希望你谈谈采访他们的心得。

苏荣才：在美国期间，我先后采访了美国报界、传媒产业界和媒体研究专家40人左右。采访他们，基本上都有一个联系、准备、交谈、整理录音、补充材料这五个环节。

我认为，做足功课、精心准备十分重要。在美国联系采访，首先要给对方报上你的问题，这些问题，往往会决定你有没有采访到他的机会。问得好，让他感兴趣，他可能就会答应见你。因此，在联系每一个人之前，我都要做足研究，摸清情况，有针对性地提出问题。在采访前一两天，再将这些问题进一步细化，同时确定采访时提问的顺序、用语等。在美期间，我除了听课、从图书馆借阅书刊、上网搜索资料外，还付费注册成为两个专业研究机构的订户，经常没日没夜地到他们的资料库里"挖料"。美国第三大报业集团——论坛公司的报业总裁杰克·富勒先生，曾被誉为美国"最有思想的总编辑"，著述甚丰，为了采访他，我专门到Amazon.com上订购了一本他的专著。采访美国第一大报业集团——甘乃特公司的报业总裁盖瑞·沃森的经历，颇能说明问题。他一开始不是很热情，但后来被我"说动"了，答应见我。第一次见面时，我们只寒暄了一句，就正襟危坐开始采访。后来，我们越谈越欢，结束后，他亲自把我送到电梯口，在过道和电梯间里，又聊了好长一会儿。我后来一想，他的态度之所以会变化，主要是我的准备工作充分，提的问题比较准，也对他的口味。

在交谈的时候，我基本不做笔记，专心听讲，但会对采访进行全程录音。采访结束后，我会马上根据印象，写下当日采访的要点、对方的主要观点。事后，我会边听采访录音，边将其整理成中文。如果觉得材料还不够、背景还需要补充，就想办法补充。在美国一圈走下来，我录的磁带近30盘，后来用了整整一个月的时间，一字不拉地把它们整理、翻译成中文的问答录。当然，这一过程，也大大地提高了我的英语听力水平。

这些报业（媒体）集团都是具有代表性的

赵　泓：你是如何考虑选取这15家报业（媒体）集团作为你的采访对象的？

苏荣才：主要考虑要有代表性，做到种类丰富、特色明显。比如，我采访的这15家集团，既有最大的几家报业集团，像甘乃特、奈特—里德、论坛公司，又有规模相对较小的、扎根社区的区域性报业集团；既有上市报业公司，又有家族控制的私营公司；既有以报业为单一经营业务的"纯报团"，又有综合性的媒体集团；既有报业集团，又有杂志出版集团；既有英文报业集团，又选择了一家海外华文报业公司。另外，这些报业集团也各具特色，比如，有的以规模大、集权化经营而著称，有的以分散经营为特色；有的坚守报业这一主业，有的猛力推进报纸、广电、网络的融合，等等。这些在书中都有体现。

赵　泓：2005年中国的报纸无论广告、发行还是利润，都下跌得很厉害，有人认为中国的报业经过这10多年的快速发展后，目前已进入一个"拐点"。美国的报纸情况也是如此，像《纽约时报》等著名报纸都在裁员。你在美国采的那阵子感觉到美国同行对报业的危机是否有足够的心理准备？他们有没有应对危机的有效办法？

苏荣才：美国报业这几年的确不太景气。这是多方面的因素造成的。就我的了解来说，美国报界的同行，对现在的危机是有一定的心理准备的，也采取了各种办法，力图走出困境。比如，这几年来美国许多大城市出现的所谓免费小报风潮，有的报业集团努力推进报纸、广电和网络的融合，都是应对危机的新举措。至于他们培养年轻读者、抓读者"从娃娃开始"，那已坚持不懈地实行了二三十年了。

以纵向的视野来看，报业的调整甚至下跌，不足为奇。在过往百年历史上，报业调整经常出现，每次调整几年，报纸都能很快重拾升势，有时甚至发展得更好。现在的关键是，这一波的调整，是否与史上历次一样，能很快地走出困境？说实话，我不感到乐观。在我看来，由于互联网等新兴媒体的出现，当今世界的媒体生态不同于以往任何时期，美国等发达国家这一波的报业调整，可能不会是暂时的、技术性的，而是报纸作为一门产业走下坡路的起始。至于中国的情况，则另当别论。

赵　泓：走了这一圈之后，你对中美两国的报业和报业集团的发展有何比较和评价？

苏荣才：这个问题太大，也有不少朋友问过我。《对话美国报业总裁》这本书的前言部分，就是我对这个问题的初步探讨。

我曾对有的朋友谈过我的几个观点：第一，中美两国的报业和报业集团，处在不同的发展阶段。如果说，美国的报业是一个成熟得快要烂了、快要掉到地上的苹果，那么，中国的报业才是一个刚谢掉花、才挂果的青涩果仔，发展阶段不可同日而语。第二，中美两国的报业发展，正如两国的国情一样，既有差别，更有差距，我们不能因为两国国情的差别而放弃对美国等发达国家报业发展的学习借鉴；也不能因为国情的差别，而掩盖了中美两国报业发展水平和实力的差距。第三，报业的竞争力、媒体的影响力和渗透力，必须通过激烈甚至惨烈的市场竞争，才能形成和提高。就像一支军队，不经战火，就不可能提高战斗力，不可能攻城拔寨、威振四方。第四，报业在可预见的将来，其中长期前景不太美妙，救亡图存的任务很重，中国的报界同行若因眼前的一片繁荣而忘记中长期的战略应对，后果会非常严重。

赵　泓：辜晓进在《走进美国大报》的后记里说他的那本书"写得很苦"，你的这本书也是写得很苦的吧？

苏荣才：我在后记里用了"苦不堪言"四个字！我是2004年11月回国的。回国后，我用了大约5个月的时间来写作，可以说是夜以继日、通宵达旦。不过，现在回想起来，还是备感欣慰。因为，这毕竟是我的第一本书呢！

我写这本书时比较注意这几点：第一，确保原汁原味，尽最大努力保留报业总裁们谈话的"原声"，所以，书中除了大量用楷体字标出的对话实录外，还有不少大段大段的谈话，基本上都保留了采访时的话语原貌。第二，确保信息量丰富、饱满，特别是有关传媒产业发展上的最新数据、信息、营运模式等，我除了采访现场获得的之外，还想方设法采集、补充。第三，凸显特色，各有侧重。在写某一家的时候，既注意把握全貌，又有所侧重，突出特色。第四，力争可读，穿插了不少在各地的所见所闻。值得一提的是，在写这本书时，我有意用了不少历史材料、背景信息，甚至逸闻花絮，当初，有的朋友看过书稿，曾建议我予以压缩历史内容，但我没有采纳，因为，在我看来，这些背景最有助于人们对现实的把握。

原载《新闻记者》2006年第3期

一个女心理医生的爱情新说

香港中文大学亚洲研究中心研究员、上海交通大学人文社会科学院客座教授程超泽博士主持的泛太平洋研究室"中国婚姻与家庭课题组"，曾对上海20多个婚姻介绍所、婚姻家庭心理治疗中心、各级妇联组织等进行了数月的走访和深入调查，收集到大量的口头及书面资料。在对这些资料进行深入分析和研究之后，程超泽博士写成《婚姻魔方：一位女心理治疗医生的真实告白》(以下简称《婚姻魔方》)一书，其中不少观点和案例对理解当下正在形成的所谓"第三次离婚浪潮"也许很有帮助。程博士的爱情新说观点大胆、新颖，令人关注，为此，笔者专门访问了他——

开放是婚外情和离婚率
急剧上升的罪魁祸首?

赵　泓：你在书中着重探讨了经济在婚姻中所产生的权力平衡问题。既然经济在婚姻生活中的作用如此之大，那么，经济是不是造成婚姻破裂最直接和最主要的原因呢?

程超泽：金钱和权力确实在婚姻中起了很重要的作用，但婚姻危机有很复杂的原因，它包括经济的、权力的、平等的、性的、姻亲关系的、婚姻生活压力的，以及双方成长家庭的性格承传等诸多因素。婚姻的聚散，无一不是这些因素的合力作用。但婚姻又因人而异，不同的离异家庭也许有着不同的最主要和最直接的原因，可能是金钱，也可能是别的。

我国正在经历的"第三次离婚浪潮"，固然有上述因素使然，但终极因素却与改革开放有关。这并不是说改革开放是一桩坏事，而是说改革开放正在并继续在冲破一切封闭思想和陈旧观念的束缚。我国婚姻男女从未像今天这样在传统与现代的婚姻观的交战中苦苦挣扎，也从来没有像今天这样认真地以市场经济的原则去量度婚姻，探究婚姻究竟是成本大于利益，抑或是利益大于成本。更重要的是，因为开放，西方的婚姻模式给国人带来了前所未有的冲击和影响。

今天，我国正处在急剧的社会转型期，人们从封闭中解放出来，并有机会走出国门去耳闻目睹西方家庭婚姻文化的一切。于是，西方的婚姻心理与国内大量出版的婚姻与家庭书籍中所探讨的所谓婚姻全新理念便发生了碰撞，并在人们的心灵上引起了强烈的震撼。随着改革开放的进一步发展，人们将日益跨越传统与封闭，也日益强化开放、自由、平等这些西方家庭婚姻的心理特征。所以，我们说中国当下婚外情和离婚率急升，与改革开放不无关系。

"夫妻双方，谁有钱谁说了算"？

赵　泓：在《婚姻魔方》一书中，您提出婚姻夫妇在婚后有必要再度协商婚姻性爱关系，以明确一些共同原则以资遵守。我注意到您的一些观点是对传统说法的挑战，例如您很强调金钱和权力在夫妻关系中的作用。

程超泽：事实确实如此。这一问题以往常常被人们忽略或者回避了，就如同平时亲朋好友在调解别人的夫妻关系时的用心一样——害怕揭开夫妻不和真相的面纱。而夫妻本身又往往不提这个问题，他们最多只为花钱问题而争论，从来不谈及金钱是如何建构和摧残他们的婚姻的。甚至连一些心理咨询专家，也不和求助者讨论有关钱的问题。事实上，正是金钱和权力的不平等导致了一系列婚姻问题。在婚姻夫妇中，谁有经济能力，谁就可以下命令，任何婚姻关系都臣服于这条金科玉律之下。

若想在婚姻家庭中成为完整的人，并进而成为对方真正的伴侣，夫妻双方就必须审视他们经济生活的本质，并承认金钱这个东西在双方关系中所具有的平衡作用。如果钱不属于夫妇两人，而只属于其中的一个，那么，这对夫妻所呈现的问题就可能无法沟通和解决了。如果我们真心想做个自主并在情感上连接配偶的真正的人，同时也希望帮助配偶这么做，那么，我们就要避免在经济上对配偶的长期依赖，因为这种依赖会摧毁夫妻互敬互爱的关系。

权力和爱情紧密交织于每一个婚姻中，如果夫妻不能平衡彼此间的权力，就免不了进行权力争夺，弱势的一方就会想尽办法夺回丧失的权力。所以，如果要评价一段婚姻，最贴切的方式莫过于询问谁掌握着经济大权、谁负责家务、谁照顾孩子。任何婚姻要避开权力平等问题都是不现实的。

赵　泓： 那金钱和权力又是怎样影响到夫妻间的性关系的呢？

程超泽： 在性关系中，惟有两性真正平等才是最性感、最有魅力的性满足。但在现实中，婚姻性关系从一开始便建立在权力基础之上：婚后尤其有了孩子之后，婚姻家庭中男主外、女主内的格局逐步形成，女人常常不自觉地居于下属的服从地位，社会上的人也似乎早已习惯了这种婚姻关系中的男女定位。这种不平等地位使夫妻间的性关系亦会逐渐变得带有一方命令一方服从的性质，这样的性关系显然是难以给双方持久带来性满足的。

"爱情不是婚姻的惟一保障"？

赵　泓： 美国著名心理婚姻顾问汤姆·麦金尼说过："婚姻不是建立在爱情之上，而是建立在诚恳之上，这就是说，要诚恳地面对自我与对方的现实世界。"您在书中的许多论述似乎也印证了这一观点。这是否与以往强调的"婚姻以爱情为基础"相冲突？

程超泽： 我很赞同汤姆-麦金尼的这一观点。我觉得国人在这方面始终存在一个误区，那就是他们不断将婚姻危机的焦点放在情感的层面上，试图从情感上去解决一切。大多数心理治疗医生也都在传播"只要有充分的爱，就能改善婚姻生活的各种关系"的理念。然而，事实证明，单单具有爱是不够的。婚姻中的种种矛盾和冲突，决非单靠爱情的力量就能化解。在现实的婚姻里，坦诚的沟通更为重要。如果缺乏良好的沟通，诸多因素所产生的危机就会一点一滴地吞噬爱情，动摇整个婚姻根基，最后将两人苦心经营的爱巢倾覆。

《婚姻魔方——一位女心理治疗医生的真实告白》，
程超泽、陈逍鹃著，南方日报出版社2000年7月版

人们往往在婚前持有许多浪漫的想法，而婚后的生活却常常迫使你放弃从前自以为是的婚姻观。金钱和权力在婚姻中的作用、性生活的不和谐、小孩养育问题上的分歧以及与成长家庭的关系等等，都有可能成为焦虑、冲突甚至决裂的重要原因。

结婚对于那些还未从爱情的激情中缓过神来的人来说，意味着一场严峻的考验。一般人会认为，经过热恋之后迈入婚姻殿堂的夫妇，结婚头几年虽然生活较苦，但仍然甜美。可最新的一项权威调查发现，婚姻的头10年最为糟糕，也最具危机。中国南方一家婚姻研究中心调查了1000名离婚者后发现，婚姻危机常开始于刚刚结婚的那阵子，特别是在头两三年里。缔结婚姻的新人日后能否和平共处，很大程度上取决于这段期间两人的婚姻关系，取决于这两个来自不同背景的个体，能否在这段期间发展出一种夫妻一体的第三种性格。

一些观念新潮的青年，正是因为惧怕将来婚姻里无法预知到的矛盾会造成情感上的更大伤害，而采取仍未获得社会一致认可的婚前同居或"试婚"等方式。

我在《婚姻魔方》一书中，揭示了婚姻里潜伏的种种危机以及危机的根源所在，试图告诉读者，在一个改革开放、文化嬗变的时代里，夫妻双方应制订一个活泼而又令人满意的婚姻游戏方案，其中除了爱之外，还应包括协商婚姻合约等，惟其如此，才能让婚姻永葆活力。

"婚外情是人的本性使然"？

赵　泓：婚外情是婚姻危机爆发的一种外在形式，也是导致家庭离异的一个导火索。婚外情无可避免地会对某一方造成伤害，因而受到舆论的普遍抨击是理所当然的。但婚外情有很复杂的原因，即便是一些和睦相处的夫妻、甚至是一些被认为十分恩爱的"模范"家庭，也难免遭遇婚外情。那么，婚外情产生的主要原因到底是婚姻内部发生了危机，还是人的本性使然？

程超泽：我的观点也许非常大胆——

第一，"婚外情"的界定具有不确定性。婚外情从情欲角度看，可能是寻常的、健康的；但从道德或心理学意义上看，也许是病态的。事实上，即使是正常人，有正常的克制力，若是驱动力严重受挫，也会造成婚姻上的不忠。但很多时候，生活单调、乏味，是长期努力克制婚外情欲的正常人也会产生外遇的常见原因。在我们的采访对象中，许多男性承认，他们初次发生婚外情的原因是婚后的乏味感觉。但也有部分人承认，由于内在克制力比较薄弱，只要有适当机会，就算没有强烈的乏味感，也会出轨。

第二，把婚外情仅仅看成是一种不道德情欲的结果，未免太过简单。对婚外情的研究需要以科学的、实事求是的态度去多视角探讨。

第三，虽然从未有过不造成伤害的婚外情，但婚外情在某种层面上看，对修复原来的婚姻关系、让受伤者看到不忠者背叛的原因、让不忠者重燃起生活的激情，也许都会有一些作用。国际上一些权威人士曾经提出，婚外情对某些特定婚姻也许有帮助。英国著名婚姻与家庭学者丘伯与哈洛夫的研究报告称，他们的个别采访对象和配偶的生活的确因外遇而受益。

我所接触到的一些个案，也似乎证实了这一点，尤其是那种低度投入的外遇。除了排解烦闷无聊外，低度投入的外遇在两个层面上可能是有益的：其一，一个缺乏安全感或自尊的人，可以从某一次的艳遇中获得暂时的满足和自信；其二，一个婚姻有严重瑕疵，无法从中获得充分满足的人，可能会把婚外关系看作是婚姻的一种补充和改良。

第四，尽管婚姻的样式正随着我国开放程度和现代化程度的提高而在不断改变，但婚姻本身却比以往更受欢迎。即便离婚率不断攀升，对婚外情引发的性行为的包容程度也比开放前强得多。尽管独身者绝对数也在增加，但这并不表示这个社会的人们已经越来越不赞成婚姻。相反，在我的问卷调查中，有近6/7的离婚者再婚，这说明婚姻仍然是当今中国唯一合法且受到公认的两性结合形式。人们所反对的，往往只是不满意的婚姻。

"离婚不一定会对小孩造成伤害"？

赵　泓：小孩往往是离婚事件中最大的被伤害者。统计资料表明，单亲家庭的孩子大多存在心理和人格上的障碍，犯罪率也比正常家庭的小孩高得多。许多离异或徘徊在离婚边缘的家庭，考虑最多的就是离婚后小孩的监护问题。有些人正是由于担心这点而"懒得离婚"。是不是离婚真的会对孩子造成伤害呢？有没有适合我国国情的有效监护模式呢？

程超泽：父母离婚确实不一定会给孩子造成伤害，重要的是看父母如何处理他们破碎的婚姻、离婚后的生活、两人以后的关系，以及如何继续照顾孩子。离婚的双方应当知道，走出阴霾的力量操控在你们的手中，在家庭遭逢剧变之际，你一样可以帮助孩子顺利调适、健康成长，让他继续拥有健全的人格。具体来说，就是要帮助孩子迅速适应你们的离婚事实。其中需要注意的是：

帮助孩子了解在目前这种特殊状况下，分居和离婚所代表的意义是什么；

用具体且适合孩子年龄的说法告诉孩子，父母离婚会带给他们什么样的影响；

向孩子保证父母仍然会疼爱他，会继续用心照顾他，而且要信守承诺，说到做到；

鼓励孩子和你的前夫（妻）维持快乐的亲密关系，并且尽力促成这种关系；

尽量和你的前夫（妻）维持和谐的关系，如果双方之间有冲突，也要避免让孩子受到影响；

和你的前夫（妻）携手合作，处理有关孩子的事情；

帮助孩子建立自信心，让他们觉得自己是受重视的个体；

帮助孩子获得其他人的协助与指导，或是在必要的时候寻求专业人士的建议。

至于监护的问题，则不是我这样一个家庭婚姻工作者所能解决的，它需要政府、社会、家庭通力合作，是一项重大的系统工程。在我国目前的情况下，这项工程的建设还需付出非常艰辛的努力。

原刊《南方日报》2000年9月17日

后刊《南方》2008年第1期

一个编辑人的世界

直面后单位社会

对于绝大多数人来说，单位是一个人安身立命之所。但随着单位制度的日渐式微，越来越多的人离开了传统意义上的单位，这是社会发展不可逆转的趋势。对离开单位不同群体的研究，可以更透彻地了解到社会转型期普通中国人的命运。雷升经过长久的思考和细心的观察，写出了《离开单位》一书。2002年1月初，我赴海口出差，正好《离开单位》一书刚刚印出，我带着样书与作者雷升在海口见面。为使更多的人了解作者的写作意图，我作为该书的责任编辑，与他就这部书进行了一次对话。

离开单位：一个值得关注的社会现象

赵　泓： "单位社会"是近几年学术界的一个热门话题。作为一个较早离开单位，后来又自己成立工作室的人，你在《离开单位》一书中将重点放在众多平民离开传统的单位体制后的心态和面临着的种种实际问题，以及可能解决问题的种种方法上，这是否和你的个人经历有关？

雷　升： 首先，我觉得作为一种社会现象，离开单位是关系到千千万万普通百姓喜忧哀乐的大事，无疑是值得关注的课题。当然，我个人离开单位后，也亲身遭遇到种种离开单位后在社会上面临的困难和尴尬，这对我写作这本书有一定的帮助，因为有亲身实感，对离开单位这种越来越普遍的现象有更深切的认识，这是写作本书的基础。当然，在此书具体写作的过程中，还需要更多的理性分析和客观把握。

赵　泓：随着市场经济原则的确立，中国的改革不可逆转地走向纵深，延续半个世纪的单位制度已成为我国改革的一个瓶颈，一个体制性或组织性障碍。在由计划经济向市场经济的转型过程中，人们试图给旧有的单位制度寻找一种全新的替代模式。在这种深刻背景下，单位的弱化或者说单位的淡出已不可避免，每一个国人都应做好足够的心理准备。

雷　升：我国政府正以各种稳健的改革措施弱化单位的职能。近年来，各种以改变旧单位制度为目的的改革举措不断出台，其中有干部人事制度、户籍制度、金融制度、社会保障制度和住房制度改革等等，都大大削弱了传统的单位社会的基础。我们可将传统的单位体系开始瓦解，而新的替代机制尚未完成的这一阶段，称为后单位社会。虽然单位对于我们而言已没有过去那么牢靠了，但是直到今天，离开单位对大多数人来讲，还不能坦然面对，甚至有些人把离开单位看做是一种不幸或挫折。人们对自己由单位人向社会人的角色转换，显然还缺乏应有的心理及技能上的准备，还是习以为常地固守在一个单位里，很少思考自己身处的单位今后会发生什么变化，甚至会不会在某一天突然消失。

赵　泓：离开单位确实要有足够的准备。现在的就业竞争近乎残酷，对于离开单位的人来说，其压力是不言而喻的。一般而言，那些主动离开单位的人准备相对要充分一些。在与每个平民的生活息息相关的巨大变革面前，不管你是否身处单位，或是否选择离开，都应该努力完成由单位人向社会人观念的转变。

雷　升：事实上，现有的单位本身也与传统的单位不尽相同了，单位并不能包揽你的一切，这是近些年来深化经济体制改革的一个变化。但是，现在这种转变正在进行中，传统单位的体制和观念还根深蒂固，新的单位体制和观念正在形成。在对待这种现实的时候，我们要着眼两个层面的问题：一是要承认改变传统的单位制度还需要一定的时间，尤其是需要从上至下的、方方面面的配合，不可能一步到位，在这个过程中，我们要有足够的耐心；二是政府机构应该尽快采取相应的行动，来加快这个进程。一个毋庸置疑的答案就是，这个过程越短越有利于社会发展。

赵　泓：我认为，中国单位体制改革最大的障碍还是在人事社保制度的变革上。在单位内部，聘用人员还很难享受到与在册正式职工一样的政治和经济待遇，同工不能同酬的现象还比较严重。离开单位的人在办理调动、职称评定、社会保险等涉及到切身利益的诸多方面，常受到不公平对待。这些都加大了离开单位的成本。身份歧视也不容忽视。比方说，假如你读的是个民办大学，你成绩再好，也很难拥有像正规大专院校的毕业生一样的国家干部身份，甚至连报考国家公务员的资格都没有，绝大多数只能流向民营企业。正因为有这些原因，现在采取主动离开单位的还只是少数。而那些被动离开单位的人（主要是下岗者）一旦仓促间被推向社会，大多会立时陷入意想不到的困境。

雷　升：我觉得离开单位有两层意思，一是在人事关系上离开，比如许多辞职者或买断工龄者就是形式上的离开；另一个是观念上的离开单位，比如许多仍然在原来的单位从业，但是，现在的单位与以往的单位大不相同，在观念上也与传统的单位开始告别。

这是经济体制改革所带来的变化。政府和社会为了适应这种变化也作了一些相应的措施，比如一些地方在户籍管理和人事制度上也作了一些改革。但是，这种改革与现在的社会发展相比较，还是远远不够的。要完全改变单位社会，并建立起更适合社会发展的替代制度，不但需要时日，还需要积极地做大量的工作。

这种状态的改变，寄希望于改革的深入。一方面要为弱势群体，诸如离开单位的人们提供一个合适的生存环境，尤其是改变传统的单位社会的制度，让这些离开单位或没有单位的群体有实现自己权利的条件，同时，也得到基本生活保障；一方面在深化改革中瓦解现有的依靠权力和特殊地位形成的利益集团，使得社会确实实现公平、公正的原则。我相信这也是深化改革的原因和目标。

赵　泓：离开单位只是单位职能的弱化所带来的一种结果，一种不可忽视的社会现象，而不是改变单位社会的终极目的和有效手段。要进一步弱化单位的职能，真正实现由单位人向社会人的转变，最有力的手段是通过人事社保制度的改革，打破体制内外的壁垒。同时，我们也应乐观地看到，和单位体制有关的一些制度正在悄悄地发生改变，一些力度超过我们原先的想象。原先我们不经过单位就办不成的事，现在可以自己去办了。比如你在书中提到的打个结婚证也要单位开证明的尴尬事，现在就不会发生了，因为不久前国家发文取消了这一做法。广东省已正式取消了农村户口和城市户口这种延续数十年的称谓，统称为居民户口。这将给就业市场带来了一些冲击。我想，随着中国加入WTO，我们身边还会有许多意想不到的变化。也许要不了多久，我们生活中最重要的不是单位，而是随身携带的信用卡。

雷　升：是这样。经济体制改革在加入WTO以后，会有一个质的跃进。因为，既然加入了这个世界性的经济组织，大家都遵守相同的游戏规则，不合规则的就要改变，所以，原来一些政府规定和政策最近已经公布废止了一大批。

如果以往我们在确认单位弱化时，还觉得有些变数的话，加入WTO之后，这些变数都不存在了，成为一种不可逆转的趋势。理由就是，加入WTO后，随着更多的外国跨国公司的进入，国内的各种企业越来越像一个企业了。这话听起来有点别扭，意思是说，随着市场经济的规范发展，企业将会是纯粹意义上的经济组织，不再承担福利社会派发的各项负担，社会和政府职能将从企业单位中彻底剔除。这样，势必使得单位在社会中所承担和扮演的角色纯粹而单一。作为个人而言，加入某个企业或单位，更多的是获取经济报酬，要说与自己的志愿相关，更多的是专业方面的发展，而个人在政治上或社会活动中的角色和价值，则很少能在单位中体现了。单位在社会生活中、在人们心目中的地位也因此而日趋弱化。

这对企业来说，对社会来说，对个人来说，都是发展的必然，需要我们做的事，应当是尽快作些调整，以适应这种社会发展的需要。

赵　泓：前些年开始出现"粉领一族"，指那些在家里办公的知识女性。现在又有"soho一族"这一新鲜称谓。这些人依靠自身的优势，摆脱了单位的束缚，成为自由职业者，大多从事电子商务、广告设计、市场策划等。这些人能做到这一点，除了观念、年龄的因素外，和他们的专业也有很大的关系。现在有些大学生毕业时不愿服从分配，自己去找工作，没找到合适的情愿呆在家里，就是因为有专业和年龄上的优势。在单位的淡出成为一种趋势的情形下，高校专业和就业结构的调整也变得越来越迫切了。

雷　升：社会生活中出现就业形式多样化，是一件好事，这使得更多的人可以选择适合自己的职业，可以施展自己的才华。就业多样化，除了单位淡出的原因外，更多的是社会发展的缘故。要全面了解这个问题，我们要从人类社

一个编辑人的世界

会的发展历程来看。西方发达的国家，一般来说，经过层次较为分明的农业文明、工业文明，现在进入信息时代。但是，就我国现状来说，这些不同的文明阶段并没有清晰的层次，或者说，现在这几个文明阶段并存。这样就构成了就业上的多元化，因为从业人员所从事的职业性质不同，其收入差距也很大。比如说，现在边远地区的农业生产者，尚处在低级的农业文明阶段，而像北京、上海从事IT产业的人员则是信息时代的精英。这两者收入的差别甚大，其深层原因就是我们前面所提到的文明阶段不同所致。

这种不同文明阶段共存的现象，既为社会提供了多元化的就业空间，也给社会带来贫富差距增大、地区发展不平衡等一系列问题。同样，人们要谋求更高的收入和高质量的生活水平，也需要对此有个清楚的认识和把握。

精彩和无奈：离开单位的人更需要关怀

赵　泓：我知道许多主动辞职的人虽然各自的原因不尽相同，但决不是一时冲动，共同的原因是单位僵化的用人机制影响了对个人才干的发挥。但我也注意到，许多主动辞职的人在外漂泊一段时间后，又重返单位。我想，每一个离开单位的人都会有一个值得讲述的故事，或者内心有着外人难以明白的苦衷。

雷　升：类似的现象很多，我的一个朋友，出进单位两次，最早是想自己闯荡一下，很快发现，外面的世界很精彩，外面的世界也很无奈，于是，又回到单位工作。但是，回到单位一段时间后，一成不变的生活模式又让他感到气闷，就又出来了，在一家单位承包了一个项目，后来受不了承包的压力，又回来了。在现实生活中，这种与单位藕断丝连的事例极为普遍。

这是过渡时期的一个特点，外面的世界很精彩，这是就业多元化造就的精彩；但是，外面的世界很无奈，这是单位社会的架构依然是社会的主流，个人在离开单位后失去了社会角色，加之离开单位的成本使得许多人多年的努力和奋斗化为乌有。尤其是近些年因为经济不景气，市场经济的风险逐渐显现的时候，许多人知难而退，又千方百计地返回单位。

这说明社会环境还需要进一步改善，让离开单位的人有一个较好的生存环境，这样也有利于社会的发展进步。

赵　泓：现在，不管是主动辞职还是被动下岗，离开单位的人是越来越多了。但我也注意到，一些公认的有着铁饭碗的单位却在近些年变得越来越吃香了，也越来越难进了。前几天我在报纸上看到，有位学生命科学的女研究生，甘愿放弃所学的热门专业，和一大帮人竞争公务员的位置，说是工作稳定要紧。

雷　升：报考公务员没有什么不好，这样对提高国家公务员的素质有好处。假如这是种普遍的想法就不好了。我可以给你讲一个事例：1988年海南成立大特区的时候，当地的一家媒体曾发表过这样一篇文章：某个家长在教育孩子的时候，曾经这样说：你要好好读书。读书不用功，将来只能当干部！这个事例曾被作为商品经济对官本位带来冲击的典型来宣传，当时国内好多报刊都转载了这篇报道。但是，现在这位家长怕是不会这样说了。因为市场经济面对的风险和压力，尤其是社会环境的不配套使得许多人将离开单位视作畏途。这种现象，是社会现实的一种反馈。许多人离开单位以后，即或是取得了成功，有了钱，但是很快就会发现，在单位社会的框架下，渴望已久的成功，只不过是一个能挣钱和花钱的人而已，远远体现不出个人的生存价值，也与许多离开单位的人的终生理想和追求相去甚远。而更多离开单位的人面临着生存危机，因为原来体制的关系，被动离开单位的群体在技能和年龄上，势必在就业市场激烈的竞争中处于劣势，如果没有相应的社会保障，基本生活都难以保障。这种示范效应，使得许多人视离开单位为畏途。

毋庸讳言的是，相当多的国人，心里还有"政治情结"，就是参与社会政治生活的愿望，但离开单位后，这种愿望很难得到实现，甚至参与的机会也很少。事实上也是如此，一个离开单位或没有单位的人连宪法赋予个人的公民权利，诸如选举权和被选举权都无法实现，这说明了传统的单位社会的架构已经不适应社会生活的变化了。我写作这本书的目的之一，就是呼吁政府和全社会关注这个问题，并采取相应的措施来适应社会的发展变化。

赵　泓：看完你的书很感动。书中对普通找工者设身处地的考虑真正体现了一种令人尊敬的平民观照。书中的一些建议也很实用，比如你谈到找工者要注意"自己给自己安排工作"。这话听起来似乎很平常，但对于在传统单位里呆惯了的人来说，相信获益不浅。

雷　升：我觉得这些离开单位的人是社会的先行者，不管他们是主动选择或是被动承受，他们都置身于市场经济的社会生活中谋求生存和发展，其艰难和不易，不是亲历绝难想象。如果能给这些人一些帮助和鼓励，我觉得责无旁贷，也乐而为之。

赵　泓：你在书中将离开单位的人分为主动离开和被动离开两种。被动离开的大多是那些下岗职工，他们的离开有许多迫于无奈的成分。而前者大多是那些因为各种原因而辞职的人。在我们的宣传中，你是不是觉得对离开单位的人成功的一面宣传得太多，而对他们面临的困惑或困境关注得太少？

雷　升：当我开始关注离开单位的社会群体的时候，觉得我们的媒体以往关注的是极少数的成功者，而忽略了离开单位的大多数的艰难处境。尤其是那些被动离开单位的人，由于多年实行低薪的计划经济，他们在许多方面受到局限。他们的学历、知识、技能和资金没有能力承担市场经济下的竞争和风险。我看到一些人发表言论，责怪这些无力竞争的人们，其实，共和国的综合国力自建国以来迅速提升，其中有这些人的血汗付出。他们的处境是社会造成的，而不是因为个人的懒惰或不思进取而致。我们曾一再提倡看问题要历史地看，客观地看，对这些社会上的弱势群体要给予公正的说法，政府和社会也应该给予相应的生活保障。

我在写作这本书的前后，感到有一个问题应该大声呼吁，这就是：人们可以离开单位，但是不能让人们离开社会；人们可以失去职业，但是不能失去社会角色；人们可以没有工作，但是不能没有自己的权利。

要保障这些不应该失去的一切，就必须改变单位社会的架构。

社区社会：取代单位社会的一种全新模式

赵　泓：你在书的最后提出了"社区"这一概念，认为这是替代传统的单位社会的一种新的管理模式。"社区"这一概念的提出是不是借用了西方一些国家的成功经验或模式？

雷　升：就世界范围来说，社区最早建立的国家和地区不是西方一些经济发达的国家和地区，倒是一些欠发达的国家和地区。现在已经成为一种普遍采用的社会管理制度。

就像市场经济一样，我们没有照搬照套西方发达国家的做法。我想，我们国家在建立社区制度时，也会根据中国的国情，建立起具有中国特色社会主义的社区制度来。

建设社区制度首先是一种社会发展的需要。在单位制度逐渐瓦解的同时，社会需要一种替代制度。从现在的发展趋势看，社区制度应该算是最好的替代制度。

当然，现行的社区制度还远远不能替代单位制度，在完成由单位社会向社区社会的转变过程中，有两个前提条件：一是单位制度要随着改革的逐步深化而瓦解，并将其社会职能部分剔除出来；二是现行的社区制度也要逐步改革，具备承担起社区社会的职能。

前者，随着改革的深化，会水到渠成，瓜熟蒂落；而后者需要在体制上重新构建。

赵　泓：在我国经济发达的大城市，一些成熟的社区开始替代原居委会的作用和职能，这一做法值得推广和借鉴。这有点像你书中所谈的社区社会取代单位社会这一构想。不过以往居委会的职能很值得怀疑，并且人员的构成也是个问题。

雷　升：现在的居委会难以担当起替代单位社会的职能。街道要真正改变为替代单位制度的社区，社区自身发展还存在许多问题，亟待解决的两大关键问题是体制和人员构成。体制尤为重要。体制和相关的职能改变了，与其相适应的人员可以重新配置。如果还是现有的体制模式，即或是人员构成改变了，也难有作为。所以，这非得政府和全社会投入不可，且不能寄望于一时之功。但当务之急是尽快行动起来。

赵　泓：由单位人、新单位人向社区人转变，是计划经济向市场经济转型后的必然结果。虽然社区要真正取代单位尚需时日，但社区的规划和建设已是件迫在眉睫的事。令人忧心忡忡的是，此事目前还未引起社会应有的关注和重视。

雷　升：随着改革开放的深入，离开单位成了一种较普遍的现象，使得许多人和事已经游离于现有的城市社会的基本结构框架之外，管理和服务上的缺位越来越多。由于单位的社会职能外移，现有城市管理体制和功能难以承接，加之城市社会人口结构性变化加剧，实行有效的人口管理和维护社会稳定的难度增大，因此往往会引发许多社会问题。

改革与发展已经强烈呼唤着社区建设的改革，强烈呼唤着城市工作应该及时向社区化转轨，并要求今后的社区管理和服务必须突破原来较为狭窄的范畴，面向工作和生活在城市社区的所有单位和人员，也要求所有居住于社区的单位和人员必须强化属地化与社区制意识，自觉地把自己生活的社区作为参与社会活动、保障自身权益、形成社会整合的重要基地。

今后，从行政化的街居体制转向社区制，就是要把作为简单的行政区划和行政设置的街居，转变为具有自我组织性和能动性的"地方性社会"，从而变革其管理和活动的行为方式。它在保持部分协助政府进行基层管理工作的行政职能以外，更多的是通过民主性、自治性原则，把社区的各类社会单位和社会成员组织起来、凝聚起来，依靠大家的力量办好大家的事情，进而使社区发展成为广大社会成员的社会生活的共同体。

当然，要建立起这样的新型社会行政管理体制，要涉及到政治体制、行政管理体制等等，是一个庞大的系统工程。

原载《粤海风》2002年第2期
（《理论参考》2002年第11期转载）

肆

4

编辑业务探索

出版业发展不能背离出版规律

在大众传播时代，图书改变了它原本缓慢的知识传播过程，变成了一种令人吃惊的跟风消费行为。《于丹〈论语〉心得》便是一个典型的例子，在短短3个多月的时间内，销售超过了250万册（出版此书的中华书局，历史上销售成绩最好的是李侃等人编著的《中国近代史》，累计发行近200万册，但花了将近30年时间）。文化界将此称为"于丹现象"，有弹有赞，针锋相对。该书的内容价值如何，这里不予评判，但"于丹现象"凸显了这么一个非常现实的困境：在资讯越来越发达的当下，传媒越来越娱乐化，学术越来越明星化，阅读越来越浅层化。在大众传媒制造出一个又一个学术明星的同时，那些更具价值的著作反倒退隐背后，湮没不彰。

对畅销书的追求，使书业泡沫正越堆越大

大众传媒造就了炫目的超级畅销书，但它对文化的杀伤力也是巨大的，使得文化变得单一、浅薄，以便更加符合大众的口味。一种书要么人人都读，要么极少人问津。超级畅销书吸引了太多人的目光，这意味着绝大多数图书受到冷落。今天，图书品种比以往任何时期都多，但平均发行量不断萎缩，大部分图书是微利或亏损的。

在大众传播时代，图书作为文化传承的功能被严重削弱，但产量却日见扩大，结果书店收到的书越来越多，退回的速度越来越快。"一本书呆在书店的

时间比鲜奶长，比酸奶短。"在国内各大书店，你很难找到几年前出版的图书。一本书假若不是很畅销，那它在书架上呆不了多久就会被撤下，换上另一种刚送到的新书。图书的生命周期变得越来越短，以至于有的出版社到了每年的年底，不敢在版权页上标明真实的月份，担心不久后被发行商视为旧书而卖不出去，故将出版日期印为次年的元月。

图书这种最古老、最能体现内容为王的媒体，生命周期应该是最长的，可如今居然也会像酸奶一样过期，真让人悲哀。我们常遇见这样的情形，当某种图书因为"过时"而卖不动时，另一种同一类型的新书却悄然面市，你翻看之后会发现，这本散发着油墨清香的新书题材和那本濒临死亡的"旧书"类似，品质反倒下降了。结果，这本新书死得更快。在出版界低水平的造货运动中，我们看见了一个个尸横遍野的战场。

书业的泡沫正越堆越大。每年新书品种持续上升，虚假繁荣的背后是不断扩大的库存。据估计，目前各出版社累积库存已达500亿码洋。有的新书发到书店还未拆包，就被原封不动地退回出版社。库存越来越大，图书却越出越多；图书质量越来越差，库存也就越来越大。目前没人能打破这一魔咒。这些库存图书主要集中在励志理财、名人传记、素质教育、青春读物等大众图书，其原因在于大众图书门槛最低，又最容易诞生畅销品种。畅销书能产生暴利，但它每年只能占到品种的5%左右，对畅销书趋之若鹜使得大众出版领域变得拥挤不堪，出版有时变成了一种赌博，这也使得大众出版累积了更多的风险。

兼并也不能无视出版规律

自上世纪下半叶以来，传媒业一波接一波的兼并浪潮并未给书业的振兴带来多少喜讯，反倒是那些实力雄厚的传媒集团兼并传统出版社后，图书便一步步沦为大众传媒集团的附庸，书业正越来越背离它所肩负的深度文化传播的责任与义务。

20世纪60年代以后，美国很多家族出版社由于各种原因陆续被大财团兼并。80年代以后，则不断被跨国传媒集团兼并，结果其经营方式、内容品位及编辑标准等发生了改变，一切出版以盈利为目的。1980年，依凭报业发迹的传媒大亨纽豪斯家族购得了美国最大的图书出版机构兰登书屋，结果编辑们在新的商业模式驱使下，出版的独立性遭到彻底破坏，盲目追逐利润使得兰登书屋充斥着各式促销手段、低俗的内容。1998年，纽豪斯决定将兰登书屋卖给德国的贝塔斯曼集团。当时公布的财务数据表明，1997年兰登书屋勾销了8000万美元的坏账。这说明，在图书上不顾风险投入大笔金钱的做法遭到了彻头彻尾的失败。除了坏账，兰登书屋还宣布利润率只有0.1%。在纽豪斯收购之前，兰登书屋从未有过如此低的盈利水平。这证明通过巨额投入攫取巨大利润的做法，虽然在大众传媒领域屡试不爽，但在书业是很难行得通的。

传媒集团涉足出版，乃出自资源整合的需要，使图书与其他媒体达成互动，成为产品链中重要的一环。但出版传媒与娱乐传媒在经营理念、盈利模式等方面存在很大差异。事实证明，以传媒集团方式发展出版产业，并不符合出版发展规律。出版传媒并入大众传媒集团后，会面临更大的盈利压力，被迫改变过去精耕细作的出版理念；而且，选题的娱乐化、快餐化倾向会越来越严重。

在大众传播时代，书业要真正摆脱危机，根本之途在于回归它的应有之义，以传播知识和文化为己任，在出版价值和商业目的间找到一种平衡，不断提升图书品位，发挥其他媒体不可替代的阅读功能。

肆 编辑业务探索

从南方日报出版社看报业资源整合

　　在许多人眼里，报业集团成立出版社似乎是水到渠成的选择，因为它迎合了全球化信息化时代多媒体兼并、融合的趋势。人们曾经满怀期望这些出版社中诞生出业界的黑马，但结果颇令人失望。目前一个不争的事实是，报业集团所属的10余家出版社，在出版界仍处于弱势地位，无论从品牌、规模，还是从业绩利润，没有一家跨入大社强社行列。报业集团出版社欲振乏力的局面值得业界深思。

报业集团出版社的优势在于资源整合

　　自上世纪90年代以来，全国相继有10余家报业集团创办或兼并出版社。报业集团在图书出版领域开疆拓土，旨在整合集团内部资源，进一步延伸产业链，实现多品牌出版战略。在外人眼里，报业集团出版社在品牌、资金、人才等方面有着天然的优势，理应在图书出版界脱颖而出，睥睨群雄。但从目前的出版格局看，这些出版社反倒势单力薄，离人们的期待相去甚远。出现这种状况的原因是多方面的，一个重要原因在于我国报刊图书管理体制。多年来，报社及出版社都有办刊的传统，而报社鲜有经营图书出版的，这使得报社经营图书出现了一个巨大的断层。[1]

　　解放前，大报社通常也出版经营图书。像著名的《大公报》就出版过大量

1.赵泓：《报业集团出版社为何欲振无力》，《传媒观察》2005年第8期

有影响力的图书。但由于新中国成立后长期实行计划经济体制，政府对媒体进行分门别类的管理，并由不同的部门加以实施，因此各媒体间割裂的状况普遍存在。对于报业集团而言，在图书出版及广电领域，跨媒体运作的经验甚少。从当今世界出版业的发展趋势来看，图书与电影、电视、广播、电子、音像、报纸、杂志等各种媒体的互动已是传媒产业发展的一种现象，因此，报业集团需要通过图书出版，积累起跨媒体运作的经验。

报业集团拥有包括子报子刊在内的多种品牌，图书出版有助于更好地延伸这些品牌，做到双赢。出版社因处在出版与传媒的中间地带，在新闻资源转换成出版资源方面，有着近水楼台之便。新闻记者从一线带回的最新信息，版面编辑即将编发的重要稿件，出版社与报社编辑部的同志几乎可以同步获取，而那些新闻背后的故事，那些因时效、版面所限等原因未能见诸报端的信息，又能优于读者获悉。无论已公开见报的信息，还是那些新闻背后的故事，往往都有可能具有出版价值，有的可以成为选题根据，有的可以成为图书构成的主题，甚至有的还能成为重量级图书的基础和框架。[1]南方日报出版社近年来出版的《百届辉煌》、《易新群》、《在追问中逼近真实——〈南方周末〉人物报道手册》等大量图书，莫不源自对新闻报道的深度挖掘。

报业集团出版社成功的关键在于整合集团内部资源，培育出核心品牌竞争力。报业集团有不少可资利用的资源，如品牌资源、政策资源、版面资源、人力资源、渠道资源等，如能很好地加以整合，报业集团出版社便能将优势转化成胜势。

目前，大多数报业集团出版社定位尚不明确，图书个性特征尚不突出，报业的资源优势没有得到充分的挖掘。甚至连最直接的版面资源也常被其他出版社抢去，肥水落了外人田，原因就在于集团内部利益分割，本应共享的内部资源缺乏整合。一些名记名编的书稿更是难以留住。

2005年9月，全国15家报业集团出版社在上海召开首届年会，宣布成立媒体出版社联盟。这一举动意味着报业集团出版社渴望摆脱以往的弱者形象，冀望在图书出版领域有所作为。

限于经验及篇幅，这里仅以南方日报出版社为例，分析报业集团出版社在整合报业内部资源中所发挥的作用。

1.刘霆昭：《试析媒体出版社的特色与优势》，《新闻与写作》2005年第7期

版面结集只是资源整合的初级形态

南方日报出版社成立于1999年3月。它在当年5月出版了第一本书《激战南联盟》，因当时尚未批下书号，是以《广东画报》（后改为《城市画报》）的增刊形式出版的。这本书从选题策划到印制完成，只花了10天左右的时间，堪称奇迹。图书面市时，南联盟的事态尚在发展当中，读者顿感报业集团出版社出手之快。该书的开本以杂志面目呈现，文字及图片均由《广东画报》社提供，集团旗下的另一强势媒体《南方周末》刊登新书广告，发行则利用报刊的渠道迅速向全国各主要城市铺货。这种出书速度及营销方式体现出了报业集团出版社的特点和优势。

之后两年，南方日报出版社出版的图书以报纸版面、电视栏目及个人新闻作品结集为主。代表性图书有：《南方周末》系列结集本——《真相》、《命运》、《观察》、《奇案》等；《南方都市报》精品栏目结集本《一日看百年》、《钞票的表情》等；《中国青年报》深度报道作品集"本报今日出击"之《追寻正义》、《拷问良知》、《呼唤公平》；中央电视台"新闻调查"栏目结集《第一现场》；著名记者卢跃刚自选集《在高层》、《在底层》；中国记协选编的《中国新闻奖精品集（1990年～2000年）》、《中国报纸版面精粹》；根据《家庭》杂志连载的艾滋病人采访实录扩编而成的《世纪之痛》。等等。

对于一个新创办的出版社而言，这种依靠报刊及电视栏目作品结集的出版方式效果甚著，它可以缩短组稿周期，能够以主打品种借力出击，以短平快的手段迅速打开市场，引起读者和同行的关注。像《真相》等书当年曾畅销一时，并引起不法书商的疯狂盗版。虽然出版社蒙受了经济损失，但也扩大了知名度。2000年1月13日的《新闻出版报》就以《出版"娃娃"出手不凡》为题，对未满周岁的南方日报出版社给予高度评价。

但这一阶段也暴露出了一些亟待解决的问题：

一、报纸版面资源缺乏合理的策划和整合。比如《南方周末》精华结集系列，乃由相关版面文章简单地选编而成，虽然可读性强，但策划意识弱，缺乏足够的编辑含量，没有呈现正处于巅峰状态的《南方周末》幕后的故事及操作手法。这实际上是对版面资源一种掠夺性开采，造成资源的浪费。相比较而言，《中国青年报》的结集本《本报今日出击》（3卷本）虽然销路不及前者，但编辑策划含量要大得多，书中选编的20年深度新闻作品折射出了中国社会的巨大变迁，而且每篇报道都附有记者未曾披露过的采访手记。这既可以作为当时报道的补充，也可以作为新闻采编实务的参考。顺便一提的是，后来浙江人民出版社于2004年出版的由谢春雷编写的《揭开真相：〈南方周末〉知名记者报道手册》，在编辑策划上也优于《真相》等系列图书。这些说明了南方日报出版社最初在报纸版面资源利用上缺乏整体构想、深度挖掘及品牌拓展意识。

二、缺乏长远的选题规划，原创内容严重不足。除了《我替丈夫打官司》、《吃蜘蛛的人——一份关于文革的个人记忆》等少数几个品种外，出版社原创作品稀少，大多为新闻易碎品，鲜有具文化积淀价值的图书。作为一个新社，原创动力往往不足，但出版社没有及时制订出切实可行的中长期规划，在选题策划与书稿组织方面缺乏力度，编辑又各自为战，一门心思逮住现成的书稿。

要解决以上问题，出版社一方面要确定主打方向，协同策划，分头组稿，既要有速成书稿，也要有中长线品种；另一方面，要进一步挖掘新闻资源，使图书内容既来源于新闻，又高于新闻。在这一点上，南方日报出版社并非没有先例可循，如2000年出版的中央电视台"新闻调查"栏目记者写出的《偷拍实录》、《南方日报》摄影记者梁文祥提供图片、报社记者李楠配文的《独闯毒穴》二书，即是成功的例子。特别是《独闯毒穴》一书的出版，可以视作策划联动与报业资源深度挖掘的经典案例。[1]该书内容讲的是报社摄影记者梁文祥在广州火车站卧底30天拍摄吸毒者，南方日报迅速推出摄影专版，引起读者强烈反响。接着，南方日报出版社挑选出梁文祥的摄影照片，请文字功底扎实的记者李楠为之配文，出版了图文并茂的《独闯毒穴》。随后，广州中山图书馆等单位举办梁文祥摄影展，配合政府的禁毒宣传，公安部门根据他的这组报道，迅速对广州火车站及其周边地区予以整治，使广州火车站地区治安环境大为改观，中央电视台、东方电视台、湖南卫视、广东卫视先后为梁文祥拍摄了个人

1.杨兴锋：《谈谈新闻摄影报道的策划》，《新闻战线》2002年第5期

专题，10多家报刊配合宣传，并顺带推介了《独闯毒穴》一书。这种做法充分发挥了报业集团出版社独特的优势。遗憾的是，这样的选题开发得太少。

品牌互动与深度加工是资源整合的关键

在图书经营上，从来没有一蹴而就的先例。经过最初的轰轰烈烈，南方日报出版社很快转入沉寂。原先这种单靠版面及栏目内容结集的出版方式很容易消耗资源，难有后续品种跟上。那些没有经过深加工的新闻作品多为易碎品，销售周期短暂，很快变成一堆废纸。像《激战南联盟》、《世纪之痛》这两本当初出版社极为看好的图书，销售量最终未及起印数的一半。版面结集出版此时已疲态尽显。以《南方周末》系列图书为例，最先推出的《真相》、《命运》、《观察》、《奇案》4本图书曾畅销一时，但后来相继推出的《南方周末眼中的WTO》、《真知》、《骨肉难离》、《百姓纪事》等，内容趋于平淡，销路平平。

有一两年时间，南方日报出版社似乎已找不到北，四面出击，又步履沉重。在2002-2003年度，出书品种虽达到了前所未有一百余种，但七成以上是实用经管类、文化生活类的图书。加之出版社编辑又多为新手，把关不严，使得图书大多品味低下，这些书大部分至今还躺在仓库里，乏人问津。值得欣慰的是，自2002年始，以"传媒前沿"丛书、《走进美国大报》为代表的传媒类图书成为一个亮点，开始形成该社的核心品牌。像复旦大学新闻学院丁淦林教授主编的《中国新闻图史》，作为国家"十五"重点图书出版规划项目，成功入围第六届国家图书奖。由清华大学新闻与传播学院李希光教授主持编写的"传媒前沿丛书"（计《新闻学核心》、《媒体的力量》、《下一代媒体》和《全球新传播》4种）出版后大受欢迎，国务院新闻办还将它选为"全球传播高级研讨班"培训教材。中国人民大学新闻学院喻国明教授撰写的《解析传媒变局》、《传媒影响力》均成为一时的畅销书。

传媒类图书的市场良好反馈表明，南方日报出版社只有重新审视自身价值和优劣势，将图书出版纳入报业集团的多品牌战略之中，走个性化出版之路，才能确立自身的优势。该社领导适时提出了"借助集团资源，打造中国传媒思想库"的出版理念。南方日报出版社以此为鹄的，得以在报业集团出版社中脱颖而出。[1]

2004年以来，南方日报出版社在整合集团出版资源，培育自身核心竞争力方面，思路日益清晰，积累了不少经验，目前已经走出了一条适合报业集团出版社发展的路子。主要表现在：

一、借助南方报业的品牌，继续拓展新闻传媒类图书市场。这些图书偏重实务，切合当下传媒热点，带有南方报业明显的烙印。代表性的著作有南方日报社社长范以锦撰写的《南方报业战略》、南方日报社总编辑杨兴锋撰写的《高度决定影响力》，这两部有份量的著作结合了南方报业传媒集团多年的新闻实践及品牌经营战略，案例具体生动，第一次公开了中国现代报业企业运作的秘密，无论业界还是新闻教育界，都从中获益良多。复旦大学新闻学院童兵教授担纲主编的一套"中外传媒体制创新"丛书也正陆续推出，该丛书分别对美国、日本、俄罗斯、韩国、英国及国内广电、出版业、报刊业等传媒体制创新进行了深入探讨。此外，出版社还从美国引进了《调查记者手册》、《美国当代媒体编辑操作教程》等高端的新闻业务图书。

二、摒弃新闻作品结集的简单做法，在新闻版面资源的深度开发上大做文章。如结合南方日报社社庆22周年及南方都市报创办8周年，策划编辑了《55年——南方日报与广东》、《八年》。前者选取南方日报过去55年头版的重要新闻及照片，生动地反映出了广东解放以来社会的变迁。后者通过一批南都人撰写的回忆文章及对重大报道策划的回顾，展示了南都人的新闻理想和追求，揭示出了这份都市报迅速崛起的奥秘。这些图书凸现出了强烈的策划意识。与此同时，集团旗下的《21世纪经济报道》及《南方都市报》经过多年的发展，已堆积了丰厚的出版资源，先后设立了专职部门与南方日报出版社合作，共同开发图书选题，策划编辑的"21世纪"书系和"南方都市报"丛书，目前已出版图书数十种。南方报业传媒集团与光明日报报业集团共同创办的《新京报》也推出"新京报"丛书。这些图书既有对版面进行分门别类的策划，如"新京报"丛书中的《新评论》、《新调查》、《新特写》，也有对新闻报道及事件幕后的深度挖掘，如《我为南都打官司》、《在追问中逼近真

1.刘延英《打造中国传媒思想库——南方日报出版社品牌核心解读》，《南方》杂志第25期，2006年1月25日

实——〈南方周末〉人物报道手册》。等等。总体来看，这些图书多视角多层面地对报纸资源进行了综合开发与利用，适应了不同层次读者的需要。

三、利用集团品牌资源、版面资源和行政资源，实现媒体间的互动，追求社会效益和经济效益的最大化。比较典型的是去年南方日报出版社策划的《百届辉煌》和《亲历广交会》。二书汇集了1957年至2006年100届广交会的文稿、相关资料和历史图片，收录了广交会的海内外亲历者众多回忆文章，展现了"中国第一展"广交会的历史全貌。本书不仅堪称中国外贸史的浓缩记录，而且对研究新中国经济的发展进程也有着重要的参考价值。二书在正式出版前，即将相关稿件在《南方日报》专栏上连载，百届广交会召开时新书正好面市，《南方日报》等媒体在报道广交会盛况时，也积极推介这两部图书，配合广交会进行宣传，这使得报纸、图书和会展三者达成了良性互动，实现了多赢的目的。在时政类图书方面，南方日报出版社更是充分利用背靠南方日报作为广东省委机关报的优势，调动集团的行政资源，利用舆论宣传阵地，做得风生水起。如2005年底出版的《共产党员先进性三字歌》一书，由广东省委组织部、南方报业传媒集团及出版社三方协同策划、编辑出版，共发行了20万册；另一本《广东农村保持共产党员先进性教育活动简明读本》发行量更是达到了空前的92万册。二书为配合党员的政治学习发挥了巨大的作用，同时出版社也获得了可观的经济收益。现在，时政类图书创造的利润已超过该社总利润的一半，成为出版社强有力的经济支柱。另外，南方日报出版社也注意利用报社资源，对相关企业进行宣传，使之转化为图书利润。如不久前出版的《中原地产红皮书》，因为出版社在推介该书的同时，也宣传了中国最大的地产中介公司中原地产，故中原地产提供了一笔可观的资金赞助此书的出版。这实际上是图书出版中广告策略的巧妙运用。

原载《新闻大学》2007年秋季号

一个编辑人的世界

文化大省首先应是出版大省

——也谈广东图书出版业的困境与出路

出版是一个地区文化的象征

近来一直思考这么一个问题：在广东这个经济发达，历史文化积淀很深厚的省份，为什么文化上被人小瞧，甚至有人称它为"文化沙漠"？

原因很复杂，其中也有内地对广东文化存在偏见的因素。我觉得，图书出版是一个地区文化的象征，文化大省首先应该是个出版大省，广东出版（主要是图书出版）一直比较弱，所以给人一个文化弱省的形象。

广东是个文化资源很丰厚的大省。广东的岭南文化作为一种具有鲜明特色的地域文化，自古以来不断在吸收外来的中原文化及域外文化中显示出了强大的生命力，它具有开放性、务实性、平民性、包容性和重商性这些特点。特别是自鸦片战争国门洞开之后，它逐渐影响到中国政治，乃至日常生活。从康梁维新到孙中山领导的辛亥革命，从北伐战争到改革开放，广东总是先行一步，与时俱进，有领头羊的作用。

广东的大学虽远比不上北京、上海，甚至与武汉、西安相比也有距离。但是，它和湖南、四川等省比起来，并不见得差。而湖南、四川素来都是以文化大省引以自豪的。

我们再看看广东的文化产业。报业就不用说了，它是国内报业最发达的地方。广州的广州日报、南方日报及羊城晚报三大报业集团及深圳特区报业集团都排在全国报业集团的前十位。据统计，广东报纸的种类、印数、报业总收入均列全国第一。广东杂志、音像制品等也十分的发达。广东全省公开发行的期刊总发行量全国第一，音像业的规模与效益，更在全国遥遥领先，国内每2张影碟中，就有1张是在广东生产的。广东印刷业的实力也十分雄厚，印刷业年产值500亿元以上，占全国1/5强，珠三角已成为世界重要的印刷业基地。广东电视在内地影响不大，是因为它毗邻香港，可收视的频道多，而且大多数居民习惯粤语节目，但制作不错，节目很丰富，收益也颇佳。

广东文化艺术也堪称发达。像广东美术馆、艺博院、星海音乐厅等，硬件设施国内一流，藏品也非常丰富。岭南画派在全国很有影响，粤剧也颇受欢迎。

按理说广东应该是个名符其实的文化大省了，但很难得到认同，最主要的一个原因是它的出版弱（这里指的是图书出版）。出版是文化盛衰的标志，承担着文化的积累和传承。高尔基有一句名言，书籍是人类进步的阶梯。所以，像商务印书馆、三联书店这些老店，就有很高的地位，始终受到知识界读书界的尊敬。广东有没有一家被知识界认同其文化价值与品牌效益的出版社呢？很遗憾，找不出一家。

数量增长型的广东书业正积累巨大风险

如果按发行码洋算，广东的图书生产量排在全国第六位，比较靠前，但业界地位却不高，原因是图书品味不高，没有影响到高端读者群，因而难以形成良好的口碑。

2004年12月9日，广东举办了首次"泛珠三角出版论坛"，邀请福建、江西、湖南、广东、广西、海南、四川、贵州、云南九省区出版部门和香港、澳门出版业的代表，以"合作发展，共创未来"为主题，探讨泛珠三角出版共谋发展的思路。下面是这九个省区2003年图书出版数量情况[1]：

2003年度泛珠三角九省区图书出版数量（书籍、课本、图片）：

地区	种数（种）		印数	总定价
	合计	新出	（万册、张）	（万元）
福建	2628	1890	15602	96956

1. 数据来源：广东省新闻出版局政务网http://www.xwcbj.gd.gov.cn

江 西	1728	1235	19296	99682
湖 南	3715	2371	29516	180281
广 东	5439	2990	26463	186875
广 西	3775	1825	22467	129427
海 南	1715	681	8092	52977
四 川	4147	2331	26061	181857
贵 州	840	499	12364	44766
云 南	2160	1353	14744	76655
九省区合计	26147	15175	174605	1049476
九省区占全国比例	14%	14%	26%	19%
全 国 合 计	190391	110812	667000	5618245

这个表格上的统计数字说明，广东在这9个省区中图书产量最大，俨然龙头老大，但这正反映出了广东出版业的缺陷。

我们把它与湖南作个对比：2003年，广东图书品种比湖南多出1千7百多种，但总印数比湖南少了3千多万册。再对比一下四川，广东出书品种比四川多出近1300种，但总印数差不多。我们和广西等省区比较也可以得出类似的结论。这说明广东单本图书的效益远比湖南、四川差。而且我们还要看到，广东图书出版界从业人数比湖南少，出书量反而大，反映了广东出版界追求数量增长，不讲品牌的特点。而正是这点严重影响了广东出版业的形象，恶化了广东整个出版环境。

为什么广东一些出版社在退货率居高不下，经济实力及编辑队伍不强的情况下还要拚命出书呢？原因是这些出版社因为缺乏品牌书，缺乏长效品种，图书生命周期短，只好不断的推出新书，靠品种靠数量提高出书码洋。但这样增大了风险。一方面，全国图书市场目前正处于低谷，市场竞争空前激烈，品质低下的书只能不断增加退货，加大库存风险；另一方面，新的品种不断推出也使得整体成本大幅上扬，支出增加，造成应付账款的拖欠。所以，这种盲目靠品种扩大出版规模的做法，不仅破坏了品牌形象，而且造成财务状况日趋恶化。实际上，已经有部分印刷厂拒绝印制有些出版社的图书。

广东出版业陷入困境的原因

为什么广东图书出版业整体形象不佳，目前面临困境呢？我认为有以下几个原因：

一、广东文化及观念上的局限性

每一种文化都有它的优势，也有它的局限性。广东文化的特点是注重感性实用，以及商业化。这种偏重实用性娱乐性的文化，在享乐主义盛行的当下，也许对报业、影视业的繁荣会带来好处。但是，图书重在传播文化，有别于旨在传播信息的新闻媒体，它承载着积累和传承传统文化，铸造文化大师，提高民族素质的功能。广东这种平民文化和世俗文化，由于欠缺深刻的人文精神、审美意蕴和批判意识，在出版上表现为急功近利，缺乏中长期出版规划，重实用轻理论，片面追求经济效益，等等。而且由于广东处于改革开放的前沿，一向认为自己观念新，不能正视自身文化及观念上的局限，因而在图书出版上陷入误区。

广东文化心态中的实用理性和享乐主义一方面导致政治上的保守，另一方面导致对学术文化的轻视。广东出版界一向力求避开政治敏感度高、学术性强的选题，热衷推出实用经管类、生活类选题。并且原创性著作稀少，大多是低水平重复。这种做法实际上很难得到知识界的认同和尊敬。

翻译家傅雷说过："没有肉体的宁静，就没有思想的深刻。"整个社会的浮躁影响到了学术界和出版界，广东出版界则表现尤盛。作为社会风尚的引导者，广东出版界应当通过奉献深刻的思想和向上的文化，努力将广东营造成为一个书香社会。

二、没有实施应有的精品战略和品牌战略

缺乏精品战略和品牌战略是导致广东图书出版界陷入困境的直接原因。时至今日，广东没有全国叫得响的品牌社，也很少有叫得响的品牌书。美国出版家舒斯特曾经讲过："一个出版社不是因为它的管理才能而出名，而是因为它的书而有名。"一个地区、一个社要有名气，得有一些人家记得起的图书。

由于缺乏品牌号召力，出版社的定位和特色就不明确，长效的图书品种就少，业界的口碑就不容易树起来，就很难聚拢优秀的作者，也很难得到广大读者的认可。在图书市场日益细分化的今天，品牌需要出版社精心培育，使图书从包装到内容具有自己鲜明的个性特征。一个有品牌的出版社，它的书出来后读者一眼就容易辨识出来。有了品牌，作者就会根据自己认同的出版社去投稿，读者根据自己认同的出版社去买书。

广东出版界缺少品牌的一个原因是没有中长期的出版规划，没有投入足够

的人力和物力打造图书精品。突出地方文化是创品牌的一个重要方面。拿整理地方文献来说，有些省份就做得非常出色。如湖南出版的《船山全书》、《曾国藩全集》、河北出版的《张之洞全集》、安徽出版的《李鸿章全集》、《朱光潜全集》等就赢得了良好口碑。但广东的一些名人的文集却由外人出版，《孙中山全集》由中华书局出版，《梁启超全集》由天津古籍出版社出版。广东人民出版社一直想整理出《康有为全集》，但因投入不够，至今未见音讯。广东这么多的名人资源不能充分利用，非常令人遗憾。岳麓书社编辑出版《曾国藩全集》，河北教育出版社编辑出版《张之洞全集》，都分别花了10年时间。广东出版界缺乏这种十年磨一剑的耐心。大的文化工程都是需要大投入，需要大耐心，广东出版界考虑最多的往往是那些立竿见影的选题。

三、战略投入太少，专业人才匮乏

相比较报刊广电等媒体，广东在图书出版方面的投入明显过低。在上世纪90年代初，广东成立教材印制中心，从出版社拿走了教材利润这一大块，过早将一些出版社推向市场，使出版界严重失血。中国出版目前还不具备全面市场化的条件，将出版社盲目推向市场，是忽视图书特殊的文化属性的表现。

广东人民出版社成立时间最早，像广东科技、新世纪、广东经济等出版社都是八九十年代从它那里分出去的。作为省级人民社，往往担负省里很多重头书的出版任务。它现在在各省级人民社中的排名，显然与广东这个大省的地位很不相称。

像广州出版社、广东旅游出版社，起初也就一两百万元开办费，一直就没有壮大过。由广东省旅游局主管的广东旅游出版社，1981年成立，1992年改制为企业，旅游类图书做得比较有特色，但由于投入太少，市场竞争激烈，效益不断走下坡路。

报业集团的出版社也有投入不足的问题。广州的三家报业集团及深圳报业集团都创办了出版社，但从目前情况看，这几家出版社都还未能体现出报业集团出版社的优势。原因是多方面的，投入不足也是其中的一个原因。投入大才能上一些有品牌的项目，才能吸纳优秀的人才。报业集团一般成立时间不长，经验和积累都有限，如果从一开始就想着挣钱的话，只会欲速则不达，甚至适得其反。

广东出版界最大的一个问题是人才匮乏。图书出版在广东没有行业优势，且缺乏人才引进和使用机制，因而对优秀人才缺乏吸引力。

目前，广东出版从业人员整体素质不高，拥有中高级技术职称的人数仅占全体从业人员的1/4左右，所占比例严重偏低，远远没有达到行业发展的要求。即使在这些具有中高级职称的队伍中，仍需提高业务水平，完善知识结构。缺乏人才是广东出版业最大的症结，也是瓶颈所在。

广东出版人才本来就十分的匮乏，在配置上也有问题。广东各出版社的编辑室大多就两三个人，这样就很难策划实施大的项目。

从出版弱省到出版强省

前面谈到广东出版界出现的一些问题，比如浮躁，短视，追求数量增长，退货率高居不下，等等，全国出版界都普遍存在，只是广东表现得较突出罢了。其实，广东的出版环境并不差，今后只要调整好战略，扬长避短，完全有条件把出版做大做强，令人刮目相看。

广东出版业主要有以下两个优势：

首先，广东提出建设文化大省的战略构想给出版业发展提供了契机。中央政治局委员、广东省委书记张德江强调，要紧紧把握文化与经济融合的趋势，积极推进文化体制改革。他和省长黄华华先后到省新闻出版局视察工作。张德江书记指出："省出版集团应该做大做强，也有条件做大做强。"黄华华省长则明确指出，"文化大省，首先是出版大省"。这些都是很在行的话。在建设文化大省的背景之下，作为文化事业基础的出版业，肯定会得到前所未有的重视。据报道，广东即将动用16个亿在广州建出版城，占地一百亩，主要用于展览、销售和印刷等。

其次，广东经济发达，购买力旺盛，图书零售市场占了全国的1/3。像深圳这么一个文化氛围不算浓厚的地方，图书零售额在全国各大城市中居然占到首位，当然这里面也有香港居民过来购物的因素。广东购书中心、深圳书城的营业额都排在全国各大书城前几位，广州购书中心销售额超过上海书城，仅排在北京图书大厦之后，位居第二。据调查，广东省80%的居民把对子女的教育列为今后投资的首选，教育这块有很大的市场。另外，高校扩招，企业再培训，等等，这些都给出版业带来较大的市场前景。

今后，广东出版业应该在以下几个方面花大气力，使广东出版走到全国的前列，与经济大省的地位相匹配。

一、广纳人才，使广东出版界成为一个人才济济的地方。现代企业的竞争说到底是人才的竞争。出版是一个知识密集型企业，对人才的要求很高。广东出版业不发达，最根本的原因还是人才匮乏。目前亟需引进的是那些有战略眼光，既有学识又有魄力的管理人才、策划人才和发行人才。广东有着地缘上的优势，只要有诚意，引进人才并非难事。像长江文艺出版社把华艺出版社的副社长金丽红和发行部主任黎波挖过来，实力一下子壮大了许多。当然，广东出版界更需要沈昌文、许医农这样的资深出版人提升出版品味。《读书》杂志原主编沈昌文退居二线后与辽教社合作，策划出版了一系列大型的图书，如"书趣文丛"、"新世纪万有文库"等，"新世纪万有文库" 共6辑，大约400种左右，被辽宁教育出版社称为"镇社之宝"。贵州人民出版社的许医农女士退休后，被三联书店聘过去，策划了"哈佛–燕京学术文丛"，在读书界产生了很大影响。广东条件好，应该多延请这些业内的资深出版家出谋划策。

二、借助出版集团的优势，形成规模效应。广东出版集团是国家新闻出版署指定的8个试点改革单位之一。2004年2月，广东出版集团实行重组，使得全集团拥有27个成员单位，总资产达34亿元，净资产21亿元，成为广东省第一家实现整体转制和国有资产授权经营的文化集团。要真正发挥出集团的优势和作用，还需要实行业务、资源的整合和管理的优化。一是要加强集团对所属单位的控制力，集中资产的管理，人事的管理，以免使集团空洞化，但也要给各成员相应的自主权，充分调动他们的积极性；二是进一步整合品牌，集团旗下的各出版社应遵循市场细分化原则，使每个出版社做出自己的特色；三是扶持一些大的出版工程和项目，特别是对具有地方文化特色和具有原创性的高端图书的出版给予扶持，这些出版工程和项目不是单纯为了获奖，而是真正为广东出版界打造品牌；四是确立大出版的概念，将图书、杂志、音像、发行、印刷领域的资源进行整合，加大相关文化产业的投入，举办有影响的读书活动和文化活动，延伸出版集团的品牌。

三、实施品牌战略，打造名牌社和名牌图书。现在已经进入了品牌竞争的时代。产品的竞争越来越表现为品牌的竞争。"塑造品牌"、"品牌化经营"是近几年企业最流行的说法，图书这种特殊商品也不例外。在日益激烈的市场竞争中，品牌才是赢取持久竞争优势最强大、最持久的利器。广东出版社的结构较为合理，已经形成了一些有特色的专业社，如广东科技、广东旅游、广东经济、新世纪、岭南美术等出版社完全有能力根据出版的分工做出各自特色和品牌。实际上，像广东经济社的证券股票类和实用经济类图书、广东旅游社的饭店管理与实用旅游类图书、汕头大学出版社的生活类图书、新世纪出版社的少儿类图书、南方日报出版社的传媒类图书都有了一些品牌特征，这些社今后要根据自身的特色和定位，分析自己的资源优势，找准自己的文化与市场定位，优化选题结构，提高图书的产品质量，出版自己标志性的出版物，不断强化和延伸这些品牌，走精品路线和品牌路线。

广东的出版条件不算差，关键是转变观念，遵循出版规律，发挥自身优势，花大力气实施精品战略和品牌战略。我相信广东成为一个名副其实的出版大省是大有希望的。广东现在图书出版业还不够发达，从另一个角度看也说明它还有很大的发展空间。特别是加入WTO之后，图书市场逐步放开，广东会成为一个最有活力的地方之一，也将成为一个出版人才聚集之地。

原载《出版发行研究》2005年第2期

=== 补记 ===

图书不同于区域性媒体，它面对的是全国性市场。然后，由于地域文化等因素的作用，我国的图书出版呈现出一定的地域特征。作为经济大省和传媒大省的广东，图书出版一直为人所诟病。但迄今只有中大的袁伟时教授和我专门著文探讨广东图书出版问题。

袁伟时教授在《中国改革》2004年第一期的《广东出版和高等教育落后的症结》中，强烈抨击了"落后的广东出版业"——"无论从哪方面看，广东的出版都是落后的。别说与北京、上海这样的无可争辩的文化中心比较，同中西部一些省区比一比吧。广东没有一家出版社比得上湖南的岳麓书社、贵州的人民出版社！没有一家广东的大学出版社比得上广西师范大学出版社！"

拙文发表前，我并未见到袁伟时先生的大作，只是依凭自己对广东出版业的多年观察，并通过与广东出版界同行的交谈，有感而发。稿子先寄国家新闻出版署主管、出版科学研究所主办的旬刊《出版参考》。时任编辑部主任的鲍红与我素不相识，却很热心地打来电话，称此稿观点新颖，但篇幅较长，建议在《出版发行研究》上发表，并愿意帮我推荐。我听了自然求之不得，因为《出版发行研究》是一家颇有影响力的CSSCI重要期刊。不久，我收到了样刊，意外地发现它被安排在头篇位置。

文章发表后引起了截然不同的反响。广东出版界同行大多表示认同。广东科技出版社市场总监周莉与我素昧平生，见到此文后心情激动，特意来到南方日报出版社，与我探讨这一话题。她说我的文章道出了大家一直憋在心里的话，能言平日所不敢言。不过，此文也引起广东出版界高层震怒，据说当时新闻出版局的主要领导见到此文后气得拍了桌子。之前的袁伟时教授也享受到了同样待遇。

2009年10月30日，我在广东电视台举办的"南方阅读盛典"颁奖典礼上见到了袁伟时教授。因为时间仓促，只简单交流了一些看法。"爱之深，恨之切"，这是他留给我的最深印象。

2007年11月底至12月初，《新快报》推出"广州出版百问"系列访谈，采访了包括我在内的10位出版界人士。广东出版业为何与经济领域的繁荣形成强烈反差，这是一些热心人士持续关注的话题。值得欣慰的是，广东出版界近些年重视品牌建设，图书质量有了明显改善。

2009年底，我终于因此文罹祸。由于暨南大学新闻与传播学院某教授在我的职称送审论文评阅书中，用贬损性语言对此文进行评价，导致我在高评委职称评定会上以一票之差落选。

解析都市报发展的三大趋势

2009年5月8日，曾以"奥运概念"强势抢滩市场的《竞报》从日报改为周报，之后北京第一张都市午报《劳动午报》因不抵亏损，宣布退出都市报市场，恢复为北京市总工会机关报，京城报业格局再次重新洗牌。但事实上，北京都市报市场的调整从2007年就已开始，当年11月27日，北京第一张以娱乐为特色的都市报《北京娱乐信报》改为地铁报，《华夏时报》由日报改为财经类周报。

回顾中国都市报业，在2000年以后其数量走势呈明显的抛物线，在2005前后达到顶点。以北京为例，2000年《北京娱乐信报》和《劳动午报》分别由《戏剧电影报》、《北京工人报》变身为都市报；2001年5月28日，北大文化和人民日报社共同投资创办《京华时报》，一时间，北京市场上涌现了七八家都市报；2003年《新京报》诞生，2004年《竞报》出炉，此时，北京市场上的都市报高度饱和，达数十家；但从2007年到2009年，北京都市报数量开始下降，经常能看到的都市报纸只剩下5家左右。

不仅在北京，各地都市报经过10多年的长足发展与激烈竞争，目前都面临发展瓶颈，多家报社因经营问题退出了当地报业市场，或改变出版周期减少生存压力。因此都市报的转型以及如何转型，已成为近年业界及学界争相讨论的热点。

其实，早在本世纪初，一些有先见之明的都市报就在行业发展如火如荼之际悄然转型，并随着新媒体的勃兴向纵深发展。笔者认为，中国都市报业的变化呈现出三大趋势，在按自身逻辑不断演进的过程中，直接影响到未来的报业格局及报纸的型态。

趋势一：都市新移民成为主流读者

都市新移民，主要指改革开放后迁居到各大城市的第一代或第二代移民。随着都市新移民数量的增加，报纸的读者结构也逐渐发生变化。对于打着新主流媒体旗号的都市报而言，如何持续吸引众多城市新移民，成为报纸转型的依据及成功的关键所在，也是城市报业竞争中立于不败之地的不二法门。

以广东为例，作为新移民比较集中的省份。一直以来，《南方都市报》是珠三角地区新客家人最喜爱的报纸，它创刊后迅猛成长的故事跟珠三角地区不断增加的新客家人的命运联系在一起。深圳作为典型的移民城市，贴近他们的"南都"从一开始就轻松地侵入，一路攻城掠地，没几年便成为深圳零售量最大的报纸之一，实现了它跨地域扩张的第一步目标。但是在广州，由于新移民无论在人口上还是经济实力上都不占据优势，市民大多偏向广东本土色彩浓厚的《广州日报》，加之《广州日报》在经营上又领先一步，因此过去十多年《广州日报》无论发行量还是广告量一直处于龙头老大的地位，但今天它的优势地位已经动摇。

这一趋势是广州新移民的巨大推力造就的。一方面，珠三角地区新客家的数量与日俱增，变得越来越庞大；另一方面，他们的购买力也在不断提升，越来越凸现出广告的价值。在广州高校和报刊零售市场，据笔者了解，《南方都市报》的发行量超过了《广州日报》，只是在固定订户上处于下风——在广告商眼里，订户的广告商业价值远比零售读者对象高。但是，随着包括高校毕业生在内的广大新移民成家立业，《南方都市报》的固定订户逐渐上升。还有一个不容忽视的因素是，本地旧居民对房产、汽车等大宗商品的刚性需求已趋于饱和，新移民则替代他们成为消费主力，因而广告的投放也不断向都市报转移。据内部消息，今年前三季度《南方都市报》的广告量首次超越《广州日报》。即便《南方都市报》的广告量今年不会超过《广州日报》，但笔者认为《南方都市报》的发行量及广告量会在近一两年内超过《广州日报》。

在北京，拥有新移民读者最多的报纸是《新京报》。据新生代数据发布公司春季调查报告认为，《新京报》读者为社会主流人群：学历较高，收入较

肆

编辑业务探索

高，消费能力较强，报纸阅读习惯稳定，他们对房产、汽车、家电、IT、旅游、时尚消费产品等的消费需求和行为均排在北京都市类报纸的首位，极富广告价值。《新京报》今后极有可能成为北京地区都市报的领头羊。

在中国城市化加速过程中，谁能争夺新移民，谁就能掌握未来的主流读者。新移民中的中坚，是近20年来涌入大都市的各路精英以及数目庞大的应届大学毕业生。对于后者，媒体及广告商一向冷落他们，但正是他们源源不断地成为报纸的主流读者。近10年来，他们和其他新移民一起，改变了都市的人口结构以及文化结构，是品质与时尚的主流追求者。那些注重培育潜在读者群的报纸，现在到了得到回报的时候了。

趋势二：报纸的精英化、周报化

近年来，业界及学界讨论较多的一个话题是都市报的主流化转型。何谓主流，都市报如何向主流化转型，这些都存在争议，这里姑且不谈。在笔者看来，都市报存在一个明显的趋势，即报纸内容的精英化和报纸类型的周报化。

一般而言，都市报的定位就是大众化，都市报就是大众报纸，它们追求深入都市生活、贴近市民需求，通常拥有巨大的发行量。但是，在网络传播时代，大众报纸受到的威胁最大，生存空间越来越小，报纸的精英化是应对危机的有效手段。从长远看，都市报会在精英化的道路上越走越远，以中高端读者为主要对象，影响有较高社会经济地位的主流群体。它们将不再以百万大报为追求目标。实际上，今后要维持都市报巨大的发行量是不可能的，也得不偿失。

都市报的精英化其实也是整个报纸发展的趋势，这一趋势是因受到以网络为代表的新媒体不断挤迫造成的。在当下资讯过剩的时代，大众化报纸内容所呈现出的同质化、浅层化很容易被网络阅读所取代。都市报要避免走向衰落乃至死亡，只有充分体现传统媒体内容为王的精神，倡导主流价值观，从报道内容上以对社会具有广泛或深层意义的新闻为报道重点，追求一种对社会发展的持续的、深入的推动力量。从某种角度讲，精英化的过程也是内容向深度拓展的过程，未来的都市报一定是有深度的报纸。

周报化也将是都市报的一个趋势。前文提到，早在2007年，北京的《华夏时报》便由日报改为财经类周报。不久前，《竞报》也由日报变成了周报。《竞报》于5年前由北京日报社、上海文广新闻传媒集团、北京青年报社共同投资7000多万创办，由占有55%股份的北京日报社负责报社后期的采编运营。它退出日报市场后与北京晨报社一起运作，共用一套编委，并对其中部分人员进行整合。今后，全国将有一批都市报改为周报。那些在日报市场缺乏竞争力的都市报，为应对读者流失、广告下跌、纸价上涨等不利因素，变身为周报不失为一条出路。

在纸媒的生存空间被不断挤占的情形下，竞争激烈的日报会逐渐减少，周报会有所增多。相对于日报，周报的生存要容易一些，因为它的市场更细、受众更高端、内容更精更细。都市报的周报化与精英化目标是一致的，如车之两轮，并行而不悖。

趋势三：阅读的方便性和全方位互动性

网络改变了人们的阅读方式，包括都市报在内的所有报纸将不得不依从读者的趣味，使阅读更加方便，并全方位体现报纸的互动性。

风靡一时的导读与索引版充分借鉴了网络新闻的首页形式，带来报纸阅读的一场革命。2006年9月，《广州日报》首倡的导读与索引版不仅在报业厚报时代满足了读者的"浅度阅读"需要，还可以在很短时间内浏览到最重要、最有价值的内容，之后再进入通常的"深度阅读"。不久，其他报纸也闻风而上，《南方都市报》的主页版便具同样的性质。

都市报的互动性不只是体现在报网互动、报纸与读者之间的互动，而是全方位的立体互动。以《南方都市报》为例，它的网眼版面于2006年10月10日开版，是"南都"整体改版的一部分。它根据网络媒体与传统媒体的互动的现状，与深度报道版面、评论版面、媒体自建网站积极配合，改变了单一的互动形式。它与奥一网联动制作的特刊《岭南十拍》，体现了"报网互动+社区互动"的基本定位。它的《知道》版借鉴"贴吧"，编辑通过电子邮件收集读者稿件，然后将其以发帖人的身份发表。编辑还根据读者的疑问设置专家博客及读者点题栏，邀请专家答疑解惑。《图库》版面则设置《拍吧》，长期向类似拍客的作者征稿。

现在，各地都市报从新闻报料到活动营销都力求与读者互动，有力地拓展了作为纸媒的生存空间。如解放日报报业集团旗下《新闻晨报》的《互动博客》版，将网络媒体上的记者博客移植到报纸版面；《楚天都市报》与腾讯大楚网的网络平台对接，推出《新闻热干面》互动讨论栏目，在网友中开展新闻调查；《华西都市报》让读者参与评报，设有专门热线听取读者意见，每天把收集到的读者意见整理后挂在该报内部网"黑马雄风"网页上。有的都市报在报道一些重大事件、活动时，干脆通过新闻热线请读者"点题"，采取"你点题，我报道"的方式实现传受双方的高度互动。

在美国，传统报业在愈演愈烈的全球性金融危机中纷纷倒闭、破产、停刊或改出网络版，中国都市报业虽然短时期内仍然有着发展的空间，但若想在竞争激烈的媒介环境中获得稳定地位，认清发展趋势极为重要。

原载《传媒》2009年第12期

一个编辑人的世界

数字报纸发展的多媒体化趋势探析[1]

数字报业已成为一种势不可挡的趋势，报纸通过网络互动、手机报互动等手段，打破原有出版周期限制，向24小时滚动播报方式转变，第一时间向读者提供准确信息，不断提高报纸时效性、互动性，实现传播流程再造。通过数字报创建，报纸从单一纸质产品向多媒体内容产品和增值服务延伸，并在新的数字化平台上对多种媒体产品进行重组。

一、发展迟滞的国内数字报纸

2008年7月，中国出版科学研究所发布了全国首份《多媒体数字报纸使用功能测试报告》[2]。从读者体验的角度对我国335份数字报纸进行了测试，绝大多数多媒体数字报纸没有真正实现多媒体化；1/3多媒体数字报纸读者交互功能差，没有有效与读者沟通；仅有1份多媒体数字报纸是无纸版的原创数字报。

从1995年《中国贸易报》率先上网至今，中国报纸在互联网上的发展从形态上分析，经历了1995~1999年的网络版形式（即电子报），即单纯地把报纸的内容和版式转换成html格式或pdf、flash等格式，以及2000年开始的以新闻为主的综合性网站。

---

1. 此文系与2007级研究生蔡灿敏合作完成。
2. 见《多媒体数字报纸使用功能测试报告一》，《传媒》2008年第8期。

在时间上，我国数字报起步并不晚，后天发展却略显迟滞。纵观国内各大报纸的数字化产品，多数是新瓶装旧酒模式。一些媒体所办网站与报纸更像两个相对独立的单元，各成体系，不能有效进行"报网互动"，在新闻传播和经营上形不成合力。在内容与形式上，多数不具备突破性，仅限在文字、排版上的不同，多以增加图片的数量和改变表现形式为改进方向，没有真正做到多媒体化，原创性方面尤其乏善可陈。

二、多媒体时代催生精华版风暴

在多媒体化浪潮中，精华版的出现成为标志性事件。精华版是一种结合当天报纸重大新闻，采用网络数字技术，使平面的报纸成为集合听觉与视觉的动态图画，使其更符合网络特点和网民阅读习惯，与报纸网络完整版同时推出。以此为代表的有南都网的精华版。

南都数字报以南都报系官方网站南都网（www.nddaily.com）为平台推出集约式数字产品列阵，2007年8月10日正式上线。它结合不同新媒体优势，提供三大类数字产品——南都完整版、南都精华版和南都播报。南都精华版是国内报业第一家以新闻网络精品化形态推出的数字报纸。

通过2008年5月12日发生的汶川地震事件报道，南都网成功提升了自己的知名度和影响力。从时效、内容、版面上，创造了数字报多媒体化的典范。从四川汶川地震消息正式发布，到南都网汶川地震专题的出现，前后不到半个小时。充分利用采访权，及时更新子栏目的信息，吸纳无法在报纸发布的内容，实现报纸内容的延伸。根据事件发展，专题版面的子栏目由主线排列形式向双栏平行形式演变，栏目板块逐渐增加，持续更改专题版式以便更好地适应不同时期的阅读要求。为呼应印刷版次日报头字体变黑，南都网logo颜色变黑。报纸与官方网站的行动相呼应，充分体现两者风格上的一脉相承。

独具特色的是，南都网结合多媒体技术，以动态图文为特色，精彩地对新闻进行报道。精华版的动态效果和视觉冲击，使得南都网的浏览量激增。这种多媒体效果，也是南都网最主要特色。

航拍的精华版，采用高像素大图片效果，利用鼠标移动带动图片移动的效果，吸引大批阅览者。航拍图片由新华社供稿，各大网站均可用，但南都网采取后期技术包装，更清楚地显示每个细节。这个图片也在这次报道中成为南都网标志性的技术特色，包括地震的100个瞬间，航拍的图集等都突出后期技术处理能力。

《南方都市报》地震期间推出的一系列特刊（七日祭、大爱等）和系列报道（学殇等）均在网站上用多媒体技术的形式得以表现。七日祭的灾情档案，在图片的基础上加以时间滚动条，按照灾难发生7天时间，滚动事件报道和图片，配上背景音乐，更符合网络阅读习惯。不仅充分体现报纸的内容，在形式上采用网络上更受欢迎的多媒体技术，完美实现从平面到三维的技术转变。

新闻传播是以一定形式的符号系统为中介的意义表达，不同的媒体使用不同、或者相同的符号形式——印刷媒体以文字、图片为主，网络媒体则集文字、声音视频等符号系统于一身，甚至可利用计算机和网络技术生成平面和三维动画、全息图像、虚拟空间等环境，以新闻信息整合、重构和各种信息形态的相互转换，使宣传效果最大化[1]。南都数字报结合网络杂志的理念，通过采用数字技术和多媒体概念的融合，做出具备动态效果、适合网络阅读的精华版。

南都网美编人数与责任编辑人数大致相等，可见精华版在南都数字报中所占的重要位置。南都网的精华版是精致型精华版，无论从其画面质量、音乐背景或文字编排，都符合网络阅读的视觉审美需求。

三、原创性多媒体数字报的诞生

精华版的内容，仍是以原有的纸质报纸内容为基础来生产和制作内容，即只从形式上进行翻新。而真正的原创性多媒体数字报，直到2008年8月中国宁波网推出的《播报2.0》，才打破了零的纪录。

2008年1月至3月期间，中国出版科学研究所国家级多媒体数字出版实验室组织实施的多媒体数字报纸使用功能测试，《播报》已获得第二名的嘉誉。《播报2.0》由原来宁波网的《播报》升级而来，在原有多媒体功能的基础

1.曲涛《"报网互动"的价值与模式探讨》，《青年记者》2006年第23期。

上，突破了原创性的局限。在北京奥运会报道期间与央视国际、搜狐网等网站达成视频、音频及图文内容合作协议，自主采集内容精编稿件，将在线直播、互动融为一体，在报道中体现"快捷滚动、即时互动、多媒体联动"特色，以报纸版面形式与网络多媒体手段相结合的全新报道方式，每日实时推出最新奥运新闻版面内容。其最大看点是，全部原创内容以及与网站新闻中心的合二为一。

版式上，《播报2.0》首页直观地展示了版面、视频、图片、标题、互动社区的链接。左排是9个彩色版面导航，右排是视频、图片和标题导航，互动社区居下。视频新闻的报道在网站首页中居右上角，比起其他报纸网站更具重要性。进入版面导航，彩色版面与所选文章内容在同一页面左右并排，彩色版面上有标题和摘要，具备易读、美观的特点。对比精华版，播报版面的内容更完备、更直观，翻屏操作更少。由于版面只显示标题和摘要，所以每个版面可用一个主题进行编撰。此类形式突破了原有报纸的固有版式思维局限，更适合多媒体数字报的未来发展。

互动性方面，引入了博客论坛，以及互动社区，方便网友及时互动。《奥运播报2.0专刊》的互动在奥运期间隆重推出便得到不少回应，并因此获得浙江"我的奥运"网络作品最佳互动奖。《播报2.0》开创了多媒体报纸新时代。

四、数字报纸的未来趋势

无论是精华版或《播报2.0》，都具备了可读、可听、可视、可查、可说的特点。版面设计上，更具备美观性，符合网络阅读需要。特别是在版面设计上，采用数字技术，注重美工效果，融入了多媒体共存理念。我国的数字报，已不同于原有的网络版或新闻门户网站，已进入多媒体数字时代，成为一种区别于信息暴涨的网络媒体或版式单一的纸质媒体。这种多媒体化发展，成为我国数字报纸目前发展的主流方向。要体现多媒体数字报自身的价值和特色，还应该注意以下几个方面：

1.整合资源，实现从人员到信息的一体化管理

要实现数字报的真正价值，首先要从管理入手，要实现两种版面的统一管

理，实现信息共享。比如宁波网的《播报》，在奥运期间与网站新闻中心的紧密合作。

人员的分工与合作，是实现数字报的效率与质量并存的前提。当今新闻网站，大多把印刷版和数字报的工作人员分而治之，在信息通知等方面出现重复。在运作上，数字报与印刷版并没很好地契合。比如，印刷版工作人员获得新闻报料，数字报工作人员却是在印刷版新闻报道出来才了解事件始末。

2.继续发挥多媒体报道特色，增加视频新闻

形式上，数字报在实现与印刷版的版面风格相一致的基础上，发挥精品型多媒体特色。以上面南都网的分析为例，精品多媒体魅力无穷。宁波《播报2.0》的视频新闻也成为主打内容之一。

为适应这种需求，应成立专门的网络视频团队，及时对网络视频进行更新。以独特的原创性内容为主，结合热门新闻的视频，为数字报的内容增值。此种传播要求集文字、摄影、摄像、录音等各种工作于一体，并打破线性的、单一的新闻传播模式，利用超文本、多媒体结构多层面、多形式地进行报道。

3.在互动过程中进行把关，利用媒体合作扩大影响力

数字报互动形式必须具备论坛、评论、自媒体、报料等一系列模式。利用论坛模式增加人气，利用评论集合网友意见，利用自媒体增加信息丰富度与互动回应等。但数字报在具备这些互动形式的同时，也要发挥自己的特色。

南都网在突发事件中设立专题，增加互动社区平台，对社区中重发、冗余的信息加以过滤，提取精要内容。这种传统媒体把关功能，将在以后数字报的互动模式中充当重要作用。由于在平时的论坛中信息量大，不可能采取这种事事把关的控制功能，因此可另外采取报料平台，对原创性的内容重点处理。报料平台与印刷版的电话报料具有相同的功能，已有很多新闻网站采取这种模式，如奥一网、大洋网等。

建立数字报读者版面，根据会员登记的需求，利用数字技术给会员定制不同的版面，把会员定制的模式发送到会员登陆界面。通过对会员兴趣爱好的了解，形成一种互动新局面。《播报2.0》在线提供桌面报订阅、ＲＳＳ订阅、邮箱订阅等服务形式，方便读者订阅。

通过与其他网站媒体的外延互动，几何倍数地扩展网站影响力，集中精力选取合适的合作媒体，这也是当今网络互动的一种自我增值方式——即合作媒

体的影响力与质量，与自身的影响力和质量成正比。

数字报的发展，还应实现接收终端的扩展。报纸要致力于手机报、ＷＡＰ版的制作，达到平台扩展。借助手机互联网发展趋势，把业务延伸到手机媒体。南都网也有自己的手机ＷＡＰ版，目前处于起步阶段。

4.增强网民互动功能，实现报网互动

只有参与才能留住读者。网民的互动功能，在南都网汶川地震报道专题的"寻亲版"的应用中显现了强大力量。事实证明，新闻信息与网民自身信息的相关度与浏览量正相关。对热点新闻与民生新闻的调查，要进一步让专人负责分析结果、提供理论支持，在报纸上发表网上的调查报告，才有可能进一步发挥调查的作用，进一步增加读者的参与感与粘度，真正地实现报网互动。

5.创建相应的奖励机制，扩展数字报内容

报纸要在自家官方网站上实现对报纸内容的深度或宽度延伸，需要奖励制度跟进。

现今的奖励制度，是根据记者或编辑在印刷版上的编排份量来定制个人奖励金额的多寡，而数字报却成了对记者的无偿工作要求。因此，要让相应的劳动得到报酬，一定要有相应的补偿机制的激励。要实现数字报的核心竞争力，内容的专业、深度和特色必不可少。

6.以广告为基础，多种盈利途径共存

报网互动的赢利模式目前有３种：一是网络广告模式；二是提供短信或其他服务获得收益；三是利用网站流量，通过付费的阅读实现报纸网站盈利。

从网络广告模式来说，"广告已经证明是一种具有自偿作用的社区娱乐形式"。[1]广告，是报纸数字版基础性的盈利模式。报纸印刷版和数字报的广告资源要进行整合，不必担心两者之间相互分流而对广告业务带来冲击。可采用"套餐"形式向广告商进行广告推介，可以在推广初期，采用一次付费两种媒介宣传的方式，对网络广告进行免费品牌推介。在前面所提到的数字报会员界面建立起来的同时，也可能实现广告的"精确投放"。

付费阅读，要求报纸网站要具备有价值的信息内容，这点国外媒体已有模板可依。《纽约时报》靠保存历史记录，向付费的读者提供历史资料查询。在资讯方面，数据库模式是有效的方法。南都网也实现了完全版和精华版的历史

1.【加】马歇尔·麦克卢汉著、何道宽译《理解媒介——论人的延伸》，商务印书馆2000：288。

存储，但并没有完成数据库资料整合，所保存的资料只是从建网开始的数据存储，没有专门的人员进行数据库管理与资料整合。数据库建设，要从资料整合开始，把历史内容按照相应专题、历史价值、归类信息等方式重新存储，以有价值的信息面向读者。同时，报纸网站可吸收对应领域的企业或相关机构成为会员，建立起该领域的数据库，从而实现信息的共享和权威覆盖，这样才会使读者对网站内容产生向心力，进而为实现报纸网站盈利创造更好的前提条件。

原载《新闻记者》2009年第2期

131

肆

编辑业务探索

英美男性杂志精准定位的启示[1]

本世纪初，欧美男性杂志引进本土后获得极大的商业成功，步履蹒跚的中国男性杂志市场终于看见了曙光。我国以男性为目标读者的专业杂志在总体上迎合了男性某些特定的兴趣点，如财政、体育、汽车等，因此在市场上占有一席之地。但从2004年的集体突围，到2005年的集体萎靡，男性杂志并未走向预想中的繁荣，一批期刊在竞争中纷纷落马。近两年，我国男性杂志市场仍无太大起色。反瞻西方，笔者发现，英美等国在创办男性杂志时十分注意对男性气质的把握，并使用心理特征细分读者，而这恰恰是中国期刊界所忽视的。借鉴西方成功的办刊经验，有助于给我国男刊市场内容设置及细分方式提供参考。

一、回归本位，追寻男性气质

英国早期的《竞技场》（1986年创办）以"新好男人"的形象出现，其最初的路线是"以其优雅的格调取得成功"。随后，"新好男人"的气质占据了整个英国男性杂志市场。但是，随着女性意识的觉醒及女性地位的提升，使生活在父权意识和资本主义社会中的英国男性逐渐产生了危机感。男性杂志对男性气质的捕捉也因此发生了改变。20世纪80年代末，随着《GQ》（1988年创办）的诞生，媒体和受众开始对"新好男人"形象产生了动摇，一度为人称赞的"新好男人"形象也成了众矢之的，并开始受到追求男女平等的女性

---

1. 此文系与2008级研究生王莉莎合作完成。

的反感，男性杂志的气质也因此进入了一个模棱两可的阶段。

迷失过后，大众报刊开始不自觉地挖掘男性气质的新版本——20世纪90年代，《整装待发》作为一个解围者应运而生。它以封面刊登半裸的女性名流为特色，彻底地揭露了"新好男人"不敢诚实表达欲望的伪君子形象，于是事实上早已存在的放荡不羁的"坏小子气质"终于被挑明。至此，英国的男性杂志的"气质"完成了由好男人向坏小子的转变。至1997年，《竞技场》、《GQ》、《君子》等男性杂志也纷纷效仿《整装待发》创造的坏小子气质。而这样一批新的男性生活时尚杂志的出现，重新分割和定义了英国杂志市场，使得男性杂志在商业上获得了空前的成功。

《整装待发》的诞生源于多重背景：20世纪80年代DIY音乐狂欢晚会的盛行和反对独裁享乐主义的强调，对中产阶级从政治上正视这类观念的所谓集体抵制，或许还有怀旧的90年代对70年代时尚流行的回归。其成功的关键在于如实地体现了这一特殊背景下后新好男人式的男性气质。时代变迁，这注定男性气质无法停留在90年代。于是，在（90年代末）模仿者日益猖獗，杂志市场上以"男人的劣迹"为主题的故事随处可见的时候，在性解放以及独立的新一代女性出现，社会主流文化逐步转变的时候，"坏小子"所体现的某种形式的"男性微恙"，使得男性的身份认同危机大大攀升。于是，曾经让人耳目一新的男性气质，又再次成为"虚伪"和"不真实"。

男性气质再次面临重构。20世纪90年代后出现的《男士健康》等杂志由于契合正在转变的男性气质特征，将自省精神和对健康的关注与享乐主义相糅合，迅速取得成功。年轻男人所表现出的新的消费理念和欲望卸下了传统男性保守、古板的"面具"，美容、健身、打扮等消费方式不再是女性的专属，它们也被定义为一种适宜于男性的生活方式。这种转变使得男性杂志的视野在变革中又一次获得了新生。

二、中国男性杂志欠缺构建

文化霸权的意识在英国杂志市场、媒介产品间的竞争，实际上是一种文化霸权的争夺。这种霸权在本质上并非静止不变，而是不稳定的。对比英国的杂志市场，中国的男性杂志，欠缺一种构建文化霸权的意识，始终在模仿或追随，缺乏创造力，生存在强大的女性杂志市场的阴影之下。很多杂志没有明确的定位或创刊理念，内容追求大而全，一味追捧所谓的精英式生活方式，极少关注男性自身的生活状态。从英国杂志市场的风云变幻中我们可以领悟到：在杂志提供的隐喻和物质的空间里，谁能够准确把握男性气质，谁就能在男性杂志市场上获得受众的关注。男性气质的被把握与被反映，将直接影响甚至决定男性杂志的定位。把握读者的精神实质，反映并满足读者需求，是一个成熟的杂志市场应该具备的能力。

中国男性杂志缺少对男性气质的把握，这一问题在目前的杂志市场上确实存在。《南风窗》主编朱学东认为，目前所有时尚杂志，所谓的男性气质，所谓成功男人的标准都是来自话语权极为强势的欧美国家，因此，杂志中没有真正意义上中国的内涵。中国的杂志之所以不会探讨男性气质特征，而直接采用欧美的价值标准，是因为到目前为止，纯粹的中国男性气质尚未形成。

早在19世纪40年代，我国的杂志市场就开始寻找一个契合点，一种在借鉴西方成熟办刊理念与经营特色的基础上属于中国的共性文化，但以未果告终。改革开放以后，找不到话语权的时尚杂志市场，迫不得已投入了外国杂志的怀抱。杂志要追求利润，就得迎合商业的需要，不知出路何在的时尚杂志市场，只好在文化认同的基础上，有意识或无意识地接受了这种外来文化。这就造成了现今所有中国主流媒体，官方或非官方，所宣传的男性价值观、成功标准、金钱、社会地位、美女再生产等，全部来自于西方模式的现象。在这种背景下，倘若杂志从真正意义上总结中国男性气质，并通过形式和内容来表现，杂志就会因失去消费者和广告而面临"死亡"。由于目前的价值观是西化的，中国男性杂志市场又处于起步阶段，因此，男性杂志气质在表现上也就理所当然地被西化，被物质主义和享乐主义塑造着，杂志内容洋化也就不足为奇。至于以后我国的男性气质会呈现何种特征，有赖于中国的经济发展以及男性的自身努力，有赖于我们能否建立起新的价值观及审判标准。

因此，《mangazine·名牌》发刊词中对男性的理解就显得颇有意味：

"我们在服务这部分读者时，没有什么秘诀，而是老实地将这部分男性特有的爱、梦与担当呈现纸上，因为我们知道，只有完整的男性之爱、男性之梦、男性的担当才是男性真实生命的本质和全部。"

"政治、经济的变局，他人的成功经历，冒险、运动的乐趣，女性之美，男性与男性之间的竞争与友情……这些都是时下男性的现实所爱。男性的爱是外露的……男性的爱是本源的……男性的爱是动力无限的……"

"历史的真相、战争的谋略、旧日的回忆这一类是时下男性在时间维度上的梦境，城市的设计、异域的行走、宇宙的衍伸这一类是时下男性在空间维度上的梦境。男性总是希望突破身体的局限，于是利用一切机会在时空中寻求梦的翅膀。"

"男性之于家庭、男性之于家族、男性之于团队、男性之于国家都存在层次不同的责任，男性对责任的担当是先天的，他们甚至没有考虑过推却……爱、梦之外的担当是时下男性人生分量的所在，是家国天下理想的源泉和柱石。"

这一幅用诗意与抽象的话语描述出男性气质的浮世绘，能否代表当下的男性气质还有待观察。人性是复杂且多面的，媒介对人性的反应也没有既定的标准或套路。媒介表征更像一场被杂志读者内化了并赋予了意义的霸权斗争，任何杂志都可以构建一种文化霸权。关键在于杂志要具有体现男性气质的意识，并且准确把握它，使其成为一种主流文化，最终在所提供的隐喻和物质的空间里，获取公众的关注。

三、使用心理特征区分读者

在分众化时代，相比较其他媒体，杂志更加注重细分市场。男性普遍存在一种拒绝被当成整体来谈论的心理，使得作为一个群体，"男性"人群内部的分歧和差异更需要给予足够重视。

在英美等西方国家，成功的男性杂志不只是用一些物理指标（如年龄、收入等）来确定目标读者，更喜欢用心理特征区分读者。比如《Maxim》（《箴言》）迎合"用讽刺态度对待生活"的男人；《GQ》（《绅士杂志》）服务"时尚"男性；《Esquire》（《君子》）针对"知识型"男性读者。不同的男性期刊，都在针对一个独特的细分市场。

除去专业杂志及国外杂志的引进版，中国的男性杂志市场似乎很少从根本上将不同阶层或不同气质需求的男性塑造成不同杂志的元素。更正"细分"观念的基准在于，杂志不再只是将不同年龄或收入水平的受众进行划分，而是对不同心理特征的男性进行归类。细分后的杂志，将成为受众身份的证明，为受众提供一种精神归属。男性杂志要想构建不同的话语空间，就要充分引领男性的加入，通过强调他们的身份地位为其找到最终心理归宿。

如英国的《Zoo》杂志相当于一个男人部落，喜欢玩概念。部落中的男人心理都一样：肮脏，有趣而暴力，他们愿做性需求的奴隶，丝毫不觉羞耻。整本杂志刊登的几乎都是半裸的女性，或是一些幽默的新闻，抑或各地的奇闻轶事。《Zoo》被视为"最适合在厕所里看的杂志"，它是从男性杂志中杀出的一匹"黑马"，代表了所有喜欢幽默、喜欢大笑、思想有点"脏"的男人。《GQ》杂志则塑造了一批"GQ"男性：他们"聪明，受过良好的教育，对生活充满热情，渴望进步。他们是21世纪的Yuppies（Young Urban Professional）。"尽管经历多次改版，《GQ》"老到"、"酷"的气质始终没有改变，它总能给读者一种很"High"的感觉，要让读者觉得"我们都应该过上GQ那样的生活"。

美国传媒的成功经验之一，是"使用与满足"理论（Uses and Gratification），即从心理学的角度分析人的媒体使用行为。"使用与满足"研究把受众成员看作是有特定"需求"的个人，把他们的媒介接触活动看作是基于特定的需求动机来"使用"媒介，从而使这些需求得到"满足"的过程。如：看偶像剧是为了满足幻想，读《名利场》是为了获得一种上流社会的认同感。杂志所带来的往往是一种心理上的满足。在杂志细分问题上，美国会对不同类型的杂志建立不同的细分依据，如对人文杂志的定位依据是：立场与写作风格。但在男性杂志与女性杂志的细分上，美国尤其强调"使用心理特征区分读者"（事实上，英国亦如此）。

中国的男性杂志定位所出现的问题，部分责任要归咎于杂志的细分方式过于单一。男性杂志通常以收入、年龄划分读者，如此一来，必然导致多数杂志聚焦于相似年龄段，相似收入的人群（在我国，男性时尚杂志大多针对25—45岁的白领阶层）。其结果是杂志内容同质，特色难觅，受众要么难以做出选择，要么毫无选择。鉴于英美男性杂志的成功与成熟，中国男性杂志的细分观念是否需要修正，"使用心理特征区分读者"的方式又是否可行呢？在欧美，"使用心理特征区分读者"这种细分方式也并非一蹴而就，而是经历了漫长的发展阶段才最终形成。西方社会阶层的细分，决定了他们对受众心理的细分，而心理细分的前提正是分众市场的形成。

就我国男性杂志目前的发展境况而言，确实很难做到这一点，因为我国尚未形成真正意义上的分众市场。任何杂志只要能找到与自己价值观相匹配的读者群都能成功，这是心理细分的基础。使用心理特征细分读者，就是在划分价值观异质的人，但在中国，尽管价值观间会有众多差异，但基本上仍处于一种从众或趋众的状态。

但这种新的细分方式依然具备一定的可行性。即使是西方，也曾经历过这样的初级阶段，社会的细化必然会为杂志的受众心理细分提供可行性。个性化的追求是心理细分的基础之一，愈发的个性化追求也会促使这一新细分方式的实现。两年前，在对女性时尚杂志的研究中，已经开始触及对根据心理特征细分读者这种细分方式的研究。可见这种模式在中国时尚杂志市场中运用是具备可行性和必要性的。面对使用物理指标划分读者所造成的定位集中，内容同质的现象，使用心理特征细分读者同物理指标的划分模式并肩而行，也不愧为一种新的细分模式。我们需在等待中不断的摸索，待到分众市场全面形成，这一细分方式也定能在男性时尚杂志市场上发挥它应有的功效。

原载《出版广角》2009年第2期

主流报纸如何向深度拓展

——以《深圳特区报》最新改版为例

近年来，各地报纸为适应传媒发展格局的变化，改版之风盛行，改版周期也一再缩短，有的甚至一年数改。改版已经成为目前中国报纸的一种常态，不仅市场出现问题时要改版，市场处于领先地位时也要通过改版来保持优势地位。《深圳特区报》虽然自2003年以来，历经多次改版，但版面结构和设置模式以及新闻运作方式，仍存在与形势发展和读者需求不相适应的情况。2010年9月20日起，《深圳特区报》推出的改版方案使报纸的结构形成为相对固定的3（新闻、财经、副刊）+X（理论周刊、艺文周刊、乐活周刊、创享周刊、博闻周刊、阅读周刊）模式。2011年11月23日又进行改版，整合出大副刊板块"人文天地"。这两次改版进一步拓展了报纸的深度，提升了报纸的竞争力。

一、力求把新闻做深做透

在资讯发达的今天，主流报纸向深度拓展，是全媒体语境下的必然选择。在网络时代，报纸不再是新闻第一时间的报道者，而是新闻的解读者。近年有影响的新闻报道，往往是网络社区论坛报料，传统主流报纸跟踪深挖，受众热捧，最终引导了舆论。另外，从受众结构来看，高学历人群的报纸阅读率高于低学历人群。因此，有影响力的主流报纸莫不以深度报道作为打造品牌、巩固品牌的利器。《深圳特区报》通过改版，力求把新闻做深做透，如适时推出系列高端访谈，加强新闻评论并增设理论周刊，以增强思想性，吸引更多高端读者，这些有力举措体现了深圳特区报新的战略思考，有助于提升报纸影响力、权威性和品牌价值。

《深圳特区报》总编辑陈寅指出，人物、政策、现象的深度解读，是平面媒体的强项，《深圳特区报》"要加强新闻的深度解读。要加强深度调查的能力、解读解释的能力和平衡报道中出现的各种关系的能力"。[1]大都会新闻编辑部主任李一峰认为，要提升报纸质量，突破口在强化深度报道上："全媒体时代，纸媒不能再做简单的新闻事实提供者，而且高度个性化的时代，人们已经不能满足事实化的信息了，强调更多的是知识性的启发和智慧。"并建议在同质化新闻泛滥的现状下，深度开发新闻信息，大力挖掘新闻事件根源，提高报道的厚重感。[2]政治新闻部主任叶晓滨也认为"深度高端"是今后改善政务报道的方向。"政务报道是党报的优势资源，我们能不能再造优势，把这个优势资源变成优质产品，一定要靠瞄准高端和深度挖掘，这需要做政务的记者慢下来思考一些问题，而不能像现在这样很多的政务报道是'急就章'。"[3]

基于以上认识，《深圳特区报》2010年9月推出的改版方案总体目标是进一步强化新闻纸的功能，增加评论和重点报道，增强党报社会影响力和权威公信力，体现特区报"立足深圳，关注南粤，辐射全国，影响海外，办一份有强大传播力的新型城市党报"的办报宗旨。

《深圳特区报》在A1叠A2版新设立了"导读"和"评论"版，在A1叠要闻中新设"重点"版。评论版旨在加强特区报对重大新闻的话语权，重点版旨在做好国内国际及本地重大新闻的深度报道。

加大评论和深度报道，有利于加强舆论监督，充分发挥党报的舆论导向作用，吸引更多的主流人群。如2011年10月下旬深圳发生了引起社会广泛关注的公务员廖天野殴打父母事件。10月31日，《深圳特区报》在头版刊发消息《在市委书记一封信的感召下 廖天野长跪父母面前悔泪满面》，并配发评论《道德感召当如春风化雨》，对这起热点事件进行述评。从"市委书记亲笔致函，着眼于化解矛盾解决问题"，到"彰显媒体引导舆论的担当与责任"、"社会包

1.杨丽萍：《新时期 新挑战——记2011年深圳特区报务虚会》，《报道》2011年第2-3期合刊。
2.同上
3.同上

容凝聚成一座城市道德的力量"、"党委政府和媒体、公众当合力共同推进道德建设"等，概括了处理事件的着眼点着力点、事件化解背后的综合因素、事件解决中道德理念的引导作用等，还对今后城市道德建设的前景做出展望。中央政治局委员、书记处书记、中宣部部长刘云山在《深圳特区报》这篇报道上批示，充分肯定深圳市对此问题"春风化雨般的引导"、"社会效果很好"，认为这种"立足于化解、立足于建设、立足于解决问题"的做法值得借鉴。[1]这次改版将原来的"深圳新闻"、"鹏城今版"与港、澳和莞、惠新闻资源整合一起，打造出"大都会新闻"。"大都会新闻"注意加强深度报道，"深度"和"调查"版就是希望通过发现问题，挖掘事件真相，透视事件本质，促成问题的解决。如2010年11月11日的"深度"版刊发了《餐厨垃圾多流向"地下"正规设备无用武之地》一稿，对深圳地沟油源头之一进行了深度发掘，为有关部门处理问题提供了思路。第二天的"调查"版做的《网络冲击下实体书店转型求发展》专题报道，对传统书店在当今网购环境下转型进行了调查，抓住了时下的一个热点。

专题可以使新闻报道更加全面、充分。《深圳特区报》在2010年改版后的半年时间内即重点策划了35个专题：政务策划专题10个，《学习贯彻胡锦涛总书记重要讲话精神》、《聚焦深圳市"十二五"发展规划咨询会》等；节日策划专题6个，《聚焦"十一"黄金周》、《重阳节特别策划》等；纪念专题策划4个，《聚焦圆明园罹劫150周年》、《纪念鸦片战争一百七十周年》等；重大突发性事件专题策划6个，《绝地大营救》、《聚焦日本非法扣押中国渔民船事件》等；社会民生专题7个，《聚焦深圳电单车乱象连续报道》、《记者调查：深圳养老之困》、《"限购令"下深圳楼市变数透析》等；典型人物专题1个，《孙影先进事迹系列报道》；异地报道大型策划一个，《珠三角绿道尝鲜行》。这些专题策划加大了深度报道的比例和分量。包括解释性报道《如何消除公众对统计数据的质疑》、《中国学者点评诺贝尔经济学奖》等；追踪报道《聚焦深圳山寨公交现象》、《你有"限购令"，我有"过墙梯"——民间应对楼市新政歪招令人咋舌》等；调查性报道《三旧改造的成功范例——深圳南岭村调查》等等，拓宽了报道范围，令《深圳特区报》面貌一新，得到了读者

1. 《在关键节点上发挥党报的强大传播力——〈深圳特区报〉2011年宣传报道总结》，未刊稿，2012年2月。深圳特区报社提供。

一个编辑人的世界

和同行的普遍好评。

高端访谈是《深圳特区报》加强深度报道、打造报纸品牌的利器。近年来，《深圳特区报》推出了不少有重要影响的高端访谈，改版后对高端访谈这一报道形式愈发重视。《深圳特区报》总编辑陈寅认为，"一份报纸的影响力，与其主要采访对象的影响力密切相关。或担任重要职务，或身为重要机构代表，或掌握核心信息，或以成就蜚声国际，或为某一领域最高权威等，以这样的人为采访对象，影响力非同凡响。""报有影响力的事，说有影响力的话，报纸才有影响力。"[1]如2010年8月12日至2012年2月16日推出"世界知名大学校长访谈"，采访遍及20多个国家和地区，世界知名大学100所，每所均以一个整版规模在要闻版推出。这是中国媒体首次集中、全面地访谈世界知名大学校长。报道自推出之后，在社会各界引起强烈反响，很多人评价特区报做了一件非常有价值的事情，体现了大报品位和风范，意义重大。

二、周刊和副刊使报纸内容更显厚重

周报化、杂志化是报纸拓展广度和深度，提升文化品味和含量的通常做法，也是近年国内报纸改版的一个趋势。它可以使报纸内容策划有更多的空间施展，更好整合新闻和资讯，报纸变得更加厚重，满足不同类型读者的需求。

《深圳特区报》的D叠调整为周刊板块，对原有的周刊进行全面梳理，周一至周五分别设置了《博闻周刊》、《理论周刊》、《创享周刊》、《艺文周刊》、《阅读周刊》；并且在周五增出四开16版的《乐活周刊》，为读者准备了可供周末阅读的深度报道和生活资讯。第二年又通过改版，将"艺文周刊"和"创享周刊"并入了大副刊"人文天地"板块。

"理论周刊"开始摆脱宣传本位，注重对重大理论问题进行报道和研讨，如《破解收入分配困局》、《深圳应成为中国的"社会硅谷"》、《文化共识汇聚"理性力量"——访中国人民大学教授任剑涛》等等。注重理论与实践的紧密结合，如《选择"前海"就是要再造一个香港》、《法官要深入群众"接地气"》、《如何消除公众对统计数据的质疑》等等。尤其是"读者参议"专

1.陈寅：《构建新格局下党报强大的传播力》，《报道》2010年第6期。

栏，展开"红树林公园能否建自行车道"等民生问题的探讨。

"乐活周刊"于每周五推出，基本定位是为读者周末生活、休闲、娱乐提供丰富的资讯服务。"乐活周刊"注意提供独家、实用、有趣的内容，除了少数链接、资讯外，差不多90%的内容为原创。如记者叶志卫为了追踪《山楂树之恋》原作者艾米的谜团，动用广泛人脉和"人肉搜索"技巧，挖到了许多独家资料。编辑刘思敏为了探访西涌古村落金龟村的历史和现状，驾车往返近百公里，花了一整天时间才写出千把字的稿子。虽然付出的成本高，但这种体验式、亲历式采访带给读者的鲜活感，却是普通稿子难以比拟的。

"阅读周刊"定位高端读者。它大大减少了以往对文学书籍的评价，改用更多的篇幅介绍政治、经济、法律、历史等方面的书籍。针对公务员、企业家、教师等阶层，推荐新的学科、前沿视角。如第一期"新书在线"评介的《孤独有大美》、《汪东兴日记》、《给没有收信人的信》、《中国企业家黑皮书》、《低碳阴谋》等，每篇文章字数不多，信息量却很大。《一位独立经济学家的"警世通言"》则推介了著名经济学家谢国忠的新书《谢国忠的忠告》。

"博闻周刊"定位中高端读者。尽管它是从以前的"博周刊"演变而来，但做了大胆创新，头版聚焦国际时事热点；二版"深景"为深度选题组合；三版"广角"为环境万象博览。在报道题材上，以前较多报道西方国家，现在拓展到周边国家，选材视野更宽广。相比较过去的"博周刊"，动态新闻更多了，贴近性也更强了。

2011年11月23日，《深圳特区报》"综艺副刊"一叠改版，推出全新"大副刊"板块"人文天地"（C1—C8版）。该副刊以"为我们的时代立心"为宗旨，以提升文化品味为目标，全面整合了《深圳特区报》现有的文化、娱乐、周刊版面资源，形成完整、高端、鲜明、统一的文娱副刊新形象。改版后的《人文天地》每周共37个版。周一4个版，周二5个版，周三、周四、周五每天8个版，周六、周日每天2个版。

"人文天地"的推出改变了之前《深圳特区报》娱乐新闻较为突出、文化新闻与副刊易被弱化的状况，加大主流文化新闻、专题和副刊的比重，将文化新闻作为主打内容，置于C叠封面。消化整合原有的《创享周刊》、《艺文周刊》腾出版面空间，在C叠二版增设"文化新声"、"古典中国"、"文学批评"、"海外瞭望"等深度专题版，在娱乐版块增设"光影志"、"爱乐坊"

等艺评欣赏版，全面刷新原有的"前海"副刊，每日开辟"读城记"、"职场笺"、"生活家"、"风物志""等栏目，挖掘海内外优秀作者，充实版面内涵。该版加强对本地文化热点、文艺精品、文化产业和领军人物的报道，浓墨重彩地报道深圳文化新举措、新动向、新业态、新作品，以多角度、多样化的手段创新报道形式，使深圳文化的成果与进展跃然于纸面。如2011年11月24日"人文天地"头版深圳博物馆30年纪念专题有《深博30年守护城市文化之根》、《难忘的记忆》等，题材厚重，文化气息浓郁。

三、改版效果及其评价

2010年9月10日之后的两次改版是对办报质量的一次提升。新闻板块更加清晰，设置更加合理，版面风格更趋清新活泼、更趋"年轻"。通过周刊及副刊的改版，拓展了报纸的广度和深度，使报纸内容策划有更多的空间施展，以便更好整合新闻和资讯，满足不同类型读者的需求。这些有力举措体现了深圳特区报新的战略思考，有助于提升报纸影响力、权威性和品牌价值。

《深圳特区报》的改版体现了以下四个特点：

一是增强了新闻性。以头版为例，通常每天刊发图文稿件达10条以上，最多时达15条。要闻版、中国新闻版、国际新闻版也保持了信息含量大的特点，不少稿件短小精悍，新闻性均有所增强。新闻编排也更加突出。导读版把每天最精彩的内容，以最吸引人的标题凸显出来。要闻版严格以新闻性标准选择内容，重点版把每天最重要、最热门的新闻，尽最大可能在要闻版靠前刊发，以大篇幅、大版面、大气势突出呈现。新闻报道不仅更全面，深度也有了更深的挖掘。

二是增强了内容的思想性。此次改版开辟了评论版面，增加了理论周刊，吸引了更多高端读者。先前只有社论、评论员文章，无固定版位、版面，数量少，现在推出评论版，不仅评论的数量增加了，更重要的是由"一言堂"变成了"群言堂"，除"要论"专栏的评论员文章外，还有"论见""博评"等个人言论，以及用漫画配发的"漫话"短评专栏。周二的"理论周刊"每周一期，一期三版，周二出版。在内容安排上，一版"求索"版每周一次，侧重理论深度，设"理论观察"、"观澜"和"动态"等栏目；二版分为"大家"、"党建"、"讲坛"、"学人访谈"版，四个版轮流出版；三版设"思与辨"和"读者参议"两个栏目，每周一期。该刊指导性、权威性突出。如《还要有敢为天下先的精神——访中国（海南）改革发展研究院院长迟福林》，科学地诠释了深圳的敢闯精神，为深圳成为科学发展排头兵，提供了理论指导；《为善理性匮乏映射中国慈善生态》，针对盖茨和巴菲特2010年9月28日来华宣传慈善理念激起反响，刊发了思辨性较强的对话录；讲坛版发表了一系列由国内名家撰写的重头文章，有很高的权威性和可读性，如《海权，中国人百年来的梦想与追求——纪念甲午海战116周年》、《当国门打开——纪念鸦片战争170周年》、《中华民族辉煌与屈辱的历史见证——纪念圆明园罹劫150周年》等。

三是增强了报道的贴近性。改版后版面设置与划分更清晰合理，更符合读者阅读心理，各板块定位清晰，基本杜绝了版面之间重复打架的现象。更加贯彻落实了"三贴近"原则，评论版紧扣社会热点，站在群众的角度，从实际出发，为民生呐喊。"今日财经"板块，汇率、利率、物价、房价等和百姓生活密切相关的内容应有尽有，该板块开设的评论版、投资版，对百姓在经济生活中遇到的问题释疑解惑，提供贴心指导。

四是增强了服务性。服务性渗透在日常报道中，如对楼市新政的报道和解读。服务性更体现在周刊中，如《乐活周刊》就是《深圳特区报》每周五为读者周末休闲、娱乐、生活奉献的一份资讯大餐。[1]

虽然改版总体上很成功，但不可能解决所有问题。改版后有些老问题仍不容忽视。以新闻版面为例，一是要闻版和大都会新闻这两块还是政务新闻、特刊居多，挤占了很多版面。二是深度报道方面还需要进一步加强。时政新闻份量大，且深度不够。大都会新闻版总体感觉还比较零碎，有分量的深度报道不多，形不成舆论热点。如何把新闻做深做透，这需要时间上的磨合，更需要在业务能力、管理水平上下更大的功夫。

原载《中国出版》2012年第15期

1.刘军锋、耿伟、刘绩辉：《更高地举起舆论宣传先锋的旗帜——深圳特区报版面刷新各界反响热烈》，《报道》2010年第8期。

深度传播：
报刊内容转化为图书的关键

　　报刊与图书同属平面纸质媒体，具有天然的紧密关系。报刊资源经过整合转化成图书，是为了满足读者阅读的需要，也是报刊资源二度开发、实现品牌延伸的有效方式。像历史上的《申报》、《大公报》都有自己的出版部，出版过不少传世之作。国外报业集团一向重视图书出版，如日本朝日新闻集团的出版部下设图书编辑中心，每年出版700多种单行本图书。但将报刊资源转化为图书并非易事，曾经有前车之鉴。因此，总结其经验得失，将有助于出版业的长远发展。

报刊与图书结合越来越紧密

　　报刊与图书结合越来越紧密，目前已形成一种趋势。报刊资源转化为图书的条件也比过去更加成熟，主要表现在：

　　一、**报刊传媒集团与书业越走越近**。与书业结合最紧密的当属拥有出版社的报业集团。在报刊资源转换为图书方面，报业集团出版社拥有得天独厚的优势。报业不仅为书业注入资本，还为其提供作者和内容，对图书进行宣传推广，达到品牌互动、优势互补的目的。国内比较老牌的有人民日报、光明日报、文汇等报业集团出版社。成立最晚的深圳报业集团出版社每年也推出1百多种新书，其中不少是由报刊资源转化成的图书。

党报集团所拥有的行政资源、内容资源和人才资源是可资利用的富矿。正因为如此，一些非报业集团出版社，纷纷与有实力的报刊集团联姻，实现跨媒体、跨地域经营。如2010年9月，浙江日报报业集团和求是杂志社、红旗出版社联合重组，注册成立红旗出版社有限责任公司，成为148家中央各部门各单位出版社转企改制中，与地方报业集团重组成立的出版社有限公司。同年11月，由中国和平出版社有限责任公司与湖北日报传媒集团共同注册的湖北特别书局有限公司成立，旨在时政类图书领域首先实现突破，再深入到社科、教材等领域。

目前除了宁波等少数几个城市，地级市一般没有出版社。近年来地方经济和文化的不断发展，为出版社跨地域扩张提供了可能。2011年，南方报业旗下的南方日报出版社利用南方日报地方记者站，先后成立佛山出版中心和肇庆出版中心，开发时政、地方文化乃至教辅图书选题，取得了不俗业绩。一些省级出版社瞄准机会，也与地级市报业集团合作，共同拓展图书业务。如2010年，广东人民出版社与中山日报报业集团共同出资组建成立新型出版企业——广东人民出版社中山出版有限公司。2012年，又与惠州报业传媒集团成立广东人民出版社惠州出版有限公司。出版社与报媒的深度合作，将有效拓宽选题范围，催生新的图书利润增长点。

二、报纸向深度拓展，使其媒体属性与图书差异变小。在网络环境下，纸媒的生存空间受到了挤迫。以深度报道见长的时政类、专业类杂志面临的危机相对较小，影响较大的主要是一些低端的大众生活杂志，如《知音》、《家庭》、《故事会》等。真正威胁到生存的是报纸（这里指大众报纸）。因为报纸有时效性差、容量小、费用高等软肋。在当下资讯过剩的时代，报纸内容所呈现出的同质化、浅层化使得它很容易被网络阅读所取代。报纸为了求得生存，便不断向深度拓展，通过强化其内容的必读性和可读性，以满足相对高层次的读者需要。

近些年，报纸受众的精英化和内容的精细化同时进行，使得报纸适合转化为图书的内容资源越来越多。新闻评论、深度报道、系列报道相对更容易整合为图书。像《南方周末》、《新京报》、《南方都市报》等品牌报纸的评论结集已出版多种。《财经》、《南风窗》、《21世纪经济报道》等报刊的深度

一个编辑人的世界

报道整合成图书后受到热捧。题材相对厚重的专题系列报道整合成图书后往往能显出高端品味。如南方日报出版社出版的《广东历史文化行》、《岭南记忆》、《世纪广东学人》均由《南方日报》"文化周刊"系列报道结集而成，《大师谈艺录》是《中国书画》杂志对中国书画界艺术界最有代表性人物的系列访谈文章的结集。深圳报业集团出版社出版的《当年今日话深圳》也是《深圳特区报》"纪念深圳经济特区成立30周年"系列报道的结集本。

报刊与图书联姻的三种模式

报刊资源转化为图书主要有版面结集、深度开拓和品牌延伸三大模式。

一、报刊版面结集是最常见的一种模式。如王芸生自1932年1月11日起，在《大公报》上开设"六十年来中国与日本"专栏，连载达两年半之久，结集出版后轰动一时。范长江从1935年7月起，以旅行通讯形式在《大公报》上真实报道红军长征的行迹和西北近况，次年8月结集为《中国的西北角》，成为经典名作。张乐平的漫画《三毛流浪记》也是由《大公报》连载并结集而成的。《申报》的副刊"自由谈"堪称一部现代文学史，夏丏尊、叶圣陶、沈从文、郁达夫、巴金等文化名人曾在上面发表作品，然后结集成书。近些年报纸版面结集较有影响的有《南方周末》精华本《真相》、《命运》；《新周刊》的年度佳作、年度语录等。而最成功的当属南方都市报1999年重大策划——一年365天每天两个彩版的《一日看百年》版面结集，该书以史诗般的笔触详尽记录了20世纪中外重大历史事件，是《南方都市报》新闻策划的巅峰之作。2000年8月11日，南方都市报在北京的中国大酒店举办客户联谊会。报社给客户准备了价值280元的礼品书《一日看百年》共500册。一位客户收到此书后，大为惊叹："以前很少看到你们的报纸。不过，看了这本书，对你们有了全景式的了解。"[1]

杂志介乎报纸和图书之间，与图书有更亲密的关系。传统意义上的杂志副产品是相关图书。有的杂志历史悠久，享有很高的知名度。它们通过对杂志内容进行各种主题的编选，开发新的图书选题，或者在某个栏目或版块基础

1　袁友兴：《报业风云》，广东经济出版社2009年7月版，第118页。

上，开发相关的图书资源。1960年，《纽约客》以连续报道的方式刊发美国海洋生物学家蕾切尔·卡逊的《寂静的春天》，第一次系统讲述了杀虫剂对环境的危害，在全世界引起强烈反响。作品连载时就引发了50多家报纸的社论和大约20多个专栏的文章。文章结集成书于1962年9月，出版后先期销量达4000册，到12月已经售出10万册。《纽约客》曾经做过一期关于"全球气候变暖"的报道，作者伊丽莎白·克尔伯特是一位专职作家，她对"全球气候变暖"这一现象在科学层面和政治层面进行了深入的探讨，用了整整一年时间才写好交给总编辑。在这一年里，她除了这篇深度报道，其他什么都没有写。这篇报道出来后结集成书出版。许多《纽约客》的著名文章都是从《纽约客》的系列报道开始，然后结集成书——或者后来作者对文章有所增补，或者他们只是从中选取一部分出版成书。很多纽约的出版经纪人看中了某篇报道，然后努力说服作者出书，跟找剧本拍电影一样。[1]

二、选题深度挖掘是比版面结集更高级的一个模式。报刊因为版面容量所限，有些选题在报刊发表效果甚好，但结集成书或内容显得单薄，或思想欠缺厚度。若进行深加工处理，在深度上有所挖掘，就会更符合书的特质。如2012年出版的《南方报业是如何讲故事的》，不仅呈现了南方报业记者对采访技巧的理性思考，而且向读者展示了记者在采访过程中的曲折而又难忘的人生经历。2011年，广西日报传媒集团在内部版《我们错了》基础上，综合《广西日报》及其旗下的《南国早报》、《当代生活报》、《南国今报》的虚假、失实、差错新闻案例，加以扩展、整合与精选，取名为《我们错了——一本传媒业自揭家丑的勇气之作》，由商务印书馆出版，获得广泛好评。国外一些名报名刊，在这方面积累了丰富的经验。如美国《国家地理》杂志利用其内容资源，经过进一步的加工整理，出版了各种各样的道路图、旅游地图和国家公园指南。

三、品牌延伸是报刊资源转化成图书最高级的一种模式。它是指不直接从报刊版面内容整合出图书，而是依托报刊品牌，策划出与其品牌核心价值相关的图书，达到品牌延伸的目的。只有品牌得到高度认同的报刊才能操作这种模式。如日本经济新闻集团的出版局出版"日经文库"、"日经新书"等各种经济专业单行本口袋书。该集团每年出版经济专业、解说类图书、年鉴、生活

1 王栋：《对话美国顶尖杂志总编》，作家出版社2008年版，第129页。

信息、小说、随笔、美术等方面图书300余种，发行5000万册。经济书籍为其特色，1949年开始出版以经济为主的实务性解说的"日经文库"丛书，在日本出版界独树一帜。自1967年起又推出以文化、教养读物为中心的"日经新书"，形成两大独特的口袋书丛书群。这两大丛书群是标志日经新闻出版物最高水准的商品。1974年，该报敏感地抓住当时开始普及周休2日制，经济管理技术方面的"硬派"图书销售势头减弱，成年人的读书趣向由所谓实用类图书开始转向带有人情味又融合各种经营管理信息的通俗易懂的小说性读物这一机遇，于1970年开始积极注重对这一商品的开发。首先推出了城山三郎系列经济小说《百战百胜》、《盲人董事》、《男人们的管理》、《白手起家的荣光》、《堂堂的谋算》，确立了"日经小说"的品牌形象。1975年发表了新人作家堺屋太一以石油危机为题材的《麻痹大意》，一举成为畅销书，特别是电视剧化后，使经济小说更加深入到一般人的阅读生活中。日本经济新闻集团的书报出版实现了良性互动，图书出版利用了集团的特色和品牌，反过来又强化了集团的特色和品牌，形成了报业集团独特的图书出版事业。[1]美国梅里迪斯公司有100多年历史，旗下有《成功农作》、《果实、花园和家居》、《花卉与自然》、《美好家园》等杂志。1930年，它出版了《〈美好家园〉新烹饪手册》，现在修订了第12版，是美国历史上最畅销的精装书之一。现在每年出版305种图书，种类包括烹饪、家庭改进、园艺、装饰和手工艺。它是美国家居和家庭图书领域的佼佼者。[2]像国内的《21世纪经济报道》、《新周刊》等品牌报刊，可以参照这一模式延伸出系列图书。

深度传播决定图书出版价值

报刊资源转化为图书，既有许多成功先例，也有不少失败案例。成败与否，关键在于它是否符合图书的特质——内容具耐读性、受众相对集中、传播时效长等。无论报刊等印刷媒介，还是电视、网络等电子媒介，只要它的内容符合深度传播的特征，都容易成功转化为图书出版。

何谓深度传播，目前学界尚未有明确定义。这一概念是由笔者在2010年

1　尹良富：《日本报业集团研究》，南方日报出版社2005年版，第327-328页。
2　叶新：《美国杂志的出版与经营》，中国传媒大学出版社2007年版，第172页。

广东省网络文化建设和管理办公室组织的"我为广东建设文化强省建言献策"网上征文《传媒影响力与提升广东文化软实力》中首次提出的，该文后来收录在《文化广东与科学发展——2010广东社会科学学术年会论文集》中。笔者认为"深度传播就是指媒介通过传播有思想文化内涵或有较高应用价值的内容，进而对受众的思想、观念和行为等产生积极而深远影响的传播行为"。[1]深度传播这一概念的提出，有助于将传播内容与传播效果结合起来考察。从内容上看，深度传播要求内容不能流于浅薄，要考虑思想的深刻性、文字的耐读性或较高的应用性。从效果看，深度传播不追求一时的轰动效果，而注重影响的持久性，希望观点在受众的内心产生共鸣，对其思想观念或行为产生一定的影响。有深度的内容不一定能得到受众的认可和接受，而被受众认可和接受的内容不一定有深度。深度传播就是要实现二者的结合，更看重传播内容的文化传承价值。

报刊资源转化为图书，必须做到内容有深度，文字具耐读性。所以，有深度的报刊往往与图书结合最为紧密。以美国《纽约时报》的书评版为例，这个版1911年就已设立，经过上百年的发展成为相对独立的书评杂志，可以和《纽约时报》分开订阅。它长期雄踞美国书评界霸主地位，对美国乃至世界图书出版业都有重大影响。《纽约时报》的畅销书排行榜是美国两大权威畅销书排行榜之一，起着图书出版界风向标的作用。除了为出版业提供信息服务外，其丰富的人力资源、版面资源也为图书出版业提供了作者资源和内容资源。[2]著名新闻杂志《新闻周刊》自1984年以来，即深刻、及时地跟踪报道美国总统竞选全程。2004年，它做的关于总统选举的系列报道赢得了美国"国家杂志奖"并最后出版成书。这批优秀记者花了一年左右时间才完成该项目，大约12个人共同致力于这个深度报道。《纽约客》、《大西洋月刊》、《哈泼斯》、《纽约时报杂志》等更是被大家公认的"优美文字与深邃思想交相辉映的卓越人文杂志"[3]。这些刊物的一个封面故事，通常要花费作者几个月的时间采访写作。比如《大西洋月刊》在"9·11"事件后有一个长篇报道，作者在世贸大厦遗址呆了半年，每天都在采访和观察清理现场的工人，之后又用

1　蒋斌、田丰主编：《文化广东与科学发展——2010广东社会科学学术年会论文集》，广东人民出版社2011年版，第533页。

2　梁小建：《世界领先传媒集团出版业经营管窥》，《现代出版》2011年第6期。

3　王栋：《对话美国顶尖杂志总编》，作家出版社2008年版，第79页。

了几个月时间写作——前后用了约9个月时间，花费几十万美金。《大西洋月刊》有时会有1万5千字长的文章，有时会连续出一系列的文章，最后加起来就成为一本书。

报刊上受欢迎的内容转化成图书后遭到冷遇，原因在于新闻性或娱乐性强的内容很容易过时，不符合书籍深度传播的特质。由笔者担任责任编辑、南方日报出版社2002年出版的《娱乐之巅2001》就是一个败笔。该书内容收录了《南方都市报》2001年底刊发的全景式记录该年度娱乐新闻人物和事件的图文报道。该书投向市场后读者反映冷淡，与当初系列报道受到热捧形成巨大反差，结果印刷的1万册图书实际销售数不到3千册。国内出版的诸多新闻作品集，命运也多半如此。"这些数以千计的新闻作品集，可以说绝大部分除了让作者有成就感以外没有任何价值。新闻本来就是易碎品，一般不值得用图书的形式予以长久保存，非要出成书，就是印刷垃圾"。[1]自上世纪90年代以来，图书出版追逐新闻热点渐成时尚。戴安娜事件、欧洲世界杯、轰炸南联盟、美国"9·11"、非典、"神舟5号"、印尼海啸、汶川地震……这些新闻热点催生了一批图书，其中非典图书更是达到了一百多种。出书速度也十分惊人。早在1999年，就有出版界人士对此表示忧虑："就这类应时出版物的内容来看，大多带有因特网的痕迹，有的则是对国内外报刊上的文章进行编译拼凑而成，而出书时间一般不会超过20天，有的甚至只短短的一周。由于图书出版是一种文化积累的过程，需要的是厚积薄发，而用如此局促的时间炮制出来的图书，人们怀疑其编校质量和文化含量。"[2]在这种新闻类图书中，由报刊内容转化而成的图书占了很大比例。

新闻类图书的易碎性所带来的风险，早就引起业界和学界的共同警惕。有学者分析指出，"在理论研究和实践活动中将图书出版简单附会为大众媒介，屡屡导致图书出版实践的思想混乱。""对并非大众传媒的图书，却要按照大众传媒的运作规律进行出版传播活动，这是单纯追求规模效应导致的一系列乱象的根源所在。就一般的信息传播功能而言，报纸、广播电视等其他大众传播媒介有着图书无法比拟的优势，图书一旦丧失了思想知识载体的特征，沦为普通的信息传播载体，极有可能被其他大众传媒取代，长此以往会对出版生态甚

1　曹鹏：《把脉中国传媒》，中国广播电视出版社2008年版，第272页。
2　程力：《追逐新闻热点的应时图书越出越多》，《出版参考》1999年第1期。

至文化生态造成毁灭性的伤害。"[1]

　　大众传媒的日趋发达，印刷技术的不断革新，使得报刊、电视和网络内容资源转化成图书变得越来越容易。如果不把握图书深度传播的特性，这类图书就会对整个出版业带来不良效应。庆幸的是，经过前些年新闻类图书的泡沫之后，出版界开始冷静对待报刊内容向图书的转换，更加看重图书的内容品质和传播价值。

原载《出版科学》2013年第3期

一个编辑人的世界

1　王勇安、朱尉：《简论对图书出版的传播学误读》，《出版发行研究》2009年第5期。

伍

5

编辑出版教育

学而时习之

翻开《论语》，首句便是"学而时习之"——学，然后不断地实践。孔子毕竟是史上最伟大的教育家，寥寥5个字便道出了教育的全部精髓。

有些人没读懂孔子这句话，把"习"字理解成"复习"。一个是从书本到书本，一个是书本必须结合实践。虽一字之差，谬以千里。

首先是学。学，然后知不足；学，然后知困。大学阶段学习的主要方式是读书，很多时候要靠自学，平日要多读书勤思考，注重知识积累和文化修养。书到用时方恨少，有的同学到实习单位后，叹悔读书太少，浪费了大把好时光，可临阵磨枪已悔之晚矣。读书是水滴石穿的功夫，不可能有立竿见影的效果，一定要克服内心的浮躁。但光读书不行，为读书而读书意义不大，读书的最终目的还在于学以致用。要做到这一点，唯有不断实践。所谓百无一用是书生，正是骂给那些死读书读死书的读书人听的。

新闻传播学是实践性很强的学科。我上编辑学，每学期都给学生布置了课外作业，要求他们做出图书、报刊或电子读物。从文字、图片的采集到版面的设计等，都要求自己动手完成。编辑出版专业的学生应坚持做好班刊。这不仅从中得到锻炼，同时也展示了班级的形象。

除了平常的课外实践，假期实习和毕业实习尤为重要。学院一直看重毕业实习，实习时间也长达一个学期，这在各高校中是极少见的。

实习是检验课堂教学效果的唯一标准。实习就像一块试金石，可以试出学生到底有多少真本领。如果学生大多得不到实习或用人单位的认可，只能证明课堂教学与社会人才需求之间存在严重脱节。

《凡视》——编辑学课外学生作业之一

实习是踏入社会的第一步。通过实习，同学们可以接触到更加真实的鲜活的复杂的社会，学到最重要的处世之道。这世上有两种书，一种是有字书，如我们的教科书，这种书读起来相对容易。另一种是无字书。社会就是一部无字的大书，藏着真正的大学问，值得我们毕生领悟。

从更直接更实用的角度看，实习是大学毕业生找到一份合适工作的最佳途径。有的同学经过几个月的实习，被实习单位直接录用；有的虽然找工一时无着，但这份实习经历成为其个人简历中重要的一部分，也是招聘单位往往最看重的一环。

写于2010年5月11日

那些花儿
——《岛生活》序

那片笑声让我想起我的那些花儿，

在我生命每个角落静静为我开着。

我曾以为我会永远守在她身旁，

今天我们已经离去在人海茫茫

......

2007年的6月21日，在我院首届本科生毕业典礼上，03级传播系的3位男生在台上一边弹着吉它，一边动情地唱着朴树的《那些花儿》。

优美的旋律勾起几多回忆，也夹杂些许感伤。

今天，那些花儿已飘散天涯，幸运的是我曾陪护着他们开放；今后，还有更多的花儿开在身旁。

幸福就像花儿一样，我看着他们一天天成长。

两年前，我来到小谷围——一个珠水环抱的美丽小岛，幸运地成为一名园丁，与花儿为伴，与草木共长。

岛生活，花天堂。这里一年四季花朵飘香。

风景优美的小谷围岛，宛若世外桃源。大学入驻前，这里没有一家工厂，是广州这座大都市里最后一块净土。

1千多年前，这里曾是五代十国时期南汉国王的狩猎场和御花园；如今，

主办：华南理工大学新闻与传播学院04编辑出版专业
主编：蓝之馨
艺术总监：谢晓
封面设计：贺鸿讯

建设成为全国规模最大的现代大学城。

一个编辑人的世界

　　2004年初秋，小谷围迎来了首批大学新生。其中有华工新闻学院04级编辑出版专业的58名同学。

　　当年，大学城仍像个大工地，很多建筑尚在施工。我们新传学院也刚组建，条件还很艰苦。3年过去了，学院已经发展壮大，气势更加雄伟的大学城现已容纳近20万大学生。

　　这58位同学目睹了一场巨变。他们与新传学院风雨同舟，伴随大学城一步步走向成熟。

　　他们是文化传播系编辑出版专业的首批学员。这群充满朝气的少年，让我看到了未来的希望。

　　不久前，他们精心策划编辑了一期专刊——《岛生活》。这既是他们对3年校园生活的回顾和总结，也是他们才情的一次尽情挥洒。

　　他们纪录了小谷围，也纪录了他们自己。

　　他们是一群踔厉风发的花儿少年。

　　他们是小谷围岛变迁的有力见证。

　　他们是校园生活最真实的记录者。

　　他们是我院编辑专业的黄埔一期。

2007年9月

《广州大学城一本通》序

　　早在2004年8月，即广州大学城首批新生入学前夕，坊间便有了一本名叫《小谷围》的书。小谷围是广州东南珠水环抱的一个小岛，面积约18平方公里，接近未填海造地前的澳门。大学城就建在这个岛上。

　　小谷围虽偏居一隅，却是个藏有很多故事的地方，历史积淀深厚，文物古迹遍岛，包括明清时期的古建筑、自汉代以降历朝古墓葬、古遗址等。而且风光秀美，生态环境及其优越，大学城开建前未曾有一间工厂，被誉为广州市区最后一块净土。

　　自大学城立项始，一批有识之士担心岛上古迹湮没不彰，或毁弃不问，毅然以抢救文化为己任，或奔走呼号，献计献策，或深入岛内，考察民俗民情，采集文字图片。被纳入"广东文化书系"的《小谷围》便是其中人士呕心沥血之作。而广东省委及各级地方政府对小谷围的文物古迹及自然生态的保护，也极其重视，将其纳入大学城整体规划当中。如抢救挖掘出的南汉二陵——德陵与康陵，被评为2004年"中国十大考古新发现"之一。悉心规划的外环风景带，则有效保护了小谷围大部稀有的湿地资源。

　　透过《小谷围》，我们看到了大学城的前尘旧影。如今的小谷围，早已脱胎换骨，焕然一

《广州大学城一本通》，
世界图书出版公司2011年9月版

这是学生金玲晖设计的广州大学城地图

新。它如今已变成何等模样,这是许多读者所关切的。

但据我所知,即便住在大学城内的部分师生,对久居的小谷围岛也并不熟悉,不仅对所在的10所高校了解不够,对一些景点也知之甚少。有同学去广东药学院拍片,回来感叹其校园之美。其实华工与广药仅一箭之遥,却不曾探访过。有次我驱车带5位同学绕外环一圈拍片,南亭村的关氏宗祠居然仅一位来过。而位于中大体育馆对面的湿地公园,则无人知晓。他们一走进这块拥有大片荷塘的湿地,立马被吸引住了,惊叹大学城竟有如此绝美的风景。这也从一个侧面让我们感到大学城太需要一部实用的生活指南了。

本书是2009级编辑班集体智慧和劳动的结晶,众采编人员分成若干组,或采集文字,或拍摄图片,裒然盈帙,期月乃成。

大凡编纂一部切合市场的读物,必先调研其目标受众,再蒐集相关素材,厘订恰当体例,继行之以明白畅达之文字。诸如《广州大学城一本通》这类实用读本,资讯当务求其详,文字则力戒其奢。

本书针对的读者首先是大学城的广大师生,尤其是刚进校的新生。据统计,大学城岛民已近20万,人口与一座小城规模相埒,每年秋季入学的新生接近5万人。他们迫切希望了解岛上更多的资讯,以便共享教育培训、生活娱乐等各项资源。除此之外，那些喜欢到大学城休闲观光的广州及周边地区的市民，以及有意报考广东高校的应届高中生及他们的家长，都会对此书产生兴趣。为满足众读者的需要，本书不仅介绍了大学城的风物名胜，各高校的历史沿革、学科建设、品牌专业、精品课程、名师风采等，也详尽介绍了各商业配套设施、生活服务项目。举凡旅店、餐馆、银行、书肆、邮局、店铺、歌厅、体育场馆、自行车租赁等等，均一一收录，且不厌其详，甚至包括所在地点路线、联系人及电话号码等等。最后的"品味广州"，则介绍了广州地铁沿线的主要景点，目的是为了方便大学城的岛民出行。

　　本书的出版可谓适逢其时。虽然免不了有疏漏，甚至错舛之处，但仍不失为一部适应读者需要的好书，且有望成为每年再版重印的常销书，相信它在今后的修订中不断完善。

2011年8月

伍

编辑出版教育

在07级编辑专业介绍会上的讲话

同学们上午好!

不久前成功举办了第八届全国大运会的广州大学城,在它最靓丽的时候,迎来了包括在座的各位07级新同学。

听说在座的只有极少数第一志愿报考编辑出版专业,这说明这个专业并不热门,社会上存在的偏见也有不少。正因为这样,有些同学感到失望,甚至想转到别的专业。

在有些人看来,编辑出版专业很烂。但是,我觉得它前途无限,关键在如何去把握它。

前年,我准备来华南理工大学时,有出版社的同行很不客气地跟我说,出版社从来不要编辑出版专业的学生,你却去教编辑出版,会有什么前途!今年《中国编辑》第二期登了我的一篇文章,题目叫《数字时代的编辑出版专业教育》,其中就谈到这个问题。广东共有出版社21家,只有极个别的出版社接收过编辑出版专业的学生。一个兴办了20余年的专业,不为业界所接受,这就是编辑出版专业的悲哀。所以,有人会说这是一个很烂的专业。

像人大、复旦等名校的新闻学院培养了不少名记名编,但迄今为止,很少听说出版社的资深编辑出自哪所高校的编辑出版专业。在西方,很少有编辑出版的本科教育,甚至编辑学也没有得到承认。这个专业的兴办,跟长官意志密切有关。

1984年,我国著名理论家、时任中共中央政治局委员兼中国社科院院长的胡乔木,向国家教育部建议在高校试办编辑出版专业。教育部研究胡乔木同志提出的建议后，明确给予答复要在我国高等学校设置编辑学专业。1985年首先在北京大学、南开大学和复旦大学建立专业，开始招生。这就是我们这个专业降生的过程。

胡乔木在给教育部的信上说到：

"编辑学在中国确无此种书籍（编辑之为学，非一般基础课学得好即能胜任，此点姑不置论）。""在历史上，我国著名典籍的编辑经验，也有不少记载，不过需要收集整理而已。（顺带说，我还建议编辑专业应设辞书学、目录学、校勘学[中国就有这两类的书]，编目、标题、注释、摘要、插图、索引等的研究和试验，印刷、出版、发行知识等科目。）""为促成这个专业（或编辑、新闻专业）的诞生，我宁愿不惮烦言。教育部高教司可否协助北大、南开、复旦三校具体筹备此专业人员在暑期开一小型讲座，请京、津、沪的几位老编辑略有准备地分头讲几个题目，帮助筹备者能写成一门或几门课的教学大纲？"

现在，编辑出版专业已遍地开花。据不完全统计，全国已有130多所高校开办了这个专业。光广东一地，便有华师、华工、汕大、广商、广东海洋等高校办有这一专业。

我们从胡乔木的信上可以看出，兴办这个专业的初衷是替图书行业服务的。从当时的背景看，报刊、电视等大众传媒很不发达，而图书是人们获取知识的主要渠道。而且当时图书严重短缺，出版编辑属急缺人才。所以，编辑出版高等教育定位在替出版社培养人才，而且课程也是根据书业的要求设置的。

但这种想法乃一厢情愿。一是因为编辑出版教育更多地体现在职业教育，而不是本科基础教育。职业教育是指出版社邀请学界专家和业界资深人士，对从业人员进行在岗培训，以提升他们的业务能力和理论水平。二是因为图书出版专业性很强，它通常要求编辑需要具有某种专业背景，如法律、经济、历史等。若是科技出版社，则需要数学、生物等理工科的专门人才。从这个角度看，编辑出版专业教育从一开始就是跟市场脱节的。而且，随着传媒业的不断发展，编辑出版专业的培养模式越来越不适应市场的需要。

正因为这样，编辑出版专业毕业生大多没有从事传统的出版行业。有人对北大编辑出版专业毕业生去向作过调查，发现只有11%的学生进入出版界。当然，坏事通常也能变成好事，这些人当中有些有了大出息，但不在图书出版领域，如南方报业传媒集团旗下的21世纪报系掌门人沈颢、三G门户总裁张向东等，分别在传统报业和新媒体领域成为执牛耳的人物。北大编辑出版专业最初设在中文系，后并入信息管理系，现又归属新闻与传播学院。这说明编辑出版的专业定位历来不够明晰。当然，换个角度看，也证明了编辑出版专业的学生适应面广。

编辑出版专业有着先天的不足。但穷则变，变则通，通则久。编辑出版若囿于图书领域，就找不到出路。若把视野放在大编辑、大出版上，我们的前途就一片光明。

在大众传播时代，社会对编辑人才的需求前所未有地增加了。最受用人单位欢迎的是那些既具有广博的文化知识，又掌握现代传播技术的复合型人才。而我们编辑出版专业正好处在这个交接点上。我们的毕业生不仅可以去报刊社做记者编辑，也能胜任网站编辑的角色，还可以去机关事业单位及知名企业作文化宣传和品牌推广的工作。

上学期04级编辑出版专业的实习生，绝大多数去了报社、电视台和网站，那些报社电视台的实习生干得一点不比新闻专业的同学逊色，在网易、21CN等大型网站实习的同学也很快适应了环境，得到了实习单位很高的评价。这回我们没有安排一个实习生去出版社实习，主要原因是图书的出版周期太长，工作节奏慢，短期实习很难学到什么东西。另外，我们也考虑到，既然出版社不是我们就业的主要目标，那我们就另谋高就。书刊企业现在也正加大数字化的步伐，需要大量跨媒体的专业人才，等他们今后主动找上门的时候，我们再考虑安排一些人去那里实习或者就业。不久的将来，我们跟出版社的关系会颠倒过来，不是他们要不要我们的毕业生，而是我们的毕业生愿不愿意去他们那里。

华工新闻学院培养的应该是人文+科技型的复合型人才。这既是面对市场审时度势的结果，也是我们依托华工强大的工科品牌所做出的明智选择。网络传播与电子出版是我们选择的定位和方向，我们将沿着这一方向努力，培养出文科与理工科交叉的出色的编辑人才。我相信再过三五年，我们这个专业就会在社会上有好的口碑，会像华工的电子信息、建筑工程等专业一样，成为一个品牌专业。

我们编辑出版专业的师资力量可以说是全国最强的。我们一共有18位老师，其中11个具有高级职称，12个具有文学或哲学博士学位。全校的人文素质中心就放在我们这个系上。庄子云："水之积也不厚，则其负大舟也无力。"打好人文基础，对编辑出版专业学生而言至关重要。厚基础，宽视野，强能力，是我们一直努力追求的目标。

在网络传播与电子与出版方面，我们有效地借助了计算机科学与工程学院、电子商务学院以及电教中心的师资力量。另外，同学们还可以辅修其他学院的一些相关课程。我院投入5百多万元的实验室也建好了，有些需要加强动手能力的课程，可以放到实验室去上。像网络直播、非线形编辑等，都可以充分利用好实验室。

以人文社科为主，电子网络技术为辅，逐步形成华工编辑出版专业的特色，是我们共同奋斗的目标。

我们一定要坚信自己、坚信未来！

最后，祝各位在新学期学习愉快、不断进步！

2007年9月17日

伍

编辑出版教育

数字时代的编辑出版专业教育

专业教育与业界需求严重脱节，是编辑出版专业创办22年来面临的尴尬。培养目标锁定在书刊编辑，以及教材陈旧、师资匮乏等因素，使得这一专业教育领域路子越走越窄。今后，以人文社科基础为主，电子网络技术教育为辅，培养适应数字化时代的复合型人才，应当成为编辑出版专业教育努力的方向。

编辑出版专业的毕业生为何遭到冷遇

编辑出版学专业近几年得到了迅猛发展。据北京印刷学院2005年作的一项调查，全国各地开设有编辑出版专业的院校已达到130多所。但令人奇怪的是，一方面是该专业的不断扩招，一方面是毕业生遭到出版单位的冷遇。有一项由北京大学编辑出版专业的同学开展的调查，发现被调查的164家出版单位中，明确表示需要出版专业学生的只有15%。[1]这个数据说明出版单位对现在的出版专业认知度和认可度都不大。还有人对北京大学编辑出版专业1999~2004年6届毕业生共126人的去向作过统计，其中直接读研究生的40人，占31.75%;其次为新闻单位，占15.08%，第三是出版社，占10.32%，其余依次为IT业、其他、金融、保险、演艺圈、科研单位、出国、不就业、图

1.腾跃民《编辑出版人才培养的新模式》，《编辑学刊》2006年第5期。

书馆、广告等。[1]

武汉大学编辑发行专业和北京印刷学院毕业生进入出版社、书店系统及印刷厂的比例甚高，前些年一直受到用人单位的欢迎。但严格地讲，武汉大学的发行专业方向定位在书刊营销，并非培养编辑人才。这个专业办了20余年，具有先发优势，历届毕业生分散在各地出版单位，校友构成了一个强大的人际网络，替后来者就业提供了极大便利。北京印刷学院主要为印刷厂输送技术人才，亦非编辑人才。除这两家外，其他院校的编辑出版专业尚未在出版界形成口碑。编辑出版专业的人才培养跟业界脱节已是不争的事实。

以广东省为例，目前已开设有编辑出版专业的高校主要有华南师范大学、华南理工大学、广东商学院、汕头大学、广东海洋大学、广东职业技术学院。但广东的21家出版社，仅个别单位接收过编辑出版专业（不含发行及印刷专业）的毕业生。2005年，有家出版社的社长给华南师大编辑出版专业的学生作报告，就公开表示一般不接收这个专业的毕业生。这就是编辑出版专业面临的一个残酷现实。

出现专业教育与业界需求严重脱节这一局面，原因大致有：

一、培养目标局限于书刊编辑。

上世纪80年代初设立的编辑出版专业普遍设在中文系下面，是按培养文稿编辑的标准来培养学生的，培养目标主要为书刊编辑。后来增设的教育点虽然侧重点有所不同，但也是以书刊编辑为目标的。像前面提到的被调查的164家出版单位，都是各个大小出版社。在传媒行业当中，出版社规模普遍偏小，人才需求总量不大。如果从大出版的角度看待编辑出版专业的人才培养，毕业生流向包括图书、报刊、电子音像、网络等出版单位，出路会宽很多。

二、图书出版编辑强调专业学科背景。

出版社招聘人才时更愿意选择有某一学科背景知识的毕业生，而不是编辑出版专业出身的人才。例如北京大学出版社2006年的招聘计划中规定，应聘编辑职位的必须具有硕士以上学历，而且是韩语、德语、计算机、生物、电子学等热门专业的毕业生，英语和计算机水平也要达到一定级别，否则连面试的机会都没有。我们要正视用人单位的这一要求，想办法调整专业结构，使本专

---

1. 师曾志《由流向向源头——从北京大学编辑出版学专业1999—2004年毕业生去向数据分析重新思考高校出版人才培养模式》. 《中国出版》2004年第10期。

业的毕业生既具有专业知识，又懂出版，符合复合型人才标准。本科生最好能辅修一些其他专业的课程，拿到第二学位。

三、教材陈旧，师资匮乏。

目前编辑出版学专业的系列教材总体上与出版业的现状与发展脱节，内容陈旧空洞，没有充分吸纳出版学术研究的最新成果和反映出版产业的最新动态。编辑出版学专业的教师大部分是从相关专业转岗，多数不熟悉编辑出版工作，不仅缺乏实践经验，而且缺乏编辑出版学方面的专业知识和专业训练。

培养适应数字化时代的复合型人才

21世纪是一个信息过剩的时代，各种信息和内容资源需要整合，从这个角度看，21世纪的出版产业是一个编辑主导的时代。编辑出版专业要跟上数字化生存时代的需要。目前数字化的出版和传播已成为出版业现代化的关键手段，出版人才培养至关重要。

网络时代给编辑出版专业人才带来了更多机会。传媒产业格局因为网络媒体的冲击发生了巨变，总体而言，是以报刊、图书为代表的旧媒体不断衰落，以网络为代表的新兴媒体不断增长。这一趋势给编辑出版专业的教育带来了空前的挑战和机遇。一方面，网络的兴盛使得网络编辑的职位大增。按照网站数量估算，目前，中国拥有网络编辑从业人员达到3百多万人。未来8年，网络编辑需求将呈上升趋势，总增长量将超过26%。网络编辑的缺口将达到1百万人。[1]传媒业已成为中国十大热门行业，而传媒业中需求量最大的是复合型的网络编辑人才。另一方面，无论是传统媒体还是新媒体，都需要大量既具备丰厚的人文社科知识背景，又懂现代传播技术的复合型人才。现在是一个多媒体融合的时代，无论是以报纸、图书为代表的老媒体，还是以网络为代表的新媒体，都在不断地融合，现代编辑人才正是站在这个结合点上。这对编辑出版专业教育提出了更高的要求，也给了我们前所未有的机会。我们培养的毕业生今后可以分到报刊社、出版社（图书公司）、电子音像出版单位，也可以分到各类网站。

---

1. 王斯东《互联网催生新职业成就新贵族》，《人才市场报》电子版，2006年5月31日。

本科生教育应按"大出版"观念宽口径地培养复合型人才。大出版涵盖了图书、网络和数字出版等多个领域。大出版观念顺应了通识教育、宽口径教育这一世界大学教育的潮流。我国教育部对高等教育的改革精神是要求压缩专业，强化素质教育、通才教育。根据教育部的精神，我国编辑出版学专业教育首先应进行专业整合，对分得太细的本科专业如编辑专业、出版管理专业、印刷专业、图书发行专业等，按照教育部1998年公布的《普通高等教育本科专业目录》中规定的"编辑出版学"专业进行整合，以便明确教学重心，培养出宽口径、厚基础、高素质的复合型人才。其次是明确培养目标，在科学技术不断发展、经济形势不断变化以及WTO规则框架下，编辑出版学专业的培养目标应该是符合出版物编印发一体化的宽口径要求，注重培养系统掌握编辑出版理论知识与业务技能，具备宽广的文化与科学知识，熟练运用计算机等现代技术手段，具有创新精神，能从事编辑、出版、发行业务与管理工作以及教学与科研的高层次复合型人才。

为适应新的形势，编辑出版专业高等教育须推出有力的举措。我觉得可以从以下几个方面入手：

一、改变不合理的课程设置。

现在本专业课程主要包括编辑学概论、古代汉语、现代汉语、出版发行基础、中国编辑出版史、图书学、出版美学（含装帧设计）、书业法律基础、报刊编辑学、书籍编辑学、出版现代技术、出版社经营管理、音像电子出版物、版权与图书贸易等。这些课程并非不重要，但对于基础教育来看，专业课程设置比重较大，基础课程偏少。特别是编辑出版学专业课程不宜分得过细。像出版社经营管理、出版法规、版权贸易等内容可以适当压缩。

在专业课程设置方面，可以加强对市场类、营销类课程的设置。国外有些经验值得借鉴。如美国纽约大学出版研究中心图书出版课程中就有"图书市场营销"、"图书宣传"、"促销和公共关系"、"电子出版物网上营销和网上服务"等。相形之下，我国的高校编辑出版专业开设的课程以理论为主，实践性不强。如"图书发行概论"、"出版学概论"等。另外，须增加电子网络出版方面的课程，如网站建设与网页设计、动漫制作等。

我认为编辑出版专业的课程设置应抓两头：一是加大人文学科课程的设置，二是增加新媒体理论与应用的课程，使之适应电子与网络出版的未来发展趋势。在突出核心课的前提下，压缩专业课，扩大选修课，注重学生知识结构和能力的培养。过去视为主干的编辑出版专业课程，可以适当弱化。

培养综合性人才是当今世界大学教育的潮流，特别是编辑出版专业是一个涉及面非常宽的专业，既要懂文史哲政经法，又要涉及数理化天地生，还要懂出版物的编印发全过程，所以应该进行专业整合，不要再细分为编辑学专业、出版管理专业、图书发行专业。要培养出宽口径、厚基础、高素质的全新人才。建议课程由1/4的专业课程和3/4的社会科学和人文学科的课程组成。学生要注意在课外大量阅读自己喜爱的专业书籍以及邻近学科的书籍。

目前编辑出版专业的课程设置需要脱胎换骨般的改造。现在到了壮士断腕的时候了！

二、推行产学研结合的办学模式。

编辑出版学专业是一门实践性、应用性很强的专业，这要求构建理论与实践相结合的教学体系，逐渐形成理论与实践并重，突出跨媒体复合型宽口径人才培养模式。具体做法是：

（一）调整和改革教学计划，在教学全过程的控制上确保新教学体系的实施。围绕厚基础、宽知识、强能力、高素质的高层次人才目标，在教学计划中，合理设置课程结构，加大实验室的投入和实践教学的比重。

（二）加强实习基地的建设，为实施新的教学体系提供保障。一方面鼓励学生自己联系实习单位，另一方面与有关单位密切合作建立出版发行实习基地。实习地点主要选择传媒集团及有影响的门户网站，少数实习生进入出版社、杂志社及品牌企业。

（三）聘请资深媒体人士来校开办讲座，积极利用第二课堂，全面提高学生综合素质。在把握课堂教学的基础上，深入挖掘校内外各种教学资源，以突出学生实践动手能力、强化职业意识为出发点，把第二课堂建设与专业人才的培养有机统一。

（四）注重编辑出版学专业学生经营管理意识和经营管理能力的培养。党的十六大报告第一次把"文化产业"与"文化事业"作为两个概念区分开来。对于公益性文化事业，国家实行支持和保障政策，鼓励其增强自身发展活力。对于经营性文化产业，国家把其定位为"繁荣社会主义文化、满足人民群众精神文化需求的重要途径"。对于出版行业，国家新闻出版总署规定，除人民出版社一家保留原来的公益性事业单位的体制外，其他所有出版社都将转型为经营性企业单位。这就要求编辑出版专业的学生应具备经营管理的意识，懂得经营管理方面的知识，具备经营管理的能力。经营管理意识和经营管理能力的培养需要通过大量的社会实践才能得来。

三、在办学中形成自己的特色

通才教育与特色教育并不矛盾，因为通才教育是基础，特色化和专业化是在这一基础上加以培养自己的个性和专业特点。我们现有的编辑出版专业点背景不同，也不都设在综合性大学，有的设在理工科院校、师范院校、民族院校和专业高校。隶属的院系也很不相同，有的设在新闻学系或传播学系，有的设在信息管理系，有的设在中文系，科学技术系，还有的设在艺术系和少数民族语言系。每一所院校的编辑出版学专业的学科背景、基础增长点都大不相同，因此应该扬长避短，办出自己的特色，这样才能满足出版界对人才的多种需求，也有利于学生的就业，如果几十所高校都培养一个模式的编辑出版学人才，学生就业势必出现困难。所以要特别强调多样化和特色化，避免模式单一，有特色才会有市场。

就学生而言，应鼓励他们兼修其他专业的课程，扩大知识面，提高文化修养和综合素质，又要学有专长，成为复合型人才，这样才会受到用人单位的青睐；就各办学院系而言，首先应建设一批共有的规范化的专业基础课和核心课，同时在原有学科的基础上，办出自己的特色。

2004年，华南理工大学成立了新闻与传播学院，目前开设了传播学、广告学和编辑出版三个专业。起初，编辑出版专业以书刊编辑作为培养目标，在课程设置上和大多数兄弟院校所设专业并无二致。后来，经过反复论证，决定将方向定位在电子与网络出版。

这一大的调整，首先是为了顺应数字时代对出版业人才提出的多层次、多样化要求。数字时代的来临，从根本上改变了出版业的发展环境。而电子与网络出版方向的高等教育目前尚处在起步阶段，作为一个新办新闻与传播学院的编辑出版专业，可以顺势而为，后来居上，以此作为突破口，培育出核心竞争力，逐渐形成自己的特色。在目前高校普遍扩招、就业竞争压力越来越大的情况下，这一调整也是一种审时度势的选择。

其次，这是华南理工大学的品牌优势和资源优势所决定的。要形成自己的特色和核心竞争力，必须利用固有的优质平台整合拥有的各种资源。华南理工大学有着强大的工科背景，素有"工程师的摇篮"、"企业家的摇篮"的美誉。而现在的新闻与传播学院由原先的人文学院改建而来，学校的人文素质中心就设在该院，在人文课程建设上有着得天独厚的优势。而电子与信息学院、计算机科学与工程学院和电子商务学院等兄弟学院，可以为新闻与传播学院提供智力及师资方面的支持，学生可以在这些学院选修与电子与网络出版有关的课程。我们完全可以以此为依托，办出人文社科与电信、计算机等工科大跨度交叉的办学特色，培养的编辑出版专业人才，今后能适应跨媒体复合型人才的需求。

原载《中国编辑》2007年第2期

从就业趋向看跨媒体复合型人才培养[1]
——以华南理工大学编辑出版专业建设为例

华南理工大学新闻与传播学院编辑出版专业创办于2004年，迄今为止，已经走过了7个年头，培养了4届本科毕业生。兴办之初，正值"媒介融合"、"大出版"这些新的出版趋势逐步形成之际，我们经历了艰难的探索阶段，在依托学校和地方资源优势，明确了专业定位之后，才初步树立了自己的办学特色，为广东乃至全国培养出了一批优秀的跨媒体复合型人才。在这里，我们拟以华南理工大学编辑出版专业建设为例，探索新办编辑出版专业的高校如何依托资源优势，明确专业定位，形成办学特色，培养符合市场需求的跨媒体复合型编辑人才。

明确专业定位，树立专业特色

华南理工大学编辑出版专业从成立到现在，专业定位几经调整。如表1所示。

表1 华南理工大学编辑出版专业方向及课程设置沿革

年份	专业方向	主干课程
2004	无	中国文学、外国文学、新闻采编、传播学概论、图书分类学、新闻摄影、中国新闻传播史、外国新闻传播史、畅销书研究

1.此文与刘银娣合作完成，系华南理工大学教研项目"多媒体编辑实训基地建设"结项成果之一。

2005	出版策划与营销方向	摄影与摄像、传播学概论、新闻学基础、出版学概论、编辑实务、出版选题策划概论、发行营销学、出版企业管理学、音像编辑、版权与版权贸易、畅销书与现代出版、书籍装帧
2007	电子与网络出版方向	编辑学原理、传播学概论、网络传播学、中外编辑出版史、新闻学基础、书刊编辑实务、电子与网络出版、多媒体设计与制作
2008	新媒体方向	编辑学、传播学概论、网络传播、中外编辑出版史、新闻学基础、书刊编辑实务、文化创意产业概论、传播技术基础、多媒体素材采集与制作、数字出版与网络编辑等

　　从表1中，我们可以看到，2004年创办的时候，还没有一个很明确的专业方向，依托于专业教师的文史学科背景和学院的新闻传播背景，开设了大量人文类和新闻传播类课程，课程设置较为混乱。经过一年的探索和研究之后，我们考虑到广东省的商业氛围较浓，便试图从武汉大学编辑出版专业的成功中吸取经验，将专业方向确定为"出版策划与营销方向"，并随之调整了课程设置，主干课程中加入了出版选题策划、出版企业管理学、版权与版权贸易、畅销书与现代出版等出版营销类课程，并从业内邀请了一些从事出版策划与营销的专业人员来校开设讲座或授课。尽管我们为这一专业定位的推行做了大量的工作，但是经过两年的发展，我们发现这一专业定位并不适合我校。因为相对于报刊业和新媒体行业而言，广东省图书出版业实力较弱，图书出版市场人才需求量相对较小。另外，也是因为武汉大学在图书发行营销领域早已建立了非常强大的优势，而这一优势的形成一方面得益于该校在这个专业方向上的发展历史较长，具备强大的师资力量和丰富的教研经验；另一方面也得益于该校大量毕业生就职于图书发行营销领域而形成的强大行业人脉资源。前者不是我们短期建设可以与之比拟的，后者更是难以企及。同时，我们发现，因为我校是一个以理工科专业为主的院校，计算机技术、通信技术等技术类专业较强，学校更重学生实用技术的培养，人文氛围与一些综合性院校相比有很大差距。而且，我校编辑出版专业在招生的时候，采取的是文、理兼招的模式，文科生与理科生人数相当，其中理科生的人文基础相对较弱，通过调查发现，他们普遍希望增加技术应用类课程的比重。因此，我们调整了过去纯文科的专业定位和课程设置，将专业方向调整为"电子与网络出版方向"，增加了网络传播、电

子与网络出版等课程，并与计算机学院合作开设了多媒体设计与制作等课程。2008年，我院新增了"新媒体艺术"这个专业，引进了数位具有新媒体技术基础的专业教师，于是，我们借助于学校的办学定位和学院优质教学资源，在原来的基础上再次调整了专业定位，确定了"新媒体"的专业方向。在课程设置方面，将一些人文课程合并，并取消了版本目录学等课程，增加了传播技术基础、多媒体素材采集与制作、数字出版与网络编辑等课程。经过三年的发展，通过毕业生和企事业单位给我们的反馈，我们发现，这一专业定位逐渐受到认可，在广东地区，初步树立了培养跨媒体复合型人才的特色。

采取"宽口径"培养模式，培养跨媒体专业人才

编辑出版专业是一门应用型社会科学，其主要目标是要培养适应出版产业发展需要的专业人才，因此，就业是编辑出版教育的重要导向之一。当前，各高校编辑出版专业学生就业景象各不相同，有些学校学生就业惨淡，有些则供不应求。尽管华南理工大学编辑出版专业开办时间比较短，但是四届毕业生的就业情况还是非常乐观的，如表2所示。

表2 华南理工大学04、05、06、07级编辑出版专业学生就业情况统计

年级	传统媒体			数字出版企业		其他企事业单位			公务员	继续求学	未统计
	图书	报刊	电视台	新媒体	信息科技企业	编辑	文案	其他			
04级	1	9	1	10	9	4	2	11	8	4	0
05级	1	6	0	4	3	2	1	2	3	7	0
06级	3	7	1	9	4	4	5	5	4	10	0
07级	2	4	1	5	4	4	3	6	3	7	6
合计	7	26	3	28	20	14	11	24	18	28	6

从表2中，我们可以看到，除了07级学生因为刚刚毕业，所以统计数据还不是很完整外，其他各级毕业生的就业率都是100%。从表2中，我们还可以看到，华南理工大学编辑出版专业的就业范围非常广泛，其中在传统图书出版单位和电视台就业的学生比例非常低，更多的学生去了报刊社以及数字出版企业，还有很多学生到其他企事业单位从事编辑、文案等与出版相关的工作。尽

管就业范围非常广，但是总的来说，岗位大多数与编辑出版专业相关。之所以出现这种情况，一方面是因为我校采取了"宽口径"的培养模式，其课程体系中，除了传统的编辑出版课程外，还增加了摄影、新闻采访、广告学、报刊编辑、经济学原理、市场调查、数字出版技术等课程，着力于培养能够适应图书、报纸、期刊、广电、数字出版等跨媒体技术和经营管理人才；另一方面，也与华南理工大学所处的广东省的人才需求情况有关。事实上，各高校的编辑出版学都处于共同的国内乃至国际出版大环境下，同时也处于各自不同的小环境，而从目前广东省各高校毕业生的就业情况来看，绝大部分毕业生都倾向于留在广东省内。因此，华南理工大学编辑出版专业就结合本地出版资源，有针对性地为本地培养出版人才。这也是差异化、特色化教育的一条路径。针对广东省商业氛围浓厚，且广东省企业文化建设需求较大，企业内刊众多的情况，华南理工大学编辑出版专业开设了一些经营管理类课程，并采取出版项目全流程的课程设置，使学生具备独立完成小型出版项目的能力。除此之外，由于广东省数字出版产业起步早，且受到政府高度重视，设立了我国第一个数字出版行政管理机构——数字出版管理处，因此，华南理工大学编辑出版专业借助政府的大力支持和良好的数字出版产业基础，着力于与一些数字出版机构联合培养数字出版专业人才。另外，广东省报刊和数字出版产业发达，而传统图书出版产业较落后的现状也使得华南理工大学编辑出版专业在培养方向上没有局限于传统的图书编辑、制作和发行工作，而是基于"大出版"的视角培养培养跨媒体复合型人才。

积极探索跨媒体复合型人才培养模式

编辑出版专业人才的知识结构必须具有某一专业学科知识背景又熟知编辑出版理论实务。近年来，编辑出版专业学生在业界求职屡遭冷遇，就是因为当前编辑出版工作，尤其是编辑工作，非常强调专业学科背景。因此，编辑出版专业本科生应积极修读其他专业。学校在学位授予上，在本科阶段可以通过设置第二学位的方式，培养复合交叉型人才。华南理工大学编辑出版专业近年来就积极探索这种跨媒体复合型人才培养模式，不仅积极鼓励本专业学生辅修经济管理类、法学类、计算机类专业，而且还积极鼓励其他专业学生辅修编辑出版专业。其中06、07、08、09级编辑出版专业学生辅修第二专业的学生比例达到70%以上，获得双学位学生的比例也达到20%以上。从就业和实习单位的反馈意见来看，这种复合型的编辑出版人才培养方式获得了企业的普遍认可和好评。例如，近几年进入世界500强企业和中国500强企业的编辑出版专业毕业生中，80%是有辅修其他专业经历的；而进入专业媒体的，更是大多都取得了双学位。

综合采用多种途径，培养学生实践能力

实践性教学是编辑出版专业教学工作的重要组成部分，华南理工大学编辑出版专业就非常注重学生实践能力的培养，通过多种途径，培养学生的实践能力。

一、建立具备实践经验的师资队伍，奠定实践教学基础

华南理工大学编辑出版专业通过"走出去"和"引进来"两种方式，建立具备实践经验的师资队伍，为学生实践能力的培养奠定基础。华南理工大学编辑出版专业成立之初，其专业教师主要由原人文学院的教师构成。这些教师具备深厚的人文底蕴和理论基础，为学生人文素质的培养奠定了基础。但是，这些教师大多缺乏编辑出版学方面的专业知识和专业训练，没有出版行业从业经验，对编辑出版工作非常陌生，教学内容便多流于纸上谈兵。为了改变这一现状，华南理工大学编辑出版专业与很多媒体，包括广东省电视台、南方报业集团、华南理工大学出版社等合作，鼓励其专业教师"走出去"，到这些媒体挂职锻炼，弥补专业教师实践经验不足的缺点。除此之外，华南理工大学编辑出版专业还积极与国外高校开展合作，鼓励教师出国访问，以了解国外行业发展现状，吸收国外高校编辑出版专业先进教学经验。除了"走出去"的方式外，华南理工大学编辑出版专业还通过引进具有行业实践经验的教师丰富实践教学师资队伍。华南理工大学编辑出版专业的教师不少具备行业背景，例如赵泓教授曾经是南方日报出版社新闻编辑室主任，副教授周可是《新周刊》副主编。另外，华南理工大学编辑出版专业还聘请了数十位资深媒体人士来校开办讲

座，积极利用第二课堂，培养学生的实践能力。这些行业内专家可以更好地向学生传授编辑出版实务知识，为学生实践能力的培养奠定基础。

二、调整课程设置，加大实践教学比重

华南理工大学编辑出版专业定位几经调整，其课程设置也随之多次调整，在确立了培养"跨媒体复合型人才"的目标后，我校更是通过增加新媒体出版技术课程、有针对性地安排课程实习、加强毕业实习等方式加大实践教学比重，培养学生实践能力。经过几年的发展，华南编辑出版专业现开设有传播技术基础、多媒体素材采集与制作、网络编校软件应用、平面设计软件应用、网页设计、视频剪辑等课程，已初步形成一套完整的数字出版技术应用课程体系，并建立了非线性编辑实验室、数字出版实验室。除了开设数字出版技术课程之外，华南理工大学还在单科课程教学过程中，有针对性地安排课程实习。例如《编辑学》这门课程在教学过程中就要求学生模拟出版社编辑出版流程立策划一本书的选题，并完成组稿、编辑加工、图书宣传与发行等工作；《网络编校软件应用》这门课程就要求学生分小组独立完成一本期刊的策划、选稿、设计、排版、印刷等工作；《报刊编辑学》则要求学生模拟报社编辑部门完成一份报纸的制作。这些课程实习可以帮助学生深入理解跨媒体编辑流程，对编辑出版工作的特点和要点也会更加清楚。加强毕业实习也是华南理工大学编辑出版专业强化实践教学的重要手段之一。华南理工大学编辑出版专业与多家媒体和单位建立了长期的实习基地，学校一方面鼓励学生以就业为导向自主联系实习单位，另一方面推荐学生去实习基地实习。毕业实习规定不少于17周，每一周都要求学生记录下自己的实习心得，完成一篇实习周记，实习结束后，还要求学生完成一份实习报告。通过加强毕业实习，学生能够将所学专业理论和基本技能运用到媒体实务活动中，增强学生的实践能力。

三、产学研结合，提高学生的实践能力和学术水平

编辑出版专业是一门实践性、应用性很强的学科，必须在与出版实践的紧密结合中实现自身发展，因此，产学研结合的办学模式对编辑出版学科建设而言意义重大。华南理工大学编辑出版专业充分利用学校与媒体在人才培养方面的各自优势，建设多家实践教学基地，在专业与行业、教师与媒体、学生与职业之间建立广泛的联系。其中，我校与南方报业传媒集团、广州日报报业集团、羊城晚报报业集团、21CN等20多家媒体正式签署了"校企共建实习基地协议"，为实践教学体系的实施提供保障。除此之外，我校还通过与企业合作成立媒体工作室等方式，培养学生的创新精神和实践能力。例如，我院与华南理工大学出版社合作成立了"大学城工作室"，在出版社编辑人员和专业教师的带领下，组织学生为华南理工大学出版社策划图书选题、组稿、编辑校对和发行营销。其中2011年，09编辑出版专业的学生就策划出版并发行了《广州大学城一本通》一书。产学研结合的培养模式，不仅可以提高学生的实践水平，而且，还有利于提高其学术研究能力。在产学研合作蓬勃发展的过程中，华南理工大学编辑出版专业学生获得了很多新的启示，申请并完成了多个学生研究项目，还协助老师完成多项科研项目，并为毕业论文的写作打下坚实的基础。

原载《出版科学》2012年第4期

伍

编辑出版教育

陆

6

深圳特区报高层访谈录

我见证了这张报纸跟特区一块成长

——《深圳特区报》原总编辑杜吉轩访谈录

时间：2011年8月25日

地点：深圳特区报35楼东会议室

被采访人：杜吉轩，陕西汉中人。1969年毕业于新疆大学。在新疆日报当记者、编辑10多年后，于1984年初来到深圳。曾任《深圳特区报》部门副主任，《深圳商报》筹备组成员，《深圳特区报》编委、副总编辑、总编辑。

赵　泓：您来《深圳特区报》时条件还很艰苦吧？

杜吉轩：我是1983年底从新疆过来报到的，第二年元月正式上班。我来的时候，条件有所改善。那时候的特区报，刚刚从那个铁皮房搬到新修的9层楼，搬进去才几个月，办公桌都没凑齐。我住了一年的招待所，最初因为房子不够。跟我同时来的有位年纪比我大的，带了老婆孩子过来。那个时候提我做部门副主任了，本来房子是有我的，有的同志拖家带口，要房子又很迫切，让他们先住了，我住招待所。

赵　泓：当时报社只有100多号人吧？

杜吉轩：真正的采编人员才几十个，所有人加起来一起才一百出头，包括行政后勤人员。当年特区报成立的时候，真正搞新闻的人不多。所以，我就打了个电话，表示了一下意愿，寄了几份我的新闻作品。人家这边就给我发了一

2011年8月25日采访杜吉轩总编辑

个调令。但新疆那边的人事部门把我卡住了。我上上下下找了若干领导，基本都放行，就差一个管盖章的。那是我的一个中学同学的母亲，她是延安抗大毕业的，脾气很大，厅长都不敢惹她。那个章在她手里面，但她死活不盖。我就去找她，叫她把我放了。她劈头盖脸把我臭骂了一顿，说那是个搞资本主义的地方，你却要往那儿去。你在我手里面就别想走。反正就是卡了3个月。后来终于放了。深圳特区报对我们这些人真的是爱护有加，不问你的出身背景，就一条，你是不是努力工作，能不能干活。当时就是看你这个。

赵　泓：您1995年主持《鹏城今版》。据说当时讨论方案时争议很大，您能说一说当时的情形吗？

杜吉轩：当时有人主张把那一叠办成真正的晚报，实际上是不可能的。也有人提出将那几个版独立出，可以单独发行，但是没有刊号，单独订几个版也是不可能的。当时我给老吴（吴松营）提出办一个报中之报。因为那个时候我们要跟《深圳商报》竞争，商报刚把晚报办起来。开始只给了4个版，半年以后给8个版。在这一点上，老吴是比较开明的。

赵　泓：那怎么评价《鹏城今版》在深圳特区报发展史上的地位？

杜吉轩：这个不要评价太高了。当时特区报要搞《鹏城今版》，就是因为群众反映特区报没有可看的东西，没有一点反映普通老百姓生活的东西。因为特区报毕竟是机关报，我们研讨了这么多年，就是要做一张不一般的机关报。说到底，《鹏城今版》就是发表了一些讲老百姓的事，普通读者爱看的东西而已。再就是带出了一班年轻人。

赵　泓：您认为广州的办报环境跟深圳比有什么不同？

杜吉轩：广州的办报环境比深圳好。我作为一个外地来的新闻人，觉得广东的领导开明。没有省委的支持，不会有广东新闻界的今天。《广州日报》可以把领导讲话压缩到很小的版面，一版堆满了广告，有时弄个大标题，放两行文字，然后把正文转到第二版。这一点我们深圳做不到。深圳的一举一动，全国关注。在经济上放手改革的同时，在其他方面更需谨慎。有时难免循规蹈矩了。

赵　泓：您来这边28年了，看到了深圳的巨大变化，您觉得这座城市的性格是如何影响到报纸的？

杜吉轩：这个我还没有认真琢磨过。感触比较深的是，这张报纸确实是跟整个特区一起成长起来了，所以当时深圳报纸性格也就是特区的性格。最初10年，深圳艰苦创业、艰苦奋斗、无私奉献的精神，那是整个深圳基本特征。那个年头那些干部，不计较地位、待遇、得失。而且待遇本身也不高。那个时候一直到90年代初，我们的整个工资待遇，包括我们报社的，都不高。那时候干事业的风气确实很浓，人际关系也相对简单。领导看人、用人就是看你的工作是否努力，工作是否有成绩。整个报社有一种昂扬向上的氛围。

这20多年来，深圳特区报在办报理念，报纸风格上，很好地继承了特区精神。在办报手段、新闻操作上，随着时代进步，有了大的发展和进步。人才更多了，观念更新了，有了在新起点上再上台阶的储备和基础条件。最需要的是所有从业者能发扬当年创业时代特区报人的那种不计得失、对事业执着追求的精神，把特区报办成一张永远领时代风气之先的大报。

我看中的是特区报的事业

——《深圳特区报》原副总编辑许兆焕访谈录

> 时间：2011年8月27日
>
> 地点：《深圳特区报》阅览室
>
> 被采访人：许兆焕，广东兴宁人。1959年毕业于广州中山大学中文系。历任《光明日报》文艺部编辑、记者、副主任，《深圳特区报》副总编辑、文艺部主任，香港《紫荆》杂志采编主任，《深圳特区报》助理巡视员及《深圳风采周刊》主编、名誉主编，高级编辑。

赵　泓：您当初为何选择来《深圳特区报》？

许兆焕：本来我没想到能回来的，我在《光明日报》呆了23年，1959年中大毕业后上的北京，去了就在《光明日报》。《光明日报》有个特点，你来了先当记者出去跑，去实战，然后当编辑，大概3年，62年到了文艺部，从那一直到82年，都在这个部门。

在来特区报以前，影协（中国电影协会）想调我去当《大众电影》的主编，那个时候是《大众电影》最红的时候，一千多万份的发行量。可是《光明日报》不同意，没走成。我们这批人，算是解放后党培养出来的，服从组织安排被视为忠诚党的事业。那时也明白报社正在培养自己。一会儿放到某个部门去锻炼，一会儿让你上夜班。我们那个时候不想当领导，为什么？当领导责任重，工作累，钱跟别人一样多，叫做"提级不提薪"。那时还没有进行工资改革，也没有所谓"奖金"。你当普通编辑78块钱，当副总编也是78块钱，所以我们都不愿意当领导，愿意当编辑、记者，有时间搞自己的私活。

1982年这里创办特区报，人手不够，广东省委就找中宣部，中宣部表示愿意为了支持特区的事业，在中央几个新闻单位选派广东籍的人来支援。开始我们并不愿意来，但一想到自己也过了40岁，有点想回广东了。我是82年3月份来的，到5月19号，才从广州来到深圳，5月24号这里出正式创刊号。为什么中间在广州呆了两个多月呢，当时的省委宣传部人事处长王希告诉我，原来想把我留在省委宣传部，当文艺处处长，我说我要是当你这个官，就不如留在北京了，我在《光明日报》活得挺好的，眼看着也要提拔上去。我主要看中特区报的的确确是一个新的事业。

赵　泓：您感觉这里办报环境如何？

许兆焕：1983年8月编委会成立之后，准备出日报了。我觉得这里头有些东西可以好好说一说，我是感到那时候的深圳在经济领域尽量放开，什么老板都可以进来，但是在意识形态方面的控制，我们感觉比内地还紧。我在《光明日报》，很多稿子我能发，在这里我就发不出去，不是因为有形的外在压力，而是感觉到这个氛围就是这样，就怕内地攻击你，引发的激烈言辞影响到他们，所以在意识形态方面，包括我们正版的言论，都是尽量左一点，不像经济领域什么话都敢讲。

赵　泓：特区报的历史实际上是深圳特区的一个缩影，您能否简要地谈谈特区报30年的发展？

许兆焕：我主要跟你讲前10年。实际上我们报纸受计划经济影响还是很深的。办报，罗妙社长最有经验的，他主持工作后，开编委会首先要问纸张还有多少，油墨还有多少，明天还有没有纸张油墨。为什么问这个呢，特区报的纸张过去不在计划内，那时候各个省报，中央的各个报纸，都有一个全国计划的，里头纸张的分配，你今天用多少纸，给你多少纸，都是按照计划来分配的。我们这个纸张啊，一开始计划里头就没有我们这一块，我们纸张全靠进口，加拿大纸，用外汇来买。那个时候外汇储备还是很紧张的，所以我们就想方设法跑北京，跑吉林（纸厂）搞一点计划外的纸，有时候直接奔造纸厂，搞点小恩小惠，买一点计划外的纸。

赵　泓：那个时候的舆论环境呢？例如对政府的监督、反映民生问题等。

许兆焕：我参加了两届班子，90年借调到香港去了。在那两届班子时期，还算比较开明，交给你方针政策，让你自己把握。我们那个班子，执行力、党性比较强，什么事该怎么办，我们知道。为什么"六四"的时候，包括深圳商报都出了问题，为什么我们不出问题啊，因为这个班子里面历来党性比较强。某些时候，重大事情来了，主管报纸的市领导不敢作主，总是说你们自己考虑吧，你们自己定吧。举个例子，《东方风来满眼春》，开始明确讲不准报道，所以写不写稿，见不见报，谁都不敢点头，所以区汇文这个总编辑了不起就在这里，他说先写出来再说。写出来了，送给宣传部长杨广慧，杨部长说，发吧，稿子我就不看了，你们自己把关。在我的印象当中，市里头谁也不敢拍板，就是老区敢，这一条我觉得是了不起的。

赵　泓：有一种说法，90年代深圳经济很开放，政治上很保守，报纸不要跟我出事，搞得很多东西不敢报道，这反倒让广州的报纸占了上风。

许兆焕：是这样的。刚才我讲了，我们报纸前10年的时候。94年底我从香港回来，回来后我就没有进班子了，当副巡视员，但还是让我值夜班。我当时觉得市委那时候管报纸，生怕你出这个错，出那个错，我这个老报人从业这么多年，对我还不放心吗？但是我感觉他们就是不放心。主管部门有个处长，他老到报社夜班室指手划脚，这个标题不应该这么做，那个标题不应该那么做，我心想你懂什么啊，但是最后我只能听他的，他代表市委啊。有次我上夜班，北京记者站发过来一篇关于深圳某艺术团在北京演出的稿子。他的标题是一行题，当时我觉得这个标题太差了，就重新做了一个，第二天周会的时候让我做检讨，因为市里面要求一个字不能改，你得按照那个来做。

赵　泓：深圳是改革开放的前沿，为什么意识形态方面，反而比广州更保守呢？

许兆焕：这里头应该说有历史原因吧。过去虽然梁湘时代比较开明，但是有形无形当中经常有这样的疑虑，在经济领域完全放开，但是我在意识形态方面要非常的谨慎，有时候哪怕稍微左一点都不要紧。为什么？外围攻击你特区的言论太多了，你不要授人以柄，你不要让特区出这个事，出那个事，免得人家正好拿出来做文章。

没有风骨是当不好总编辑的

——《深圳特区报》原总编辑王荣山访谈录

时间：2012年5月3日

地点：深圳市福田区福强路名典咖啡厅

被采访人：王荣山，1938年生，河北沧州人。1965年南开大学政治经济系毕业后分配至中宣部，1972年调新华社。1986年任《深圳特区报》副总编辑。1987-1993年任《深圳特区报》总编辑。1993-1998年任深圳有线电视台台长。

赵　泓：先简单介绍下您的工作经历？

王荣山：我这辈子经历过新中国差不多所有大事，反右、四清、大跃进、人民公社、"文化大革命"、反精神污染等等。"六四风波"时我已在特区报当总编辑了。在报社经历了邓小平南巡、股票事件、"八五"大爆炸。这些大事件都让我碰上了。

我这辈子注定跟宣传结缘，命中注定吃新闻这碗饭。读中学时就当校报主编，读大学时是系里的宣传部长，1965年大学毕业后，第一份工作分配到到中宣部，在那里度过了"文革浩劫"的岁月。"文革"后期，1972年调我到新华社先后作政文、经济记者。在新华社工作期间干了两件有开拓意义的事，一件是在上世纪70年代末新华社与香港《经济导报》合作，创办《中国经济新闻》杂志，向海外提供经济信息。我参与了杂志的创办并担任副总编辑。这本杂志是中国改革开放伊始的第一份经济信息刊物。在当时我们这些专访中央各大经济部门的经济记者竟然不知道经济信息为何物，不知道经济新闻和经济信息有何区别，手中大量经济素材不知怎样写信息。只好请香港那边派人过来给我们上课。后来这个杂志发展很快，由原来的综合信息扩展成石油、化工、纺织等各种行业信息。1981年又参与新华社自己创办的《经济参考报》，这也是作为经济报纸，较早的一份，后来我担任编委。1986年被调来《深圳特区报》，初任副总编辑，一年后任总编辑。1993年改任深圳有线电视台台长。1998年退休。

赵　泓：在您任上的1988年11月，深圳特区报社实行人事制度改革，各部门主任由群众评议、推荐，人事部门考察，编委会聘任；部门副职由正职提名，编委会聘任；各部门人员则根据规定的职数，实行领导、员工双向选择。这次人事制度改革是否遇到了阻力？效果如何？

王荣山：那次改革是经过集体讨论后通过的。效果当然明显，最大的好处是把一批比较正派、能干的干部安排到合适位置上的。反对的声音肯定是有的。那时我刚到报社一年多，初任总编辑不久，许多干部我并不熟悉，主要是根据同志们反映，人事部门考察，编委会议讨论确定的。钱汉江、胡向东、张德纯等同志就是那一批提拔的。

赵　泓：自1989年1月1日起，《深圳特区报》由对开4版扩为对开8版，成为全国6家日出8版的大报之一。这是《深圳特区报》第一次扩版。请您谈谈这次扩版的情况。

王荣山：在我到报社之前已经从两个版扩到过4个版。我来的第二年开始扩版，从4个版扩到8个版。这主要因为我们经营做到了自给，基本上不靠财政拨款了。那时候特区发展快，可报道的内容丰富，广告也越来越多，版面不够用，客户登广告要排队等很久。于是编委几经研究，决定扩版。这次扩版应当视为特区报向大报发展的重要一步，版面扩大了，报道内容覆盖特区经济社会更广泛了，广告也增加了。在人才的培养、锻炼，在财力的积累方面都为以后的发展创造了有利条件。说到广告，还有一个小故事，好像是在1988年吧，广告科的同志找我，说有人想在一版登整版广告，出资8万。那时候这个数目不得了啊。我召集了几个人议了一下，都说行。最后我就大胆地拍板了。在此之前我们只在报眼或版面下边做广告，头版整版登广告国内还没有先例

享受退休生活的原总编辑王荣山接受笔者访谈

（注：1985年3月20日，《深圳特区报》首次以整个头版刊登广告，开全国头版刊登全版广告之先河。）。事有凑巧，登这个广告的那天，正好新华社播发了中共中央总书记的报告全文，按惯例这一定是要放头版头条的，怎么办呢，于是我又召集广告部、总编室夜班的同志来商量，大家莫衷一是，但是他们为我提供了两条理由，香港历来就是这样做的；头版做广告，作为文字版，二版就相当于一版，要破旧立新，就在这里破一次。报纸出来后省里、市里都没有什么反映，但事有凑巧，偏偏全国人大常委会一个调查组来深圳检查工作，看到这张报纸也不吭声，回到北京在全国人大会上提了一条议案，点名特区报社长、总编辑要把报纸引向何方。幸亏我们的市委书记好啊，他能爱护干部保护干部。当时的市委书记李灏从北京开会回来，一见到我就说你怎么搞的，把整个头版做了广告，把总书记的报告放二版，人大都有议案了。我说我做检讨吧，他说算了，以后注意吧。这个可大可小事件就这样有惊无险地过去了，也就为特区报在头版刊登整版广告开了先河。

赵　泓：“六四风波”期间特区报是如何把握好报道方向的？

王荣山：众所周知，全国各家报纸都是党的文件、精神把握报纸方向的。“六四风波”期间，新华社、人民日报天天发学生游行、静坐的消息，社会上流传着五花八门的小道消息，但是从中央到省、市没有任何文件下来，我去请示主管领导，半开玩笑地答复"自主办报嘛，你们自己看着办吧"。我说"我理解，不给领导添麻烦，我摸着石头过河，努力把握，但是万一出了纰漏，你可给我兜着点。"在那个时候，可真的是凭感觉、凭判断把握了。回想起来当时有两大难处，一是新华社天天向全国发的有关"六四"新闻稿如何处理；二是深圳的学生游行活动如何报道。我们总编室的同志是很好的，他们往往不和我打招呼，主动天天晚上跟人民日报、南方日报打电话，商量如何选用新闻稿，打听哪个放头条、几栏题、几号字，这样就在处理新闻稿方面保持了大体一致。"六四"波及全国，深圳学生运动很快起来了。如何报道深圳学生们的活动，实在令人为难，报道过了就可能使特区报犯政治错误，轻描淡写就有可能激起学生的愤怒，烧报纸、砸报社，这两种后果都非同小可。当时我也没有明确的主意，就把参与报道的记者编辑同志请到我办公室，跟他们商量，听他们的意见，最后决定，对游行队伍所有的活动，游行的路线、规模，呼喊的一些口号、有关单位的接待，甚至一些花絮，都充分地写，但敏感的口号、标语等一定不要写。这样读者觉得我们报道很充分，会感到基本满意，对一些口号没有回应也比较能够理解。有一次游行队伍到了报社，在报社楼下开大会，把标语挂到报社门口了。我就请尤鸿飞把他们的头叫过来，对他们游说一番，对学生的爱国行为表示理解，报纸的报道也是这样做的，同时说明我们毕竟是党报，你们把这样敏感的标语挂到报社的门口就不太好了。他听了觉得有道理，说那你们把它摘下来吧。我说不行，我们摘下来，那学生会跟我们干架。结果是他们自己动手摘下来的。风波过后，上边给我们一个结论，说我们报纸对特区的稳定起到了好的作用。凭我的感觉，那是在钢丝绳上躲过了一劫。

赵　泓：1992年深圳发生了"8·10"股灾，由于特区报不敢客观报道事件真相，结果报社威信在读者中一落千丈。第二年在深圳清水河"8·5"大爆炸事件中，特区报顶住压力，您还跟陈锡添等人冲进火灾现场。这次你们是不是因为吸取了股灾报道的教训，于是拿出勇气冲破阻力，敢于全面、客观报道事件真相？

王荣山：我觉得不应该把这两件事联系起来看。股票风波时，中央来调查组了，情况很复杂，领导之间也有不同意见，报纸不能火上浇油了。股票风波前两天，我就给主管的副市长打电话，说这样不行啊，要出事的呀。我带司机到各个现场转了一圈，全国各地涌来的股民不管男女，认识不认识，都前后抱着排队，生怕有人插进来。天气又热，非出事不可，但是已经势成骑虎，难以为计了。第二年的"8·5"大爆炸为什么要顶住压力充分报道呢，一个是报道深圳的大事，是报纸的职能，另一个因为中央、省里、香港的媒体都在深圳，你管得住吗？纸包不住火的。开始上面不准报道。当晚副总编辑陈锡添和总编室的几个同志来我办公室，群情激愤，对于不让报道意见很大。我跟陈锡添找到现场临时指挥部，找到了在现场指挥救火的副市长林祖基、副省长黄华华，说明如果我们不报，人家会说深圳市委封锁消息，而且中央新闻单位、香港记者都在这里，是封锁不住的。结果黄华华同意了我们的意见。但第二天早上主管领导还是打电话来，责问谁让你们发的。说来真有点可笑。我们这次报道很充分，社会反映很好。但接着有人要组织"八五大爆炸"的"六评"，即连续发表六篇评论，主题是歌颂爆炸事故中的英雄事迹。我一听就觉得诧异，事故原委尚不清楚，责任、教训还没搞明白，就忙着把坏事当作好事写，不仅不妥，还会引出一些猜测。当时已经决定我调换工作了，于是第二天我就离开了报社。

赵　泓：1992年邓小平南巡讲话，开始不让公开报道，听说是您最先提出以评论方式传达邓小平南巡讲话精神的？

王荣山：1992年春天邓小平南巡。开始市里指定陈锡添副总编辑作为随行记者，可能是当时任宣传部副部长的吴松营安排的。江式高作为摄影记者是报社派的。小平同志走后，当天晚上陈锡添同志回来在楼道上见到我，和我聊起所见所闻，还顺带讲了一些花絮。我听了很振奋。他最后说邓办宣布一条纪律，说不要吐露一个字，谁吐露开除党籍。我琢磨邓小平讲的这些话很重要，改革开放到底要向哪里去，而且讲话是有针对性的。我考虑我们是党报，党报就要说党的话，决定把邓小平的讲话用报社的言论方式报道出去。于是把社长老区请来，他说可以呀。我们组织了写作班子，分管理论部的副总编王初文当组长，钱汉江、胡向东等人是成员。我让陈锡添给他们介绍情况，他的主要精力是写那篇通讯。陈说不让发怎么写，我说先写出来放在那里，等有机会再发出来。我们报社组织的评论写作班子已经住进了深圳迎宾馆，开始动手了。这时，宣传部领导听说后，出面介入，说要充实这个写作班子，结果变成由他们牵头，以我们这个做班底，重新组织了一个班子。因宣传部领导亲自盯在那儿，我去写作组的次数就少了，但每次讨论定稿的时候我都去，把稿子带回来发。老区去的次数多些。

赵　泓：《东方风来满眼春》这篇稿子是怎么发出来的？

王荣山：《东方风来满眼春》发表时我在值班，是我签发的。清样出来后，老区看完一篇，送我一篇，然后发排，是这样出来的。

赵　泓：是区汇文社长最后拍板发的？

王荣山：不是。发稿的那天晚上，区汇文社长亲口跟我说，他到医院请示了正在住院的市委副书记厉有为。那时候，《南方日报》、《珠海特区报》已经发了通讯，我们觉得既然人家发了，那我们也可以发。所以，区社长去找厉有为，征得了同意。于是我们连夜发排，第二天见报。区汇文做事谨慎，他拍板是请示过领导的。

赵　泓：1992年5月23日中共中央总书记江泽民为《深圳特区报》创刊10周年题词"改革开放的窗口"。您是否了解题词的具体经过？

王荣山：先是江办秘书跟陈锡添说，江总书记答应给特区报题词。没多久，江办打电话说总书记题词写好了，我正好在北京出差，到了中办把题词带回来。

赵　泓：1992年《深圳特区报》因为发表《东方风来满眼春》影响力大增，而且这一年的广告收入达到了6千多万，在全国排名第七。是否可以将这个视为《深圳特区报》成为一张大报的标志？

王荣山：应该说特区报在八九十年代经营越来越好，至于说什么时候是大报了，很难讲。特区事业的发展必然带动报纸的发展，随着经济的迅猛增长，广告增长很快，有一段时间要走后门才能登广告。这个是特区的大环境促成的。我们的报纸当然办得不错，但不能把功劳都记到报社头上。

赵　泓：请您介绍一下在您任上的薪酬改革情况。

王荣山：我们任上已经对薪酬制度提出一些改革方案，但上面都没有批。那时特区报的薪酬制度是大锅饭，社长、总编的奖金和一线普通工人是一样的，干好干坏也一个样，而且总体偏低，比同城的《深圳法制报》还低很多。于是我们决定到全国调查一下，拿出依据，制订一个较为科学可行、能调动积极性的薪酬改革方案。92年底93年初，报社派丘盘连和钱汉江各带一路人马分别去北方和华东考察，吸取兄弟报社的经验，最后成立由丘盘连、钱汉江、胡向东、贺海亭和辜晓进组成的5人起草小组，由老丘负责，住在上海宾馆。

拿出的方案非常详细，可操作性也很强，最大特点是将编辑也列入定量考核范畴，并且建立星稿制度，完全不同于其他报纸根据版面、版位打分的做法。当时列出了十几条星稿标准，只要稿件写得好、有较大新闻价值或有创新，发在报屁股也能得星稿。过去一些版面，如理论版、文艺版等，来稿一大堆，发两年都发不完，编辑毫无压力。有了星稿要求后，编辑必须组织名家或真正高质量、叫座的稿件，精心加以编辑，否则完不成星稿任务，照样扣奖金或下岗。星稿制度是对编辑记者以及部主任的硬性质量要求，星稿任务完不成，发表数量再多也没用，这在鼓励写好搞方面发挥了前所未有的积极作用。这套方案经充分讨论修改后，于1993年5月开始实行，员工之间的收入差距一下子拉开了，在报社内部引起很大反响，大大调动了员工的积极性，能干肯干的记者收入增加了几倍，也有人因完不成星稿任务而奖金被扣到零，连续完不成任务的就面临下岗危险。当时外省一些党报也来学习取经。

赵　泓：有同行将深圳与广州的办报环境比较，认为广州报业竞争更加激烈，办报环境也更加宽松，这使得广州报业比深圳发达。您是否认同这种观点？您觉得深圳的办报环境有何特殊性？

王荣山：我觉得两座城市办报环境是有差别，但不能说哪个好哪个差。说到竞争，广州情况我不太清楚，但我们那时不仅跟同城的商报等报纸竞争，还要跟香港报纸竞争。在我看来，深圳社会环境比广州要好，主要体现在人们的改革开放意识、接受新事物方面，深圳相对走在前面，这对办报是一个推动。深圳办报有它的特殊性，因为在八九十年代，它的一举一动受到关注。但特区是经济特区，不是政治特区。上面领导生怕我们不听话，管得太死，甚至个别人瞎指挥。有次领导把我和区汇文叫过去，批评我们不听话。我说我们有贯彻上面指示不力的地方，但不存在不听话的问题。领导火了，说你们一个硬顶，一个软顶。有时，我会莫名其妙被克一顿。有次有个人大的文件要发表，登在3版，有一则领导批示发表的短消息。本来这个短消息放在文件前面就行了，结果值班编委为了突出一点，把它安排在头版，但放在头版的末尾。结果领导不高兴了，把我喊过去，说老王你怎么回事呀，把我放在报屁股上。当总编辑呀，要有点风骨，不能一心揣磨上头的意图。没有风骨是当不好总编辑的。

报业集团今后还会有起来的时候

——《深圳特区报》原社长兼总编辑吴松营访谈录

时间：2011年8月27日

地点：深圳特区报吴松营办公室

被采访人：吴松营，广东汕头澄海人。曾任深圳市委宣传部副部长、《深圳特区报》社长兼总编辑、深圳报业集团党组书记兼社长、《香港商报》社长、深圳市记者协会主席。1992年邓小平视察深圳时的全程记录人。

赵　泓： 先请您介绍下报社薪酬改革情况。

吴松营： 我就是首先打破传统的那种官本位，打破大锅饭。我们报社改革，从我来报社之前就开始了，我不管这个事情，但我支持他们改革。（注：当时薪酬改革决策者是社长区汇文、总编辑王荣山，具体负责人是副总编辑丘盘连。）当时市里领导也有担心，第一是要报社自负盈亏，这样才有可能不问财政要钱，你要向财政要钱，你肯定不能搞改革，他担心搞不好还要走回头路。第二个就是官本位，打破以后没有处长、科长，日后调走就没有级别了。但报社若办好了，人都很难进来，怎么会走呢？所以要下这个决心，要闯这一关，因此我去找市领导李灏谈，他说我决心很大，说行，我支持，但是如果你确实有困难，你再回来说，财政还是支持你的。

92年的时候还不是财政补贴，是税收返还，93年我来的时候，就真的是一分钱没有给了。年终的时候，报社交了3000万的税。房子没有，先贷了4000多万盖了28层的公寓，后来又贷2000多万买了300套住房。再一个就是改革工资，大幅提高工资奖金。人家说你怎么拿那么多钱，我说，第一，我们纳了税，第二，国家财政没有给一分钱，第三，我们这些人加班加点很辛苦。最后市里没意见，没人找麻烦。当时毕业不久的一帮大学生，在公交车上吹牛，有的分配到了政府机关、企业，说我的奖金很少，特区报的就说我的奖金有3000多，以后就传开了，传到市委领导耳朵里，领导就找我，说你们那儿刚毕业的大学生，奖金都3000多块了。我说没有啊，结果领导说怎么没有，公交车上都传开了！后来我在报社讲，你们这些家伙，别再吹牛，你有就行了。其实当时未必有3000多块，刚参加工作的大学生大概有2000多。那时候很多人都只有几百块。

赵　泓：车改的情况也请您介绍下。

吴松营：车改是1996年开始的。规定到报社工作5年，有中级职称，或者中层（科级以上的），工作表现好，不管你买好车差车，我补贴一半，10万块钱封顶。再一个，我给你落地税啦，车牌税啦，每年给他们5000块钱的保险。第一批拿30个指标做试点，总共才20个人报名，审查有两个不合格，剩下18个，其中有杨黎光，他还说不想买，要把钱拿去买房子，结果就剩17个人买车。但是有人把我告到省里，甚至告到中纪委了。后来中纪委常务副书记（后担任河南省委书记）侯宗宾对我说，吴松营同志啊，据说你给普通编辑记者都买车？我说是啊，本打算给你汇报的呢。他说，好哇，正想听一听啊，怎么人家告你国有资产流失？我便把早想好的理由讲了：公家每买一部车，每年要多花10万块钱的汽油费、维修费，一个司机一年下来也是10万块钱，还要给他配一套房子，当时的微利房也得20几万，至少十几万，你说我这一块要花费多少钱？再一个司机多了，就有人告我不出车的时候他们在车队打扑克，甚至胡说八道，哪个编辑跟女记者怎么样，就开始八卦，弄得沸沸扬扬。还有人写信来告，说去修车，明明3百块钱，他开着3千块钱的发票回来报销。修车费到底是多少，没有人说得清。比照原来的做法，现在一年下来可以节省240多万，你说是国有资产流失还是国有资产保护？侯书记听了说，这个做法很好嘛！

有次全国的纪检会议在河南洛阳召开，请我去介绍车改经验。我没去，后来是市委派人去洛阳介绍经验。

赵　泓：特区报和商报的合并，回过头来您如何看？

吴松营：一个是大势所趋，再就是大体制的问题。这不是我们能定的事情，合并当然是市委主导，当时想做全国最大，而且上海已经带了头，文新集团已经合并成为报业集团了。报业集团目前虽然遇到一些困难，在我来看，它还是会有起来的时候。

赵　泓：合并了之后，我看了一个统计，商报下滑得比较明显。

吴松营：现在主要是晚报滑得最厉害，晚报改成早报也不行，人家也不看它。

赵　泓：目前《晶报》和南都的市场覆盖差不多。

吴松营：我们的报纸，其实最大的问题就是时间的问题，你的报纸办得再好，不准时派出去，这个没有用的。我当初经常一大早到报摊去巡视，去看看谁买报纸，我们的报纸提价、广告提价，我都是经过调研的。我们《深圳特区报》是全国最早提到一块钱的报纸。90年代初期，《广州日报》、《南方日报》是两毛，后来提到5毛，商报是两毛、三毛，我去的时候，《深圳特区报》是4毛，我就提到5毛，我要加版啊，后来就提到6毛。5毛比较好卖，人家拿一块钱，你给人家一张，一张5毛，或者人家买两份，问题是我老卖5毛不行啊，要加版啊，12个版加到16个版，16个版加到20个版，我还是5毛就亏大了。而且当时邮电局卡我们，我要夹广告，夹一张纸，他要加5分钱。所以我一个要提价，一个我要自己发行。

赵　泓：深圳报业集团曾经想封杀《南方都市报》，到底怎么回事？

吴松营：我没这个能力没这个胆也没这个权力。我是采取了市场竞争的方式。因为到02年集团合并以后，整个深圳的报纸都被我垄断起来了。因此从02年到03年开始我就采取了广告忠诚客户政策。当时成立了一个小组，7、8个人，天天都在看南都和其他报纸的广告。深圳哪家企业在南都上面做广告，都在电脑里输入。因为有个忠诚客户政策，要是只在我们报业集团做广告就是忠实客户，我都打八折，要是哪天在南都做广告了，不是在我们这做广告，就是不忠实，就不打折，或最低给打九五折。

赵　泓：这个政策管用吗？

吴松营：当然管用啦。尤其是地产商，不在我这里做广告怎么卖得动楼。

一个编辑人的世界

深圳特区报原社长吴松营接受笔者采访（右为同学雷晓艳）

只几个月南都就快没广告了，没有广告，这批人吃什么？

赵　泓：听说南方日报有位领导为这个事给您打电话了？

吴松营：到2003年下半年的时候，南都真的快关门了。没有广告，收入就少，就影响到报纸的积极性，于是人心涣散，报纸也越办越差。他们回去哭了。他们报社有位领导对我说："老吴啊，能不能给口饭吃啊！"我说："这是市场规律，我采取了我的忠诚客户政策，你怎么能这样说呢。"

赵　泓：为什么后来南都又恢复过来并且坐大了呢。

吴松营：首先是我们这个报业集团自己出了问题，因为你必须统一起来，一个号令统一起来。后来统一不起来，没有权威了。你这个晚报单独打折，那我就找晚报去。后来统一不起来，你这个晚报可以打折，那我晶报也可以给人家打折。特区报最后也顶不住了，那我也打折，这就把整个战略部署给打乱了。南都当然有机可乘了。南都有独到的广告定位，再一个是南都善于威胁人家。你不找它做广告它就找人捅你的篓子。所以它慢慢地做大了，还有它的发行做得比我们好。

赵　泓：有人说，90年代以后深圳越来越趋于保守了，这个影响到深圳的报业，没有原来那么敢闯了。

吴松营：不是90年代，应该说是90年代的后期，人们创业的精神渐渐地衰退，所以深圳现在主要依靠一种惯性。原先不干不行，小平讲，一定要闯出一条路来。深圳的传媒也是受环境影响的。另外也还有人的因素。

赵　泓：希望您对我们做"深圳特区报30年史"这个课题给点建议。

吴松营：你们写的时候，多一些讨论，多一些了解，要客观。有些情况要互相补充，互相校正。

说实在的，细节很重要。比如邓小平讲了一段话："目前这个班子年龄还是大了点。60出头就算年轻人了？"这里分明是个问号嘛，中央在形成2号文件的时候，就把后面改成句号了。我查过原始稿，明明是打过问号的。还有，深圳红岭路口现在这个邓小平巨幅画像，是我带人立起来的，300平米，10米高，30米宽。这是深圳一景啊！什么时候立的很多人不清楚，是92年6月19号，我领着宣传部外宣处一帮人去立的。开始我们用了邓小平这句话："不坚持社会主义，不改革开放，不发展经济，不改善人民生活，只能是死路一条"。有些人对邓小平画像的画面处理有意见，主要是说画面上邓小平用手指着前面，又说"只能是死路一条"。对面那家大酒楼的老板甚至埋怨说"老跟我讲死路一条，我这生意没法做了"。这年8月10日深圳闹出很大的股票风波，游行、烧汽车、砸商店。又有好事者说邓小平这么指着深南大道这条主干道，又说"死路一条"，深圳还咋活嘛。恰好9月份来了一场台风，把那巨幅画像刮倒了，于是我们重新做了一幅，画面上邓小平笑容和蔼，那句话也换成了"坚持党的基本路线一百年不动摇"。从此以后，深圳就没有大的台风，台风到了就拐弯走了。喜欢迷信的老百姓都这么说。

若不报道邓小平南巡我会终身遗憾

——《深圳特区报》原总编辑陈锡添访谈录

时间：2011年8月30日

地点：深圳特区报陈锡添办公室

被采访人：陈锡添，1941年2月生，广东新会人。1966年毕业于中国人民大学新闻系。1967年起历任《湖北日报》记者，二汽设备修造分厂办公室副主任、《二汽建设报》记者组组长，广州外国语学院教师，《深圳特区报》记者、部主任、副总编、总编辑，兼任《香港商报》总编辑，高级记者。1992年邓小平南巡，他是深圳市委安排的唯一一位贴身记者，其长篇通讯《东方风来满眼春》获中国新闻奖一等奖，成为新闻史上的名篇。

赵　泓：请您先介绍一下您刚进特区报时的一些情形。

陈锡添：特区报是82年5月24日试刊的，当时我在广州，知道深圳要办一张新报纸。报社当时最缺的是人才。它是83年12月1号改成日报的。改日报前在全国招聘　大批人，招有新闻工作经验的。我正是报社集中进人的时候被招进来的。

当时我是广外的老师，10月份来深圳旅游听说了招聘信息，所以我毛遂自荐，找的是副总编谢建琼。另一个副总编丘盘连是我师弟，但我为了避嫌没找他。谢总说你回去把发表过的作品寄来。寄给他后，还不到12月份调令就来了，真的是特区速度啊。以前都是要先发商调函，同意了再发调令。我急了，跟学校说想调走，结果学校不放，于是就不断去磨。当时广外的院长是何军，他原是《羊城晚报》副总编辑，我给他写了很长一封信，表达自己学的新闻专业，有新闻情结，希望重新回到新闻岗位的强烈愿望。12月16号学校答应放我了，我赶忙办手续。我本来是学新闻的，以前不能如愿，到工厂学校漂了好多年，这次终于有机会重新回到报社。20号就报到了。当时感觉《深圳特区报》是张新报纸，竖排的，跟内地不一样，有自己的风格特色。后来发展到12个版。

赵　泓：您当时一定有种如鱼得水的感觉吧。

陈锡添：来了特区报感觉发稿很容易，差不多写一篇发一篇。以前在湖北日报哪这么容易，5篇能发两篇就不错了。这里一个是人少，另一个是新闻多，所以上版率高。深圳发展蓬勃，日新月异，新闻层出不穷。因为深圳是试验田嘛，中央给深圳特殊政策，等于给了尚方宝剑。只要对发展有利，什么都敢试、敢干。所以当年拍卖土地是敢为天下先，甚至可以说是违犯宪法的。当时我意识到很重要，跟采写的记者说，这篇稿一定要拿大奖。结果他们得了好新闻一等奖，这个奖后来改成中国新闻奖。还有工程招标，也是深圳顶住省里的压力搞的。都是破天荒的事。我曾经见过湖南一位地级市领导，他说每天都读《深圳特区报》。他说如果《深圳特区报》上的新闻发表后没有事，我们就照办。《深圳特区报》成为了一个风向标。它虽然是一份地区报纸，但对周边乃至全国都是有影响的。现在听起来很普通的口号，当时都不得了，如"时间就是金钱"。

赵　泓：《深圳特区报》最初的用人机制是很灵活的。

陈锡添：在我的印象中，80年代末90年代初，又进了一批人才，要么从名校毕业，要么是别的新闻单位的骨干。像辜晓进、吕延涛、刘琦伟等，这样的有不少。当时《深圳特区报》兵强马壮，可以匹敌任何一家报社。我们也非常重视人才。记得有位名校来的实习生，本来我们有个记者写一篇大稿，弄了一个星期没写好，我便交给这个实习生写，3天就弄好了。我让他毕业后来特区报干。后来学校不放，让他留校了。我回信说我们虚位以待。过了两年他还是来了我们报社。那时候进来的人确实不错。干得好的，很快就提拔了。但这也是报社一个不好的地方，看中哪个笔杆子，就提拔，实际上等于把这个人废了。很多报社就这样浪费人才的。我有个同学在一家中央级大报提拔得太早了，结果一辈子没有什么像样的作品，后来遗憾得不得了。

赵　泓：深圳特区报90年代末以后就很少进人了吧？

陈锡添：90年代中后期以后没有大规模进人，尤其是很少从应届生当中进。我们进人很严格，要有人推荐，再经过面试，来的都是很优秀的名牌高校毕业生，或者是业务骨干。90年代中后期报纸办得很辉煌，待遇也可以说是全国最好的。1992年之后，深圳经济特蓬勃发展，报社发展也很迅速，知名度大大提高了，很多人想到报社来，所以我们挑选很严格。

赵　泓：《深圳特区报》作为一份党报办得这么红火不容易。

陈锡添：我们报纸在党报里是很出色的，经常受到中宣部表扬。我当负责采编的副总编时，很多报道策划都落实得很好，大家做起来得心应手。有次在广州开总编辑会议，我在会上谈了自己的观点，说我们这张报纸做到了三个统一：领导满意与群众满意相统一，经济效益与社会效益相统一，党性与人民性相统一。分管外宣的省委宣传部副部长邹启宇表扬了我。我们的头版一个星期起码有3天是中央的。作为一张地方报纸，能够积极传达中央的声音，所以中央表扬我们有全局意识。地方新闻方面我们有很多版面，各种版面分工很细。我能做到领导满意和群众满意。

赵　泓：《深圳特区报》是唯一送进中南海的地方报纸。

陈锡添：是的。国务院办公厅曾经寄给我们一封感谢信，上面有份50份《深圳特区报》的分派名单，给了总理李鹏，然后是副总理秘书长副秘书长，接着是下面的各个处室，信上勉励我们把《深圳特区报》办得更好。

赵　泓：您写的《东方风来满眼春》具有里程碑的意义，当时发表这篇通讯是要冒风险的。市委宣传部跟报社这时候达成空前一致，很难得。

陈锡添：自从1992年以来，各地媒体就没停止过对我的采访，关于这个已经有很多报道了。我写这篇通讯是基于对中国当时形势的判断和理解，认为这个太重要了，不报道出来会终身遗憾。加上市委对我们的重托。最初不是说不让报道嘛，所以先写八评，效法上海皇甫平评论。厉有为等市领导来报社拜年，也鼓励我们用评论方式写出来。任务交给我，我拟了题目，本来打算写九篇的，由我一个人写。任务很急，春节期间赶写了其中两篇，就是《要搞快一点》、《要敢闯》那两篇，拿给市委宣传部长杨广慧审。杨广慧说，老陈你这两篇先不看，我想跟你研究这个评论如何生产。如果让你一个人写是小工作坊，如果我们搞一个写作组，群策群力，就是大生产。他想用大生产方式写这个评论。我听了如释重负，这样就太好了。他就把区汇文、吴松营等几个人喊来，决定组成一个写作小组。我一个，王初文（特区报副总编辑）、钱汉江（要闻部副主任），加上市委宣传部和政策研究室的刘明如、丁星，共5人，王初文当组长。丁星经常给领导写大稿，刘明儒人大研究生毕业的。下午就住进了宾馆。市委要求我们原汁原味地在评论中把小平的讲话精神发表出去。我们一共研究了八个题目，跟我原先的构想大同小异。我先写两篇。杨广慧对写作要求很严格，写完之后集体讨论，做到三点——理论有新意，思想有深度，行文有文采。每篇1200字左右，要非常精练，要原汁原味。发表频率按两天一篇两天一篇地发。杨广慧说最后由他自己亲自把关，改定之后一个字都不能动。我一生写过不少社论，从来没见过这么严格的。杨广慧还是有水平的。

赵　泓：上面有没有人暗示您写那篇《东方风来满眼春》？

陈锡添：完全没有暗示。但从整个氛围看，报社知道这个很重要，一直在等发表时机。曾经请示过省里，省里说尊重老人家的意见吧（注：市委书记李灏先前就报道一事请示过邓小平，邓小平说不要破例，意即不要发表）。所以，报社弄了一个整版的图片报道，我写了5百字说明，送审后，文字删掉了，只保留了一句话。我正着手写那篇通讯稿时，突然被叫去写纪录片《邓小平同志在深圳》的解说词。3月18至21号把解说词写好了。22号星期天，我去报社看报纸，一看南方日报有篇通讯《邓小平在"先科"人中间》，千把字的样子。我一看很震惊。它是回头采访，而且有个别地方文字失实。我慌了，南日带了头，再有几家报纸把邓小平走的路线重新采访一遍，报道都发出来，那我这个不就成马后炮了么。现在省委机关报带头"破例"了，说明报道也有所松绑。22号中午我便钻进书房，因为早构思好了，材料烂熟于心，所以写起来很顺畅。当时真的是文思泉涌，心情那个激动啊，写起来手都发颤。一边写一边发排。划版的那个美编看到文章是写小平的内容，又看到边写边发排这么紧张，猜想文章肯定大有来头，就在稿件发排时信手写下"机密"。所以我们今天在历史档案馆里可以看到他写上去的这两个字。23号写了一整天，24号睡了一觉。中午、晚上继续写，写完了。这篇文章可以说是一气呵成。25号上午跟区汇文一起找宣传部杨广慧部长，杨广慧就说："发吧，稿子我就不看了，你们社里把关。但一定要把邓小平写成人，不要写成神。"恰好这篇稿子跟他的意见不谋而合。小平伟大的一面我写得很少，这个大家都知道。除了他原汁原味的讲话，着重描写他平易近人的一面。有人说领导人的报道居然可以这样写的啊。这篇通讯立体反映了小平形象，有现场感。下午回来再看了一遍文章，晚上就上版了。25号一晚上没睡着，知道1万1千字的长文明天就要见报了，后果如何心里没底，担心不知哪里有疏忽，哪里有差池，写了那么多话，哪怕一句话写错了，影响都会很大。我只是一个小小的副总编，个人得失不算什么，影响到政治方面的大问题就不好了。从来没这样紧张过。以前写过报道李鹏总理视察的文章，一千多字，他的秘书看过修改了一遍说，我们先走了，你再给李灏书记看。晚上给李灏看，跟我聊了一个钟头。

赵　泓：杨部长不看稿子，是不是觉得看了反倒不方便表态？

陈锡添：这个不好说，只能瞎猜了。应该不是怕担责任，若真的出了问题，整个市委都跑不掉的。

赵　泓：自从您那篇雄文发表之后，《深圳特区报》有影响的报道就越来越少了，是不是跟后来深圳趋于保守有关？

陈锡添：一篇文章出来也要看机遇。这篇文章起这么大的作用，关键是邓小平的讲话重要，不是这篇文章有多好。他的讲话解决了中国改革开放中遇到的很多问题。这篇文章能发表出来也要归功于市委。如果杨广慧不说发（他代表了市委，不是他个人的意见），那就是另一回事了。这篇文章出来是很冒险的。当时的深圳市委书记李灏说了这样一件事，在1992年的"两会"上李鹏总理问他，你们这个稿子怎么出来的？李灏回答说，我不知道，家里定的吧。意思是他在北京开会，不知道这个稿子是怎么出来的，是在家的深圳市领导班子定的。李鹏说，你们的胆子好大啊！

赵　泓：有人认为现在特区的闯劲越来越小了，您怎么看？

陈锡添：看你如何看，现在也没那么多机会给你闯。但深圳创新意识还是很强的。特别是我们的高科技搞得很好。为什么高交会在深圳开，不在上海？深圳科技实力没法跟上海比，但是深圳机制好，科技转化成生产力强。当年朱镕基总理听从科技部部长朱丽兰的意见，把高交会放在了深圳。

赵　泓：有学者认为，深圳的经济开放与意识形态相对保守形成了一个反差，影响到了深圳报业的发展。您如何看？

陈锡添：我也听说过这种议论，说《深圳特区报》比《人民日报》还《人民日报》。这个要看中国国情。党报是专指党委机关报，其他是党领导下的报纸，不是党报。领导对深圳特区报很满意，它起到了市委市政府的喉舌作用。另外它还注意宣传中央的精神，注意贴近群众。

在突发事件报道上，《深圳特区报》是有教训的。1992年股灾，现场乱七八糟，怕插队，互相抱得紧紧的。最糟糕的是重新排队，结果监察队自己走后门，群众火了，烧汽车发泄，堵路，打砸，我们的报纸比较中性一点，子报只是报道秩序有点乱。非常轻度。但内情很多没有写，如何烧汽车堵路都没写。结果市领导批示，这次发售新股抽签表体现了公平公正公开的原则，批完后让全市发通稿。记者编辑骂起来了：是这样子的吗？颠倒黑白嘛。上级指示，不登不行，登，违心。最后还是登了。第二天，读者一百多个电话打过来，什么特区报，特吹报！过几天我去医院，听说我是特区报的，护士劈头盖脑骂了我一脸。我们当替罪羊了。后来中央下文了，说《深圳特区报》这次报道文过饰非。这对报社是一个惨痛教训，威信大大下降。

又来了一次，1993年深圳清水河大爆炸，揪心啊，我们四五点钟去看时火光冲天。香港的飞机来救火，盘旋一圈，走了。市委下文不要报道伤亡数字，不要报道两个公安局的副局长牺牲。稿子一到编辑部，是星期天来的稿子，我们不约而同地全集中在社长办公室。总编室主任把稿子一甩："你们看看这叫什么新闻，丧事当喜事办！"怎么办，一边是市委指示，一边是如何坚守新闻规律。我当时是副总编辑，激动起来了，说老王（王荣山总编辑），你授权给我，我来冒这个险，明天这顶乌纱帽不要了，搞新闻工作这样太憋气。一切责任我来负。他说不行，先前有市委领导打电话给我，说"你们不要再提了，一切听市委的"，还"啪"的一声挂了电话。于是我们就到现场去找领导。我们弄了两部军车，冲过层层封锁线，直到火灾现场。当时副市长林祖基在指挥救火，我跟他说这样报道不行，他说不要找我，找你们主管领导去，我说救火重要，这个也重要。正在嚷的时候，当时的广东省副省长黄华华走过来，我简单地把经过说了一遍，说别的报纸也会登的，人家会说深圳封锁新闻。黄华华听了，说：报，你就说到目前为止，据初步统计，死5人（注：据报道为15人，或为一时口误），伤逾百人。我跟王荣山坐在一部车上，回来的路上感觉心头这块石头终于落地了。很快新闻通讯稿拿出来，第二天省委书

一个编辑人的世界

记谢非从北京赶回深圳察看灾情，一下飞机发表讲话，说在飞机上看到了《深圳特区报》的报道，非常详尽细致，哪怕我不到现场也了解到了。大大表扬了我们。如果领导说了不让报，我们为了不打板子不报道，是不行的。

陆

深圳特区报高层访谈录

办报的最高境界是领导满意群众喜欢

——《深圳特区报》原总编辑王田良访谈录

时间：2011年8月30日

地点：深圳特区报王田良办公室

被采访人：王田良，1947年8月生，浙江省江山市人，杭州大学中文系毕业，高级编辑。历任《浙江日报》社农村部记者，《浙江日报》社夜班编辑部主任，《浙江日报》社编委、《钱江晚报》总编辑，《浙江日报》社编委、总编辑办公室主任，《深圳商报》社记者部主任、《深圳商报》社总编辑助理，《深圳商报》社副总编辑兼《深圳晚报》总编辑，深圳报业集团党组成员、编委会副总编辑兼深圳晚报总编辑，深圳报业集团党组成员、编委会副总编辑、《深圳商报》总编辑，深圳报业集团党组副书记、副社长、编委会总编辑兼《深圳特区报》总编辑。

赵　泓：请您先谈谈在深圳报界的主要经历。

王田良：我是1992年10月从《浙江日报》调到《深圳商报》工作的，1993年初正式办的调动手续。那一年职务变动了3次，开始是当《深圳商报》记者部主任，当了两个多月，又当《深圳商报》总编辑助理，当了3个多月，又去筹办《深圳晚报》，当了《深圳商报》副总编辑兼《深圳晚报》总编辑，那是市委任命的。在晚报的时间长，我在那篇《十年创业路 十载晚报情》里写得很清楚，收在吴松营社长编的那本《深圳传媒业的崛起》一书里。

赵　泓：您在多家媒体干过，有何不同感受？

王田良：我从事新闻工作30年，当过多家报纸的总编辑，上了28年长夜班。其中办晚报的时间最长——《钱江晚报》和《深圳晚报》。在《深圳晚报》期间，也参与了《深圳商报》的工作。办晚报我历来主张"飞入寻常百姓家"，要面向社会、贴近家庭。80年代至1995年之前，应该是全国晚报最兴旺的时期。1995年以后，都市报兴起，最开始是《华西都市报》。1995年之前，可以说那是晚报的天下。以前我们办《钱江晚报》的时候，那种受老百姓欢迎的程度，现在看来都难以想象。我随便讲一个事情：有次两个小青年没有按规定穿马路，闯红灯了，交警抓住其中一个，给了他两耳光，结果就为这个事情，成千上万的群众，围在杭州解放路的大街上，所有的电车、公共汽车全停了，一直停到火车站，绵延十几里，就不让这两个交警走，多少人想冲进去把这个交警解救出来，不行，公安局进去也不行，所有老百姓都在喊，"把《钱江晚报》叫来，把《钱江晚报》叫来"。后来他们没有办法就打电话找到我们的新闻部主任，坐着我的那个伏尔加，一进去，老百姓就喊"《钱江晚报》来了，《钱江晚报》来了"，自然马路中间就让出来一条路。后来那个新闻部主任爬到车顶上，要大家冷静，要相信我们报社能处理好这个事，明天一定给大家一个满意的答复。结果那个交警坐到我的车里，开回来了。

赵　泓：听说当年办《晶报》也是为了跟晚报竞争？

王田良：据说是，因为2001年以前深圳有两大报系嘛，都希望把对方比下去。

赵　泓：也有人说是跟《南方都市报》竞争。

王田良：应当不是，当时主要是为了跟《深圳晚报》竞争，跟外面的竞争并不多。当时晚报发展势头不错，又搞什么订商报送晚报，特区报这边有压力，就决定办一张都市类报纸相抗衡。2001年《晶报》创办那年生逢其时，刚好"9·11"事件爆发，晶报抓住机遇，一下子脱颖而出。

赵　泓：您在《深圳商报》和晚报的时候，那时候跟特区报竞争比较激烈，是对手，您在商报，特别是在晚报的时候，您是怎么看《深圳特区报》的？

王良田：那时候，《深圳特区报》从地位上来讲，是龙头大报，但从办报的角度说，不是所有年份都办得很好。《深圳特区报》的权威性，我认为在深圳没有其他报纸的时候，也就是80年代，那是没有话说的。90年代，深圳又有特区报，又有商报，就有竞争。当时的商报是市政府机关报，人员都是全国各地来的，报纸办的还可以，发展的也挺快。两个报纸两个老板事业心都非常强，都是新闻界的强人。可想而知，当时竞争还是很激烈的。商报过去不叫经济文化大报，叫以经济报道为主的重要党报。商报跟特区报，他们有雷同的东西，商报不可能完全不做政务报道，特区报也不可能完全不做经济报道，这个不能分得太清楚。关键就看谁把报纸办得活，谁的经济实力强。总的说，两张报纸都有自己独到的东西，特区报的龙头地位难以撼动，商报也大有后来者居上之势。

赵　泓：有人提出特区报跟商报合并后，活力有所下降，特别是商报，滑得更厉害，原因是缺乏竞争。

王田良：不能笼统这样讲，报业集团成立以后，特区报、商报应该说都有较大发展。2003年、2004年，特区报广告部门口出现排队登广告现象，经济效益创历史新高；商报也上了较大台阶。2005年，我在商报当总编，苦苦干了七八个月，成果也是看得见的。由于种种原因，特区报当年上半年的效益受了点影响。05年7月底，市委临时调我到特区报当总编辑，我在面临巨大压力的情况下，与特区报同仁又苦苦干了5个月，才把特区报的广告重新拉上来，那一年我们最终的广告纯收入达到5亿5千多万。

赵　泓：我记得05年9月份广告有6700万。

王田良：那一年创造了几个奇迹：一天的广告收入达到1286万，有一个礼拜，从星期一到星期五，2600多万，平均每天实收500多万。

（特区报研究室副主任耿伟插话：当时我们下了夜班，一起去一个酒店庆祝的时候，群情激昂，都喝了酒。）

赵　泓：在您任上，组织的重大策划特别多。

王田良：我刚到特区报的时候，刚好是深圳特区建立25周年，我们立即开办了"省部领导访谈"，访问了习近平、王乐泉等省市委书记，还有中央很多部长，影响很大。都是省级以上、部级以上的领导。习近平同志当时任浙江省委书记，我们给他发了公函，因为他对深圳很有感情，他父亲在广东工作过10多年。那时正刮台风，他到台州察看灾情，慰问受灾群众，指挥抗灾救灾。他知道我们的记者在杭州等，便返回杭州，采访近两个小时，接着又下去抗灾了。习近平同志很认真接受了采访，对《深圳特区报》有很高的评价。后来我们又策划了诸如"深圳企业闯天下"、"科学发展观在广东"、"深港边界行"、"走马鹏城看变化"等重大报道，扩大了报纸的影响，也培养了一批能打大仗、硬仗的记者。

赵　泓：有人评价说您主持改版后《深圳特区报》有了"大报的风范"。

王田良：《深圳特区报》一直是一张有影响的大报，经过一代又一代特区报人的努力，报纸本已具备"大报风范"。我喜欢办报纸，一直上夜班，一直当编辑，比较注意报纸的一些规范，版面啊，标题啊。相当一部分的报纸标题是我自己做的。我认为《深圳特区报》这样一张报纸，不同于一般的地方性党报，我一直主张报纸要跳出深圳，要面向全国，面向世界。它在北京的影响也大，中央领导、国家机关每天早上都能看到。

赵　泓：但被上面盯得太紧了……

王田良：你是搞传媒研究的，我们不能说盯得太紧就不好，你在一个角落里办报，没人盯你了，但报纸也不会有影响了。干报纸的老总，就要敢于接受挑战，哪怕联合国秘书长在看你的报纸，那不更好吗？只要我们有责任心，有自信心，就没有什么好害怕的。

赵　泓：但那样会不会顾忌太多？

王田良：那不会的，你就是要把握好。我们那么多年，市委、市政府没有一个领导说过我们不是的。中央和省里也从没有挨过批评。中宣部的新闻阅评还老表扬肯定我们。

赵　泓：但有人会相反理解，都是表扬，怎么可能都是表扬呢？

王田良：还有老百姓表扬嘛，报纸的发行量，读者自费订阅量，报道的影响力、关注度，都是有量化的，央视调查、新生代调查、我们请深圳大学传媒研究所搞的市场调查，都可说明。

赵　泓：领导表扬，老百姓也喜欢。

王田良：我们办报的最高境界，就是领导满意、群众喜欢。当然，办报每天都如履薄冰，我们心里要十分清楚，头脑要清醒，行事要低调。在全国宣传部长会议上，李东生副部长讲话，讲到《深圳特区报》的经验值得总结和重视，不仅舆论导向把握得好，经济效益也很好。领导在中宣部的全国会上公开表扬你这个报纸，过去我没有听说过，我做报纸这么多年了。新闻出版署柳斌杰署长在会上，也是表扬《深圳特区报》一通。你想谁愿意让领导批评呀！但我们在公开场合，都不敢有丝毫的懈怠，今天表扬了，说不定明天又出事了，实在担不起啊。

赵　泓：也有人认为《南方周末》、《南方都市报》办得好，但挨上面批评很多。

王田良：那个不一样的，它们不是党报，定位不一样，性质不一样。

赵　泓：您在任上提出了"办有全国影响的大报、办全国最好看的党报"的口号。

王田良：我们过去提要办全国有影响的大报，本来就是全国有影响，我认为这个大旗应该打下去。在我任上时，所有全国省级党报总编辑会议都有深圳特区报参加，年年都有深圳特区报发言。中宣部在北京、在杭州、在河南开省级党报会，安排四、五家报社典型发言，都有我们的。你的江湖地位是不一样的，广州日报都不参加的。中宣部没有把我们当成地方报纸来看，虽然我们只是一家副省级城市的报纸。

赵　泓：《广州日报》也是党报。

王田良：是的，但中宣部开的那个省级党报会议，不邀请《广州日报》，《深圳特区报》是唯一参加的副省级城市报纸。

赵　泓：学界有人认为，90年代以后，深圳处于一种自我保护，就是不争论，偏向于一种实用主义，在经济方面可以很大胆，但是在意识形态领域，相对要保守，保守的原因在于人家都盯着，跟香港近，一有风吹草动人家就会做文章，中央每天都看着，这边就不敢轻举妄动，很谨慎，甚至有点保守，在这种情况下，经济就有点左，意识形态上就有点右，在90年代初，慢慢就发展成这么一个传统，对报业有一定影响，报纸在言论方面就不敢大胆。

王田良：你讲的这个可能是有些学者看得很表面的一个东西，是外界对深圳的误解，并不完全是这样的。不能说深圳的报纸保守。为什么我们提出要办全国最好看的党报，我们不跟晚报比，也不跟都市报比，我是跟全国党报比。我讲办全国最好看的党报是有理论根据的。把报纸拿出来一比就知道：第一我们版面多；第二，我们内容不知要比他们丰富多少。我们的言论，从中宣部，包括汪洋书记来了之后，都有批示，我们的言论是没有什么大问题的。所谓胆

原总编辑王田良在办公室接受笔者采访

子不够大，党报总不能向自己的党挑战吧，不能跟《南方都市报》、《南方周末》比，事实上也没法比。若那样党报就搞错位了。我们有些同志不了解党报的性质，党报是不可能完全都市报化的。深圳的报纸，应该可列到全国最好看的行列，可以跟我们的经济发展同步。当然，深圳特区办报纸也要谨慎。深圳的地域很敏感，它有特殊性，境外影响很大。巴黎的百年博物馆里，存放着两份中国的报纸，一份是《人民日报》，一份是《深圳特区报》，为什么？它是不一样的报纸，当这样的报纸总编辑，实际上也很不容易。

赵　泓：您主持的改版很成功，还策划了很多特刊、专刊，广告量增长不少，即使在08年经济危机的情况下，当时也做了很多的策划。

王田良：2008年很好，主要是09年有点影响，有多种因素，一开始是经济危机，另一个市委没有定我到底退不退位，大家都在观望，对经营有点影响，但是总体上还是不错的。

赵　泓：有人评价说您是老报人，经验很丰富，报纸版式越来越好看了，广告也上来了。有时您亲自抓一些大的专题、特刊，但做多之后，挤压了很多新闻版面，报纸的可读性也受到了影响。

王田良：不能这么说。你们注意一下《人民日报》、《南方日报》、《广州日报》就知道了，现在特刊做得最好的恐怕是《人民日报》，非常大气、非常突出。《南方日报》也做得很大胆，很到位。但是我们内部现在对特刊有几种不同的看法，我退了以后，《深圳特区报》个别同志甚至把话讲得很不中听。我说你看看《人民日报》，做烟台、大庆特刊一个比一个做得漂亮。像中央电视台做某个城市的专题，这个都是要收费的。报纸特刊不是随便可以出的，报纸没有影响力，你想做也做不来。大运会、《深圳特区报》创刊25周年，包括我们市人大常委会、市纪律检查委员会、市公安局、市法院、市监察局……包括各区区委，都登有广告，都有特刊。你在全国报纸上见过市人大常委会做广告的吗？有让市纪律检查委员会做广告的吗？这个不是谁都做得来的。

我们报纸又没硬性规定，要做30版、40版、50版，你特刊多了，我做80个版，我做50个版的新闻，做20个版的广告，做10个版的特刊没有问题的。我曾经到南山区去，跟他们书记区长讲，搞一个策划：深圳湾，我们向往的地方。从地理环境、人文环境、投资环境、居住环境全面介绍，你说它有没有新闻含量，它怎么会挤压新闻呢？他照样很有可读性。那个片区的人都收藏这份报纸。

我们做的专题策划系列"美丽的邻居"——东莞、中山、惠州、珠海，所有地市的领导没有不接受采访的。这种策划可多了，回头翻这些报纸，我们走遍广东各地。专题"科学发展观在广东"，省里评价很高的，全省所有的地市全部采访过，跑了8个月，所有地市的书记全部接受采访。要成为全国有影响的大报，你得走出去，你要有人策划、大手笔，那个"深圳企业闯天下"，全国跑了一两年，深圳的企业走到哪里，我们的记者采访到哪里，其中也发了不少企业特刊。

（耿伟插话：老总特别交代，不仅要采访那些企业，还要采访当地的党政领导，所以他们对深圳的评价都很高。）

办全国有影响的大报，它不是一句空洞的口号，而是体现在你长年累月的办报策划当中、对报纸的理解当中，是通过你一系列的动作，来扩大你在全国的影响，要敢于参加全国乃至全世界各种各样的活动。

赵　泓：有的人对新闻的理解不一样，认为你这个新闻有多大影响，在于你的新闻转载多不多，看的人多不多。

王田良：不能光看转载多少，有些同志一是对党报的性质不清楚，二是对这个报纸的运作不是很了解。

（耿伟插话：现在人的心态都娱乐化了，炒作。）

刘玉浦书记曾经说，市委想到的，《深圳特区报》不仅想到了，还做得很好；市委没有想到的，他们也都想到了。你这个报纸，要跟市委的心脏一起跳动，市委领导在想什么，你就想什么，这就是你办报人的水平。我不是光办报纸，我们要想到市委下一步考虑什么，我们的舆论在先。汶川大地震之后一个礼拜，我们发了一个长篇的汶川大地震7天祭，把市委的想法提前想到了。《深圳特区报》跟市委之间，用我们一位主管意识形态的市委副书记的话说，是一种"神交"的关系，完全是心领神会、高度默契。

赵　泓：请您分析一下深圳报业市场的竞争格局。

王田良：深圳报业市场现在并不像上海、杭州、北京、南京那么活跃。深圳外地报纸包括《南方都市报》相对来讲市民觉得它好一点，但我认为它的影响力、公信力也在下降，《广州日报》始终想打进深圳，但每每无功而返，其他的像《羊城晚报》，想打进深圳都非常困难。深圳这个市场很特殊。我们深圳报业集团下的几家报纸呢，《深圳特区报》跟《晶报》相对好一点，商报、晚报空间更大些。

赵　泓：南都在深圳市场上主要跟《晶报》竞争。

王田良：现在的报纸也不能分哪个报跟哪个报竞争。

赵　泓：因为他们都是都市类的。

王田良：也不完全是。党报也有很多的软新闻。现在你能不能在第一时间把这个城市最鲜活的新闻采到你的报纸上，我觉得这才是最重要的，如果你这个报纸上采到的死新闻多，人家报纸上的活新闻你的报纸上见不到，那你就有问题。没有人限制你这个报纸上可以登这个不可以登那个。我觉得主要问题不在这里。《南方都市报》在深圳有1200多人，他的队伍很强大，包括他们的发行，都是自己的队伍，他们的体制机制是适者生存，压力也很大。南方都市报主要是言论，还有它的一些新闻比较好，专题做得比较好。

2011年8月下旬，由华中科技大学新闻与信息传播学院院长、博士生导师张昆教授带队，我跟另外两名博士生张继木、雷晓艳随同，前往深圳为"《深圳特区报》30年史"这一课题做资料准备工作。其中一项重要任务就是对特区报成立以来各主要领导进行录音访谈，以获取第一手资料。

采访杜吉轩总编辑由我跟张继木同学共同完成；采访许兆焕副总编辑和吴松营社长分别跟张继木和雷晓艳同学共同完成。其他3位老总的采访由我单独完成。采访陈锡添总编辑时，深圳特区报发展研究部主任高福生、副主任耿伟和记者杨丽萍全程陪同。采访吴松营社长、杜吉轩总编辑和许兆焕副总编辑时，耿伟副主任全程陪同。采访王田良总编辑时，耿伟和记者冯庆全程陪同。

去年夏天没能联系上王荣山总编辑，缺了这位重要人物，总觉得是个遗憾。于是，我便托深圳大学特聘教授、原深圳日报总编辑辜晓进牵线，终于等到了机会。今年五一节刚过，我专程赴深圳完成了对王荣山总编辑的采访。此次采访辜晓进教授全程陪同。

录音整理稿已经过被采访人审阅，并根据意见对文字及部分敏感内容作了技术上的处理，但仍忠实于原始录音。有些观点和史实可以根据不同采访对象参互印证。如原副总编辑许兆焕讲到《东方风来满眼春》一文，开始明确讲不准报道，"所以区汇文这个总编辑了不起就在这里，他说先写出来再说。""市里头谁也不敢拍板，就是老区敢"。但据当时担任总编辑的王荣山回忆说，区汇文社长曾亲口跟他讲，他请示过正在住院的市委副书记厉有为。王荣山的说法应该更为准确。类似之处还有一些，希望读者自己作出评判。

柒

7

一个编辑人的世界

广州出版界：急功近利　散兵游勇
——答《新快报》记者问

知我者谓我心忧　不知我者谓我何求
——访华南理工大学新闻与传播学院副院长赵泓

广州出版界：急功近利 散兵游勇

——答《新快报》记者问

自2007年11月30日始，《新快报》以专题形式推出"百问广州出版"，从羊城书展这个话题出发，相继邀约广州出版业核心人物进行访问，文章每周二至周四期间用一个整版连续刊发。记者钟刚将10个问题抛给10个采访对象中的一人，如此推进，最终构成100个问题。

2007年12月14日《新快报》刊出了记者钟刚对笔者的专访，是为第八问。

广州出版人太急功近利

新快报：很多人提到广州出版，就以"由盛而衰"来概括，从广州出版史的角度来谈论，广州出版走过怎样的道路？目前处在一个怎样的发展状态？

赵　泓：我或许没有资格谈这么大的问题，因为我是1999年才从内地一家出版社来广州的，没有"由盛而衰"的切身体会。不知道是哪些人用"由盛而衰"四个字来概括广州出版的。若将出版纳入到整个中国近现代史去考察，这个结论倒是恰如其分。广州得风气之先，所以自近代以降，出版业就很繁盛，维新思想、民主思想要靠出版载体传播嘛。若论改革开放这20多年以来的状况，可以说广州报刊出版是一直领先全国的，但图书出版则不尽如人意，跟广州的经济及传媒业在全国的突出地位相比，显得很不相称。

新快报：广州出版是否出现过高潮阶段？从高潮到目前相对沉寂的阶段，是因为什么造成的？

赵　泓：广州出版并没有出现明显的高潮。除了商务、三联这些老牌出版社外，这20多年地方出版社主要是上海、湖南、四川、辽宁等一些省市处于领先的位置。湖南出版界打出的口号是"湖南人能吃辣椒会出书"，广东出版界就未必有这种豪气。上世纪80年代及90年代上半期，出版社日子普遍比现在好过，主要还是卖方市场嘛。90年代下半期以后，图书市场竞争越来越激烈，广州图书的影响力更弱了。这一方面是大环境造成的，另一方面是广州出版缺乏品牌，既没有一家品牌社，也很少有品牌书。

新快报：广州历来开风气之先，但是在文化上却相对滞后，出版业的外向型特征表现得并不明显，经济上的开放精神为什么在文化上却显得要迟钝许多？

赵　泓：广东其实并不缺乏文化，否则报刊、音像、网络业不会那么兴盛，只是地域文化上的缺陷，使得书业相对落后。广东文化注重感性实用，以及商业化。这种文化非常适合报业、影视业的生存和发展，但不利于重在文化传承的书业。广州出版所表现出的急功近利，缺乏规划，轻视学术，片面追求经济效益等等，都跟广东的这种文化特质有关。有次我跟广州某出版社编辑聊起上海世纪集团出版的"话说中国"丛书。这套书已发行十几万套，码洋过亿元，是出版人梦寐以求的"双效"书。但这位编辑坦言即便有能力，也决不会做。为什么？这套书从策划到推向市场，花了整整5年，那这5年谁给我年终奖？估计领导也不会干，他不会为长远利益动心。书业见效慢，急功近利是难以干成大事的。像岳麓书社出版的《船山全书》，花了13年时间，安徽教育出版社出版的《李鸿章全集》花了15年时间，广州出版界缺乏这份耐心。所以，他们很难拿得出像样的东西。

一个编辑人的世界

应尽早结束散兵游勇式的拼杀

新快报：很多人都谈到广州出版业人才太少，并且其他行业的诱惑太大，这会不会导致对广州出版的彻底悲观？

赵　泓：我不太同意这种看法。人才匮乏确实是个大问题，但主要是缺乏领军人物。要改变广州的出版局面，关键在于管理层的眼光和魄力。其他行业对人才的高薪诱惑并不会使得出版人才匮乏。那些真正热爱出版的人士，并不愿进入自己不擅长或不喜欢的企业。我1999年来广州时，便有机会进深圳一家知名企业，待遇比出版社高出两三倍，但我几乎没有犹豫便选择了继续干出版。6年后，我又选择了离开，原因绝非薪水的高低，而是干出版必须依托一个好的平台。我选择离开并不容易，内心挣扎了许久。广州对优秀人才具有很大的吸纳力，但并非优秀人才就能干出版，出版的专业性非常强。广州出版界要吸引优秀出版人才，关键在于如何用人。

新快报：你认为广州出版业的亮点和暗点分别是什么？出路又在哪里？

赵　泓：广东出版有比较好的基础，像广东出版集团整体实力在全国还是挺靠前的，所以要真正做些事情并不难，而且从业人员都很敬业，都在考虑如何创造效益。暗点是各个出版社实力太弱，缺乏整合的力量。我觉得广州出版业要实现突破的话，首先要结束散兵游勇式的拼杀。出版社本来力量就弱，每个编辑又各自为战，哪能创出什么品牌，做成什么大事。这一方面要出版集团给予人力财力上的扶持，另一方面，各出版社要创造做好书的环境和激励机制。有品位的书太少，广东出版界必须痛下决心解决这个问题，不然广东省在读者心目中就一直是个出版弱省形象。

新快报：有一种观点认为上海小资的壮大令该方面的图书热销，北京人文社科类图书比较畅销，广州则是实用性图书很好卖，你认为我们应该怎样理解城市性格和城市出版业的关系？

赵　泓：出版业确实体现出一定的地域特征，城市性格会影响到图书的定位，进而影响到读者的阅读心理。有些在北京好卖的书，在广州不一定畅销。电视剧也一样，各地观众的品位是有差别的。实用类图书在广州比较好卖，故广州出版界偏重实用类图书是可以理解的。但图书是一个全国性市场，过分夸大这种差异是有害的。广州出版界有不少极端的例子，比如菜谱类的图书在广东挺受欢迎，但有家出版社一年就出了一百多种，这也太夸张了吧！还有家出版社的老总跟我讲，要是出本加油站管理的书一定畅销，你看全国有多少加油站啊。我便愣了——加油站管理也值得出书吗？西方大多数国家的加油站都没见一个人，都是司机自己刷卡加油。学术类、文化类的书很少出，而实用类图书又大多很低端，怎能获得读者尊重呢！

如果不是行业保护，
很多出版社早就死掉了

新快报：广州几所高校争相开办编辑出版专业，是因为出版市场的利好在大学专业设置上的反映吗？

赵　泓：我不认为高校开办编辑出版专业是出版市场利好的反映，主要是近年来各地新闻与传播学院纷纷创办，编辑出版学作为新闻传播学下面的专业也就多起来了，这是必然的结果。据不完全统计，全国开办这个专业的院校已有130多所，而5年前仅30多所，扩张速度太快了。传统出版社历来不愿招编辑出版专业的学生，有经济、法律等学科背景的反倒更受欢迎。正因为这样，我经常鼓励学生在学好本专业的同时，最好根据自己的爱好辅修第二学位，同时加强动手能力的训练。

新快报：国内出版业呈现出北京一家独大的局面，你认为出版业的发展态势是怎样的，是强者更强，还是会走向一个各有所长、优势互补的状态？

赵　泓：北京差不多占了出版业的半壁江山，全国570多家出版社，有两百多家在北京，所以没有哪个地方能跟北京抗衡。而且，北京是文化中心，各地编辑组稿多半时候都是往北京跑。当然，地方上也会有一些强社，特别是上海、江苏等地方。今后的趋势肯定是强者恒强，这个是没有任何疑问的。如果不是行业保护，很多出版社早就死掉了。一家独大和优势互补不是对立的，今后的发展趋势是大社强社处于垄断的地位，一些有品牌的小社也会生存得很好。最令人担忧的是那些既没有特色、负担又重的中型出版社。

新快报：粤港两地在经济上互动性比较强，但是，你认为在出版上是否有合作的空间，出版双城会不会发展广州出版的一条出路？

赵　泓：加强粤港两地的出版合作是有必要的，但将出版双城作为广州出版的一条出路，不可寄予太多的期望，因为两地出版地位并不处于强势。

学术研究与出版界缺乏互动，
业界基本不买学院派的账

新快报：你目前研究工作的重点是什么？学院和出版界是一种怎样的关系，彼此互动还是交流很少，处在割裂状态？

赵　泓：我现在的精力主要放在教学上，主要涉足的研究领域是出版管理和媒介品牌。这两年多跟出版界藕断丝连，课余策划编辑了十几种图书，主要是学术方面的。编辑出版研究与出版界之间历来缺乏互动，业界基本不买学院派的账，学界也大多纸上谈兵，没有多少实际用途。有些人即便混到了教授、博导，但业界通常不知道他们是谁。广州几所高校的编辑出版专业跟业界接触多一些，像华南师范大学有门选题策划课就是邀请业界几位资深编辑去上的。

=== 附 ===

叩问广州出版
http://www.chuban.cc/ztjj/gzcb/

知我者谓我心忧 不知我者谓我何求

——访华南理工大学新闻与传播学院副院长赵泓

◎中国教育在线编辑 谢敏瑶

教师是很有成就感的职业

中国教育在线：赵老师，您好。走上讲坛已有7年，从一位编辑出版人到一名教师，这么大的身份转换，您是怎么看的？

赵　泓：我是2005年到高校的，已近不惑之年了。年轻时并不喜欢教书，人到中年想法才有所改变。孟子说人生有三乐，其中之一乐便是"得天下英才而教之"。跟年轻人在一起自己也会变得有活力，而且教学相长，我从学生身上也学到了很多东西。

教师与编辑都是很有成就感的职业，但做好不容易。做编辑你要了解市场，要建立作者队伍，要熟悉出版流程，十八般武艺得样样精通。教书你得在某个方面吃透，过去一知半解的地方，还得回过头补课。现在的学生也不好蒙，他们接触的新知识多，要让他们心悦诚服并不容易。我给学生开的课当中有门编辑学，便很难教。有位老编辑曾经很认真地问我什么是编辑学。说实话，还有不少人根本就不承认有什么编辑学。我在出版社的时候，想从美国引进一本编辑学教程，发现真的就没有。后来碰到密苏里新闻学院一位老师，问他开没开设编辑学这门课，他说整个美国就压根儿没有这门课。他们会开设杂志编辑学、报纸编辑学，但没有普通编辑学。那这门课到底要教些什么，现在

2012年3月30日于武汉大学樱园

还在摸索。它不像新闻学、传播学或中外编辑出版史，已经有了比较成熟的体系。

中国教育在线： 执教这么些年，趣事儿不少吧？

赵　泓： 在大学校园，最快乐的事莫过于跟学生在一起。趣事每天都有，只要心态足够年轻，对事业足够热爱，就会有许多趣事分享。比如广州大学城和周边地区，我开车带学生逛过好多地方。有次我带编辑班的学生去离华南师范大学不远的康陵拍照。从内环华师校门对面一条小石阶上到一个坡上，便可以看到康陵遗址。这是一座南汉王墓，2005年被评为全国十大考古发现之一。有一对湖南来的夫妇带着小孩长期住在旁边的窝棚里护陵，种了一块菜地，养了一条狗。他们开始不让我们拍，经请示文管局之后，我们从盗洞爬进去拍了好些照片。其实墓穴里已经没有多少东西了，但我们仍然很兴奋。

中国教育在线： 您一直重视学生的课外实践。能否谈谈学院在这一方面的经验？

赵　泓： 新闻传播是实践性很强的学科，光说不练肯定不行，所以我们一直重视学生的课外实践。学院经常组织学生参加一些重要的赛事，如全国大学生广告节、电视纪录片大赛、MV短片大赛等，每年都有学生获奖。学生自己策划的赫尔墨斯文化节已成为广州大学城的一个文化品牌，活动期间都会组织摄影、广告短片等赛事。为了方便学生借还器材，学院实验室晚上10点才关闭。我给学生上编辑学这门课，每次都会带学生动手实践。这几年，我带学生做的报纸、杂志、图书不下数十种，还做过电子杂志、拍摄过短片等。有些质量还不错。我一直有一个想法，就是办一个真正能独立运作的媒体。广州大学城有10多万师生，受众集中，也有一定的消费能力，可以办成一个专门针对他们的媒体，既满足了他们的需要，也让学生得到真刀实枪的锻炼。但这需要有赞助或广告支持。美、英等国有完全靠广告运营的校报校刊，但数量不多，多数还是由校方、学生会基金支持，或企业赞助。

办刊是学生锻炼自己、展示才华的一个绝佳途径。马英九在其简历中，首先自豪地写上"曾任留美学生刊物《波士顿通讯》主编"。香港中文大学新闻学院学生自办的月刊《大学线》，牛气到可以采访到曾荫权这样的大人物，上面一些报道常引起人们广泛关注。我的作者、旅居英国的崔莹在她著的《办最赚钱的杂志——对话英国名刊主编》一书中，谈到《Zoo》这本杂志主编安东尼·诺奎雅大学期间就办了一份叫《Blackout》的杂志，因此熟悉了办刊的各个流程，还引起了伦敦出版商的注意，为以后的事业打下了基础。

我带04、05级学生一起做的《岛生活》杂志，原本想做成可以独立存活下来的DM杂志，但遇到很多困难，只好作罢。后来跟09编辑班同学做了一本公开出版发行的《广州大学城一本通》，也是旨在让它成为一本能每年修订再版的常销书，同时提供资讯、广告服务。这本书有些地方不尽如人意，但我还是想坚持做下去，让它成为广州大学城有影响的读物。

读博是一趟旅行

中国教育在线：您现在华中科大读博，当学生的感觉如何？

赵　泓：到我这个年龄又重新做回学生，说实话很不容易，我也很珍惜这次难得的机会。在华中科大可以结识一些师友，汲取人家的办学经验，多长见识。另外，这种有规律的学生生活对健康很有好处，每天上课、看书、骑车、爬山，生活很充实。爬山是很好的运动。校园后面有座喻家山，武汉最高峰，从山顶的凤飞台上可以望见整个东湖风景区，还有东面的马鞍山森林公园，风景如画。我差不多每天都爬山锻炼，从宿舍到山顶也就花二十几分钟。脱产的

2011年10月12日，与博士班同学段勃、覃芹、秋红、晚艳在武汉东湖

这一年也能集中精力做点事情，计划中的几部书稿正好可以抓紧写。入学以来这大半年，可以说是我工作20多年以来最充实快乐的一段时光。这次读博还有一大收获，就是可以多回老家岳阳。岳阳离武汉很近，高铁不到1小时，普快也就3小时。去年父亲过世了，我可以趁周末回家陪陪母亲。工作以来从没有像现在这样陪过她老人家。

中国教育在线： 班上还有没有跟您这般年纪的学生？

赵　泓： 像我这般大的学生估计全国都很稀有了。班上17人，我最大，他们都叫我老大。老二比我小6岁呢，最小的比我小21岁。我是班上唯一一个60后，大多数博士生算是我的晚辈了。在西方发达国家，工作后继续读书深造，甚至退休了继续上大学的大有人在。只是他们主要为了深造，或基于个人兴趣。单纯为了一张文凭的倒不多，不像我国，大家都是为了奔一张文凭。

中国教育在线： 您读博是否也是为了一张文凭？

赵　泓： 当然首先是为了弄张文凭，现在高校第一重要的就是文凭。不管三七二十一，先读一个博士再在高校混，这个是硬道理。但我已经落伍了，都工作20多年了，不能跟年轻人一样较劲。所以，我读博也是为了体验一种新的生活。我们学校规定1959年以后出生的老师要求具有博士学位才能申报正

高。其实像我们这样的专业，有本科文凭就足够了，但既然这样规定，你拿它有什么办法，所以只好去读。一开始我并不情愿，完全是被逼的感觉。事实上带薪读博对于老师个人来说并不吃亏，但从高校的健康发展来看，这个规定太不合理了，必须得改。现在中青年骨干教师一窝蜂地在职读博，严重影响到了正常教学。像我们这种年龄的人，正是干事业的时候，甩下工作去读书，吃亏的难道不是国家、不是学校么？

中国教育在线：国外的著名大学是不是要求教授非得有博士学位？

赵　泓：这个要看具体情况。偏重基础理论的教授一定要有博士学位，但对于偏重实务或有业界经验的老师，则没有这样的要求，通常本科就够了。像美国资格最老的密苏里新闻学院，有编辑记者从业经历的老师，是不需要博士学位的。我国的香港大学也一样。但内地很多高校都是一刀切。这主要是为了图省事。一刀切省事嘛，免得扯皮事多。

中国教育在线：跟年轻人一起读书想必也挺开心的吧。

赵　泓：那当然。跟年轻人在一起，感觉自己也变得年轻了。大家一块上课，一块开展活动，生活上也有不少照应。课堂上我们经常有讨论。课外我们有时骑车逛东湖，一起去梅园赏梅、武大赏樱，或团购一桌饭菜，生活丰富多彩。我们有个Q群叫东湖学派，有什么建议就在上面聊。他们也很关照我。有次我心脏有点不适，他们很担心，晚上10点多，隔壁一位同学给我发来短信："老大，我们今晚都不关手机，你有情况赶紧召唤我们一声。"跟他们在一起真的很愉快。

中国教育在线：不少人觉得读博是件苦差事，您觉得呢？

赵　泓：心情的好坏，不在于环境，而在于自己的心境。对于读书，有人乐此不疲，有人则视为畏途。《论语》里讲到，叶公有次问子路孔子是怎样一个人，子路不知道如何回答。孔子得知后，说：你咋不跟他讲我是这样一个人："其为人也，发愤忘食，乐以忘忧，不知老之将至。"读书正是要有这样一种境界。我一向反对苦读。苦读违背了读书的要义，如果不是乐在其中，不如不读。读博当然有压力，特别是写博士论文，要求普遍严格。有的还面临找工的压力。2006年人大有位40岁的女博士毕业前夕不堪精神重压，跳楼身亡。2008年复旦大学有位44岁的博士，写博士论文猝死在宿舍的书桌前，过了好些天尸体才被人发现。大龄博士生通常背负着论文、课题、就业、家庭、经济五副重担，说没有压力那是假的，但人要学会排解压力，内心要足够强大。况且这种压力相比较某些工作，根本算不了什么。去年10月，一位28岁的博士生从我前面那栋宿舍楼的6楼跳下身亡，太可惜了。这件事发生后，学校很紧张，给我们发了好些心理辅导资料，要求各个学院对有心理障碍的学生进行排查。其实，解铃还须系铃人。每个人都要学会掌握心理调适的方法。兴趣一定要广泛，要与人多沟通，多些社会实践，这样才能排解压力，觉得生活有意义。如果不主动排解它，即使不出大问题，心理上也多少有些障碍。有心理障碍的博士生不在少数，只是很少有人关注罢了。从心理健康角度看，读书多的人毛病比读书少的人多，脱离实践的人毛病比注重实践的人多。

高校的症结在于考评体系出了问题

中国教育在线：目前有不少学生以及社会人士对大学教育意见很大。

赵　泓：其实学校对本科教学一直都非常重视，不仅有严格的教学规章制度，还经常督促检查。但效果不算好，主要是高校的考评体系出了问题。在高校，普遍的情况是，老师的地位主要通过职称晋升和主持科研项目而获得，教学只是点缀而已，满足基本工作量就行了。老师的待遇跟教学关系不大，所以大部分老师的精力主要放在科研上，成天琢磨如何发表论文、拉到项目。发了论文、有了项目，职称问题就解决了，同时待遇也提高了。这是一个恶性循环，许多老师都被套在里面。所以，老师不是围着教学而是围着科研和人事的指挥棒在转。

高校教师是文字垃圾最大的制造者。据武大信息管理学院一位副教授统计，全国每年花在购买论文版面上的费用约为10亿元。大部分论文都没有多少价值，像新闻传播方面的论文，我认为至少70%基本上没有价值。有些人写不出论文就抄。大学教授、副教授抄袭本科生毕业论文的情况也不鲜见，这些媒体都公开报道过。其实这只是冰山一角。当然，还是有一些人在踏踏实实做学问，但比例很小。现在学术界鱼龙混杂、泥沙俱下。

心思都用到拉项目、写论文上，自然难得顾上学生了。经常有学生投诉，说老师如何不关心他们。谁都明白问题出在哪里。你不能责怪老师觉悟低，老师也是常人。我相信这种局面今后一定会改变。从长远看，老师的尊严和价值，主要还是通过教学获得。

中国教育在线： 职称评定历来存在很大问题，但目前很难找到更好的办法。

赵　泓： 也不是找不到办法，关键还在制度设计。首先要分清楚研究型、教学研究型和教学型高校，对科研做出不同的规定。现在虽然也有区分，但很多二本甚至三本高校也是科研挂帅，要求老师的学历、论文越来越高，这只会逼迫大家制造出更多的学术垃圾。在学校内部也要细分哪些学院是以研究型还是教学型为主。要根据不同学科提出不同要求。即使在学院内部，也应有学术型和教学型的队伍区分。像搞建筑理论和建筑设计，要求是不一样的。新闻传播教育应当借鉴国外成熟的经验，将偏理论和偏实务的老师区分开来。现在这种局面不仅影响到了教学，也影响到学术价值评判。有些搞理论的攻击搞实务的学术性不强，搞实务的攻击搞理论的脱离实践，根源就在这里。

其次，要评聘分开。现在大家不顾一切争着上职称，有个重要原因也在于评聘没有分开，评上教授往往一劳永逸。评聘分开后，如果评上教授没有达到相关要求，学校可以不聘；相反，有些没评上教授的，如果工作表现突出，可以聘为教授，这样就可以正常发挥职称评审的作用。

另外，要建立评审与答辩相结合的制度。现在学术委员会成员大多并不了解申请人的情况，基本上按照材料进行投票。材料有时并不能反映出真实情况，而且材料掺假也不一定能够发现。如果有一套严格的答辩程序，就可以或多或少避免盲目投票。

中国教育在线： 现在职称评审中基本没有答辩程序，您觉得这个很重要么？

赵　泓： 当然重要，因为材料是死的，人是活的嘛！答辩可以使评审程序更加公正、透明。我就吃过程序不透明的亏。2009年我申报正高，到了学校高评委投票前一刻，会上有人拿出暨南大学新闻与传播学院某教授给我写的送审代表作评审意见，挑出其中一段贬损性的话念出来，害得我因一票之差落选。如果有答辩的机会，就不会出现这种情况了。我的送审材料分别给了武大、上海交大和暨大，武大和上海交大给我的评价都很高，意见都是"通过"，但暨大那位教授给我弄一个不通过（评审结论分通过、基本通过和不通过三种）。作为评审专家，他当然有权利让我通过或不通过。但暨大根本没有编辑出版专业，这位教授也不是研究这行的，对编辑出版一窍不通，却在那里不懂装懂。我那三篇文章是讲图书出版及编辑出版教育的，他从来没有接触过，哪有资格评审我的材料呢。他那段评语是对《文化大省应当是出版大省——也谈广东图书出版业的发展思路》一文的评价。这篇文章作为特稿在国家新闻出版署主管的核心期刊2005年第二期《出版发行研究》头版上发表，曾经引起很大的反响。但没办法，内行被外行搞死了。

不后悔选择做出版

中国教育在线：相对于一般的大学教师，您有着丰富的专业从事经验，在编辑出版这一行业已摸爬打滚了14多年，当初是怎么选择这一领域的？

赵　泓：我是1991年从贵州师大历史所硕士研究生毕业的，专业是中国近代史。最开始是分配到省直机关。我们所里有个教授，曾经给省里领导当秘书，写材料差点把眼睛写瞎了，后来调到学校。他跟我讲给领导当秘书太辛苦，劝我别去了。我本来就犹豫不决，一听更不想去了。也没考虑教书或去科研机构。想来想去只有干媒体了，而图书出版离本专业更近一点，于是找导师推荐。导师吴雁南先生是有突出贡献的国家级专家，当过贵州师大校长，在全国都很有名望。他就带着我一一拜访贵州人民出版社的几位领导。当时文史编辑室正在出"中国历代名著全译丛书"，我是学近代史的，他们觉得专业不太对口。但社里正筹备搞一套"长征文库"，我这才得以分配进去。后来因为档案不能解密，这套文库没有上马，于是又参加编辑那套全译丛书。那时候出版社挺牛的。

中国教育在线：您导师挺支持您的啊。

赵　泓：其实他并不希望我去的，但没流露出来。他在人民教育出版社当过12年编辑，很了解这门职业。可能是他看我那么执拗地想去才帮我联系的吧。过了好几年，他才跟我说："你去出版社干嘛，我都是从那儿出来的，哪有在大学自己做点学问自在啊。"我听了很惭愧，感觉让他老人家失望了。他一直希望我做学问的。

中国教育在线：您后不后悔选择做出版这条路？

赵　泓： 不后悔。读书跟做学问是两码事。我喜欢读书，但对做学问信心不足。做学问要有天赋，要勤奋，要有师承渊源，还要有机遇。前面二者尤其重要。我的天赋和勤奋都不够。学问不是那么好做的。现在真正做学问的人并不多，很多人只是假装做学问，用来吓唬人，或者自欺欺人的。比较而言，编辑能接触到社会更多的层面，要求的知识面更宽，而我的兴趣比较广泛，做编辑更适合我。

中国教育在线： 历史专业出身从事出版媒体的还真不少，这其中会有一个共性？

赵　泓： 首先是由于专业的限制。在一般人眼里，历史专业就业面比较窄，除了去机关、学校，就是去媒体，尤其是去出版社。另一方面出版社对编辑的文化底蕴、文字功夫要求比较高，所以学中文、历史的比较多。文史哲历来不分家，而史学尤其重要，因为它是治学的基础，每一门学科要登堂入室，得首先了解其历史文化背景，搞清楚该学科的来龙去脉。所有的人文社会学科，都是通过史学入门的。功底最深的往往是搞史学出身的。我进贵州人民出版社时，文史编辑室8位编辑，有3位中文和3位历史硕士。那不得了了，那时候的硕士比现有的博士数量少得多，也强得多。

历史专业就业不宽，跟社会对这个专业的偏见有关。学历史的进了报社、电视台，通常只会比学新闻的干得好，不信你可以去媒体做个调研。我历来主张新闻传播专业的学生，要多学些历史，这样思想才有厚度，文化才有底蕴。如果我们新闻传播专业的学生，头两年学历史跟其他的人文课程，后两年学专业，肯定比现在要强。这个不容置疑。

中国教育在线： 您还记得自己编辑出版的第一本书么？

赵　泓： 当然记得。那是《屈赋注解》，研究屈赋的一部专著，1993年出版的。参加工作头一年，我在新华印刷厂的铅印车间和装订车间干了半年，然后又在科技书店站了半年柜台——应届毕业生都要到基层锻炼一年。那时候已经有激光照排了，但铅印车间还保留着，我的工作是捡字。捡字要很熟练才行，我们新手半天找不到一颗字钉，效率非常低。接手第一本书稿实际到了第二年年底，先前还干了一阵子校对。出版社要求很严，刚进的新手不能单独担任责编，是由一位叫叶光大的老编辑带我，一审主要由我负责。作者是贵州教育学院副院长蒋南华，后来担任贵州社科院院长，国内有名的楚辞专家。当时他还是副教授，急着等这本书出来评教授。但这本书下厂排版出了问题，出版部把它安排到了六盘水印刷厂。结果惹大麻烦了，因为这部书上有很多偏僻字，需要造字——那时候大多数书还是铅排。最后六盘水印刷厂觉得吃不下来，又改到贵阳的新华印刷厂排。这样就把时间给耽搁了。蒋南华急得不得了，一趟一趟地催，幸好后来职称通过了。这件事弄得他很生气。做第一本书还是欠缺经验。

中国教育在线：可以谈谈您参加编辑"中国历代名著全译丛书"的情况吗？

赵　泓：我进文史室时，这套书就已经出了几种。开始编辑室没想做这么大规模，因为《诗经全译》、《楚辞全译》、《易经全译》、《老子全译》等几个全译本出来后，反响很好，所以就决定做一套50个品种的丛书，请了程千帆、罗尔纲、缪钺、余冠英、王运熙等国内文史大家当编委。1992年秋天在北京人民大会堂福建厅举办过一次丛书发布会，请了原人大常委会副委员长雷洁琼、贵州省省长王朝文等领导出席。新闻居然上了当晚的新闻联播。虽然只有短短的20来秒钟，但我们在内务街一家小宾馆收看到新闻时都兴奋得不得了。当时已出了8种，销量最大的是《唐诗三百首全译》。1994年这套书得了中宣部"五个一"工程奖。我编辑了里面的《吴越春秋全译》、《吕氏春秋全译》、《文史通义全译》，合作编辑了大部头的《文选全译》、《资治通鉴全译》等。后来又推出第二批50种。除了编书，我的许多精力放在这套书的校对上，大部分我都校对过。最大的好处是逼着自己把这些名著认真读过一遍。编校这些书很花精力，平均一本书要花大半年的时间。第二批丛书开始推出是在1996年。但这时古籍今译的热潮已经降温，加之第二批丛书名头没有第一批大，销量锐减。第一批刚出来时很火，几乎每本起印3万册。发行量最大的达到了20多万册。当初火起来的原因，一是在此之前，古代名著的选注选译本比较多，很少有全译本，读者想通过全译本一窥全貌；二是中国传统文化热开始兴起，读者对古代名著有了兴趣，全译本适合阅读和收藏。另外，读书喜欢跟风，读书热都是一阵一阵的。像《今古文尚书全译》发行了好几万册，其实真正读得懂的又有多少呢。

中国教育在线：您后来为何离开贵州人民出版社？

赵　泓：其实也是很简单的想法，就是换个地方。包括求学在内，在贵阳呆了11年，对这座城市始终没有认同感。早几年就有人劝我走，一时下不了决心，已经成了家，日子过得也很安逸嘛——贵阳这座城市过日子还是蛮好的。后来觉得再不走有可能一辈子留在那儿了，才横下一条心。从贵州人民出版社来到广州的老同事有七八位，基本上是外地人，贵州本地人很少有愿意走的。你只有认同了这座城市，喜欢上自己的工作岗位，才会愿意在这个地方呆一辈子。

出来闯也要看机会。1998年底至1999年初，我在珠海漂过一阵，在一家报社的记者站做过两个月记者，在一家网站做过一个月编辑。但都不稳定，那个记者站后来撤了，网站也始终没有起色。珠海这座城市风光迷人，但要找到合适的工作很难。于是又回到贵州。大概5月间，有位朋友介绍我到深圳一家著名国企，待遇不错，但我不大愿意去企业。正犹豫不决，见到《南方周末》上刊登的一则新成立的南方日报出版社的招聘启事，觉得机会来了，就赶紧投了应聘材料。通知面试的时候，我正在贵州的都匀街头跟同事一起义务卖书，是广州这边通过BP机传呼到我的。7月4日来到广州报到。

中国教育在线：有没有待遇方面的原因？

赵　泓：没考虑过待遇，就是单纯想换个地方，当然也希望能做点事情。那时报业集团还是新生事物，自己又刚30出头，正是干事业的时候。南方日报这边不调动，只是临聘，待遇很低，干好了才调，所以只好把那边的公职辞掉了，过了两年才正式调过来。待遇方面其实还不如贵州，又没有房子，自己在外面租房，连空调都没有。刚开始工资根本不够花，经常月底找朋友借钱。后来才慢慢有所好转。但开始几年做事的氛围不错，有时同事们一边喝酒一边讨论选题，气氛很热烈。1999年10月，南方日报50周年社庆，每位职工发一套西服，但编外的职工没份。当时出版社的常务副总编朱德付专门给报社领导打了一份报告，写得文情并茂，记得有句"西服事小，人才事大"，结果我们每人领到了一套。那时候机制没现在灵活，同工不同酬的现象比较突出，我们的待遇比刚分配进去的本科生都低。但那时比较有凝聚力，主要是朱德付、关健等领导作风开明。朱德付后来去北京创办《京华时报》，担任总编辑，现在是阿里巴巴副总裁。关健是《南方都市报》的创办者，很有人格魅力，可惜2002年英年早逝了。

编辑的职责是努力寻找到合适的作者

中国教育在线：《我替丈夫打官司》是您来南方日报出版社编辑的第一本书？

赵　泓：是的。我在珠海记者站时有个同事，浙江杭州的一个女孩，我托她帮我物色合适的作者。她推荐了江苏徐州的袁成兰老师。袁老师是个作家兼画家，1997年出过一本《我当被告》，讲述曾经轰动一时的梅花奖舞弊案，跟徐州文化局局长吴敢打官司的。她1999年秋天正在深圳红荔艺术馆办个人画展。我打电话给她，她说自己手头没有合适的稿子，但推荐一个作者，是她的一个徐州老乡，一个退了休的普通女工。她说这个人没多高文化，但写的东西比她的好。我听了不敢相信，她说你看过稿子就知道了。过了没几天，作者朱雪芹就把稿子的A盘寄过来了，还附上了跟这本书有关的材料（主要是申诉信、判决书复印件等）。原名叫《噩梦》，我觉得像个小说名，就改为《我替丈夫打官司》。张艺谋不是拍过《秋菊打官司》嘛。其实《我替丈夫打官司》

2000年10月中旬参加南京第十一届全国书市，途经上海。（自由撰稿人、摄影师税晓洁摄）

比《秋菊打官司》更真实，更具震撼力。这本书出来后，长春电影制片厂找过作者想拍成电影，珠江电影制片厂也有类似的想法。著名电影演员萨仁高娃还打电话找过我和作者。但最后没有拍成。可能是题材敏感的原因吧，后来就没有下文了。当时有十几家报纸连载过这部书。还出现过盗版书，名字改成了《官司通天》。这个书名比我起的要好。若这本书拍成了电影或电视剧，肯定就火了。一本书畅销需要机缘巧合，需要媒体配合炒作。

中国教育在线：您选择作者是基于何种考虑？

赵　泓：编辑的职责是努力寻找到合适的作者，并与作者一道，共同打磨出优秀的作品奉献给社会。作者是出版社最重要的资

《解析传媒变局》，喻国明著，
南方日报出版社2002年9月版

源，也是编辑安身立身之本。编辑作为作者与出版机构之间的桥梁，要起到良
好的中介作用。选择怎样的作者，首先要基于出版社自身的定位，其次是基于
编辑的个人风格。像南方日报出版社，它依托的是南方报业品牌，因此时政类
和传媒类图书容易得到读者认可。但它的传媒类图书跟人大、复旦等高校出版
社的定位要有所区别，要凸显出它的特色。所以，我在负责南方日报出版社新
闻编辑室时，比较注重传媒类图书的前沿性和实用性。李希光的"传媒前沿丛
书"和辜晓进的《走进美国大报》是其中的代表作品。南方日报出版社在学术
出版上跟人大、复旦比处于明显劣势，很难超越人家，而且真正有价值的学术
著作也很少。像新闻传播类图书，除了少数引进版，有理论创新的很少，有应
用价值的更少，所以我对高校学术圈历来保持警惕态度，不轻易约稿。我策划
或参与编辑的一些学术类图书，都是经过挑选，在学界业界都站得住脚的。像
丁淦林的《中国新闻图史》、肖东发的《中国出版图史》、黄升民的《中国
广告图史》等图史系列，喻国明的《解析传媒变局》、李希光的《转型的新
闻学》、辜晓进的《走进美国大报》等实务类图书，出版这么久了仍然很受
欢迎。喻国明是少数几位既被学界也被业界认可的学者之一。有人不喜欢李希
光，其实这个人挺有思想的。高校里面有很多门派，而且迂阔之士又多，作为
编辑要有独立思考。

　　当然，完全按照自己的愿意选择作者只是一种理想状态，现实中很难做
到。除了合适的作者难觅外，出版社还有生存问题。有时候书稿不太合适，但
市场还行，或者没有销路，作者能补贴了一笔钱，于是也拿来做。出版社要吃

饭，作者要评职称，大家各取所需。

中国教育在线：您对作者挺挑剔，为何又会重视某些文化程度并不高的作者呢？

赵　泓：古往今来，真正有价值的作品主要有两类：一类是有学术创新，知识含量很高的作品，还有一类就是原汁原味的老百姓自己的作品。那些无病呻吟、脱离实际、缺乏创新的作品，是我们应当摒弃的。

老百姓创作代有传统。诗经和乐府就收录了很多老百姓自己的诗歌。上世纪50年代最畅销的作品是一个半文盲写的《高玉宝》。我来广州之前，南方报业旗下的《南方周末》和《南方都市报》都辟有刊载老百姓作品的版面，《南方周末》上的叫"百姓茶坊"和"百姓纪事"，《南方都市报》上的叫"老百姓"和"民间纪事"。上面刊登普通老百姓的文章，公务员、工人、农民、商贩，甚至无业游民都有。南都的"城市笔记"上也见到不少。"一花一世界，一叶一乾坤"，我们可以从中读到老百姓平凡真实的生活，可以感受到他们的悲欢离合、喜怒哀乐，可以倾听到劳动人民的快乐歌唱、底层民众的有力呐喊。可惜这些栏目后来都取消了。主要原因是在商业利益的侵蚀下，报刊

2010年4月18日，与复旦大学首席教授丁淦林先生在陕西黄帝陵。10年前，我曾担任丁淦林主编的《中国新闻图史》一书的责任编辑

主动向精英化、主流化转型。现在报纸的副刊版面基本上被那些学者、作家和各色明星占据，劳动人民的声音越来越微弱。目前，媒体面临被社会精英和利益集团所控制、逐渐沦为少数利益集团的工具的危险，百姓栏目的消逝跟这个直接相关。从1993年央视的东方时空推出"讲述老百姓自己的故事"到后来的南方都市报开辟"民间纪事"，是中国社会比较关注底层社会的一个时期。这激活了中国的民间创作，突出表现在打工文学的兴起和百姓纪事栏目的兴盛。后来由于商业利益的侵蚀，老百姓越来越失去话语权，幸好现在有网络的力量可以借助。

我通过编辑《我替丈夫打官司》这本书对底层创作产生了兴趣。后来编辑出版了南方都市报的栏目结集《边缘部落》和《隐情地带》等，试图通过编辑"民人丛书"推出有价值的"百姓文本"。计划搁浅的原因正是报刊对这一阵地的主动放弃。由于题材、写作能力等方面的原因，我们很难组到像《我替丈夫打官司》这样的作品。但若有报刊作为平台，则会吸纳众多的百姓参与，就会有许多优秀作品冒出来。单靠出版编辑自己去组稿是很困难的。

中国教育在线：您是通过网络认识曹鹏的，并编辑出版了他的《功夫茶话》和《大师谈艺录》。请您谈谈对网络组稿的看法。

赵　泓：首先要感谢网络，它给我们提供了极大的便利。10多年前，无法想象今天网络时代的便利。我刚参加工作时，出版社只有总编室有一部长途电话。上世纪90年代后期时兴BP机，沟通仍然不便，有时BP机响了到处找电话打。网络、手机上世纪末才开始兴起，并逐渐成为时尚。网络可以方便你找到合适的作者，使原本几乎不可能认识的两个人一下子相遇。这是网络的奇妙之处。但最重要的媒介是人，人与人之间交往的深度和相互信赖还得依靠各自的修养和学识。

我在网上最先认识的作者是钱建军，网名少君。他当过80年代大名鼎鼎的康华公司的经理，中国最早一批商界成功人士，也是中文网络文学第一人。我是看到他在论坛上发的贴子联系上他的。在这之前，他在台湾出版过网络文学结集《人生自白》。我编辑出版的《一只脚在天堂》实际上是《人生自白》中的一部分。少君这个人很有才华，但他身在美国，而且合适在大陆出版的作品不多，所以后来联系比较少。曹鹏也是在网上论坛上认识的。其实那时我对喝茶的艺术并没多大兴趣，吸引我的是他的文字。我对文字比较敏感，通常看上几行就知道水平高低。他在论坛上贴了几篇看似极平常的茶话，我从中发现此人功底非常了得，立马有了交往的冲动。编辑要充当伯乐嘛。《功夫茶话》在南方日报出版社重印了4次，后来经过修订后又在中国广播电视出版社以图文本《闲闲堂茶话》形式出版。他当《中国书画》主编时开辟了"大师谈艺录"这个栏目，有启功、黄永玉等国宝级大师的系列访谈，影响很大。2004年我跟出版社原副总编辑陈志赴京参加全国书市时，跟他敲定了将这一栏目结集出版的事宜。后来出了厚厚的两册《大师谈艺录》，2007年获得了广东省首届优秀出版物奖。

多读书、多动手是成才的不二法门

中国教育在线：虽然已转身教育行业，但在任教之余，您仍然兼职做一些编辑工作，您是如何平衡二者关系的呢？

赵　泓：作为新闻传播专业的老师，若脱离了传媒实践只能陷于空谈。在媒体兼职做一些事情，对教学或科研会有许多益处。我2005年到高校后，其实从未中断过编辑工作。2005年南方日报出版社请我担任特聘编辑。这年年底，南方日报出版社评出10本年度最佳图书，有4本是我编辑的。后来我替中山大学出版社策划了一套"金木棉学术文丛"，是一批高水平的学术著作。现在我同时兼任华南理工大学出版社大学城工作室主任、武汉世图致知出版策划有限公司组稿编辑。大学城工作室主要是基于产学研相结合的需要，让本科生有机会参与出版社的稿件采集与编辑制作。武汉世图致知出版策划有限公司旨在打造学术出版优质平台，将学术出版、按需印刷和馆配、网店销售结合起来，是一种全新的现代出版模式。我与这些出版机构合作，可以同业界保持紧密联系，对教学起到促进作用。当然，编辑工作颇费心力，投入太多精力会影响到本职工作。所以我的精力主要放在组稿上，文字的编校基本上交给助理编辑处理。有时候也犯难，找一位助理并不容易，现在的大学生基本功好的不多。

中国教育在线：对于欲报考、或正就读新闻传播类专业的学生，您有什么建议？

赵　泓：新闻传播是近年来持续热门的专业，预计今后也必将继续热门。

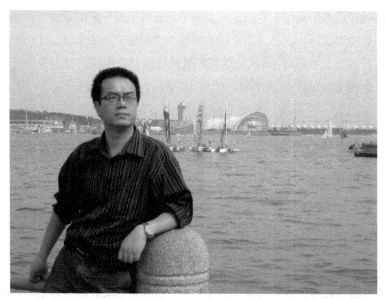

2011年5月下旬出席在青岛举办的"全国高校新闻与传播类学科实践教学与创新人才培养交流研讨会"，29日于青岛五四广场

原因在于当今是一个传媒时代，对传媒人才的需求会保持旺盛。新闻传播专业适应面比较宽，去向不局限于传统的广电、报刊等媒体，或网络新媒体，还包括大型企业和机关事业单位。因此，我们是按宽口径来培养新闻传播人才的。进入本世纪以来，新闻传播专业招生人数增长较快，目前在校生已经接近20万人。有人认为全国新闻从业人员也才70多万，并据此认为专业扩张太快，存在严重泡沫。这种说法没有道理。新闻传播人才除了新闻行业，在创意策划、广告、公关等方面也大有作为，应用面非常之宽。现在新闻传播已经不是小门类了，它应当跟中文、管理等传统强势专业取得平起平坐的地位。

我对新闻传播类专业的学生始终强调一定要厚基础、宽知识、强能力。学生走向工作岗位后普遍感到自己的文化底蕴不足，这个不光因为学校的课程设置和教学方法存在一定的问题，也因为学生有急功近利的通病。知识的积累需要日积月累的过程，不可能立竿见影。很多学生没有耐心学习。我们这个专业的学生知识面一定要宽，要阅读很多课外书才行。每年新生入校，我就提供给他们一百多种课外阅读书目，但有些学生几乎没有阅读过。书到用时方恨少，在校时不好好读书，今后会追悔莫及。另外，在动手能力方面要有意识地训练。我们开设了摄影摄像、广告制作、多媒体信息采集等课程，总体效果不错，但学生在动手能力上差距比较明显，强弱分明。这个要靠学生自己多花时间琢磨，多实践。一定要注意学以致用。我平常给学生讲得最多的是六个字：多读书、多动手。

后记

本没打算出这样一本书。

去年秋天，我来到武汉喻家山脚的华中科大脱产一年读博。人到中年，重新回归宁静的学生生活，令人悲欣交集。其中况味，如鱼饮水，冷暖自知。

为了打发闲暇时光，今年初把旧作整理了一番，感觉有些内容虽非当下关注的热点，却并未过时，经过加工完全可以集成一本书，于是便有了这本《一个编辑人的世界》。

这本书内容挺杂，体例也不统一，但自认为杂而不乱，因为大多数内容都围绕编辑和编辑出版教育，这正好可以视作自己在编辑和教学岗位工作20年的一个总结。

我的经历并不复杂，也没多少值得一晒的资本。唯一感到欣慰的是，自己从事的编辑和教师这两门职业，是平生最喜爱的。"昌明教育生平愿，故向书林努力来。"正因为如此，尽管自己吃过许多苦头，遭遇不少挫折，但我依然认为自己是幸运的。

我是由编书匠成为教书匠。在新闻传播领域，最好既能当杂家，又能当专家。我可以勉强称为杂家，但还称不上专家。每每有人问我研究些什么，是哪个领域的专家，我便一阵惶恐。这些年来，自己涉足的领域似乎不少，但未能登堂入室。

能称为杂家，平生足矣。

即将付梓之际，感谢北京大学新闻与传播学院肖东发教授为拙著撰写序言，暨南大学新闻与传播学院院长范以锦教授、中国人民大学新闻学院副院长喻国明教授、深圳大学传播学院辜晓进教授、经济日报发展研究部副主任曹鹏博士热心推荐。

本书出版得到广东世界图书出版公司陈洁副社长的大力支持。承蒙赵焜森兄负责封面设计，阮清钰兄担任责任编辑。赵、阮二位都是我在南方日报出版社时的老同事、老搭档，至今仍有愉快的合作。华南理工大学新闻与传播学院2009级编辑出版专业的梁嘉欣同学负责内文的版式设计。在此一并表示感谢！

2012年6月18日于武汉喻家山

国家哲学社会科学成果文库

NATIONAL ACHIEVEMENTS LIBRARY
OF PHILOSOPHY AND SOCIAL SCIENCES

增长转型与中国比较优势动态化研究

杨先明　黄　宁　赵果庆　吴　明　等著

社会科学文献出版社
SOCIAL SCIENCES ACADEMIC PRESS (CHINA)

杨先明 　浙江宁波人；云南大学特聘教授，经济学博士，博士生导师。曾任云南大学经济学系主任，云南省经济研究所所长，云南大学发展研究院院长；曾任第十届、第十一届全国政协委员，第十一届全国政协经济委员会委员。享受国务院政府特殊津贴专家，国家社会科学重大招标课题主持人，国家社会科学基金评审组专家。2010年获得云南省政府教育功勋奖，2013年被评为云南省有突出贡献的哲学社会科学专家。在国内外核心期刊上发表80余篇学术论文（第一作者59篇）；由商务印书馆等出版学术著作10部（独著与合著）；主持完成国家社会科学基金重大招标项目、国家自然科学基金项目、国家科技部项目、教育部社会科学基金项目以及亚洲开发银行项目等科研项目；曾获云南省社会科学研究一等奖四次，二等奖六次，云南省科技进步奖两次，并获安子介国际贸易学术研究奖，国家发改委发展研究奖等。

作者简介

黄 宁 1976 年生，云南建水人，经济学博士；云南大学发展研究院副教授，应用经济研究所所长。研究领域为国际经济学、产业经济学与区域发展问题，为国家自然科学基金项目和教育部人文社科项目的主持人，为多项国家社会科学基金研究项目的主要完成者，在国内外学术期刊上发表相关学术论文 20 余篇，出版专著四部（独著一部，合著三部），获省级社会科学成果奖多次。

赵果庆 1964 年生，经济学博士，云南财经大学教授、特聘教授、博士生导师，中国软科学学会理事，云南省数量经济学术带头人与后备人才，云南省有突出贡献优秀专业技术人才。主要从事国际直接投资与产业经济研究，在《经济研究》《管理世界》和《统计研究》等刊物上发表论文 30 多篇，出版专著 4 部；主持和参与国家社科基金等 10 项国家级项目研究；获云南省哲学社会科学优秀成果一等奖 6 次，其他省部奖 7 次。

吴 明 1971 年生，河南驻马店人，经济学博士，2003 年进入云南大学发展研究院工作。主要研究领域为产业组织理论、国际经济学。主持国家自然科学基金"全球价值链空间分布测度"项目，参与多项国家社科基金项目。

《国家哲学社会科学成果文库》
出版说明

为充分发挥哲学社会科学研究优秀成果和优秀人才的示范带动作用，促进我国哲学社会科学繁荣发展，全国哲学社会科学规划领导小组决定自2010年始，设立《国家哲学社会科学成果文库》，每年评审一次。入选成果经过了同行专家严格评审，代表当前相关领域学术研究的前沿水平，体现我国哲学社会科学界的学术创造力，按照"统一标识、统一封面、统一版式、统一标准"的总体要求组织出版。

全国哲学社会科学规划办公室

2011 年 3 月

前　　言

在开放进程中保持比较优势不断动态化，是我国经济持续增长的重要条件。比较优势动态化，就是通过制度变革、技术进步和产业升级等因素使国家的比较优势重新调整，从而获得新的比较优势。这一过程涉及生产要素的供求关系、政府政策的作用、各种可利用资源的引进、开放战略调整等，并带动包括生产要素禀赋在内的一切经济因素发生改变，一国在全球经济中相对地位将相应发生变化。因此，比较优势动态化，实质上也是一个国家增长转型的过程，这对实施开放经济发展战略的中国尤为重要。

以加入 WTO 为标志，我国经济明显加快了与世界经济融合的步伐，并成为引进国际直接投资最多、对外贸易依存度很高的开放经济体，我国的经济总量已经位居世界前列。但是早在 2002 年，联合国的贸易与发展报告明确提出中国等国家在国际生产中由于低端要素结构导致收益增长与贸易增长不对称，认为 FDI 导向的大量劳动密集型出口竞争必然产生竞争与合成谬误，以及中国利用 FDI 技术步伐加快而产业升级不足必然与其他发展中国家产生低层次竞争，已经从全球市场竞争角度警示了中国动态比较优势实现不足而可能面临的压力与问题。这表明，我国开放经济发展阶段与比较优势动态实现程度之间存在明显的偏差，我国经济结构性矛盾所产生的逻辑路径即增长转型问题已经为人们所关注。对此我国学者也从不同角度进行了大量理论分析与实证研究。2008 年国际金融危机的发生，充分凸显了世界经济失衡格局的特征，同时对中国经济产生了明显的冲击。在经济全球化条件下，金融危机对中国经济产生的冲击效应，与我国各地区、产业乃至企业本身存在的结构问题是相关的，即在危机条件下，采用过时的增长方式、产业结构和技术选择会最先遭到冲击。因此，摆脱危机并实现经济持续增长的关键在于重新构建增长模式。与此同时，中国经济运行中的一些征兆，也表明中国经济或中国开放经济进入了一个新的发展阶段，我国低成本的要素优势很快将不复存在。预计 2020 ~ 2025 年，我国低成本优势将告一段落。我国的劳动力成本、土地成本、煤电油运成本、人民币汇率及其他环境、资源、要素成本都将进入一个快速上升的阶段。而我国本土企业自主技术创新能力不足，如何从模仿创新向自主技术创新过渡，这将是一个艰难的转折。中国改革进入深化阶段，也从一个侧面表明，原有的制度创新效应的衰减和新的制度创新的紧迫性。

中国是经济全球化最大的受益者之一。国际金融危机以后出现的经济新常态，改变了我国经济发展的外部环境，但我国没有必要也不可能游离于世界经济之外。在我国经济开放的新阶段，需要关注的是如何使我国比较优势动态化的问题。然而大量研究也表明，比较优势的动态化不一定是连续的，存在中断的可能性，由此依托比较优势的产业升级的进程也存在中断的可能性。在从中等收入向高收入迈进的阶段，这种威胁存在的可能性最大。作为一个还没有完成二元经济结构转型的国家，很难仅用外生比较优势或者内生比较优势概念来理解我国在世界市场中的竞争优势和劣势。按照外生比较优势理论，我国在国际经济中属于资源禀赋方面的优势是有限的，我国比较优势主要有赖于内生变量的积累和创造。在大国经济的范围内，推进专业化的社会分工、加大人力资本积累、推进技术进步、建立正确制度并提高其效率、促进产业集聚、加快市场的一体化进程，都是新比较优势形成和积累的重要变量。发现与比较优势相关度高的来源并进行整合，并推进以上过程，是中国经济增长转型与可持续发展的内在要求。

本书在分析比较优势动态化的理论和机理的基础上，分析我国比较优势动态化的趋势、挑战和制约因素，并以此为出发点，分别对我国比较优势动态化中的资源制约、要素替代与比较优势的内在关系、国际分割生产格局下的我国比较优势动态化的实现问题、我国产业集聚特征与中国比较优势动态化关系问题、中国进出口贸易互动与中国的比较优势动态化、人力资本结构与我国比较优势动态化、技术创新体系构建与中国比较优势动态化、市场一体化与中国比较优势动态化、国家能力与中国比较优势动态化等领域深入研究增长转型与中国比较优势动态化的内在关系。研究将比较优势动态化和中国的结构优化问题结合起来，对我国比较优势动态化问题进行多元分析。本书的研究表明，无论从要素替代、技术变迁和结构优化的角度看，还是从市场整合与能力构建等方面看，我国的比较优势动态化都显示出中国比较优势既发生质和量的变化，又面临上升趋势放慢的问题，这充分显现发展阶段的特征和转型时期的结构矛盾、中等收入阶段经济转型的难点。在新的发展阶段，原有的比较优势能否能支撑中国经济继续增长？从各国增长史和比较优势演化逻辑看，答案是否定的。中国未来的经济增长，必须依托比较优势来源、结构和质量变化与升级，形成新比较优势，即依靠比较优势动态化的实现，才能支撑中国经济完成转型与长期发展的历史任务。

杨先明

2014 年 12 月

于昆明，云南大学发展研究院

目　　录

Contents

第　一　章

导　论[*]

一部全球经济史表明，世界上很少有国家可以持续实现 20 年的高速增长，能够达到 25 年高速增长的国家更少，而保持高速增长达到 35 年的国家就更不多了。但这样的经济奇迹在中国已经得到实现。是什么根本性因素导致中国经济持续地高增长？其实亦如激励世界各国学者和决策者从不同角度思考"各国增长率为什么不同"的命题一样，"中国长期增长的基础是什么"这一命题同样在激励人们思索和探究。目前大多数经济学家肯定，从长期看，一个国家尤其是大国的经济持续增长必然遵循比较优势法则，中国当然也不例外。但问题在于，在一个新的发展阶段，原有的比较优势能否支撑中国经济继续增长？从各国增长史和比较优势演化逻辑看，答案是否定的。中国未来增长必须依托比较优势来源、结构和质量的变化与升级，从而支撑中国完成经济增长转型的历史任务。这实质上就是中国比较优势动态化问题。而依靠比较优势动态化、防止落入比较优势陷阱，与中国如何跨越中等收入陷阱，是紧密相关的两个问题。实现比较优势动态化，对中国至关重要。

第一节　后发优势与技术赶超

一　认识后发优势与赶超的增长潜力

早期经济学家的很多著作和论文中蕴含了关于发展中国家后发优势的思

---

* 本章主笔：杨先明，经济学博士，教授，云南大学发展研究院。

想，但是更直接明确的表述来自格申克龙（Gerschenkron）著名的《用历史观点看经济落后》（*Economic Backwardness in Historical Perspective*）一文中。格申克龙认为，由于发达国家技术优势的存在，后发国家可以通过引进、学习先进国家的技术和管理经验来实现经济的赶超，引进技术是后发国家进入工业化阶段进而高速发展的首要保障因素。但是格申克龙的理论贡献并不限于他提出"后发优势"的概念和如何利用后发优势的问题，还在于他的论点极大地激发了人们对发展中国家实现经济"赶超"问题研究的兴趣与热情。格申克龙用 19 世纪期间相对落后的国家如德国、法国、比利时和俄罗斯等通过引入鼓励投资和技术采用的经济制度迅速赶上当时较发达的经济体的事例，论证了"赶超"的历史和现实可能性。其实，可以从很多国家工业转型历史中发现"赶超"的依据，如在对德国、美国和日本的工业革命过程分析以及对亚洲和拉丁美洲的新兴工业化国家的研究中都可以找到来源。可以说，后发优势的命题为赶超理论奠定了分析的出发点，技术吸收与模仿在其中成为关键的变量。

后发优势理论的确给予发展中国家的经济赶超战略极大的理论支持，因为其可以利用在别处已形成的知识存量，所以后发国家有可能比领先国以更快的速度发展，但是，从反直觉的角度看，"赶超假设"暗示着一个国家对技术发展支持的越多，它赶超的速度可能越快。"领先国家和落后国家之间的技术和生产力缺口越大，落后国家生产力增长的潜力就越大；其他的事情也是一样的，二者之间的技术和生产力缺口越大，落后国家生产力增长的速度也就越快。如果他们最初是落后的，他们将趋向于赶超的更快。"[①] 换句话说，国家之间的经济缺口也能被看作对能够被后发国家利用的大量技术机遇的测度，一国生产率水平的落后为其之后快速领先创造了一种潜能。更确切地说，从长期来看，许多国家的生产率增长速度与其最初的生产率水平成反比。于是，赶超也成为一个自我收敛的过程，因为当后发国家的生产率水平与先行发达国家逐渐趋同时，发展中国家的增长潜能也就逐渐趋弱了。

赶超理论假说的核心论点十分简单，但"二战"以后的经济史部分地

---

① Abramovitz, M. (1989). *Thinking about Growth*, Cambridge Books, p. 221.

证明了赶超理论的阶段合理性。而且，在许多国家的经济发展过程中，普遍存在一种相似的现象：生产增长率随生产力发展水平增加而递减。一些工业化国家一个多世纪的发展经历已证实了这一假说，同样显示了生产率水平存在趋同现象，即增长收敛的存在性。但是，趋同率却是随时间而变化的。在 20 世纪 80 年代以前，趋同趋势表现最明显，之后发展中国家的生产率增长普遍开始趋缓；进入 80 年代中期以后，发达国家的生产率增长的领先地位得到巩固，同时，一般的收敛过程还伴随着生产率等级水平在各国之间频繁的交次更替，这再次凸显了关于生产率领导地位及其转换的历史难题。

以后发优势假说为出发点的赶超理论显然存在不尽合理的地方，即没有把赶超过程多方面的相互作用因素纳入分析之中，这样赶超理论不可能具有更深刻的解释力。鉴于此，经济学家 Abramovitz 对赶超理论进行了重大修补，他提出：后发国家技术差距的存在，并不会自然形成增长潜力，而是技术缺口与社会能力二者共同决定了一个国家经由赶超提高生产率潜能的大小。他同时提出，后发国家技术差距的存在，并不自然形成其增长的潜力，技术缺口与社会能力二者共同决定了一个国家经由赶超提高生产率的潜能的大小。从现实观察，后发国家技术上的落后并不仅仅是一个偶然的现象，惯性的社会特质也是技术落后产生的一个重要原因，这种惯性的社会特质可称作"社会能力"。他指出，仅说一个国家因为落后就具有很强的经济增长潜能是不尽合理的，严格地说，一个国家因其在技术上落后但在社会能力上领先才会具有那样的潜力[①]。其一，假如技术落后国家的社会能力足以允许其成功地吸收和利用那些已被发达国家开创的技术的话，那么，技术上落后的国家较技术上先进的国家而言，在经济快速增长方面有更大的潜能。其二，这些潜能在特定时期得以真正实现还要依赖一些条件，如知识的扩散、结构转变的速率、资本的积累以及需求的扩大等。其三，追随者的赶超过程趋向于自我收敛，但是，至少在有限的时期，这种趋势有可能被弱化甚至是被消除，这得益于后发国家与先行国家在生产模式上的趋同和一个内生的不断扩

---

① Abramovitz, M. (1986). "Catching up, Forging Ahead, and Falling Behind", *Journal of Economic History*, 46 (2), pp. 385 – 406.

大的社会能力。

Abramovitz 分别于 1986 年、1989 年和 1995 年发表了关于赶超理论的文章。他的论述中含有一个重要的思想，即什么因素可以避免后发国家的快速增长潜能会随着它与领导者的趋同而逐渐减弱。他认为，这种情况也非必然就会发生，如果追随者国家的社会能力是内生性的话，随着技术缺口的缩小，其增长的潜能会变得更大，或者更小。一方面，社会能力的演化过程是与赶超可能性本身相联系的，追随者可能逐渐赶上甚至反超领导者。另一方面，先行者也可能落后或者是追随者的赶超速度放慢了。也就是说，无论是追随者或先行者国家，如果在国家追赶与超越过程中，其位置的变化从根本上取决于其内生的社会能力的强弱，增长潜能利用与发挥以及增长潜能的强弱变化，实质上就是存在于一个国家内部的比较优势动态变化的过程。但是，即便在赶超理论的论证与完善过程中，技术赶超自始至终具有核心位置，这一核心观点或多或少偏离了格申克龙认为后发优势发挥依赖于整个社会系统变革的思想。

二　把握技术赶超的性质与特征

为什么技术的发展在赶超过程中如此重要？普遍认为，经济增长需要由生产率的提高来获得支撑的力量，技术差距决定国家之间发展的差距，决定不同国家之间居民收入的差距。从某种意义上说，技术差距决定收入差距，技术发展成为增长来源。经济学家从多方面论证了国家之间的技术差距对跨国的收入水平的重要性，但这些论点的一个共同的中心思想是：所有的发达国家分享着不断推进的前沿技术，而欠发达国家可以依靠分享世界技术实现较快速增长[①]。

技术的重要性的证据首先来自"后发优势"，即后发国家之所以比领先国家有优势，是因为他们可以利用领先国的技术、组织方法等，它们不仅可以学习先行者的成功经验，而且可以避免先行者国家曾犯的错误。一些经济

---

① 可参看：Prescott, E. C. Lawrence R. Klein（1997）."Needed: A Theory of Total Factor Productivity", *International Economic Review*, pp. 525 – 551; Klenow, P. J., & Rodriguez – Clare, A. (2005), "Externalities and Growth", *Handbook of Economic Growth*, 1, pp. 817 – 861。

学家①利用实证方法论证了后发优势的存在，研究发现人均收入达到 2000 美元的国家收入翻番所需要的时间越来越短，时间周期存在显著下降的趋势；其原因就在于后发国家就像拥有一个可以吸收的池子一样，可以汇集世界技术。另一个证据来自对索罗和丹尼森的增长核算的研究，尽管人们对增长核算中的被忽略变量存在争议，但是结论基本都认同技术变化是各国差距变化的主要原因。以后的研究尽管对物质资本和人力资本进行了调整来减小索罗余量，其研究路径有所不同，但仍然强调技术变化的重要性。当然，跨国研究也存在一些局限性，因为国家之间的真实差异可能很大且差异范围较广，但这些差异在增长核算中并没有充分体现出来；全要素生产率（TFP）被认为就是索罗余量，通常存在被高估的问题。然而，在所有的研究中，技术的作用也只是相对减弱了而已，技术是跨国间收入差异的决定因素的结论依然成立。最后一个证明技术重要性的证据来自出现"增长奇迹"的国家，在此不作赘述。这些证明技术重要性的证据虽然来自不同角度的分析，但综合起来却能强有力地解释国际技术转移与溢出会减小发展中国家与发达国家收入水平差距，并且也从一个侧面论证了技术赶超作为提供给发展中国家追赶更发达国家的机会的重要性。同时，联合国贸发会议也明确指出，新出现的技术正在日益影响增长的世界贸易总量、组成和方向，因此那些不能够成功利用和吸收这些新技术的国家，将会在世界经济体系中日益被边缘化②。

然而，技术赶超是否给予发展中国家充分的机会？这涉及比较优势动态化的方向与路径选择问题。学术界对经济发展机制的深入研究和演化经济学的进展，为我们认识这些基本理论问题提供了一些线索。

（一）关于技术发展的线性方式与技术赶超之间的悖论

一般认为，技术变化是一个缓慢的累积过程，是按照线性的和渐进的技术扩散的方式进行的。但是，包括中国在内的后发国家技术追赶经历并不完全支持这一观点。在技术发展过程中，技术往往具有非线性变化的特点。有

① Parente, S. L., Prescott, E. C. (1994). "Barriers to Technology Adoption and Development", *Journal of political Economy*, 298 – 321; Parente, S. L., Prescott, E. C. (2000). *Barriers to Riches*, MIT Press.

② 联合国贸易与发展会议指出："认识到前沿技术不仅支配新的和外来的方法和产品，而且渗透到经济活动是很重要的，因此，源于廉价劳动力的比较优势不再能免于国际竞争。"

学者指出，只要技术被看作累积的过程，发展就可视为沿着固定轨道的比赛，那样追赶仅仅就只是一个相对速度问题，但也不乏从新方向起跑而成功赶上的例子①。技术发展的不连续均衡的特征为发展中国家在进行技术模仿和追赶的同时，为一些领域的技术跨越提供了可能。在很多发展中国家，都可以发现一些领域实现技术跨越的成功案例。总体上，发展中国家实现技术赶超取决于两个因素：技术追赶是否能够加速；是否具备跳跃某些技术发展阶段的能力。一旦具备这两个条件，发展中国家实现技术赶超只是时间问题。不过，这与技术发展的累积性质并不相抵触。

（二）关于技术赶超中的技术模仿和技术赶超关系问题

由于技术对生产率的决定性作用，国家之间的生产率差异收敛，其实就是彼此技术差距相对缩小的过程；领先者总是倾向于加强创新优势，以便从国家之间的经济技术差距中获取利益；发展中国家作为技术追随者，则努力通过模仿或者技术扩散来缩小这些差异，因此，"技术赶超"就是国家之间生产率自我收敛的过程。阿罗认为，技术所具有的不可分性、非排他性、非专有性和技术外溢的性质，为追随者国家进行技术模仿提供了可能。但是，由于各国之间的要素禀赋结构存在差异，并不是所有的先进技术均适用于后起的国家，技术模仿需要与追随者国家所处的经济条件和自身禀赋、社会能力相适应，如果后者不能从接受的先进技术中获得利益，或者成本过高，则技术模仿激励会出现递减。长期以来，发展中国家依靠技术模仿进行技术追赶一直面临两方面的挑战：一是通过技术选择解决技术适应性问题；二是提升对先进技术进行吸收、消化的能力问题。同时，技术模仿是否为以后的技术赶超提供要素和能力的积累，推动技术模仿向技术创新环节转换，最终实现技术赶超，这些问题无论从理论还是实践的层次上都需要我们深入研究。

（三）关于技术赶超的机会与时间窗口问题

随着全球化的推进和世界科技的快速发展，产业升级的速度超过了历史上任何时期。其后果是，跨国公司和工业化国家通过高速的技术创新，正在迅速减少成熟技术在市场上停留的时间。这一后果直接挑战了许多发展中国家的技术追赶战略和路径，并不断侵蚀这些国家的企业先前建立的技术竞争

---

① 〔意〕多西：《技术进步与经济理论》，钟学义等译，经济科学出版社1992年版，第568页。

力，而且使企业的技术能力积累过程变得越来越困难。换言之，发展中国家的技术模仿努力，已经不大可能填补跨国公司和工业化国家高速创新产生的新技术缺口。伟大经济学家熊彼特关于毁灭性创新的理论分析成为现实，技术机会和时间机会窗口正在发生根本性变化。这种情况已经完全不同于早期后起的工业化国家，如日本、美国的技术赶超时的情况，也不同于东亚新兴经济体 20 世纪 70 年代以来的技术赶超经历。国际技术竞争的白热化表明，发展中国家的技术赶超的难度和复杂性都在不断提升。

第二节　比较优势来源与动态化

一　比较优势的外生与内生化

我国已故的著名经济学家高鸿业教授在评价增长理论发展时曾经指出，任何一种理论都不可能一次性地在一个模型中把相关的重要因素内生化，任何新增长理论模型所进行的内生化努力，都不过是改变了原有的模型中外生给定的前提和变量的边界，一方面将原来模型中的外生变量转变为内生变量，另一方面又提出新的外生给定的前提和变量。因此他认为，增长模型永远包含着尚未内生化的因素，内生化的理论过程只能改变而不能消除外生给定的变量①。以这样的认识作为出发点，有利于我们科学把握比较优势的外生与内生问题。

长期以来，比较优势理论一直以李嘉图的贸易理论为基础。一个国家生产和出口什么最有利，是由与对方的技术水平生产率差距决定的；赫克希尔—俄林模式尽管在规范地进行均衡分析的方向上迈进了一步，但是仍然假定不同国家的生产函数相同，劳动力和资源禀赋差异是贸易产生的根源。生产率水平差异构成一个国家的相对优势根本来源，而这样的差距是由外生的因素决定的，因此他们的比较优势理论可视为外生性比较优势。外生比较优势理论面对经济现实时缺陷就暴露出来了，由于没有把在国际竞争中决定一

---

① 左大培、杨春学：《经济增长理论模型的内生化历程》，中国经济出版社 2007 年版，第16—20页。

国贸易竞争力的重要因素纳入比较优势来源之中，例如决定交易成本因素，规模经济作为竞争力的重要源泉也没有进入其分析框架，于是依托新古典经济学传统所秉持的外生比较优势论而构造均衡完美的国际贸易模型，必然对国际经济长期竞争格局的演变缺乏完整合理的解释。在李嘉图模型里，只有技术的突变才会改变比较优势相对稳定的格局；而在赫克希尔—俄林模型中，由于比较优势由各国的资源禀赋决定，从而也否定比较优势可以创造，其实也否定了比较优势的动态化的可能性。

Sachs，Yang 和 Zhang 于 2000 年发表在《中国经济评论》中的一篇题为"全球化、二元经济与经济发展"的论文，把很多没有纳入比较优势框架而在现实世界真正起作用的因素内生化于比较优势理论之中。在此前后，扬格、克鲁格曼、卢卡斯等经济学家也从不同角度进行分析，他们的研究及其成果共同推动了内生比较优势理论的发展。

与外生比较优势理论截然不同，内生比较优势理论强调各国的比较优势是经济体系内在地决定的，不断深化的分工与专业化是其根源。这一理论最早可追溯到亚当·斯密的分工理论：分工可作为经济增长和国际贸易的唯一源泉，这就是著名的"斯密定理"。在内生的理论框架下，比较优势不仅仅源于技术差距和资源禀赋，分工与市场范围、交易成本、规模经济都是比较优势的重要基础，由此也决定了影响这些重要来源的因素，诸如专业化程度、人力资本状况、研究与开发的投入、制度的效率、产业的空间距离、市场的一体化程度等均构成了内生比较优势的源泉。显然，在内生比较优势理论框架下，决定竞争力的因素更进一步贴近国际发展和贸易市场的现实。

其实，内生比较优势理论的发展，反映的是人们对国际经济中各国竞争力变化和各国经济发展态势起伏的国家因素和变化的基本动因的关注。概括而言，内生比较优势理论具有四大特点。

其一，内生比较优势是由多要素所决定的，要素的变化与积累必然影响比较优势，改变要素或者加快要素的积累，实质上就是推动比较优势的动态化。换言之，人为的因素可以改变比较优势，增加物质资本，加大教育投入，扩大研究与开发的支出规模，均可影响要素的积累，从而影响内生比较优势。总之，国家具有创造或者推动比较优势的能力。

其二，制度对经济增长的作用是显而易见的，它与技术进步、专业化和分工一样，也可以使生产更有效率。同样，制度对内生比较优势的形成也具有重要的意义。分工与专业化本身并不是孤立的技术现象，而是处在整个社会经济制度结构中的一种生产性的制度安排。分工、专业化和企业规模发展的程度取决于市场范围与技术的限制，更取决于市场经济的制度背景的限制。各国在分工与专业化方面的制度差距，会导致其比较优势呈现不同数量级的差距①。制度可以创造比较优势，也可以毁灭比较优势②。

其三，长期的开放，有利于内生比较优势的形成与发展。开放导致分工和专业化，使得人们之间的依存度加深；市场范围不断扩大反过来促进了专业化的深入。当生产率在国际范围比较，市场范围也就越出国界，于是国际贸易就随着各国分工和专业化水平的提高而不断展开。各国在国际贸易中的竞争力和贸易利益并不是既定的，而是各国利用与发挥比较优势而创造出来的。

其四，Sachs，Yang 和 Zhang（2000）的论文论证了一个国家生产某一产品可能同时具有外生比较优势和内生比较劣势，当内生比较优势超过外生比较劣势时，产品同样可成功进入世界市场，但是贸易、经济的增长与贸易条件的恶化可能会同时发生③。这表明，内生比较优势与外生比较优势可以同时存在，同样，内生比较优势与外生比较优势也可以在一个国家内共存。

事实上，中国尚未完成二元经济结构转型，很难用单一的外生比较优势理论或者内生比较优势理论解释我国在世界市场中的竞争优势和劣势。其实按照外生比较优势理论，我国在国际经济中属于资源禀赋方面的优势是有限的，类似生态环境方面的优势正在丧失。换言之，我国比较优势主要依赖于内生变量的积累和创造。在大国经济的范围内，推进专业化的社会分工、加大人力资本积累、增加研究与开发的投入、建立正确制度并提高其效率、增强产业的集聚、推进市场的一体化进程，都是内生比较优势的重要变量。这与斯密定理揭示的原理完全吻合。而推进以上过程，实际上就是我国动态比较优势的实现过程。

---

① 邹薇：《论竞争力的源泉：从外生比较优势到内生比较优势》，《武汉大学学报》（社会科学版），2002 年第 1 期。

② Navarro，P.（1988）．"Why Do Corporations Give to Charity?"，*Journal of Business*，1，pp. 65 – 93.

③ Sachs，J.，Yang，X.，Zhang，D.（2000）．"Globalization，Dual Economy，and Economic Development"，*China Economic Review*，11（2），pp. 189 – 209.

二　比较优势来源的演化逻辑

内生比较优势理论的发展，客观上反映了人们对国际竞争和国家发展的决定因素的识别的不断深化。但是，我们不禁要问，为什么构成比较优势的一些因素过去没有为人所关注而现在为人们所重视？相反，一些重要因素，例如自然资源及其发展对它的高度依赖，反而成为一种发展进程中的"资源诅咒"？这就需要分析比较优势演化的内在逻辑。从比较优势来源的发展阶段背景、所需要的制度环境以及制度变迁对比较优势的兴起、衰弱和消失的影响进行分析。

究竟哪些增长的因素能够成为一国或一个地区的比较优势来源？在开放经济的条件下，能否构成比较优势来源首先是由发展阶段来决定的。经济学家波特曾经把发展阶段划分为资源要素驱动阶段、投资驱动阶段、创新驱动阶段和财富驱动阶段，从经济发展的历史看，不同发展阶段的比较优势来源是与当时的产业发展特征和国际经济中的主要竞争力量决定的。随着产业形态的演化与升级，国际经济格局变化，比较优势来源也不断发生更新。

在第一次工业革命时期，大量从农业中转移的劳动力与机器生产结合，构成产业革命的基础，人力资源规模以及劳动力和机器生产的结合程度决定了生产率水平，各种商品生产中劳动的耗费差异决定了产品的相对价值，因此李嘉图认为劳动生产率的差异是比较优势的来源，并以此作为一国参与国际分工的基础是合理的。但是进入第二次工业革命时期，资本积累规模及其利用效率的重要性日益凸显，发展进入资本驱动阶段，资本要素成为一种重要的比较优势来源，因此，赫克歇尔－俄林的要素禀赋理论（H－O模型）在各国技术水平相同的假定下，将生产要素从单一的劳动力要素扩充到资本要素，关注要素禀赋与贸易决定的关系，突出了国家之间的要素禀赋差异是比较优势来源的思想，其理论的政策含义就是一国应出口由其相对富足的要素密集生产的产品，而进口由其相对稀缺的要素密集生产的产品。早期的比较优势理论，都是在特定的历史时期和工业化发展的特定阶段提出了符合时代背景的比较优势来源，但均认为比较优势是由外生的劳动生产率差异或者外生的要素禀赋差异决定的，由此否认了比较优势来源的内生性。

"二战"后的全球经济出现重构。尤其是进入 20 世纪 80 年代以后，全球化加速、一体化快速进程彻底改变了整个国际贸易的格局，全球价值链深刻影响了国际分工和各个国家在全球竞争中的位置。国际生产分割直接导致了国际贸易的绝大部分是在要素禀赋相似的工业化国家之间进行的，产业内贸易成为主流的贸易方式。显然，产业内贸易形成与发展是在没有经过大规模的资源重新配置的情况下发生的，对此建立在产业间贸易基础上的标准 H－O 模型显然无法做出解释。产业内贸易的根本动因来自规模经济，即使在两国的初始禀赋完全相同的情况下，两国也可以通过规模经济来决定不同的专业化选择[1]。马歇尔早就指出，行业内部的规模经济来源于专业化供应商聚集带来的便利、共享的劳动力市场和知识外溢效应[2]。可见，规模经济成为比较优势的新来源，具有现实和理论渊源的依据。

随着新工业革命的兴起，原子能、电子计算机、空间技术和生物工程等逐渐取代了资源、劳动和资本等传统生产要素，构成对增长驱动的主导因素，这表明技术进步与创新已经成为生产效率提升的重要源泉。在新的生产函数框架下，比较优势的来源必然发生与时俱进的变化。其一是在对增长核算中对索罗余量和全要素生产率的研究，认为"干中学"对知识和能力积累可以推进一国比较优势演进和稳定化；同时"干中学"效应及国际范围技术溢出的结合方面的差异，足以使国家之间的比较优势发生逆转。"干中学"效应能够影响部门特定的生产经验积累，提高技术知识的存量水平[3]，从而决定了比较优势的演进和贸易模式的选择。同样，技术创新作为重要的生产要素，不仅推动了产品创新，直接扩大国家之间技术密集型产品的出口，而且由于在创新过程中产生了知识的积累与外溢效应，大大提升企业组织对技术的吸收能力，从而成为互联网时代最重要的比较优势来源，"干中学"和技术创新两种类型的比较优势最终均取决于 R&D 投资水平。这意味

① Dixit, A. K., & Stiglitz, J. E. (1977). "Monopolistic Competition and Optimum Product Diversity", *The American Economic Review*, 1, pp. 297–308.

② 小艾尔弗雷德·钱德勒《规模与范围：工业资本主义的原动力》一书对此有深入的分析，张逸人等译，华夏出版社 2006 年版。

③ Young, A. (1991). "Learning by Doing and the Dynamic Effects of International Trade", *The Quarterly Journal of Economics*, 106 (2), pp. 369–405.

着，提高 R&D 投资水平，是一个国家获取动态的比较优势重要途径。

不难发现，"干中学"和技术创新这两种重要的比较优势来源其实都建立在一国的人力资本基础上。人力资本能够增强吸收和应用技术或创造新技术的能力，从而促进生产率增长，被卢卡斯喻为"增长的引擎"[①]。随着技术的不断进步，拥有较高教育程度、专业化能力或者技术水平的智力禀赋将在人力资本结构中占主导地位，但是人力资本和知识的积累如何内生地实现？杨小凯认为，分工可以节省重复学习的费用，随着分工的演进，人们可以通过专业化的学习和熟能生巧快速地积累人力资本与知识，从而形成内生比较优势[②]。从这一点看，分工和专业化水平的提高同样构成一个国家获取比较优势的重要内生来源。此外，基于国际市场竞争的激烈，进入市场所需要的固定成本对不同生产率制约下的企业竞争力产生了本质影响，企业的异质性作为新的比较优势来源也受到人们的关注，在此不做深入论证。

从上述分析可以发现，自从比较优势成为国家之间竞争力重要分析工具以来，其来源一直是与时俱进的。然而，对于大多数发展中国家，这些比较优势的来源大多仍然是潜在的，如何通过制度安排，对这些潜在的比较优势来源进行有效的激活，就成为比较优势动态化的关键。

一般认为，制度构造了人们在政治、社会或经济方面发生交换的基本准则和激励结构。但是，在以往传统的国际贸易研究中，强调的是要素禀赋差异和技术差异的作用，而制度仅被视为一种外生和隐含的变量，其在贸易决定中的重要性被忽视了。而制度对长期经济增长作为外部性存在，也没有被内生化在增长模型中，但事实上外部性正是通过影响经济当事人的激励发生作用的；诺斯曾经提出"制度启动国际贸易"的命题：制度是影响一国比较优势与贸易形式的重要因素。他认为，荷兰和英国早年的比较优势得以发挥的关键，在于国家制度的变迁、法律的制定、意识形态的变化以及由此产生的有效率的经济组织。假如存在一种极端的情况，国家之间的技术水平、

---

① R. E. Lucas (1988). "On the Mechanics of Economic Development", *Journal Monetary Economics*, 22, pp. 3 - 42.

② 杨小凯：《发展经济学：超边际与边际分析》，张定胜、张永生译，社会科学文献出版社 2003 年版。

要素禀赋和消费者偏好是同质的，那么制度结构的差异可能是导致相对优势或者相对劣势的因素①。

制度通过什么样的机制影响了比较优势？哈耶克认为制度就是在规则系统基础之上的行动秩序，而一种赋予经济个体以自由的市场秩序及其价格体系构成了市场当事人之间交流和沟通信息的有效率的社会机制，通过这样一种机制，劳动分工和以分工知识为基础的协调运用资源的做法才有了可能，从而促进了专业化的不断加深，以及知识和信息的更有效发现和利用②。显然，哈耶克认为，一种有效率的制度能够为要素禀赋的合理配置和使用提供基础。诺斯则肯定有效的制度安排会使个人的经济努力的收益率更接近社会收益率，制度是提高经济组织效率的一种激励。当然，产权制度的重要性始终贯穿在诺斯的分析之中。他认为，有效的产权制度是任何个人从事经济活动和进行技术创新的前提，没有一个能持续激励人们创新的产权制度，不可能出现改进技术的持续努力③。诺斯的制度观实际上强调了有效制度作为一种激励结构能够使外部的交易成本内部化，并由此创造出组织的效率。

在分析制度与比较优势来源动态化关系时，必须认识制度安排的适宜性与制度变迁有效性问题，实质上这是制度与增长的一致性问题。制度安排的适宜性，强调不同国家和产业的比较优势差异性对差异性制度安排的内在要求。在分工与市场体系需要大推进的国家，完善的法律制度环境能够保障契约实施的质量，这对激活来自分工与市场的比较优势来源就变得十分关键。在工业化已经需要大量技术创新来促进产业升级的国家，只有明晰和严格的知识产权保护制度才足以激励自主创新的普遍发生，从而技术创新才可能构成国家比较优势的重要来源。各个国家重大且有效的制度安排，总是要顺应社会经济发展轨迹而行，但是制度安排的时间与次序选择就成为战略性选择问题。在很多情况下，各国的非正式的制度对一国比较优势的利用和发挥也会起到十分重要的作用。在不同国度，文化背景、企业家精神、社会的契约与信任关系的差异，往往会形成人们对制度激励的差异性反应，因此好的制

---

① 引自 Belloc，M. （2006）. "Institutions and International Trade：A Reconsideration of Comparative Advantage"，*Journal of Economic Surveys*，20（1），pp. 3 – 26。

② 哈耶克：《法律、立法与自由》，邓正来译，中国大百科全书出版社 2001 年版。

③ 诺斯：《经济史中的结构和变迁》，陈郁等译，上海三联书店 1991 年版。

度安排必须与非正式的制度化传统因素有一个良好的契合。

与制度安排的适宜性相关，制度变迁的重要性在于比较优势的来源随着发展阶段演进方向一致而变动，因而与时俱进推动的制度变迁，可以从制度层面支持原来的比较优势得以强化，新比较优势得以凸显，潜在比较优势来源得以挖掘，从而实现比较优势的演进。根据新制度学派对制度变迁的解释，制度变迁是指制度的创立、变更以及随时间变化而被打破的方式，体现了以一种效率更高的制度来替代原有制度并产生制度收益的过程。诺斯认为，制度变迁的动力来自相对价格和偏好的变化，这种变化通过影响再缔约给行为者所带来的收益而起作用[1]。在世界经济史范围内，存在很多关于制度变迁充分启动一个国家增长潜力的实证研究；英国从工业革命前后，一直致力于系列的制度改革，构建起当时世界上最高水平的分工与专业化体系，完成了建设世界工厂的战略，实现了比较优势向竞争优势转换。20 世纪 80 年代初，中国依靠农村的制度变迁，创造了农业剩余，大量的剩余劳动力从此有可能离开土地，与新生产要素重组；因开放引进的国际剩余资本缓解了资本与技术的缺口，由此中国潜在的比较优势得以充分利用，形成新的比较优势，从而造就了中国经济奇迹的基石。这均成为最具有说服力的制度变迁的成功案例。

三　比较优势陷阱问题

国家之间发展水平的长期趋同，始终是赶超理论的逻辑出发点和论证的重点。依据赶超理论，后发优势的存在为后来者国家实现追赶提供了可能；对比较优势的遵循与利用则为后来者国家论证了赶超路径的选择；技术进步与社会能力的结合，为比较优势的动态化拓展了空间。但是在现实世界中，长期趋同只出现在有着共同经历的一组国家之中[2]。"我们发现落后国家并不存在赶超发达国家的总体趋势；相反，平均来说，它们与发达国家的差距进一步拉大。"[3] 世界银行的数据进一步证实了这一现象还在持续。

---

①　道格拉斯·诺斯：《制度、制度变迁与经济绩效》，刘守英译，上海三联书店 1994 年版。

②　Abramovitz, M. (1986). "Catching up, Forging Ahead, and Falling Behind", *Journal of Economic History*, 46 (2), 388.

③　威廉·伊斯特利：《在增长的迷雾中求索》，姜世明译，中信出版社 2005 年版。

　　为什么许多发展中国家没有与各国增长实现趋同或收敛？后发优势为什么没有眷顾这些国家？在赶超理论框架下，"比较优势陷阱"成为用来解释这种现象的一个重要原因。类似"资源诅咒"概念和相关的实证研究，也从另外的角度肯定了"比较优势陷阱"的存在。对"比较优势陷阱"的认识，可追溯到德国经济学家李斯特对李嘉图贸易政策的批判，但是在全球价值链条件下，"比较优势陷阱"表现为产业长期依附在低附加值的产业链位置，分工的收益递增不仅没有出现，甚至还产生收入分配恶化和社会动荡。换言之，旧的比较优势来源丧失了竞争力，而新的比较优势尚未形成。改革开放至今，中国一直是全球化的受益者，但并不意味着我们已经彻底摆脱"比较优势陷阱"的困扰。我国的全要素生产率的状况表明，技术创新和人力资本并没有上升为我国比较优势的主要来源，我国与世界技术前沿还有相当的距离，这最终会拖累我国参与全球化的真实回报率。

　　如何认识赶超进程中"比较优势陷阱"形成的原因？这一问题一直是发展理论争论的一个热点。梳理这一问题，有助于我们清醒客观地认识在全球化背景下利用后发优势的难点。正因为"比较优势陷阱"的现实存在，发展经济学一改早期对后发优势的乐观看法，而注重利用"后发优势"制约的因素分析，"尽管落后有时候是一种优势，但是落后同样存在不利之处，那些太落后的国家可能缺乏采用新技术的配套条件……一个国家可能由于过于落后而不能进入技术前沿"[1]。

　　在不确定环境下的技术选择与技术适宜性导致的困境，是"比较优势陷阱"形成的重要原因之一。不确定性一直是技术选择中的难题。无论是技术创新或是技术模仿的路径选择都无法回避不确定性的困扰。对技术追随者国家而言，全球化与新国际分工体系在引进技术机会增大的同时，自主技术发展的空间将受到挤压。由于技术进步和技术复杂程度不断提升，随之上升的成本必须通过有收益的技术利用和不断扩大的销售来补偿。于是技术的生产者需要在更大范围内搜寻技术的应用者，以此维持技术提供者的收益[2]。

---

　　① 威廉·伊斯特利：《在增长的迷雾中求索》，姜世明译，中信出版社 2005 年版，第 171 页。

　　② 卡普林斯基：《夹缝中的全球化：贫困和不平等中的生存与发展》，顾秀林译，知识产权出版社 2008 年版，第 14 页。

这种状况增加了追随者国家选择适宜性外来技术的难度，随之而来导致引进技术的专用资产价值不断摊薄，技术积累的利益受到侵蚀，最终影响了技术进步和人力资本的相互作用机制在追随者国家快速形成。一般而言，在开放的国际技术市场环境下，尽管技术可以从国外获得，而人力资本要在国内积累，只有二者结合才能为一国利用后发优势创造技术机会。但是如果市场没有提供足够的激励，或者激励不确定性增强，形成技术进步和人力资本的相互作用机制的难度将会增加。

社会能力的缺失或不足也是追随者国家落入"比较优势陷阱"的重要因素。以技术模仿代替先进制度模仿的模式，被一些经济学家认为是后起国家丧失比较优势跌入"后发逆势"的根本原因①。制度变迁是一个受到多重制约的长期过程②，具有渐进的特点，而社会能力是在制度没有更新的条件下后起国家可以努力的领域③。强调社会能力对比较优势动态化的意义就在于：即便没有新的基本制度变革，社会能力的改进也可以对技术模仿与吸收产生积极作用。通过"干中学"、技术创新和专业化分工等方式激活比较优势动态化来源，均与一个国家的社会能力紧密相关。例如，一个国家人口受教育的状况会制约其进行技术选择。事实上，不同国家利用先行者的技术取得进步的道路是相同的，但利用的程度等受制于它们的社会能力。Abramovitz 指出，只要后进国家的社会能力足以支撑其利用发达国家已经使用的技术，它们会比发达国家更具增长潜力。尽管不同国家有其自身的特殊性，但社会能力的发展水平将制约其对技术潜能利用的效应是同一的。从大量的案例中可以发现，由于社会能力薄弱，一些后进国家会进入恶性循环中：弱社会能力导致利用外来技术机会丧失，由于技术距离的扩大而进一步被边缘化，最终无法融入全球化与国家分工进程，成为全球化指数和人类发展指数十分低的国家。可见，社会能力的滞后性，必然会导致一些国家出现与潜在比较优势来源的动态性脱钩的趋势，形成另类的"比较优势陷阱"。

制度变迁的路径依赖与不当的强制性制度安排，也会使"比较优势陷阱"持续。社会能力的改进与拓展存在制度的边界约束，因为一种制度无

---

① 这一观点可参见杨小凯与林毅夫的相关争论。

② 郭熙保：《发展经济学研究》（第三辑），经济科学出版社 2005 年版，第 80 页。

③ Abramovitz 等人的社会能力主要包括教育、产业与金融组织等影响技术吸收能力方面的因素。

论其有多么重大的意义，其适用期是有限的。但是制度变迁总是有效的吗？诺斯否定了这一结论。他认为交易费用决定的市场不完全，以及报酬递增的存在会产生制度变迁的"路径依赖"，使有效制度不一定能够替代无效制度，低效或无效的制度可能会被"锁定"较长的时间。同时，技术引进、模仿或创新对后进国家利益格局的影响也会强化这一过程①。制度变迁的滞后性，不利于后起国家对外部经济进行适宜性调整，从而丧失利用制度变迁激活国家的潜在比较优势来源的机会。显然，制度变迁的路径依赖特征与比较优势动态化性质存在冲突，尤其在全球经济存在高技术化趋势的今天，一国的比较优势如果不能与产业升级趋势保持一致，将长期处于价值链的底端，从而陷入分工的锁定与"比较优势陷阱"。

在赶超的背景下，强制性地推行逆比较优势的制度安排，这也是包括我国在内的很多发展中国家曾经的经历。依靠人为的干预和计划机制，运用金融抑制、扭曲价格体系和控制市场准入等方式进行资源配置，推进产业或者某些行业的跨越发展，是强制性地推行逆比较优势的制度安排的标准模式，其直接后果是资源配置效率和技术效率的低下②。逆比较优势的制度安排具有其特定的历史条件和背景，但是它不具备能够产生市场激励、保护现在和未来投资者利益以及有利于社会稳定的制度要素③；即便在相对封闭的经济环境下，强制性制度安排不可能使社会中居民与企业获得有效的激励以调整其行为，微观层次是一种无效率的机制；在宏观层面上，逆比较优势的制度安排扭曲了总供给与总需求的平衡关系，导致供给长期短缺，而短缺经济必然形成宏观低效率状态。在开放经济条件下，逆比较优势的制度安排在短期会产生严重的宏观经济失衡；在长期，开放的市场力量将迫使"逆比较优势"的制度安排将不得不进行调整，通过过渡性的制度安排与战略调整，使扭曲的资源配置回归市场机制的框架；但是，这一过程必然会错过利用外部市场加速比较优势动态化的机会。

---

① 威廉·伊斯特利：《在增长的迷雾中求索》，姜世明译，中信出版社 2005 年版，第 172—174 页。

② 林毅夫、蔡昉、李周：《比较优势与发展战略——对"东亚奇迹"的再解释》，《中国社会科学》1999 年第 14 期，第 3 页。

③ 〔美〕丹尼·罗德里克：《探索经济繁荣：对经济增长的描述性分析》，张宇译，中信出版社 2009 年版。

第三节　经济增长转型与中国比较优势动态化

一　为什么要加快我国的比较优势动态化进程

在开放进程中保持国家的比较优势不断动态化，是开放经济持续增长的重要条件，这对实施开放经济的发展战略的发展中国家尤为重要。与开放经济的短期利益（如出口与外汇增长等短期效应）不同，比较优势的动态发展主要体现于增长要素质和量的变化，以及增长要素的组织与配置方式的变化；对应于不同的经济开放阶段，新的增长要素（或质量与规模不同于原来的增长要素）将替代原来支持外资和贸易发展的增长要素，支持新一轮外向型经济的发展，并产生结构升级等效应，因此，比较优势的动态发展成为开放经济报酬递增的基础而比较优势趋向静止与衰弱，则是 FDI 等外部资源减少或撤出的根本原因①。对比较优势动态化研究的关注，源于对现实经济的关切：如何使中国保持经济增长势头，以及在全球化趋势下不至于成为输家？这是两个相互关联的问题。

以加入 WTO 为标志，我国明显加快了与世界经济融合的步伐，并成为引进国际直接投资最多、对外贸易依存度很高的开放经济体；但是，中国在开放中发展动态比较优势方面存在的障碍、在经济开放的新阶段如何形成推进动态比较优势较快发展的机制，仍然是我们必须关注的重要课题。2002年联合国的贸易与发展报告对中国等国家国际生产中由于低端要素结构导致的收益增长与贸易增长不对称现象进行了分析，认为外国直接投资（以下简称 FDI）导向的大量劳动密集型出口竞争必然产生竞争与合成谬误；中国利用 FDI 技术加快产业升级不足，必然与其他发展中国家产生低层次竞争。这些结论警示我们，必须从全球市场竞争的角度分析中国因动态比较优势实现不足而可能面临的结构调整压力。

我国的学者早在 21 世纪初就开始关注我国比较优势动态化的紧迫性。

---

①　联合国贸易与发展会议：《促进发展的外国直接投资政策：国家与国际展望》，中国财政经济出版社 2005 年版。

例如，针对中国经济对外资的高度依赖，一些学者从 FDI 与中国贸易发展的特殊关系、政府之间的引资政策激烈竞争产生的市场扭曲效应①以及工业发展战略等不同角度分析我国动态比较优势发展不足的原因，还有的学者基于国际制造业资本再转移对我国本土产业发展的影响角度，研究了 FDI 行为对我国比较优势的动态发展产生的抑制作用②。显然，在我国开放经济发展阶段与比较优势动态实现程度之间存在的明显偏差，已经为人们所关注，并成为战略调整研究的重要出发点。但是，我国加入世界贸易组织以后外向型经济迅速发展，显性比较优势突出，以及对出口导向战略存在路径依赖，在这样的宏观环境下很难对外向型经济发展战略做出主动调整，实际上放缓了比较优势动态化的进程。

随着 2008 年国际金融危机的发生，世界经济失衡格局的特征充分凸显出来，同时对中国经济产生了明显的冲击。在经济全球化条件下，美国金融危机经由世界货币美元传递发展为全球性金融危机。由于"特里芬难题"的存在和美元发行约束机制的缺乏，美元本位制对世界经济发展的作用呈递减效应，并使全球经济与美国高度联动。金融危机也对中国经济产生了巨大的冲击，我国各地区、各产业乃至企业本身存在的结构性矛盾在金融危机条件下充分暴露出来，传统的增长方式、产业结构和技术发展模式都受到冲击。显然，从长期看，实现经济可持续增长的关键在于重新塑造发展模式。与此同时，中国经济运行中的一些征兆，也表明中国经济已经进入了一个转型发展的新阶段。首先，我国低成本的劳动力优势将不复存在。预计 2020—2025 年，中国劳动力的低成本优势将不复存在。到那时，中国农村的剩余劳动力基本转移完毕，劳动力成本将快速上升。而与中国相比，作为另一个人口大国的印度，其劳动力资源更年轻，人口规模更大，人均收入水平更低。据世界银行的统计，中国和印度在 2008 年的人均 GDP 分别为 5345 美元和 2753 美元。而另一组数据表明，在 15—34 岁人口组中，中国占世界总人口的 29.07%，为 38011 万人；而印度占世界总

① 宋泓：《必将消失的特殊性——从投资与贸易视角探析中国与世界经济的融合》，《国际贸易》2003 年第 1 期，第 47—50 页；钟伟、覃东海：《国际资本的流入结构和政府间 FDI 的激励竞争》，《管理世界》2003 年第 10 期，第 24—33 页。
② 郑江淮、高春亮、张宗庆、刘健：《国际制造业资本转移：动因、技术学习与政策导向——以江苏沿江开发区产业配套为例的实证研究》，《管理世界》2005 年第 11 期，第 29—38 页。

人口的 34.99%，为 38296 万人。在这种情况下，中国劳动密集型产业的全球竞争优势能否继续保持，将是一个很大的问题；而如何增加人力资本投资和积累，形成高素质人力资源的新优势，具有长期战略性价值。其次，我国整个加工贸易生产体系转型压力增大。在后危机时期，预计中国的土地成本、煤电油运成本、人民币汇率及其他环境、资源、要素成本都将进入一个快速上升的阶段，这将改变中国投资环境的综合优势，将大大降低我国对成本驱动型国际直接投资的吸引力。与中国相比，印度目前的差距主要体现在基础设施条件和制造业生产率两个方面。如果在未来 10 年，印度经过努力显著改善其基础设施条件和制造业配套体系，那么，在全球范围内寻找低成本加工组装基地的国际资本就有可能从中国转向印度，亚洲或世界加工贸易体系将会出现分化。显然，中国加工贸易生产体系面临着巨大的转型压力。在促进外商来华投资的生产体系本地化的同时，持续提高产业的本土增值比重，完善本地产业配套，推动本地企业成为加工贸易主体，将是我国加工贸易体系转型的一个选择方向。再次，我国长期推行的技术模仿创新模式面临挑战。虽然我国高技术产业实现的增加值有很大提升，高新技术产品出口也出现长期增长的趋势，然而实证研究发现，我国规模以上工业企业研发投入明显不足，研发支出占销售额比重偏低，真正重视研发的企业占全国规模以上工业企业总数的比重很低。外资企业虽然拥有较多发明专利，但配置在中国的产品增值链环节，主要是劳动力密集型加工组装工序，直接的技术外溢效果并不显著；中国拥有发明专利的企业主要是少数大企业和科技型企业。这导致了一种矛盾现象，一方面，经合组织的有关数据显示，中国已取代美国成为全球最大信息与通信技术产品出口国；美国普查局的数据也显示，美国信息与通信技术产品进口、光电产品进口有很大部分来自中国。一段时期美国对中国的高技术产品贸易逆差开始超过美国对全球的高技术产品贸易逆差。另一方面，中国在很长的时期内对美高技术产品出口中有95% 以上是通过加工贸易方式实现的；有 90% 以上是由外商投资企业生产的[①]。因此，从模仿创新向自主的技术创新过渡，是中国制造业面临的一个艰难转折。

事实上，我国的比较优势动态化进程将多方面影响中国经济增长质量与

---

①　张燕生：《后危机时代：中国转变外贸增长方式最重要》，《国际经济评论》2010 年第 1 期，第 108—113 页。

发展方向。有学者指出，比较优势演化缓慢、产业升级缓慢将是一国长期处于"中等收入陷阱"的根本原因①。比较优势的动态化将对我国能否跨越"中等收入陷阱"形成较大影响。随着廉价劳动力、土地、资源等传统要素红利的逐步丧失，传统比较优势的路径依赖不可能使中国绕开"中等收入陷阱"，中国需要积极构建新的动态比较优势。也有学者指出了比较优势动态化与产业结构升级存在紧密的内在关系，要通过资本积累、技术创新和中间部门培育等比较优势因素的变化来影响产业结构调整②；认为相对于外生的要素禀赋约束条件，存在最优技术进步路径，只有遵循这一最优技术进步路径，才能充分发挥比较优势，创造和维持自身的产业竞争力。大量研究表明，比较优势的动态化不一定是连续的进程，依托比较优势的产业升级的进程也存在中断的可能性。从中等收入水平向高收入阶段迈进的国家，面临这种威胁的可能性最大。也有学者指出，在内生比较优势的框架下，比较优势来源呈现多元化的格局，尤其在大国的经济体内，发现与比较优势相关度高的来源并进行整合，符合我国的长远利益③。

显然，在这样的一个增长转型时期，研究我国比较优势动态化的问题，具有特殊的意义和现实价值。在以后的一段时期，影响世界经济的两大因素，即金融全球化和新科技革命的作用都会得到相应调整，全球化的步伐也会相对放慢，世界上主要的经济体仍然还要进行艰难的调整。我国通过外向型经济的发展已经融入世界经济，是经济全球化最大的受益者之一，没有必要也不可能游离于世界经济之外；顺应世界经济增长与转型的趋势，在增长转型中追求比较优势动态化，将是我国必须实现的目标。

工业化以来的世界经济史表明，"使发展成为可能，正是内外因素作用的结果"④，中国的发展也是如此。我国正式加入 WTO，其结果是让我国的企业从此获得了进入国际市场的通行证，降低中国参与国际贸易的交易成

---

① 伍业君、张其仔：《比较优势演化与经济增长——基于阿根廷的实证分析》，《中国工业经济》2012 年第 2 期，第 37—46 页。

② 干春晖、余典范：《中国构建动态比较优势的战略研究》，《学术月刊》2013 年第 4 期，第 14 页。

③ 林善浪：《中国核心竞争力问题报告：问题·现状·挑战·对策》，中国发展出版社 2005 年版。

④ A. G. 肯伍德、A. L. 洛赫德：《国际经济的成长：1820—1990》，王春法译，经济科学出版社1997 年版。

本。中国现在的贸易产品中还明显存在更多的创新的技术优势，但是通过分工、专业化和技术吸收，以及改革开放以来形成的新一代"勤劳革命"[1] 释放出的廉价劳动能量，还有从贸易便利化中获得的贸易成本降低而产生的利益，这些因素在对外贸易中获得了明显的比较优势。的确，美国及其他西方工业化发达国家在国际市场竞争中拥有突出的技术竞争优势，但是我国具备这些国家所没有的比较优势[2]。中国拥有的比较优势，当然既包括可以内生化的比较优势，又包括没有内生化的比较优势。从比较优势动态化角度出发，分析与发现我国的增长潜力要素，以及发现这些潜力存在的问题，寻找战略调整的方向与对策，以期从国际竞争中获得更大的利益，正是我们研究的基本目的。

二 关于我国比较优势动态化的若干研究课题

从世界的视角看，我们正处在一个多维度的全球化发展阶段；从中国的立场看，我们处于一个增长转型的历史时期。我国经济每个阶段的增长，都是在一定的制度框架下依靠最基本的比较优势而实现的，中国目前在世界经济中的位置是与我们的比较优势规模、结构和质量相吻合的，但是，与其他生产要素一样，特定的比较优势作为阶段性的增长要素，势必迟早进入报酬递减的阶段；因此，通过比较优势的动态化形成新比较优势来源，或比较优势新的组合，成为中国经济通过转型保持长期增长的内在要求。中国经济增长，需要重塑比较优势以适应新阶段增长的需要。

研究比较优势动态化问题，必须理解比较优势理论发展的内在逻辑，而从学理和学说史的双重角度梳理理论的发展就格外重要。从比较优势的属性开始，研究比较优势理论的发展以及其动态表现，进入对比较优势动态化进程和动态化能力的评估，从而把握比较优势与时俱进的性质，这样的研究思路为我们进一步分析中国比较优势动态化的内容奠定了基础。中国在新发展阶段的比较优势面临什么样的问题，需要从趋势、挑战角度深入分析。如何评价在国际经济中中国比较优势动态化程度，这涉及我国在国际贸易中获得

---

① 这一概念参见〔意〕乔万尼·阿里吉《亚当·斯密在北京》，路爱国等译，社会科学文献出版社 2009 年版，第 27 页。

② 华民：《中国经济高速增长的逻辑与面临的选择》，《学术月刊》2009 年第 7 期，第 51—61 页。

的净收益问题，可以通过对我国贸易条件的研究来了解。自从两个著名的发展经济学家——劳尔·普雷维什和汉斯·辛格——提出发展中国家贸易条件恶化论以来，引起了旷日持久的争论；在世界进入新一轮的全球化以后，关于这一命题的争论具有了新的含义和价值。中国经过 30 余年的改革开放，已经成为国际贸易中举足轻重的经济体，中国的贸易发展与贸易条件之间的关系就成为研究中国动态比较优势的重要内容。贸易条件理论具有较多的内涵，如何科学全面地估算不同阶段的中国贸易条件及其变化，以及是否可将贸易条件的变化作为动态比较优势的测度工具，都值得我们进一步探讨。但是，应对挑战，就必须梳理和分析什么因素弱化了中国的比较优势动态化趋势。我国的贸易政策和产业政策对比较优势动态化产生的效应，一直是现实经济层面和理论研究关注的重点，需要从定性和实证的角度评估政策产生的效应。显然，需要我们在世界经济环境和国内结构调整双重制约的背景下思考我国比较优势动态化的路径。依据内生比较优势和外生比较优势的分析框架，把分析重点放在对动态化敏感性强的比较优势内生性来源的改进方面，并提出我国比较优势动态化的路径，这符合我国比较优势来源变化的现实。

　　有限的自然资源制约经济增长是一个古老的命题。自马尔萨斯时代，人们就一直关注自然资源的耗尽对增长的影响，包括土地、石油及矿产资源，但由于自然资源的消耗而陷入增长停滞的情况并没有发生。技术进步、人力资本和规模递增这三种因素可能起到了抵消自然资源对增长的制约作用。但是，可耗尽的资源会对我国比较优势动态化产生什么样的影响？自然资源的特点是在发展的初始阶段存量最大，然后随着资源消费的增加而存量减少，在没有大规模替代品出现的情况下，资源制约是存在的。按照外生的比较优势理论，资源禀赋差异决定了国与国之间比较优势的大小。中国是一个人均资源匮乏的国家，资源对我国比较优势动态化的制约是显而易见的，并将形成对中国经济增长的阻力；推进资源经济转型与发展，这是我们首先需要考虑的问题，但是更深层次的问题是资源匮乏的国家如何在国际竞争中获得比较优势，开放经济为中国摆脱资源制约困境提供了外部环境，如何在开放经济的环境中获得资源以外的比较优势，这是内生比较优势理论需要研究的重点。内生比较优势与一国的资源禀赋没有必然联系，这种优势不是先天赋予的，而是国家创造出来的或通过后天努力获得的。先天资源禀赋类似的两个国家可以形成非常不同的竞争力。资源禀赋较优越的国家不一定能够形成很强的竞争力，而资源禀赋十分贫瘠的国家可以形成突出的竞争力，这样的案例很多。因此，在资源型经济转型或者破解资源困境的同时创造新的竞争优势，是研究大国发展战略需要注重的问题。

从根本上看，一个国家的比较优势是由要素结构决定的。正因为如此，人们认为比较优势动态化的核心就是要素积累[1]；生产要素积累会导致内部的要素禀赋随之发生改变，比较优势也会随之发生变化。在开放经济条件下，本国动态比较优势在一定程度上还取决于其他国家要素禀赋的相对变化。但是，要素之间保持什么样的关系最有利于比较优势的增进呢？经济学家通过对日本和东亚国家快速的经济增长的分析发现，推动其实现经济增长奇迹的重要动力并不一定是高储蓄率和更有效率的技术进步，而有可能是源于这些国家较高水平的资本－劳动替代弹性，因此，研究比较优势动态化的核心问题是要素积累问题，必须考虑要素替代关系。对于中国而言，改革开放以后我国实现了高水平的资本－劳动替代弹性，保持了经济的高增长，但是在投资边际回报不断递减情况下如何实现经济的长期稳定增长？随着中国制造业的不断发展，特别是劳动－能源密集型产业的快速成长的同时，劳动、能源等要素价格逐渐上升，制造业的生产成本也在日益增加[2]，因此，我们必须重视资本－劳动弹性在经济增长中的重要性，从要素替代、技术进步角度，把握要素积累进程中要素替代与动态比较优势之间的关系，并通过技术进步实现要素间的有效合理分配，推动中国比较优势动态化进程。

与要素结构相关的是人力资本问题。人力资本积累与经济增长之间的内在的正相关关系，一直得到经济学家的充分肯定。在比较优势理论研究中，人力资本积累与"干中学"、技术创新、分工与专业化等内生性来源紧密相关。人力资本积累与物质资本具有不同的特点，卢卡斯指出，人力资本积累的方式遵循一个规律：一定的努力程度导致存量以一个恒定的增长率增长，

---

①　林毅夫、李永军：《比较优势、竞争优势与发展中国家的经济发展》，《管理世界》2003 年第 7 期，第 21—28 页。

②　制造业包括资本、劳动、能源以及中间品投入在内的总成本支出在 2001—2010 年增长了 3.19 倍，年均增长率约为 13.76%，而中国制造业增加值按本币不变价计算，从 2001 年的 34614.23 亿元上涨到 2010 年的 88502.67 亿元，增长近 1.56 倍，年均增长率仅为 10.99%（世界银行数据库）。

而与其已有的存量无关①。同时他还指出，人力资本积累作为一种社会现象，涉及人类群体，其方式与物质资本积累大相径庭②。但是，进一步深入研究人力资本在比较优势动态化机制中的作用，就必须区分人力资本总量和人力资本结构两个相互联系但内涵不同的概念。舒尔茨对此有着十分清晰的分割，因为在他看来，"人力资本禀赋的生产力价值在很大程度上取决于它的构成，而这种构成与其提供服务的市场机会相关"。他认为，人力资本的异质性概念，体现为专业人力资本与报酬递增现象。事实上，舒尔茨肯定了人力资本的构成比其平均存量更影响技术吸收和创新的观点。在推动经济增长和收入水平收敛的因素中，人力资本总量因素与结构因素对增长的贡献孰轻孰重？这取决于国家的发展阶段和社会经济结构。关于人力资本与比较优势动态化的研究文献已经很多，基于此，我们把研究聚焦在人力资本结构对比较优势动态化的作用方面，突出人力资本构成优化的重要性。根据动态比较优势的内涵，人力资本积累与其有紧密的联系。我们的研究发现，除了人力资本作为要素积累对比较优势产生推进作用外，人力资本的结构优化与人力资本的总量一样，对动态比较优势的实现具有实质性的作用。人力资本结构作为动态比较优势的来源，在发展经济学的早期文献中就已经显现。在分析适宜性技术与发展中经济体的技术需求相匹配的问题时，人们已经看到本土化教育的实际价值超过普适性教育的情况，这实际上已经涉及人力资本的结构问题。人力资本结构强调了在不同发展阶段、不同的工业化水平下，需要不同的知识结构类型的人才；在人力资本总量达到一定的门槛水平时，人力资本的结构合理性与人力资本需求结构合适的匹配度，将对比较优势的动态化产生十分积极的作用。

　　一般认为，国家创新体系的构建是社会创新的重要组成部分，没有国家创新体系，"将不能把技术缺口直接和特殊的知识缺口联系起来"③，技术创

---

　　① 参见西奥多·W. 舒尔茨《报酬递增的源泉》，姚志勇、刘群艺译校，北京大学出版社 2001 年版，第 25 页。

　　② 参见西奥多·W. 舒尔茨《报酬递增的源泉》，姚志勇、刘群艺译校，北京大学出版社 2001 年版，第 25 页。

　　③ Criscuolo, P., Narula, R. (2001). "National Absorptive Capacity and the Stage of Development", In Innovation, Learning and Technological Dynamism of Developing Countries Conference, Maastricht.

新将缺乏知识、组织和其他社会资源的有效支持。因此，一个国家革新系统的稳定性和多样性，是衡量一个国家促进技术积累的能力的指标。毫无疑问，技术创新是内生比较优势的重要源泉，但是创新体系是外生性比较优势的来源。技术进步需要创新体系的支持。创新体系可分为区域创新体系、部门创新体系、国家创新体系和全球创新体系。我国是一个大国，区域创新体系是否能够发挥作用，直接影响国家创新体系的效率。基于我国区域发展不平衡的特征和区域创新体系的基础性作用，我们在研究技术创新机制的基础上，重点对我国区域创新体系进行研究。通过分析区域创新能力的薄弱环节，有针对性地支持各地区创新能力的发展，以推动我国总体比较优势的进步。

产业集聚是否是内生比较优势的源泉？答案是肯定的。集聚产生规模经济，从而对比较优势的形成和发展产生积极的意义。集聚首先是企业的群聚，这样可以产生相应的企业群落优势，使群聚区域内的个体获得竞争优势，从而促进个体企业的发展，而这又进一步促进了整个群聚区域的扩展和壮大。聚集经济是把相互关联产品的生产按照一定规模聚集到某一区域来进行，使企业节约生产成本或交易费用。集聚同时也是要素的集聚，由于企业群聚，要素也加速了向特定空间集聚的过程。集聚降低了要素成本和交易成本，要素与企业的集聚，刺激了特定空间范围产业的成长，形成所谓的"绿洲效应"。在国际分工深化发展的趋势下，地区间的产业集聚和分工是构筑产业比较优势的基础。产业集聚与比较优势是决定增长的两个关联性变量，它们从不同角度体现了产业经济行为和资源禀赋的空间异质性。比较优势是产业集聚的基础，产业集聚的循环增长则积累和创造新优势，实现比较优势动态化，促进比较优势结构升级。我国作为一个发展中大国，地区比较优势差距较大，产业集聚的异质性导致区域增长效应有较大差异，导致地区比较优势动态化速度也有明显不同。因此，比较优势动态化与产业集聚冲突与融合，是促进地区增长转型和区域协调发展的关键。研究我国比较优势的动态化，不可能不谈我国产业集聚问题。

本地市场规模能够成为新的比较优势源泉吗？如果某种商品在某个区域具有"超常需求"，那么，这种地方市场的特质需求具有一种"放大效应"，能使该地区生产的增长大于该地区需求的增长，从而使其出口这种产品。这就是空间经济学的一个重要概念——"国内(本地)市场效应"。这种"超常需求"的放大效应的源泉就是规模报酬递增和集聚效应。在比较优势模型中,对某种商品的超常需求将导致它的进口;而在规模报酬模型中,拥有超常需求的地区将成为生产区域并出口该产品①。也就是说,如果一个区域的某个产业具有本地市场效应,说明该产业存在较大的本地需求,据此选择产业区位,将最有效地提高资源的配置效率。根据"本地市场效应"的观点,我们需要分析规模经济超过要素禀赋的比较优势是产生的一种新比较优势源泉。与此类似的研究课题是研究如何发挥我国市场一体化的比较优势。与产业集聚类似,由于市场一体化产生的规模经济效应,市场一体化可视为内生比较优势的来源。分工的深化与市场的扩大将产生规模经济,这早已经在亚当·斯密的《国富论》中得到阐述。根据斯密的思想,分工中所有经济主体既是生产者也是消费者,在分工与市场扩大之间具有不断累积的自我扩张机制;而且,不同产业中的分工会产生相互影响,以至于整个经济中专业化协作水平和市场依存度不断提高,这就是分工与收益递增、规模经济之间的动态机制。市场的一体化无疑将推动这一动态机制,而市场分割则阻碍和破坏这一过程。通过对中国市场的分割、整合进行实证分析,我们将认识到这一过程产生的规模经济效应,同样会构成推动比较优势动态发展的力量。

当比较优势作为一国参与国际贸易的依据来研究时,人们往往忽略贸易发展与比较优势获取的双向互动关系——贸易本身也可以成为获取比较优势的途径。同时,基于开放经济条件下比较优势来源的扩展,发展要素已经越来越突破传统国界的限制而在世界范围内广泛流动。其实,进出口贸易的互动,是推动国家资本形成、技术进步和结构调整的最重要路径。如何通过进出口贸易的要素引致效应与要素溢出效应,使游动于国际的发展要素有效"沉淀"下来,成为一国能否实现比较优势动态化转换的关键。长期保持贸易顺差,是我国在世界市场和国际经济运行中的一个显著的特征,同时,巨额的贸易顺差的存在,也可视为我国比较优势得以充分发挥的货币体现。但是,我国外向型经济发展的目标并非追求巨大的贸易顺差;显然,维持或追

---

① Davis, D. R., Weinstein, D. E. (1996). "Does Economic Geography Matter for International Specialization (No. w5706)", *National Bureau of Economic Research*.

求贸易顺差，这种具有重商主义色彩的贸易目标并不符合我国实现动态比较优势的战略；贸易失衡并不利于我国动态比较优势的动态化。从进出口互动平衡发展寻求与我国动态比较优势的结合点，应当成为中国贸易战略追求的目标。

如何在国际分割生产的条件下实现我国动态比较优势？这是我们难以回避的问题。所谓国际分割生产，即把产品的生产过程分割成不同的区段配置到不同国家和地区，于是制成品只在不同的国家完成相关的生产。由于我国已经成为参与国际分割生产的主体，因此国际分割生产已经成为影响我国制造业出口的重要因素。传统的国际贸易理论没有考虑国际分割生产现象，不能解释国际分割生产对出口贸易的影响。另外，学术界对中国出口贸易的相关经验研究主要从宏观层面进行，主要分析贸易总量增长的决定因素，很少具体到行业层面，也很少对中国的出口复杂度、出口的广化和深化等产品特征进行分析，缺乏把国际分割生产与中国出口的产品特征相结合进行的研究。只有通过对出口结构、出口复杂度、出口广化进行深入分析，才能深化研究国际分割生产效应。毫无疑问，国际分割生产对中国制造业出口比较优势已经产生了重大的影响。不过，当今世界的生产体系已经进入一个以国际分割生产为基础的全球化生产阶段，中国经济只有嵌入世界分工体系之中，才能够融入世界经济体系而分享经济全球化的利益。因此，我们必须研究的重点是如何顺应国际分割生产的趋势，沿着全球化产业链条不断地由劳动密集型环节向资本密集型环节提升，完善我国比较优势实现机制。

我国在全球价值链中究竟处于什么位置？这实际上是验证中国比较优势动态化程度的显性标志。中国在国际分工中的位置一直处于上升状态，但是推动中国位置上升的主要因素是中国很多产业的国际市场份额在不断增加。一般而言，当一国出口产品的要素结构中技术、资本要素的含量相对于劳动或资源要素的含量更丰裕时，这个国家产业比较优势发生了演化，即价值链升级正在发生。Teece 和 Pisano[①] 认为产业升级的创新动力来源于企业内部

---

① Teece, D., Pisano, G. (1994). "The Dynamic Capabilities of Firms: An Introduction", *Industrial and Corporate Change*, 3 (3): 537 –556.

加工流程，改进型学习过程，及企业进入其他企业或区域创新系统的动态能力。随着产业升级过程的不断深化，价值链上不同环节会在空间得到优化与配置，即按照各个区域或国家的要素禀赋高低进行排列。因此，全球价值链分工是等级体系与全球各地要素禀赋匹配的过程，也是全球价值链各个价值环节在全球垂直与空间的再构过程。在这一过程中，当区域要素禀赋演化决定了其产业在整个价值链体系中所处的环节时，产业升级借助价值链，通过学习效应取得技术进步和市场关联，向更高价值经济活动转移，从而提高其竞争力。中国通过提高世界市场份额的方式来参与国际竞争的产业面临着资源价格上升、市场价格下降、国际贸易摩擦增多等困境，如何从量的扩张走向质的提高是中国进一步提升在国际分工中位置需要研究的问题。

最后，我们需要研究国家能力建设与我国比较优势动态化的相互关系。国家能力概念是从技术吸收能力、社会吸收能力到国家能力依次发展过来的，能力概念的每一次更新，都与比较优势理论的演进紧密相关。能力的发展，实质上也是国家比较优势的发展。能力的变化，不仅涉及要素的积累，也包含体制与机制的改变。对本研究来说，我们更关注在经济赶超中一国如何实现从技术吸收能力到国家能力的转变，特别是国家能力对形成比较优势动态化的作用。经济增长的历史经验证明，从长期来看，技术差距与国家能力的结合共同决定着一国或地区潜在的增长率水平。在经济全球化和高新技术革命飞速发展的今天，如果简单地以外生的资源禀赋比较优势作为理论依据来制定发展战略和产业政策，不重视尽快实现比较优势动态化，将导致我国的增长路径不能最终收敛于发达国家，并使我国的经济结构和技术结构永远处于产业链和技术链的下游。因此，我国应该以提高国家整体的技术能力作为发展战略的出发点，紧紧抓住产业和科技的制高点，努力使比较优势建立在强大的国家能力之上而非静态的自然禀赋之上，这样才能更快地带动产业结构的升级换代，从而在未来实现经济转型。

第四节　结论

根据前文对后发理论的梳理和比较优势动态化问题的分析，可以得出以下结论。

（1）后起的发展中国家实现赶超取决于三方面因素的转化，即技术差距向后发优势的转化，吸收能力向社会能力或国家能力的转化，技术追赶向技术赶超的转化。后发优势为后起国家的赶超提供了一种理论支持和战略激励，技术赶超则为发展中国家如何实现后来者的优势提供了可行的路径。但是，只有实现上述几方面的转化，后发优势才可能从理论变为现实，后起国家才可能由滞后期进入快速发展阶段；这一转化的过程实质上就是一系列比较优势要素积累和更新的过程，由此表明，后发优势理论与赶超学说和比较优势动态化理论具有内在的逻辑关联。

（2）技术赶超对发展中国家的经济持续增长具有举足轻重的作用。技术的线性发展特点和非线性技术突破的现象，为后起国家实现赶超战略提供了巨大的空间。技术的线性发展特征突出了技术积累和制度演变的必然性。在技术线性发展的约束下，国家发展在理论上需要顺应比较优势原则；然而，技术发展的历史从来没有否定技术突变的可能性，非线性发展也存在于很多技术领域和产业领域，但是，顺应比较优势还是实现"有限赶超"或全面赶超，其成功与否均取决于比较优势的动态化实现程度。

（3）比较优势来源的演化逻辑和比较优势陷阱的存在，以及中国经济增长转型的紧迫性，从理论和现实两个层面凸显了比较优势动态化的理论价值和政策含义。依靠比较优势的动态化，可扩大中国经济的潜在增长空间；社会或国家能力的构建与改进，将进一步增加中国经济增长的弹性。我国的资源禀赋优势是有限的，类似生态环境和低成本要素等方面的优势正在丧失，我国的比较优势主要有赖于内生变量的积累和创造。我国的经济规模和市场化经济改革的有利条件，将有利于我国激活专业化的社会分工、人力资本积累、研发与"干中学"机制、市场一体化和产业的集聚等内生比较优势的重要变量。

第 二 章
比较优势动态化理论[*]

比较优势是经济学理论中最核心的概念之一。比较优势理论凭借其"逻辑上之可靠"[①] 成为经济学理论中"最深邃也最优美的结论"[②]。因此，比较优势理论被认为是分工和对外经济最重要的理论基石，这一基石的根本前提就是比较优势从斯密开始就具有动态性，能够在不断的经济实践中使比较优势理论具有较强的理论解释能力和现实解释能力。比较优势理论在"里昂惕夫之谜""产业内贸易""贫困化增长"和"比较优势陷阱"等经济实践的挑战下，得到了进一步的发展和完善，比较优势的动态性得到越来越充分的体现。

第一节 比较优势动态化

罗伯特·托伦斯（R. Torrens）基于亚当·斯密的绝对优势思想于1815 年提出了比较优势的概念。从亚当·斯密的绝对优势理论、大卫·李嘉图的比较优势理论到赫克希尔—俄林的要素禀赋理论，比较优势理论逐渐形成较为完整的理论体系，构成了传统比较优势理论的基本内容。比较优势理论随后的发展主要沿着突破传统理论假定的方向展开，相继形成新

---

    * 本章主笔：黄宁，经济学博士，副教授，云南大学发展研究院。

    ① Samuelson Paul (1949). "International Factor—Price Equalization once Again", *The Economic Journal*, 59 (234): 181 – 197.

    ② Findlay, R. (1987). Comparative Advantage, in J. Eatewell, M. Milgate and P. Newman (eds), *The New Palgrave: A Dictionary of Economics*, London: MacMillan, p. 514.

要素贸易理论、新贸易理论、动态比较优势理论与产品生命周期理论，其中以克鲁格曼为代表的新贸易理论是比较优势理论的新主流。其后，在继承与批判新主流理论的基础上，专业化分工理论以及技术差异、研究与开发等因素会对比较优势产生影响的观点的不断涌现使得比较优势理论体系更为丰满。动态比较优势理论是对静态比较优势理论的延伸和发展，它说明的基本问题是要素积累、技术进步和制度创新如何影响比较优势的变化。

一　比较优势动态属性

比较优势理论是发展中国家发展对外贸易的基础，而在贸易实践中，具有比较优势的发展中国家在对外贸易发展过程中存在"比较优势陷阱"（洪银兴，1997；张小蒂等，2001；王佃凯，2002）、"合成谬误"（Cline，1982①；徐建斌等，2002；张亚斌，2011）等问题。针对传统比较优势理论的缺陷和国际贸易中的理论与现实悖论，一些学者对比较优势理论进行了发展，提出了许多修正传统比较优势理论的思路。一方面，扩大了比较优势来源的范畴。针对比较优势来源把比较优势的范畴扩大到除自然资源、劳动力和资本之外的制度（Clarida 和 Findlay，1992；Redding，1999）、人力资本（Leontief，1959；Grossman 和 Maggi，2000）、技术（Gruber 和 Vernon，1982；Krugman，1987）、规模经济（Helpman 和 Krugman，1985；Tybout，1993）、专业化经济（Yang 和 Borland，1991）和市场需求（Krugman，1991）等方面。另一方面，提出了动态比较优势。针对国际贸易中遵循的静态比较优势，提出了动态比较优势。Krugman（1987）、Grossman 和 Helpman（1999）在研究中都使用了"动态比较优势"（Dynamic Comparative Advantage）这个概念，并给出了比较一致的含义：静态比较优势指的是现时的比较优势，动态比较优势指的是转换中的比较优势。

从萨缪尔森（P. Samuelson）和巴辛尼蒂（P. Pasinitti）的动态贸易模型开始，林德尔（B. Linder）的产品差异化理论、弗农（R. Vernon）的产

---

① Cline, W. R. (1982). "Can the East Asian Model of Development be Generalized", *World Development*, (10): 81 – 90.

品生命周期理论、巴拉萨（B. Balasa）的外贸优势转移假说无不体现出比较优势的动态性，比较优势随着资本的积累、制度的创新和技术的进步而转换，一国的比较优势将随着该国的要素供求状况而发生变化，新的比较优势将不断产生。格罗斯曼（G. M. Grossman）和赫尔普曼（E. Helpman）在 1990 年和 1999 年从研究与开发的角度推进了比较优势理论，使比较优势分析从静态扩展到了动态，他们运用规模经济、产品差异、市场结构、不完全竞争、产业组织等概念和思想来构建新的理论模型，认为通过规模化生产和专业化分工等可以培育出新的比较优势，实现比较优势的转换或获得新的比较优势。

国内学者的研究也充分说明了比较优势动态性。杨帆认为比较优势从来就是动态的、发展变化的，不存在什么"静态比较利益"，只不过在具体问题上，人们一般要从现实存在的比较优势出发，并且有意无意地主动或被动地把它长期化、固定化而已①。王学武等通过对"里昂惕夫之谜"的解释，使得劳动力到人力资本这一要素的比较优势的动态性更加明显，熟练劳动者和人力资本都可以经由后天培养并可较快形成，把世界各国分为各个阶梯，比较优势可逐级替代，并强调进出口商品结构变化与某种生产要素快速积累之间的动态联系②。佟家栋认为比较优势理论的动态化是比较优势理论的自有之意，忽视"比较优势"的动态性，可能是理论误区之所在③。

比较优势理论的研究从显性到潜在、从内生到外生、从静态到动态，最后扩展到竞争理论，充分揭示了比较优势动态化的内在属性，为比较优势动态性研究提供了更坚实的理论基础，使得比较优势动态性更加凸显。

二　比较优势理论发展及动态表现

从斯密的绝对优势理论、李嘉图的比较成本理论到赫克希尔—俄林的要

---

① 杨帆：《中国参与全球化的基本立场与利益》，《中国青年政治学院学报》2001 年第 5 期，第 81—87 页。

② 王学武：《里昂惕夫反论的人力资本解释对我国出口产业结构的意义》，《中国发展》2003 年第 1 期，第 46—49 页。

③ 佟家栋：《比较优势理论与对外贸易战略的选择》，《南开学报》（哲学社会科学版）2004 年第 5 期，第 5—9 页。

素禀赋理论，传统比较优势理论逐渐形成完整的理论体系。在解释"里昂惕夫之谜""产业内贸易""贫困化增长"和"比较优势陷阱"等贸易现象中以比较优势原理为基础不断发展起来的国际贸易理论，可称之为现代比较优势理论，主要有产品异质性模型、市场结构模型、规模经济模型、要素变动模型等。

（一）传统比较优势理论

1. 斯密的绝对优势理论

亚当·斯密在 1776 年出版的代表作《国民财富的性质和原因研究》（又称《国富论》）中提出了国际贸易的绝对优势理论，比较好地解释了国际贸易产生的原因、国际贸易方式和国际贸易利益。斯密认为两国之间进行贸易的根本原因是生产产品在成本上的绝对差异，若各国都生产自己具有绝对优势的产品，并在国与国之间进行交换，那么国际贸易会使双方获益。斯密运用裁缝和鞋匠的例子，分析认为国际贸易和国际分工的基础是各国之间存在劳动生产率和生产成本的绝对差别。一国若在某种产品上具有比其他国家高的劳动生产率，那么该国就在这一产品上具有绝对优势；相反，劳动生产率低的产品就不具有绝对优势，即具有绝对劣势。每个国家应该集中生产并出口具有劳动生产率和生产成本"绝对优势"的产品，进口不具有"绝对优势"的产品，比自己什么都生产更有利。

斯密的绝对优势理论具有开创性意义，第一次从生产领域阐述了国际贸易产生的基本原因，并且批判了重商主义的基本观点。总的来看，斯密的绝对优势理论具有以下两方面积极意义。一方面，绝对优势理论明确肯定了国际贸易可以为参与贸易的双方带来经济利益，从而为各国之间开展自由贸易提供坚实的理论基础。斯密将自己反复论证的"劳动分工"可以提高生产率的理论推广到国际贸易领域，并坚信，国与国之间的专业化分工同样会提高劳动生产率，其结果是各国生产的物质产品都会增加，消费水平会提高。斯密最后指出，一国的财富只有在不断扩大的国际贸易中才会增加。另一方面，绝对优势理论可以用来解释需要特殊自然环境或技术方可生产的产品的贸易。如果一个国家不具备生产咖啡或香蕉的自然条件，那么就必须进口这些产品，因为由本国自己来生产成本将是非常高昂的。此外，如果一国根本不具备生产某种产品所需的熟练劳动和尖端技术，那么它也不得不进口这种产品，而不是自己生产。

但是，斯密的绝对优势理论也存在一些不足。从比较优势理论发展的角度来看，该理论的最大不足在于其暗含的前提是贸易双方至少拥有一种成本绝对比对方低的商品，即一国至少有一种绝对优势产品，然而现实并非如此。如果一国经济不发达，技术落后，生产每种产品都处于劣势，这时会不会发生国际贸易呢？如果发生国际贸易，那么处于比较劣势的国家是否能从国际贸易中获得利益呢？对于这些问题，斯密的绝对优势理论不能回答，但李嘉图的比较成本理论给出了解释和答案。

2. 李嘉图的比较成本理论

李嘉图在1817年出版的代表作《政治经济学及赋税原理》中利用 2×2 模型论证了比较成本理论。李嘉图运用以英国和葡萄牙这两个国家、棉布和葡萄酒这两种产品为例进行模型分析，提出了决定国际贸易的基础是更为广义的比较优势而不是狭义的绝对优势，成功地论证了建立在劳动价值论基础上的贸易互利原理是更为广泛的国际贸易现象的客观基础，解释了发展程度不同的国家都能通过参与国际贸易获得利益。李嘉图的比较成本理论更有其严密的逻辑性和很强的实用性，最根本的一点是说明了一国在两种商品生产成本均高于另一国时的贸易互利性问题。

李嘉图比较成本理论的核心内容是：如果两个国家的生产力水平不等，A国在任何产品的生产上其成本都高于A国，成本都低于B国，劳动生产率都高于B国，处于绝对的优势；而B国则相反，在任何产品的生产上其成本都高于A国，劳动生产率都低于A国，处于绝对的劣势。这时，A、B两国仍然可以根据"两优取强、两劣取弱"的原则进行分工，并通过国际贸易获得好处。因为两国劳动生产率的差异并不是在所有产品上都一样，这样，处于绝对优势的A国不必生产全部产品，而应集中生产本国具有最大优势的产品；处于绝对劣势的B国也不必停止生产所有产品，而应生产劣势较小的产品。通过分工和自由交换，两国可以节约社会劳动，增加产品的产量，世界也会因为自由交换而增加产量，提高劳动生产率。

李嘉图的比较成本理论合理解释了绝对优势国家和绝对劣势国家之间的贸易现象，又是对斯密绝对优势理论的重大发展。比较成本理论论证了国际贸易的发生不仅在于绝对成本的差异，而且在于比较成本的差异，为世界各国特别是发展中国家参加国际分工和国际贸易做了理论上的论证，对国际贸易的扩大和社会生产力的发展起了很大的促进作用，成为自由贸易的理论基础。

李嘉图的比较成本模型基于生产只投入了一种生产要素——劳动的假定，而实际上任何生产过程都是劳动与资本这两种要素（甚至更多要素）的结合，经济体的产出效率也取决于这两种要素的效率及其结合的适宜程度。因此，赫克歇尔和俄林在他们的要素禀赋模型中引入了资本这种生产要素，进一步拓展了李嘉图比较成本理论。

3. 赫克歇尔－俄林的要素禀赋理论

如果像李嘉图的比较优势理论所假设的那样，劳动是唯一的生产要素，那么产生比较优势的唯一原因就是各国之间存在劳动生产率的差异。然而，在现实世界中，各国间劳动生产率的不同只能部分地解释比较优势产生的原因。现实中的比较优势不仅要考虑劳动这一要素，还要考虑其他生产要素（如资本、土地和矿产资源等）。在所有造成国家间商品相对价格和比较优势差异的可能原因中，赫克歇尔和俄林将生产要素禀赋的差异独立出来，作为国家间比较优势和国际贸易产生的基本原因，形成了要素禀赋理论。

赫克歇尔和俄林根据 $2 \times 2 \times 2$ 模型，假设两个国家之间具有相同的生产函数，认为产品的相对价格唯一地由其相对成本决定，而相对成本是由要素的相对丰裕程度或要素的相对价格决定的。也就是说，如果一国某种资源的供给相对比较充足，其价格就会相对比较低，因而生产时要大量使用这种资源的商品的成本就会比较低。要素禀赋理论揭示了国际贸易产生的原因、模式和利益，而且揭示了一国比较优势的来源。这是对斯密的绝对优势理论和李嘉图模型的一次历史性突破。

一般来说，劳动力相对充裕的国家，劳动力价格会偏低，因此，劳动密集型产品的生产成本会相对低些，而在那些资本相对充裕的国家里，资本价格会便宜些，生产资本密集型产品可能会有利。因此，根据赫克歇尔和俄林的这一理论，各国应集中生产并出口那些能充分利用本国充裕要素的产品以换取那些需要密集使用本国稀缺要素的产品。因此，国际贸易的基础是生产资源配置，或者说是由外生比较优势决定的。

4. 传统比较优势理论的意义

比较优势理论发展到赫克歇尔和俄林的要素禀赋理论对完全竞争市场而言已是比较成熟了。传统比较优势理论赋予了优化资源配置以崭新国际角度，强化了自由贸易政策最优的规范结论。

自由贸易为各国改善不合理的资源配置提供了有利条件，商品市场和要素市场相互依赖的竞争机制使一国有限的资源相对地集中在具有比较优势的行业和部门里，并通过国际贸易满足和提高各国消费者的福利水平。要素禀赋论说明一国按比较优势的原则来组织生产和贸易可以起到优化资源配置的作用。反之，任何背离比较优势原则的行为，都将损害本国的利益和降低别国的利益，并造成资源的无效率和浪费。

传统比较优势理论具有很强的政策指导含义。既然按比较优势原理进行生产和贸易会使一国从贸易中获利，那么一国——特别是发展中国家在制定对外贸易战略时，应该采取比较优势原则，实施自由贸易政策。根据比较优势理论，发展中国家不切实际的赶超战略不但不能使经济得到很好发展，反而有损于经济的长远发展。

（二）现代比较优势理论

1. 克鲁格曼等的规模经济模型

从 20 世纪 50 年代开始，产业内贸易在国际贸易中的比重越来越大，而根据传统比较优势理论国际贸易应该主要发生在产业间。因此，基于产业内贸易的现象，克鲁格曼、迪克塞特与斯蒂格利茨在规模经济的假定下建立起了规模经济理论模型，主要对产业内贸易现象进行理论上的解释。

克鲁格曼认为，国与国之间之所以进行贸易和从事专业化生产是出于两个原因：一是国与国之间在资源或技术上存在差别。因此，各国生产自己擅长的产品；二是规模经济使每个国家只能在一些有限的产品和服务上具有专业化生产的优势[①]。克鲁格曼把规模经济分为外部规模经济和内部规模经济，外部规模经济指的是单位产品成本取决于行业规模而非单个厂商规模，内部规模经济则指的是单位产品成本取决于单个厂商的规模而不是其所在的

---

① 克鲁格曼：《国际经济学》（第五版），中国人民大学出版社 2006 年版。

行业规模①。无论外部规模经济还是内部规模经济的扩大都能导致劳动生产率的提高或平均生产成本的降低。规模经济理论指出，国际贸易的根本原因在于经济规模的不同。由于规模经济的存在，两国相对商品价格的差异就不能仅仅由要素价格的差异得出，必须加入生产技术的因素。在其他条件相同的情况下，两国经济规模的不同会导致生产成本的不同，也就影响到商品的价格。因此，在资源禀赋相同的情况下，规模经济可以引致比较优势，规模经济从比较成本的角度说明了规模经济是构成比较优势的重要内容。

2. 兰卡斯特等的产品异质性模型

在不完全竞争市场条件下，消费者的需求是多种多样的。与需求多样化相适应，产品是具有异质性的，产品的种类是多样化的，这就与规模经济构成了矛盾。兰卡斯特等人所构建的产品异质性理论模型正是旨在解决这种矛盾。产品异质性理论模型基于以下两个重要假定：一是市场结构是垄断竞争型的，市场上的产品是"异质"的，每个国家生产许多细分的产品系列，消费者对这些不同的产品系列都有均等的需求；二是每一种产品系列的生产都具有内部规模经济，即成本随着产量的增加而下降，"异质"产品生产和交换的市场是不完全竞争的，即能生产"异质"产品的企业都具有一定的垄断性。

兰卡斯特将产品的异质性分为水平异质性、垂直异质性和技术异质性。水平异质性是指由产品的外观、牌号、地理分布、交易条件、售后服务和广告宣传等因素形成的差别。产品往往在核心产品特征上是完全相同的，相互间的替代关系比较密切，价格水平也较为一致。产品异质性理论模型在解释水平异质性方面的结论是：在产品具有水平异质性并且存在规模经济的情况下，即使在两个资源禀赋完全相同的国家之间也能进行产业内贸易，并且这种贸易会增进两国的福利。垂直异质性指产品质量差别，由于质量存在差别，价格水平也各不相同。产品异质性理论模型对于具有垂直异质性的产品在进行产业内贸易时，人均收入水平较高、资本要素相对丰裕的国家出口质量较高的品种，而人均收入水平较低、资本要素相对稀缺的国家则出口质量

---

① P. R. Krugman (1979). "Increasing Returns, Monopolistic Competition and International Trade", *Journal of International Economics*, Vol. 9.

较低的品种。而技术异质性通常是产品的个别核心特征经技术调整后所形成的产品异质，包括产品原有的部分核心特征的变化和新增的某些附加特征，它与动态的技术进步密切关联。

产品异质性理论把比较优势的分析由生产领域延伸到了消费领域，从消费的角度分析了比较优势的来源。

3. 市场结构模型

市场结构模型认为不完全竞争市场结构本身也是引发国际贸易的重要原因，其中垄断竞争贸易模型、相互倾销模型对国际贸易发生有较强的解释能力。垄断竞争贸易模型认为，在垄断竞争条件下，假设市场没有行政进入壁垒，那么产业内厂商数目具有内生性，它取决于超额利润为零时的均衡位置。相互倾销模型则认为，垄断厂商作为价格的制定者，若能有效地实施市场分割，则可以根据不同市场的需求弹性采取"价格差别战略"或"价格歧视战略"，利用在国内市场"高价少销"、在国外市场"低价多销"的策略来占领产品动态比较优势需求弹性大的国外市场。如果两个国家都存在类似的市场结构或垄断厂商，那么，两国的垄断厂商都会采取类似的价格策略，从而形成所谓的"相互倾销"。虽然相互倾销会导致运输成本大幅提高，但这种行为所引致的国际竞争可以降低双方市场的垄断程度，促进资源的有效配置。

4. 要素变动模型

要素变动模型着重考察要素禀赋的变动如何影响比较优势的动态变化，以及由此所决定的贸易模式及福利效应的变化，主要包括要素价格均等化模型和雷布津斯基定理。要素价格均等化模型认为，如果各国的运输成本和交易费用为零，各国使用相同的技术且不存在任何贸易壁垒，那么自由贸易最终会使世界相对要素价格趋向于均等。雷布津斯基定理证明在商品和要素的相对价格不变的条件下，一种要素的增加将导致密集使用这种要素生产的产品数量增加，而使另一种产品的数量减少。如果增加的产品是出口产品，则该国的对外贸易量会增加；若不是出口产品，则该国的对外贸易量会减少，从而分析了一个国家拥有的要素数量变化对国际贸易的影响。要素价格均等化模型和雷布津斯基定理都假定没有要素的国际流动，因此蒙代尔在进一步考察了要素国际流动效应的基础上，说明了要素的国际流动通过改变各国的要素存量结构和相对要素价格来影响生产结构和贸易结构，从而产生一种反向贸易效应。综上，要素流动模型的一个重要的隐含结论就是由于要素流动的作用，一国的比较优势是会发生转变的。

5. 技术变动模型

要素变动模型假定技术是相同的且不发生变动，而技术变动模型则在要素不变的假定下考察技术变动是如何引致比较优势与贸易模式变动的。技术变动模型主要包括技术差异模型、技术转移模型和"干中学"与技术外溢模型。

技术差异模型是在 H－O 模型的分析框架中展开的，它证明了如果一国在某产品的生产方面具有比较优势，它的中期生产可能性曲线仍偏向于该产品的生产，从长期来看，只要它能保持在该产品生产上的技术优势，它的比较优势也将一直在该产品的生产方面。

技术转移模型则进一步考察技术在国际转移的效应，证明一国技术进步对其比较优势及贸易格局的效应，取决于要素在该国各产业间的转移及技术国际转移状况。技术转移模型还主要包括产品生命周期理论模型。在"干中学"与技术外溢模型中，知识与技术或者是生产与投资的无意识的副产品，或者是有目的的研发投资活动的结果。这类模型从一个侧面反映了技术进步的原因及其对国际贸易的影响。

6. 综合发展模型

综合发展模型的典型代表是迈克尔·波特创建的竞争优势理论模型。波特在"竞争三部曲"（《竞争战略》《竞争优势》《国家竞争优势》）中，探讨了竞争优势在微观、中观和宏观方面的影响因素，认为一国兴衰的根本原因在于它能否在国际市场中取得竞争优势，竞争优势形成的关键在于能否使主导产业具有优势，产业的竞争优势又源于企业是否具有创新机制。在研究国家竞争优势时，波特指出，有四种变量影响企业在国际市场上建立和保持竞争优势的能力。这四个变量是要素条件、需求条件、相关扶持产业、企业战略及结构与竞争；此外，还包括机遇和政府作用两个辅助因素。这些相互作用的因素构成了波特所谓的国家"钻石模型"。"钻石模型"中各要素相互作用产生互相增强的利益，共同为企业发展创造了一个良好的外部环境与内部环境，从而为企业的成长和在国际市场上拥有竞争优势提供了保障。

（三）　比较优势理论发展简评

从赫克歇尔和俄林的要素禀赋理论中可看出，传统比较优势理论最主要的局限性就是所描述的比较优势是静态的和外生的，传统比较优势理论在分析中没有考虑到比较优势是内生的、可转换的和可创造的，具有动态性。

在贸易实践的推动下，学者们不停地寻求解释国际贸易中出现的新问题，正是在这种不断解释贸易实践问题的基础上，比较优势理论得到了不断的完善和发展，形成现代比较优势理论，进一步说明了比较优势理论是国际贸易的理论基石。第一，现代比较优势理论首先从完全竞争市场中走出来，分析不完全竞争市场比较优势理论模型，并将新经济增长理论引入贸易模式中来，考察了伴随着经济增长，比较优势的发展变化及其产出效应和福利水平影响，并揭示在经济增长的过程中由于要素积累和技术进步而引起的比较优势动态变化的决定因素及内在机制，从而突破了以前的静态分析，突出了比较优势动态化。第二，现代比较优势理论把比较优势含义中的要素不断拓展开来。比较优势由自然资源、劳动、资本等传统的生产要素扩展到了不仅包含传统含义的技术、人力资本、市场组织、需求、管理、制度等方面的要素。第三，现代比较优势理论不仅没有否定传统比较优势理论，认为传统比较优势仍然对国际贸易起着决定作用，但同时指出了传统贸易理论中固化了比较优势动态化，认为一国的比较优势是动态的、可变的。这种比较优势的可变性不但源于固有比较优势的增强或减弱，而且后发优势或者说获得性优势的积累也会使一国的比较优势发生转变，特别是在当今时代，技术创新、组织创新及管理创新等一系列创新活动加速了一国比较优势的转变。第四，从现代比较优势理论的内容可看出，比较优势的转变，意味着一国原有的比较优势可能失去，而新的比较优势可能产生，这是一个比较优势的创造、转移和重新获得的过程。第五，现代比较优势理论也给出了比较优势动态化的方向，通过技术创新、人力资本积累、组织创新、规模经济等体现贸易品的技术性、差异性、市场垄断性。

现代比较优势理论是对传统比较优势理论的继承和发展。从李嘉图传统理论中比较优势包括自然优势和获得性优势到波特综合理论中竞争优势包括成本优势和歧异性优势，两者之间存在根本的一致性。李嘉图的自然优势可能会同时形成波特的成本优势和歧异性优势，李嘉图的获得性优势也包含了

图 2 - 1　李嘉图比较优势与波特竞争优势的一致性

成本优势的获得和歧异性优势的获得。从图 2 - 1 中可以看出竞争优势只是比较优势动态化的目的。

第二节　比较优势动态化能力

比较优势理论形成与发展充分说明了比较优势的动态属性，比较优势是动态化的。那么，比较优势的动态化是怎样的，动态化主要表现在什么方面？

一　比较优势动态化过程

比较优势的动态化是伴随在经济增长的过程之中的，从传统经济增长理论和现代经济理论两个角度分析比较优势动态化的过程。

（一）传统理论框架下的比较优势动态化

在新古典增长理论和均衡贸易理论中，生产函数表现为使用资本 K 和劳动 L 两种投入要素生产一定的总产出 Y，即 $Y = F(K, L)$。因为生产函数具有规模收益不变和边际收益递减的特征，可以将生产函数表现为人均产出的形式，即 $y = f(k)$。这时人均产出的变化反映经济增长，并且表现为人均资本或资本劳动比率 k 的函数。人均产出 y 将随着资本劳动比率 k 的提高而增加，随着 k 的下降而减少。由于 k 的大小取决于资本和劳动两个因素，因此从动态角度看如果资本的增长速度快于劳动的增长速度，k 就会提高从而使经济增长速度加快；如果资本的增长速度慢于劳动的增长速度，那么 k 就会趋于下降从而使经济的增长速度放慢。k 不仅决定着经济增长的快慢，而且决定着比较优势的变化方向。在资本的增长速度快于劳动的增长速度从而使 k 趋于提高时，表明经济中资本变得越来越充裕，根据贸易理论。这将导致资本要素的价格下降，因此有利于资本密集型部门的发展。相反，在资本的增长速度慢于劳动的增长速度的情况下劳动密集型产业部门将获得较快的发展。因此，通过 k 可以将增长理论和贸易理论结合起来。

新古典经济增长理论和贸易理论最重要的假设是经济自始至终保持充分就业，即在长期内新增的资本和劳动都能够得到充分利用。这意味着资本和劳动市场保持均衡状态，只要要素供求出现不平衡，经济自动做出调整使之重新回到均衡状态。充分就业是均衡增长理论和均衡贸易理论的一个重要假设，它保证要素增长速度、资源禀赋、人均产出和资本劳动比率之间的相互对应关系。如果出现非充分就业，资本和劳动增长速度的差异就不一定全部转化为资本劳动比率的变化。在新古典增长理论和均衡贸易理论中劳动力的增长被看作是一种外生变量，它表现为人口的自然增长率，用 n 表示，因此资本劳动比率的变化只能由资本的增长速度来决定。由于资本存量的变化取决于投资（这里不考虑折旧的情况），而投资又取决于储蓄率和人均产出水平。因此，当产出中的一个固定部分被用作储蓄时，投资的增长速度就是储蓄率，用 s 来表示。如果 $s > n$，资本劳动比率就会提高；如果 $s < n$，资本劳动比率就会下降。因此，可以得出储蓄率是动态比较优势变化的重要决定因素。经济的稳态增长是新古典增长理论和均衡贸易理论的另一个重要特征。稳态增长是一种均衡的增长路径，其中各种经济变量都保持相同的增长速度。在稳态增长条件下资本的增长速度将等于劳动的增长速度，即 $s = n$。根据新古典经济增长理论，经济之所以能够保持稳态增长是因为当生产函数具有边际收益递减的性质时，资本劳动比率 k 与产出资本比率呈反方向变化。当 $s < n$，也就是资本的增长速度慢于劳动力的增长速度时，资本劳动比率将趋于下降，生产中使用的资本数量相对减少。这将导致资本的边际产出增加，从而使单位资本的产出水平或者说产出资本比率趋于提高。产出

资本比率的提高会加速资本的增长，促使资本劳动比率朝相反的方向变化并收敛于劳动力的自然增长。当 $s > n$，也就是资本的增长速度快于劳动力的增长速度时，资本劳动比率将趋于提高，生产中使用资本数量相对增加，这将导致资本的边际产出减少，从而使资本的产出水平或者说产出资本比率趋于下降。产出资本比率的下降会减缓资本的增长，促使资本劳动比率朝相反的方向变化并收敛于劳动力的自然增长速度。因此，在长期中无论资本的增长是快于还是慢于劳动力的自然增长速度，产出资本比率的调整总会使资本的增长收敛于劳动力的增长，从而使经济在稳态中增长。

经济的均衡增长对于动态贸易理论或者说比较优势的动态变化具有非常重要的意义。这意味着长期内经济的增长不会改变一国资源禀赋的相对拥有数量，从而不会改变在经济增长之前的比较优势。所以，以充分就业和稳态增长为基础贸易理论的基本结论如下。第一，在充分就业和稳态增长的条件下，一国在经济增长起点的比较优势和贸易模式将会继续得到保持而不会变化，因此静态比较优势是动态有效的。第二，如果贸易双方在长期中坚持按照比较优势的原则发展贸易，彼此都会从贸易的扩大中获得好处。因为在这种情况下经济的长期增长必然会扩大相互的贸易规模从而获得更多的经济福利。第三，在一定条件下动态比较优势也会朝反方向变化，但由于违背了比较利益的原则会伴随福利损失。比如，劳动相对充裕而且发展速度较快的发展中国家在长期中要促进本国比较劣势部门也就是资本密集产业的发展，必然会因贸易量的缩减而招致福利损失。

总之，以均衡分析为基础的贸易理论认为，如果经济保持充分就业和稳态增长，静态比较优势和贸易模式在长期内就不会发生变化而且会得到加强；如果由于某种原因长期动态比较优势发生了逆转，这种变化就一定会带来福利损失从而损害一国的经济增长。

（二）现代理论框架下的比较优势动态化

发展中国家的工业化努力和国际贸易现实之间的不一致表明了均衡贸易理论框架的局限性。这种局限性可能产生于均衡贸易理论和新古典增长理论关于充分就业和稳态增长以及需求偏好相同的假设。由于这些假设与经济现实特别是发展中国家的实际情况存在较大差异，因此为了适应发展中国家的需要并使贸易理论更接近实际，应该放弃充分就业和稳态增长的假设。

非均衡贸易理论是以非充分就业为特征的。非充分就业指资本和劳动力的非充分利用，包括两种情况：一种是劳动力的闲置或过剩；一种是资本的闲置或过剩。从现实情况来看，失业在发展中国家表现得比较明显，而资本的过剩是发达国家经常出现的。在发展中国家经济增长主要受到资本不足的限制；而发达国家经济增长经常受到劳动力相对不足的限制。因此，考察两种类型国家之间的贸易模式和比较优势相对变化时，经常面临的情况是一方或双方非充分就业。

在资本或劳动力未得到充分利用的条件下，资源禀赋的相对变化与资本劳动比率 k 之间的相互关系会变得复杂。对一国来说，如果劳动未得到充分利用而存在失业的情况，那么资本的增加就不会同比例地提高资本劳动比率 k，因为增加的资本会全部或部分地被剩余劳动力所吸收。这时，经济能否最终实现充分就业将取决于资本能否持续地按照快于劳动的速度增长。同样，如果资本未得到充分利用而存在闲置，劳动的增加可能根本不会降低资本劳动比率而只会减少闲置的资本数量，这时资本能否最终实现充分利用取决于劳动能否持续地按照较快的速度增长。所以，当经济处于非均衡增长状态时，经济增长的快慢取决于相对稀缺资源的增长速度。

在非均衡条件下经济的增长虽然是收敛的，但不是稳定的。经济增长具有这种非稳定性是由于在非充分就业的条件下稀缺资源的增长并不会使其边际生产力趋于递减，或者至少递减的速度十分缓慢。因此，在非充分就业现象消失之前，经济的增长将持续地处于非稳定状态。比如，在资本相对稀缺的经济中，如果资本的增长快于劳动力的增长，经济中的闲置劳动力就会逐步得到充分利用。虽然资本的较快增长也会在一定程度上提高资本劳动比率，但资本劳动比率的提高并不一定会产生资本边际收益递减的现象。这主要是因为，在存在失业的条件下资本劳动比率的部分提高可以克服生产中劳动过度使用的状况，使资源的配置更加合理。对于劳动相对稀缺而资本相对过剩的经济来说，当劳动的增长速度快于资本的增长速度时，相对过剩的资本会逐步得到充分利用，由资本过度使用而导致资源配置扭曲的状况将得到逐步改善，虽然这时资本劳动比率会有所下降，但劳动的边际生产率可能会上升或至少维持不变。在资本劳动比率保持相对稳定或者缓慢变化的条件下资本和劳动力的增长会使经济持续地扩张，从而表现为一种非稳定的增长。

由于在非均衡增长中资本劳动比率的变化不完全取决于资本和劳动的相对增长速度，因此资本和劳动的不平衡增长会在一个较长的时期内存在下去，并持续地改变经济中资本和劳动的相对拥有量。在这种条件下，由资源禀赋所决定的比较优势和贸易模式必然发生变化。如果资本的增长速度快于劳动的增长速度，那么资本就会变得相对充裕，比较优势就会向资本密集型部门倾斜；如果劳动增长的速度快于资本的增长速度，比较优势就会向劳动密集型部门转移。

因此，在长期内比较优势和贸易模式是不断发生变化的。这意味着发展中国家只要保证经济的较快增长就可以在自由贸易的条件下促进资本密集部门的发展。由此可得出结论：在非均衡贸易模型中经济增长与比较优势的变化是兼容的。

从福利结果来看，非均衡增长条件下比较优势的变化不仅可以免遭经济福利损失，而且当生产和消费结构同方向变化时还可以增进福利。这是因为在非充分就业的情况下，经济的增长或生产的扩张在改变比较优势的同时提高了闲置资源的利用率，而且没有引起资源重新配置和扭曲。因此，当新增资源的边际产出与其消费支出保持一致时就不会引起贸易量的缩减，不会带来贸易利益的损失。相反，如果消费支出偏向进口品，贸易量就会增加，社会福利水平就会提高。

总之，比较优势和贸易模式发生动态变化及其增进一国净福利的情况是可能出现的。这表明在自由贸易的前提下工业化利益和贸易利益是可以兼得的。发展中国家完全可以在不损失贸易利益的前提下实现产业结构的升级，逐步改变自己在国际分工中的不利地位。

二　比较优势动态能力

通过上述分析得知，比较优势虽然具有动态性，但也存在着许多因素影响比较优势这一动态情况，因此在贸易实践中有些国家的比较优势得到了较好的体现和转换，在国际贸易中获得更多的贸易利益和更有利的贸易地位，即贸易条件改善，而有些国家的比较优势没有得到很好的体现和转换，在国际贸易中获得贸易利益减少和贸易地位下降，即贸易条件恶化了。因此，国家之间存在比较优势的体现和转换差异，这种差异主要是由影响比较优势动态的决定因素存在差异而引起的。因此，根据比较优势动态影响因素的变动情况和这些影响对比较优势的影响机制，提出比较优势动态能力（Dynamic Capability of Comparative Advantage，DCCA），正是这些影响因素的存在，使比较优势动态能力存在差异，进而使得国家之间比较优势的体现和转换存在差异。比较优势动态能力是一国在经济增长过程中比较优势升级、转换和创新的综合能力。当一国具有较强的比较优势动态能力时，就意味着该国的比较优势动态化程度相对高，贸易品的技术含量会增加，贸易品的差异性会提高，贸易品的市场容量会扩大。这一能力是由影响比较优势的动态化因素所构成的，因此，可以通过比较优势动态的决定因素变动来测定比较优势动态能力。

在影响比较优势动态化的要素积累因素中选取劳动力数量、全社会固定投资总额以及劳动与资本要素比率对比较优势动态能力进行评价（劳动力数量这一指标值的变化反映一国比较优势中劳动要素的变动情况，全社会固定投资总额的变化反映一国比较优势中资本要素的变动情况，劳动与资本要素比率的变化反映一国劳动和资本作为比较优势的变动情况），说明哪一个更具有比较优势。在影响比较优势动态化的技术进步因素中选取劳动生产率、R&D投入指标（人力物力总投入及比重）、发明专利数对比较优势动态能力进行评价，劳动生产率的变化反映一国技术进步的实际产出效率，劳动生产率提高越快，说明技术进步越快；R&D投入指标从投入的角度反映一国技术进步的基础情况，R&D投入指标值越高，技术进步也越快；发明专利数说明了一国技术进步的直接产出情况，发明专利数越多，说明技术进步的效果越明显。在影响比较优势动态化的规模经济因素中选取边际劳动产出率、边际资本产出率和专业化率对比较优势动态能力进行评价，边际劳动和资本产出率从产出效率的角度反映规模经济实现情况，边际劳动和资本产出率的提高，说明规模经济得以实现；专业化率从专业化的角度反映规模经济情况，专业化率越高，越有利于规模经济的实现。在影响比较优势动态化的人力资本因素中选取万人在校大学生人数、专业技术人员人数和万名劳动力科学家和工程师对比较优势动态能力进行评价，万人在校大学生人数从人力资本增加的角度反映人力资本变化情况，专业技术人员人数从存量的角度反映人力资本变化情况，万名劳动力科学家和工程师从存量比率的角度反映人力资本情况，通常情况下万人在校大学生人数、专业技术人员人数和万名劳动力科学家和工程师越多，人力资本积累就越丰富。在影响比较优势动态化的贸易政策因素中选取关税税率、汇率①和一般贸易与加工贸易的比率对比较优势动态能力进行评价，这三个指标分别从进口、出口和贸易方式的角度反映一国的贸易政策倾向，关税税率越低说明自由贸易的倾向越明显，汇率越高（本国货币越贬值）说明出口导向的政策越明显，加工贸易与一般贸易的比率越高，"两头"在外的格局越明显，融入国际经济一体化的趋势越突出（见表 2－1）。

表 2－1　比较优势动态能力的评价体系

评价目标	影响因素	评价指标	反映内容
比较优势动态能力	要素积累 Y1	劳动力数量 Y11	反映劳动要素的变化情况
		全社会固定资产投资 Y12	反映资本要素的变化情况
		劳动与资本要素比率 Y13	反映劳动或资本哪一个更具有比较优势的变动情况
	技术进步 Y2	劳动生产率 Y21	从产出效率的角度反映技术进步情况
		R&D 投入指标 Y22	从投入的角度反映技术进步情况
		发明专利数 Y23	从产出的角度反映技术进步情况
	规模经济 Y3	边际劳动产出率 Y31	从劳动产出效率的角度反映规模经济实现情况
		边际资本产出率 Y32	从资本产出效率的角度反映规模经济实现情况
		专业化率 Y33	从专业化的角度反映规模经济实现情况
	人力资本 Y4	万人在校大学生人数 Y41	从人力资本增加的方式反映人力资本积累情况
		专业技术人员人数 Y42	从存量的角度反映人力资本积累情况
		万名劳动力科学家和工程师 Y43	从存量比率的角度反映人力资本积累情况
	贸易政策 Y5	关税税率 Y51	从进口的角度反映贸易政策倾向
		汇率 Y52	从出口的角度反映贸易政策倾向
		加工贸易与一般贸易的比率 Y53	从贸易方式的角度反映贸易政策倾向

---

①　这里似乎存在一个矛盾的地方：前面分析随汇率市场化程度的提高，汇率对贸易条件影响的不断收敛性，但后面分析时又说汇率是一个重要的影响因素，这实际上并不矛盾，因为现实中国的汇率市场化程度还非常低，属于有管理的浮动汇率制，因此汇率反映的贸易政策倾向还是会比较明显。

上述评价体系的具体计算公式如下：

$$DCCA = \frac{\sum_{i=1}^{k} Y_i}{k} \tag{2.1}$$

其中，Y_i 指影响因素的指数化数据，k 为对比较优势动态能力的影响因素个数。

$$Y_i = \frac{\sum_{j=1}^{l} Y_{ij}}{l} \tag{2.2}$$

其中，Y_{ij} 为选取评价影响因素的指标值指数化数据，l 为评价第 i 个影响因素时选取的指标个数。

$$Y_{ij} = \frac{y_{ij} - \min_{j}(y_{ij})}{\max_{j}(y_{ij}) - \min_{j}(y_{ij})} \tag{2.3}$$

其中，y_{ij} 评价影响因素指标的具体指标值，对于指标值中最小值的处理并没采用式（2.3），而是采用与最接近指标值指数化数值乘以其变化速度的方法，这样可使最小值指数化后不为"0"，同时还能保证其最小。式（2.3）只适用于正指标的计算，对于所选取指标为逆指标，则要采用指标值的倒数进行计算。

第三节 结 论

通过上述分析和研究，主要结论有三点。

（1）斯密的绝对优势理论、李嘉图的比较优势理论和赫克希尔—俄林的要素禀赋理论构成了完整的传统比较优势理论。在传统比较优势理论的基础上加入了规模经济、产品异质性、要素变动、市场结构等理论模型，解释了不断出现国际贸易实践问题，形成了现代比较优势理论。传统的李嘉图比较优势理论与现代的波特综合理论之间存在一致性，现代比较优势理论是传统比较优势理论的继承和发展。

（2）比较优势是包括许多可比较因素的一个综合体，是指不同产品、产业间存在比较差异,这些差异包括商品比较成本、资源禀赋、商品构成要素密集度、规模经济、技术、专业化分工以及制度性等,并且这些差异具有多边性和转换性,随着比较对象的不同和时间的推移,差异也会有所不同。

(3)比较优势动态能力是一国在经济增长过程中比较优势升级、转换和创新的综合能力,可以通过比较优势动态的决定因素变动进行测定。当一国具有较强的比较优势动态能力时,就意味着该国的比较优势动态化程度相对高,贸易品贸易量会增加,显性比较优势增进、市场集中度提高、多样化程度提高和贸易条件改善。

第 三 章

我国比较优势动态化：趋势、挑战与路径[*]

根据对比较优势动态化的分析观察我国比较优势动态化的趋势，从而探讨所面临的挑战来自何方，这有助于从总体上科学判断我国比较优势发展情况。如何实现这一研究目标？我们主要通过构建评价体系对我国比较优势的动态化程度和动态化能力两方面进行评价，从而为提出比较优势动态化主要路径奠定基础。

第一节　我国比较优势动态化趋势

我国比较优势动态化趋势包括两个方面：一是我国比较优势动态能力变化；二是我国比较优势动态化表现变化。

一　我国比较优势动态能力变化

本部分根据比较优势动态能力评价内容，在对我国要素积累、技术进步、规模经济实现、人力资本积累和贸易政策倾向进行分析的基础上，综合评价我国比较优势动态能力。

（一）我国要素积累情况

在要素积累变化的评价中选取了劳动力增量、固定资产投资增量和劳动与资本要素比率作为评价指标。我国的劳动力数量由 1995 年的 81393 万人增加到了 2009 年的 97408 万人，增加了 16015 万人，增长了 19.68%，年平

　＊　本章主笔：黄宁，经济学博士，副教授，云南大学发展研究院。

均增长 1. 298%。全社会固定资产投资由 1995 年的 11735 亿元增加到了 2009 年的 100223 亿元（1990 年不变价①），增加了 88488 亿元，增长了 7 倍多，年平均增长 16. 55%。

固定资产投资增长的速度明显快于劳动力增长的速度，推动了资本与劳动要素的比率由 0. 1442 提高到了 1. 0289，提高了 6 倍之多，年平均提高速度达 15. 07%，这表明我国资本要素的比较优势在不断增强。在这些影响因素不断上升的推动下，我国要素积累指数是持续上升的，如表 3 - 1 所示。我国资本、劳动以及资本与劳动比率的变动推动了要素积累指数的变动，充分说明了生产要素是一个动态的概念，即基于生产要素的比较优势也是动态的。要素积累指数变动程度越大，说明比较优势动态性越突出，比较优势动态能力越强。

表 3 - 1   我国要素积累情况

年份	劳动力（万人）	投资（亿元）	投资与劳动比	指数
1995	81393	11735	0. 1442	0. 0124
1996	82245	12916	0. 1570	0. 0270
1997	83448	13825	0. 1657	0. 0587
1998	84338	15781	0. 1871	0. 0927
1999	85157	16651	0. 1955	0. 1162
2000	88910	18156	0. 2042	0. 2033
2001	89849	20447	0. 2276	0. 2402
2002	90302	23849	0. 2641	0. 2762
2003	90976	29810	0. 3277	0. 3367
2004	92184	35812	0. 3885	0. 4073
2005	94197	44409	0. 4714	0. 5129
2006	95068	54213	0. 5703	0. 6052
2007	95833	65144	0. 6798	0. 7035
2008	96680	75274	0. 7786	0. 7966
2009	97408	100223	1. 0289	0. 9019

资料来源：《中国统计年鉴》（1996—2010）。

①   本章中有时间价值的数据若没有特别说明就是 1990 年不变价。

（二）我国技术进步情况

我们在技术进步的评价中选取了劳动生产率、R&D 投入相关指标和发明专利数为评价指标。我国的劳动生产率由 1995 年的 4253 元/人提高到了 2009 年的 13762 元/人，提高了 9509 元/人，提高了 2 倍多，年平均提高速度达 8.75%。发明专利授权量由 42000 项迅猛增加到 502000 项，年平均增长速度达 19.39%。R&D 经费支出和 R&D 人员分别由 190.11 亿元和 75.17 万人增加到了 2419.22 亿元和 229.13 万人，分别增长了近 12 倍和 2 倍多，年平均增长速度分别达 19.92% 和 8.28%。R&D 经费支出占 GDP 的比重和万名就业人员 R&D 人员分别由 0.57% 和 9.24 人提高到了 1.70% 和 23.52 人，分别了提高了 1.13 个百分点和 14.28 人，年平均提高速度分别为 8.18% 和 7.98%（见表 3-2）。因此，在这些影响因素不断上升的推动下，我国技术进步指数都是持续上升的。技术进步提高了生产要素的边际生产率或培育了稀缺要素，使比较优势更突出或发生转换，实现了比较优势动态化。我国技术进步指数提高，必然伴随着比较优势动态化程度的提高。

表 3-2 我国技术进步情况

年份	劳动生产率（元/人）	发明专利授权量（千项）	R&D 经费支出（亿元）	R&D 经费支出占 GDP 的比重（%）	R&D 人员（万人）	万名就业人员 R&D 人员（人）	指数
1995	4253	42	190.11	0.57	75.17	9.24	0.0018
1996	4618	40	203.60	0.57	80.40	9.78	0.0165
1997	4985	46	249.34	0.64	83.12	9.96	0.0477
1998	5313	61	272.04	0.65	75.52	8.95	0.0542
1999	5657	92	339.93	0.76	82.17	9.65	0.1066
2000	6075	95	446.59	0.90	92.21	10.37	0.1634
2001	6495	99	516.24	0.95	95.65	10.65	0.1923
2002	7016	112	642.78	1.07	103.51	11.46	0.2492
2003	7648	150	759.46	1.13	109.48	12.03	0.3072
2004	8333	151	933.55	1.23	115.26	12.50	0.3622
2005	9199	172	1142.62	1.32	136.48	14.49	0.4507
2006	10287	224	1379.77	1.39	150.25	15.80	0.5467
2007	11654	302	1626.61	1.40	173.62	18.12	0.6672
2008	12696	352	1911.05	1.47	196.54	20.33	0.7862
2009	13762	502	2419.22	1.70	229.13	23.52	0.9263

资料来源：历年《中国统计年鉴》和历年《中国科技统计年鉴》。

（三）我国规模经济实现情况

在规模经济实现的评价中选取了边际劳动产出率、边际资本产出率和专业化率作为评价指标。1995—2009 年，我国的资本边际产出率波动较大，并且还有明显的下降趋势，1980 年为 2.4660，最高出现在 1999 年，为 3.2889，最低出现在 2009 年，为 0.3593。边际劳动生产率却有较大幅度的上升，由 1995 年的 4.7435 上升到了 2009 年的 12.3139。专业化程度变动并不是非常明显，1995 年为 0.3884，2009 为 0.3896，其中 1995—2002 年专业化程度有明显提高，2002—2007 年又有明显下降。我国规模经济实现指数在资本边际产出、劳动边际产出和专业率的变动推动下波动较大。规模经济实现的目的是提高生产要素的边际生产率，降低单位成本，扩大市场占有率，使比较优势更突出，实现比较优势动态化。我国规模经济实现指数波动对我国比较优势动态化程度产生了一定的不稳定作用（见表 3 - 3）。

表 3 - 3　我国规模经济实现情况

年份	边际资本产出	边际劳动产出	专业化	指数
1995	2.4660	4.7435	0.3884	0.6067
1996	2.4517	3.3999	0.3984	0.6240
1997	3.2562	2.4626	0.3957	0.6787
1998	1.3939	3.0616	0.3955	0.4804
1999	3.2889	3.4911	0.3975	0.7169
2000	2.2615	0.9074	0.3942	0.5197
2001	1.5870	3.8695	0.3926	0.5071
2002	1.2663	9.5175	0.4000	0.6469
2003	0.8700	7.6955	0.3867	0.4885
2004	0.9566	4.7523	0.3722	0.3513
2005	0.8244	3.5208	0.3632	0.2596
2006	0.9019	10.1516	0.3532	0.3787
2007	1.0183	14.5500	0.3356	0.4083
2008	0.8534	10.2062	0.3656	0.4387
2009	0.3593	12.3139	0.3896	0.5582

资料来源：历年《中国统计年鉴》。

（四）我国人力资本积累情况

在人力资本积累的评价中选取了万人在校大学生人数、万名劳动力专业技术人员人数和万名劳动力科学家和工程师作为评价指标。万人在校大学生人数由1995年的23.99人增加到了2009年的160.68人，增加了136.69人，增加了近6倍，年平均增长速度达14.55%。万名劳动力专业技术人员和万名劳动力中专业技术人数分别由157.97万人和4.31人增加到了173.90人和12.04人，分别增加了15.93人和7.73人，年平均增长速度分别为0.69%和7.61%。因此，在这些评价指标不断上升的推动下，我国人力资本积累指数除在1998年、1999年由于万名劳动力中专业技术人数、R&D科学家和工程师、万名劳动力R&D科学家和工程师减少而出现下降外其余年份都是持续上升的。人力资本通过要素效应、溢出效应和吸纳效应对比较优势动态化产生影响，人力资本积累越丰富，这些效应就越明显，比较优势转移的可能性就越大，即比较优势动态化程度越强。我国不断提高人力资本积累指数为比较优势动态化提供了坚实的动力（见表3-4）。

表3-4 我国人力资本积累情况

年份	万人在校 大学生人数（人）	万名劳动力 专业技术人员（人）	万名劳动力科学家 和工程师（人）	指数
1995	23.99	157.97	4.31	0.0172
1996	24.68	162.77	4.48	0.1261
1997	25.67	165.78	4.76	0.2028
1998	27.32	167.63	3.89	0.2099
1999	32.87	170.37	4.22	0.2941
2000	43.88	170.82	5.48	0.3819
2001	56.34	170.01	5.82	0.4093
2002	70.33	170.18	6.31	0.4670
2003	85.79	168.23	6.67	0.4787
2004	102.59	167.58	7.13	0.5249
2005	119.44	168.09	8.56	0.6351
2006	132.28	169.63	9.31	0.7293
2007	142.66	170.63	10.77	0.8352
2008	152.18	173.93	11.99	0.9772
2009	160.68	173.90	12.04	0.9994

资料来源：历年《中国统计年鉴》。

（五）我国贸易政策倾向情况

在贸易政策倾向的评价中选取了关税税率、汇率和一般贸易与加工贸易比率作为评价指标。我国真实关税税率由 1995 年的 2.64% 下降到了 2009 年的 2.16%，下降了 0.48 个百分点，下降幅度为 18.18%。100 美元兑换人民币的数量由 1995 年的 835.10 元下降到了 2009 年的 683.10 元，100 美元兑换人民币的数量下降了 152 元，下降幅度为 18.20%。加工贸易与一般贸易比率由 1995 年的 1.0326 波动提高到了 2009 年的 1.1080。正是基于这些指标值的变动，贸易政策指数在波动中有较快的下降。贸易政策通过影响交易的可能性和交易成本，影响贸易品的交易数量和交易价格，从而显示出具有比较性的一面。贸易政策倾向明确和稳定有利于扩大国际贸易的交易数量和降低交易成本，有利于原有的比较优势表现出来和增添新的比较优势来源，实现比较优势动态化。我国贸易政策倾向相对比较明确和稳定，使我国具有更强的比较优势动态能力（见表 3-5）。

表 3-5　我国贸易政策倾向情况

年份	真实关税(%)	汇率(元)	加工贸易与一般贸易之比	指数
1995	2.64	835.10	1.0326	0.4636
1996	2.61	831.42	1.3420	0.7167
1997	2.71	828.98	1.2774	0.6700
1998	2.69	827.91	1.4071	0.7761
1999	4.09	827.83	1.4012	0.9677
2000	4.03	827.84	1.3087	0.8800
2001	4.17	827.70	1.3178	0.9072
2002	2.88	827.70	1.3212	0.7287
2003	2.70	827.70	1.3286	0.7097
2004	2.25	827.68	1.3463	0.6615
2005	1.96	819.17	1.3219	0.5812
2006	1.80	797.18	1.2262	0.4283
2007	1.95	760.40	1.1469	0.3008
2008	2.23	694.51	1.0185	0.0855
2009	2.16	683.10	1.1080	0.1274

资料来源：历年《中国统计年鉴》。

（六）我国比较优势动态能力评价

根据上述比较优势动态能力决定因素的变化情况，在假定各因素对比较优势动态能力影响程度相同的情况下，采用简单算术平均数的方法计算比较优势动态能力指数，计算结果见表 3-6。

表 3-6 我国比较优势动态能力评价

年份	要素积累 指数	技术进步 指数	规模经济 实现指数	人力资本 积累指数	贸易政策 倾向指数	比较优势动态 能力指数
1995	0.0124	0.0018	0.6067	0.0172	0.4636	0.2203
1996	0.0270	0.0165	0.6240	0.1261	0.7167	0.3021
1997	0.0587	0.0477	0.6787	0.2028	0.6700	0.3316
1998	0.0927	0.0542	0.4804	0.2099	0.7761	0.3227
1999	0.1162	0.1066	0.7169	0.2941	0.9677	0.4403
2000	0.2033	0.1634	0.5197	0.3819	0.8800	0.4297
2001	0.2402	0.1923	0.5071	0.4093	0.9072	0.4512
2002	0.2762	0.2492	0.6469	0.4670	0.7287	0.4736
2003	0.3367	0.3072	0.4885	0.4787	0.7097	0.4642
2004	0.4073	0.3622	0.3513	0.5249	0.6615	0.4614
2005	0.5129	0.4507	0.2596	0.6351	0.5812	0.4879
2006	0.6052	0.5467	0.3787	0.7293	0.4283	0.5376
2007	0.7035	0.6672	0.4083	0.8352	0.3008	0.5830
2008	0.7966	0.7862	0.4387	0.9772	0.0855	0.6168
2009	0.9019	0.9263	0.5582	0.9994	0.1274	0.7026

资料来源：根据历年《中国统计年鉴》和世界银行数据库的相关数据计算得到。

从表 3-6 可看出，我国比较优势动态能力指数虽然在个别年份有波动，但总体提高的趋势还是比较明显。在 1995—2009 年比较优势动态能力的波动中，1998 年、2000 年、2003 年和 2004 年与前一年相比，出现了下降。1998 年主要是由于规模经济波动的原因，而这年规模经济波动的波动主要是由资本边际产出有较大变化。2000 年、2003 年和 2004 年主要是由于规模经济实现情况比较差和贸易政策不利于出口的原因，其中，规模经济实现情况比较差仍然是资本边际产出较低（见图 3-1）。

图 3-1 我国比较优势动态能力指数

二　我国比较优势动态化表现变化

比较优势是国际贸易的基石，其动态化最直接表现为贸易额的变化，然后就是表现为在国际市场上竞争力的变化。

（一）我国出口贸易

我国出口贸易量快速增长，占全球市场份额不断提高。我国出口贸易由1995年的1487.79亿美元增长到了2010年的15781.93亿美元，年平均增长速度达到了17.05%，远高于同期全球7.54%的平均增长速度。我国出口占全球的比重由2.90%持续提高到了10.35%（见表3-7）。

表 3-7 我国出口贸易情况

单位：亿美元

年份	我国	世界	我国占全球比重
1995	1487.79	51223.94	2.90
1996	1510.47	53587.39	2.82
1997	1827.92	55602.96	3.29
1998	1838.09	54668.07	3.36
1999	1949.31	56548.06	3.45
2000	2492.03	63747.21	3.91
2001	2660.98	61359.45	4.34
2002	3255.96	64390.72	5.06
2003	4382.28	74980.45	5.84
2004	5933.26	91304.87	6.50

续表

年份	我国	世界	我国占全球比重
2005	7619.53	104570.99	7.29
2006	9689.36	121191.46	8.00
2007	12200.60	139902.19	8.72
2008	14306.93	161354.26	8.87
2009	12016.47	125152.75	9.60
2010	15781.93	152424.95	10.35
平均增长速度（%）	17.05	7.54	7.45

资料来源：根据 UNCTAD 数据计算整理。

（二）我国出口商品显性比较优势

根据巴拉萨的显示比较优势指数[①]，计算公式为：

$$RCA_{ij} = \frac{\dfrac{X_{ij}}{\sum\limits_{i=1}^{n} X_{ij}}}{\dfrac{\sum\limits_{j=1}^{m} X_{ij}}{\sum\limits_{j=1}^{m} \sum\limits_{i=1}^{n} X_{ij}}} \qquad (3.1)$$

RCA_{ij} 为 i 国在 j 出口贸易品上的显示比较优势指数，X_{ij} 为 i 国在 j 贸易品上的出口额；n 为国家数目，m 为出口贸易品数目。

根据联合国贸发会议提供的数据和式（3.1），计算得到我国出口商品显性比较优势指数，见表 3 - 8。

表 3 - 8　我国出口商品显性比较优势指数

年份	初级产品	食物	农业原材料	矿产物	燃料	制造品	劳动密集和资源密集	低技术密集	中技术密集	高技术密集
1995	0.6823	0.8887	0.6535	0.6061	0.4735	1.1095	2.9211	1.3280	0.4427	0.7015
1996	0.6598	0.8770	0.6818	0.5747	0.4503	1.1234	2.9340	1.2635	0.4680	0.7607
1997	0.6373	0.8021	0.6395	0.6527	0.4560	1.1235	2.9762	1.3065	0.4749	0.7376

① Balassa, B. (1965). "Trade Liberalisation and Revealed Comparative Advantye", *The Manchester School*, 33, pp. 99 - 123.

年份	初级产品	食物	农业原材料	矿产物	燃料	制造品	劳动密集和资源密集	低技术密集	中技术密集	高技术密集
1998	0.6217	0.7556	0.5558	0.6568	0.4420	1.1124	2.8461	1.2734	0.4918	0.7881
1999	0.5639	0.7405	0.6467	0.6882	0.3105	1.1290	2.8328	1.3104	0.5510	0.8104
2000	0.5091	0.7872	0.5861	0.6201	0.2891	1.1611	2.8533	1.4909	0.6052	0.8453
2001	0.4964	0.7174	0.4893	0.5990	0.3080	1.1609	2.7088	1.3687	0.6146	0.9237
2002	0.4515	0.6577	0.4395	0.5687	0.2628	1.1726	2.6153	1.2719	0.6136	1.0251
2003	0.4057	0.5838	0.3658	0.5720	0.2412	1.1928	2.4983	1.2547	0.6004	1.1647
2004	0.3563	0.4994	0.3200	0.5847	0.2109	1.2175	2.4255	1.3009	0.6293	1.2474
2005	0.3002	0.4830	0.3317	0.5182	0.1600	1.2692	2.5084	1.3327	0.6735	1.3182
2006	0.2686	0.4469	0.3056	0.4884	0.1229	1.2969	2.5535	1.4338	0.7180	1.3225
2007	0.2399	0.4030	0.3003	0.3910	0.1140	1.3173	2.4826	1.4944	0.7538	1.3622
2008	0.2173	0.3518	0.3152	0.3854	0.1196	1.3858	2.5579	1.5810	0.8470	1.4030
2009	0.2179	0.3535	0.3209	0.3025	0.1121	1.3484	2.4891	1.3757	0.8635	1.3376
2010	0.2114	0.3614	0.2883	0.2877	0.1072	1.3728	2.4749	1.4866	0.8646	1.3865

资料来源：根据 UNCTAD 数据计算整理。

1995—2010 年我国制造品的显性比较优势指数有比较明显的提高，而初级产品的显性比较优势指数有较大幅度的下降。

1. 制造品

在制造品中我国劳动密集和资源密集制造品最具比较优势，其次是低技术密集制造品；劳动密集和资源密集制造品比较优势程度在降低，低技术密集制造品比较优势有所提高；高技术密集制造品由比较劣势转变为了具有比较优势，中技术密集制造品一直处于比较劣势。

2. 初级产品

食物、农业原材料、矿产物和燃料都处于比较劣势，燃料处于比较突出的劣势。

（三）我国在国际市场上集中度指数

国际市场集中度指数也称为 Herfindahl – Hirschmann 指数，是衡量市场地位的指标，计算公式如下：

$$H_j = \frac{\sqrt{\sum_{i=1}^{n}\left(\dfrac{x_i}{X}\right)^2} - \sqrt{\dfrac{1}{n}}}{1 - \sqrt{\dfrac{1}{n}}}, X = \sum_{i=1}^{n} x_i \qquad (3.2)$$

其中，H_j 表示 j 国的市场集中度，x_i 表示根据 SITC 分类的第 i 种出口商品。

我国在国际市场上集中度指数有所提高，在出口规模最大的前 5 个国家中提高幅度最大，但在这 5 个国家中我国在国际市场上集中度偏低（见表 3 - 9）。

表 3 - 9　商品出口集中度比较

年份	中国	德国	日本	荷兰	美国
1995	0.0700	0.0820	0.1235	0.0531	0.0746
1996	0.0726	0.0859	0.1218	0.0599	0.0773
1997	0.0726	0.0880	0.1274	0.0617	0.0808
1998	0.0745	0.0921	0.1345	0.0684	0.0881
1999	0.0768	0.0981	0.1373	0.0710	0.0923
2000	0.0772	0.1047	0.1353	0.1342	0.0911
2001	0.0808	0.1000	0.1351	0.1226	0.0857
2002	0.0878	0.1040	0.1487	0.1111	0.0845
2003	0.1020	0.1123	0.1455	0.1038	0.0802
2004	0.1083	0.1049	0.1361	0.0981	0.0762
2005	0.1100	0.0956	0.1346	0.1006	0.0741
2006	0.1096	0.0897	0.1421	0.1047	0.0755
2007	0.1037	0.0980	0.1464	0.1003	0.0738
2008	0.0971	0.0917	0.1413	0.1241	0.0691
2009	0.1087	0.0942	0.1188	0.1178	0.0876
2010	0.1065	0.0970	0.1250	0.0768	0.0826
平均	0.0911	0.0961	0.1346	0.0943	0.0808
平均提高	2.84	1.13	0.08	2.49	0.69

资料来源：根据 UNCTAD 数据计算整理。

（四）我国在国际市场上多样化指数

多样化指数是反映一国家或地区出口商品结构与全球平均结构的差异，指数值越大，表明一国家或地区出口商品结构与全球平均结构的差异越大，用结构的绝对偏离程度进行刻画，计算公式如下：

$$S_j = \frac{\sum_i |h_{ij} - h_i|}{2} \qquad (3.3)$$

h_{ij} 表示 j 国第 i 种出口商品占全部出口商品的比重，h_i 表示第 i 种出口商品占全球出口商品的比重。

从表 3 – 10 可看出，我国在国际市场上多样化程度较高，但有下降趋势。

表 3 – 10　商品多样化比较

年份	中国	德国	日本	荷兰	美国
1995	0. 4775	0. 2781	0. 5808	0. 3844	0. 3433
1996	0. 4685	0. 2887	0. 5683	0. 3799	0. 3419
1997	0. 4651	0. 2867	0. 5968	0. 3921	0. 3143
1998	0. 4639	0. 2679	0. 6006	0. 3797	0. 3326
1999	0. 4603	0. 2708	0. 5999	0. 3757	0. 3349
2000	0. 4558	0. 2877	0. 5711	0. 3764	0. 3724
2001	0. 4542	0. 2667	0. 5630	0. 3814	0. 3601
2002	0. 4600	0. 2648	0. 5613	0. 3707	0. 3614
2003	0. 4702	0. 2797	0. 5557	0. 4034	0. 3499
2004	0. 4644	0. 2784	0. 5515	0. 4059	0. 3408
2005	0. 4602	0. 2933	0. 5423	0. 4188	0. 3424
2006	0. 4523	0. 2865	0. 5407	0. 3788	0. 3609
2007	0. 4530	0. 2926	0. 5357	0. 4200	0. 3341
2008	0. 4592	0. 3118	0. 5140	0. 4320	0. 3388
2009	0. 4552	0. 3165	0. 4782	0. 4208	0. 3341
2010	0. 4465	0. 3306	0. 5008	0. 4409	0. 3152
平均	0. 4604	0. 2876	0. 5538	0. 3976	0. 3423
平均提高	– 0. 45	1. 16	– 0. 98	0. 92	– 0. 57

资料来源：根据 UNCTAD 数据计算整理。

（五）我国价格贸易条件

价格贸易条件（Net Barter Terms of Trade，NBTT，也经常被称为净贸易条件、净易货贸易条件或净实物贸易条件）是指一国出口商品价格指数与进口商品价格指数之比，表示出口一个单位价值商品能获得多少单位价值进口商品的变动情况，计算公式如下：

$$NBTT = 100 \times \frac{IP_x}{IP_m} \tag{3.4}$$

在式（3.4）中，IP_x 为出口商品价格指数，IP_m 为进口商品价格指数。在贸易条件的实证分析中，一般都是分析所有进出口商品或分类进出口商品的价格指数，因为基于比较优势原理的国际贸易理论认为一个国家不可能同时出口和进口完全相同的同一种商品，至少进出口商品之间存在一些差异，因此不存在具体分析每一种进出口商品的价格贸易条件。这样，式（3.4）中的进出口商品价格指数就不会是某种商品的个体指数，应该是所有商品或某类商品的总指数。而价格指数属于质量指数，根据指数编制原则，质量指数的编制一般采用 Laspeyres 指数形式，于是，IP_x 和 IP_m 的计算公式分别如下：

$$IP_x = \frac{\sum_i P_{1i}^x Q_{0i}^x}{\sum_i P_{0i}^x Q_{0i}^x} \tag{3.5}$$

$$IP_m = \frac{\sum_j P_{1j}^m Q_{0j}^m}{\sum_j P_{0j}^m Q_{0j}^m} \tag{3.6}$$

在式（3.5）中，P_{1i}^x 为报告期商品 i 的出口价格，P_{0i}^x 为基期商品 i 的出口价格，Q_{0i}^x 为基期商品 i 的出口数量。在式（3.6）中，P_{1j}^m 为报告期商品 j 的进口价格，P_{0j}^m 为基期商品 j 的进口价格，Q_{0j}^m 为报告期商品 j 的进口数量。

根据式（3.4），如果选取某年为基期，设该年的价格贸易条件为 100，那么通过计算报告期的进出口价格指数，就可以看出该国在这段时期内价格贸易条件的变化状况。如果报告期的价格贸易条件指数大于 100，则同基期相比，说明该国的价格贸易条件有所改善；如果报告期的价格贸易条件指数小于 100，则说明该国的价格贸易条件有所恶化。因此，通过价格贸易条件不能反映贸易时点上一国的贸易利益和贸易地位情况，反映的只是一国在持续贸易过程中的贸易利益和贸易地位的变化情况。

根据价格贸易条件的含义，价格贸易条件反映的是一国单位出口商品的进口能力的变动情况，即该国在报告期出口 1 单位的商品，与基期相比能够换回的进口商品是多了还是少了。价格贸易条件指数上升，意味着同基期相比，该国 1 个单位的出口商品能够换回更多的进口商品，该国的进口能力得到了提高；价格贸易条件指数下降，则意味着同基期相比，该国 1 个单位的出口商品能够换回的进口商品减少了，该国的进口能力在下降。但现实经济生活是复杂的，贸易条件的变化是由多种因素共同作用的结果，价格贸易条件对一国贸易利益的影响不能简单地一概而论，需要做具体分析。在经济增长过程中，仅凭价格贸易条件恶化尚不足以说明一国贸易利益的绝对恶化。价格贸易条件核心是国际市场价格，反映商品国际价值变化，而不是国民价值的变化。一国贸易条件不变，并不必然意味一国贸易利益不变，一些相关因素（成本、需求、供给）引起的实际贸易利益变化没有得到反映。

由于价格贸易条件是从价格方面反映了一国在国际市场上竞争条件恶化或好转的指标，能简单直观地反映出该国通过出口从进口中得到的利益变动。价格贸易条件指数的上升，表明出口商品价格相对上涨或进口商品相对下降，出口所能换得进口商品价值数量增加，在其他条件不变的情况下贸易利益增加；贸易条件指数下降则表示出口商品价格相对下降或进口商品相对上涨，出口所能换得进口商品价值数量减少，在其他条件不变的情况下贸易利益减少①。因此，价格贸易条件指数是最具有实用意义的贸易条件指数。

从表3－11可看出，我国价格贸易条件有明显的恶化趋势。

表3－11　我国价格贸易条件变动情况

年份	出口价格指数	进口价格指数	价格贸易条件
1995	100.00	100.00	100.00
1996	101.90	98.06	103.92
1997	102.86	95.15	108.10
1998	99.05	91.26	108.53
1999	96.19	94.17	102.14
2000	95.24	97.09	98.10
2001	93.48	93.26	100.24
2002	92.31	92.05	100.28
2003	93.14	96.88	96.15
2004	95.77	105.66	90.63
2005	96.89	114.60	84.54
2006	98.24	121.31	81.02
2007	101.36	128.41	78.93
2008	107.63	148.53	72.47
2009	104.85	134.05	78.22
2010	106.44	143.26	74.30

资料来源：根据 UNCTAD 数据计算整理。

① 由于在计算价格指数时国际贸易中的商品种类众多，不可能采用个体价格指数，通常采取总指数的形式对许多商品价格的加权平均数，因此，贸易条件指数并不表示贸易利益的绝对量，而是表示贸易利益的变化情况。

第二节　我国比较优势动态化面临的挑战

一　我国比较优势动态化因素的重要性分析

在比较优势动态化评价过程中 k 个比较优势动态化影响因素之间是平等的，即每个影响因素对比较优势动态化的贡献率都应为 $\frac{100}{k}$，若每个影响因素的增长变化速度相同，不会引起贡献率的变化。但由于每个影响因素的增长变化速度存在不同，因此，可能使得每个因素对比较优势动态化的贡献率高于或低于 $\frac{100}{k}$。当某一个因素增长较快时，其对比较优势动态化的贡献率就会高于 $\frac{100}{k}$，并且增长越快，高得越多；相反，当这个因素增长较慢时，其对比较优势动态化的贡献率就会低于 $\frac{100}{k}$，也是增长越慢，低得越多。也就是说，各因素对比较优势动态化的影响程度是由其变动程度相对其他因素的情况所决定的。

在我国的比较优势动态化评价中，各因素之间的增长变化速度存在较大差异，如图 3-2 所示。

图 3-2　各因素之间的增长变化

从图 3 - 2 中可以看出，影响我国比较优势动态化的各因素各年之间的变化速度存在较大差异。随着时间的推移，要素积累、技术进步和人力资本影响不断提高，且提高速度还比较快，而规模经济影响略有下降，贸易政策的影响有较大幅度下降。这样就使各因素对比较优势动态化的贡献率在每年都不等于 20%，通过计算可得到我国各因素对比较动态化的影响程度，进一步得到图 3 - 3。

图 3 - 3 各因素对比较动态化的影响程度

根据图 3 - 3 的显示，首先，我国要素积累、技术进步和人力资本对比较优势动态化的影响程度在不断提高。其次，规模经济对比较优势动态化的影响程度在降低：2004 年以前是快速降低；2005 年之后基本不变。最后，贸易政策对比较优势动态化影响的变化趋势是先波动后持续下降。这五个因素对比较优势动态化影响程度的变化与图中各因素趋势线的变动情况相一致。

表 3 - 12　1995—2009 年我国各因素对比较动态化的影响程度

单位：%

年份	要素积累	技术进步	规模经济	人力资本	贸易政策	合计
1995	1.13	0.16	55.08	1.56	42.09	100
2009	25.67	26.37	15.89	28.45	3.63	100
变化幅度	2171.68	16381.25	-71.15	1723.72	-91.38	

资料来源：根据图 3 - 2 的数据计算得到。

从表 3 - 12 中可看出，在影响我国比较优势动态化的因素中，影响程度最大的是贸易政策倾向变化，其他依次为规模经济实现情况、技术进步、人力资本积累、要素积累。

二　贸易政策调整弱化了外生比较优势

通过鼓励出口贸易政策而获得的比较优势是外生的，意在借助外力使企业在生产和出口其产品方面具备比较优势。通过实施战略性贸易政策，一国能够取得比较优势。关税、汇率和加工贸易与一般贸易的比率三个指标对贸易政策倾向的影响程度变动分别与三个指标值的变动相吻合，关税对贸易政策倾向的影响程度有下降的趋势，汇率的影响程度有所上升，加工贸易与一般贸易比率的影响程度也在上升。从整个期间看，汇率对贸易政策倾向的影响程度最大，其次是加工贸易与一般贸易比率，最小的是关税。因此，要提高贸易政策倾向指数，提高加工贸易与一般贸易比率是最有效的，其次是提高汇率，最后才是提高关税。这样做符合自由贸易的大趋势，自由贸易的程度提高后，关税下降便是事实，关税还会继续下降也是不争的事实，一国应用关税这一工具的范围和程度都在不断缩小，关税在一国国际贸易中的作用越来越小；汇率形成机制改革的方向也是逐步市场化，通过降低汇率鼓励出口的贸易政策受到多方的限制；相反，通过大量的加工贸易，实现中间品贸易的扩大，提高垂直专业化水平，积极参与到全球价值链的分工体系中已经成为国际贸易发展的新方向。因此，促进贸易发展，提高加工贸易与一般贸易比率不仅是最有效的而且是最可能实现的手段。

三　规模经济实现程度低弱化了内生比较优势

规模经济是通过大规模的生产实现生产成本节约的，这样获得的比较优势是内生的。劳动产出率、边际资本产出率和专业化率三个指标对规模经济实现的影响程度变动分别与三个指标值的变动相吻合，从整个期间看，边际资本产出率平均影响程度最大，达到 42.12%，在各年份中波动差距达到 82.28%，各年份之间影响程度的标准差也达到 27.14%；其次是专业化对规模经济的平均影响程度（34.72%），其他变异指标也比较大；最小的是边际劳动产出率，平均影响程度为 23.16%，其他变异指标也相对较小。因此，提高规模经济实现指数，调整边际资本产出率是最有效的，其次是提高专业化程度，最后才是提高边际劳动产出率。

根据前文的分析，使规模经济实现指数不能持续快速提高的最重要原因是边际产出率没有得到持续提高，而在对边际产出率的分析中，资本投入的数量是不断增加的。这样，在其他条件不变的情况下，边际资本产出率波动最可能的原因就是投入结构的改变和产出的变化，而扩大需求是稳定和提高产出、培育新的规模经济实现点的前提。

第三节　比较优势动态化的基本途径

比较优势的内涵十分丰富，其形成和变化取决于许多经济因素。这些因素包括所有能够影响相对价格变动的经济变量。

一　要素积累与比较优势动态化

在静态分析中，一般以某一时点的要素禀赋条件来考虑比较优势的问题。但从经济发展的角度来看，任何一国的自然资源、劳动力和资本，不但在数量和质量发生变化，而且其结构也会发生较大的变化。所以，生产要素是一个动态的概念。

经济的增长会导致资本的积累从而增加可利用的资本总量；人口的自然增长会导致经济中劳动力资源数量的增加。用 ρ 表示资本的增长速度，用 r 表示劳动力增长速度。经济增长对一国生产要素资源禀赋相对拥有量的影响可以分为三种情况：

当 $\rho > r$ 时，资本的相对拥有量会增加，社会中的资本劳动比率 k 就会提高；

当 $\rho = r$ 时，生产要素的相对拥有量和资本劳动比率 k 不会发生变化；

当 $\rho < r$ 时，劳动的相对拥有量会增加，社会中的资本劳动比率 k 就会下降。

根据罗布津斯基定理，当经济增长带来某种生产要素的增加时，密集使用增长要素的生产部门将扩张，而较密集使用非增长要素的生产部门将收缩。若劳动要素增加而资本要素不变，那么劳动密集型产品的生产将扩张；

若资本要素增加而劳动要素不变，那么资本密集型产品的生产将扩张。因此当一种产品生产率增长时，密集使用新增要素的部门的比较优势趋于增强。

二　技术进步与比较优势动态化

技术进步作为促进经济发展的重要因素之一，可以在一国要素总量及结构不变的情况下，通过提高生产要素的边际生产率来影响该国的生产函数，从而影响该国比较优势的结构性变动。技术进步分为中性技术进步、劳动增大型技术进步和资本增大型技术进步。

（一）中性技术进步

如果资本密集型进口替代部门发生的是中性技术进步，那么该部门的资本和劳动的边际生产率会有同比率的提高，这将促使该部门生产进一步扩大。由于短期内不会有两种生产要素在各个产业部门间移动，所以该部门资本和劳动的报酬，即工资和利率随着生产的进一步扩大而上升。资本密集型进口替代产业部门的工资和利率水平的上升，会引起资本和劳动从劳动密集型出口产业部门向该部门移动。如果不考虑资本和劳动在两个部门间的移动所带来的要素相对价格的变化和部分劳动力的失业情况，只考虑这种要素的移动对两个产业部门的生产造成的影响的话，在生产要素禀赋不变的条件下，资本密集型进口替代产业部门生产的扩大是以劳动密集型出口产业部门的萎缩为前提的。这样，资本密集型进口替代产业部门的生产量，在中性技术进步和从劳动密集型出口产业部门转移过来的要素投入的增加的双重作用下会得到成倍的增加。尽管这样的产业调整在一定时期内会造成出口和进口的减少，但它在长期内会为资本密集型商品的出口铺平道路，从而为该国比较优势的结构逆转奠定物质基础。

（二）劳动增大型技术进步

如果劳动增大型技术进步发生在劳动密集型出口产业部门，会使劳动边际生产率的提高大于资本边际生产率的提高。工资利率等要素相对价格不变，会导致资本劳动比率的降低，生产中的一部分资本将减少或每一单位资本所使用的劳动将增加。在这一过程中，在劳动增大型技术进步和从资本密集型产业部门转移过来的要素投入增加的双重作用下，劳动密集型出口部门的生产量比中性技术进步时会有更大的增加，从而该国的出口量也随之大幅度增加。

从静态的角度来考虑，劳动增大型技术进步较为适合于发展中国家的要素禀赋条件，而且它可以通过要素的产业部门间的移动吸收更多的劳动，减缓发展中国家普遍存在的就业压力。但从动态或长期发展的角度考虑，劳动增大型技术进步促进劳动密集型出口产业的兴旺，是以资本密集型进口替代产业部门的萎缩为前提的。而且，对出口商品种类较为单一的发展中国家来说，劳动密集型出口产品大幅度的增加，可能带来贸易条件的恶化。

（三）资本增大型技术进步

资本密集型的进口替代产业中发生资本增大型技术进步，会使资本边际生产率的提高大于劳动边际生产率的提高，从而改变资本和劳动原来的边际替代率。这时要想维持原来的边际替代率，只能提高资本劳动比率。其结果，生产中的一部分劳动将被资本所替代，每一单位劳动所使用的资本将增加。这一资本密集型进口替代产业部门的资本增大型技术进步，长期内通过要素在产业部门之间的移动和要素相对价格的变化，可能产生三个方面的影响。第一，在一定时期内减少进口贸易量而改善贸易条件。资本增大型技术进步发生在资本密集型进口替代产业部门，虽然在短期内只具有促进生产同等数量产品更有效率的效果，但在中长期，它会通过资本需求的上升和新资本的注入等方式，引起生产要素在两个产业部门之间移动，从而促进该产业部门生产的大幅度扩大。在发生资本增大型技术进步的情况下，资本密集型进口替代产业部门有新资本的投入，这时为了使新增资本完全被吸收而发挥其应有的作用，部分劳动应从劳动密集型出口产业部门向资本密集型进口替代产业部门转移。在这样的资本增大型技术进步和新增资本引起的部分劳动转移的双重作用下，资本密集型进口替代产业的生产将会有较大的扩张。生产的扩张还会吸收来自劳动密集型出口产业部门的更多的资本和部分劳动，这又会促进下一轮的该产业部门生产的更大幅度的扩张。但资本密集型进口替代产业部门生产的大幅度扩张，是以劳动密集型出口产业部门的较大萎缩为前提的。进口替代生产的增加意味着进口的减少，而劳动密集型产业部门的萎缩又会导致出口的减少。这一变化会改善该国的贸易条件。第二，从各国的长期经济发展进程来看，技术进步多数表现为资本的增大。而且从技术进步发生的产业部门的情况看，劳动密集型产业比农业部门多，而资本密集型的重化产业部门比劳动密集型产业更多。对于发展中国家来说，扶持和发展资本密集型进口替代产业，可能是其实现工业化的捷径和唯一选择。资本增大型技术进步和由此引起的生产要素在两个产业部门间的移动，的确能促进资本密集型进口替代产业迅速成长和产业结构升级，从而为发展中国家比较优势结构的转变奠定坚实的物质基础。这正是资本增大型技术进步在资本密集型进口替代产业部门发生时可能产生的第二个影响。第三，资本增大型技术进步在资本密集型进口替代产业部门的发生，通过资本边际生产率的提高和该产业部门的扩大，会强力推动资本的需求和资本要素相对价格的上升。在发展中国家，资本原本是稀缺的生产要素。因此，在上述过程中，稀缺的资本会变得更加稀缺，从而资本的稀缺状况会严重地影响发展中国家的经济发展进程。面对这种情况，当然可以考虑多使用一国富余资源，但这意味着刚刚起步的资本密集型进口替代产业会出现停滞，从而影响该国工业化目标的实现。理想的方法应该是积极利用国外的资源，即积极地利用外国资本以缓解国内经济发展中的矛盾。所以，资本增大型技术进步在发展中国家进口替代产业中的发生，尽管会引起资本要素相对价格的不断上升，在封闭的条件下给发展中国家的产业发展带来较大的困难，但在开放经济条件下，只要发展中国家能够制定和实施有效的经济开放政策，国际的资本要素相对价格和相对收益的较大差距会引来大量外资的进入，从而缓解国内资本稀缺的矛盾，促进该国资本密集型进口替代产业的成长和该产业向出口主导型产业的转变。

三 规模经济与比较优势动态化

规模经济是指随着企业经营规模扩大或所在产业规模变化其边际收益递增的现象。假定各国使用的技术相同，则一国劳动投入系数的大小仅取决于该国生产某产品的规模。大规模生产的经济性主要来自生产成本的节约，因此一国某种产品的价格优势或成本优势，可以不是由技术水平的差异而引起的，也不是由要素禀赋不同而引起，而是由生产该产品的规模造成的。规模经济优势表现为三种实现形式：一是先起步并发展较快的国家最先实现规模经济，并取得优势，这是一个自发的过程；二是两个起步相同的国家，其中一国由于掌握并控制了较大的市场而实现规模经济。这一优势来自市场的扩大，主要是国内市场的扩大导致企业最有条件实现大规模生产。一般认为，国内市场比国外市场能更有效地创造规模优势。因为一国的生产主要首先来自国内需求的刺激，而不是国外市场。只有在满足了国内市场需求后，才有进一步寻找、开拓国外市场的压力和动力。三是两个起步相同的国家为避免资源浪费相互协调，分别生产两种产品，即每一个国家优先生产其中一种产品，这样可以产生协议分工的规模经济优势。用这种方式尽管可以节约资源，但必须寻找两国利益的平衡点，如果两国利益失衡，必然造成协议分工的破产。必须清楚的是，并不是所有行业都具备规模经济优势条件，一般认为，规模经济优势，在重工业中最明显，轻工业中较弱，而在第三产业中较难取得。

四　人力资本与比较优势动态化

人力资本理论强调人力资本要素的效率，认为资本不仅包括物质资本，也包括人力资本。比较优势理论有效解释"里昂惕夫之谜"的重要途径就是通过人力资本。人力资本既是一种生产要素，也可以通过人力资本的投入提高劳动生产率。人力资本指的是用于职业教育、技术培训等方面的投入，它能使劳动力技能得到提高。人力资本与技术一样，都具有"知识效应"和"非知识效应"，可以直接或间接地促进经济增长，而且可以产生递增效应，消除常规资本和劳动力的边际收益递减问题。人力资本对比较优势动态的影响主要是通过人力资本要素效应、溢出效应和吸纳效应实现的。

（一）人力资本的要素效应

人力资本是生产过程中重要的投入要素，同物质资本以及其他生产要素一样，必不可少。在当代经济增长和社会发展中，人力资本的这种要素效应变得更为突出，它在生产函数中具有决定作用。因为与过去相比，现在科学技术越来越发达，科学技术的进步成为经济增长的强大推动力。而在这个发展过程中，人力资本要素的效应不断得以强化，主要表现在两个方面：一方面是人力资本投入增加，可以提高生产效率，并且人力资本的边际生产率又比较高；另一方面正如一些学者如罗默、贝克尔在他们的理论模型中所假设的那样：人力资本边际收益率不会递减。人力资本边际规模收益率不会下降甚至提高的根本原因在于技术进步。所谓边际规模收益递减规律，实际上只有在技术条件不变的情况下才有可能发挥作用，即在生产要素质量不变的条件下，数量的增加最终会使边际收益率下降。人力资本是一个质量的概念，人力资本的增加意味着生产要素质量的提高和生产技术的进步，因此贝克尔提出随着人力资本积累的增加，人力资本的收益率将会提高，而不是下降。

（二）人力资本的溢出效应

人力资本的溢出效应是指一个拥有较高人力资本的人对他周围的人会产生更多的有利影响，提高周围人的生产率。人力资本的溢出效应还可以从人力资本投资的增加可以提高其他生产要素的生产率的角度来理解。明塞（Mincer，1959）的研究表明，人力资本投资增加可以提高物质资本的边际生产率，从而提高整个生产过程的生产效率。巴洛和马丁也提出人力资本投资的增加可以使物质资本的边际生产率下降趋势减缓。溢出效应一方面体现在使其他生产要素边际产出增加，另一方面体现在使单位产出的投入成本下降。

（三）人力资本的吸纳效应

人力资本的吸纳效应是指丰富的人力资本在世界范围内吸纳和组合各种生产要素以弥补本国资源的不足，从而为推动经济更快的增长创造条件。在科学技术突飞猛进、世界经济一体化趋势日益加深的情况下，人力资本的这种吸纳效应显得比以往任何时候都更为重要。因为一国即使不具有丰富的自然资源、资本和技术优势，但只要注重人力资本投入，加快人力资本积累，利用丰富的人力资本也可以通过技术引进有效地消化和吸收世界上的先进技术，并利用这些技术和国际资本来改造本国的传统产业，建立和发展高新技术产业，从而促进本国经济的发展。可见，丰富的人力资本是突破国家的界限去考虑资源、资本、技术的有效配置和利用问题的关键所在。

五　贸易政策与比较优势动态化

假如两个国家生产同一产品的两个企业都进入第三国市场，双方在势均力敌的情况下，谁也无力迫使对方撤出该市场，要想战胜对手，除非有某种外力的作用，如果其中一国政府为本国企业提供资助或补贴，那么该企业可能将对手逐出第三国市场或迫使其生产其他产品。借助外力的企业在生产和出口其产品上具备比较优势。借助外力作用在国际市场中获得竞争优势称为策略性贸易。而如果这种资助或外力来自政策，且政府有意识鼓励出口，也称为战略性贸易。这与以往贸易理论所宣扬的政府对外贸干预越少越好的主张形成了鲜明的对比，通过实施战略性贸易，一国能够取得比较优势。国际贸易的实践也证明了战略性贸易比较优势的存在。随着新贸易保护主义的兴起，战略性贸易理论得到了各国广泛的推崇和利用。在宏观方面，政府为鼓励本国商品出口，制定了许多优惠措施，如出口信贷、出口信贷国家担保制、出口补贴和出口退税、商品和外汇倾销以及建立商业情报网等；加强与各国的贸易谈判，签订贸易条约和协定；积极参与多边贸易和区域贸易组织等，以促进本国产品顺利进入世界市场。在微观方面，政府直接参与本国跨国公司在国外的市场争夺，并为其占领市场、打败竞争对手出谋划策和提供各方面的便利条件。

第四节　结论

本章实证研究了我国动态比较优势动态化能力和动态化表现，分析了我国比较优势动态化决定因素的重要性，论证了比较优势动态化的路径选择，从中我们可以得出一些十分重要的结论。其主要观点有几点。

（1）我国比较优势动态能力指数虽然在个别年份有波动，但总体上有比较明显的提高。

（2）我国比较优势动态化表现不一致，基本上是外生表现较好，内生表现较差。外生表现较好，如我国出口贸易量快速增长，占全球市场份额不断提高，制造品的显性比较优势指数有比较明显的提高，我国在国际市场上集中度指数有所提高，在出口前五大国家中提高幅度最大。内生表现较差，如我国在国际市场上多样化程度有下降趋势，价格贸易条件有明显的恶化趋势。

（3）我国比较优势动态化的基本路径包括要素积累、技术进步、规模经济、人力资本和贸易政策。

第 四 章
我国比较优势动态化中的资源制约问题[*]

资源问题一直是经济理论研究的热点。资源一方面为经济的发展提供物质基础；另一方面由于资源数量的有限性和人类发展经济欲望的无限性，资源又会对经济的发展造成一定程度的制约。比较优势理论表明自然资源富集的国家和地区可以利用其自然资源禀赋比较优势推动经济的长期增长。依据国际经济发展经验，发展中国家参与全球化的国际分工和国际协作，其比较优势产业的演进路径一般为自然资源密集型—劳动力密集型—资本和技术密集型产业。从时间演化的角度来看，一国或地区的比较优势并不能永久维持，它是动态演化着的：由于技术进步和劳动生产率等因素的影响，现在的比较优势产业在未来可能不再是比较优势产业。我国的比较优势也是动态地转变，依据目前掌握的资料，我国现在已失去资源比较优势，资源问题已成为我国经济发展过程中的一个重要的约束条件。本章首先分析了我国资源比较优势现状，其次给出了相关的文献与分析方法，接着从实证的角度分析了资源约束与中国及区域的增长阻力，最后提出了实现比较优势动态化的路径选择——资源的经济转型。

第一节　资源比较优势的神话结束

自然资源为经济增长提供了物质基础，且对经济增长产生了重要的影响。20 世纪 90 年代以来，众多的经济学家探讨了自然资源对经济增长的影

---

* 本章主笔：赵鑫铖，经济学博士，副研究员，云南大学发展研究院。

响机制与作用机制，得出的结论为：资源丰裕和资源匮乏都会对经济增长产生制约作用，前者被经济学家称为"资源诅咒"，后者则被称为"资源约束"。

事实上，比较优势理论也在关注经济发展过程中的资源问题：大卫·李嘉图提出的比较优势理论指出，如果两个不同的国家生产同一种产品的机会成本不相同，则机会成本低的国家在生产该产品上具有比较优势。机会成本的差异为两个国家开展国际贸易提供了可能。在国际分工中，各个国家均生产自己的比较优势产品参与国际贸易，可实现经济和福利水平的共同增长。根据李嘉图的比较优势理论，自然资源相对比较丰富的国家和地区在生产资源型产品上具有比较优势——资源比较优势，则应按比较优势来发展经济，出口资源型产品来促进经济的增长。一般说来，按照比较优势的准则来选择生产并发生交换活动，可以保证贸易经济的健康增长和社会福利水平的不断提高。但在资源比较优势这一问题上，由于自然资源存量具有有限性属性和国际自然资源价格的不稳定性，资源比较优势很难长时间得以维持，还有可能陷入"资源诅咒"的僵局。另外，在发展资源优势产业的过程中，如果将资本和劳动等资源过分地聚集于自然资源部门，则可能会产生"荷兰病"等经济问题。

我国自然资源禀赋的一大特点是：自然资源总量丰富，但由于我国人口众多，人均自然资源水平常常低于世界平均水平。我国的许多资源禀赋高的地区，比较优势资源的利用主要采用的是"靠山吃山、靠水吃水、有矿就开、有林就伐"的传统做法，在对外贸易中仍然以自然资源产品为主，处于资源产业链的底端。在经济发展的初始阶段，确实促进了经济的快速增长，但经过大规模开发建设期和稳定繁荣发展期到达资源枯竭衰落期后，经济增长就变得不可持续。

若从静态的角度来看待和运用资源比较优势，很容易陷入"比较优势陷阱"中。在国际贸易开展初期，发达国家利用其技术和经济优势从相对落后的国家进口自然资源产品，而自然资源的出口国由于技术、资金等条件的制约只能生产低附加值的自然资源产品用以出口。自然资源出口国为维持经济增长持续出口自然资源，使自然环境负担加重。最终结果是，发达国家以资源出口国的环境为代价实现了经济和福利水平的增长，而资源出口国依据静态比较优势理论出口其资源型产品虽然获得了经济的短期增长，但却丧失了经济可持续发展的能力和福利增长的持续性。

经济理论与现实的冲突使得众多经济学家开始重新审视比较优势理论。一方面，比较优势并不是静态的，可能随时间和条件的变化而发生转换。受技术进步和劳动生产率等因素的影响，现在的比较优势产业在未来可能不再是比较优势产业，如 A 国现在在生产某些资源产品上具有比较优势，但若随着时间的推移，B 国在生产技术上有了较大的突破使其生产同类产品的机会成本低于 A 国，则 A 国就丧失了资源的比较优势；另一方面，静态比较优势理论假设劳动生产率和比较优势是外生给定的且模型研究的时点保持不变，但经济发展显然是一个动态的过程，因此比较优势理论在动态的经济发展过程中不一定成立。

第二节　相关文献回顾

一　资源约束与比较优势动态化

斯密的绝对比较优势理论及李嘉图的比较成本理论，都没有提及自然资源及资源禀赋在比较优势理论中处于何种地位。一直到赫克歇尔—俄林提出的要素禀赋理论才将自然资源及资源禀赋纳入比较优势理论的框架内：该理论构造了一个两个国家、两种商品、两种生产要素的模型，假定两国在技术等参数完全相同且要素密集度存在差异的条件下，各国生产并出口密集使用其丰裕要素的产品而进口密集使用其稀缺要素的产品，国家间比较优势产生于要素禀赋的差异。由于斯密的理论、李嘉图理论以及 H－O 理论都是将一国在无限制的条件下封闭时与发生贸易时的情况做比较，采用的分析方法属于静态分析法。在要素内涵得到很大程度扩展的全球化时代，若以静态比较优势理论来指导发展中国家的国际贸易，会使其陷入"比较优势陷阱"。因此，提高国际贸易理论对经济现实的解释力，需要从动态角度来考察比较优势理论。

动态比较优势理论主要是对传统静态比较优势理论进行动态推演，侧重于研究随着时间的推移影响比较优势的因素及其福利后果。国际上主要基于经济增长源泉，对要素变化与动态比较优势、技术变化与动态比较优势、其他要素变化与动态比较优势的相互关系进行研究，本章主要分析要素变化与动态比较优势的关系。

巴拉萨（Bela Balassa）[1] 的研究表明，各国物质资本和人力资本的差异导致了出口结构的不同，落后国家的出口结构将随其资源禀赋结构的改善而升级。格罗斯曼（Gene M. Grossman） 等[2]则认为人力资本是一国贸易模式的主要决定因素，且智力资源禀赋是比较优势的重要内容。雷蒙德·弗农（Raymond Vernon）[3] 的"产品生命周期理论"则说明了在产品的生命周期各阶段产品贸易的流向变化。

筱原三代平[4]将传统的比较优势理论动态化，他的分析表明在经济发展的过程中所有的经济因素包括资源禀赋都会动态地变化，这种变化在不同的国家间存在很大差异，从而使得不同国家在国际经济中的地位发生变化，当一国的要素禀赋变化使比较劣势转化为比较优势，该国就获得了比较利益。二阶堂和宇泽 （H. Oniki and H. Uzawa）[5] 分析了资本积累对贸易格局的影响，长期中技术和偏好至少有一方存在国际差异时，贸易才能持续存在。贸易格局是，在长期稳定状态均衡条件下，储蓄倾向较高的一国将专门从事投资品的生产，而储蓄倾向较低的一国则专门从事劳动密集型产品的生产。

芬德利 （Findlay）[6] 的动态要素禀赋理论指出，若可贸易品都是消费品且资本存量由另一个非贸易部门生产，则经济中最重要的变量是人口增长率和储蓄率。人口增长率的增加会降低经济稳态下的资本劳动比率，从而减少资本密集型产品的生产。储蓄率提高的短期影响是不明确的，既可能提高也

① Balassa, B. (1965). "Trade Liberalisation and Revealed Comparative Advantage", *The Manchester School*, 33, 99–123.

② Gene M. Grossman, E. Helpman (1990). "Comparative Advantage and Long–Run Growth", *The American Economic Review*, Vol. 80, No. 4.

③ Raymond Vernon (1966). "International Investment and International Trade in the Product Cycle", *The Quarterly Journal of Economics*, (5)，Vol. 80, No. 2：190–207.

④ 〔日〕筱原三代平：《产业构成论》，中国人民大学出版社1998年版。

⑤ H. Oniki and H. Uzawa (1965). "Patterns of Trade and Investment in a Dynamic Model of International Trade", *Review of Economic Studies*, January, 15–38.

⑥ Findlay, R., *Trade and Specialization*, Harmondsworth：Penguin, 1970.

可能降低资本密集型产品的产出，但从长期来看肯定会提高资本密集型产品的产出。

二　关于"资源约束"实证研究——增长阻力研究

在包含自然资源的新古典增长理论中，生产函数表现为使用资本 K、劳动 L 和自然资源 R 三种投入要素生产一定的总产出 Y，即 $Y = F(K, AL, R)$。因为生产函数具有规模收益不变和边际收益递减的特征，可以将生产函数表示为人均产出的形式，即 $y = (k, r)$。可以通过人均产出生产函数分析资源对经济增长和动态比较优势的影响。一方面，人均产出主要取决于人均资本和人均自然资源的影响，生产中的自然资源受资源禀赋的限制不可能长期增长，因此自然资源会对经济的长期增长造成一定程度的制约——增长阻力。另一方面，在人均资本相同的条件下，自然资源和劳动的比较优势存在动态转化：自然资源的增长速度快于劳动的增长速度从而使人均自然资源趋于提高，表明经济中自然资源变得越来越充裕，根据贸易理论这将导致资本要素的价格下降，因此有利于资源密集型部门的发展。反之，若自然资源的增长速度慢于劳动的增长速度，劳动密集型产业部门将获得较快的发展。

关于资源约束对经济增长的影响的实证研究主要的着眼于自然资源对经济的增长阻力分析上。Nordhaus[1] 将自然资源纳入生产函数中，分析了存在资源约束[2]和不存在资源约束[3]的两种新古典增长模型，而"增长阻力"（growth drag）就是两个模型中的稳态劳均产出的增长率之差，并据此测算出美国土地和其他自然资源的总增长阻力为 0.0024，其中土地的增长阻力大约为 0.0006。Copeland 和 Taylor[4] 也从经验角度分析了土地和环境对经济

---

[1]　Nordhuas, W. D. (1992). "The Limits to Growth Revisited", *Brookings Papers on Economic Activity*, No. 2, pp. 1 – 43.

[2]　存在资源约束指的是现实经济的情况，即劳动力增长与自然资源的增长速度不一致，结果导致劳均可利用资源的下降。

[3]　不存在资源约束的情况是一种参照情况，即劳动力增长与自然资源的增长速度一致，结果导致劳均可利用资源随时间趋于不变。

[4]　Copeland Brian, M. Scott Taylor (2003). "Trade, Growth and the Environment", *NBER Working Paper*, No. 9823.

增长的影响,并提出如何规避土地和环境对经济增长制约作用的政策建议。Bruvoll、Glomsrod 和 Vennemo[1] 运用动态的 CGE（Computable General Equilibrium）来模拟由于环境制约引起的挪威福利的损失情况,他们将环境的制约作用界定为由于环境约束的存在社会需付出的成本。Noel[2] 以美国的数据分析了能源对经济增长的影响,分析结果表明 1889—1992 年原油稀缺对美国经济增长有显著影响。Martin 和 Mitra[3] 运用了 1967—1992 年 50 个国家的面板数据分析了农业收敛与生产力增长的关系,土地技术改进是农业技术进步的主体。Nagi[4] 指出以土地为代表的自然资源对经济增长具有一定的影响。

Romer[5] 构建了一个"增长阻力"分析框架,模型中考虑了土地和自然资源两种要素对人均经济增长的制约作用,总量生产函数采取 $C-D$ 形式,即 $Y(t) = K(t)^{\alpha} R(t)^{\beta} T(t)^{\gamma} [A(t)L(t)]^{1-\alpha-\beta-\gamma}$,假定存在资源约束情况下土地和自然资源的增长率分别为 0 和 $-b$,不存在资源约束情况下土地和自然资源的增长率都为 n,两种情况下的劳均产出增长率之间的差额就是自然资源和土地的增长阻力,$Drag = \dfrac{\beta b + (\beta + \gamma)n}{(1-\alpha)} = \dfrac{\beta(b+n)}{(1-\alpha)} + \dfrac{\gamma n}{(1-\alpha)}$,其中,$\dfrac{\beta(b+n)}{(1-\alpha)}$ 为自然资源的增长阻力,$\dfrac{\gamma n}{(1-\alpha)}$ 为土地资源的增长阻力。

由于 Romer 度量和测算增长阻力的方法简单及易操作,因此国内很多学者在 Romer 分析框架的基础上研究能源、水资源和土地资源等给中国经济带来的增长阻力。

---

① Bruvoll, A., Glomstrd, S., and Vennemo, H. (1999). "Environmental Drag: Evidence from Norway", *Ecological Economics*, Vol. 30, 235 – 249.

② Noel. D. A. (1995). "Reconsideration of Effect of Energy Scarcity on Economic Growth", *Energy*, (1).

③ Martin, W., & Mitra, D. (2002). "Productivity Growth and Convergence in Agriculture versus Manufacturing", *Economic Development and Cultural Change*, 49 (2), 403 – 422.

④ Nagi, L. R. (1956). "Barriers the Transition to Modern Growth 2000", *Quarterly Journal of Economics*, 70 (1): 65 – 94.

⑤ 〔美〕戴维·罗默:《高级宏观经济学》,王根蓓译,上海财经大学出版社 2009 年版,第 26—31 页。

1. 土地增长阻力

薛俊波等[1]运用 Romer 分析框架考察了土地要素对中国经济增长的影响，构建的模型为：$Y(t) = K(t)^{\alpha} T(t)^{\gamma} [A(t)L(t)]^{1-\alpha-\gamma}$，实证结果表明土地对中国经济的"增长阻力"大约为每年 1.75%。崔云[2]利用我国 1981—2004 年的数据，估算了出土地"增长阻力"为每年平均约为 1.26%。杨杨等[3]运用 Romer 框架及 CES 生产函数估算了土地对中国经济增长的影响，得到土地资源的增长阻力为 0.46%。葛扬和何婷婷[4]的研究表明 1978—2006 年土地对长三角地区经济增长的阻力为 0.52%。李文杰等[5]的研究指出土地对四川经济增长的阻力大约为 1.43%。

表 4 – 1　国内学者对中国土地资源的增长阻力研究

学者	模型	对不存在资源约束下自然资源增长速度的假设	土地资源的增长阻力(%)
薛俊波等(2004)	柯布—道格拉斯生产函数	$\dot{T}(t)/T(t) = 0$	1.75
崔云(2007)	柯布—道格拉斯生产函数	$\dot{T}(t)/T(t) = 0$	1.26
杨杨等(2007)	二级三要素 CES 生产函数	$\dot{T}(t)/T(t) = d$	0.46
葛扬和何婷婷(2010)	柯布—道格拉斯生产函数	$\dot{T}(t)/T(t) = 0$	0.52
李文杰等(2010)	柯布—道格拉斯生产函数	$\dot{T}(t)/T(t) = 0$	1.43

2. 水土资源的增长阻力

谢书玲等[6]在 Romer 方法的基础上分析了水土资源对中国经济的增长阻

①　薛俊波、王铮、朱建武、吴兵：《中国经济增长的"尾效"分析》，《财经研究》2004 年第 9 期，第 5—14 页。

②　崔云：《中国经济增长中土地资源的"尾效"分析》，《经济理论与经济管理》2007 年第 11 期，第 32—37 页。

③　杨杨、吴次芳、罗罡辉：《中国水土资源对经济的"增长阻力"研究》，《经济地理》2007 年第 4 期，第 529—533 页。

④　葛扬、何婷婷：《长三角经济发展中土地资源的增长阻力分析》，《学海》2010 年第 4 期，第 90—96 页。

⑤　李文杰、张文秀、司秀林：《四川省经济增长中土地资源的"阻力"研究》，《国土与自然资源研究》2010 年第 4 期，第 50—53 页。

⑥　谢书玲、王铮、薛俊波：《中国经济发展中水土资源的"增长尾效"分析》，《管理世界》2005 年第 7 期，第 20—26 页。

力，实证结果显示水资源对中国经济的增长阻力为 0.1397%，土地对中国经济增长影响的"阻力"为 1.3201%，水土资源的增长阻力为 1.4548%。杨杨等（2007）在修正了自然资源增长率的基础上，利用 Romer 框架估算出水土资源对中国经济的"增长阻力"为 1.18%。

表 4-2　国内学者对中国水土地资源的增长阻力研究

学者	增长阻力公式	对不存在资源约束下自然资源增长速度的假设	水土地资源的增长阻力(%)
谢书玲等(2005)	$\dfrac{\beta n}{(1-\alpha)} + \dfrac{\gamma n}{(1-\alpha)}$	$\dot{T}(t)/T(t) = 0$，$\dot{W}(t)/W(t) = 0$	1.4548
杨杨等(2007)	$\dfrac{\beta(n-a)}{(1-\alpha)} + \dfrac{\gamma(n-b)}{(1-\alpha)}$	$\dot{T}(t)/T(t) = b$，$\dot{W}(t)/W(t) = a$	1.18

3. 能源的增长阻力

雷鸣和杨昌明等[1]利用 Romer 的增长阻力分析框架得出能源对中国经济的增长阻力约为 0.68%，并给出了降低能源增长阻力的政策建议。李影和沈坤荣[2]的研究结果表明不同能源种类对经济增长的制约程度有着明显的差异：各能源种类的经济增长"尾效"值分别是一次性能源 0.00577，石油 0.064781，天然气 0.032424，水电、风电、核电 0.027458，煤炭 0.009617，并得出了能源对我国经济增长的制约作用不是体现在总量上而在于能源结构方面的结论。沈坤荣和李影[3]放宽了 Romer 框架总量生产函数规模不变的假定，估算能源对我国经济的增长阻力大约为 0.577%，能源对我国经济增长的制约作用与其他自然资源相比并不明显。

一些学者还分析了自然资源对我国城市化进程的制约作用。刘耀彬和

---

①　雷鸣、杨昌明、王丹丹：《我国经济增长中能源尾效约束的计量分析》，《能源技术与管理》2007 年第 5 期，第 101—104 页。

②　李影、沈坤荣：《能源约束与中国经济增长——基于能源尾效的计量检验》，《经济问题》2010 年第 7 期，第 16—20 页。

③　沈坤荣、李影：《中国经济增长的能源尾效分析》，《产业经济研究》2010 年第 2 期，第 1—8 页。

陈斐①通过对 Romer 框架进行适当的转换，分析了能源、土地和水资源消耗对中国城市化进程的"尾效"分别为 0.1060748、0.003557703、0.191362401，能源、土地和水资源消耗对城市化进程的"尾效"为 0.30099，指出如果资源消耗维持目前的水平，到 2015 年很难实现城市化发展的战略目标。

三 增长阻力的文献评价

增长阻力的理论和实证研究阐述了自然资源对经济增长的作用机理和影响程度。不同的是这些模型的前提假设和基础存在比较大的差异，从而得出的结论和实证结果也大为不同。通过前文的文献梳理，我们发现：

首先，多数学者仅考虑了单个自然资源对经济的增长阻力（见前文的总结），较少学者考虑多种自然资源对经济的增长阻力。

其次，在增长模型的构建基础——生产函数上有较大的差异。大部分学者是基于柯布—道格拉斯生产函数，也有部分学者采用可计算的一般均衡 CGE 模型，还有学者采用的是二级三要素 CES 生产函数模型。

最后，对存在资源约束情况下自然资源的增长速度的假设上也不尽相同。Nordhaus（1992）、Romer（2001）、薛俊波等（2004）、谢书玲等（2005）、庞丽（2006）、刘耀彬等（2007）、崔云（2007）、雷鸣等（2007）对"存在土地资源约束"做出了"土地资源数量固定"的假设；杨杨和吴次芳等（2007）假设"土地资源按照一定比例增长"。

第三节 资源约束与中国增长阻力实证分析

大量的实证研究表明，自然资源作为人类最基本的经济资源②确实给经济增长带来了制约，但由于各国或各地区在资源禀赋、技术水平和劳动增长率等方面存在差异，其面临的自然资源的增长阻力也不相同。对中国这样一

① 刘耀彬、陈斐：《中国城市化进程中的资源消耗"尾效"分析》，《中国工业经济》2007 年第 11 期，第 48—55 页。
② 马克思曾引用威廉·配第的话"劳动是财富之父，土地是财富之母"来说明使用价值的两个源泉，这足以说明土地资源对人类的重要性。

个正处于高速发展中的发展中大国而言，自然资源是否对经济增长造成了严重的制约？本章在 Romer（2001）分析框架的基础上，从定量的角度分析自然资源对中国经济增长的制约程度，从而为中国制定经济政策和土地政策提供一定的参考。

一 实证模型设定及数据

（一）模型设定

自然资源范围广泛，包括水资源、土地资源、能源资源和矿产资源等。出于数据可得性及其在生产中的重要性，本章只考虑水资源、土地资源、能源资源三种自然资源，总量生产函数为：

$$Y(t) = K(t)^\alpha E(t)^\beta W(t)^\gamma T(t)^\eta [A(t)L(t)]^\vartheta$$

两边取对数可得：

$$\ln(Y(t)) = \alpha\ln(K(t)) + \beta\ln(E(t)) + \gamma\ln(W(t)) + \eta\ln(T(t)) + \vartheta\ln(A(t)L(t))$$

$$(4.1)$$

其中，$Y(t)$、$K(t)$、$E(t)$、$W(t)$、$T(t)$、$A(t)$、$L(t)$ 分别为产出、资本存量、能源、水资源、土地资源、技术进步和劳动力。对各个生产要素的增长率做出如下假设：

（1）一国或地区的土地面积虽然是固定的，但随着经济的发展，对土地的利用也越来越充分，土地资源也以一定的速度增长：$T(t) = xT(t)$；

（2）技术进步和劳动分别以 g 和 n 的速度增长：$A(t) = gA(t)$，$L(t) = nL(t)$；

（3）能源主要以化石能源为主，因此能源禀赋 $E(t)$ 可被假定为给定的，随着能源的消费，其禀赋会下降，假定能源消费的增长率为 b，则可以证明能源消费的增长率就是能源禀赋的递减率，本章用能源消费量和能源消费增长率的相反数来分别代表能源投入和能源资源的增长率。

（4）水资源随时间的变化动态为：$W(t) = yW(t)$。

根据 Romer（2001）的框架进行推导，比较没有自然资源约束下的劳均经济增长率和有自然资源约束下的劳均经济增长率，可得自然资源对经济的增长阻力为：

$$Drag = \frac{\beta(n+b)}{1-\alpha} + \frac{\gamma(n-x)}{1-\alpha} + \frac{\eta(n-y)}{1-\alpha} \tag{4.2}$$

其中，$\frac{\beta(n+b)}{1-\alpha}$、$\frac{\gamma(n-x)}{1-\alpha}$、$\frac{\eta(n-y)}{1-\alpha}$ 分别为能源、土地和水资源对经济的增长阻力，三者之和即为自然资源对经济的增长阻力。从式（4.2）可知，自然资源对经济的"增长阻力"取决于产出的资本弹性 α、能源弹性 β、土地弹性 η、水资源弹性 γ、劳动增长率 n、能源消费增长率 b、土地资源的增长率 x 和水资源增长率 y，且随资本与自然资源产出弹性和劳动增长率的增加而增加，随各个自然资源增长率的提高而降低。这一方面说明了自然资源对经济增长的阻力很大程度上与经济对资本和自然资源的依赖程度紧密相关；另一方面说明若要降低自然资源对经济增长的约束程度，必须适当地控制人口的增长。由增长核算理论可知，投入要素增长和技术进步是经济增长的源泉，降低增长阻力要求劳动投入不能增长得过快，那么降低自然资源对经济的增长阻力的唯一途径便是推动技术进步。

（二）数据说明

进行回归分析，首先需要获得 $Y(t)$、$K(t)$、$E(t)$、$A(t)$、$L(t)$ 相应的数据。考虑到数据的可得性和一致性，选取 1986—2008 年的相关数据作为实证分析的基础。数据主要来源于国家统计局数据库及我国历年统计年鉴。

（1）取 GDP 作为产出，从国家统计局数据库得到各省现价 GDP 及 GDP 指数，并换算成 2000 年不变价 GDP。

（2）以就业人员数代表劳动投入，从国家统计局数据库得到各省就业人员数。

（3）资本存量通过永续盘存法来进行核算，通过对张军等《中国省际物质资本存量估算：1952—2000》中的各省资本存量进行调整并转化为 2000 年不变价资本存量。

（4）能源投入以能源消费来表示，从国家统计局数据库得到各省能源消费量。

（5）本章所使用土地资源的数据是《中国统计年鉴》1978—2006 年各卷中耕地、林业用地和可利用的草地面积三者之和。

（6）水资源资料来源于《中国统计年鉴》，并对水资源总量按96%进行折算。

表4-3 1978—2009年中国产出及各种要素投入

年份	实际GDP（亿元）	资本K（2000年）（亿元）	劳动力（L）（万人）	能源（E）（万吨标准煤）	土地（D）（万公顷）	水资源（W）（亿立方米）
1978	13056.5	16313.6	40152.0	57144.0	59115.9	27233.2
1979	14048.8	17789.0	41024.0	58588.0	59126.8	27233.2
1980	15144.6	19266.0	42361.0	60275.0	59107.5	27233.2
1981	15932.1	20552.3	43725.0	59447.0	59080.7	27233.2
1982	17381.9	22528.0	45295.0	62067.0	59037.6	27233.2
1983	19276.6	24862.5	46436.0	66040.0	59013.0	27233.2
1984	22206.6	27973.8	48197.0	70904.0	58962.4	27233.2
1985	25204.5	32215.6	49873.0	76682.0	58861.6	27233.2
1986	27422.5	36866.0	51282.0	80850.0	58800.0	27233.2
1987	30603.5	41952.2	52783.0	86632.0	58765.9	27233.2
1988	34061.7	47197.6	54334.0	92997.0	58749.2	27233.2
1989	35458.3	51086.8	55329.0	96934.0	58742.6	27604.2
1990	36805.7	55136.1	64749.0	98703.0	58744.3	27604.2
1991	40191.8	59802.3	65491.0	103783.0	67641.3	27604.2
1992	45899.0	66415.0	66152.0	109170.0	67618.6	27604.2
1993	52324.9	76010.9	66808.0	115993.0	67586.1	29295.8
1994	59179.4	87782.3	67455.0	122737.0	67112.7	29295.8
1995	65630.0	101804.4	68065.0	131176.0	67119.1	29295.8
1996	72193.0	116913.6	68950.0	135192.0	67119.0	29295.8
1997	78907.0	132839.0	69820.0	135909.0	70626.9	27855.0
1998	85061.7	151348.7	70637.0	136184.0	70626.9	34017.0
1999	91526.4	170717.6	71394.0	140569.0	70667.9	28196.0
2000	99214.6	191779.7	72085.0	145531.0	70667.0	27700.8
2001	107449.4	215295.0	73025.0	150406.0	70666.0	26867.8
2002	117227.3	243048.2	73740.0	159431.0	70666.0	28261.3
2003	128950.0	278552.5	74432.0	183792.0	70666.5	27460.2
2004	141974.0	321461.0	75200.0	213456.0	72829.6	24129.6
2005	158017.1	375661.4	75825.0	235997.0	72829.6	28053.1
2006	178085.2	418905.3	76400.0	258676.0	72829.6	25330.1
2007	203373.3	468884.9	76990.0	280508.0	72829.6	25255.2
2008	222897.2	525915.7	77480.0	291448.0	71997.6	27434.3
2009	243180.8	603199.2	77995.0	306647.0	74095.4	24180.2

在此需要明确地给出各个模型中的几个参数：1981—2009 年劳动增长率[1]$n = 2.74\%$，水资源的增长率 $y = 0.0798\%$，能源消费增长率 $b = 5.63\%$，土地资源的增长率 $x = 0.8077\%$。

二 实证分析

经过计量检验，表明对数实际 GDP、资本、劳动、水资源、土地资源、能源消费量等时间序列都是二阶单整序列，且通过了协整检验，各时间序列之间存在协整关系，即长期均衡关系。利用公式（4.1）进行回归分析从而得到水资源、土地资源、能源消费量等自然资源的产出弹性和资本弹性的值，结合式（4.2）可计算自然资源约束对经济的增长阻力。

在对式（4.1）进行回归分析时发现存在自相关的问题，为此，采用广义差分法对变量数据进行处理，经过三次变量变换处理后，很好地消除了自相关关系，最终得到了以下回归结果：

$$\ln[Y(t)] = -4.008 + 0.635\ln[K(t)] + 0.260\ln[A(t)L(t)] + 0.0056\ln[W(t)] +$$
$$0.250\ln[T(t)] + 0.169\ln[E(t)]$$
$$(1.97) \quad (10.53) \quad (2.51) \quad (1.23) \quad (1.92) \quad (1.95)$$
$$AR(1) = 1.131(T\text{统计量为}6.65) \quad AR(2) = -0.640(T\text{统计量为} -3.56)$$
$$R^2 = 0.999534, \quad D.W = 1.549469, \quad F = 5825.290 \tag{4.3}$$

由式（4.3）的结果，可得资本弹性 α、能源弹性 β、土地弹性 η 和水资源弹性 γ，结合前面数据部分获得的劳动增长率 n、能源消费增长率 b、土地资源的增长率 x 和水资源增长率 y，根据式（4.2）就可计算自然资源对经济的增长阻力，计算结果如表 4 - 4 所示。

表 4 - 4 各种自然资源对经济的增长阻力

资源	水资源	土地资源	能源资源	自然资源(二者之和)
阻力	0.000409	0.013248	0.038813	0.052469

---

[1] 此处的要素平均增长的计算我们采用综合法，其计算公式为：平均增长率 $= \sqrt[1+2+\cdots+n]{\dfrac{x_1 \cdot x_2 \cdots \cdots x_n}{x_0^n}} - 1$，其中，$x_0$ 为最初期，x_n 为最末期。

三　结果分析

(一) 水资源的增长阻力

从表 4 - 4 可知，在土地资源和能源资源不存在约束的条件下（即土地资源和能源资源以 $n = 2.74\%$ 的速度增长），水资源的经济增长阻力为 0.000409，也就是说由于水资源不能与劳动力以相同的速度增长（即在经济增长过程中存在水资源约束），中国经济增长每年比没有水资源约束的情况要降低 0.04%，这个结果比谢书玲等等[①]的研究低了 0.0988%。这主要是由于本章对水资源的增长率与谢书玲等 (2005) 的假设不同，谢书玲等 (2005) 假设水资源的增长率为零，但根据收集到的数据经过计算可知，我国水资源的年均增长率为 0.0798%。因此，在分析水资源对经济增长的阻力时，假定水资源固定不变不恰当的。由于水资源对经济的增长阻力主要取决于资本弹性 α、水资源弹性 γ、劳动增长率 n、水资源增长率 y 等 4 个参数，且随前三个参数的增加而增加，随水资源增长率 y 的提高而降低。这四个参数中，水资源增长率 y 不能通过政策或者其他手段而改善，在此我们不予讨论。总结起来，水资源对经济增长的阻力取决于资本弹性 α、水资源弹性 γ、水资源增长率 y 和劳动增长率 n 四个参数，要减小水资源的增长阻力，需降低经济对要素投入（水资源和资本）的依赖程度，使经济增长更多地依靠技术进步。

图 4 - 1 给出了我国 1981—2009 年水资源的动态变化趋势。由图 4 - 1 可知，1981—2009 年我国的水资源总量在 27000 亿立方米左右波动，没有大幅度增长，也没有大幅度下降。与此同时，我国的劳动增长相对水资源增长很快，1981—2009 年的年均增长率达到 2.73%，意味着我国的劳均水资源量下降得很快。此外，我国现阶段正处于快速工业化的阶段，这一时期的增长模式决定了对水资源的投入要求很高。今后很长一段时间，我国的用水形势将会非常严峻，水资源对经济的增长阻力目前虽然很小，但也不容忽视。

(二) 土地资源的增长阻力

在水资源和能源资源不存在约束的条件下（即土地资源和能源资源

[①]　谢书玲、王铮、薛俊波：《中国经济发展中水土资源的"增长尾效"分析》，《管理世界》2005 年第 7 期，第 20—26 页。

图 4-1　1981—2009 年中国水资源动态变化

资料来源：水资源数据 1981—1988 年数据是利用河川年径流总量按 96% 折算得来，1989—1996 年数据是利用地表水资源量按 96% 折算得来，1997—2002 年是利用的地表水资源量与地下水资源量之和减去二者重复的部分，2002—2009 年资料来源于各年《中国环境统计年鉴》。

以 $n = 2.74\%$ 的速度增长），土地资源的经济增长阻力为 0.013248，也就是说由于土地资源不能与劳动力以相同的速度增长（即在经济增长过程中存在土地资源约束），中国经济增长每年比没有土地资源约束的情况要降低 1.32%，这个结果比国内学者的研究低：谢书玲等[1]的研究表明土地资源对经济增长产生的阻力为 0.013201，崔云[2]得出土地资源对经济增长产生的阻力为 0.0153。这主要是由于本文对土地资源的增长率与谢书玲等（2005）的假设不同，谢书玲等（2005）假设土地资源的增长率为零，但从收集到的数据，经过计算可知，我国的土地资源从 1981 年的59147.93 万公顷增加到 2009 年的 74524.84 万公顷，年均增长率为0.83%。因此，在分析土地资源对经济增长的阻力时，假定土地资源固定不变是不恰当的。

我们考察的土地资源面积由耕地、林地、可利用草地和城市建设用地四

①　谢书玲、王铮、薛俊波：《中国经济发展中水土资源的"增长尾效"分析》，《管理世界》2005年第 7 期，第 20—26 页。

②　崔云：《中国经济增长中土地资源的"尾效"分析》，《经济理论与经济管理》2007 年第 11 期，第 32—37 页。

图 4 - 2　1981—2009 年中国耕地面积和城市建设用地面积动态变化

资料来源：1986—1995 年耕地资源数据为国家统计局年报数据；1996 年（含）以后耕地资源数据根据国土资源部各年《国土资源公报》整理；城市建设用地面积资料来源于《2009 中国城市建设统计年鉴》。

个部分组成，其中林地和可利用草地面积在 1981—2009 年没有很大的变化，基本上稳定在 26289 万公顷和 31333 万公顷的水平上。耕地面积则一直在下降，图 4 - 2 中 1995 年和 1996 年之间耕地面积有一个跳跃，其反映的不是耕地面积的实际变化，而是在 1996 年前和 1996 年后的统计口径的变化。虽然统计口径前后不一致，但如果分两段来看耕地面积的变化情况，耕地面积逐年减少是不争的事实。再看我国城市建设用地面积的变化情况，城市建设用地面积从 1981 年的 67.2 万公顷增长到 2008 年的 391.4 万公顷，年均增长6.74%。从广义上的土地资源定义来看，我国的土地面积就是 960 多万平方公里，不可能再增加，只有在各种不同用途上分配的可能性。目前，我国土地的荒漠化和沙漠化情况很严重，必须加强对土地资源的保护和对土地资源的合理利用，在既定土地资源条件下获得更高的经济增长率，也能在一定程度上缓解土地资源对经济的增长阻力。

（三）能源对经济的增长阻力

在土地资源和水资源不存在约束的条件下（即土地资源和水资源以 $n = 2.74\%$ 的速度增长），能源资源的经济增长阻力为 0.038813，也就是说由于能源资源不能与劳动力以相同的速度增长（即在经济增长过程中存在能源资源约束），中国经济增长每年比没有能源资源约束的情况要降低 3.88%。这一结果略高于沈坤荣等[1]的研究，这主要是由于本章估计的能源产出弹性和能源消费增长率均大于沈坤荣等（2010）的估计造成的。

图 4 - 3　1978—2009 年我国能源生产总量和消费总量

资料来源：中华人民共和国国家统计局：《中国统计年鉴（2010）》，中国统计出版社 2011 年版。

近年来，我国的能源问题尤为突出，主要问题包括以下两方面。一方面，能源消费增长过快和能源消费弹性系数[2]上升，2000—2009 年我国的能源消费总量从 14.5531 亿吨标准煤增长到 30.6647 亿吨标准煤，年均增长 8.63%；能源消费弹性系数从 2000 年的 0.42 跃升至 2003 年、2004 年的 1.53 和 1.60，2009 年又下降到 0.57。图 4 - 3 显示了中国的能源生产和消

---

① 沈坤荣、李影：《中国经济增长的能源尾效分析》，《产业经济研究》2010 年第 2 期，第 1—8 页。

② 能源消费弹性系数是指能源消费增长速度与国民经济增长速度之间的比例关系，它反映的是能源消耗与经济增长的比例关系。一般来说，发展中国家在发展初级阶段的能源利用效率比较低，所以其能源消费弹性系数往往大于或接近 1，而发达国家的能源消费弹性系数一般不超过 0.5。弹性系数越小，说明在产出增长一定的前提下消耗的能源越少。在短期内，由于各种经济技术条件的变化不会很大，各种产品和经济活动所消耗的能量变化很小，能源消费弹性系数一般应接近 1。在不同的经济发展时期能源消耗系数不同。在工业化初期，由于耗能多的重工业特别是钢铁工业、化学工业迅速发展，加之能源利用技术落后，因此能源消耗的增长速度比国民经济增长速度快，能源消费弹性系数一般大于 1。工业化中后期，由于生产力的发展和科学技术的进步，产业结构和技术结构随之变化，原来耗能多的比重相对下降，同时能源利用率普遍提高，因此能源弹性系数逐步下降。

费总量。从图中可以看出：自 1978 以来，中国的能源供应和需求的差距逐步扩大，能源供需缺口从 1978 年的 5126 万吨标准煤扩大到 32029 万吨标准煤，这意味着我国的能源对外依存度明显提高。另一方面，随着我国的经济发展达到一个新的阶段，人们对环境的关注程度也在逐步提高，以高投入、高消耗、高污染、低效率为特征的粗放式增长模式越来越不能满足社会需求，且对能源等自然资源与环境的持续利用和破坏也使得经济增长的可持续性前景不容乐观。

（四） 自然资源对经济的增长阻力分析

自然资源的经济增长阻力为 0.052469，也就是说由于能源资源、水资源和土地资源不能与劳动力以相同的速度增长（即在经济增长过程中存在能源、水资源和土地资源约束），中国经济增长率每年比没有能源资源约束的情况要降低 5.25%，5.25% 是一个很大的数字，值得引起我们的注意。从增长阻力的计算公式可知。

（1）产出的资本弹性是决定所有种类自然资源的经济增长阻力的重要因素，且二者呈正相关关系：产出资本弹性越大，自然资源的经济增长阻力越大。在生产过程中，资本要素不能单独使用，资本的使用必须与其他生产要素结合起来，而这个结合的比例由生产技术来决定。在通常情况下，资本投入相对于其他生产要素投入越大，则资本的产出弹性也越大，从而优化资源配置所需要的自然资源也就越多，再考虑到自然资源的有限性，两个因素共同作用从而使自然资源对经济增长的约束越大。

（2）由于模型中考虑的是劳均经济增长率，与此同时，劳动力的增长都会带来自然资源的大量消耗。因此，劳动力增长率越大，自然资源对经济增长的约束也就越大。

（3）产出的自然资源弹性是自然资源增长阻力的直接影响因素且两者呈正相关关系。另外，该弹性也反映了经济对自然资源的依赖程度。直观上看，不同的产业对自然资源的依赖程度是不同的，降低资源密集型产业在整体经济中的份额可以减轻整体经济对资源的依赖。

（4）自然资源的增长率是决定自然资源增长阻力的另外一个直接因素。从式（4.2）可知，自然资源的增长率与自然资源增长阻力呈反比例关系：自然资源的增长率越大，自然资源的经济增长阻力也越小。对不可再生资源来说，随着资源的消耗，其增长率是负值（其增长率必然小于劳动力增长率），因此不可再生资源必然会对经济增长产生阻力；对可再生资源来说，其增长率是一般为正值，因此如果某种可再生资源增长率大于劳动力增长率，则不存在该资源对经济增长产生阻力的情况。

四　基于自然资源约束的中国经济增长前景预测

表4-4给出了能源资源、水资源和土地资源对中国经济的增长阻力，中国的经济增长现阶段确实受到能源资源、水资源和土地资源的约束。1978—2009年自然资源对中国经济的增长阻力为0.052469，也就是说由于能源资源、水资源和土地资源不能与劳动力以相同的速度增长，中国经济增长率每年比没有能源资源约束的情况要降低5.25%。如果中国自然资源的利用现状没有得到改善，还以1978—2009年的消耗程度和速度变化，那么自然资源将对中国未来的经济增长造成制约。

1978—2009年中国总量经济年均增长11.77%，劳动力的增长率为2.74%，因此人均产出年均增长率大约为9%，结合自然资源对中国经济的增长阻力为5.25%，对未来中国劳均经济增长率的预测可通过（2009 + n）年的经济增长率 = $9 \times (1 - 5.25\%)^n$ 来实现，结果表明，到2020年中国人均经济增长率将降到5%以下（见表4-4）。

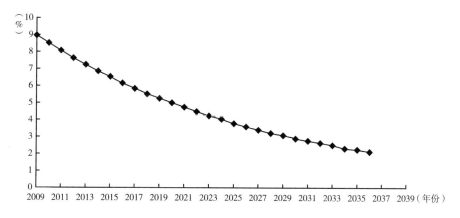

图4-4　基于自然资源约束的中国经济增长预测

第四节 资源约束与各区域的增长阻力分析

由于我国各区域在经济表现和能源消耗方面存在较大差异，因此能源对经济的增长阻力也有较大差异。国内学者都是从国家层面和省级层面来研究能源对经济的增长阻力，以区域视角研究能源增长阻力。本章试图分析我国东、中、西部地区能源增长阻力的差异及其影响因素。

一 理论模型构建

Romer（2001）主要考察了自然资源与土地资源如何对长期经济增长产生影响，并构建了度量土地和自然资源对经济增长制约程度的定量指标——增长阻力。在 Romer（2001）增长阻力框架的基础上，本章仅考察能源对经济增长的制约程度——仅将自然资源中的能源纳入模型[①]，假设生产函数为柯布 - 道格拉斯函数，则有：

$$Y(t) = K(t)^{\alpha} E(t)^{\beta} [A(t)L(t)]^{\gamma} \qquad (4.4)$$

式中，$Y(t)$ 表示产出、$K(t)$ 表示资本存量、$E(t)$ 表示能源、$A(t)$ 表示技术进步、$L(t)$ 表示劳动力，α 为产出的资本弹性，β 为产出的能源弹性，γ 为产出的有效劳动弹性。模型中劳动、技术进步、资本的动态学特征与索洛模型一致，则：技术进步和劳动分别以 g 和 n 的速度增长：$A(t) = gA(t)$，$L(t) = nL(t)$；资本的运动方程则为：$K(t) = sY(t) - \delta K(t)$。另外，由于一次能源禀赋相对来说是固定的，其存量 $E(t)$ 随着人类的开发和利用会逐步下降，因此我们假定：$E(t) = -bE(t)$，且 $b > 0$，b 代表能源消耗的增长速度。

对式（4.4）两边取对数，得：

$$\ln Y(t) = \alpha \ln K(t) + \beta \ln E(t) + \gamma [\ln A(t) + \ln L(t)] \qquad (4.5)$$

---

① 这主要出于两方面的考虑：一方面，自然资源的种类很多，要考察所有自然资源对经济增长制约程度的影响，会使模型变得复杂；另一方面，自然资源的数据难以收集和进行精确的衡量，相对来说能源的数据比较完善。

对表达式（4.5）两边对时间求导数，得到：

$$\frac{\dot{Y}(t)}{Y(t)} = \alpha \frac{\dot{K}(t)}{K(t)} + \beta \frac{\dot{E}(t)}{E(t)} + \gamma \left[\frac{\dot{A}(t)}{A(t)} + \frac{\dot{L}(t)}{L(t)}\right]$$

用增长率表示，即为：

$$g_Y(t) = \alpha g_K(t) + \beta g_E(t) + \gamma[g_A(t) + g_L(t)] \tag{4.6}$$

其中，$g_Y(t)$ 表示 $Y(t)$ 的增长率，$g_K(t)$ 表示 $K(t)$ 的增长率，$g_E(t)$ 表示 $E(t)$ 的增长率，$g_A(t)$ 表示 $A(t)$ 的增长率，$g_L(t)$ 表示 $L(t)$ 的增长率。根据索洛模型的结论，在平衡增长路径上，$g_Y(t)$ 和 $g_K(t)$ 相等。对式（4.6）求解 $g_Y(t)$ 得[①]：

$$g_Y^{bgp} = \frac{\gamma(n+g) - \beta b}{1-\alpha} \tag{4.7}$$

则经济达到稳态时，劳均产出增长率为：

$$g_{Y/L}^{bgp} = g_Y^{bgp} - g_L^{bgp} = \frac{\gamma(n+g) - \beta b}{1-\alpha} - n = \frac{\gamma g + \gamma n + \alpha n - n - \beta b}{1-\alpha} \tag{4.8}$$

式（4.8）描述的是存在能源约束条件下的劳均产出增长率，也是现实经济的情况。事实上，我们还可以构建一个虚拟的经济——在该经济中不存在能源约束——分析能源约束对单位劳动力平均产出的约束。比较分析存在能源约束的现实经济和不存在能源约束参照经济的两个新古典增长模型，两个模型中经济达到稳态时劳均产出增长率之间的差额就是能源的增长阻力，其中存在能源约束指的是劳动力增长与能源的增长速度不一致，$\dot{E}(t) = -bE(t)$，劳均可利用能源随时间而下降，最终能源约束使得经济中的劳均产出水平随时间的推移而降低；不存在资源约束的情况是一种参照情况，即劳动力增长速度与自然资源的增长速度一致，$\dot{E}(t) = nE(t)$，劳均可利用资源随时间趋于不变，最终使得经济中的劳均产出水平随时间趋于不变；则增长阻力就是两

---

① 由式（4.6）可知，平衡增长路径上的经济总量增长率受劳动力的增长率 n、技术进步率 g 和能源消耗速度 b 的影响：产出增长随劳动力的增长率 n 和技术进步率 g 的提高而提高，随能源消耗速度 b 的提高而降低。一次能源对经济总量的增长有制约作用，其影响大小为 $\frac{-\beta b}{(1-\alpha)}$。

个经济中平衡增长路径上劳均产出增长率之差。

为了获得能源对经济的增长阻力表达式，还需要求解出参照经济中的单位劳动力平均产出的增长率。求解方法与存在能源约束劳均产出增长率相同，只需将能源的增长率由 $-b$ 改为 n 即可，得：

$$g_{Y/L}^{-bgp} = \frac{\gamma g + \gamma n + \alpha n - n - \beta n}{1 - \alpha} \tag{4.9}$$

能源对经济的增长阻力即为式（4-9）与式（4-8）之差，得：

$$Drag = g_{Y/L}^{-bgp} - g_{Y/L}^{bgp} = \frac{\beta(n+b)}{1-\alpha} \tag{4.10}$$

图 4 - 5　增长阻力建模思路

式（4.10）表明：能源对经济的增长阻力取决于能源消耗速度 b 、劳动力的增长速度 n 、能源的产出弹性 β 和资本的产出弹性 α 四个参数，且随着四者的增加而增加。也就是说，能源消耗速度 b 越快，能源对经济的增长阻力越大；而劳动力增长速度 n 越快，则劳均可利用的能源下降得越快，从而能源对经济的增长阻力越大；能源的产出弹性 β 越大，则能源对经济增长的作用越大，从而能源短期对经济的约束也越大；资本的产出弹性 α 越大，能源对经济的增长阻力越大[①]。

二　实证分析

由（4.10）可知，要测算能源对经济增长的阻力，需要得到能源消耗速度 b、劳动力的增长速度 n、能源的产出弹性 β 和资本的产出弹性 α 四个参数的估计值，其中能源消耗速度 b、劳动力的增长速度 n 可通过实际数据直接获得，而产出的能源弹性 β 和产出的资本弹性 α 则可通过估计总量生产函数来获得。

（一）资料来源和测算

进行回归分析，首先需要获得 $Y(t)$、$K(t)$、$E(t)$、$A(t)$、$L(t)$ 相应的数据。考虑到数据的可得性和各省市数据的一致性，选取 1986—2008 年的相关数据作为实证分析的基础。数据主要来源于国家统计局数据库及各省市的统计年鉴。

（1）取 GDP 作为产出，从国家统计局数据库得到各省现价 GDP 及 GDP 指数，并换算成 2000 年不变价 GDP，再将各省实际 GDP 按东、中、西部划分合并得到东、中、西部 1986—2008 年实际 GDP 序列。

（2）以就业人员数代表劳动投入，从国家统计局数据库得到各省就业人员数，再将各省就业人员数按东、中、西部划分合并得到东、中、西部 1986—2008 年就业人员数序列。

（3）资本存量通过永续盘存法来进行核算，通过对张军等《中国省际物质资本存量估算：1952—2000》中的各省级资本存量进行调整并转化为 2000 年不变价资本存量，再将各省实际资本存量按东、中、西部划分合并得到东、中、西部 1986—2008 年实际资本存量序列。

---

① 事实上，产出的资本弹性是决定所有种类自然资源的经济增长阻力的重要因素，且二者呈正相关关系：产出资本弹性越大，自然资源的经济增长阻力越大。在生产过程中，资本要素不能单独使用，资本的使用必须与其他生产要素结合起来，而这个结合的比例由生产技术来决定。在通常情况下，资本投入相对于其他生产要素投入越大，则资本的产出弹性也越大，从而优化资源配置所需要的自然资源也就越多，再考虑到自然资源的有限性，两个因素共同作用从而使自然资源对经济增长的约束越大。

（4）能源投入以能源消费来表示，从国家统计局数据库得到各省能源消费量，再将各省能源消费量按东、中、西部划分合并得到东、中、西部1986—2008 年能源消费量序列。

（二）计量分析

首先对各变量取对数，这样处理一方面可以在一定程度上消除异方差，另一方面也可使数据符合式（4.5）的要求。由于本章采用的是时间序列数据，为了避免"伪回归"的出现，先对各变量进行平稳性检验。本章采用ADF 检验方法，检验产出的对数 $\ln Y(t)$、资本存量的对数 $\ln K(t)$、能源消费量的对数 $\ln E(t)$、劳动投入的对数 $\ln L(t)$ 及其一阶差分、二阶差分的平稳性，各变量的二阶差分在 95% 的置信度下是平稳的。

在进行回归的过程中，出现的序列相关问题，通过加入 AR 项进行消除，回归结果如表 4 - 5 所示。

表 4 - 5　能源对东中西部经济的增长阻力回归结果

	东部	中部	西部
$\ln K(t)$	0. 836539 *** (27. 4742)	0. 624778 *** (4. 1104)	0. 617693 *** (3. 8414)
$\ln L(t)$	0. 11025 ** (2. 4476)	0. 349621 (1. 4024)	0. 316922 (1. 3468)
$\ln E(t)$	0. 017241 (0. 2475)	0. 027697 (0. 3342)	0. 059692 (0. 7651)
$AR(1)$		0. 956385 *** (11. 4213)	0. 958149 *** (15. 9393)

注：***、**、* 分别表示在 1%、5%、10% 水平上统计显著，括号中为 T 统计量数据。

估算能源对经济的增长阻力还需计算出能源和劳动的增长率，因为几何平均法只考虑到变量在最初期和最末期变量的缺陷，本章采用式（4.11）计算劳动和能源的增长率：

$$\text{平均增长率} = \sqrt[1+2+\cdots+n]{\frac{x_1 \cdot x_2 \cdot \cdots \cdot x_n}{x_0^n}} - 1$$

$$X = L, E \tag{4.11}$$

将1986—2008年的就业人员数、能源消费总量代入式（4.11），得出1986—2008年东、中、西部地区能源消费的平均增长率分别为7.44%、5.41%和7.31%，东、中、西部劳动人口的平均增长率2.03%、1.85%和1.46%。

根据前文得到的能源消耗速度 b、劳动力的增长速度 n、能源的产出弹性 β 和资本的产出弹性 α 四个参数的数值，代入 $\dfrac{\beta(n+b)}{1-\alpha}$，得到能源对东、中、西部地区经济的增长阻力（见表4—6）。

表4—6　能源对东、中、西部经济的增长阻力值

	b	n	α	β	$Drag(\%)$
东部	0.074406	0.020311	0.836539	0.01724	1.00
中部	0.054094	0.018476	0.624778	0.0277	0.54
西部	0.073061	0.014573	0.617693	0.059692	1.37

三　能源对东中西部的经济增长阻力分析

由表4—6可知，东、中、西部地区能源对经济增长阻力1986—2008年分别为1.00%、0.54%、1.37%，也就是说由于能源不能与劳动力以相同的速度增长（即在经济增长过程中存在能源约束），东、中、西部地区经济增长每年比没有能源约束的情况分别降低1.00%、0.54%、1.37%。通过具体测算来分析能源约束对未来经济增长的影响，若东、中、西部地区维持现在的能源消费情况，则在未来十年东、中、西部地区的经济增长会因能源约束分别降低到现在水平的90%、94.7%、87%，可以预期随着时间的继续推移，这些比例还会进一步降低。与土地资源、水资源对经济增长的阻力相比，区域经济中能源对经济的增长阻力也不容忽视。

另外，能源对东中西部地区经济增长阻力差异明显，西部地区最大，东部地区次之，中部地区最小。这种差异性可由增长阻力的四大影响因素来解释。

首先，从资本产出弹性来看，东、中、西部地区的资本产出弹性分别为0.836、0.625、0.618，说明资本投入每增加1%，东、中、西部地区产出分别增加0.836%、0.625%、0.618%。这实际上表明东、中、西部地区经济增长方式仍然比较粗放，资本投入仍然是经济增长的主要源泉（见图4—6）。

图 4 - 6　1986—2009 年东、中、西部地区的资本在总投入中所占比例

资料来源：笔者计算得出的结果。

其次，从能源产出的能源弹性来看，东中西部地区的资本产出弹性分别为 0.017、0.028、0.060。能源投入推动了东中西部地区经济增长，从其贡献来看，能源对西部地区的贡献最大，中部地区次之，东部地区为最小。这一方面说明了西部地区经济增长对能源的依赖程度大于东部、中部地区；另一方面表明西部地区的能源利用效率低于东部、中部地区（见图 4 - 7）。

图 4 - 7　1986—2009 年东、中、西部地区的能源消费强度

再次，从能源消费增长率来看，东、中、西部地区的能源消费增长率分别为7.44%、5.41%和7.31%，表明东、西部地区经济对能源的依赖程度大于中部地区，这从能源消费的弹性系数也可反映出来（见图4-8）。

图4-8　1986—2009年东、中、西部地区的能源消费弹性系数

最后，从劳动力增长率来看，东、中、西部地区劳动力增长率分别为2.03%、1.85%和1.46%，三地区的差异在1个百分点以内。

东、中、西部地区能源对经济增长阻力1986—2008年能分别为1.00%、0.54%、1.37%，也就是说由于能源不能与劳动力以相同的速度增长（在经济增长过程中存在能源约束），东、中、西部地区经济增长每年比没有能源约束的情况分别降低1.00%、0.54%、1.37%。能源对区域经济的增长阻力与其他自然资源相比也不容忽视，必须采取措施减小能源对经济的增长阻力。根据增长阻力的计算公式，要减小能源对经济的增长阻力，必须降低能源消耗速度 b、劳动力的增长速度 n、能源的产出弹性 β 和资本的产出弹性 α 四个参数的数值，可采取如下措施来实现。

首先，切实转变经济增长方式，降低经济增长对投入要素的依赖程度。能源的产出弹性 β 和资本的产出弹性 α 与能源的增长阻力呈正相关关系，降低经济对能源、资本等投入要素的依赖程度使经济增长方式从粗放式向集约式增长，则能源对经济的增长阻力也会逐步得到缓解。

其次，适当地控制人口增长。人口的增长进而劳动力的增长都会带来能

源消耗的大幅度增长，其增长率越大，能源对经济增长的约束就越大。劳动力的增长率越大，现实存在资源约束的经济与不存在资源约束的虚拟经济中劳均产出增长率相差越大，进而能源对经济的增长阻力也越大。因此，适当控制人口增长可以降低能源对经济增长的阻力。

最后，提高能源使用效率，降低能源消费增长率。从能源消费强度指标来看，东、中、西部地区白 1986 年以来均有不同程度的提高，但与发达国家相比依然有不小的差距，能源使用效率的提高有助于能源消费强度指标的下降。另外，要积极发展新能源和可再生能源，发展节能技术，这些都有助于降低能源消费的增长率进而降低能源对经济的增长阻力。

第五节　资源型经济转型与比较优势动态化路径选择

一　资源比较优势的不可持续性

所谓资源型经济就是以资源型产业为主导的经济体系。资源型经济的主要标志是：在所处的区域经济结构中，资源型经济部门（农业、能源、采掘业、初级原材料）占有绝对的优势地位，在产业体系中资源型产业属于支柱产业，主导区域经济的整体发展；在贸易模式上，以资源为原材料的资源型产品在区际或国际贸易中占主导地位；在生产要素投入中，经济活动对自然资源的依赖性较强且资源、环境代价较高。

资源型经济体的发展模式从一开始的繁荣期进入稳定发展期，到最后自然资源枯竭后，其发展就变得乏力。一方面，国家或地区间的资源禀赋差异是形成资源型经济的基础。资源型经济形成的初期在资源的开发程度和资源的循环利用过程都体现出严重的依赖性，并促成具有浓厚资源型色彩的经济体制。大多数的资源型地区往往拘泥于其资源优势，但反而被资源优势所累，从经济表现来看，经济增长率低于平均水平。另一方面，20 世纪 70 年代后，众多资源丰富的国家不同程度地出现了资源型经济问题。国别实证研究结果表明，资源富集并没有成为一个国家或地区经济快速增长的推动因素，反而拖累了其经济增长，资源富集和繁荣似乎难以摆脱经济停滞的宿命和铁律。

资源型经济发展过程中的典型问题主要体现在五个方面：贸易条件恶化导致反工业化、资源收益分配不公、资源型产品价格波动导致经济波动和预算支出困境、资本外逃和消费外溢与非理性消费问题、资源产业体系循环发展及产业结构等。

二　资源型经济转型路径

资源型经济在丧失了资源比较优势后，进行经济转型是实现经济体比较优势动态化的途径。资源型经济体的产业转型可沿着从自然资源密集型—劳动力密集型—资本和技术密集型的路径自然演进，使其比较优势实现动态转换。事实上，转型也不一定按照该路径进行，可以从自然资源密集型—资本密集型或技术密集型转变。资源型经济转型是资源型经济体转变发展模式实现可持续发展的过程，由资源依赖、结构单一的发展模式向寻求新的经济增长点、多元化发展模式转变，其本质是整合各种生产要素、公共资源和制度等因素实现资源进一步优化配置过程。其主要目标是改变经济体的功能定位和整体面貌，调整和优化经济结构，探索新型发展之路。

（一）循环经济与比较优势的动态化

在资源型经济的比较优势还没有完全丧失的情况下，发展循环经济可强化经济的资源比较优势，同时也是资源型经济转型的主要途径之一。循环经济实际上体现的就是经济发展理念的转变：从重速度、轻效率、追求 GDP 数量增长向速度和效率并重追求经济增长质量转变；从重外延扩张、轻内涵的粗放式增长向集约式增长转变，从传统资源消耗型的线性增长向生态资源循环利用实现增长转变。因此，循环经济模式可以说是经济增长模式、环境治理模式和资源集约利用和环境保护整合后形成的一体化经济发展模式。循环经济的资源利用流程"资源—产品—再生资源"，可以利用尽可能少的资源，获得尽可能大的经济收益。

资源型经济体要发展循环经济，必须建立一个多次重复利用资源且减少资源依赖的经济循环系统。提高资源利用效率，从资源的单一利用机制向综合利用机制转变；通过科技进步来加强能源的综合利用、重复利用、循环利用，进而推进废物能源化；从资源的生产、运输、加工和利用等环节进行全程节能管理；强化技术进步在各生产环节中的作用，尽量采用技术投入来代替物质投入，实现经济发展与生态环境的和谐。

（二）产业升级与比较优势动态化

对于资源型经济体来说，调整和完善产业结构就是在充分而合理地发挥依然处于主体地位的现有产业的影响力的同时，通过推进原有主导资源产业纵向发展、技术进步及产业改造，延长产业链，注重资源产品的精深加工，提高单位资源的产出效率，进而推动区域经济的可持续增长，实现资源型经济的比较优势从资源型产业向其他产业的动态转换。

经济转型过程中主导产业更替的本质是新兴主导产业在资源配置层面实现产业升级。一方面，新兴主导产业具备比原有主导产业更强的资源配置能力，但其能够配置的资源规模小于经济整体的资源存量；另一方面，主导产业更替的过程实际上是新兴主导产业带动资源增量配置，优化原有产业体系中资源存量配置的过程。

在全球化竞争日益激烈和专业分工日益细化的情况下，各经济体实现产业结构突破的主要途径是优化资源在新兴主导产业各环节的配置，进而实现产业升级。一国或地区经济发展中的产业结构水平由主导产业所处的环节的重要性决定，而由主导产业更替导致的资源流动的规模和流向则决定了一国产业结构的层次。参与国际分工的资源配置方式与参与国内分工有明显的不同，前者通过配置全球的资源实现产业升级，后者则通过配置国内资源实现产业升级。当一国或地区产业升级的资源主要来自外部，这种升级就是外资（源）主导型的，此时其产业升级不再受制于国内资源的配置状况，主要受到外资在产业中配置意图的影响。外资流入本国产业体系中的资源的规模和素质，将决定本国产业体系在国际产业分工中的地位。资源在本国产业体系中的流动规模和创新水平，将决定本国产业体系在国际产业分工中的地位。

产业升级可使资源型经济摆脱对不可再生资源的依赖，其主导产业实现由资源型产业向非资源型产业的转变，从而推进资源型经济的转型升级，使产业结构由单一主导产业向多元化主导产业转换，通过推进原有主导资源产业纵向发展，延长产业链，培育新兴产业，形成具有区域特色的产业和产品体系，逐步摆脱对资源型产业的依赖。

（三）资源产业结构调整与比较优势的动态化

经济中各个产业对自然资源的依赖程度是不一样的，各个产业对经济的增长阻力也不相同，通过调整产业结构可实现降低自然资源对经济的增长阻力的目标。一般说来，产业结构的高级化和合理化是产业结构调整的两大重要内容，产业结构合理化主要强调各产业之间在数量比例、经济技术联系和产业间相互作用等方面实现协调平衡；而产业结构高级化则具体指产业结构的升级，使产业结构系统由低级形式向高级形式转变。

结合资源型经济中普遍存在的结构问题，可采取以下措施降低自然资源对经济的增长阻力：加快产业结构调整步伐，推进经济中高消耗、高污染产业的技术改造和升级，告别以资源高消耗为特征的粗放增长模式；结构调整要与国家有关产业政策相结合，使本地区的产业布局符合国家层面的产业布局要求，尽量获得国家相关政策支持，结合本地的经济特征和基础，发展具有资源比较优势的产业，实现产业结构的优化与组合。

（四）资本利用效率与比较优势转换

经济增长对投入要素的依赖程度（特别是资本要素）是自然资源对经济增长阻力的重要决定因素，降低经济对资本要素的依赖程度可缓解自然资源对增长的制约作用。提高投资效率、推动现有资本存量的利用效率是降低经济增长对资本依赖程度的有效方法。

进一步完善宏观调控体系，减少政府行政干预，充分发挥市场因素在投资领域的作用。加大对社会资本和民间资本的引导力度，避免重复建设和低水平建设，建立以行业规划、产业目录、登记备案、土地供应、环境标准、财政贴息、债券发行、差别利率等为主要内容的社会投资调控体系。要加强对引进外资项目的管理，努力提高利用外资的质量和水平。既要抑制部分地区和部分行业投资过快增长的势头，又要保持我国投资稳定健康发展。

人力资本作为经济增长的内生力量，对经济增长起着不可估量的作用。目前，我国人力资本存量相对物质资本来说比较低，且结构不合理，导致物质资本和人力资本没有达到其最优的配置水平，一定程度上影响了经济增长的水平和质量。

加大人力资本投资的力度有两方面内容。一是进一步改善教育投资环境。教育是人力资本形成和发展的最重要方式。社会生产的实践表明，劳动生产率与劳动者文化程度的高低呈正相关关系。教育投资是劳动者获得人力资本的最直接和最基本的途径。二是引导企业加大在职培训的力度。从生产的角度看，在职培训对生产率的影响比正规教育更为直接，效果也较好。但在实际中，没有一个劳动者在接受完正规教育后就具备工作所需的全部技能。技术进步也会使原来的资本存量过时，因此不论是从个人角度还是用人单位的角度来看，在职培训都是必不可少的。

第六节　结论

本章考察我国比较优势动态化中的资源制约问题，从实证角度分析了资源对经济的制约程度——增长阻力，并分析了实现比较优势动态化的途径——资源型经济的转型，得出的主要结论有以下几方面。

（1）具有资源比较优势的国家或地区除了在自然资源开发的繁荣期和稳定期有较好的经济表现外，到了自然资源的枯竭期其经济发展水平甚至还不如资源禀赋较低的地区，简单地按静态的比较优势理论来发展经济会使资源富集地区落入"比较优势陷阱"或"资源诅咒"的情况。因此，有必要从动态角度来分析资源比较优势问题。

（2）自然资源的经济增长阻力为 0.052469，也就是说由于能源资源、水资源和土地资源不能与劳动力以相同的速度增长（在经济增长过程中存在能源资源约束），中国经济增长率每年比没有能源资源约束的情况要降低 5.25%，5.25% 是一个很大的数字，值得引起注意。

（3）能源的增长阻力在东、中、西部地区之间存在显著的差异，资源富集地区能源的增长阻力在所有区域中最大（这在一定程度上也说明了"比较优势陷阱"或"资源诅咒"的存在），东、中、西部地区能源对经济增长阻力 1986—2008 年分别为 1.00%、0.54%、1.37%，也就是说由于能源不能与劳动力以相同的速度增长（在经济增长过程中存在能源约束），东、中、西部地区经济增长每年比没有能源约束的情况分别低 1.00%、0.54%、1.37%。

（4）资源经济转型是实现比较优势动态化的路径选择，从发展循环经济、促进产业升级、调整产业结构和提高资本利用效率等方面实施资源经济的转型，并在此过程中实现比较优势的动态化。

第 五 章

要素替代、技术进步与中国
比较优势动态化[*]

在当前全球化背景下，我国充分利用自身比较优势以及国际产业转移所形成的发展机遇，加快了融入全球经济体系的进程。我国的制造业表现最为突出，已经成为我国在经济全球化进程中最大的受益产业之一①。但是，在发展过程中制造业也存在实现比较优势的动态转变问题。本章以 29 个行业作为案例，对这一问题进行深入研究。

第一节　文献回顾

动态比较优势理论是基于国际贸易中比较优势理论而延伸和发展的。从内生与外生角度分析，外生比较优势论是以李嘉图的相对比较优势和赫克希尔—俄林的要素禀赋论为基础，国家间资源禀赋差异是外生给定的，外生给定的技术差距造成生产率的差异，比较优势动态化由此受到外生因素的影响；内生比较优势则是基于分工专业化生产和技术内生化，从规模经济、不完全竞争市场结构等方面研究比较优势。因此，对动态比较优势的研究可以归纳为要素禀赋变动与技术进步两个方面。

---

* 本章主笔：郑猛，经济学博士，云南大学发展研究院。
① 据美国研究机构 HIS 的计算，2010 年世界制造业总产出为 10 万亿美元。其中，中国占世界制造业产出的比例为 19.8%，略高于美国的 19.4%。联合国统计署也证实了 HIS 的计算。在产量上，中国制造业 2010 年时已经成为世界第一。

　　从要素禀赋变动角度考虑动态比较优势，主要考虑的是要素密集度和丰裕度。要素丰裕度（或要素禀赋）和要素密集度是 H－O 理论的两个中心概念，其中要素丰裕度可以从两种维度来计量——要素存量比和要素价格比[①]。在微观经济学中，价格是衡量要素稀缺程度的有效指标，要素的相对价格又会直接决定一国生产成本进而影响比较优势。Vanek（1968）提出，如果一国贸易所含的要素在世界供给中占比相对较大则该国很可能成为要素服务的净出口国家。Krugman 和 Helpman（1985）在此基础上利用要素价格均等化思想研究规模报酬变化条件下的要素有效配置，他们用比较静态方法分析要素禀赋的比较优势的动态问题。另外，针对雷布津斯基定理，即比较优势随着要素禀赋丰裕度的改变而发生改变，Romails（2004）在建立修正的 H－O 模型的基础上，实证检验证明具有国际竞争力的国家更倾向于发展要素丰裕度高的产业；申朴（2004）认为本国要素数量的绝对变化并非比较优势动态化发生的充分条件，还取决于本国要素数量的相对变化以及与其他国家相对变化的双重意义上的相对要素禀赋；Amiti（2005）在 H－O 模型基础上考虑了不同要素密集度的上下游产业垂直关联，发现当贸易成本降至非常低的水平时，劳动密集型的生产将定位于劳动丰裕的国家，而资本密集型的生产将选择在资本丰裕的国家进行。给定劳动力资源的增长途径，资本积累的动态过程也就是要素禀赋结构和比较优势的动态变化的过程（杜朝晖，2003；代谦、别朝霞，2006；刘佳、陈飞翔，2006）。由此可见，改变一个国家的要素禀赋（或者说资本积累）的能力是经济增长和发展过程的关键动力。在劳动力要素资源增长路径给定外生的情况下，资本积累的动态过程本质上是要素禀赋结构和比较优势的动态变化的过程。

　　从技术进步角度分析动态比较优势，主要以技术进步在国际贸易中的相应研究为基础。技术进步对贸易的影响研究经历了从弗农的“生命周期”理论、波斯纳的“技术差距”理论、巴拉萨的外贸优势转移假说、引入技术内生化的新贸易理论以及杨小凯的内生比较优势理论。技术进步是可以由市场力量引导的过程，而非一个纯粹随机过程（Grossman & Helpman，

---

　　① 若采用实物形式，就是考察国内可供使用的资本存量和劳动存量的比率（K/L），即人均资本存量。若采用要素形式衡量，就是考察两国在封闭条件下劳动和资本的相对价格，即利率（r）和工资（w）的比率（w/r）。

2009）。Krugman（1987）引入"干中学"来分析比较优势的动态变化，认为"干中学"带来的规模经济和技术进步，引发比较优势的动态转变；Grossman 和 Helpman（1990）利用内生创新模型来解释动态比较优势演进过程，在每个时点上技术优势不同会带来不同的贸易模式，这种技术优势取决于研发（R&D）投入的不同，但前提假设是技术知识在国际上可以通过贸易溢出；Redding（1999）构建内生增长一般均衡模型，将经济增长、技术进步（"干中学"率）与贸易结合起来，认为比较优势变化体现在生产率差异化上，进而决定国际生产分工；Eaton 和 Kortum（2002）、Costinot 和 Komunjer（2007）认为技术水平决定生产率差异，而生产率的差异引起比较优势的变动，与 Melitz（2003）提出的出口市场选择效应（Export Market Selection Effect）结论一致，即一个国家更倾向于发展出口生产率高的产业；Morrow（2008）提出技术差距与要素禀赋相互作用产生比较优势，分别从国家、产业和要素密集度三个方面进行实证分析。由技术进步而引起比较优势因素和比较优势部门的动态变化，导致要素质量提高和新的更高级要素的产生，由此使得比较优势部门升级或比较优势分工环节能力提升，促进分工地位的提高（盛朝迅，2012）。按照李嘉图比较优势的观点，不同劳动生产率是造成生产成本差异的唯一原因，那么要素价格的相对变化可以解释为要素相对生产率的变化，而这是技术进步差异的直接反映。可见，由国家间技术进步差距导致的要素生产率及生产成本的差异，是国家间比较优势存在差异的关键因素。因此，一国比较优势的动态演变，不仅取决于要素积累的长期变化，还取决于主要以技术引进为主以及在此基础上的模仿性创新和以自主研发投入为主的自主创新所实现的国家长期技术进步选择（余泳泽，2012）。

可见，本国比较优势动态演变伴随着资本积累水平的改变而发生，通过使本国创造的经济剩余和进行资本投资的可能性最大限度地发挥出来（林毅夫、李永军，2003）。也就是说，资本存量的增加来自积累，而积累又取决于储蓄倾向和经济剩余的规模。储蓄倾向由制度性因素决定，因此影响资本存量的关键是经济剩余的规模（李辉文，2004）。如果生产技术是固定要素比例或者说是希克斯中性的，即每种产品生产过程中使用的资本—劳动比率固定不变，则直接比较该比率就可以区分劳动密集型产品和资本密集型产品，但是大多数产品采用的生产技术是劳动和资本可以在一定程度上相互替代的。De La Grandville（1997）通过分析日本和东亚国家经济的快速增长发现，推动其经济增长出现奇迹的重要动力并不必然是高水平储蓄率和更有效率的技术进步，而有可能是这些国家较高水平的资本—劳动替代弹性[①]。因此，研究要素替代对资本积累的影响机理就很必要。无论是从要素禀赋变动还是从技术进步角度对动态比较优势进行分析研究，均强调要素资源在生产与贸易中的合理配置，而这种合理配置要遵循自身的要素比较优势（林毅夫，1995），以避免落入"比较优势陷阱"。因此，本章主要从要素替代、技术进步角度对动态比较优势进行分析，以要素积累为媒介分析要素替代与动态比较优势之间的关系，以及通过技术进步如何推动比较优势的动态变化。

第二节　要素替代与比较优势动态化

一　要素积累与比较优势动态化

本章首先从 $2 \times 2 \times 2$ 的 H-O 简单模型入手。其中本国和外国投入劳动（L）和资本（K）生产劳动密集型产品（X_1）和资本密集型产品（X_2）。假设本国与外国相比是劳动相对丰裕的国家且生产函数规模报酬不变，那么本国初始资本—劳动比低于外国，本国在生产劳动密集型产品方面具有比较优势，最初完全专业化生产劳动密集型产品，其中将资本—劳动比视为要素积累。

（1）假设外国经济增长静态不变（当然，此种情形在现实中基本不会出现），两国具有相同偏好且贸易是均衡的。随着本国经济的不断增长，创造的经济剩余增加，最终通过资本积累实现资本—劳动比的增长。如果按照原有的产品分工体系，本国将继续按照其比较优势专业化生产和出口 X_1 产品。但是随着资本积累到一定程度，本国将放弃专业化生产和出口 X_1 产品，将一部分生产资源转移到 X_2 产品的生产和出口中。随着上述趋势的不断推进，本国比较优势将随着资本积累水平的上升而改变，最终将导致本国将专业生产和出口

---

　　① 在其他条件不变的情形下，随着要素相对价格的变化，理性厂商会对产品生产过程中的要素投入比例进行调整，因而要素投入的相对比率会随着要素相对价格的变化而变化，此为要素替代弹性（Hicks，1932）。

集中于 X_2 产品，而 X_1 产品的生产量将降为 0。上述演变可以由图 5 – 1 来刻画。

图 5 – 1 中横轴表示资本积累，以 K/L 指标来衡量，纵轴表示人均收入水平；由于存在边际产出递减，X_1、X_2 的单位劳动产值由 y_1 和 y_2 表示，其中 $y_1 = p_1 f_1$ （k_1），$y_2 = p_2 f_2$ （k_2），且根据资本—劳动密集度的要求，有 $k_1 < k_2$；直线 C 是 y_1 和 y_2 和公切线，切点分别为 A 和 B；曲线 $\alpha_i y$ 表示对产品 X_i 的需求，其中 α_i 表示对 X_i 产品的需求占收入的比例，$i = 1$，2。

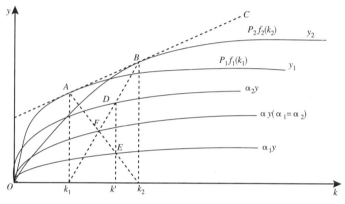

图 5 – 1　要素积累、比较优势与分工

首先，根据图 5 – 1 中 y_1、y_2 与其公切线 C 的切点 A 和 B 可以将横轴资本积累水平分为三个区间 (O, k_1)、$[k_1, k_2]$ 以及 $(k_2, +\infty)$[①]。在资本积累水平从原点向无穷大变化的过程中，本国比较优势也随之发生改变。其中在 (O, k_1) 区间，本国按照原有的比较优势专业化生产 X_1 产品，但是随着本国经济的不断增长，资本积累水平也明显上升，但只要满足 $k < k_1$，本国仍然将保持专业化生产 X_1 产品，本国人均收入等于生产 X_1 产品部门的人均产值；当资本积累水平处于 $[k_1, k_2]$ 区间时，资本积累水平得到进一步提升，此时，本国将放弃专业化生产 X_1 产品，而将一部分生产资源转向生产 X_2 产品，随着资本深化程度的不断加剧，生产资源不断由 X_1 部门向 X_2 部门转移，使得本国越来越倾向于 X_2 产品的生产，本国在此区间进行多样化生产；当资本积累水平超过 k_2 后，X_1 的产量将为 0，本国将专业化生产 X_2 产品。由此我

---

① y_1、y_2 这两条曲线可决定本国专业化分工和贸易模式（Deardorff，1974、1988b）。

们可以得到 X_1 部门和 X_2 部门的人均收入曲线：OAk_2k 和 Ok_1By_2。

其次，为了刻画本国贸易模式的动态演变，我们将视角转向需求曲线 $\alpha_i y$，其中在图 5 - 1 中假设 $\alpha_1 < \alpha_2$，即本国用于 X_2 产品的支出比例大于 X_1 产品①。当本国处于 (O, k_1) 区间时，由于专业化生产 X_1 产品，进而导致其主要出口 X_1 产品，对于 X_2 产品实行全部进口；而当处于 $(k_2, +\infty)$ 区间后，本国反过来出口 X_2 产品，X_1 产品的需求全部由进口满足；值得思考的是，当本国处于 $[k_1, k_2]$ 区间时，由于本国实行多样化生产，其贸易模式的变化取决于本国产量与其需求的对比。以 X_1 产品为例，$\alpha_1 y$ 曲线与 OAk_2k 相交于 E 点，此时资本积累水平为 k'（这也是其本国生产与需求的均衡点），也就是说，当本国资本积累水平处于 (k_1, k') 区间时，本国 X_1 产品的产量高于其需求量，进而实现在满足本国需求的同时对外国出口；而当资本积累水平处于 (k', k_2) 时，本国需求不断提高导致其超过本国产量的超额需求需要通过进口来满足；由于假设贸易是均衡的，因此 X_2 的情况而与 X_1 恰恰相反，在 (k_1, k') 区间净进口，(k', k_2) 区间净出口。上述演变过程可以通过图 5 - 2 来描述。

图 5 - 2 主要包括上、下两部分，上半部分描述了 X_1、X_2 两种产品随资本积累水平大小的动态变化路径，其中横轴的三个断点分别与图 5 - 1 相对应，可见，产品 X_1 经历了专业生产—缩小生产—规模为 0 三个阶段，相对应的 X_2 产品随着资本积累水平的不断提高，实现了从不生产—规模扩大—专业生产的转变；下半部分描述了随着资本积累水平的变化，本国贸易模式不断变化的情况，其中实线描绘了产品 X_1 由净出口向净进口的转变，而产品 X_2 则与之对称，经历了净进口向进出口的转变（虚线）。

（2）当外国经济存在增长时，本国比较优势不仅取决于自身经济增长所带来的资本积累水平的变化，还决定于本国资本积累水平与外国相对比例的变化。当本国资本积累水平低于外国时，即 $k/k^* < 1$（k 代表本国，k^* 代表外国，$k = K/L$，$k^* = K^*/L^*$），对于本国而言就存在以下两种可能：其一，如果本国正处于专业化生产 X_1 产品阶段，只要满足 $k/k^* < 1$，那么本国将继续维持在劳动密集型生产的比较优势，并一直专业化生产 X_1 产品；其二，如果本

---

① 当 $\alpha_1 = \alpha_2$ 时，需求曲线合并为一条 αy 曲线，这一假设并不是完全符合实际情况，主要还取决于各国的经济发展水平、文化制度等因素。但这一假设不会对最终结论产生实质影响。

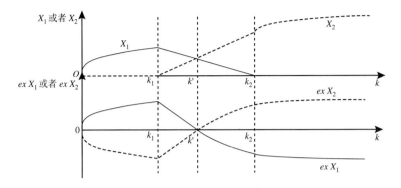

图 5 - 2　要素积累、产品分工与贸易模式

国处于多样化生产或者专业化生产 X_2 产品阶段，那么本国将由于相对外国在劳动密集型产品上更加具有比较优势而逐渐扩大 X_1 产品的规模，减少 X_2 产品，最终将出现专业化生产 X_1 产品，而放弃生产 X_2 产品的结果。其贸易模式与前述一致，无论本国处于哪种阶段，只要 $k/k^* < 1$ 条件成立，本国将逐步更倾向于 X_1 产品而导致最终出口 X_1 产品，净进口 X_2 产品[①]。

由此可见，本国比较优势、分工以及贸易模式不仅取决于自身国家内部的资本积累水平，同样受到外国资本—劳动比变化的影响。如果将上述两点统一起来，那么在增长的世界中，本国比较优势动态化演变取决于本国要素积累的相对变化与其他国家相对变化的双重意义上的相对要素禀赋。

二　要素替代与要素积累

本部分首先借鉴 Arrow 等（1961）的做法将 CES 总生产函数表示为式（5.1）：

$$Y_t = AF(K_t, L_t) = A[aK_t^{\psi} + (1-a)L_t^{\psi}]^{1/\psi}$$
$$\text{其中} A > 0, 1 > a > 0, 1 > \psi > -\infty。 \tag{5.1}$$

假定生产函数遵循规模报酬不变，即齐次生产函数可以表示为：$Y_t = F(K_t, L_t) = L_t f(k_t, 1) \Rightarrow y_t = f(k_t)$，其中 $y_t = \dfrac{Y_t}{L_t}$ 表示劳均产出水平，$k_t = \dfrac{K_t}{L_t}$

---

① 上述结论同样可以通过图 5 - 1、图 5 - 2 来描述，将横轴 k 变为 k/k^* 即可，分析过程不变。

表示资本—劳动比，$\sigma = 1/(1 - \psi)$ 表示资本—劳动替代弹性，资本—劳动边际替代率 $m_t = \dfrac{[f(k_t) - k_t f'(k_t)]}{f'(k_t)} = \dfrac{(1 - a) k_t^{1-\psi}}{a}$。按照 Irmen 和 Klump（2007）的做法，本章选取资本—劳动比基准值（一般选取资本—劳动比的几何平均数来衡量）①，表示为 $\bar{k} > 0$，劳均产出水平基准值表示为 $\bar{y}$，边际替代率的基准值表示为 $\bar{m} > 0$，那么式（5.1）标准化以后将变为：

$$y_t = f_\sigma(k_t) = A(\sigma)\{a(\sigma)k_t^\psi + [1 - a(\sigma)]\}^{1/\psi} \tag{5.2}$$

式中，$A(\sigma) \equiv \bar{y}\left(\dfrac{\bar{k}^{1-\psi} + \bar{m}}{\bar{k} + \bar{m}}\right)^{1/\psi}$ $a(\sigma) \equiv \dfrac{\bar{k}^{1-\psi}}{\bar{k}^{1-\psi} + \bar{m}}$ $\tag{5.3}$

从式（5.3）可以发现，生产函数中 a 已经成为可变参数，这是 CES 生产函数和 C-D 生产函数的显著区别，当资本—劳动比处于基准值时，此时资本份额 $\pi_{t\sigma}(\bar{k}) \equiv \bar{\pi}$，那么将式（5.3）带入式（5.2）可以得出：

$$y_t = f_\sigma(k_t) = \frac{\bar{y}}{\bar{k}}\left(\frac{\bar{\pi}}{\pi_{t\sigma}}\right)^{1/\psi} k_t \tag{5.4}$$

式中，$\bar{\pi} \equiv \dfrac{\bar{k}}{\bar{k} + \bar{m}}$

$$\pi_{t\sigma}(k_t) \equiv \frac{k_t^\psi \bar{k}^{1-\psi}}{k^\psi \bar{k}^{1-\psi} + \bar{m}} \tag{5.5}$$

进一步根据式（5.4）对 σ 求导，可以得到：

$$\frac{\partial f_\sigma(k_t)}{\partial \sigma} = -\frac{1}{\sigma^2}\frac{1}{\psi^2}y_t\left[\pi \ln\left(\frac{\bar{\pi}}{\pi}\right) + (1 - \pi)\ln\left(\frac{1 - \bar{\pi}}{1 - \pi}\right)\right] \tag{5.6}$$

由于对数函数 $y = \ln x$ 严格为凹（一阶导数 >0，二阶导数 <0），那么意味着任意点 $x(x \neq \bar{x})$ 的函数值 $\ln x$ 都小于在 $\bar{x}$ 处的正切值，即 $\ln x < x/\bar{x} + \ln \bar{x} - 1$（Klump & De La Grandville，2000），当 $\bar{x} = 1$ 时，将得到：

---

① 这与 Klump 等（2007）、Mallick（2012）和国内学者陈晓玲和连玉君（2012）的做法一致。

$$\ln x < x - 1 \tag{5.7}$$

按照式（5.7）的结论，那么

$$\ln(\frac{\overline{\pi}}{\pi}) < \frac{\overline{\pi}}{\pi} - 1 \text{ 且 } \ln(\frac{1 - \overline{\pi}}{1 - \pi}) < \frac{1 - \overline{\pi}}{1 - \pi} - 1 \tag{5.8}$$

将式（5.8）代入式（5.6）中括号内的部分可以得到：

$$\pi\ln(\frac{\overline{\pi}}{\pi}) + (1 - \pi)\ln(\frac{1 - \overline{\pi}}{1 - \pi}) < \pi(\frac{\overline{\pi}}{\pi} - 1) + (1 - \pi)(\frac{1 - \overline{\pi}}{1 - \pi} - 1) = 0 \tag{5.9}$$

至此，可以将进一步推导式（5.6）得到：

$$\frac{f_\sigma(k_t)}{\partial} > 0 \tag{5.10}$$

因此，按照 De La Grandville（1989）的观点，根据式（5.10）可以通过要素替代弹性对生产系统效率进行衡量，即高要素替代水平将导致高劳均产出水平，并将其命名为"效率效应"（Irmen & Klump，2007）。

将式（5.4）对时间 t 求导可以得到劳均产出增长的表达式：

$$\dot{y} = \frac{df_\sigma(k_t)}{dt} = \frac{df_\sigma(k_t)}{dk_t}\frac{dk_t}{dt} = \frac{df_\sigma(k_t)}{dk_t}\dot{k} = f'_\sigma \dot{k}$$

$$\text{其中} \frac{df_\sigma(k_t)}{dk_t} = f'_\sigma > 0 \tag{5.11}$$

式中，$\dot{y}$ 和 $\dot{k}$ 分别表示劳均产出增长和资本积累速度。考虑到 Solow 经济增长模型和 Diamond 经济增长模型的区别主要在于储蓄率的来源，其中 Solow 增长模型假设储蓄率 s 的唯一来源是资本要素收入，而 Diamond 增长模型则认为劳动收入才是 s 的唯一来源，这也是上述两种模型之所以得出相反结论的主要原因（Miyagiwa & Papageorgiou，2003）。如果将上述两种假设放松，假设总储蓄不仅来源于资本要素收入，还来源于劳动要素收入，那么资本积累速度表达式将修改为：

$$\dot{k} = [s^w(1 - \pi_\sigma) + s^r\pi_\sigma]f_\sigma(k_t) - nk_t \qquad s^w, s^r \in (0,1) \tag{5.12}$$

式中，s^w, s^r 分别表示劳动、资本收入的平均储蓄率，n 表示雇佣劳动力的增长率。运用式（5.12）对 σ 求导得：

$$\frac{\partial \dot{k}}{\partial \sigma} = \left[s^w(1-\pi_\sigma)+s^r\pi_\sigma\right]\frac{\partial f_\sigma(k_t)}{\partial \sigma} + \frac{\partial\left[s^w(1-\pi_\sigma)+s^r\pi_\sigma\right]}{\partial \sigma}f_\sigma(k_t)$$

$$= \left[s^w(1-\pi_\sigma)+s^r\pi_\sigma\right]\frac{\partial f_\sigma(k_t)}{\partial \sigma} + f_\sigma(k_t)(s^r-s^w)\frac{\partial \pi_\sigma}{\partial \sigma} \qquad (5.13)$$

式 (5.13) 将要素替代对资本积累速度的影响效应分解为两部分, 等式右边第一部分可以理解为 "效率效应", 主要表现为要素替代弹性对劳均收入水平的影响, 第二部分可以理解为 "分配效应", 主要表现为要素替代弹性对资本所占份额的影响, 通过对资本、劳动收入的不同分配, 进而改变资本积累的速度。可见, 要素替代弹性对资本积累速度的影响将由 "效率效应" 和 "分配效应" 共同决定, 其中将对经济增长 (人均产出水平) 的影响看作直接效应, 而通过影响资本收入份额进而对资本积累速度产生作用看作间接效应。到底要素替代弹性对资本积累速度的作用是正还是负, 本章接下来将继续进行深入分析, 在此提出下述命题。

命题 1: 如果在给定资本—劳动比基准水平 $\bar{k}$ 的前提下, 如果实际资本—劳动比水平高于 (低于) 基准水平且资本平均储蓄率大于 (小于) 劳动平均储蓄率, 那么要素替代弹性将与资本积累速度呈正相关; 如果实际资本—劳动比水平高于 (低于) 基准水平且资本平均储蓄率小于 (大于) 劳动平均储蓄率, 那么要素替代弹性与资本积累速度关系不能确定, 这主要取决于上述直接效应与间接效应的比较。

证明: 根据式 (5.5) 对 σ 求导推出 $\dfrac{\partial \pi_\sigma}{\partial \sigma} = \dfrac{1}{\sigma^2}(1-\pi_\sigma)\pi_\sigma\ln(\dfrac{k_t}{\bar{k}})$, 并将其代入式 (5.13) 得到:

$$\frac{\partial \dot{k}}{\partial \sigma} = \underbrace{\left[s^w(1-\pi_\sigma)+s^r\pi_\sigma\right]}_{>0}\underbrace{\frac{\partial f_\sigma(k_t)}{\partial \sigma}}_{>0} + \underbrace{\frac{f_\sigma(k_t)(1-\pi_\sigma)\pi_\sigma}{\sigma^2}}_{>0}\cdot\underbrace{(s^r-s^w)}_{\text{未知}}\underbrace{\ln(\frac{k_t}{\bar{k}})}_{\text{未知}} \quad (5.14)$$

从式 (5.14) 可以看出, 等式右边包括 5 个影响分式, 根据 s^w、s^r 和 π_σ 都属于 (0, 1) 以及式 (5.14), 可以推出前三个分式都大于 0, 但是后两个分式的正负暂时不能确定, 这主要取决于 s^r 和 s^w 以及 k 和 $\bar{k}$ 大小的比较, 表 5 - 1 罗列出可能的四种情形。

表 5 – 1　分配效应各种取值分类

	$s^r > s^w$	$s^r < s^w$
$k_t > \bar{k}$	效率效应和分配效应均为正,则要素替代弹性与资本积累速度关系正相关	效率效应为正、分配效应为负,要素替代弹性与资本积累关系决定于两者加总的符号
$k_t < \bar{k}$	效率效应为正、分配效应为负,要素替代弹性与资本积累关系决定于两者加总的符号	效率效应和分配效应均为正,则要素替代弹性与资本积累速度关系正相关

从表 5 – 1 的分类情况可以看出,要素替代弹性对资本积累速度的影响主要取决于式（5.14）中最后两个分式乘积的正负,如果两项乘积为正,那么随着要素替代弹性的增加,资本积累速度将相应提高;反之如果两项乘积为负,要素替代弹性对资本积累速度的正向作用将减弱,当间接效应的负向作用足够大时,甚至会出现要素替代弹性阻碍资本积累速度的情况。

综上所述,一个国家产品分工以及贸易模式能否按照动态比较优势实现改变,起关键作用的是对于外国要素禀赋（生产要素存量）的相对改变。进一步来看,资本积累通过经济增长创造经济剩余以及要素收入转化为投资来实现,而在要素替代弹性对资本积累速度的影响效应中,上述两个因素则是决定直接效应和间接效应的关键。也就是说,要素替代弹性不仅仅是生产函数中的一个关键技术参数,而且其通过影响经济增长和要素收入进而对资本积累速度产生作用,并最终影响比较优势的动态演变。故本章提出第一个待检验假说:

假说 1:要素替代弹性通过改变资本积累速度而影响比较优势动态变化,基于中国经济现状（资本储蓄大于劳动、资本—劳动比大于基准水平）,我们预期估计系数为正。

第三节　技术进步与比较优势动态化

为了探讨技术进步如何实现比较优势动态化,我们通过借鉴 Krugman（1987）的"干中学"模型、Bemard 和 Jones（1996）的技术转移模型以及 Proudman 和 Redding（2000）的技术外溢模型的分析方法,从技术进步的角度对比较优势的动态变化做一个简要的理论阐释。

假设存在本国和外国两个国家，通过劳动要素投入各国能够生产的产品种类扩展为 n 种，其中各国进行生产分工选择的标准是生产某种产品的机会成本与外国的相对比值。传统贸易理论用相对劳动生产率表示的机会成本作为衡量比较优势的准则。如果说本国在商品 X_1 上具有比较优势，则意味着该国生产商品 X_1 的相对劳动生产率较高，也就是生产商品 X_1 的机会成本小于外国，反之外国将在生产 X_1 产品上具有比较优势。我们首先将上述 n 种产品按照 $a_i = A_i/A_i^*$ 数值由大到小进行排序（$i = 1$，2，3，…，n），其中 A_1 表示本国生产 X_1 产品的劳动生产率，A_1^* 表示外国生产 X_1 的劳动生产率；其次，假设本国和外国的相对劳动工资率为 $b = w/w^*$，其中 w 和 w^* 分别表示本国和外国的劳动生产率（后文中所有带 * 均表示外国）；再次，由于生产某种产品的成本可以表示为单位产品的劳动投入和劳动工资的乘积，并且单位产品的劳动投入等于生产此种产品的劳动生产率的倒数，因此生产某种产品的成本等于 w/A_i；最后，按照李嘉图的观点，如果在某一时点 t，本国在生产某种产品中与外国相比成本较低，我们就认为本国在此种产品上具有比较优势，即 $w/A_i < w^*/A_i^* \rightarrow w/w^* < A_i/A_i^*$，本国才有可能进行生产。综上所述，我们将 n 种产品综合起来可以得到式（5.15）：

$$\frac{A_1(t)}{A_1^*(t)} < \frac{A_2(t)}{A_2^*(t)} < \cdots < \frac{A_i(t)}{A_i^*(t)} \leqslant \frac{w(t)}{w^*(t)} < \frac{A_{i+1}(t)}{A_{i+1}^*(t)} < \cdots < \frac{A_n(t)}{A_n^*(t)} \qquad (5.15)$$

根据式（5.15）所决定的比较优势，我们可以认为本国将专业生产 X_{i+1} 到 X_n，而外国将生产 X_1 到 X_i。传统的贸易理论认为各国劳动生产率不存在相对改变，因此各国比较优势也不会产生动态变化，即比较优势是相对静态的。为了对本国比较优势动态化的演变进行解释和分析，我们仅考虑产品 X_j 产品（$j = 1$，2，3，…，i），即在生产这些产品时，外国是技术领先国：

$$\ln \frac{A_j(t)}{A_j(t-1)} = \psi_j + \gamma_j \ln\left[1 + \frac{H_j^R(t-1)}{L_j(t-1)}\right] + \mu_j \ln\left[1 + \frac{H_j^Y(t-1)}{L_j(t-1)}\right] +$$

$$\lambda_j \ln\left\{\frac{A_j^*(t-1)}{A_j(t-1)}\left[1 + \frac{H_j^E(t-1)}{L_j(t-1)}\right]\right\} \qquad (5.16)$$

其中，等式左边表示本国生产 X_j 的劳动生产变化率；等式右边第一项

ψ_j 表示影响本国生产 X_j 劳动生产率变化的外生决定因素，主要包括政府政策、文化等；等式右边第二项表示生产产品 j 部门以自主研发投入为主的自主创新能力的变化率，其中 γ_j 表示专有的"干中学"增长率，$H_j^R(t-1)/L_j(t-1)$ 表示从事基础研发的人数（或者也可以认为是从事自主创新研究劳动的人数）占总劳动人数的比重，其中，$L_j = H_j^R + H_j^Y + H_j^E$；等式右边第三项表示生产产品 j 部门在生产过程中知识、高技术吸收水平的变化，其中 μ_j 表示吸收率，$H_j^Y(t-1)/L_j(t-1)$ 表示从事生产的劳动人数占比；等式最后一项表示生产产品 j 部门以技术引进为主以及在此基础上的模仿性技术进步率，其中 λ_j 表示本国技术追赶率，假设其主要由模仿效率 ξ_j 和技术外溢率 η_j 两个因素所决定，并且考虑到 $\lambda_j \in [0, 1]$，假设 $\lambda_j = \xi_j \cdot \eta_j$，$\ln\left[\dfrac{A_j^*(t-1)}{A_j(t-1)}\right]$ （>0）表示本国 $t-1$ 时期技术领先国（外国）与技术追赶国（本国）劳动生产率差距的单调变换率，$H_j^E(t-1)/L_j(t-1)$ 表示从事应用研发的劳动人数（主要包括得到教育、培训等的劳动力人数）占总劳动人数的比重。进一步根据式（5.16）可以得到式（5.17）、式（5.18）：

$$\ln A_j(t) = \psi_j + \gamma_j \ln\left[1 + \frac{H_j^R(t-1)}{L_j(t-1)}\right] + \mu_j \ln\left[1 + \frac{H_j^Y(t-1)}{L_j(t-1)}\right] +$$

$$\lambda_j \ln\left\{\frac{A_j^*(t-1)}{A_j(t-1)}\left[1 + \frac{H_j^E(t-1)}{L_j(t-1)}\right]\right\} + \ln[A_j(t-1)] \tag{5.17}$$

$$\ln A_j^*(t) = \psi_j^* + \gamma_j^* \ln\left[1 + \frac{H_j^{R*}(t-1)}{L_j^*(t-1)}\right] + \lambda_j^* \ln\left[1 + \frac{H_j^{E*}(t-1)}{L_j^*(t-1)}\right] + \ln[A_j^*(t-1)]$$

$$\tag{5.18}$$

式（5.17）减去式（5.18）可以得到式（5.19）：

$$\ln\frac{A_j(t)}{A_j^*(t)} = (\psi_j - \psi_j^*) + \ln\left\{\frac{\left[1 + \frac{H_j^R(t-1)}{L_j(t-1)}\right]^{\gamma_j}}{\left[1 + \frac{H_j^{R*}(t-1)}{L_j^*(t-1)}\right]^{\gamma_j^*}}\right\} + \mu_j \ln\left[1 + \frac{H_j^Y(t-1)}{L_j(t-1)}\right] +$$

$$\ln\left\{\frac{\left[1 + \frac{H_j^E(t-1)}{L_j(t-1)}\right]^{\lambda_j}}{\left[1 + \frac{H_j^{E*}(t-1)}{L_j^*(t-1)}\right]^{\lambda_j^*}}\right\} + (1 - \lambda_j) \ln\left[\frac{A_j(t-1)}{A_j^*(t-1)}\right] \tag{5.19}$$

将 $\ln\left[\dfrac{A_j(t-1)}{A_j^*(t-1)}\right]$ 移项得到本国与技术领先国相对劳动生产率的变化式（5.20）：

$$\Delta\ln\frac{A_j(t)}{A_j^*(t)} = \ln\frac{A_j(t)}{A_j^*(t)} - \ln\left[\frac{A_j(t-1)}{A_j^*(t-1)}\right] = \underbrace{(\psi_j - \psi_j^*)}_{\text{外生因素差距}} + \underbrace{\mu_j\ln\left[1+\frac{H_j^Y(t-1)}{L_j(t-1)}\right]}_{\text{内生吸收能力}} +$$

$$\underbrace{\ln\left\{\frac{\left[1+\frac{H_j^R(t-1)}{L_j(t-1)}\right]^{\gamma_j}}{\left[1+\frac{H_j^{R*}(t-1)}{L_j^*(t-1)}\right]^{\gamma_j^*}}\right\}}_{\text{内生自主创新能力差距}} + \underbrace{\ln\left\{\frac{\left[1+\frac{H_j^E(t-1)}{L_j(t-1)}\right]^{\lambda_j}}{\left[1+\frac{H_j^{E*}(t-1)}{L_j^*(t-1)}\right]^{\lambda_j^*}}\right\} - \lambda_j\ln\left[\frac{A_j(t-1)}{A_j^*(t-1)}\right]}_{\text{内生技术模仿能力差距}} \quad (5.20)$$

从式（5.20）可以看出，尽管本国 t 时期在生产产品（X_1，X_i）的集合上处于比较劣势，但是并非表明这一模式会静态持续下去，而是会随着本国相对于外国的劳动生产率的变化而变化。而上述这一变化主要取决于四方面因素：第一，当本国在相对于外国的外生因素①差距减少甚至超过外国时，本国与技术领先的相对劳动生产率差距将缩小；第二，本国中从事生产的劳动力对新知识吸收效率越高，那么存在技术差距的可能性越大；第三，当本国自主创新能力越高，那么本国与技术领先国劳动生产率将会缩小；第四，当不存在外国技术外溢时，这一项将为0；当存在外国技术外溢时，不仅取决于受教育和培训劳动者所占比重与外国的相对比例，还取决于本国模仿效率、外国技术外溢率以及与技术领先国的技术差距，如果受教育和培训的劳动比重和技术追赶率较高，并且本国技术进步率与处于技术前沿的外国差距越大，那么本国实现追赶的可能越大②。

通过上述分析不难发现，本国比较优势并非静止不变，而是在开放经济和技术外溢等外部环境中发生改变，这其中包括可能由于比较优势的自我增强机制而一直处于初始条件下的比较优势而陷入"锁定"，也可能本国初始劳动生产率低于外国的生产部门将随着时间的推移转变为劳动生产率高于外国生产部门，本国的比较优势、专业化分工和贸易模式

---

① 外生因素包括国家间采取促进技术进步的政策、国家间文化、地理等。

② 由于 $\dfrac{A_i(t-1)}{A_i^*(t-1)} \leqslant 1$，则 $\ln\left[\dfrac{A_i(t-1)}{A_i^*(t-1)}\right] \leqslant 0$，那么 $-\lambda_i\ln\left[\dfrac{A_i(t-1)}{A_i^*(t-1)}\right] \geqslant 0$。

就可能发生动态变化和逆转。到底本国比较优势会处于"锁定"还是发生逆转主要取决于相对技术进步率，而技术进步水平能否实现与外国差距的缩小，还决定于自主创新和技术模仿水平的大小。由此我们提出以下待检验假说：

假说2：自主创新和技术模仿是实现比较优势动态转变的两条途径。

假说3：自主创新与技术模仿在影响比较优势动态化转变的过程中并不是严格的相对关系，而是存在一定的互补性。

第四节　实证检验

一　计量模型

为了对上述3个假说进行检验，根据对既有文献的实证研究，我们建立如下计量回归框架：

$$RCA_{it} = \alpha_0 + \beta_1 MES_{KLit} + \beta_2 FDI_{it} + \beta_3 R\&D_{it} + \beta_4 FDI_{it} * R\&D_{it} + \eta_i X_{it} + \varepsilon_{it} \qquad (5.21)$$

其中，被解释变量 RCA_{it} 表示中国相对于美国的显性比较优势指数，MES_{KLit} 表示资本—劳动替代弹性；FDI_{it} 表示外商直接投资占实收资本的比重[①]，用以反映技术外溢及模仿水平；$R\&D_{it}$ 表示研究与试验发展内部支出经费占当年产值的比重，用以反映自主创新水平；X_{it} 表示一系列存在影响的控制变量集合；ε_{it} 表示随机扰动项；下标 i 表示行业、t 表示年份（下同）。本章之所以选取中、美对比，其原因是考虑到中国和美国分别是世界上最大的发展中国家和最大的发达国家，两国制造业总产出占世界总量的近40%，因此，根据中、美两国各自相对于世界显性比较优势指数的比值计算得出 RCA_{it} 指数，计算公式为：

---

① 之所以将港澳台资本考虑进来，是因为中国制造业统计数据中并未包含港澳台部分，因此港澳台资本同样可以看作外部资本投入，并且某些行业实收资本中港澳台资本投入量的占比远远高于外商资本投入，例如纺织服装、鞋帽制造业行业。当然，其他大部分行业两者占比的差距也并不是很大。

$$RCA_{it}^{CHN} = \frac{X_{it}^{CHN}}{X_t^{CHN}} \bigg/ \frac{X_{it}^W}{X_t^W}, RCA^{US} = \frac{X_{it}^{US}}{X_t^{US}} \bigg/ \frac{X_{it}^W}{X_t^W} \Rightarrow RCA_{it} = \frac{RCA_{it}^{CHN}}{RCA_{it}^{US}} = \frac{X_{it}^{CHN}}{X_t^{CHN}} \bigg/ \frac{X_{it}^{US}}{X_t^{US}} \quad (5.22)$$

式中，RCA_{it}^{CHN} 和 RCA_{it}^{US} 分别表示中、美显性比较优势指数，X_{it}^{CHN}、X_{it}^{US} 和 X_{it}^W 分别表示中、美以及世界 i 行业 t 时期的出口额，X_t^{CHN}、X_t^{US} 和 X_t^W 分别表示中、美以及世界的出口总额。

为了使回归结果更加精确，结合既有的相关文献，我们选取以下因素作为控制变量：①成本费用利润率（cb），其反映一定时间内某行业利润总额与成本费用总额的比率，该指标越高，说明经济效益越好，预期系数为正；②行业规模（size），既有文献对于规模指标的度量方法主要包括销售额、行业员工、总资产以及行业总产值、增加值等几种，本章借鉴毛其淋、盛斌（2014）的做法，选取行业从业人员数的对数来衡量，我们认为，一个行业规模的大小在一定程度上直接反映其比较优势程度的大小，规模越大，比较优势越明显，所以预期系数为正；③平均工资（wage），该指标从不仅能从一定程度上反映该行业经济绩效水平的大小，而且还有可能在一定程度上体现该行业的比较优势大小，故预期系数为正。

二 数据说明及描述性分析

本章研究对象涉及中国制造业 29 个行业，时间区间定为 2001—2010 年共 10 年的面板数据，其中计算中、美各行业出口总额等相关计算中国相对于美国的显性比较优势指数的资料来源于联合国贸易数据库，其方法为按照 SITC REV.3 分类说明将其小类数据与中国制造业行业分类进行对应和归类；中国制造业各行业资本—劳动替代弹性资料来源于前期研究成果（郑猛、杨先明等，2014）；外商直接投资占实收资本的比重（FDI）、研究与试验发展内部支出经费占当年产值的比重（R&D）的相关数据分别来源于相关年份《中国工业经济统计年鉴》和《中国科技统计年鉴》；平均工资（wage）资料来源于相应年份《中国劳动统计年鉴》；其余控制变量数据均来源于相关年份《中国工业经济统计年鉴》，其中 2004 年成本费用利润率（cb）缺失值我们采用平均值来替代。表 5-2 罗列了所涉及的回归变量的初步统计分析结果。

表 5 - 2　相关变量的统计特征

Variable	Obs	Mean	Std. Dev.	Min	Max
RCA	290	2.016	3.786	0.00485	26.03
MES_{KL}	290	1.636	0.350	1.336	4.956
FDI	290	0.336	0.157	0.00131	0.704
R&D	290	0.844	0.597	0.0761	2.558
FDI*R&D	290	0.278	0.245	0.000311	1.219
size	290	5.109	0.844	2.944	7.178
wage	290	1.862	0.961	0.632	7.867
cb	290	6.474	5.176	-4.300	41.50

最后，为了能够直观反映中国相对于美国的显性比较优势指数与要素替代、FDI 以及 R&D 之间的关系，我们绘制出二维散点图及拟合趋势线（见图 5 - 3）。从图 5 - 3 中可以看出，中国相对于美国的显性比较优势指数与本章的三个关键解释变量之间均存在正相关关系，这也在一定程度上为前文提出的假说 1、假说 2 提供了初步的经验支持。

图 5 - 3　中国相对于美国的显性比较优势指数与关键解释变量散点图

三　初步回归结果

本章通过面板设定的 F 检验结果对混合最小二乘模型和固定效应模型进行选择，通过 Breusch - Pagan LM 检验对混合最小二乘回归还是随机效应模型进行选择。需要特别指出的是，对于固定效应和随机效应的选择，一般通过传统 Hausman 检验来确定。但是传统 Hausman 检验要求在 RE 模型是完全有效估计量的前提下，对于这一前提条件本章并不能保证，因此检验结果可能存在偏误①，所以采用 Bootstrap 执行稳健性 Hausman 检验，这一方法能够在上述前提不满足的情况下执行②。此外，由于面板数据往往容易存在异方差问题，所以在进行回归时都通过 White 异方差修正，从而使回归结果更稳健，具体结果见表 5-3。

表 5-3　基准回归结果及内生问题处理

	OLS 基准估计			内生性问题处理				
	Pooled	FE	RE	工具变量有效性检验				内生性检验
	RCA	RCA	RCA	MES_{KL}	FDI	R&D	FDI * R&D	RCA
MES_{KL}	5.919 ***	5.444 ***	5.919 ***					3.960 ***
	(1.563)	(1.027)	(0.875)					(1.352)
FDI	17.45 ***	19.16 ***	17.45 ***					19.51 ***
	(3.452)	(2.360)	(2.092)					(3.952)
R&D	2.611 ***	2.609 ***	2.611 ***					2.731 ***
	(0.777)	(0.756)	(0.751)					(0.844)
FDI * R&D	-9.829 ***	-10.65 ***	-9.829 ***					-11.44 ***
	(2.572)	(2.138)	(2.054)					(3.016)
size	0.421 **	0.545 **	0.421 *	-0.0251 **	0.000782	0.00953	0.000479	0.349 *
	(0.189)	(0.242)	(0.232)	(0.00979)	(0.00216)	(0.0193)	(0.00778)	(0.206)
wage	0.833 ***	1.337 ***	0.833 ***	-0.0145 ***	-0.00748***	-0.0781 ***	-0.0245 ***	0.935 ***
	(0.201)	(0.418)	(0.256)	(0.00509)	(0.00161)	(0.0221)	(0.0075)	(0.223)
cb	-0.0163	-0.0351	-0.0163	-0.00195	0.000479 *	0.00602 *	0.00136	-0.0333
	(0.0256)	(0.0510)	(0.0472)	(0.00126)	(0.000249)	(0.0031)	(0.000867)	(0.0280)
常数项	-16.48 ***	-17.52 ***	-16.48 ***	0.750 ***	-0.0569 **	0.139	0.0154	-13.49 ***
	(3.246)	(2.308)	(2.247)	(0.23)	(0.0262)	(0.146)	(0.0626)	(2.882)
MES_{KL}_1				0.626 ***	0.0432 ***	0.0126	0.0213	
				(0.124)	(0.0125)	(0.0366)	(0.0181)	
FDI_1				0.0606	0.949 ***	-0.117	0.00119	
				(0.122)	(0.0151)	(0.143)	(0.0655)	
R&D_1				0.00117	0.00880 *	0.892 ***	0.00989	
				(0.0207)	(0.00526)	(0.0824)	(0.0282)	

---

① 本章通过将传统 Hausman 和稳健 Hausman 检验结果进行对比后发现，东部地区传统 Hausman 检验结果应选择固定效应；而稳健 Hausman 检验结果则认为随机效应更加有效。可见，进行稳健型 Hausman 检验是合理以及十分必要的。

② Cameron, A. C. , Trivedi, P. K. (2009). *Microeconometrics Using Stata*, College Station, TX: Stata Press, 430.

续表

	OLS 基准估计			内生性问题处理				
	Pooled	FE	RE	工具变量有效性检验				内生性检验
	RCA	RCA	RCA	MES_{KL}	FDI	R&D	FDI*R&D	RCA
FDI*R&D_1				-0.0647 (0.0826)	0.0187 (0.0168)	0.00763 (0.196)	0.898 *** (0.0865)	
工具变量有效性的 F 值				45.54 [0.0000]	4556.74 [0.0000]	175.02 [0.0000]	168.09 [0.0000]	
样本数	290	290	290	260	260	260	260	260
F 检验 or Wald chi^2	11.02	29.88	203.73	59.34	3217.72	116.09	134.98	6.920
R - squared	0.421	0.408	0.421	0.817	0.9828	0.8169	0.8356	0.429
面板设定 F 检验		0.81 [0.6104]		内生性检验 χ^2 值	1.5 (0.2036)			
Breusch - Pagan LM 检验			0.00 [1.0000]					
稳健性 Hausman 检验			4.32 [0.8271]					

注：（ ）内数值为回归系数的异方差稳健标准误；[ ] 中数值为相应检验统计量的 p 值；*** 、**和 * 分别表示 1% 、5% 和 10% 的显著水平；面板设定 F 检验原假设为个体效应不显著；Breusch - Pagan LM 检验的原假设为误差项独立同分布，即混合效应更合适，当拒绝原假设时，说明存在随机效应；稳健性 Hausman 检验原假设为 FE 和 RE 估计系数没有显著差异，其中设定 Bootstrap 的次数为 500，Seed 值选取 135[①]；内生性检验中选取相应变量的滞后一期作为工具变量（_1 表示滞后一期）。

对于表 5 – 3 中显示的结果，我们从以下三个方面进行分析。

（1）基准回归模型设定方面（前 3 列），首先，根据面板设定 F 检验的结果，我们认为个体效应不显著的原假设成立，因此相对固定效应模型，混合回归更为合适；其次，稳健性 Hausman 检验结果显示随机效应与固定效

---

① Seed 数值的设定作用在于使每次得到的标准误都相同，并且不同取值仅仅会导致标准误的微小变动，并不会产生实质性影响。

应没有显著差异，即应选择随机效应模型；最后，根据 Breusch - Pagan LM 检验结果，我们认为应选取的模型设定形式为混合面板模型。

（2）对于是否存在内生性问题，我们借鉴伍德里奇（2011）介绍的方法对工具变量的有效性（第4—7列）和变量的内生性进行检验（第8列），根据工具变量的 F 值我们能够得出工具变量的选取是有效的，进一步根据内生性检验 χ^2 值结果可以认为本章研究样本中不存在内生性问题[①]，由此我们将表3第1列混合回归数据作为基准回归，后文将针对这一结果进行稳健性检验。

（3）首先，从混合回归结果数据来看，资本—劳动替代弹性对中国制造业显性比较优势的影响系数为 5.919，且通过 1% 的显著性水平检验，这与图 5-3 显示的关系是一致的，同时也证明经验假说 1 是成立的，即要素替代弹性对比较优势动态化的影响存在正向作用；其次，FDI 和 R&D 的估计系数分别为 17.45 和 2.611，并且都在 1% 水平上显著，再次验证了无论是通过技术模仿还是自主创新，均能够提高显性比较优势指数，实现比较优势动态增强或者促进比较劣势向比较优势的转变，经验假说 2 成立；最后，本章之所以将 FDI 和 R&D 两者的交互项引入回归模型，其原因在于对两者间存在替代还是互补关系进行验证。从回归结果来看，由于两者单独系数为正，而交互项系数为 -9.829，并且通过 1% 的显著性水平检验，因此我们认为外商直接投资的引入与本国自主创新之间并不存在相互促进关系，反而呈现出明显的相互替代关系，这也与范承泽等（2008）的研究结果一致，因此经验假说 3 不成立。

四 稳健性检验

为了使上述分析结果准确可靠，我们将从以下几个角度来进行稳健性检验。

1. 稳健性检验 1：变量替代再回归

基于变量数据的可得性以及合理性，我们首先选取行业新产品产值与行

---

① 将表中第4—7列回归的残差项筛选出来后，与基准回归中的解释变量一起对被解释变量进行回归，其中各个残差项的回归系数及稳健标准误分别为 3.348（3.171）、-17.21（11.05）、-1.699（1.982）以及 8.323（6.848），可见各残差项均没有通过显著性检验。

业总产值的比率来表示新产品开发变量，由于该指标可以有效反映行业对研发投入的力度，因此可以作为 R&D 的代理变量①；其次，前文我们选取行业员工数的对数作为行业规模，考虑到各行业工业增加值在一定程度上同样能够很好地反映行业规模，因此将行业增加值代替行业员工数的对数作为行业规模的代理变量②；上述替代变量是否合理主要取决于其与被替代变量之间的相关系数，因此也在回归之前分析了原变量与替代变量的相关系数，从结果来看我们认为上述替代变量的选取是合理的③。其他变量保持不变，估计结果报告在表 5 - 4 模型（1）一列。通过与基准模型的结果进行对比后发现，关键变量资本—劳动替代弹性系数大小及显著性变化不大，FDI 和 R&D 的系数显著为正，而交叉项系数显著为负，基准模型的结果都得到了支持，并且其余控制变量的估计结果也没有发生实质性改变，因此我们认为回归结果是稳健的。

2. 稳健性检验 2：对劳动密集型行业再回归

考虑到中国在当前全球化背景下显著加快了融入全球经济体系的进程，并利用国际产业转移所形成的发展机遇和巨大增长空间，使制造业表现得更加突出，其正在成为经济全球化进程中最大的受益者之一，特别是劳动密集型行业快速成长。可见，中国作为世界上最大的发展中国家，30 多年的经济高速发展与劳动密集型行业密切相关，基于这一现实，我们参考《2007年投入产出表》行业分类④以及章铮和谭琴（2005）的做法将全部 29 个行业中的劳动密集型行业筛选出来，并对其进行单独回归，结果报告在表 5 - 4 模型（2）一列。由此可以看出，我们选取劳动密集型行业进行回归得到的结果与总体差异并不大，但是关键变量的系数均变大，说明在劳动密集型

---

① 资料来源于中国工业企业数据库，但是由于部分年份新产品开发样本数据不可得，因此样本数相应减少。

② 资料来源于《中国工业经济统计年鉴》。

③ 我们分别得到 R&D 与新产品开发相关系数约 0.3，size 与行业增加值的相关系数为 0.62，但考虑到工资水平可能与行业增加值也高度相关，因此我们也计算得出 wage 与行业增加值的相关系数为 0.55，以上结果均在 1% 水平下显著，由此为了避免可能存在的多重共线性，我们在引入行业增加值的基础上将 wage 解释变量从中剔除（我们也对不剔除 wage 变量进行了回归，结果导致行业增加值和 wage 两者估计系数均不显著，由此可以证明由于两者之间的高度相关导致了最终估计结果存在偏误）。

④ 石奇、孔群喜：《实施基于比较优势要素和比较优势环节的新式产业政策》，《中国工业经济》2013 年第 12 期，第 70—82 页。

行业样本中，要素替代、自主创新与技术模仿对比较优势动态化具有更强的促进作用，并且 FDI 和 R&D 的替代作用也更强，同时控制变量也没有发生明显改变，故回归结果是稳健的。

3. 稳健性检验 3：Two – step Diff – GMM 动态面板再回归

当然，如果显性比较优势的变化趋势在一定程度上存在时间连续性，那么考虑显性比较优势变化中滞后项的影响则成为必要。因此本章引入显性比较优势 1 期滞后项，建立动态面板数据模型，采用两步差分 GMM（Two – step Diff – GMM）方法进行估计，结果呈现在表 5 – 4 模型（3）一列[①]。从结果来看，首先根据 Arellano – Bond 检验值可以认为模型中扰动项的差分存在一阶自相关，但不存在二阶自相关，故可以接受原假设扰动项无自相关，说明使用差分 GMM 是合理的；其次由于使用差分 GMM 估计时使用了较多工具变量，因此有必要进行过度识别检验，本章通过 Sargan 检验结果可以接受"所有工具变量均有效"的原假设，即模型估计不存在过度识别问题；最后从动态面板估计结果可以发现，要素替代弹性、FDI 以及 R&D 的估计系数显著为正，并且 FDI*R&D 的系数显著为负，进一步说明要素替代对经济增长的促进作用，同时也验证了基准模型结果，因此本章模型回归结果是稳健的。

4. 稳健性检验 4：各解释变量均滞后一期的 Two – step Diff – GMM 动态面板再回归

尽管本章通过内生性检验结果认为回归模型不存在内生性问题，但是上述结论并非一定可靠，为了保持研究的完整性以及稳健性，我们依然将模型中各解释变量替换为滞后一期项采取动态面板方法进行估计，这样做能够有效降低其他解释变量可能存在的内生性问题而导致的估计偏误，估计结果报告于表 5 – 4 模型（4）一列。首先根据稳健性检验 3 的检验方法，我们可以得出原模型误差项不存在序列相关，并且工具变量的选择是有效的，即可以进行 Diff – GMM 估计；其次从结果来看，关键变量的滞后一期系数显著为正，说明替代弹性、FDI 以及 R&D 对显性比较优势指数具有显著的促进作用，进一步对经验假说 1 和假说 2 实现的验证，并且 FDI 和 R&D 交互项估

---

① 本章最初想运用 Two – step SYS – GMM 来进行稳健型检验，原因是相对于 Diff – GMM 可以进一步提高估计效率，但是由于无法满足扰动项无自相关这一前提，所以退而求其次选择 Diff – GMM 来检验，其结果没有实质性改变。

计系数为负，并通过 10% 显著性水平检验，说明两者间存在显著的相互替代关系，这进一步证明经验假说 3 不成立。

表 5 - 4　稳健性回归结果

稳健性检验方法	变量替代	劳动密集型行业	Two - step Diff - GMM 回归	Two - step Diff - GMM 回归 (各解释变量均滞后 1 期)	
模型	（1）	（2）	（3）	（4）	
MES_{KL}	6. 747 ***	6. 639 ***	5. 345 ***	MES_{KL}_1	7. 792 ***
	(1. 781)	(1. 899)	(1. 544)		(2. 159)
FDI	11. 97 ***	21. 28 ***	21. 734 ***	FDI_1	13. 75 **
	(2. 643)	(5. 234)	(3. 898)		(6. 217)
R&D	10. 32 **	4. 035 ***	3. 128 **	R&D_1	1. 922 ***
	(4. 599)	(1. 386)	(1. 463)		(0. 444)
FDI * R&D	- 27. 9 **	- 12. 85 **	- 10. 596 ***	FDI * R&D_1	- 6. 295 *
	(11. 95)	(6. 37)	(1. 189)		(3. 998)
size	1. 89 ***	0. 628 *	- 0. 217	size_1	0. 731
	(0. 559)	(0. 327)	(0. 613)		(0. 555)
wage		1. 346 ***	1. 584 ***	wage_1	2. 051
		(0. 332)	(0. 256)		(0. 704)
cb	0. 046 *	- 0. 0357	- 0. 134 **	cb_1	- 0. 199 **
	(0. 025)	(0. 06)	(0. 058)		(0. 079)
RCA_1			0. 369 ***	RCA_1	0. 269 **
			(0. 086)		(0. 116)
常数项	- 13. 68 ***	- 20. 53 ***	- 14. 15 ***	常数项	0. 12
	(3. 429)	(3. 543)	(3. 718)		(0. 583)
样本数	230	150	270	样本数	270
F 检验 or Wald chi^2	13. 99	9. 31	1533. 00	Wald chi^2	5874. 88
R - squared	0. 37	0. 473		R - squared	
Arellano - Bond AR（1）检验			1. 641 [0. 081]	Arellano - Bond AR（1）检验	- 3. 04 [0. 002]
Arellano - Bond AR（2）检验			- 0. 493 [0. 622]	Arellano - Bond AR（2）检验	- 1. 07 [0. 285]
Sargan 检验			8. 039 [1. 000]	Sargan 检验	9. 38 [1. 000]

注：（ ）内数值为回归系数的异方差稳健标准误；[ ] 中数值为相应检验统计量的 p 值；*** 、** 和 * 分别表示 1% 、5% 和 10% 的显著水平；Arellano - Bond AR 检验原假设为模型不存在自相关；Sargan 检验的原假设为所有工具变量均有效。

五　对 FDI 与 R&D 相互关系的进一步探讨

从长期来看，技术进步是制造业产业结构优化的根本动力（傅元海，2014）。技术创新和模仿作为实现技术进步的两条主要路径，其各自在促进制造业结构升级过程中又受到要素流动、市场化水平等因素的制约。在产业结构从低水平向高水平演进的过程中，倘若市场化水平较高以及生产要素能充分自由流动，产业结构高度化和合理化是一致的，反之资源在产业间的配置效率下降，技术创新和模仿可能导致制造业结构不合理。此外，不同路径的技术进步与不同制造业技术水平的匹配度不同，也可能导致对制造业比较优势的动态变化产生相互抑制的影响。

根据前文结果，我们并不支持自主创新与技术模仿在影响比较优势动态化转变的过程中并不是严格的相对关系，而是存在一定的互补性这一结论，而两者表现出明显的相互替代关系。基于这一有趣的发现，为了进一步探讨两者的关系，首先绘制出 FDI 和 R&D 之间的散点分布图以及拟合出趋势线。并且考虑到在做稳健性回归时，我们选取新产品产值占总行业产值的比重作为自主创新变量的替代变量，为了进一步体现 FDI 和 R&D 之间的关系，我们也将 FDI 与新产品产值占比的散点分布图绘制出来，见图 5－4。从两者关系的拟合趋势线可以明显看出，FDI 与 R&D 的关系并非普通的线性关系，而是类似于三次方的分布。这也与既有文献的结论相吻合，其中罗军、陈建国（2014）的研究表明，FDI 对中国创新能力的影响有明显的双门槛效应；李梅、谭力文（2009）和牛泽东、张倩肖（2011）都认为 FDI 对中国创新能力的溢出存在较大的地区差异，并分别从经济发展水平、经济结构以及行业技术水平等几个方面对门槛进行了测算；鲁钊阳、廖杉杉（2012）同样也认为 FDI 技术溢出对区域创新能力的影响存在基于知识产权保护水平的"双门槛效应"。那么在本章中，是否上述门槛效应同样存在？FDI 与 R&D 之间的关系是否如图 5－4 所示呈现三次方的关系？我们接下来将按照式（5.23）进行回归检验。回归结果见表 5－5。

$$R\&D_{it} = a_0 + b_3 FDI_{it}^3 + b_2 FDI_{it}^2 + b_1 FDI_{it}^1 + e_{it} \qquad (5.23)$$

图 5 - 4　FDI 与 R&D 关系散点图

表 5 - 5　FDI 与 R&D 关系回归结果

R&D	FDI^3	FDI^2	FDI	常数项
系数	22. 21 *** (5. 017)	- 24. 57 *** (5. 110)	7. 255 *** (1. 423)	0. 391 *** (0. 0995)
F 值	8. 77 [0. 0000]			
R - squared	0. 0673			
样本数	290			

注：（ ）内数值为回归系数的异方差稳健标准误；［ ］中数值为相应检验统计量的 p 值；*** 、**
和 * 分别表示 1% 、5% 和 10% 的显著水平。

　　表 5 - 5 结果显示，无论是模型（A）还是模型（B）中的各变量均通
过了显著性检验，这说明 FDI 与 R&D 之间的确存在三次方关系。以图5 - 4
为例，当 FDI 处于较低或较高水平时（0 到 20% 或 50% 以上），R&D 与 FDI
呈现正相关关系；而当 FDI 处于（20%，50%）区间内时，R&D 与 FDI 呈
现负相关关系。进一步从散点分布区域来看，大多数散点处于（20%，
50%）区间内，说明中国制造业中的各个行业总体上处于 R&D 与 FDI 负相
关的阶段，这在一定程度上解释了假说 3 不成立的原因①。

---

　　①　当然仅从两者呈现负相关关系并不能完全解释为什么 FDI 和 R&D 在影响比较优势动态化的过程
中呈现替代关系，这还需要从更深层次的分析中寻求原因，本书将在以后对此问题进行更加深入的研究。

第五节　结论

鉴于中国制造业出口行业比较优势动态转换对经济增长起到十分关键的作用，是将来中国经济健康稳速增长的重要条件。本章对中国制造业资本—劳动替代弹性、创新型与模仿型技术进步对比较优势动态化的影响进行了研究，研究结果表明。

第一，在中国制造业比较优势动态化的过程中，资本—劳动要素替代弹性通过提高资本积累速度实现比较优势的动态变化，进而改变中国制造业在世界上的分工及贸易模式；

第二，自主创新与模仿创新型技术进步均是中国比较优势实现动态转换的有效路径，但两者并没有相互促进其在比较优势动态转换中正向作用，反而相互抑制。

可见，要素替代弹性不仅仅作为技术参数在生产函数中发生作用，而且也是实现比较优势动态转化的重要因素，我们应将其作为一项政策目标加以关注和重视①。尽管技术进步的两种实现途径都能够提高显性比较优势指数，进而实现比较优势动态化，但是两者却在不同阶段呈现不同的相互关系，而在中国制造业现阶段，两者的替代作用在一定程度上削弱了对比较优势动态转变的影响，这就要求我们必须考虑适宜技术进步路径的选择。

―――――――――――――

① De La Grandville（1997）通过对日本和东亚国家快速的经济增长进行分析发现，推动其经济增长奇迹的重要动力并非必然是高水平储蓄率和更有效率的技术进步，而有可能是源于这些国家较高水平的资本—劳动替代弹性。随后 De La Grandville & Solow（2004）、Solow（2005）认为应该将其作为政府的政策目标。

第 六 章
技术创新体系构建与中国比较优势动态化[*]

技术创新已经成为衡量一个国家、区域保持比较优势的重要标志，是一个国家、区域经济持续发展和保持区域比较优势地位的关键。提高技术创新能力，建设创新型国家，促进我国比较优势动态化，是我国今后一个相当长的时期内经济建设的重要目标和战略任务。目前，我国区域技术创新差异大，不少地方的技术创新能力还不强，技术创新对经济增长的贡献度也相对较低。长远来看，不断提升技术创新能力是我国不同区域经济进步的基本选择，也是增强区域乃至国家保持比较优势能力的根本途径。

第一节　技术创新与比较优势动态化路径

Romer、Aghion、Howitt、Grossman 和 Helpman 的工作基本奠定了技术创新作比较优势动态化的研究框架，为后进国家或地区实现比较优势动态化、获得比较优势找到了可行的办法。根据 Romer 等的研究，技术创新对比较优势动态化的影响路径主要有四条：一是技术创新—先进技术—比较优势；二是技术创新—资本累积—规模经济—比较优势；三是技术创新—技术溢出—技术积累—生产效率—比较优势；四是技术创新—基础教育—国民基础知识—生产效率—比较优势。

---

　　* 本章主笔：张建民，经济学博士，教授，云南大学商旅学院；黄宁，经济学博士，副教授；秦开强，经济学博士，云南大学发展研究院。

一 技术创新与先进技术

创新作为技术进步的手段，其产生的先进技术可以自主使用，从而发挥技术革新对产业的直接推动作用，提升产业国际竞争力。Romer（1990）提出，知识的产生不是一个意外的过程，而是对研发进行专门投资的结果。厂商之所以愿意对研发进行大规模的投入，是因为知识具有排他性，厂商通过研发获得的知识受到专利权等的保护，进而在市场上获得较高的垄断收益。Aghion 和 Howitt（1992）则进一步将垂直创新纳入内生创新的范围中来。他们认为，垂直创新也是比较优势动态转换的途径之一。根据熊彼特的创造性破坏的思想，垂直创新是一种新技术对另一种旧技术的替代，应用新技术的产品将旧产品淘汰，拥有新技术的厂商剥夺旧厂商的市场份额，获得垄断利润。通过创新来获得新技术生产产品，可以把先期进入市场的企业挤出去，形成自身的比较优势。Grossman 和 Helpman（1991）指出技术进步表现为产品质量的阶梯型改进。他们认为，一个厂商取得和应用一种新的技术，通常不是对市场上已有产品的破坏性替代，而是在原有产品基础上进行的质量改进。市场上的某一种类的产品往往是存在着一个产品系列，每个企业的产品都在质量阶梯上有一个对应的位置。为了获得垄断利润，厂商争先恐后地进行研发投资，结果导致同一产品出现诸多的系列，产品的质量不断地提高。Rivera–Batiz 和 Romer（1991）等认为对于发达国家而言，世界经济的一体化加剧了发达国家之间的竞争，为了自身的生存发展，他们不得不增加研发投入，从而导致内生创新的速度加快，有利于发达国家保持已有的比较优势结构。

二 创新与资本累积和规模经济

创新是以产业资本累积为基础的，产业资本是创新的先天条件，自主创新进一步加大了资本的累积规模，从而可以发挥资本规模经济效应，形成具有国际竞争力的产业集团，降低产业成本、扩大产业市场竞争力。Romer（1991）认为研发投入获得的知识积累到一定程度，就会改变一国内在的生产要素禀赋状况，进而改变一国在国际分工中的比较优势模式。Aghion 和 Howitt（1992）认为出于对垄断利润的追求，创新加速资本积累，扩大生产规模，实现规模经济，降低生产成本，获得比较成本优势。

三　创新与技术积累和生产效率

创新具有强大的技术溢出作用，通过技术在行业内部的扩散，劳动力在接受知识的过程中形成属于自己的专业知识，随着知识累积水平的提高，其生产效率也逐步提高，最终提升了全行业生产要素的生产率水平。Romer（1992）指出知识同时也具有非竞争性的特点，通过研究开发获得的知识会形成外溢效应，也会提高其他要素的生产率。Romer 在理论上的贡献是把知识的积累内生化，进而为解释后进国家比较优势的动态变化提供了一条内生的路径。Aghion 和 Howitt（1992）认为出于对垄断利润的追求，厂商会不断地投资于新技术，而新技术的应用会提高其他生产要素的效率，加速人力资本的积累。

四　创新与知识积累和生产效率

创新是一个循序渐进的过程，政府支持是实现自主创新的必要保证，政府对基础教育和研发投入的增加能够提升国民基础知识水平，从长期动态角度而言，劳动者"一般性知识"水平的提高必将有效提升国民经济实力，产业获得动态比较优势具有良好的外部环境。Grossman 和 Helpman（1991）指出由于市场竞争的存在，厂商必须持续对研发进行投入，由此不断积累知识，带动人力资本密集程度的上升，进而改变资源禀赋状况，实现比较优势模式的动态转变。Rivera – Batiz 和 Romer（1991）认为，对于发展中国家，经济一体化加速了知识的流动，更强的知识外溢效应有利于发展中国家实现"干中学"，促进发展中国家的知识积累和人力资本开发。总体上说，世界经济一体化能大幅降低创新的成本，加速创新的传播，通过创新——"干中学"的过程，发达国家和发展中国家都能实现知识的积累，进而实现比较优势的动态演进。

第二节　创新能力构建

技术创新是与一定的创新体系及其运行机制相联系的，通过一定的过程体现出来，这就是创新能力；技术创新能力本身也是一个系统，由一系列子能力构成；技术创新能力建设必须和体系、机制和过程建设结合起来。

一　技术创新要素

对区域技术创新系统的要素，有关学者进行过探讨。陈广（1999）提出，"区域技术创新体系是指在一定技术区域内与创新全过程相关的组织、机构和实现条件所组成的网络体系，是由相关社会要素（企业、高等学校、科研机构等）组成的一个社会系统"。

（一）企业

技术创新是科学技术发明的商业应用，是"把已发明的科学技术引入企业，形成一种新的生产能力"[①]。由此显见，企业是技术创新主体。对此，国内外学者的认识是相同的。如顾新指出"企业是技术创新的主体"[②]；Doloreux 认为公司（或企业）担负生产和扩散知识的责任，在创新系统中扮演着重要角色。作为单个公司来讲，应该与构成其外部环境的其他公司和机构充分互动，成为创新系统中的新技术的使用者、生产者、合作者和竞争者。[③]

实质上，创新是企业构筑核心能力从而获取竞争优势的根本所在。当今的市场竞争是全方位的，表现在质量、价格、品种、服务和产品的可获得性等诸多方面。技术创新是企业实现竞争战略（成本领先、差异化和聚焦等）的根本性保证。在我国，相当一部分企业尚没有树立起技术创新的主体意识，这正是我国企业普遍技术创新能力不强、缺乏竞争力的根本原因。企业的创新能力与创新动力强弱是区域技术创新系统成败的关键。

（二）机构

机构包括 R&D 部门、大学和其他中介等组织，是影响技术创造、发展、转移和利用的关键因素。机构能减少不确定性、协调知识应用、调和冲突和提供激励。各种机构可以以具有明确目的的正式结构的形式出现，或者以非

---

① 纪玉山、曹志强等：《现代技术创新经济学》，长春出版社 2001 年版，第 149 页。
② 顾新：《区域创新系统论》，四川大学出版社 2005 年版，第 109 页。
③ D. Doloreux（2002）. "What We Should Know about Regional Systems of Innovation", *Technology in Society*, 24, 243 – 263.

正式结构的形式出现。不管什么形式，其背后实际上都存在着影响创新的规范、制度和法律。

机构中的大学与科研部门，在区域创新体系中的作用和功能主要表现在：承担国家与区域的基础性、应用性的科研开发任务，为创新活动提供基础保障；培养具备理论基础和专业素养的不同层次的人才；捕捉科技发展的前沿信息与技术，开发图书资料系统及图书情报系统，为区域创新活动提供信息支持；与企业合作与交流，充分利用咨询、合作开发、技术与成果转化以及高新技术孵化四种平台，为企业创新活动提供支持。

中介机构以专业知识和技能为基础，与各创新主体性要素紧密联系，在企业与企业、企业与个人、企业与大学和科研机构、企业与市场以及社会各种创新资源之间牵线搭桥，促进彼此之间的相互渗透和交流，为创新活动提供重要的支撑服务。它在有效降低创新风险、加速创新成果转化中发挥着不可替代的作用。

（三）知识生产基础设施

知识生产基础设施是指用以支持创新的、有形的、物质的基础设施和组织设施。作为被公司和创新者使用的、支持创新的知识基础设施可有多种形式。第一种形式包括由推动技术扩散的创新支持组织（如科学园、技术园）组成，或者是由所在区域层级以发展新的和有利可图的工业活动为导向的创新支持组织（如技术孵化器）组成。第二种形式是聚焦于技术扩散，由公共的技术转移和创新咨询机构组成，它们的作用是给知识型公司提供技术支持和信息。R&D 部门，如大学、研究院和国家实验室构成了知识基础设施的第三种形式。这些组织在创新中发挥着积极作用，它们不仅涉及教育和技术的研发，而且涉及科学技术知识的生产和协调。这些形式的知识基础设施，以及其他不人明确的技术创新指向的基础设施（如市场发展、战略计划、知识产权）促进和调节着创新努力和创新过程。

（四）地方政府

地方政府在区域创新体系中的作用与影响较为特殊，是区域制度创新的主体。虽然政府往往不直接介入技术创新活动，但它通过特定的方式发挥着重要作用，它能为技术创新活动提供制度保障，能通过研究资助、贸易政策和知识产权保护等相关政策培育有关主体创新的积极性。

　　地方政府应以制定和落实系统的、相互支持的创新政策为己任。区域创新支持政策应从整个系统的高度确保一个区域创新系统能提升学习能力和促进知识扩散。欧盟的"绿皮书"认为区域是给公司以必需的创新支持的最佳层面。[①] 区域创新政策应以改善知识基础设施、公司和机构间的互相作用为宗旨，应对个别或集体的创新需要做出响应，应当鼓励区域内技术扩散、发掘区域内在潜力。

　　各核心要素间的关系如图 6-1 所示。区域技术创新过程是区域技术创新直接主体创新构思的产生、研究开发、技术管理与组织、工程设计与制造、用户参与及市场营销等一系列活动的总和。区域技术创新系统运行涉及创新主体内部的创新机构、创新主体间的相互关系。

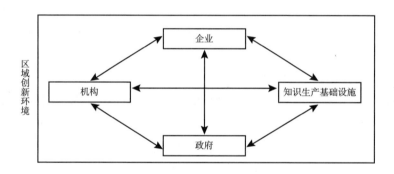

图 6-1　区域技术创新体系的核心要素构成

　　各核心要素能否形成一个整体并有效运行还受到诸多环境因素的影响，如现实的宏观经济和区域经济状况，市场运行机制，既有的知识、技术和人才积累，社会文化环境，现有的创新政策等。所有这些因素构成了区域技术创新的状态空间，并影响着其运作效果和效率。

二　创新机制和过程

(一) 创新机制

　　所谓机制，是指一个系统的组织及其构成要素相互作用的过程和方式，

---

① European Commission, *Green Paper*, Luxembourg, 1995.

而区域技术创新机制是指区域有关技术创新主体依托其功能，围绕创新目标，相互联系、作用，进行聚合、关联的过程和方式。它包括三个基本的机制，即动力机制、扩散机制和共生机制。三者相互区别，动力机制解决创新行为的发生问题，扩散机制解决创新成果共享问题，共生机制解决区域技术创新主体（尤其是企业）的竞争与合作发展进而促动整个区域的创新能力提升问题；三者又相互联系，当这三个机制有效且相互协调时，技术创新方能发生，技术创新效率才能达到最高。

1. 动力机制

动力机制是构成区域技术创新机制的基本要素之一。它是促使技术创新行为产生的各种影响因素相互联系、相互作用的机理和制度，是"由内在和外在两个方面的推动力所构成的促使企业提高自主技术创新能力的机制"[①]。综合国内外有关研究，笔者认为促使区域内技术创新行为产生的影响因素众多，相互作用复杂，但可分为两大类（或两大动力系统），即内部动力因素（或内部动力系统）和外部环境因素（或外部动力系统）。前者是指存在于区域技术创新主体——企业内部，对技术创新活动产生内驱力的各种因素，如经济利益、企业家精神、企业文化、内部激励机制、内部学习，企业制度与结构以及企业技术创新能力等；后者是指存在于企业外部乃至于区域外部，对作为区域技术创新主体的企业的技术创新行为产生直接和间接影响的各种因素，如市场需求、市场竞争与合作、制度保障、科技发展和外部激励体系等。

促使企业追求技术创新的各种动力要素是相互联系、相互制约的，各种动力要素构成一个相互对立的子系统，各个子系统之间相互作用，构成一个较大的系统。同时，有效的动力机制要求系统与系统之间高度开放，以实现系统之间物质、信息、能量等的交换。这两大类因素（两大系统）必须协调、相容，使企业内有创新意识、动力和能力，外有创新氛围、压力和基础。唯有如此，区域技术创新动力机制方为有效，技术创新行为方会频生。

2. 扩散机制

新技术的成功商业化应用能给创新企业带来显著的经济效益，其他企业

---

① 苏金明、马小强：《我国企业技术创新动力机制通用模式研究》，《企业活力》2007 年第 7 期。

会纷纷跟随，以期获得超额利润，从而使得整个社会的技术、经济水平得到提高。所以，从经济学意义上讲，技术创新扩散是区域技术、经济发展的内在要求。在某些区域，甚至可以说技术创新扩散比技术创新本身更重要。在目前大多数地方总体技术水平较低的情况下，通过构建有效的技术扩散机制，引导外资、国有和民营等类型企业之间的技术扩散，提高企业在消化吸收基础上的技术创新能力是实现区域技术进步和经济跨越式发展的重要途径。

对技术创新扩散动力研究影响最大的是美国经济学家曼斯菲尔德。他认为，技术创新扩散动力主要来自三方面的影响。第一是模仿比例，也就是在一定时期内，某一产业采用新技术的企业数与总的企业数之比。当模仿者比例增大时，采用新技术的风险减小，对采用新技术的企业的推动力变大。第二是采用新技术的企业的机会利润率。模仿者所获得的机会利润率越高，企业越愿意采用该技术，从而推动创新扩散的进行。第三是基本投资额。采用新技术所要求的投资额越大，资本越不容易筹集，创新的扩散动力就很小，扩散则不容易进行。①

许慧敏、王琳琳提出技术创新扩散系统包括三个必不可少的基本要素：第一，技术创新扩散源，即技术扩散系统中的技术带有体；第二，技术吸收体；第三，技术创新扩散系统所处的环境。一项成功的技术创新之所以能够扩散，其决定力量应该是技术扩散动力（包括推动力和牵引力）。但这种力的合成并非物理力学中所谓的简单二力合成。技术创新扩散系统中的技术带有体因采用新技术而获得了超额垄断利润，受超额垄断收益的诱导造成市场竞争压力，形成了技术创新扩散的推动力。技术吸收体一方看到扩散系统中技术带有体在市场中的优势，开始对技术带有体的技术进行评价，结合自身的状况，做出是否吸收该技术的决策，以实现自身利润最大化。于是，技术吸收体追求利润最大化亦成了技术扩散系统的牵引力。二者共同作用，推动着新技术成果的扩散，形成技术创新扩散系统的总动力。

3. 共生机制

从实践中看，单个企业是很难进行技术创新的，任何一项技术的创新都

---

① 许慧敏、王琳琳：《技术创新扩散系统的动力机制研究》，《科学学研究》2006 年 8 月增刊。

需要不同的组成要素或主体参与。构建有效的区域技术创新机制要求共生机制支撑。区域技术创新的共生机制是指在区域技术创新过程中，有关主体为适应生产发展和技术创新的需要而形成的具有合作、竞争、共生特征的内在联系机理和规律。技术创新共生现象是一种产生于技术创新系统中的自组织现象，其共生过程是一种自组织过程。技术创新共生过程是有关技术创新主体的共同进化过程，共生为技术创新企业提供理想的进化路径。

构建区域创新主体（尤其是企业）共生机制以促进技术创新有诸多作用。第一，可以打破技术创新资源瓶颈。通过水平共生或垂直共生，技术创新企业与其他企业组成共生体，能整合不同企业的技术创新资源，实现收益共享、风险共担。第二，分散或降低技术创新风险。一般来说，技术创新风险包括技术风险和市场风险两类。企业通过共生行为组建企业技术创新共生体，可以有效地分散或降低技术创新风险。第三，降低交易成本。比如通过企业集群实现空间上的接近，可以导致技术创新企业交易的运输成本的大幅度降低。合理的技术创新共生机制可以导致共生体内各技术创新企业之间的内耗达到最小，从而使共生企业相对拥有一种共生竞争优势。第四，产生学习效应。共生对技术创新企业之间互相学习有促进作用。

构建技术创新共生机制并使其有效运转需要一定的条件。如技术创新共生企业之间具有某种时间或者空间联系，构成共生关系；存在促使技术创新共生企业之间进行物质、能量和信息交换的内部因素和外部因素；在技术创新主体之间存在一种竞争、合作、共生的临界规模。共生规模过大或者过小，共生关系都不可能最终稳定。

影响技术创新共生机制产生的因素主要有几个方面。第一，资源。技术创新资源越不足，企业对技术创新资源的共享要求越高，更需要建立共生机制。众多的相互关联的企业共生，可以实现资源共享、优势互补，克服单个企业技术创新资源不足的缺陷。第二，环境。环境（如制度等）对技术创新共生机制的影响有正面的、中性的和负面的。第三，沟通。沟通活动可以促进组织知识的积累，同时也能提高组织的学习能力，为技术创新活动奠定基础，是技术创新共生机制的核心影响要素。第四，协作。企业间互补性越强就越需要协作以达到共生。这几种因素对技术创新共生机制的影响表现在：资源不足对技术创新共生机制构建提出客观内在要求，在环境因素的作用和影响下，来自物质、能量和信息等资源共享的目的，来自沟通、协作的支持力，加之企业利益引导力，成为作用于企业技术创新共生的需求力，最终保障企业技术创新活动得以顺利进行。成功的技术创新共生又会推动企业在更高的层次上谋求共生发展。[①]

（二）创新过程

一个区域中的技术创新是怎样发生的？其过程如何？研究区域技术创新问题，必须回答这一类问题。

人们有一个由来已久的观念，认为技术创新过程遵从这样的程序，即基础科学→应用科学→生产制造→销售。这样的认识使许多人以为，一个地方只要基础研究搞上去了，技术创新水平自然会跟着上去。随着技术创新研究的深入展开，人们逐渐发现，科学与技术创新、产业间的关系是复杂的，"技术创新过程具有相当大的不确定性、随机性和复杂性"[②]，科学与技术创新之间不是简单的线性关系。

大学、科研机构承担着从事科学研究、传播科学知识的使命，为企业技术创新提供科学与技术储备，是知识和技术成果的重要供给者。

企业是区域技术创新的真正执行主体。首先，创新是指生产要素的重新组合，这种组合只有企业家通过市场机制来实现才有效率。其次，创新是一项与市场密切相关的活动，企业会在市场机制的激励下从事创新。最后，创新需要很多与产业有关的特定知识，从科技成果向现实产品转化还需要大量工程知识和市场知识，这些知识是在实践中逐渐积累起来的，需要投入时间和资金才能获得，独立于企业的科研机构往往无法或难以获得。[③]

企业的技术创新过程包括的基本要素第一是创新者（The Innovator），即通常所说的企业家，其任务是认准市场机会、做出响应，推动创新发展。第二是新概念（The New Concept），它是对一项新的产品、工艺、应用或服务的设计构思。新概念可由创新者自己产生，也可从其他地方获得。第三是创新团体（Innovating Group），指将一个新概念（或设计构思）发展成新产品、工艺或应用、服务的一小组人。第四是新产品、工艺、应用及服务

① 刘汶荣：《技术创新机制的系统分析》，吉林大学博士学位论文，2009，第147页。
② 柳卸林：《技术创新经济学》，中国经济出版社1993年版，第26页。
③ 顾新：《区域创新系统论》，四川大学出版社2005年版，第109页。

（New Product，Process，Application or Service），即通过生产制造实现的、在价格和功能上优于同类老产品的创新产品。其被用户接受的速度主要取决于它能给用户带来的利益的大小。第五是产销机构（Supplying Organization），指最终实现新产品商业生产和市场销售的企业组织。企业技术创新还受竞争者（Competitors）的影响。竞争者起两方面作用：一是阻碍创新者创新计划实施；二是以最快的速度仿制新产品，使其尽可能地廉价销售。

此外，还要指出，资金（Capital）是科学研究和技术创新的重要基础条件。创新过程的每一阶段都需资金的支持，资金保障是创新的关键。机遇（Chance）贯穿于创新过程的始终。一个具体特殊的新概念能否成功地导致创新有其偶然性，但在社会有某一方面的需求且技术上又具可行性的前提下，创新的成功又是必然的。

区域技术创新过程包括的有关主体、要素、环节构成了一个有机系统，这个系统是开放的，与其所处的大系统发生物质、能量、信息、知识交换。这个过程是在相关环境（Relevant Environment）中进行的，包括政治的、社会的、经济的、科技的和宗教的等诸多方面的环境因时因地变化，对创新活动起巨大的制约作用和影响作用。

三　创新能力形成机理

区域技术创新主体（企业、机构、知识生产基础设施、政府等）在创造、使用和扩散新技术中的职能分工和作用各不相同，各自内部的运行机制也有差别。区域技术创新能力是有关主体在有机的分工协作关系中所形成的一种整体性能力，该能力是否能形成和得到提高，不仅与个别创新主体内部的运行机制和个别能力有关，更为重要的是与各创新主体的交互作用机制（或方式、程度）有关。笔者认为影响区域技术创新能力形成的最重要的机制包括交互学习、知识生产、临近和社会根植。它们决定着区域技术创新能力，进而决定着区域技术创新的效率和成功。

（一）交互学习

"技术创新是一个将新思想、新设计引入生产系统，使科技成果成功商业化的过程。这一过程，离不开大量的理论与实践的碰撞、成功与失败的反复，并且创新本身就是一个启发式的过程，每一步研究都为下一步研究提供许多经验，因此从根本上讲，技术创新是一个动态的相互关联和学习的过程——只有在联合与协作中，才能更好地发现各种技术 - 经济问题，尝试用各种方法去解决创新中的问题，推进创新的成功实现。"① 可以说，创新和学习紧密相关，交互学习是区域技术创新能力概念的核心。

交互学习意味着知识的产生、吸纳、应用和扩散。要提升区域技术创新能力，须考虑通过利益驱动使各创新主体形成交互学习机制。交互学习可以被理解为在参与创新过程的各主体实现学习的过程。它也指有关主体（如公司、机构）共同的生成知识的相互作用过程，这个过程受到机构工作惯例和社会习俗的影响。②

企业积极参与创新网络并与其他企业以及组织开展合作，创新就会产生。一般认为，创新能力与创新主体通过知识扩散来学习的程度相联系。对于区域创新能力的形成与发展来说，交互学习、知识流动是推进性力量。所以，交互学习是被公司采用的用以弥补公司自身没有、学习过程中又缺乏的知识的生产战略。

一些学者的研究发现，企业创新出自交互学习过程。③ Routhwell 认为创新是一个相互作用的过程，成功的创新公司一般都专注于利用外部的技术专长和专家咨询资源。④ Albaladejo 和 Romijn 也持相同观点，他们支持企业利用外部资源来创新。⑤

为什么交互学习能助推企业的技术创新？Doloreux 认为原因在于几个方面。首先，技术换代使得现有知识过时。区域创新主体通过建立联系实现交互学习，从而使公司能够获得更多的诀窍方面的信息，掌握企业外部专门技能。其次，因为技术变革的速度加快，交互学习能降低企业的物资采办和产

---

① 邵云飞、谭劲松：《区域技术创新能力形成机理探析》，《管理科学学报》2006 年第 4 期。

② Morgan, K. (1997). "The Learning Regions: Institutions, Innovation and Regional Renewal", *Regional Studies*, 31 (5): 491 – 503.

③ Capello, R. (1999). "Spatial Transfer of Knowledge in High Technology Milieux: Learning Versus Collective Learning Processes", *Regional Studies*, 30 (4): 353 – 65.

④ Routhwell, R. (1992). "Successful Industrial Innovation: Critical Factors for the 1990s", *R&D Management*, 22: 221 – 39.

⑤ Albaladejo, M., Romijn, H. (2000). "Determinants of Innovation Capabilities in Small UK Firms: An Empirical Analysis", Eindhoven: Eindhoven Centre for Innovation Studies, Working Paper, 00. 13, 2000.

品分销成本。最后，交互学习可以使企业缩短产品生命周期，影响速度管理，帮助企业减少在技术创新中的不确定性。[1] 温新民的解释是，互动学习[2]有助于连接、组合地区创新要素，提高创新成功率；能够提高创新体系绩效；能够产生有利于区域创新体系高效运行的机制。[3]

交互学习有多种形式，既有各类主体（如企业）之间的学习，也有不同类别主体（如高校、研究机构与企业）之间的学习。

（二）知识生产和流动

知识是一个含义广泛的概念。它既包括系统化的编码知识（Codified Knowledge），同时也包括通过实践积累的经验性隐性知识（Tacit Knowledge）。如果把技术创新视为综合运用已有的各种知识的过程，那么，知识生产就是指通过特定的认识活动——主要指实验性的 R&D 活动，同时也包括经验性的实践活动——增进技术创新所需要的知识的过程。这种创新既涉及提出新的判断或总结，也涉及对旧的判断或总结的新认识和再创新。

知识生产和共享是区域技术创新能力形成的一个重要方面，因为它帮助企业增加区域交互学习能力。它需要创新主体间高度信任，并有共同的文化、制度和企业家活动。知识是通过社会的相互作用创造、再生产出来的，是植根于社会之中的。隐性知识以心照不宣、不言而喻的形式出现，它是个人的和基于情境的；系统化的编码知识更深地植根于个别企业、一组企业，或者整个系统的日常工作和程序中。当各企业有相同的价值观、背景，以及对技术和商业问题的共同理解时，知识的共享便较容易。而心照不宣、不言而喻的知识因为以新方法和新产品的形式隐含着新的意思而非常难以共享。一直到编辑成文之前，企业是较难沟通这种知识和分享知识生产经历的。

知识生产能增进作为技术创新基础的知识存量，技术创新反过来又会拓

---

[1]　D. Doloreux（2002）. "What We Should Know about Regional Systems of Innovation", *Technology in Society*, 24, 243 - 263.

[2]　温新民所说的区域技术创新中的互动学习，是指创新活动者为了找到创新路径、解决创新问题而进行的相互影响、相互作用的活动，是围绕技术创新的成功实现而进行的创新者之间互相启发、协调的活动。这和笔者所讲的交互学习是一致的。见温新民《互动、学习与区域技术创新体系的运作管理》，《科学学与科学技术管理》2003 年第 11 期。

[3]　温新民：《互动、学习与区域技术创新体系的运作管理》，《科学学与科学技术管理》2003 年第 11 期。

展知识创新的问题域，并为知识创新提供必要的资金和技术支持。学习一般是一个组织化的过程，而知识的生产和共享是在低度结构化环境中进行的。"很不显眼、实用的知识以四种类型显现出来：知道是什么，知道为什么，知道是谁和知道如何做。这些类型指与经济相关的知识实现交易和以新的方式整合片段知识的可能性。"[1]

知识流动是指知识在企业、大学、科研院所等系统主体要素内部以及要素之间的流动过程。知识流动的实质是促进创新要素的有效组合。"知识流动是要素间互动的重要方式，知识流动的规模与效率直接影响着区域创新系统的结构与运行效率，加强要素之间的知识流动是区域创新系统的根本任务。"[2]

知识流动能带来技术创新扩散，使得技术从一个地方运动到另一个地方或从一个使用者手里转到另一个使用者手里。其实，技术创新扩散是一个学习过程，学习能降低成本、提高能力。

（三）临近

临近对区域技术创新行为发生和能力提升有相当重要的作用。具体来说有三个含义。第一，临近的结果是空间集聚，从而引致有关利益。丰富的集聚经济为那些沉浸于交互学习的公司提供大量的关键投入/产出，以供它们使用，并发挥作用。集聚力还提供一个决定企业和有关实践机构关于与当地供应商和顾客共享基础设施和其他外部事物的行为的一般框架。第二，临近能降低交易费用。的确，伴随更多的确确实实的临近，交换和沟通知识、信息的成本更低了。企业间的地理距离越近，隐性知识的流动就越快，因为它们可以通过重复观察和模仿来获得新知识。总之，临近可提高公司沟通的速度，促进创新性知识在区域内的转移，减少相关成本，提高各自的创新能力。第三，临近不仅是地理问题，还关乎社会和文化。国外有研究发现："那些具有组织关系亲密性与工作内容相似性的组织同样可以在距离较远的情况下实现知识的传递与共享。"[3] 另外，高度的信任和理解是隐性知识扩

---

① Lundvall, B. A., Johnson, B. （1994）. "The Learning Economy", *Journal of Industry Studies*, 1（2）: 23 – 42.

② 顾新：《区域创新系统论》，四川大学出版社 2005 年版，第 149 页。

③ 张钢、徐乾：《知识积聚与区域创新能力：一个社会认知的视角》，《自然辩证法通讯》2006 年第 6 期。

散的必要条件，缺乏共同的社会价值和文化理解会阻碍临近的创新主体建立稳定的关系。

所以，在区域技术创新情境中的临近不仅是一个地理距离问题，而且是经济的、组织的、关系的、社会的和文化现实的临近的问题。这和地理临近同样重要。

（四）社会根植

区域技术创新概念的中心是根植，即一定要与区域特色、区域发展战略目标、经济和社会发展目标、主导产业结构、资源和地理条件等结合，否则，如果所有区域都按照一个模式建设区域技术创新系统，那就没有创新，也谈不上创新能力。国家技术创新系统并不等于区域技术创新系统的简单相加。根植概念甚至关乎人际关系和网络，这样的关系源自相互作用，并会引起对利润增长的预期。这样的网络和相互作用包含"不考虑其机构和文化情境就不可能理解的一个社会根植程序"。从这个角度出发来看，根植一般在企业和机构集中，有高度共享的社会文化观，并且用于生产新产品和程序的资源丰富的地区产生。斯多珀称这些因素是"未交易的互相依赖"，因为它们植根于一个特别的不可能"再生产"或"出售"的情境中，对集体学习和交互学习的发生起关键作用。①

四　创新能力的支持条件

不同区域的技术创新能力存在差异，这取决于该区域是否存在有效的能力形成机制，而这样的机制形成又有赖于一定的条件。

交互学习、知识生产、流动扩散、临近聚集和社会根植这样的机制能否存在和有效运转有一定的条件（或核心资源要素）要求，其中尤为关键的是三个方面，这三个方面存在差异会引致机制差异，进而引致技术创新能力差异。

（一）制度

在区域技术创新能力形成的支持条件中，制度尤其重要。影响技术创新

---

① 引自 D. Doloreux（2002）．"What We Should Know about Regional Systems of Innovation"，*Technology in Society*，24，243–263。

能力的因素，既体现在认识层面，同时体现于社会层面。"在创新行为中，社会因素的影响和制约始终存在，解决不断出现的社会问题以约束人们的合作和竞争方式的制度也始终在发挥着作用。"① 制度之于技术创新能力形成的支持主要表现在两个方面。

一是降低创新的不确定性和交易费用。不确定性的存在是创新存在的理由，只有在存在不确定性的情况下，创新才成为必要，也才有可能形成创新。完全确定性的世界，并不需要创新，也不可能有真正的创新。然而，不确定性太高会提高创新的风险，使创新成为不可能，或者没有实际意义。因此，有效的创新活动依赖于对不确定性的克服。在给定的创新资源状况下，恰当的制度安排可以降低社会的不确定性，可以为他方合作行动提供保证，可以为技术创新及其能力实现提供一种稳定的、有秩序的社会环境。制度还能够为技术创新过程中的合作提供基本框架，消除不必要的摩擦，把阻碍合作的因素的影响降低到最低限度，同时降低创新过程中的交易费用。

二是提供创新激励。"任何一种制度的基本任务就是对个人行为形成一个激励集，通过这些激励，每个人都将受到鼓舞而去从事那些对他们是很有益处的经济活动，但更重要的是，这些活动对整个社会有益，个人只不过是社会的一部分。"② 创新不仅对创新者个人、单位是有益的，而且最终会给社会带来益处。正因为如此，对创新行为的激励是必要的，也是社会进步的基本条件。通过合理的制度安排，赋予创新者对于创新成果使用、获益的排他性权利，从而有效激励创新。

现实的区域技术创新实践也反映了对制度创新的要求。例如在我国，"实际上，东部地区在改革开放之初的创新能力不及中西部的一些地区，但由于具备体制优势和政策优势，使其创新能力很快超过中西部地区……正是体制改革和创新，形成了市场竞争压力，释放了东部人巨大的创新热情，对外开放则为其创新创业提供了契机。创新的意识、市场化的竞争压力和外国

---

① 李正风、曾国屏：《中国创新系统研究——技术、制度与知识》，山东教育出版社 1999 年版，第 88 页。

② 李正风、曾国屏：《中国创新系统研究——技术、制度与知识》，山东教育出版社 1999 年版，第 102 页。

投资的驱动是东部地区创新能力快速提高的三大重要因素"[①]。

（二）人力资本

人力资本，即人力资源或劳动力使用价值，是为了获取未来收益，通过正规学校教育、在职培训、医疗保健、迁徙等多种投资形式而形成的凝结在人身上的知识、技能、健康等的总和。在技术创新这一特殊的经济生产过程中，人力资本要素是最基本同时也是最为主要的创新要素。"可以这样认为，科学和技术知识的发展传播提高了劳动力和其他要素的生产力。随着科学家、技术人员、管理人员和其他人员的知识的增长，系统地将科学知识运用于产品生产，这极大地提升了教育、技能培训和在职培训的价值。保持人均收入持续增长的国家都加大了在教育和培训上的投入。"[②]

人力资本在技术创新过程中的主要作用表现在，它内在地决定着知识创造、流动，以及技术创新、扩散、转移，人力资本投资及其所形成的人力资本存量是技术创新的基础，并最终影响着经济增长。20世纪80年代兴起的新增长理论对新古典增长理论进行了全面的修正和发展，将知识和人力资本引入经济增长模式，赋予技术一个完全内生化的解释，即技术不再是外生的、人类无法控制的东西，它是人类出于自利而进行投资的产物。[③] 人力资本成为技术创新的主要基础还在于它可以启迪人类创新的思想灵魂，提供创新所必需的技能和在创新过程中所必须付出的体能。此外，人力资本还可以提高其他创新要素的利用效率，比如促进劳动效率的提高和物质资本使用效率的提高，带来技术的进步等。所以说，人力资本积累是提高区域技术创新能力的最基本的要求之一，其存量差异决定着一个区域的技术创新能力。

人力资本在区域技术创新中的主要作用还表现在，一个区域的人力资本存量及其结构内在地决定着区域技术创新模式、路径的选择。无论是哪一种创新，都需要各种人力资本的配合，不同的创新模式所主要依赖的人力资本形式是不同的。因为"创新的主体在于创新人群，而不同人群的创新意识、创新文化、创新方式、创新频率等各不相同。创新的关键因素是人群及隐含

---

①　柳卸林、胡志坚：《中国区域创新能力的分布与成因》，《科学学研究》2002年第5期。

②　加里·贝克尔：《人力资本理论》，郭虹等译，中信出版社2007年版，第7页。

③　谭崇台：《发展经济学的新发展》，武汉大学出版社1999年版，第367页。

在人群之内的人力资本存量，区域创新模式则决定于区域人力资本结构"①。

（三）经济发展

区域经济发展与技术创新的关系是辩证的，一方面，区域技术创新推动着区域经济发展；另一方面，一个区域的经济发展水平又决定了技术创新的平台。"任何创新都不是纯粹的从'无'到'有'，而总是从既定的'有'出发通过创新使之发生质变，形成新的'有'。创新的这种特性决定着创新主体进行创新活动时必须具备一定的客体资源。"② 从宽泛的意义上说，影响区域技术创新活动的一切环境、条件都构成了客体资源，如经济发展水平、科技发展状况、自然环境、文化氛围、制度安排、人力资源或人力资本状况等，这一切共同影响和制约着技术创新活动。由此可见，笔者在前面所述及的制度和人力资本，与经济发展一样都属于创新的资源性要素。之所以把它们单独提出来加以阐述，是因为它们是必须予以重视的核心、关键要素（或条件）。

经济发展状况作为核心条件有两个显著的特点：一是其客观性、先在性；二是其可变性、相对性。它对于区域技术创新的影响表现在，它决定并牵动着区域技术创新主体的创新深度和创新规模。一个区域的经济总量、财政收入、企业赢利、科技队伍、研发基金等状况影响到区域创新资金的投入比例、教育投资占 GDP 的比例、专利发明、国外技术引进、新产品产值占销售额的比例、高新技术产业产值占 GDP 的比例等的深度和规模。

经济发展对于区域技术创新的更为本质的影响在于，它决定着区域技术创新系统的内在机制能否运转。例如，就区域经济发展水平而言，没有一定的工业化、城镇化水平，没有一定的产业集聚，创新主体间的交互学习就很难真正有效发生，从而也就不会有真正有效的区域技术创新系统存在。

制度、人力资本、经济发展状况是决定区域技术创新系统内在机制形成及其能力高低的三个关键性条件。其中，一个良好的技术创新导向的、以有关政治及法律为主要内容的制度体系是先决条件，它解决的是制度约束与激励问题，解决的是动力机制问题；一定的人力资本存量及其优化的结构是根本，它是知识生产、流动和交互学习机制发生作用的原发性基

---

① 张一力：《人力资本结构与区域创新模式——基于温州、西安、深圳的实证比较》，《经济社会体制比较》2006 年第 3 期。

② 中国创新报告课题组：《国家整体创新系统问题研究》，党建读物出版社 2006 年版，第 69 页。

础；良好的经济发展状况是前提，它提供的是创新资金投入和科技平台。三者功能各异，但又相互联系，三位一体地作用于区域技术创新系统的形成及其能力提升。

五　创新能力差异评价

技术创新能力是技术创新的重要测度指标。技术创新能力具有可测度的特征，这为运用统计数据和经验数据定量分析技术创新提供了研究思路。本研究从对区域技术创新系统、机制、过程、能力以及能力形成的关键支持条件的分析出发，着力构建一套符合需要的能客观反映我国不同区域技术创新能力水平的评价指标体系。

（一）评价指标体系的功能设计

建立区域技术创新能力的评价指标体系的出发点就是要把区域技术创新能力结构系统中所涉及的所有领域的复杂关系简单化，用简化的评价指标获取尽可能多的评价信息，为把握和了解我国区域技术创新能力现状提供科学的判断依据。同时，完整的区域技术创新能力评价指标体系还应反映区域技术创新能力结构的各个方面发生的变化趋势和变化程度，由此发现阻碍和影响技术创新能力持续提高的不利因素，分析原因，从而采取积极有效的对策。因此，科学、合理的区域技术创新能力的评价指标体系应当具有分析、比较和调节的基本功能。

1. 分析功能

区域技术创新能力结构系统是若干能力要素的综合集成。在对区域技术创新能力指标体系的研究中，可以借助各类统计资料和实际调查获得的一手资料，用现代统计手段和工具，计算出区域技术创新能力系统的综合得分，据此对我国区域技术创新能力做出综合判断。

2. 比较功能

运用现代统计计量分析工具对不同区域的技术创新能力进行比较分析，这样可以使政府有关部门较为准确地把握我国目前技术创新能力的现状及潜力。通过测评和分析各个能力要素指标的具体得分，可以了解各个能力要素对技术创新能力的影响，并比较技术创新能力系统中能力要素的强与弱，以及起主导作用的要素是哪个。

3. 调节功能

区域技术创新系统是一个复杂的多元的非线性系统，区域技术创新能力的发展水平受到创新投入能力、创新资源的配置能力和创新管理能力等众多要素的综合影响。因此，在我国区域技术创新能力的建设和培育中，现实状况和预定目标发生偏离是难以避免的。因此，可以通过对技术创新能力实测指标的持续整理和分析，从不同角度反映技术创新能力的现状、潜力，找出偏离的原因，从而采取积极有效的对策，实现对我国区域技术创新能力指标系统的监控和调节功能。

（二）评价指标体系的设计原则

指标是指综合反映社会现象的某一方面情况的绝对数、相对数或平均数。指标体系则是由一系列相互联系的指标构成的体系，它能根据研究的对象和目的，综合反映出对象各个方面的情况。区域技术创新能力评价指标是度量区域内技术创新能力强弱的工具，要使这种评测工具有效而可信，测评结果全面、客观、科学和准确地反映区域技术创新能力的实际水平与发展趋势，应遵循以下几个原则。

1. 先进性、科学性和合理性原则

指标体系应能真实、客观、全面地反映技术创新现实能力和潜力。这就要求指标体系的制定必须经过反复研究、筛选和修改，指标概念必须明确且具有相对独立性，避免简单地堆砌指标，尽可能选取最能真实体现良好效果的统计指标。

2. 系统性和整体性原则

区域技术创新能力评价指标系统是由多个子系统综合集成的，各个能力子系统必须利用相应指标才能反映出来，这就要求所建立的评价指标体系具有足够的涵盖能力，能够充分反映区域技术创新能力的系统性和整体性。

3. 可操作性原则

在遵循系统性原则的基础上，区域技术创新能力的评价体系的设计应坚持可操作性的原则。主要包括如下内容：第一，数据资料的可获得性，通过查阅全国性和区域性统计年鉴和各种专业年鉴，或者是在现有资料上经过简单加工整理即可获得；第二，数据资料可量化，定量指标数据要保证其真实、可靠和有效，应尽量少用定性指标和经验指标；第三，评价指标不能过

多，应尽可能简化。

4. 规范性和可比性原则

区域技术创新能力指标体系要考虑到基本指标既可以横向比较，又可以与以往历史资料衔接，具有可比性。同时，指标尽可能采用规范的统计指标或最基础的统计指标进行加工改造。技术创新能力的评价，需要有一个衡量和评价的参照数值，可以通过同其他地区和行业评价结果的横向对比，也可以对自身进行纵向的比较，这就要求评价指标体系具有可比性和规范通用性。

5. 动态评价和静态评价相结合的原则

区域技术创新能力是一个动态的积累过程，它对整个社会经济及其他因素的影响具有滞后性，不易在较短的时间内取得其真实值。因此，在选择评价指标时，既要有测度区域技术创新活动结果的现实指标（静态指标），又要有反映区域技术创新过程（区域技术创新能力发展趋势）的过程指标（动态指标），这样才能综合反映区域技术创新能力发展的现状和未来趋势。此外，在区域技术创新系统的运行过程中，系统内部的各种因素及外部环境处于不断发展变化中，导致区域技术创新能力的内涵与结构也会不断发生变化。因此，评价指标也不能一成不变，应根据区域所处的发展阶段对评价指标做动态调整。

（三）评价指标的选择

基于对技术创新能力的内涵分析，以及对技术创新能力评价指标选择的基本原则的探讨，本章在文献调研和专家筛选的基础上，从技术创新支撑能力、技术创新投入能力、技术创新产出能力、技术创新扩散吸收能力和技术产业化能力五个方面构筑评价指标体系，并建构了如图6-2所示的递阶层次结构理论模型。

1. 技术创新支撑能力

国内外技术创新的实践表明，技术创新支撑能力对技术创新能力有很强的促进或约束作用，两者之间存在明显的正相关关系。技术创新能力强的区域通常都有良好的创新支撑基础、环境，而创新支撑基础、环境较差的城市其技术创新能力也相对较弱。所以，在一个给定的创新投入和创新体制下，创新支撑能力是决定一个区域技术创新能力的关键因素。技术创新支撑能力包括创新基础和创新环境两个指标群。表6-1列出了技术创新支撑能力评价指标体系。

图6-2 区域技术创新能力评价体系框架

表6-1 技术创新支撑能力评价指标体系

目标	一级指标	二级指标	说明
技术创新支撑能力	创新基础	地区生产总值	反映技术创新总经济基础
		财政预算支出	反映技术创新财政经济基础
		科学技术财政支出	反映技术创新财政经济基础
		大专以上学历人数	反映技术创新总人力资本基础
		研究与开发机构数	反映技术创新单位组织基础
		R&D项目(课题)数	反映技术创新单位组织基础
		人均地区生产总值	反映技术创新人均经济基础
		万人大专以上学历人数	反映技术创新相对人力资本基础
	创新环境	科研与综合技术服务业新增固定资产占全社会比重	反映全社会对技术创新重视程度
		百户居民计算机拥有量	反映全社会对技术创新的认识
		万人国际互联网络用户数	反映全社会对技术创新的认识
		外资占全社会固定资产投资资金的比重	反映技术创新的制度环境
		万名就业人员专利申请数	反映技术创新的科研环境
		有科技机构的企业占全部企业比重	反映企业对技术创新重视程度
		有R&D活动的企业占比	反映技术创新的制度环境
		每名R&D人员仪器和设备支出	反映技术创新的制度环境

2. 技术创新投入能力

技术创新是指经过研究开发或技术组合，将创新设想转化为新产品、新工艺和新服务的过程。如果没有创新投入，就难以进行研究开发或技术组合，因此创新设想就不可能转化为新产品、新工艺和新服务。可见，技术创新投入是实现技术创新的前提和基础。技术创新投入是指为保证创新活动的成功而投入的各种生产要素，包括有形要素和无形要素。由于无形要素的投入指标的测度数据很难获得，所以通常情况下都用有形的投入要素来反映技术创新的投入能力。在本章中，我们用人才投入和经费投入两个指标来测度技术创新投入能力的强弱。表 6 - 2 列出了技术创新投入能力评价指标体系。

表 6 - 2　技术创新投入能力评价指标体系

目标	一级指标	二级指标	说明
技术创新投入能力	人才投入	R&D 人员	反映技术创新的人力资本总投入情况
		R&D 人员全时当量	反映技术创新的高层次人力资本投入情况
		万人 R&D 研究人员数	反映技术创新的人力资本相对投入情况
		企业 R&D 研究人员占比重	反映技术创新的企业高层次人力资本投入情况
		研究与开发机构从业人数	反映技术创新的高层次人力资本投入情况
		研究与开发机构 R&D 人员合计	反映技术创新的企业高层次人力资本投入情况
		研究与开发机构 R&D 人员比重	反映技术创新的企业人力资本相对投入情况
	经费投入	R&D 经费	反映技术创新的高层次资金投入情况
		地方财政科技支出	反映技术创新的政府资金投入情况
		R&D 经费占地区生产总值的比重（%）	反映技术创新的高层次资金相对投入情况
		地方财政科技支出占地方财政支出比重（%）	反映技术创新的政府资金相对投入情况
		企业 R&D 经费支出占主营业务收入比重（%）	反映技术创新的企业资金相对投入情况
		企业技术获取和技术改造经费支出占企业主营业务收入比重（%）	反映技术创新的企业资金相对投入情况
		新产品开发项目数（项）	反映技术创新的企业资金投入情况
		新产品开发经费支出（万元）	反映技术创新的企业资金投入情况

3. 技术创新产出能力

技术创新投入能力指标反映的是评价对象所拥有的或投入的创新资源，是衡量评价对象所具有的技术创新潜力，也在一定程度上反映了一定时期内一个区域的创新政策倾向或技术创新的发展战略。技术创新产出能力反映的是评价对象的技术创新的实力和创新投入所带来的结果。技术创新产出的形式是多样化的，而且许多产出及其发挥作用的效果也是很难量化的。从技术创新活动链的角度来看，技术创新最先的产出是科技论文与专利，在此基础上经过研究开发和工程化研究，再进行新产品的设计和试生产，生产出高新技术产品，创造出新的市场需求，由此推动区域科技进步和经济的发展。由此，本章用技术创新理论产出和技术创新专利产出两个指标群来测度技术创新产出能力。表6-3列出了技术创新产出能力评价指标体系。

表6-3　技术创新产出能力评价指标体系

目标	一级指标	二级指标	说明
技术创新产出能力	理论产出	国外主要检索工具收录科技论文占科技论文数	反映技术创新的高层次理论技术相对产出情况
		万人科技论文数	反映技术创新的理论技术相对产出情况
		获国家级科技成果奖系数	反映技术创新的高层次理论技术产出情况
	专利产出	国内专利申请受理数	反映技术创新的应用技术产出情况
		国内专利申请授权数	反映技术创新的高层次应用技术产出情况
		国内发明专利申请受理数	反映技术创新的高层次应用技术产出情况
		国内发明专利申请授权数	反映技术创新的应用技术产出情况
		国内三种专利有效数	反映技术创新的高层次应用技术产出情况
		国内发明专利有效数	反映技术创新的高层次应用技术产出情况
		万人发明专利拥有量	反映技术创新的应用技术相对产出情况

4. 技术创新扩散吸收能力

技术扩散是指技术创新通过一定的渠道在潜在使用者之间传播采用的过程，包括三种形式，即企业之间的扩散、企业内部的扩散和总体扩散。通过技术扩散，达到使新技术在整个产业中被采用的目的。单个企业或者少数企业的技术进步，不足以构成整个产业的竞争力，只有将创新成果应用于整个产业，才能有效促进某一产业的发展，使其成为这个产业的技术创新能力。技术扩散是能够促进整个产业持续创新的过程。因此，将技术创新扩散能力作为影响产业技术创新能力的要素之一。技术创新扩散过程的根本影响因素是技术市场，因此可从技术市场的规模和质量两方面测度技术扩散能力。

技术吸收能力是指获取、学习和利用外部技术的能力，从广义的角度来看包含许多与技术相关的指标。本章仅从对外部技术的获得角度对区域技术吸收能力进行评价。表6-4列出了技术创新扩散吸收能力评价指标体系。

表6-4　技术创新扩散吸收能力评价指标体系

目标	一级指标	二级指标	说明
技术创新扩散吸收能力	技术扩散	技术市场成交合同数	反映技术创新的技术总扩散情况
		技术市场成交合同金额	反映技术创新的技术总扩散情况
		万人输出技术成交额	反映技术创新的技术相对扩散情况
		万元生产总值技术国际收入	反映技术创新的技术总扩散情况
	技术吸收	技术市场技术流向地域合同数	反映技术创新的技术总吸收情况
		技术市场技术流向地域的成交额	反映技术创新的技术总吸收情况
		国外技术引进合同	反映技术创新的技术总吸收情况
		国外技术引进合同金额（万美元）	反映技术创新的技术总吸收情况
		技术费占国外技术引进金额比重	反映技术创新的技术相对吸收情况

5. 技术产业化能力

技术产业化是指把技术转化为商品或服务并形成新产业的过程。产业化成功的标志就是某种商品或服务为市场所认可，潜在需求转变为现实需求。产业化的一般过程包括从技术研发开始，通过中试，最后以企业的形式为社会提供某种商品或服务。技术产业化是以高新技术研发为起点，以企业为终点，经过技术及产品研发、生产能力及市场开发两个主要阶段实现的。所以，本章从技术产业化水平、产业化效率与产业化环境三个方面测度技术产业化能力。表6-5列出了技术产业化能力评价指标体系。

表 6 - 5 技术产业化能力评价指标体系

目标	一级指标	二级指标	说明
技术产业化能力	产业化水平	高技术产业主营业务收入	反映技术创新的产业化总体规模
		高技术产业企业数	反映技术创新的产业化总体规模
		高技术产业新产品销售收入	反映技术创新的产业化总体规模
		高技术产品进出口贸易总额	反映技术创新的产业化总体规模
		高技术产业增加值占工业增加值比重	反映技术创新的产业化相对规模
		知识密集型服务业增加值	反映技术创新的产业化总体规模
		知识密集型服务业增加值占生产总值比重	反映技术创新的产业化相对规模
		新产品销售收入占产品销售收入比重	反映技术创新的产业化相对规模
	产业化效率	劳动生产率	从单位劳动收益的角度反映技术创新的产业化效率
		资本生产率	从单位资本收益的角度反映技术创新的产业化效率
		综合能耗产出率	从单位能耗收益的角度反映技术创新的产业化效率
		一般工业固体废物综合利用率	从单位工业固体综合利用收益的角度反映技术创新的产业化效率
	产业化环境	高技术产业新产品销售收入与开发新产品经费之比	从单位开发新产品经费产值产出的角度反映技术创新的产业化效率
		高技术产业主营业务收入与 R&D 经费内部支出之比	从单位 R&D 经费产值产出的角度反映技术创新的产业化效率
		国家产业化计划项目	从产业化孵化器的角度反映技术产业化环境
		国家产业化计划项目当年落实资金	从产业化孵化器的角度反映技术产业化环境
		规模以上工业企业 R&D 人员占全部 R&D 人员的比重	从企业科技活动的角度反映技术产业化环境
		有效发明专利中规上企业所占比重	从企业科技活动的角度反映技术产业化环境
		高新技术企业年末从业人员	从高新企业的角度反映技术产业化环境
		高新技术企业总收入	从高新企业的角度反映技术产业化环境
		R&D 经费内部支出中企业所占的比重	从企业的角度反映技术产业化环境
		试验发展占 R&D 经费内部支出的比重	从经费投入结构的角度反映技术产业化环境

(四) 数据处理方法及差异评价指标

1. 标准化

数据标准化也就是统计数据的指数化。数据标准化处理主要包括数据同趋势化处理和无量纲化处理两个方面。数据同趋势化处理主要解决不同性质数据问题，对不同性质指标直接加总不能正确反映不同作用力的综合结果，须先考虑改变逆指标数据性质，使所有指标对测评方案的作用力同趋势化，再加总才能得出正确结果。数据无量纲化处理主要解决数据的可比性，在此我们采用指数化处理方法。指数化处理以指标的最大值和最小值的差距进行数学计算，其结果介于 0—1 之间。具体计算公式如下：

$$M_{jt} = \frac{m_{jt} - \min_t(m_{jt})}{\max_t(m_{jt}) - \max_t(m_{jt})} \tag{6.1}$$

其中，m_{jt} 选取评价第 j 类能力指标第 t 个观测值。对于指标值中最小值的处理并没采用式 (6.1)，而是采用与最接近指标值指数化数值乘以其变化速度的方法，这样可使最小值指数化后不为 "0"，同时还能保证其最小。

经过上述标准化处理，原始数据均转换为无量纲化指标测评值，消除了不同指标的量纲和绝对数量的影响，即各指标值都处于同一个数量级别上，可以进行综合测评分析。

2. 差异程度评价指标及方法

(1) 变异系数。

变异系数又称 "标准差率"，是衡量资料中各观测值变异程度的一个统计量。当进行两个或多个资料变异程度的比较时，如果度量单位与平均数相同，可以直接利用标准差来比较。如果度量单位和 (或) 平均数不同时，比较其变异程度就不能采用标准差，而需采用标准差与平均数的比值 (相对值) 来比较。本章采用标准差变异系数 (Coefficient of Variance，CV) 对我国区域技术创新相关评价指标的差异程度进行反映。

(2) 基尼系数。

基尼系数 (Gini Coefficient，GC) 原先是根据洛伦茨曲线提出的判断收入分配平等程度的指标。基尼系数最大为 "1"，最小等于 "0"。前者表示居民之间的收入分配绝对不平均，即 100% 的收入被一个单位的人全部占有；而后者则表示居民之间的收入分配绝对平均，即人与人之间收入完全平等，没有任何差异。但这两种情况只是在理论上的绝对化形式，在实际生活中一般不会出现。因此，基尼系数的实际数值只能介于 0—1 之间。本章将借用基尼系数能反映差距的思想，以反映各省区市技术创新相关指标的差异。

（3）集中度。

集中度（Concentration Ratios，CR）在本研究中主要用于说明处于中间位置的部分省区市在全国所占份额，以揭示技术创新相关指标的集中程度。一般的，集中度越高，技术创新差异则较小，反之则较大。本章将借用该指标来反映不同省市区技术创新相关指标在全国的份额情况，从而揭示出不同省市区相应指标的差异情况。

（4）差距程度。

差距程度（Level of the Gap，LG）可用于综合反映全国 31 个省区市（不含港、澳、台，下同）的技术创新相关指标差距水平，计算公式为：

$$LG = CV + GC + (1 - CR) \tag{6.2}$$

LG 越大，说明反映技术创新能力的这一指标在各地区之间的差距越大；反之，就越小。

（5）层次分析。

本章采用层次分析方法（Hierarchical Method）把我国各区域不同的技术创新支撑能力、技术创新投入能力、技术创新产出能力、技术创新扩散吸收能力和技术产业化能力以及区域技术创新总能力的高低进行分类。

第三节　我国区域技术创新能力差异评价

一　我国区域技术创新支撑能力差异

（一）评价指标差异分析

1. 技术创新支撑基础

在全国 31 个省区市中，技术创新支撑基础指标观测值的最大与最小之间有较大差距，数值分布不集中。以人均地区生产总值为例，最高的天津达到 93173 元/人·年，而最低的贵州仅有 19710 元/人·年，相差近 3.7 倍；再以万人大专以上学历人数来看，高的北京达到 3735.03 人/万人，低的西藏仅有 424.53 人/万人，两者间差距巨大。根据变异系数、基尼系数和集中度综合计算的差距程度反映出科学技术财政支出、有科技机构的企业占全部企业比重和地区生产总值的差距较大。这反映出我国不同省区市的技术创新支撑基础强弱分明，差距明显，见表 6 - 6 所示。

表 6 - 6　各省区市技术创新支撑能力评价指标情况

地　区	地区生产总值（亿元）	财政预算支出（亿元）	科学技术财政支出（亿元）	大专以上学历人数（万人）	研究与开发机构数（个）	R&D 项目（课题）数（项）	人均地区生产总值（元/人·年）	万人大专以上学历人数（人/万人）
北　京	17879.40	3685.31	199.94	772.89	379	109514	87475	3735.03
天　津	12893.88	2143.21	76.45	322.84	58	31893	93173	2284.56
河　北	26575.01	4079.44	44.74	421.77	76	25570	36584	578.76
山　西	12112.83	2759.46	33.32	344.32	170	13349	33628	953.57
内蒙古	15880.58	3425.99	27.61	300.34	97	9936	63886	1206.25
辽　宁	24846.43	4558.59	101.24	811.96	165	36507	56649	1849.99
吉　林	11939.24	2471.20	24.96	246.66	111	20698	43415	896.83
黑龙江	13691.58	3171.52	37.64	387.43	180	23579	35711	1010.52
上　海	20181.72	4184.02	245.43	549.27	136	65802	85373	2307.45
江　苏	54058.22	7027.67	257.24	1065.63	148	97597	68347	1345.49
浙　江	34665.33	4161.88	165.98	819.05	101	84509	63374	1495.44
安　徽	17212.05	3961.01	96.00	614.03	105	39251	28792	1025.43
福　建	19701.78	2607.50	48.47	293.04	95	30008	52763	781.86
江　西	12948.88	3019.22	27.50	373.19	117	19157	28800	828.58
山　东	50013.24	5904.52	124.98	946.00	225	64906	51768	976.77
河　南	29599.31	5006.40	69.64	626.44	118	30319	31499	666
湖　北	22250.45	3759.79	54.39	706.41	151	48669	38572	1222.37
湖　南	22154.23	4119.00	48.19	487.08	130	40033	33480	733.67
广　东	57067.92	7387.86	246.71	1034.18	184	93179	54095	976.19

地 区	地区生产 总值 （亿元）	财政预算 支出 （亿元）	科学技术 财政支出 （亿元）	大专以上 学历人数 （万人）	研究与开 发机构数 （个）	R&D 项目 （课题）数 （项）	人均地区 生产总值 （元／ 人·年）	万人大专 以上学历 人数 （人／万人）
广 西	13035.10	2985.23	42.81	303.53	123	22519	27952	648.29
海 南	2855.54	911.67	12.06	90.84	31	4224	32377	1024.66
重 庆	11409.60	3046.36	29.84	293.75	30	21799	38914	997.44
四 川	23872.80	5450.99	59.40	800.80	170	45991	29608	991.55
贵 州	6852.20	2755.68	28.98	228.76	79	12185	19710	656.58
云 南	10309.47	3572.66	32.67	315.40	103	16049	22195	676.98
西 藏	701.03	905.34	5.09	13.06	16	731	22936	424.53
陕 西	14453.68	3323.80	34.94	400.69	111	36303	38564	1067.62
甘 肃	5650.20	2059.56	16.19	229.45	107	13108	21978	890.19
青 海	1893.54	1159.05	7.18	54.93	25	1495	33181	958.31
宁 夏	2341.29	864.36	9.61	58.97	21	5090	36394	911.11
新 疆	7505.31	2720.07	33.01	299.99	112	8413	33796	1343.58
MAX	57067.92	7387.86	257.24	1065.63	379.00	109514	93173.00	3735.03
MIN	701.03	864.36	5.09	13.06	16.00	731.00	19710.00	424.53
CV	0.77	0.46	1.02	0.63	0.60	0.85	0.45	0.57
GC	0.40	0.25	0.49	0.35	0.30	0.44	0.24	0.25
CR	0.29	0.34	0.21	0.30	0.34	0.28	0.30	0.30
LG	1.87	1.37	2.31	1.69	1.56	2.01	1.39	1.52

注：集中度指标选择了处于中间位置的 11 个省区市进行计算。

资料来源：《中国统计年鉴 2013》；《2013 年中国科技统计年鉴》；《中国科技统计资料汇编（2014）》。

2. 技术创新支撑环境

由表 6 - 7 可见，技术创新支撑环境指标体系中差距最大的是万名就业人员专利申请数，最高的江苏比最低的西藏高了近 102 倍，变异系数达到1.22，差距程度达到 2.48。此外，科研与综合技术服务业新增固定资产占全社会比重，外资占全社会固定资产投资资金的比重和有科技机构的企业占全部企业比重等指标的数值在各省区市间的差距也较大。这也说明我国不同地区的技术创新支撑环境差距颇大。

表 6 - 7　各省区市技术创新支撑环境评价指标情况

地　区	科研与综合技术服务业新增固定资产占全社会比重(%)	百户居民计算机拥有量(台)	万人国际互联网络用户数(户)	外资占全社会固定资产投资资金的比重(%)	万名就业人员专利申请数(项)	有科技机构的企业占全部企业比重(%)	有R&D活动的企业占比(%)	每名R&D人员仪器和设备支出(万元)
北　京	4.40	105.75	7431.57	7.97	70.05	16.12	26.65	3.65
天　津	1.45	87.43	6103.33	5.98	78.74	11.96	23.81	4.58
河　北	1.10	50.26	4181.49	2.67	6.13	5.61	6.19	3.25
山　西	0.36	49.98	4445.86	1.87	10.08	4.12	5.74	3.14
内蒙古	0.46	39.93	3875.66	1.21	3.99	3.46	5.21	2.96
辽　宁	1.01	55.93	5026.4	8.78	18.39	2.72	4.53	4.94
吉　林	0.76	49.55	3866.6	3.01	7.34	3.14	4.29	2.59
黑龙江	1.65	62.8	3466.89	1.68	17.56	5.96	7.8	1.90
上　海	2.30	134.18	6974.54	15.19	89.41	7.57	15.98	5.40
江　苏	1.07	78.3	5022.02	12.00	99.89	31.97	24.28	4.06
浙　江	0.20	83.94	5913.88	8.06	62.51	19.12	26.28	2.42
安　徽	1.02	42.15	3137.64	3.90	19.47	12.78	13.57	3.43
福　建	0.13	77.83	6173.84	9.97	19.61	7.71	13.14	3.25
江　西	0.50	41.73	2839.38	3.87	5.4	4.20	6	3.54
山　东	1.97	60.07	4032.18	4.44	22.74	6.42	8.41	4.05
河　南	0.24	41.1	3036.53	2.04	7.19	5.66	7.14	3.14
湖　北	0.62	50.65	4031.14	4.07	16.47	6.13	10.33	3.18
湖　南	1.04	39.15	3348.5	2.89	8.91	6.34	13.9	2.42
广　东	1.18	86.1	6347.12	15.16	39.73	6.88	13.45	2.48
广　西	0.51	46.52	3440.35	3.92	4.62	6.07	9.09	2.85
海　南	0.23	36.86	4421.16	12.02	4.09	8.75	14.06	2.19
重　庆	0.23	48.68	4142.66	6.93	20.36	6.90	10.39	4.51
四　川	0.44	35.83	3184.62	4.56	13.27	5.35	5.31	3.76
贵　州	0.31	27.33	2848.57	2.77	4.7	4.22	6.07	1.42
云　南	0.62	28.32	2870.74	1.78	3.29	7.79	9.47	2.67
西　藏	0.57	14.81	3358.59	0.72	0.97	4.69	12.5	1.64
陕　西	1.30	48.51	4152.36	2.39	22.34	6.84	9.34	3.09
甘　肃	0.75	30.04	3105.49	0.73	5.77	6.97	10.2	3.12
青　海	0.31	29.79	4223.83	1.96	2.87	4.26	6.15	6.72

续表

地　区	科研与综合技术服务业新增固定资产占全社会比重(%)	百户居民计算机拥有量(台)	万人国际互联网络用户数(户)	外资占全社会固定资产投资资金的比重(%)	万名就业人员专利申请数(项)	有科技机构的企业占全部企业比重(%)	有R&D活动的企业占比(%)	每名R&D人员仪器和设备支出(万元)
宁　夏	0.10	38.76	4076.09	1.86	6.09	11.68	12.6	2.60
新　疆	0.65	35.31	4402.52	0.77	8.26	4.29	6.18	2.22
Max	4.40	134.18	7431.57	15.19	99.89	31.97	26.65	6.72
Min	0.10	14.81	2839.38	0.72	0.97	2.72	4.29	1.42
CV	0.96	0.48	0.29	0.84	1.22	0.73	0.57	0.35
GC	0.44	0.25	0.16	0.43	0.56	0.32	0.29	0.18
CR	0.28	0.37	0.35	0.45	0.30	0.37	0.39	0.33
LG	2.12	1.36	1.10	1.82	2.48	1.68	1.47	1.20

资料来源：《中国统计年鉴 2013》；《2013 年中国科技统计年鉴》；《中国科技统计资料汇编(2014)》。

（二）技术创新支撑能力差异

对表 6 - 6 和表 6 - 7 的观测值进行标准化处理，然后采用简单平均的方法及前述差异程度评价方法，得到了构成我国区域技术创新支撑能力的指标，对各省区市技术创新支撑能力进行层次分析，分为五类。

第一类：为区域技术创新支撑能力指标高于全国平均值（0.295）1.5 倍的地区，包括北京、江苏、上海、广东、浙江、天津和山东。

第二类：为区域技术创新支撑能力指标为全国平均值 1 倍到 1.5 倍的地区，包括辽宁、福建和湖北。

第三类：为区域技术创新支撑能力指标为全国平均值 0.75 倍到 1 倍的地区，包括安徽、四川、陕西、湖南、重庆、河南、河北和黑龙江。

第四类：为区域技术创新支撑能力指标为全国平均值 0.5 倍到 0.75 倍的地区，包括山西、内蒙古、广西、吉林、江西、海南、新疆和云南。

第五类：为区域技术创新支撑能力指标低于全国平均值 0.5 倍的地区，包括青海、甘肃、宁夏、贵州和西藏。

图 6 – 3　各省区市技术创新支撑能力分层分析排序

二　区域技术创新投入能力差异

（一）评价指标差异

1. 人才投入

由表 6 – 8 可知，在反映技术创新人才投入的相关指标体系中，不同省区市差距最大的是研究与开发机构 R&D 人员数，最高的达 103017 人，最低的仅有 443 人，差距程度达到了 2.81。此外，各个地方在其他指标上的差距相对也比较高。由此可见，技术创新的人才分布疏密不一。

表 6 – 8　各省区市技术创新人才投入评价指标情况

地　区	R&D 人员（万人）	R&D 人员全时当量（人年）	万人 R&D 研究人员数（人/万人）	企业 R&D 研究人员占比重（%）	研究与开发机构从业人数（人）	研究与开发机构 R&D 人员合计（人）	研究与开发机构 R&D 人员比重（%）
北　京	322417	235493	67.41	12.28	156753	103017	65.72
天　津	126436	89609	29.73	52.84	14060	8467	60.22
河　北	124892	78533	6.06	59.01	18121	7573	41.79
山　西	71884	47029	7.25	56.74	16876	7009	41.53
内蒙古	41974	31819	7.07	60.89	9213	3836	41.64
辽　宁	141756	87180	11.13	47.7	22039	14592	66.21
吉　林	76335	49961	10.5	41.5	13303	8427	63.35

续表

地　区	R&D 人员（万人）	R&D 人员全时当量（人年）	万人 R&D 研究人员数（人/万人）	企业 R&D 研究人员占比重（%）	研究与开发机构从业人数（人）	研究与开发机构 R&D 人员合计（人）	研究与开发机构 R&D 人员比重（%）
黑龙江	90386	65118	10.75	53.56	14998	7451	49.68
上　海	208817	153361	29.94	38.64	44791	30076	67.15
江　苏	549159	401920	16.53	69.42	48709	21022	43.16
浙　江	377315	278110	14.27	67.05	22158	6467	29.19
安　徽	156257	103047	7.26	54.68	19109	9054	47.38
福　建	158089	114492	9.15	68.42	6732	3587	53.28
江　西	58245	38152	4.3	50.11	12788	5661	44.27
山　东	382057	254013	11.01	70.83	23130	12351	53.40
河　南	185116	128323	6.01	69.16	27740	12383	44.64
湖　北	185703	122748	10.84	49.65	31448	16082	51.14
湖　南	144979	100032	6.75	56.43	15928	7648	48.02
广　东	629055	492327	17.47	79.72	25460	14595	57.33
广　西	64935	41268	4.58	38.75	11019	4987	45.26
海　南	10490	6787	2.86	22.29	5454	1245	22.83
重　庆	72609	46122	7.71	52.59	14030	5426	38.67
四　川	155335	98010	6.47	38.18	68001	26147	38.45
贵　州	29967	18732	2.78	50.06	6242	2965	47.50
云　南	47038	27817	3.2	31.06	10857	7240	66.69
西　藏	2135	1199	2.57	5.23	1338	443	33.11
陕　西	118350	82428	13.18	39.17	58909	28714	48.74
甘　肃	36762	24290	5.65	43.66	10822	6601	61.00
青　海	7848	5181	5.14	30.21	1094	843	77.06
宁　夏	14039	8073	5.96	40.87	855	537	62.81
新　疆	26740	15671	4.54	30.46	7115	3857	54.21
Max	629055	492327	67	80	156753	103017	77
Min	2135	1199	3	5	855	443	23
CV	1.04	1.11	1.10	0.36	1.24	1.48	0.24
GC	0.51	0.53	0.44	0.20	0.51	0.54	0.14
CR	0.26	0.24	0.24	0.36	0.23	0.21	0.35
LG	2.28	2.40	2.29	1.20	2.51	2.81	1.03

资料来源：《中国统计年鉴 2013》；《2013 年中国科技统计年鉴》；《中国科技统计资料汇编（2014）》。

2. 经费投入

各省区市在反映技术创新经费投入的指标体系方面差距极为明显，尤其是在新产品开发经费指标上，高的地方达到了 1494.5 亿元，低的仅有 1986万元。同样其他指标的差距相对均比较高，如新产品开发项目数（项）、R&D 经费，以及地方财政科技支出等指标（见表 6 - 9）。

表 6 - 9　各省区市技术创新经费投入评价指标情况

地　区	R&D 经费（亿元）	地方财政科技支出（亿元）	R&D 经费支出占GDP 比值（%）	地方财政科技支出占地方财政支出比重(%)	企业 R&D经费支出占主营业务收入比重(%)	企业技术获取和技术改造经费支出占企业主营业务收入比重(%)	新产品开发项目数（项）	新产品开发经费支出(万元)
北　京	1063.82	199.94	5.95	5.43	1.17	0.61	11024	2527103
天　津	361.03	76.45	2.8	3.57	1.08	0.49	12219	2192138
河　北	244.49	44.74	0.92	1.1	0.45	0.42	7541	1798885
山　西	132.03	33.32	1.09	1.21	0.59	0.96	2726	1020706
内蒙古	101.64	27.61	0.64	0.81	0.47	0.42	1567	529251
辽　宁	390.09	101.24	1.57	2.22	0.6	0.37	8641	2886302
吉　林	109.84	24.96	0.92	1.01	0.3	0.32	2683	776269
黑龙江	146.50	37.64	1.07	1.19	0.72	0.58	3384	779353
上　海	680.12	245.43	3.37	5.87	1.09	0.71	17042	4840036
江　苏	1286.59	257.24	2.38	3.66	0.91	0.7	53973	14945123
浙　江	721.04	165.98	2.08	3.99	1.02	0.49	41874	7145347
安　徽	282.28	96.00	1.64	2.42	0.72	0.66	15137	2793021
福　建	271.88	48.47	1.38	1.86	0.82	0.54	9123	2278341
江　西	113.95	27.50	0.88	0.91	0.41	0.28	3241	917019
山　东	1020.27	124.98	2.04	2.12	0.77	0.32	28171	8148492
河　南	310.79	69.64	1.05	1.39	0.48	0.29	9106	2313506
湖　北	384.93	54.39	1.73	1.45	0.81	0.39	9629	2937086
湖　南	288.00	48.19	1.3	1.17	0.82	1.35	8418	2384102
广　东	1238.37	246.71	2.17	3.34	1.15	0.32	43314	11865618
广　西	97.76	42.81	0.75	1.43	0.48	1.06	3320	771269
海　南	13.71	12.06	0.48	1.32	0.46	0.3	594	101396
重　庆	159.73	29.84	1.4	0.98	0.91	0.82	5693	1266058

续表

地　　区	R&D 经费（亿元）	地方财政科技支出（亿元）	R&D 经费支出占GDP 比值（%）	地方财政科技支出占地方财政支出比重（%）	企业 R&D经费支出占主营业务收入比重（%）	企业技术获取和技术改造经费支出占企业主营业务收入比重（%）	新产品开发项目数（项）	新产品开发经费支出（万元）
四　川	350.93	59.40	1.47	1.09	0.45	0.65	11656	1782262
贵　州	41.80	28.98	0.61	1.05	0.53	2.13	1978	400699
云　南	69.07	32.67	0.67	0.91	0.43	0.57	1512	396302
西　藏	1.75	5.09	0.25	0.56	0.58	0.36	11	1986
陕　西	287.63	34.94	1.99	1.05	0.73	0.44	6052	1285251
甘　肃	60.46	16.19	1.07	0.79	0.43	1.25	1759	350314
青　海	13.07	7.18	0.69	0.62	0.45	0.14	103	74374
宁　夏	18.26	9.61	0.78	1.11	0.48	0.5	1131	142473
新　疆	39.78	33.01	0.53	1.21	0.36	0.22	826	335323
Max	1286.59	257.24	5.95	5.87	1.17	2.13	53973.00	14945123.40
Min	1.75	5.09	0.25	0.56	0.30	0.14	11.00	1986.40
CV	1.11	1.02	0.75	0.75	0.38	0.67	1.30	1.35
GC	0.55	0.49	0.35	0.36	0.21	0.32	0.59	0.60
CR	0.23	0.21	0.29	0.24	0.32	0.29	0.21	0.21
LG	2.43	2.31	1.81	1.87	1.27	1.70	2.68	2.74

资料来源：《中国统计年鉴 2013》；《2013 年中国科技统计年鉴》；《中国科技统计资料汇编（2014）》。

（二）技术创新投入能力差异

对表 6-8 和表 6-9 的观测值进行标准化处理，然后采用简单平均的方法及前述差异程度评价方法，得到了构成我国区域技术创新投入能力的指标，对各省区市技术创新投入能力进行层次分析，分为五类。

第一类：为区域技术创新投入能力的指标高于全国平均值（0.263）1.5 倍的地区，包括北京、广东、江苏、上海、浙江和山东。

第二类：为区域技术创新投入能力的指标为全国平均值 1 倍到 1.5 倍的地区，包括天津、辽宁、安徽、湖北、福建和湖南。

第三类：为区域技术创新投入能力的指标为全国平均值 0.75 倍到 1 倍的地区，包括陕西、河南、四川、重庆和黑龙江。

第四类：为区域技术创新投入能力的指标为全国平均值 0.5 倍到 0.75

倍的地区，包括山西、河北、贵州、甘肃、广西、吉林、云南、内蒙古、江西和宁夏。

第五类：为区域技术创新投入能力的指标低于全国平均值0.5倍的地区，包括青海、新疆、海南和西藏。

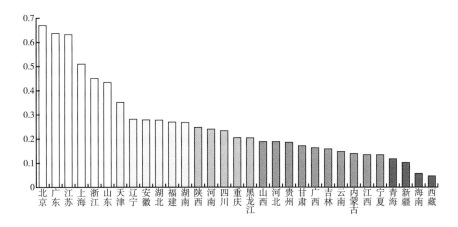

图6-4　各省区市技术创新投入能力分层分析排序

三　区域技术创新产出能力差异

（一）评价指标差异分析

1. 技术创新理论产出

在反映技术创新理论产出的相关指标体系中，差距最大的是万人科技论文数，最高值达到27.06篇/万人，最小值仅有0.44篇/万人，变异系数为1.42，差距程度为2.69。此外，在国外主要检索工具收录科技论文数、获国家级科技成果奖系数等指标上各地也有非常大的差距（见表6-10）。

表6-10　各省（市、自治区）技术创新理论产出评价指标情况

地　　区	国外主要检索工具收录科技论文（篇）	万人科技论文数（篇/万人）	获国家级科技成果奖系数
北　　京	57008	27.06	9.20
天　　津	8445	7.71	2.10
河　　北	4699	1.49	1.30
山　　西	2709	1.39	0.76

续表

地　区	国外主要检索工具收录科技论文（篇）	万人科技论文数（篇/万人）	获国家级科技成果奖系数
内蒙古	816	0.99	0.50
辽　宁	13936	3.34	2.14
吉　林	8475	2.57	1.95
黑龙汀	11141	2.50	3.38
上　海	27672	11.26	2.94
江　苏	27946	4.54	1.61
浙　江	16149	3.36	1.15
安　徽	7620	1.70	0.57
福　建	5078	1.90	0.67
江　西	2899	1.07	2.14
山　东	13491	1.84	1.35
河　南	6521	1.36	1.26
湖　北	15181	3.18	2.82
湖　南	11699	1.88	2.52
广　东	14331	2.42	0.38
广　西	2032	1.46	1.33
海　南	368	2.10	2.54
重　庆	6525	3.38	1.75
四　川	12119	1.97	1.97
贵　州	767	1.06	0.12
云　南	2425	1.21	3.24
西　藏	11	0.44	0.53
陕　西	17320	5.26	4.74
甘　肃	4537	2.45	3.97
青　海	128	1.47	0.00
宁　夏	184	1.95	4.07
新　疆	932	2.18	0.90
Max	57008	27.06	9.20
Min	11	0.44	0.00
CV	1.18	1.42	0.87
GC	0.54	0.48	0.42
CR	0.26	0.21	0.30
LG	2.47	2.69	2.00

资料来源：《中国统计年鉴 2013》；《2013 年中国科技统计年鉴》；《中国科技统计资料汇编（2014）》。

2. 技术创新专利产出

专利反映技术创新的实际产出。在反映技术创新专利产出的相关指标体系中，差距最大的是万人发明专利拥有量，最高的地方达 35.45 项/万人，最低的地方仅为 0.45 项/万人，差距程度高达 3.33。此外，各地在国内专利申请授权数、国内专利申请受理数、国内三种专利有效数等指标上的差距也很大（见表 6 - 11）。

表 6 - 11　各省区市技术创新专利产出评价指标情况

地　区	国内专利申请受理数（件）	国内专利申请授权数（件）	国内发明专利申请受理数(件)	国内发明专利申请授权数(件)	国内三种专利有效数（件）	国内发明专利有效数（件）	万人发明专利拥有量(项/万人)
北　京	92305	50511	52720	20140	170516	69554	35.45
天　津	41009	19782	13587	3326	52338	10137	7.8
河　北	23241	15315	6108	1933	43358	5838	0.81
山　西	16786	7196	5417	1297	19561	4383	1.23
内蒙古	4732	3084	1492	569	8996	1650	0.66
辽　宁	41152	21223	19740	3973	64019	13424	3.07
吉　林	9171	5930	3913	1583	18818	4809	1.75
黑龙江	30610	20268	7068	2418	44570	7403	1.93
上　海	82682	51508	37139	11379	173513	40309	17.51
江　苏	472656	269944	110091	16242	537180	45238	5.75
浙　江	249373	188463	33265	11571	449957	35571	6.53
安　徽	74888	43321	19391	3066	88326	7682	1.29
福　建	42773	30497	8492	2977	81267	7764	2.1
江　西	12458	7985	3023	892	19663	2651	0.59
山　东	128614	75496	40381	7453	177511	21943	2.29
河　南	43442	26791	10910	3182	67824	8683	0.92
湖　北	51316	24475	14640	4050	64719	12089	2.11
湖　南	35709	23212	9974	3353	59428	11271	1.72
广　东	229514	153598	60448	22153	490159	78902	7.56
广　西	13610	5900	6511	902	16822	2561	0.56
海　南	1824	1093	865	396	3108	1095	1.26
重　庆	38924	20364	11402	2426	53383	6833	2.37
四　川	66312	42218	16368	4460	94938	13003	1.62

地　区	国内专利申请受理数（件）	国内专利申请授权数（件）	国内发明专利申请受理数(件)	国内发明专利申请授权数(件)	国内三种专利有效数（件）	国内发明专利有效数（件）	万人发明专利拥有量(项/万人)
贵　州	11296	6059	3103	635	15931	2641	0.76
云　南	9260	5853	3324	1301	17483	4107	0.89
西　藏	170	133	81	57	462	136	0.45
陕　西	43608	14908	17043	4018	41447	11316	3.03
甘　肃	8261	3662	3265	704	9260	2109	0.82
青　海	844	527	298	101	1502	293	0.52
宁　夏	1985	844	846	140	2493	450	0.71
新　疆	7044	3439	1679	456	10571	1306	0.6
Max	472656	269944	110091	22153	537180	78902	35.45
Min	170	133	81	57	462	136	0.45
CV	1.60	1.64	1.38	1.32	1.52	1.40	1.84
GC	0.64	0.66	0.61	0.60	0.64	0.62	0.64
CR	0.18	0.16	0.19	0.20	0.17	0.18	0.15
LG	3.05	3.14	2.80	2.72	2.99	2.84	3.33

资料来源：《中国统计年鉴 2013》、《2013 年中国科技统计年鉴》和《中国科技统计资料汇编 (2014)》。

（二）　技术创新产出能力差异

对表 6-10 和表 6-11 的观测值进行标准化处理，然后采用简单平均的方法及前述差异程度评价方法，得到了构成我国区域技术创新产出能力的指标，对各省区市技术创新产出能力进行层次分析，分为五类。

第一类：为区域技术创新产出能力的指标高于全国平均值（0.160）1.5 倍的地区，包括北京、江苏、广东、上海和浙江。

第二类：为区域技术创新产出能力的指标为全国平均值 1 倍到 1.5 倍的地区，包括陕西、山东、湖北、天津和辽宁。

第三类：为区域技术创新产出能力的指标为全国平均值 0.75 倍到 1 倍的地区，包括四川、黑龙江和湖南。

第四类：为区域技术创新产出能力的指标为全国平均值 0.5 倍到 0.75 倍的地区，包括重庆、甘肃、安徽、河南、吉林、福建、云南和宁夏。

第五类：为区域技术创新产出能力的指标低于全国平均值0.5倍的地区，包括河北、江西、海南、广西、山西、新疆、内蒙古、贵州、西藏和青海。

图6-5　各省市区技术创新产出能力分层分析排序

四　区域技术创新扩散能力差异

（一）评价指标差异

1. 技术创新扩散

由表6-12可知，各地在反映技术创新扩散能力的评价指标体系中，差距最大的是万人输出技术成交额，最高的达11520万元/万人，最低的甚至为零，差距程度达到4.86。同时，各地在其他指标上的差距也都比较大。

表6-12　各省区市技术创新扩散指标情况

地　　区	技术市场成交合同数（项）	技术市场成交合同金额（亿元）	万人输出技术成交额（万元/万人）	万元生产总值技术国际收入（元）
北　京	59969	2458.5034	11519.89	49.89
天　津	13381	232.32753	1695.27	7.52
河　北	4512	37.81781	49.23	0.19
山　西	796	30.608766	80.96	0.57
内蒙古	1232	106.09618	399	0.15
辽　宁	14676	230.66479	481.4	3.03

续表

地　区	技术市场成交合同数（项）	技术市场成交合同金额（亿元）	万人输出技术成交额（万元/万人）	万元生产总值技术国际收入（元）
吉　林	2730	25. 117983	84. 6	0. 32
黑龙江	2788	100. 44734	245. 18	6. 15
上　海	27649	518. 74732	2227. 88	49. 24
江　苏	28921	400. 91408	477. 25	3. 07
浙　江	13551	81. 307861	140. 52	1. 64
安　徽	6806	86. 159207	132. 15	0. 37
福　建	5324	50. 091986	126. 98	1. 41
江　西	2184	39. 779615	81. 22	0. 24
山　东	11114	140. 0153	139. 22	0. 72
河　南	4191	39. 943474	40. 84	0. 17
湖　北	12757	196. 39225	311. 51	0. 96
湖　南	6371	42. 241976	58. 41	0. 33
广　东	19576	364. 93836	335. 28	7. 33
广　西	423	2. 523828	5. 02	0. 2
海　南	40	0. 5666144	5. 76	0. 25
重　庆	3538	54. 018788	171. 93	0. 73
四　川	11657	111. 2438	128. 84	6. 97
贵　州	509	9. 6742771	24. 39	0. 06
云　南	2246	45. 477853	88. 95	0. 49
西　藏	0	0	0	9. 27
陕　西	17596	334. 81526	807. 03	1. 14
甘　肃	2883	73. 061902	263. 61	0. 19
青　海	639	19. 298919	311. 21	0. 15
宁　夏	564	2. 9135469	41. 52	4. 41
新　疆	1531	5. 3852625	22. 39	0. 73
Max	59969	2459	11520	50
Min	0	0	0	0. 06
CV	1. 36	2. 34	3. 13	2. 39
GC	0. 61	0. 72	0. 80	0. 79
CR	0. 19	0. 12	0. 08	0. 06
LG	2. 79	3. 94	4. 86	4. 12

资料来源：《中国统计年鉴 2013》；《2013 年中国科技统计年鉴》；《中国科技统计资料汇编（2014）》。

2. 技术创新吸收

各地在这方面的评价指标体系上差距最大的是国外技术引进合同金额和国外技术引进合同数两项指标，差距程度分别高达 3.55 和 3.43。同时，在技术市场技术流向地域的成交额和技术市场技术流向地域的合同数等指标上的差距也非常大（见表 6-13）。

表 6-13　各省区市技术创新吸收指标情况

地　区	技术市场技术流向地域的合同数（项）	技术市场技术流向地域的成交额（万元）	国外技术引进合同数（项）	国外技术引进合同金额（万美元）	技术费占国外技术引进金额比重（%）
北　京	43513	9743475	1343	328752	91.42
天　津	9084	2047915	512	241714	89.35
河　北	6071	1152465	62	14246	100.00
山　西	3225	1112606	17	10100	56.93
内蒙古	3428	2176971	19	13573	99.26
辽　宁	13769	3978888	434	56858	97.55
吉　林	3226	462966	627	75337	100.00
黑龙江	3610	735468	27	12998	78.42
上　海	27857	4085673	3081	490685	90.30
江　苏	27594	5149287	1127	971292	99.87
浙　江	16726	2933985	610	68991	99.77
安　徽	7393	858507	272	36900	83.25
福　建	6356	1897947	117	36652	63.46
江　西	2916	575279	133	6721	99.69
山　东	13216	1825538	142	43799	94.53
河　南	5680	620636	70	21449	48.84
湖　北	9616	1914445	173	105579	67.98
湖　南	6419	568206	69	23063	39.85
广　东	22213	4215379	198	303675	99.36
广　西	1979	329823	102	15069	48.40
海　南	971	1296589	65	6606	100.00
重　庆	2988	2264447	326	823295	98.26
四　川	10631	1406276	475	76387	65.72
贵　州	2306	445839	9	4300	39.86
云　南	3907	805864	63	5236	99.21

续表

地　　区	技术市场技术流向地域的合同数（项）	技术市场技术流向地域的成交额（万元）	国外技术引进合同数（项）	国外技术引进合同金额（万美元）	技术费占国外技术引进金额比重（%）
西　藏	271	37319	0	0	0.00
陕　西	12448	1725711	38	14155	100.00
甘　肃	3362	590801	8	2840	86.20
青　海	1367	436531	4	291	100.00
宁　夏	1313	314191	26	14247	47.28
新　疆	3414	601534	31	52664	98.67
Max	43513	9743475	3081	971292.26	100
Min	271	37319.23	0	0	0
CV	1.09	1.08	1.84	1.89	0.32
GC	0.52	0.50	0.70	0.74	0.16
CR	0.21	0.24	0.12	0.08	0.41
LG	2.40	2.34	3.43	3.55	1.07

资料来源：《中国统计年鉴 2013》；《2013 年中国科技统计年鉴》；《中国科技统计资料汇编 (2014)》。

（二）　技术创新扩散吸收能力差异

对表 6－12 和表 6－13 的观测值进行标准化处理，然后采用简单平均的方法及前述差异程度评价方法，得到了构成我国区域技术创新扩散吸收能力的指标，对各省区市技术创新扩散吸收能力进行层次分析，分为五类。

第一类：为区域技术创新扩散吸收能力的指标高于全国平均值 (0.191) 1.5 倍的地区，包括北京、上海、江苏和广东。

第二类：为区域技术创新扩散吸收能力的指标为全国平均值 1 倍到 1.5 倍的地区，包括天津、辽宁、重庆、浙江和陕西。

第三类：为区域技术创新扩散吸收能力的指标为全国平均值 0.75 倍到 1 倍的地区，包括山东、四川、湖北和吉林。

第四类：为区域技术创新扩散吸收能力的指标为全国平均值 0.5 倍到 0.75 倍的地区，包括内蒙古、安徽、河北、云南、黑龙江、江西、新疆、福建、海南、青海和甘肃。

第五类：为区域技术创新扩散吸收能力的指标低于全国平均值 0.5 倍的地区，包括河南、山西、湖南、宁夏、广西、贵州和西藏。

图 6 - 6 各省市区技术创新扩散能力分层分析排序

五 区域技术创新产业化能力差异

(一) 评价指标差异

1. 产业化水平

各地在反映技术创新产业化水平相关评价指标体系中差距程度最大的是高技术产品进出口贸易总额,最高的达407366.9百万美元,最低的仅有35.8百万美元,两者相差超过10000倍,差距程度达到了4.11。其次,在高技术产业新产品销售收入和高技术产业主营业务收入指标上的差距也很大,差距程度分别达到了3.86和3.29,见表6-14所示。

表 6 -14 各省区市技术产业化水平评价指标情况

地 区	高技术产业主营业务收入(亿元)	高技术产业企业数(个)	高技术产业新产品销售收入(万元)	高技术产品进出口贸易总额(百万美元)	高技术产业增加值占工业增加值比重(%)	知识密集型服务业增加值占生产总值比重(%)	高技术产品出口额占商品出口额比重	新产品销售收入占产品销售收入比重(%)
北 京	3569.9	760	13152739	48889	19.58	38.3	60.87	19.62
天 津	3526.9	587	11564670	41534	15.81	14.8	38.68	18.86
河 北	1204.5	433	1537199	4229	2.45	6.63	8.33	5.63
山 西	621.5	136	461825	3320	1.8	9.25	22.76	5.12
内蒙古	273.1	97	104792	236	1.27	5.99	1.54	3.21

续表

地　区	高技术产业主营业务收入（亿元）	高技术产业企业数（个）	高技术产业新产品销售收入（万元）	高技术产品进出口贸易总额（百万美元）	高技术产业增加值占工业增加值比重（%）	知识密集型服务业增加值占生产总值比重（%）	高技术产品出口额占商品出口额比重	新产品销售收入占产品销售收入比重（%）
辽　宁	2214.1	738	3496976	9917	4.45	8.86	9.69	6.63
吉　林	1138.7	394	993409	2662	7.28	7.06	4.21	10.88
黑龙江	524.2	161	576704	746	3.71	11.22	2.72	4.51
上　海	7051.6	1030	8484068	172927	14.66	24.68	46.8	21.7
江　苏	22863.6	4598	58689818	223730	17.68	11.72	39.36	14.96
浙　江	3976.9	2143	13574710	23552	7.78	13.7	6.05	19.56
安　徽	1460.0	744	3898078	3049	4.62	7.58	8.1	12.91
福　建	3229.4	692	12106266	27280	9.94	9.84	15.77	11.27
江　西	1856.7	602	2030687	4750	12.42	6.59	16.4	5.71
山　东	7729.2	1875	17621221	28512	6.6	7.11	10.63	10.94
河　南	3257.8	848	1373208	29136	5.26	6.39	51.1	4.93
湖　北	2027.3	687	4753622	7676	7.79	8.98	25.14	11.44
湖　南	1880.7	788	3694690	2508	5.9	7.27	11.21	17.14
广　东	25046.6	5059	85195533	407367	22.24	13.35	34.79	16.42
广　西	806.2	285	596971	2711	6.12	8.35	17.3	8.4
海　南	151.9	50	102459	2091	10.08	8.69	18.32	7.92
重　庆	1883.4	315	2008123	23305	12.12	12.77	48.09	18.87
四　川	3962.1	813	5895644	29815	13.1	10.41	56.11	6.67
贵　州	342.9	135	763092	235	6.61	10.07	3.88	6.42
云　南	239.4	123	369872	1038	2.76	10.28	10.14	5
西　藏	7.7	6	20579	88	7.7	10.77	2.18	2.29
陕　西	1238.0	379	2213523	5947	6.19	7.93	31.07	5.34
甘　肃	112.3	87	305916	297	2.49	8.44	7.43	7.65
青　海	38.7	27	3896	36	1.2	9.67	3.52	0.55
宁　夏	31.9	19	117828	131	0.44	11.88	4.55	6.23
新　疆	16.9	25	2253	323	0.25	8.16	1.47	3.68
Max	25046.6	5059.0	85195533.0	407366.9	22.2	38.3	60.9	21.7
Min	7.7	6.0	2253.0	35.8	0.3	6.0	1.5	0.6
CV	1.77	1.50	2.18	2.37	0.75	0.57	0.91	0.62
GC	0.67	0.61	0.76	0.80	0.41	0.23	0.49	0.34
CR	0.16	0.21	0.09	0.06	0.30	0.31	0.24	0.30
LG	3.29	2.90	3.86	4.11	1.85	1.50	2.16	1.66

资料来源：《中国统计年鉴 2013》；《2013 年中国科技统计年鉴》；《中国科技统计资料汇编（2014）》。

2. 产业化效率

在反映产业化效率的相关指标中，各地差距程度最大的是高技术产业新产品销售收入与开发新产品经费之比，差距程度达 2.57。此外，在高技术产业主营业务收入与 R&D 经费内部支出之比，以及劳动生产率等指标上各地的差距也很大（见表 6 – 15）。

表 6 – 15　各省区市技术产业化效率评价指标情况

地　区	劳动生产率（万元/人）	资本生产率（元/元）	综合能耗产出率(万元/吨标准煤)	一般工业固体废物综合利用率(万元/吨)	高技术产业新产品销售收入与开发新产品经费之比	高技术产业主营业务收入与 R&D 经费内部支出之比
北　京	12.47	0.35	22.94	78.96	10.53	38.71
天　津	23.47	0.31	14.65	99.81	29.33	89.96
河　北	6.57	0.35	7.98	38.09	9.64	78.08
山　西	6.88	0.29	5.89	69.70	6.92	119.42
内蒙古	12.55	0.27	7.52	45.10	13.49	253.81
辽　宁	10.14	0.37	9.46	43.48	9.20	46.99
吉　林	8.85	0.27	11.9	67.59	9.98	156.44
黑龙江	7.35	0.39	9.96	73.60	2.84	29.05
上　海	21.58	0.38	17.54	97.34	6.42	77.69
江　苏	10.7	0.39	17.29	91.37	14.11	88.77
浙　江	8.18	0.39	17.58	91.51	11.29	34.42
安　徽	4.09	0.39	13.76	85.39	10.19	65.20
福　建	8.46	0.37	16.47	89.22	19.34	55.89
江　西	5 12	0.38	16.31	54.53	12.95	112.44
山　东	8.43	0.38	12.2	93.08	12.35	57.44
河　南	4.71	0.28	11.59	76.05	6.98	202.83
湖　北	6.49	0.36	11.49	75.38	6.99	32.75
湖　南	5.02	0.38	12.02	63.93	13.78	81.38
广　东	9.48	0.66	18.8	87.14	13.10	43.48
广　西	4.06	0.25	14.29	67.42	9.04	132.60

续表

地　区	劳动生产率（万元/人）	资本生产率（元/元）	综合能耗产出率(万元/吨标准煤)	一般工业固体废物综合利用率(万元/吨)	高技术产业新产品销售收入与开发新产品经费之比	高技术产业主营业务收入与R&D经费内部支出之比
海　南	5.66	0.32	14.99	61.74	2.46	57.42
重　庆	5.48	0.33	11.29	82.48	16.41	180.68
四　川	4.45	0.48	10.4	45.89	8.51	103.47
贵　州	2.5	0.27	6.08	61.76	3.84	25.52
云　南	3.3	0.26	8.93	49.50	6.98	43.52
西　藏	3.65	0.23	0	1.61	103.93	392.86
陕　西	6.67	0.27	12.25	61.29	3.87	22.38
甘　肃	3.64	0.35	7.4	53.87	8.75	38.37
青　海	5.85	0.2	4.98	55.53	2.84	260.43
宁　夏	6.48	0.18	4.55	69.03	10.46	30.31
新　疆	8	0.24	6.36	51.56	0.69	76.47
Max	23.47	0.66	22.94	99.80	103.93	392.86
Min	2.5	0.18	0	1.6129	0.69	22.38
CV	0.61	0.27	0.43	0.31	1.39	0.86
GC	0.29	0.14	0.24	0.17	0.44	0.42
CR	0.31	0.36	0.35	0.36	0.26	0.26
LG	1.59	1.06	1.32	1.13	2.57	2.02

资料来源：《中国统计年鉴2013》；《2013年中国科技统计年鉴》；《中国科技统计资料汇编（2014）》。

3. 产业化环境

通过对各省区市在产业化环境相关指标方面的评价，可以看出差距程度最大的是国家产业化计划项目数，高的地方达到2194项，低的地方仅21项，差距程度高达3.06。此外，各地在高新技术企业总收入、高新技术企业年末从业人员等指标上的差距也极大，差距程度都在2.5以上，见表6-16所示。

表6-16 各省区市技术产业化环境评价指标情况

地　区	国家产业化计划项目数（项）	国家产业化计划项目当年落实资金（万元）	规上工业企业R&D人员占全部R&D人员的比重（%）	有效发明专利中规上企业所占比重（%）	高新技术企业年末从业人员（人）	高新技术企业总收入（千元）	R&D经费内部支出中企业所占的比重（%）	试验发展占R&D经费内部支出的比重（%）
北　京	241	120082	23.43	20.20	1254184	1390358626	34.67	54.13
天　津	151	202405	64.04	72.42	313177	394287062	78.81	66.56
河　北	112	158053	68.46	57.52	367893	343439364	82.48	74.57
山　西	112	110642	61.37	53.50	213140	229194346	83.25	59.60
内蒙古	78	123525	62.84	55.88	104419	110454861	83.76	69.57
辽　宁	229	412776	59.52	37.65	101673	89923305	75.83	86.52
吉　林	137	166529	41.39	57.79	131699	146786444	59.47	82.59
黑龙江	150	141958	53.54	27.76	89688	82261185	59.43	67.56
上　海	172	140738	51.89	41.69	1129976	1334020288	60.87	43.04
江　苏	2194	2427103	81.57	99.74	1907940	2135202043	85.30	72.42
浙　江	2036	1016379	78.84	57.78	1062505	945826672	89.17	59.06
安　徽	448	579745	70.87	119.96	595856	707926755	74.24	48.59
福　建	262	133264	76.33	69.55	280203	337758630	89.51	59.99
江　西	153	149590	58.32	52.73	228289	288681685	79.49	75.39
山　东	862	1752456	79.53	68.83	987714	1190028709	88.90	52.19
河　南	216	586734	76.05	59.12	479886	472577939	81.79	86.44
湖　北	241	393349	60.61	58.11	310324	309285692	74.92	64.80
湖　南	89	101204	63.83	74.85	436031	539545986	84.03	78.21
广　东	472	379952	82.54	105.55	1260985	957012922	88.25	56.63
广　西	98	69119	45.88	58.53	191201	227185893	72.42	53.07
海　南	44	34945	36.85	35.43	27530	25664962	56.80	52.07
重　庆	106	95010	63.12	54.35	258460	200814034	78.74	67.00
四　川	171	280214	50.48	50.69	217811	183158910	47.71	85.09
贵　州	97	88089	55.09	51.87	110387	67184741	69.14	64.84
云　南	131	247610	40.64	40.03	160165	212006023	62.44	57.54
西　藏	21	3051	10.87	52.21	5931	5787461	28.65	59.53
陕　西	180	132150	47.14	41.99	145438	129255452	39.87	31.47
甘　肃	112	46344	47.15	40.54	80611	45759364	60.12	55.41
青　海	50	132182	36.81	58.02	24553	17100807	70.34	22.81

续表

地　区	国家产业化计划项目数(项)	国家产业化计划项目当年落实资金(万元)	规上工业企业 R&D 人员占全部 R&D 人员的比重(%)	有效发明专利中规上企业所占比重(%)	高新技术企业年末从业人员(人)	高新技术企业总收入(千元)	R&D 经费内部支出中企业所占的比重(%)	试验发展占 R&D 经费内部支出的比重(%)
宁　夏	46	54728	52.07	66.67	29526	20284478	75.39	64.07
新　疆	174	173135	34.39	35.83	65130	87479078	70.02	68.91
Max	2194	2427103	83	120	1907940	2135202043	90	87
Min	21	3051	11	20	5931	5787461	29	23
CV	1.64	1.54	0.31	0.37	1.16	1.19	0.23	0.24
GC	0.58	0.59	0.17	0.19	0.56	0.57	0.12	0.13
CR	0.17	0.16	0.36	0.34	0.19	0.20	0.37	0.36
LG	3.06	2.97	1.12	1.22	2.52	2.56	0.98	1.01

资料来源：《中国统计年鉴 2013》；《2013 年中国科技统计年鉴》；《中国科技统计资料汇编 (2014)》。

（二）技术产业化能力差异

对表 6 - 14、表 6 - 15、表 6 - 16 的观测值进行标准化处理，然后采用简单平均的方法及前述差异程度评价方法，得到了构成我国区域技术创新产业化能力的指标，对各省区市技术创新产业化能力进行层次分析，分为四类。

第一类：为区域技术创新产业化能力的指标高于全国平均值（0.311）1.5 倍的地区，包括江苏、广东和上海。

第二类：为区域技术创新产业化能力的指标为全国平均值 1 倍到 1.5 倍的地区，包括浙江、天津、北京、山东、福建、重庆、河南、安徽、湖南和四川。

第三类：为区域技术创新产业化能力的指标为全国平均值 0.75 倍到 1 倍的地区，包括湖北、江西、吉林、辽宁、内蒙古、河北、广西和山西。

第四类：为区域技术创新产业化能力的指标低于全国平均值 0.75 倍的

地区，包括黑龙江、海南、西藏、贵州、宁夏、陕西、甘肃、云南、新疆和青海。

图 6-7　各省市区技术产业化能力分层分析排序

六　我国区域技术创新能力差异

（一）我国区域技术创新能力评价及差异表现

对表 6-6 至表 6-16 中的观测值进行标准化处理，然后采用简单平均的方法及前述差异程度评价方法，得到了构成我国区域技术创新能力的各子能力的结构情况和总情况（见表 6-17）。

从区域技术创新能力的整体情况来看，排在前五位的是北京、江苏、广东、上海和浙江，排在后五位的是西藏、青海、贵州、新疆和宁夏。在技术创新支撑能力方面，排在前五位的是北京、江苏、上海、广东和浙江，排在后五位的是西藏、贵州、、甘肃、宁夏和青海。在技术创新投入能力方面，排在前五位的是北京、广东、江苏、上海和浙江，排在后五位的是西藏、海南、新疆、青海和宁夏。在技术创新产出能力方面，排在前五位的是北京、江苏、广东、上海和浙江，排在后五位的是青海、西藏、贵州、内蒙古和新疆。在技术创新扩散吸收能力方面，排在前五位的是北京、上海、江苏、广东和天津，排在后五位的是西藏、贵州、广西、宁夏和湖南。在技术创新产业化能力方面，排在前五位的是江苏、广东、上海、浙江和天津，排在后五位的是青海、新疆、云南、甘肃和陕西。

表 6－17　各省区市区域技术创新能力评价结构结果

地　区	技术创新支撑能力	技术创新投入能力	技术创新产出能力	技术创新扩散吸收能力	技术创新产业化能力	区域技术创新能力
北　京	0.7496	0.6685	0.7834	0.8689	0.4284	0.6997
天　津	0.4701	0.3524	0.1699	0.2488	0.4467	0.3376
河　北	0.2316	0.1896	0.0729	0.1406	0.2488	0.1767
山　西	0.1952	0.1899	0.0474	0.0818	0.2460	0.1521
内蒙古	0.1944	0.1410	0.0218	0.1431	0.2510	0.1503
辽　宁	0.3909	0.2828	0.1607	0.2443	0.2632	0.2684
吉　林	0.1743	0.1607	0.0931	0.1479	0.2655	0.1683
黑龙江	0.2261	0.2041	0.1443	0.1244	0.2151	0.1828
上　海	0.6534	0.5109	0.3829	0.5779	0.4726	0.5195
江　苏	0.7181	0.6318	0.5263	0.4457	0.6909	0.6026
浙　江	0.5355	0.4539	0.3370	0.2324	0.4564	0.4030
安　徽	0.2911	0.2807	0.1057	0.1416	0.3402	0.2318
福　建	0.3180	0.2687	0.0865	0.1227	0.3605	0.2313
江　西	0.1738	0.1360	0.0648	0.1243	0.2994	0.1597
山　东	0.4460	0.4344	0.2092	0.1855	0.4234	0.3397
河　南	0.2360	0.2412	0.0960	0.0833	0.3529	0.2019
湖　北	0.2987	0.2780	0.1719	0.1676	0.3016	0.2436
湖　南	0.2477	0.2678	0.1379	0.0809	0.3242	0.2117
广　东	0.6019	0.6376	0.3982	0.3121	0.6517	0.5203
广　西	0.1871	0.1633	0.0515	0.0616	0.2471	0.1421
海　南	0.1709	0.0567	0.0624	0.1180	0.2121	0.1240
重　庆	0.2361	0.2044	0.1124	0.2365	0.3602	0.2299
四　川	0.2826	0.2345	0.1533	0.1758	0.3114	0.2315
贵　州	0.0969	0.1862	0.0203	0.0514	0.1955	0.1101
云　南	0.1532	0.1466	0.0864	0.1272	0.1786	0.1384
西　藏	0.0550	0.0473	0.0120	0.0454	0.2040	0.0727
陕　西	0.2505	0.2485	0.2218	0.2134	0.1919	0.2252
甘　肃	0.1358	0.1717	0.1078	0.1125	0.1809	0.1417
青　海	0.1380	0.1189	0.0088	0.1127	0.1662	0.1089
宁　夏	0.1267	0.1334	0.0860	0.0675	0.1933	0.1214
新　疆	0.1625	0.1065	0.0368	0.1236	0.1706	0.1200
Max	0.7496	0.6685	0.7834	0.8689	0.6909	0.6997
Min	0.0550	0.0473	0.0088	0.0454	0.1662	0.0727

续表

地　区	技术创新 支撑能力	技术创新 投入能力	技术创新 产出能力	技术创新扩 散吸收能力	技术创新 产业化能力	区域技术 创新能力
CV	0.6306	0.6315	1.0499	0.8852	0.4260	0.6333
GC	0.3262	0.3257	0.4861	0.3829	0.2217	0.3129
CR	0.2819	0.2954	0.2434	0.2599	0.3211	0.2869
LG	1.6749	1.6619	2.2926	2.0082	1.3266	1.6593

对各省区市技术创新能力进行层次分析，分为五类。

第一类：为区域技术创新能力的指标高于全国平均值（0.244）1.5 倍的地区，包括北京、江苏、广东、上海和浙江。

第二类：为区域技术创新能力的指标为全国平均值 1 倍到 1.5 倍的地区，包括山东、天津、辽宁和湖北。

第三类：为区域技术创新能力的指标为全国平均值 0.75 倍到 1 倍的地区，包括安徽、四川、福建、重庆、陕西、湖南和河南。

第四类：为区域技术创新能力的指标为全国平均值 0.5 倍到 0.75 倍的地区，包括黑龙江、河北、吉林、江西、山西、内蒙古、广西、甘肃、云南和海南。

第五类：为区域技术创新能力的指标低于全国平均值 0.5 倍的地区，包括宁夏、新疆、贵州、青海和西藏。

图 6-8　各省市区区域技术创新能力分层分析排序

（二） 区域技术创新能力差异的因素分解

1. 能力因素

从能力结构的角度看，各省区市技术创新支撑能力差异、技术创新投入能力差异、技术创新产出能力差异、技术创新扩散吸收能力差异和技术产业化能力差异对区域技术创新能力差异的影响程度分别为 18.68%、18.54%、25.58%、22.40% 和 14.80%，超过 20% 的有技术创新产出能力和技术创新扩散吸收能力。因此从一级因素的角度而言，对区域技术创新能力差异影响最大的是技术创新产出能力和技术创新扩散吸收能力，其次是技术创新支撑能力差异和技术创新投入能力，技术产业化能力的作用最小。

2. 观测指标因素

在 72 个观测指标中，根据各指标的实际影响程度与平均影响程度相比较，影响较大的有 37 个，影响较小的有 35 个（见表 6 - 18）。

表 6 - 18　区域技术创新能力差异的因素分解情况表

单位：%

一级因素	影响程度	二级因素	影响程度	三级因素	影响程度	判断值及结果	
技术创新支撑能力	18.68（小）	支撑基础	9.34	地区生产总值	1.27	0.11	大
				财政预算支出	0.93	-0.24	小
				科学技术财政支出	1.57	0.40	大
				大专以上学历人数	1.15	-0.02	小
				研究与开发机构数	1.06	-0.10	小
				R&D 项目（课题）数	1.37	0.20	大
				人均地区生产总值	0.95	-0.22	小
				万人大专以上学历人数	1.03	-0.13	小
		支撑环境	9.34	科研与综合技术服务业新增固定资产占全社会比重	1.50	0.33	大
				百户居民计算机拥有量	0.96	-0.21	小
				万人国际互联网络用户数	0.77	-0.39	小
				外资占全社会固定资产投资资金的比重	1.28	0.12	大
				万名就业人员专利申请数	1.75	0.58	大
				有科技机构的企业占全部企业比重	1.19	0.02	大
				有 R&D 活动的企业占比	1.04	-0.13	小
				每名 R&D 人员仪器和设备支出	0.85	-0.32	小

续表

一级因素	影响程度	二级因素	影响程度	三级因素	影响程度	判断值及结果	
技术创新投入能力	18.54（小）	人力投入	9.27	R&D 人员	1.46	0.13	大
				R&D 人员全时当量	1.53	0.21	大
				万人 R&D 研究人员数	1.46	0.14	大
				企业 R&D 研究人员占比重	0.76	-0.56	小
				研究与开发机构从业人数	1.60	0.28	大
				研究与开发机构 R&D 人员合计	1.79	0.47	大
				研究与开发机构 R&D 人员比重	0.66	-0.67	小
		经费投入	9.27	R&D 经费	1.34	0.18	大
				地方财政科技支出	1.27	0.11	大
				R&D 经费占地区生产总值的比重	1.00	-0.16	小
				地方财政科技支出占地方财政支出比重	1.03	-0.13	小
				企业 R&D 经费支出占主营业务收入比重（%）	0.70	-0.46	小
				企业技术获取和技术改造经费支出占企业主营业务收入比重	0.94	-0.22	小
				新产品开发项目数（项）	1.48	0.32	大
				新产品开发经费支出（万元）	1.51	0.35	大
技术创新产出能力	25.58（大）	理论产出	12.79	国外主要检索工具收录科技论文占科技论文数	4.41	0.15	大
				万人科技论文数	4.81	0.54	大
				获国家级科技成果奖系数	3.57	-0.69	小
		专利产出	12.79	国内专利申请受理数	1.87	0.04	大
				国内专利申请授权数	1.92	0.10	大
				国内发明专利申请受理数	1.71	-0.11	小
				国内发明专利申请授权数	1.66	-0.16	小
				国内三种专利有效数	1.83	0.01	大
				国内发明专利有效数	1.74	-0.09	小
				万人发明专利拥有量	2.04	0.21	大
技术创新扩散吸收能力	22.40（大）	扩散	11.20	技术市场成交合同数	1.99	-0.81	小
				技术市场成交合同金额	2.81	0.01	大
				万人输出技术成交额	3.47	0.67	大
				万元生产总值技术国际收入	2.94	0.14	大
		吸收	11.20	技术市场技术流向地域合同数	2.10	-0.70	小
				技术市场技术流向地域的成交额	2.05	-0.75	小
				国外技术引进合同	3.00	0.20	大
				国外技术引进合同金额（万美元）	3.11	0.31	大
				技术费占国外技术引进金额比重	0.94	-1.86	小

续表

一级因素	影响程度	二级因素	影响程度	三级因素	影响程度	判断值及结果	
技术产业化能力	14.80（小）	产业化水平	5	高技术产业主营业务收入	0.77	0.15	大
				高技术产业企业数	0.68	0.05	大
				高技术产业新产品销售收入	0.90	0.28	大
				高技术产品进出口贸易总额	0.96	0.34	大
				高技术产业增加值占工业增加值比重	0.43	-0.19	小
				知识密集型服务业增加值	0.35	-0.27	小
				知识密集型服务业增加值占生产总值比重	0.51	-0.12	小
				新产品销售收入占产品销售收入比重	0.39	-0.24	小
		产业化效率	4.9	劳动生产率	0.80	-0.01	小
				资本生产率	0.53	-0.28	小
				综合能耗产出率	0.67	-0.15	小
				一般工业固体废物综合利用率	0.57	-0.25	小
				高技术产业新产品销售收入与开发新产品经费之比	1.30	0.48	大
				高技术产业主营业务收入与R&D经费内部支出之比	1.02	0.21	大
		产业化环境	4.9	国家产业化计划项目	0.97	0.36	大
				国家产业化计划项目当年落实资金	0.94	0.33	大
				规上工业企业R&D人员占全部R&D人员的比重	0.35	-0.26	小
				有效发明专利中规上企业所占比重	0.39	-0.22	小
				高新技术企业年末从业人员	0.80	0.19	大
				高新技术企业总收入	0.81	0.20	大
				R&D经费内部支出中企业所占的比重	0.31	-0.30	小
				试验发展占R&D经费内部支出的比重	0.32	-0.29	小
合计	100		100		100	0	

资料来源：根据表6-6至表6-17的数据计算得到。

通过对表6-18的分析可知，在影响较大的观测指标中，极大部分指标与区域经济发展水平、人力资本情况和制度建设情况有较强的联系，这些指标同时是反映区域经济发展水平高低、人力资本强弱和制度建设完善与否的重要指标。例如，地方财政科技支出、R&D经费、地区生产总值等指标与区域经济发展水平密切相关，是反映区域经济发展水平的重要指标；万人R&D研究人员数、R&D人员、R&D人员全时当量等指标与区域人力资本情况密切相关，是反映区域人力资本强弱的重要指标；技术市场合同成交金额、万人输出技术成交额、国外技术引进合同数及金额、高技术产品进出口贸易额、高技术产业新产品销售收入等指标与区域制度建设情况密切相关，是反映区域制度完善程度的重要指标。

第四节　区域创新体系差异的薄弱环节与发展重点

根据第三节的分析，我国不同区域技术创新能力存在差异的根本原因在于各地人力资本状况、经济发展水平和制度环境存在差异。

一　人力资本

在技术创新这一特殊的经济生产过程中，人力资本要素是最基本同时也是最为主要的创新要素。"可以这样认为，科学和技术知识的发展传播提高了劳动力和其他要素的生产力。随着科学家、技术人员、管理人员和其他人员的知识的增长，系统地将科学知识运用于产品生产，这极大地提升了教育、技能培训和在职培训的价值。保持人均收入持续增长的国家都加大了在教育和培训上的投入。"[①] 人力资本内在地决定着知识创造、流动，以及技术创新、扩散、转移，人力资本投资及其所形成的人力资本存量是技术创新的基础，并最终影响着经济增长。

人力资本指数高的地方技术创新能力也强，人力资本对技术创新支撑能力、投入能力和产业化能力强形成较好的支撑。相关分析结果也表明人力资本指数与技术创新产出能力、扩散吸收能力之间存在显著的正相关关系。由此可以认为，不同区域人力资本存量的差异是造成其技术创新能力差异的重要原因，提高人力资本积累水平是缩小人力资本相对贫乏地区的区域技术创新能力差距的首要路径。整个来看，西部地区人力资本相对贫乏，尤其是技能型、管理型和企业家型缺口甚大，形成了技术创新的人力资本瓶颈。基于此，笔者认为西部地区今后应考虑做好如下工作。

（一）大力发展正规学校教育
随着国家西部大开发战略的稳步推进，西部在推进技术创新能力建设中

---

① 〔美〕加里·贝克尔：《人力资本理论》，郭虹等译，中信出版社 2007 年版，第 7 页。

的制度门槛、基础设施门槛、市场潜力门槛等将逐步消除，人力资本的作用将日益凸显，而正规学校教育是人力资本积累的基本途径。劳动者基本素质的培养应当通过大力推进基础教育的普及来实现。目前，我国西部"普九"教育已经取得了很大成绩，为国民素质的提高奠定了坚实的基础，但是和东部地区相比仍然有很大差距。今后应建立一个相对集中的基础教育投资体制，保证对西部地区基础教育的投资力度，保证基础教育的进一步普及。在此基础上，大力发展中等教育和高等教育。

（二）强化大专以上人才培养

强化大专以上人才培养，切实优化西部人力资源结构。在我国西部目前的人力资本水平主要表现为中等受教育程度及其以下人口占绝大多数的情况下，提升人力资本水平并优化其结构有利于技术创新及技术溢出效应的利用。高等（包括高职）学校教育是形成技能型、管理型以及企业家型人力资本，进而提升技术创新能力的基本途径，作用非常大，应加强这方面的工作。此外，随着西部市场经济体制改革的进一步深化和经济的发展，其人力资本水平在未来技术创新中的作用将日趋重要，因此必须强化大专以上人才培养，争取尽早实现西部人力资源结构高度化。正在西部高等院校学习的本科生和研究生是未来产业创新的中坚力量，对西部的情况又有一定了解，因而应采取政策把他们中的一大部分留在西部工作或创业，这对西部技术创新及其外溢效应的吸收，乃至整个经济社会的发展具有不可估量的意义。

（三）引进国内外优秀人才

引进一大批包括留学人员在内的优秀人才，特别是研究开发人才和制造业技术人才。没有一定规模的人才（或人力资本存量），形不成集聚效应，提高技术创新能力也是不现实的。因而，除充分调动当地现有人才资源外，还要适时地搞系统的"人才引进"或"智力引进"工程，首先要吸引一批急需的优秀专业人才到西部工作或创业。

（四）营造创新与创业环境

人才跟着企业走，企业跟着环境走。国家首先应该改善西部创新与创业环境，通过制度建设、政策倾斜、税收优惠等手段激励企业创新，在政策和资金上加大对西部高新区、创业园和中小型科技企业的支持，加快建立中小企业信用担保体系和中小企业服务机构。为了适应各个省份的实际情况，中央政府也可以下放更多的权力给西部地方政府，以让其灵活掌握，如实施开放民用科技计划和实行向个人倾斜的知识产权政策。科技人员可以与所在单位、应聘单位或兼职单位就利用单位的物质技术条件产生的科技成果订立知识产权分享合同等。

（五）鼓励外资企业培训本土员工

跨国公司对当地员工进行教育、培训、管理及制度革新等活动有助于西部人力资本积累，同时也是"干中学"的具体表现。FDI技术水平高，技术复杂，要求较高层的人力资源与之配合。当FDI企业的雇员流向当地企业或自创企业时，其在跨国公司中形成的才智和积累的知识也将随之扩散，这既是技术溢出，又是为西部积累人力资本。从东部经验看，有许多当地优秀企业家，企业中坚创新力量都曾受雇于跨国公司，他们在跨国公司学习的知识、经过的历练和积累的经验为其后来的创业或创新打下了坚实基础。因此，西部应采取有效有措施，大力吸引FDI，并努力使跨国公司成为西部的人力资源积累的学校和摇篮，为当地经济发展提供源源不断的人才。

西部能否形成人力资本积累和技术创新相互作用、彼此发展的良性互动机制，关键在于西部地区政府能否遵循市场规律，建立吸引与稳定相结合的人才管理机制，并辅之以更为开放、灵活的人才吸引政策，从而改善人才待遇，创造有利于人才成长的社会环境和组织环境。此外，加大教育投入也是西部地区各级政府应该认真考虑的一件事情，因为教育是提升人力资本水平的基本方法。当然在加大教育投入时，还要调整教育投资分配方向和结构，使教育计划适当地和区域技术创新能力提升的需要相结合。

而作为东部、中部地区来说，人力资本存量相对丰富，但有明显的结构差异。如经济发达的温州企业家型、管理型人力资本存量较高，但技能型、专业型人力资本存量相对较低；深圳则在企业家型和专业技能型两种人力资本的存量上都相对丰富。[①] 对于技术创新能力较强的东部、中部地区来说，今后的一个重要任务是升级区域技术创新模式，提高自主创新能力，并围绕此目标持续改善区域人力资本结构，向"三高型"区域人力资本模式（技

---

① 张一力：《人力资本结构与区域创新模式——基于温州、西安、深圳的实证比较》，《经济社会体制比较》2006年第3期。

能型、管理型、企业家型）演化。这就要求一地一策、对症下药，或继续大力增加科技和教育的投入；或强化制度创新，大力培育企业家精神；或大力输入专业人力资本，包括引进人才；等等。

二　经济发展水平

经济发达地区基本上进入了创新与经济发展的良性互动循环。创新促进经济发展，发达的经济反过来为技术创新提供了更多的科技经费支出额、R&D 经费和地方财政科技拨款，促进了技术创新能力的提升，浙江省即是一个典型。改革开放以来，浙江在缺乏国家和外资投入的条件下，依靠自身独特的文化优势、敢为人先的企业家精神和紧邻上海、处于长三角南翼的有利地理条件，以及高效务实的体制机制，在全国率先形成了良好的创新创业氛围。浙江针对科研基础薄弱、知识创造能力偏低的客观现实，积极开展引进国内外大中专名校工作；同时建立健全浙江网上技术市场，吸引世界各地的科技智力为浙江所用；扶持、培育了一大批民营科技企业，高新技术企业和科技型中小企业飞速发展，企业自主创新能力有了很大提高；坚持以市场需求为导向，鼓励全方位的科技合作，政府引导全社会不断加大对科技创新活动的投入，积极支持企业、高校、院所间的产学研联合攻关活动，取得了数量众多的专利、论文等科研成果，有力地促进了浙江经济社会的发展。[①]

展望未来，经济发达地区需要采取措施适时推进由模仿创新到原始自主创新的转变，营造有利于企业自主创新的激励约束环境，率先做好对知识产权的保护工作，进一步提高以企业为主导的产学研科技合作水平，继续改善市场环境，引导企业走向创新求生存、求发展的道路，从而不断提升企业技术创新能力。

作为技术创新能力普遍较弱的西部省区来说，经济发展程度不高，可以提供的创新支持有限；进而技术创新对经济增长的贡献有限，经济不发达。要走出这样的恶性循环，切实、稳健地提升技术创新能力，一定要依托现实的发展基础，因地制宜地采取有针对性的战略、路径和模式。

---

① 周伟强、丁峥嵘：《浙江省区域创新能力跃居全国第五》，《今日科技》2006 年第 4 期。

（一）明确技术创新的基本思路

笔者认为我国欠发达地区技术创新的基本思路应是充分发挥"后发优势"。欠发达地区有技术方面、经济方面以及其他方面的后发优势。欠发达地区还可以学习发达地区的技术创新经验，选择合适的技术创新战略、模式，避免错误的技术选择，少走弯路，降低成本。

（二）选择适宜的技术发展战略

技术发展战略选择关乎一个区域在长时期内的全局性的技术创新、进步的规划。通过规划以明确区域技术创新、发展的方向、目标和模式非常重要。

欠发达地区制定技术发展战略要以经济发达地区作为参照系，或是走赶超的道路，或是回避赶超。长期而言，欠发达地区必须努力掌握先进的生产技术，不断缩小与发达地区的技术差距，也就是要赶上，不仅应在传统部门的技术领域内赶超，在高技术领域内也要有重点地跟随，还要根据区域的资源特点进行有自己特色的技术创新。

欠发达地区技术发展的基本战略选择有三个：一是走自主研发之路（包括合作创新，依托特色产业的创新）；二是依赖经济发达地区企业乃至于跨国公司的技术转移（如以产业转移承接为手段）；三是模仿创新。比较而言，经济欠发达地区在技术创新上不可能有更多的资金投入，科技实力弱，科技人员缺乏，缺乏良好的信息、通信和交通等基础设施环境，所以走完全的自主创新之路显然是不合适的，而且封闭型的技术发展往往是失败和没有效率的。所以，后两种选择较为可行。

笔者之所以做这样的战略选择建议，是因为模仿创新一可大大降低欠发达地区的技术创新成本。日本"二战"后对模仿创新战略的成功使用即是一个有力的证明，其用有限的资金取得了极大的成功，通过模仿创新成为世界经济强国。模仿创新二可以缩短创新的时间。当前摆在欠发达地区面前的主要难题是如何在较短的时间内，通过超常规的发展缩短与发达地区的技术、经济差距。如果所有的产品都依赖本地区自主创新，必然需要相当长的时间。模仿创新三可提高欠发达地区的自主创新能力。因为模仿创新本质上也是一种创新行为。此外，通过吸引 FDI、区域外企业投资的产业转移承接也是可行的技术发展战略，因为区域外乃至跨国公司投资往往伴随着技术、人力资本的溢出，可以带动区域技术创新。

（三）明确可行的技术创新方向

欠发达地区在起步追赶阶段应以大力发展"适当技术"（Proper Technology）为重点，即主要强调在一定发展阶段和一定成本条件下能够使企业赢利的技术。追求技术创新并不是技术越"高新"越好，因为要使技术创新产生效率和效益受到所在区域的生产要素、资源禀赋结构以及相关方面条件的制约。

围绕发展"适当技术"的创新方向，欠发达地区一是把围绕劳动密集型产业和传统产业进行更新改造作为技术创新的主攻方向。因为欠发达地区的共性特征往往都是人口多，人口的技术素质低，资金不足，不可片面强调发展资金密集型和技术密集型产业，违背资源禀赋的经济原则。二是围绕培育具有区域比较优势的主导产业的技术突破，以着力提升欠发达地区的产业竞争力为主攻方向。一般说来，主导产业是区域经济发展的核心，在区域经济中占有很大的比重。主导产业的技术进步和技术创新不只是为其本身提供发展空间，更大的意义还在于通过产业关联产生回顾效应、旁侧效应和前向效应，带动关联产业的整体技术创新和技术进步，从而促进区域产业结构的整体优化和产业竞争力的提升。[①]

三　制度环境

通过前面的分析，制度完善程度差距是技术创新能力差距的重要原因，进一步促进制度相对缺陷地区的制度完善步伐是缩小区域技术创新能力差距的重要路径。从全国的情况看，1978 年十一届三中全会以前，我国技术创新的制度结构以完全的计划体制和国有产权制度为根本性制度安排。创新决策由国家制定，政府是创新资源的投入者，创新执行者或组织者的利益在根本上不与创新成果挂钩，也不承担创新失败的风险。这种根本性制度安排并非一无是处，它曾在一定程度上促进了我国的技术进步。但不可否认，这种制度结构安排难以为创新行为提供广泛而持久的激励，致使创新动力不足，国家技术进步和技术创新的总体绩效实际上是比较差的。

---

① 蒋东仁：《我国欠发达地区技术创新：方向、路径和战略重点》，《管理现代化》2005 年第 4 期。

1978 年之后，我国的技术创新制度结构发生了重大变化，以市场经济体制和以公有产权为主导的多元产权制度逐步成为技术创新的根本性制度。此外，有利于技术创新的重大性制度和辅助性制度，如政府采购、研究开发补贴与税收刺激、技术市场、科学园区与风险投资等也在逐步建立。所有这些制度安排，使得我国改革开放 30 多年来参与创新活动的人员、机构等都逐渐增加；企业的创新主体作用日益突出；以科技论文、专利、技术市场成交合同数及金额等为表现的创新产出也有了较大幅度的增长；等等。

但是我国不同区域的技术创新仍存在不少问题，如投入不足（科技经费，R&D 经费占 GDP 的比例），科研效率低下、质量不高，科技成果转化率低，企业创新动力不足等问题普遍存在。究其原因，产权制度、市场制度不完善，支持技术创新的重大性制度、辅助性制度不健全（如风险投资制度、政府资助与税收优惠制度、政府采购制度等还极不完善）等制度贫乏问题是重要原因。

（一）推进市场与知识产权制度建设

展望未来，为了真正完善我国不同区域的技术创新体系及提升其能力，务必要抓好根本性的市场制度与知识产权制度建设，形成良好的基于创新求生存、求发展的市场竞争环境。与此同时，要积极探索激励创新的财政资助、税收优惠、风险投资以及政府采购制度。此外，还要主动探索有利于创新的思想文化制度建设。市场经济体制不仅是一种高效率的资源配置制度，同时又是一种思想观念、一种文化。改革的推进与市场经济制度的发展客观上需要一定的思想、观念、习惯和文化等非正式制度因素与之耦合，否则将会阻碍正式制度的变迁，影响其效用发挥。我国西部地区改革相对滞后，由此形成的体制、制度落差可以说是造成技术创新能力落后的"正式制度短缺"，那么，观念落后、思想保守则是造成技术创新能力落后的"非正式制度短缺"。站在提升西部技术创新能力的制度立场上来说，切忌两种短缺交织在一起互为作用，从而形成"落后的超稳定结构"。西部在技术创新上要赶超东、中部地区，必须加快改变人们的思想意识，强力推进制度创新，建立起具有高度竞争力的包含非正式制度在内的制度体系，形成人才引得来、留得住、干得成的创新氛围。

（二） 完善技术产业化制度

对技术创新能力低下的省区市而言，通过制度创新提高技术产业化能力也是今后做好技术创新能力提升工作的绝不能忽视的一个重要方面。从一定程度上说，技术产业化的能力和水平真正反映着技术创新能力的高低，因为技术创新的真正成功就是要求产业化，实现经济价值。我国不同区域的技术产业化能力之所以差异显著，背后的原因是制度的完善程度有明显区别。故此，要以制度创新为先导，建立以企业为主体、以市场为导向、以产品为龙头、以效益为中心、以管理为基础、以改革为动力的企业技术创新体系，加强对企业技术创新、技术成果交易、技术成果产业化的关注，制定诱致企业追求技术开发、技术改造、技术引进和高新技术产业化的鼓励政策，鼓励产学研联合，鼓励企业、高校和科研院所一块干。在有条件的高校或科研院所，加大扶持力度，力争实现高新技术的直接产业化。鼓励机制灵活的民营科技企业大胆进行高新技术产业化。

（三） 增强制度安排的针对性

在前文的分析中我们已经指出，不同区域的制度差异造成了不同区域的技术创新支撑能力、技术产业化能力的差异，从而最终造成了技术创新能力之间的差异。因此，技术创新能力低下的区域在将来的工作中，务必要注意一系列相关制度安排的针对性，通过有效的制度安排切实改善创新基础和创新环境，如增加科学技术财政支出、鼓励大中型工业企业开展科技研究、大力发展高等教育、建立激励专业技术人员发展的机制、发展完善创新技术设施（如网络、资料服务等）、鼓励非公经济和外资企业发展等。

第五节　结论

本章以技术创新是比较优势动态化的根本路径为基础，根据技术创新能力的可测性，分析我国不同区域的技术创新能力、差异及其影响因素，主要结论如下。

（1）我国不同省区市的技术创新能力有很大差异，有突出的层次性，可以分为五大类：北京、江苏、广东、上海和浙江为第一类；山东、天津、辽宁和湖北为第二类；安徽、四川、福建、重庆、陕西、湖南和河南为第三类；黑龙江、河北、吉林、江西、山西、内蒙古、广西、甘肃、云南和海南为第四类；其他为第五类。从能力因素的视角看，对区域技术创新能力差异影响最大的是技术创新产出能力和技术创新扩散吸收能力，其次是技术创新支撑能力、技术创新投入能力，技术产业化能力的作用最小。我国不同区域技术创新能力存在差异的根本原因在于各地人力资本状况、经济发展水平和制度环境存在差异。

（2）我国不同地区的人力资本存量有较大差异。人力资本比较丰裕的是北京、江苏、辽宁、广东和浙江，人力资本比较贫乏的省区市是西藏、宁夏、青海、海南和贵州。不同区域人力资本存量的差异是其技术创新能力存在差异的重要原因。在技术创新支撑能力、投入能力、产出能力、扩散吸收能力和产业化能力等方面，人力资本比较丰裕的区域普遍较强，而人力资本存量较低的区域普遍较弱。作为人力资本存量不足的西部地区，今后应继续大力发展正规的学校教育，强化大专以上人才培养，切实优化西部人力资源结构，建立吸引人才的机制，营造良好的创新环境，并鼓励跨国公司到西部投资，对当地雇员进行培训。

（3）区域经济发展水平与技术创新能力之间呈较高程度的正向相关关系，经济发展水平、阶段的差异是引致区域技术创新能力出现差异的重要原因。经济发展程度高的东部省、区、市，如江苏、广东、山东、上海和北京等，技术创新的支撑能力、投入能力、产出能力、吸收扩散能力和产业化能力等也较强，而经济较为落后的属于西部省区的西藏、甘肃、贵州、云南和青海等地，构成技术创新能力的各方面均比较弱。作为技术创新能力普遍较弱的西部省区来说，要切实、稳健地提升技术创新能力，一定要依托现实的发展基础，因地制宜地采取有针对性的技术发展战略、路径和模式。

（4）我国不同区域制度完善程度与其技术创新能力之间的分布存在一致性，制度相对完善的地区技术创新能力较强，制度相对欠缺一些的地区技术创新能力较弱。制度完善程度对技术创新形成一定的支撑，制度完善程度存在差距是技术创新能力存在差距的重要原因。制度完善程度对不同区域技术产业化能力的影响尤其明显。为了真正完善我国不同区域的技术创新体系及其能力，务必抓好根本性的市场制度与知识产权制度建设，形成良好的基于创新求生存、求发展的市场竞争环境。与此同时，要积极探索激励创新的财政资助、税收优惠、风险投资以及政府采购制度。

第 七 章

人力资本结构优化与我国比较
优势动态化研究[*]

一个普遍的观点认为，人力资本积累对于形成动态比较优势具有重要作用。但是，认识到人力资本结构优化在培育一国比较优势、实现比较优势动态化中的重要意义的研究并不多。本章重点探讨人力资本结构优化对我国比较优势动态化的影响效应，从而为我国实现比较优势动态化探寻新的路径。

第一节　被忽略的比较优势来源

技术进步是动态比较优势的重要来源。根据新增长理论，人力资本对技术进步具有重要影响，一国的人力资本通过持续的"干中学"和自主创新，进而对比较优势的动态演进以及比较利益的动态获取产生积极影响。以往文献虽充分认识到人力资本总水平对于技术进步和创造动态比较优势的重要作用，却忽略了动态比较优势的重要来源——人力资本结构的优化。基于Sequeira（2003b，2007）、Vandenbussche 等（2006）和 Manca（2009）的研究，我们认为，人力资本对技术进步和经济增长的影响效应包括水平效应和结构效应两方面。当人力资本结构不变，其总水平提升推动技术进步和经济增长，这就是人力资本的水平效应；当人力资本总水平不变时，人力资本结

* 本章主笔：陶小龙，经济学博士，副教授，云南大学商旅学院。

构的优化也会促进技术进步和经济增长，这依赖的就是人力资本结构效应。制定相应的人力资本政策，可使人力资本结构得到优化，从而实现技术进步及相应人力要素的积累和高效配置，可使比较优势得到动态演化，进而促使对外贸易结构从低级的资源密集型和劳动密集型产品出口向高级的资本密集型或技术密集型产品出口升级。[①] 因此，人力资本结构优化与我国比较优势动态化，对我国加快动态比较优势构建，实现比较利益增进具有重大的现实意义。

第二节 基于人力资本的动态比较
优势增进——文献综述

"二战"后新贸易理论尤其重视人力资本的积累和技术进步在提升比较优势中的重要作用。舒尔茨（1961）指出，对于人力资本要素相对丰富的国家，在其贸易出口中，知识和技术密集型产品将更具比较优势，而那些不以人力资本要素见长的国家在同类产品的出口贸易上，将处于比较劣势地位。赵兰香（2004）认为，随着市场经济的高度发展，人力资本在经济发展中起着越来越重要的作用，已经成为国际贸易中比较优势的决定力量。Shailey Dash（2006）使用包含一个发达国家（如美国，有很多外包商）和发展中国家（如印度和中国，这些国家从事外包活动）的样本，运用赫—俄模型的直觉逻辑进行跨国比较研究后得出结论：人力资本是服务业建立比较优势的基础之一。代谦、别朝霞（2006）构造了一个以人力资本为基础的内生技术变迁的国际贸易模型来考察发展中国家和发达国家之间比较优势的动态演变。在这个模型中，人力资本是在长期内影响一国比较优势的决定因素，"干中学"效应只能暂时影响比较优势的变化。代谦和别朝霞强调人力资本是构建动态比较优势的核心要素。对于发展中国家来说，只有不断提高人力资本水平才能促使比较优势向着有利于本国发展的方向演变，才能使本国实现经济增长和产业结构的升级。杨海余等（2007）认为，促进静态

[①] 陶小龙：《中国经济增长的人力资本结构问题研究》，光明日报出版社 2012 年版，第 124—125 页。

比较优势的动态转化，关键在于技术创新。要通过加大技术创新投入和教育投入，推动技术创新、加快人力资本的积累。张小蒂、赵榄（2009）通过拓展南北贸易框架下基于"干中学"的技术进步模型，发现企业家人力资本状况是影响一国技术进步和经济增长的关键因素。在经济的长期发展过程中，企业家人力资本对"干中学"效应存在积极影响。企业家人力资本丰度及企业家对技术识别和消化吸收的效率会影响一国技术进步和经济增长。赵榄（2010）认为，企业家作为企业生产要素的支配者以及企业各项经营活动的最终决定者，将对企业的技术进步进而对一国比较优势的动态演进产生重要影响。企业家通过提高企业"干中学"效率和自主创新能力，加快技术进步，提升动态比较优势。企业家通过将动态比较优势不断转化为更多的比较利益，使得"干中学"和创新行为可持续，从而持续推动动态比较优势的提升。黄文正（2010）指出："对广大发展中国家而言，当人力资本积累的速度较快，其技术吸收和创新能力较强导致其技术进步的速度快于发达国家技术进步速度，这样能够充分有效地利用其生产要素比较优势结构，使其发挥动态比较优势且能满足市场需求进而提高其稳态经济增长率，即使与发达国家有较大的经济差距，也能有效地达到与发达国家经济的收敛；否则，则反之。"

以往研究人力资本与经济增长的文献，通常将人力资本看成是同质的概念，而实际上人力资本是非同质的，如一个工程师和一个企业家可能有相同的人力资本水平但不属于相同的类型。凯南（P. B. Kenen）等人也认为，劳动是不同质的，这种不同质表现为由劳动熟练程度决定的劳动效率的差异。近期的部分文献已经论述了不同人力资本类型对经济增长的影响具有显著的差异。

基于人力资本异质性，关于人力资本构成的经济效应是经济学文献新的研究领域。如果我们思考 Romer（1990）以及 Grossman 和 Helpman（1991）的 R&D 模型的精神，可以看到，有些类型的人力资本比其他类型的人力资本对经济增长的贡献更大靠直觉可以感知，因为仅有一些类型人力资本从事于 R&D 活动。近年来，一些学者开始探索异质性人力资本对贸易的影响（Ishikawa，1996；Grossman 和 Maggi，2000；Grossman，2004；Bougheas 和

Riezman，2007；Ohnsorge 和 Trefler，2007）。Ishikawa[1]强调人力资本总量禀赋对比较优势和工业结构的影响作用。然而，Ishikawa 在研究人力资本分布与贸易的关系时，并没有对人力资本多样化给贸易带来的影响给予更多的关注。

除了人力资本总量禀赋外，人力资本的分布状况也对一国的比较优势形成产生影响。Grossman 和 Maggi[2]认为人力资本分布会影响比较优势模式和工业结构。Grossman 和 Maggi（2000）[3] 以及 Grossman（2004）证明人力资本分布不够分散化的国家在乘用车、工业设备和化工等采用超级模块化技术或通过团队来生产的产业具有比较优势，人力资本分布更加分散化的国家在软件产品、金融服务、法律服务等通过子模块化技术或个人努力生产的行业具有比较优势。Grossman 还进一步结合劳动契约研究人力资本分配与贸易模式，他指出，当存在非完美劳动契约和私人信息时，契约无法将工资与绩效紧密联系在一起，那么人力资本分配更加分散化的国家，最有能力的个体具有强烈的动机将自己与他人区分开来，这样人力资本分布更分散化（或者更加异质性）的国家将出口个体贡献突出、崇尚非合作生产的产品，如软件产品；进口合作生产的产品，如汽车等，从而很好地解释了美国在金融服务和软件业等知识密集型服务业比较优势的不断增强。[4] Bougheas 和 Riezman（2007）的研究结果表明，人力资本总量禀赋相同的两个国家，其贸易模式取决于本国人力资本分布特征。Ohnsorge 和 Trefler（2007）[5] 考虑每个工人投入两种技能（如定量技能与沟通技能）于工作之中，他们指出技能分布的二阶矩会影响比较优势。为了解释印度为何能在软件开发业中脱颖而出，张小溪[6]构建了一个

---

①　Ishikawa, J. (1996). "Scale Economies in Factor Supplies, International Trade, and Migration", *Canadian Journal of Economics*, 29, 573 – 594.

②　Grossman, G. M., & Maggi, G. (2000). "Diversity and Trade", *American Economic Review*, 90, 1255 – 1275.

③　Grossman, G. M. (2004). "The Distribution of Talent and the Pattern and Consequences of International Trade", *Journal of Political Economy*, 112, 209 – 239.

④　程博琦：《人力资本对我国服务贸易比较优势的影响研究》，浙江大学硕士学位论文，2014。

⑤　Ohnsorge, F., & Trefler, D. (2007). "Sorting it Out: International Trade and Protection with Heterogeneous Workers", *Journal of Political Economy*, 115, 868 – 892.

⑥　张小溪：《比较优势发展战略与印度软件业的发展——基于二重人力资本结构与外生市场规模假设，载刘永佶主编《经济中国》（第 5 辑），中央民族大学出版社 2009 年版，第 243—251 页。

引入外生市场规模的古典贸易模型，模型引入了市场规模这一外生变量；同时，假设该经济体存在高素质人力资本和低素质人力资本两种劳动力。在二重人力资本结构的前提下，印度可以在低素质劳动力密集型产业和高素质劳动力密集型产业同时发挥比较优势，从而解释了印度软件业在具有相似要素禀赋结构的国家中脱颖而出的原因。Lee 和 Wang[1] 建立了一个含有异质性劳动力的简单两部门竞争贸易模型探究人力资本分布结构差异对贸易模式和工业结构的影响。他们证明人力资本分布差异对比较优势和工业结构的影响不仅依赖于分散化效应，也依赖于平均效应。Lee 和 Huang[2] 建立一个包含异质性劳动力的均衡模型分析人力资本分布差异对一个经济体的贸易模式和均衡增长率的影响。在一个两部门均衡增长模型中，消费品生产部门的生产函数是模块化的，研发部门的生产函数是次模块化的。Lee 和 Huang 证明一国工人队伍的才能分布若是更分散而不是更集中于其平均水平的话，可能经济增长率较低且需进口次模块化商品。Lee 和 Huang 还指出，在一国工人队伍才能分布不变的情况下，制定对研究与开发部门有利的工业政策能明显提高经济增长率。总之，以上学者开始意识到人力资本分布（结构）在决定贸易模式和工业结构中起着非常重要的作用。

第三节　人力资本结构优化影响比较
优势增进的传导机制

综合其他学者对人力资本结构的定义和本书的研究目的，本书将人力资本结构定义为一个经济中人力资本分布状况以及各构成部分之间的比例关系、作用关系和组织状况。人力资本结构优化是指一般人力资本所占比重逐渐减少，专业化人力资本及高水平人力资本所占比重逐渐提高的过程（贾冀南，2013）。人力资本结构优化主要通过提高技术创新比率、优化人力资

---

[1]　Cheng - Te Lee, & Yao - Hsuan Wang（2007）. "A New Explanation of Heterogeneous Human Capital and Trade", *International Journal of Economics and Finance*, 4, 93 - 98.

[2]　Cheng - Te Lee, & Deng - Shing Huang（2014）. "Human Capital Distribution, Growth and Trade", *Bulletin of Economic Research*, 66：1, 3307 - 3378.

源配置、提高劳动生产率、促进产业结构转型升级、人力资本结构性外部效应和组织制度效率改进等途径来实现比较优势动态化，最终推动一国的经济增长。

（一）人力资本结构优化与技术创新

一个社会的技术进步是创新和模仿（或吸收）共同作用的结果，与模仿相比，创新需要使用相对密集的技术劳动力。一国技术劳动力数量的增长和比例的提高会引起其技术劳动力和无技术劳动力数量从模范活动转移到创新活动，从而提高其经济社会技术创新比率。另外，一项技术的实施，往往需要有相应的人力资本水平和结构作为支撑。

（二）人力资本结构优化与要素配置合理性

由于不同类型人力资本在生产过程所起的作用不同，不同类型人力资本可以被视为不同的投入要素，人力资本结构的优化促使生产技术及生产要素比例更加合理，产业间贸易成为可能。人力资本结构的优化能带动其他生产要素边际产出迅速增加，使产业内贸易成为可能。由此可见，在现代经济越来越向人力资本密集型转向的前提下，人力资本结构优化是形成动态比较优势的重要来源。

（三）人力资本结构优化与劳动生产率提高

一方面，个体劳动力的生产力受到其具有的人力资本（技能）水平的影响，随着其人力资本（技能）水平的提高，生产率也会提高，这叫作人力资本的"内在效应"。另一方面，现代社会很多工作需要合理利用每一成员的知识和技能协同完成，个体劳动力的生产率会受到其他个体人力资本（技能）水平和类型的影响，如果劳动力队伍的知识和技能构成合理，成员之间能够做到优势互补、协调配合，会使每一个劳动力乃至整个社会的生产力水平得到提高。

（四）人力资本结构优化与产业结构优化升级

冯梅认为，引起产业发展条件变化的因素，其实也就是引起比较优势动态变化的各种因素。[①] 低层次人力资本所占比重过高，使得人力资本结构

---

① 冯梅：《比较优势动态演化视角下的产业升级研究：内涵、动力和路径》，《经济问题探索》2014 年第 5 期，第 50—56 页。

对产业结构升级的支撑大大减弱，而人力资本结构优化能够支撑和加速产业结构的升级。林毅夫等认为产业结构和技术结构的升级都是一个经济中资源禀赋结构变化的结果。① 从静态角度看，人力资本的供给结构如果与经济结构之间的契合与匹配程度高，将对产业结构优化和经济增长模式转型产生重要的推动作用。从动态角度看，人力资本会主动地调整以适应经济发展的需要，每一次经济结构的调整和制度的变迁，人力资本都会随之发生调整，如果人力资本能够较好地适应经济结构调整和制度变迁的需要，就能促进比较优势动态化，实现经济增长和结构的优化与升级。

（五）人力资本结构优化与外部效应增进

人力资本的外部效应大小及其性质除了受到社会平均人力资本水平的影响，还受到社会人力资本结构状况的影响。例如，一个团队或个人科技、经济管理等方面的专业知识越丰富，就越容易通过工作或生活交往而把这些专业知识传播给周围的其他人，从而让其他人乃至整个社会从中受益。这种现象，我们将之定义为人力资本结构的外部效应。一国（或地区）高技术人才或经济管理人才比例的提高，将会在一定程度上促进全体劳动者的科技素质和经济管理知识水平的提升，从而有利于增进相互的配合和协作，提高执行力、劳动生产率和管理效能，增进比较优势。

（六）人力资本结构优化与组织制度效率改进

人力资本不仅可以作用于技术的进步和促进发明创造，同样可以作用于组织制度效率的改进，人力资本结构优化有助于形成高效的制度和组织优势。随着人本身素质的提高和知识的扩展，以及对外界认知能力的提高，必然会要求制度变革，而合理的制度与组织形式也将为技术创新、生产要素的合理配置和劳动生产率的提高等创造更加优质的环境与氛围，从而提升比较优势。②

---

① 林毅夫、蔡昉、李周：《比较优势与发展战略——对"东亚奇迹"的再解释》，《中国社会科学》1999 年第 5 期，第 4—20、204 页。

② 李子奈：《比较优势陷阱解决路径评述——兼论人力资本增值在破解比较优势陷阱中的重要作用》，《河北科技师范学院学报》（社会科学版）2014 年 6 月，第 108—112 页。

第四节　人力资本结构优化与我国比较优势动态化：
基于制造业的实证研究

陶小龙和杨先明[①]指出，人力资本结构问题是多维度、多层次的，人力资本结构指标体系是由多维度、多层次的人力资本结构指标组成的。出于对篇幅和研究视角的考虑，本课题将基于人力资本专业技术水平的异质性，以人力资本技术结构为例，研究其对我国制造业比较优势的影响。

一　高技术人力资本对我国制造业出口能力影响研究

本部分研究的主要思路如下：首先，对高技术人力资本存量和制造业出口能力的代理指标序列数据进行单位根检验以确定其序列的平稳性，在此基础上，构建恩格尔－格兰杰（E－G）协整模型对两变量间的协整关系进行检验，以确定两者之间的长期均衡关系，然后构建格兰杰因果关系检验模型，对我国高技术人力资本存量与制造业出口能力之间的因果关系进行验证。

（一）变量选取与数据处理的说明

根据数据的可得性，本部分选取就业人员中学历为专科或本科的、专业为理工农林医类普通高校毕业生人数作为高技术人力资本存量的代理指标，用制造业制成品出口额作为我国制造业出口能力的代理变量。为了保证计量分析中样本容量足够大，本部分选择 1980—2012 年共 33 年的年度序列数据作为研究样本。本课题根据《新中国 60 年统计资料汇编》和《中国统计年鉴》（1996—2013）提供的历年普通高等院校分专业毕业生数据，假设毕业生平均工作 30 年后退休，不考虑死亡率和失业率因素，采用永续盘存法测算各年累计普通高等教育各专业毕业生数。本书将理科、工科、农科、林科、医科等的专业视为高技术专业，并按以上思路测算各年普通高等教育高技术专业累计毕业生数（见表 7－1）。[②]

---

①　陶小龙、杨先明：《人力资本结构与经济发展关系研究的一个理论框架》，《云南大学学报》（社会科学版）2012 年第 4 期，第 85—90 页。

②　这里人力资本结构指标属于前文所定义的人力资本单位结构。基于人力资本技术水平的异质性，不同类型劳动力所具有的技术水平是不能直接相加的，因此，使用这一指标有一定的合理性，也与塞凯拉模型、旺登伯斯奇模型和曼卡模型所选取的人力资本结构指标相似。

表 7 - 1 1980—2012 年我国高技术专业累计毕业生数与工业制成品出口额

年份	工业制成品出口额 (Y,亿美元)	高技术专业累计毕业生数 (X,万人)	年份	工业制成品出口额 (Y,亿美元)	高技术专业累计毕业生数 (X,万人)	年份	工业制成品出口额 (Y,亿美元)	高技术专业累计毕业生数 (X,万人)
1980	90.05	241.38	1991	556.98	511.32	2002	2970.56	938.8545
1981	117.59	248.75	1992	679.36	537.485	2003	4034.16	1034.4645
1982	122.71	280.95	1993	750.78	558.965	2004	5527.77	1154.5584
1983	126.06	303.45	1994	1012.98	581.465	2005	7129.16	1297.8795
1984	142.05	321.25	1995	1272.95	614.335	2006	9160.17	1473.3279
1985	135.22	338.92	1996	1291.23	653.26	2007	11562.67	1679.3511
1986	196.70	359.85	1997	1588.39	693.32	2008	13527.36	1922.3255
1987	262.06	388.575	1998	1632.20	730.665	2009	11384.83	2183.1897
1988	331.10	419.54	1999	1749.90	769.305	2010	14960.69	2466.3327
1989	374.60	452.37	2000	2237.43	814.2018	2011	17978.36	2778.3581
1990	462.05	482.525	2001	2397.60	869.2125	2012	19481.56	3072.7462

(二) 序列的单位根检验

本课题选用 Eviews 6.0 软件, 选择最通常的 ADF 单位根检验法, 采用 AIC 法确定滞后阶数, 根据时序图来确定常数项和趋势项进行单位根检验, 检验结果如表 7 - 2 所示。

表 7 - 2 ADF 单位根检验结果

变量	检验形式 (C,T,K)	t统计量	临界值	AIC	SC	结论
Y	$(C,T,9)$	3.419002	- 3.248592*	15.544150	16.136580	不平稳
X	$(C,T,9)$	- 3.397447	- 3.562882	7.648248	7.833279	不平稳
ΔY	$(C,0,7)$	3.152665	- 3.243079*	16.098370	16.589230	不平稳
ΔX	$(C,T,7)$	- 3.223094	- 3.225334*	7.462856	7.748329	不平稳
Y	$(0,0,3)$	- 5.306856	- 2.660720***	17.512430	17.707450	平稳
X	$(0,0,3)$	- 2.306960	- 1.952473**	7.730538	7.777244	平稳

注: 表中 C、T、K 分别表示常数项、时间趋势和滞后阶数。*、**、*** 分别代表10%、5%、1% 显著水平。从表 7 - 2 中可以看出, 两变量的水平序列和一阶差分序列均为非平稳序列, 经过二阶差分后的序列拒绝了存在单位根的假设, 所以它们均是 I (2) 序列。

（三） E－G 协整检验结果

根据 E－G 两步协整检验模型，首先，利用普通最小二乘法（OLS）对协整方程的回归系数进行估计，利用 Eviews 6.0 软件对数据进行处理，结果如下：

$$y_t = -2843.393 + 7.349x_t$$
$$(-10.905) \quad (34.026)$$
$$R^2 = 0.974 \quad R^2_{adjust} = 0.973$$
$$DW = 0.829 \quad F = 1157.801$$

然后，对方程的残差序列进行 ADF 单位根检验，结果如表 7－3 所示。表 7－3 的结果显示，残差序列为平稳序列，高技术人力资本存量与制造业出口能力存在协整关系，即我国高技术人力资本存量与制造业出口能力存在长期均衡关系。回归判定系数等于 0.974，表明回归方程的拟合优度较高，整体解释力强。

表 7－3 回归方程残差序列单位根检验结果

变量	检验形式 (C,T,K)	ADF 统计量	1% 临界值	5% 临界值	10% 临界值	P 值	结论
e	$(0,0,0)$	-3.061481	-2.639210	-1.951687	-1.610579	0.0033	平稳

（四） 格兰杰因果关系检验

高技术人力资本存量与制造业出口能力存在长期均衡关系，但这种关系是否符合时间上的因果作用关系，尚需进一步进行格兰杰因果检验。为了检验我国高技术人力资本存量对制造业出口能力的影响，研究两变量之间的格兰杰因果关系很有必要。格兰杰因果关系检验的基本思想在于：如果 X 是 Y 变化的原因，则 X 的变化应该发生在 Y 变化之前。如果 X 是引起 Y 变化的原因，则 X 应该有助于预测 Y，即在 Y 关于 Y 滞后变量的回归模型中，添加 X 的滞后变量作解释变量，会显著增加回归模型的解释能力；即利用 X 和 Y 的过去值对 Y 进行预测比只用 Y 的过去值对 Y 进行预测所产生的误差要小，则 X 是引起 Y 变化的格兰杰原因。如果添加 X 的滞后变量后没有显著提升回归模型的解释能力，则称 X 不是 Y 的格兰杰原因。格兰杰检验中对滞后项长度的选择是任意的，并且因果关系检验的结果对滞后长度有时又很敏感，因此在进行格兰杰因果关系检验时，通常对不同的滞后长度分别进行试验，以选取适当的滞后长度。[①] 通过 Eviews 6.0 软件，我国高技术人力资本存量与工业制成品出口额格兰杰因果关系检验如表 7 - 4 所示。

表 7 - 4　我国高技术人力资本存量与工业制成品出口额格兰杰因果关系检验

滞后长度 （s = k）	格兰杰 因果性	观察值	F 值	P 值	结论
2	HC→ZCP	31	9.69570	0.0007	不拒绝
	ZCP→HC		0.59587	0.5584	拒绝
3	HC→ZCP	30	5.98957	0.0036	不拒绝
	ZCP→HC		1.04070	0.3933	拒绝
4	HC→ZCP	29	4.70536	0.0077	不拒绝
	ZCP→HC		11.1120	7. E - 05	不拒绝
5	HC→ZCP	28	3.92824	0.0150	不拒绝
	ZCP→HC		5.81971	0.0026	不拒绝

表 7 - 4 列出了滞后期分别为二期、三期、四期、五期时，在 5% 的显著性水平下，均存在高技术人力资本存量到制造业出口能力的单向因果关系，说明检验结果是可信的[②]，即高技术人力资本存量是我国制造业出口能力提升的格兰杰原因，揭示了高技术人力资本对制造业出口的促进作用。只有当滞后期分别为四期、五期时，在 1% 的显著性水平下，存在制造业出口能力到高技术人力资本存量的单向因果关系，说明我国制造业出口能力增长对高技术人力资本投资具有一定的引导作用，但这一结论的可信度有待进一步检验。

二　人力资本结构变迁对我国制造业比较优势的影响研究

（一）分析模型的构建

根据前述文献，国家政策干预、市场力量、劳动力禀赋、人力资本积累和人力资本结构优化等都是影响比较优势提升的重要变量。在本部分，我们将实证分析这些自变量如何影响比较优势的提升，考虑到国家政策干预变量很难量化以及目前缺乏对这一变量的权威估算，所以本课题在实证分析过程

① 于俊年：《计量经济学》（第二版），对外经济贸易大学出版社 2007 年版，第 379 页。
② 于俊年：《计量经济学》（第二版），对外经济贸易大学出版社 2007 年版，第 382 页。

中建立式（7-1）到式（7-5）的简化分析模型：

$$\ln RCA_{ht,t} = \beta_0 + \beta_l \ln L_t + \beta_m \ln M_t + \beta_{hcs} \ln HCS_t + u_t \qquad (7-1)$$

$$\ln RCA_{mt,t} = \beta_0 + \beta_l \ln L_t + \beta_m \ln M_t + \beta_{hcs} \ln HCS_t + u_t \qquad (7-2)$$

$$\ln RCA_{lt,t} = \beta_0 + \beta_l \ln L_t + \beta_m \ln M_t + \beta_{hcs} \ln HCS_t + u_t \qquad (7-3)$$

$$\ln RCA_{lm,t} = \beta_0 + \beta_l \ln L_t + \beta_m \ln M_t + \beta_{hcs} \ln HCS_t + u_t \qquad (7-4)$$

$$\ln RCA_t = \beta_0 + \beta_l \ln L_t + \beta_m \ln M_t + \beta_{hcs} \ln HCS_t + u_t \qquad (7-5)$$

模型中，RCA_t、$RCA_{ht,t}$、$RCA_{mt,t}$、$RCA_{lt,t}$、$RCA_{lm,t}$、L_t、M_t、HCS_t 分别表示第 t 年我国制造品显性比较优势系数、高技术密集制造品显性比较优势系数、中技术密集制造品显性比较优势系数、低技术密集制造品显性比较优势系数、劳动力和资源密集制造品显性比较优势系数、劳动力禀赋、市场化程度指数和人力资本结构系数。

（二）资料来源与处理方法

本课题采用显性比较优势系数作为比较优势的代理指标，显性比较优势系数是由巴拉萨[①]提出的，显性比较优势系数（Revealed Comparative Advantage，RCA）是指一国某类商品出口额占该国总出口额比重相对于世界上该类商品出口额占世界总出口额比重的大小，该指标反映了一个国家某一产业或产品的出口与世界平均水平的相对优势，较好地反映了该产业或产品的比较优势。用式（7-6）表示：

$$RCA_{ij} = \frac{\dfrac{x_{ij}}{x_{it}}}{\dfrac{x_{wj}}{x_{wt}}} \qquad (7-6)$$

式中，x_{ij} 表示 i 国 j 商品的出口额，

x_{it} 表示 i 国 t 期的出口总额；

x_{wj} 表示全球 j 商品的出口额；

x_{wt} 表示全球 t 期的出口总额。

---

① Balassa. B. (1965). Trade Liberalization and Revealed Comparative Advantage. *Marrchesrer School of Economic and Social Studies*, 33: 99-123.

一般认为，若 $RCA > 2.5$，则表示具有强的竞争力；若 $1.25 \leqslant RCA < 2.5$，则表示具有较强的竞争力；若 $0.8 \leqslant RCA < 1.25$，则表示具有一般的竞争力；若 $RCA < 0.8$，则表示竞争力较弱。

本课题在《中国统计年鉴》（1996—2013）提供数据的基础上，根据联合国贸发会议制定的《国际贸易商品标准分类》（SITC），分别计算了我国在 1995—2010 年贸易品中的制造品、高技术密集制造品、中技术密集制造品、低技术密集制造品以及劳动力和资源密集制造品的显性比较优势系数，见表 7 – 5 所示。

表 7 – 5 1995—2010 年我国制造业显性比较优势与来源因素变化情况

年份	RCA	RCA_{lm}	RCA_{lt}	RCA_{mt}	RCA_{ht}	L	M	HCS
1995	1.1095	2.9211	1.3280	0.4427	0.7015	68065	0.1286	90.26
1996	1.1234	2.9340	1.2635	0.4680	0.7607	68950	0.1651	94.74
1997	1.1240	2.9762	1.3065	0.4749	0.7376	69820	0.1928	99.30
1998	1.1125	2.8461	1.2734	0.4918	0.7881	70637	0.2393	103.44
1999	1.1289	2.8328	1.3104	0.5510	0.8104	71394	0.2659	107.76
2000	1.1610	2.8533	1.4909	0.6052	0.8453	72085	0.2661	112.95
2001	1.1609	2.7088	1.3687	0.6146	0.9237	72797	0.2701	119.40
2002	1.1725	2.6153	1.2719	0.6136	1.0251	73280	0.2815	128.12
2003	1.1928	2.4983	1.2547	0.6004	1.1647	73736	0.2930	140.29
2004	1.2172	2.4255	1.3009	0.6293	1.2474	74264	0.3139	155.47
2005	1.2691	2.5084	1.3327	0.6735	1.3182	74647	0.3196	173.87
2006	1.2968	2.5535	1.4338	0.7180	1.3225	74978	0.3176	196.50
2007	1.3172	2.4826	1.4944	0.7538	1.3622	75321	0.4384	222.96
2008	1.3857	2.5579	1.5810	0.8470	1.4030	75564	0.3737	254.40
2009	1.3482	2.4891	1.3757	0.8635	1.3376	75828	0.4535	287.91
2010	1.3734	2.4749	1.4866	0.8646	1.3865	76105	0.4526	324.07

注：L 表示就业人数（单位：万人），为劳动力禀赋的代理变量；HCS 表示人力资本结构（万名就业人员中具有高技术专业的人数），将前述高技术专业累计毕业生数除以从业人员数，即可得到每万名从业人员中高技术专业人员数，以此作为代表中国各年人力资本结构的指标。M 表示市场化指数，表中的市场化指数数据直接引自《2010 中国市场经济发展报告》及陈秀梅（2014）等的研究数据。[1] 表中1995—2008 年我国制造业各类商品显性比较优势指数与陶小龙（2012）采用数据相同。[2]

---

[1] 北京师范大学经济与资源管理研究院：《2010 中国市场经济发展报告》，北京师范大学出版社 2010 年版，第 230 页。

[2] 陶小龙：《中国经济增长的人力资本结构问题研究》，光明日报出版社 2012 年 10 月年版，第 130 页。

图 7 - 1　1995—2010 年我国制造业显性比较优势系数变化趋势

根据表 7 - 5 和图 7 - 1，1995—2010 年间，我国制造品显性比较优势系数呈上升趋势，表明我国制造品国际竞争力逐渐增强；在 1995—2004 年间，我国制造品显性比较优势系数介于 0.8—1.25 之间，表示我国制造品在国际贸易中具有一般竞争力；2005—2010 年间，我国制造品显性比较优势系数超过 1.25，但远未达到 2.5，表明我国制造品在国际贸易中竞争力得到提升，已具有较强的竞争力。根据技术水平对制造品进行分类，可以看出，我国劳动密集和资源密集制造品显性比较优势最为明显，其次是低技术密集制造品和高技术密集制造品，中技术密集制造品显性比较优势系数最低。1995—2010 年，我国劳动密集和资源密集制造品显性比较优势系数虽呈下降趋势，但一直在 2.5 上下，表明我国劳动密集和资源密集制造品在国际贸易中具有强竞争力；低技术密集制造品显性比较优势一直维持在略高于 1.25 的水平，表示具有较强的竞争力；高技术密集制造品的显性比较优势的提升速度较快，大致经历了三个阶段，1998 年及以前低于 0.8，竞争力较弱，1999—2004 年界于 0.8—1.25 之间，竞争力一般，2005 年及以后超过 1.25，竞争力水平较强；但我国中技术密集制造品则长期处于竞争力较弱的水平，2007 年及以前，其显性比较优势指数长期低于 0.8 的水平，此后也只是略高于 0.8。

（三）分析结果

首先，本课题用 ADF 单位根检验方法检验方程 7 – 1 至 7 – 5 所涉及变量时间序列的平稳性及单整阶数，结果表明，时间序列 $\ln RCA$ 、$\ln RCA_{lm}$ 、$\ln RCA_{lt}$ 、$\ln RCA_{mt}$ 、$\ln RCA_{ht}$ 、$\ln L$ 、$\ln M$ 、$\ln HCS$ 都是二阶单整 $I(2)$ 序列（见表 7 – 6）。

表 7 – 6　ADF 单位根检验结果

变量	检验形式 (C, T, K)	t 统计量	临界值	AIC	SC	结论
$\ln RCA$	(C,T,0)	– 2.181626	– 3.324976 *	– 5.121022	– 4.979412	不平稳
$\ln RCA_{lm}$	(C,T,0)	– 1.518122	– 3.324976 *	– 4.140840	– 3.999230	不平稳
$\ln RCA_{lt}$	(C,T,0)	– 2.734228	– 3.324976 *	– 2.607289	– 2.465679	不平稳
$\ln RCA_{mt}$	(C,T,1)	– 3.175073	– 3.342253 *	– 3.712443	– 3.529855	不平稳
$\ln RCA_{ht}$	(C,T,3)	– 2.257970	– 3.388330 *	– 3.487999	– 3.245546	不平稳
$\ln L$	(C,T,2)	– 3.304314	– 3.362984 *	– 11.45419	– 11.23690	不平稳
$\ln M$	(C,T,2)	– 1.365716	– 3.286909 *	– 1.308212	– 1.060886	不平稳
$\ln HCS$	(C,T,1)	– 3.224253	– 3.552973 **	7.637102	7.637102	不平稳
$\Delta \ln RCA$	(C,T,0)	– 4.349544	– 4.800080 ***	– 4.767046	– 4.630105	不平稳
$\Delta \ln RCA_{lm}$	(C,0,0)	– 3.603453	– 4.004425 ***	– 4.025369	– 3.934075	不平稳
$\Delta \ln RCA_{lt}$	(C,T,0)	– 4.113924	– 4.800080 ***	– 2.115377	– 1.978436	不平稳
$\Delta \ln RCA_{mt}$	(C,0,0)	– 2.555780	– 2.690439 *	– 3.298797	– 3.207503	不平稳
$\Delta \ln RCA_{ht}$	(C,0,0)	– 2.760481	– 3.098896 **	– 3.078813	– 2.987519	不平稳
$\Delta \ln L$	(C,0,2)	– 1.963915	– 2.713751 *	– 11.02590	– 10.86426	不平稳
$\Delta \ln M$	(0,0,1)	– 2.125637	– 2.699769 ***	– 1.211003	– 1.112073	不平稳
$\Delta \ln HCS$	(C,T,2)	– 3.296135	– 3.568379 **	7.478236	7.758476	不平稳
$\Delta^2 \ln RCA$	(0,0,1)	– 4.792446	– 2.771926 ***	– 4.645966	– 4.565148	平稳
$\Delta^2 \ln RCA_{lm}$	(0,0,0)	– 5.852626	– 2.754993 ***	– 3.622249	– 3.578791	平稳
$\Delta^2 \ln RCA_{lt}$	(0,0,0)	– 5.660023	– 2.754993 ***	– 1.743748	– 1.700290	平稳
$\Delta^2 \ln RCA_{mt}$	(0,0,0)	– 3.900992	– 2.754993 ***	– 2.974449	– 2.930991	平稳
$\Delta^2 \ln RCA_{ht}$	(0,0,0)	– 6.987259	– 2.754993 ***	– 3.353995	– 3.310537	平稳
$\Delta^2 \ln L$	(C,0,1)	– 4.452730	– 4.121990 ***	– 10.79909	– 10.67787	平稳
$\Delta^2 \ln M$	(0,0,0)	– 10.45889	– 2.699769 ***	– 1.073384	– 1.023919	平稳
	(0,0,0)	– 2.264068	– 1.951687 **	7.840382	7.886186	平稳

注：1. 表中括号内的数字为 t 统计量；2. * 表示显著性水平为 10%，** 表示显著性水平为 5%，*** 表示显著性水平为 1%。

其次，借助 Eviews 6.0 软件，采用 OLS 法估计协整回归模型，并用 ADF 法对各回归模型残差进行平稳性检验，结果见表 7 – 7 所示。

表 7 - 7　多元回归模型分析结果及残差单位根检验

解释变量	回归模型 1 $\ln RCA_{ht}$	回归模型 2 $\ln RCA_{mt}$	回归模型 3 $\ln RCA_{lt}$	回归模型 4 $\ln RCA_{lm}$	回归模型 5 $\ln RCA$
β_0	- 106. 899 *** (- 6. 099)	- 27. 508 * (- 1. 881)	6. 792 (0. 343)	35. 959 *** (3. 875)	- 9. 435 * (- 2. 161)
β_l	9. 408 *** (6. 006)	2. 299 (1. 759)	- 0. 642 (- 0. 363)	- 3. 111 *** (- 3. 75)	0. 765 * (1. 961)
β_m	- 0. 463 *** (- 3. 169)	0. 068 (0. 551)	0. 020 (0. 119)	0. 126 (1. 623)	- 0. 082 ** (- 2. 267)
β_{hcs}	0. 200 ** (2. 467)	0. 278 *** (4. 089)	0. 147 (1. 596)	0. 003 (0. 076)	0. 191 *** (9. 440)
R^2	0. 967	0. 966	0. 429	0. 876	0. 977
Adj. R^2	0. 958	0. 958	0. 286	0. 846	0. 972
F - statistic	115. 681 ***	115. 003 ***	3. 003 *	28. 380 ***	173. 193 ***
DW	1. 550	1. 142	1. 627	1. 847	1. 378
e_t 单位根检验	平稳 (p = 0. 0064)	平稳 (p = 0. 0024)	—	平稳 (p = 0. 00)	平稳 (p = 0. 0039)

注：1. 表中括号内的数字为 t 统计量；2. * 表示显著性水平为 10% , ** 表示显著性水平为 5% , *** 表示显著性水平为 1% 。

根据回归模型 1，调整的多重判定系数 $R_a^2 = 0.958 = 95.8\%$，表明在 $\ln RCA_{ht}$ 的变化中，有 95.8% 可以由 $\ln RCA_{ht}$、$\ln L$、$\ln M$、$\ln HCS$ 之间的线性关系来解释。当显著性水平为 1% 时，回归方程残差序列不存在单位根，说明 $\ln RCA_{ht}$、$\ln L$、$\ln M$、$\ln HCS$ 之间存在协整方程，四者之间在 1995—2010 年存在长期的均衡关系，能够避免虚假回归问题。从回归结果可以看出，人力资本结构优化对我国高技术密集制造品显性比较优势的提升具有正面的促进作用，二者的弹性系数为 0.2（显著性水平 $\alpha = 5\%$），也就是说人力资本结构系数每增加 1 个百分点，即我国从业人员中高技术专业大学毕业生比例每提高 1 个百分点，高技术密集制造品的显性比较优势将提高 0.2 个百分点。在显著性水平为 10% 时，我国高技术密集制造品显性比较优势与人力资本结构之间存在显著的双向格兰杰因果关系（见表 7 - 8）。这一实证结果充分说明，1995—2010 年，人力资本结构优化是我国高技术密集制造品显性比较优势提升的重要因素。

根据回归模型 2，调整的多重判定系数 $R_a^2 = 0.958 = 95.8\%$，表明在 $\ln RCA_{mt}$ 的变化中，有 95.8% 可以由 $\ln RCA_{mt}$、$\ln L$、$\ln M$、$\ln HCS$ 之间的线性关系来解释。当显著性水平为 1% 时，回归方程残差序列不存在单位根，说明 $\ln RCA_{mt}$、$\ln L$、$\ln M$、$\ln HCS$ 之间存在协整方程，四者之间在 1995—2010 年存在长期的均衡关系，能够避免虚假回归问题。从回归结果可以看出，人力资本结构优化对我国中技术密集制造品显性比较优势的提升具有正面的促进作用，二者的弹性系数为 0.278（显著性水平 $\alpha = 10\%$），也就是说人力资本结构系数每增加 1 个百分点，即我国从业人员中高技术专业大学毕业生比例每提高 1 个百分点，中技术密集制造品的显性比较优势将提高 0.278 个百分点。实证结果表明，1995—2010 年，人力资本结构优化对我国中技术密集制造品显性比较优势的提升具有显著影响。

根据回归模型 3，劳动力禀赋、市场化程度和人力资本结构等因素对我国低技术密集型制造品显性比较优势的变化均没有显著影响。回归模型调整的多重判定系数 $R_a^2 = 0.286 = 28.6\%$，表明在 $\ln RCA_{lt}$ 的变化中，仅有 28.6% 可以由 $\ln RCA_{lt}$、$\ln L$、$\ln M$、$\ln HCS$ 之间的线性关系来解释，表明在劳动力禀赋、市场化程度和人力资本结构等因素之外，有其他因素对我国低技术密集型制造品显性比较优势的变化产生了重要影响。由于其他因素不是本研究关注的重点，本课题不再进一步进行探究。

根据回归模型 4，劳动力禀赋对我国劳动和资源密集型制造品显性比较优势的提升具有显著影响（显著性水平 $\alpha = 10\%$），但市场化因素和人力资本结构变化对我国劳动和资源密集型制造品比较优势的提升未产生显著影响。回归模型调整的多重判定系数 $R_a^2 = 0.846 = 84.6\%$，表明在 $\ln RCA_{lt}$ 的变化中，有 84.6% 可以由 $\ln RCA_{lm}$、$\ln L$、$\ln M$、$\ln HCS$ 之间的线性关系来解释，表明劳动力禀赋是促进我国劳动和资源密集型制造品比较优势提升的重要因素。

根据回归模型 5，调整的多重判定系数 $R_a^2 = 0.972 = 97.2\%$，表明在 $\ln RCA$ 的变化中，有 97.2% 可以由 $\ln RCA$、$\ln L$、$\ln M$、$\ln HCS$ 之间的线性关系来解释。当显著性水平为 1% 时，回归方程残差序列不存在单位根，说明 $\ln RCA$、$\ln L$、$\ln M$、$\ln HCS$ 之间存在协整方程，四者之间在 1995—2010 年存在长期的均衡关系，能够避免虚假回归问题。从回归结果可以看出，人力资本结构优化对我国制造品显性比较优势的提升具有正面的促进作用，二者的弹性系数为 0.191（显著性水平 α = 10%），也就是说人力资本结构系数每增加 1 个百分点，即我国从业人员中高技术专业大学毕业生比例每提高 1 个百分点，制造品的显性比较优势将提高 0.191%。在显著性水平为 5% 时，我国人力资本结构优化是制造品比较优势提升的格兰杰原因（见表 7-8）。这一实证结果充分说明，1995—2010 年，人力资本结构优化是我国制造品显性比较优势提升的重要影响因素。

表 7-8　格兰杰因果关系检验结果归纳

滞后长度（s = k）	Granger 因果性	F 值	P 值	结论
2	HCS→RCA	6.45975	0.0182	不拒绝 **
	RCA→HCS	1.57429	0.2593	拒绝
2	M→RCA	9.60783	0.0058	不拒绝 ***
	RCA→M	6.70596	0.0165	不拒绝 **
2	HCS→RCA_{ht}	3.79659	0.0637	不拒绝 *
	RCA_{ht}→HCS	17.4222	0.0008	不拒绝 ***
2	L→RCA_{ht}	4.74894	0.0391	不拒绝 **
	RCA_{ht}→L	0.83477	0.4650	拒绝
3	M→RCA_{ht}	5.42318	0.0382	不拒绝 **
	RCA_{ht}→M	3.16005	0.1071	拒绝
4	M→RCA_{ht}	9.61921	0.0465	不拒绝 **
	RCA_{ht}→M	3.59853	0.1605	拒绝

注：1. 表中括号内的数字为 t 统计量；2. * 表示显著性水平为 10%，** 表示显著性水平为 5%，*** 表示显著性水平为 1%。

通过对比以上实证分析结果我们发现，总的来说，人力资本结构优化是我国制造品显性比较优势提升的重要源泉之一。人力资本结构优化对高技术和中技术密集制造品显性比较优势的提升都具有显著的促进作用，实证分析还发现，人力资本结构优化是高技术密集制造品显性比较优势提升的格兰杰原因。综上可以看出，制造品的技术含量越高，人力资本结构优化对其显性比较优势的影响越显著。

第五节　从人力资本结构优化中获取比较优势

赵兰香、林生（2004）指出，一个国家获得产业优势需要有相应的技术学习模式，这刺激了相应的人力资本结构的形成；同时，人力资本的结构特征又决定了一个国家的技术基础，进而影响着主导产业的形成。在这样的循环模式中，为了提升动态比较优势，国家进行干预的切入点有很多，如调整产业结构、加大技术投入和加强人力资本投资。其中人力资本投资是最基础的，影响作用是最持久的，同时也是政策风险最低的。本课题还认为，在加强人力资本投资的同时，充分重视人力资本结构的优化，则可以以最少的投入达到最佳的效果。

我国要实现比较优势的动态化，必须积极发挥政府的作用，制定合适的人力资本政策，加大人力资本积累力度，优化人力资本结构，从而不断推动技术进步、产业结构优化升级和经济增长模式转型，以从人力资本结构优化中获取比较优势。为此，本课题提出优化中国人力资本结构的几点对策建议。

一　增加教育经费投入

加快转变经济发展方式，大力推进创新型国家建设，科技是关键，人才是核心，教育是基础（顾秉林，2011）。发展我国的教育事业，必须依靠稳定的经费投入和强大的财力支撑。要制定有利于广开渠道，大力吸收民间、企业、国内外投资基金等多方面资金发展教育的政策措施，从而调动社会各方面投资助学的积极性。同时，各级政府要尽可能加大教育投入，使教育经费短缺的局面得到彻底扭转。

二　加快优化教育结构

改善教育结构是优化人力资本结构的主要途径，我国应通过教育培训结构的调整推动要素禀赋结构升级。做到正确处理好基础教育、职业教育、成人教育与普通高等教育之间的关系。调整人才培养的专业、学科结构，加强国民经济关键领域或高新技术产业短缺人才的培养，重视数、理、化等基础学科发展，重点培养信息技术、微电子工程、生物技术、海洋工程、材料科学工程、医药工程等高层次专业人才，制订高层次人才分类培养计划。进一步完善我国科技人才培养开发体系，通过引进国际一流人才改善国内人才培养环境。

同时，要引导全国高校分类发展，倡导各高校结合自身实际和经济社会发展需要确立办学特色，进行准确定位；鼓励各高校依托社会需求，强化专业建设，转变教育教学思路，优化教学内容，改进教学方法，培养创新型、复合型、应用型人才。

三　引进人才，优化人力资本存量

围绕经济转型发展实际，重视人才政策的前瞻性、战略性研究，推动人才政策创新体系建设。制定引进高端技术人才的政策，在资金奖励及财政扶持、股权激励、人才培养、人才兼职、居留与出入境、落户、进出口环节税收、医疗、住房、配偶安置等方面，完善并落实优惠政策，以引进高端技术人才，适应产业结构调整需要。

为高端人才创造良好的发展环境。给引进的人才提供足够发挥才智的舞台，避免重引进轻使用，出现高层次人才资源浪费。进一步提高服务层次和服务水平，打造以感情引才、以服务引才、以环境引才的氛围，建立引进高端人才服务平台和长效管理机制。

四　加大高端人才激励保障力度

大力支持企业积极引进高端人才，对引进高端人才的企业给予一定的补助。引导企业自行培养高端人才，对企业自行培养出的高端人才予以奖励、补贴和补助。支持企业完善以知识资本化为核心的激励机制，积极推进技术入股、管理人员持股、股票期权激励等新型分配方式，收入分配向科技技术人员、有突出贡献者倾斜，鼓励特殊技能人才的技术贡献参与投资分红，充分调动高端人才的积极性。

五　加快建设人才创新创业的载体和平台

不断加大扶持力度、完善配套措施，积极鼓励海外留学人员、高校在校生、毕业生自主创业。围绕我国产业升级发展的重点领域，抓紧创建培育一批高层次人才创新创业基地和重点企业。支持创新创业基地和重点企业做大做强，抢占行业制高点。依托创新创业基地和重点企业，特别是高新技术企业，建设一批技术创新中心、产业示范基地、技术服务示范平台和工程技术中心，建立科技研发机构和科技企业孵化器，着力打造技术公共服务、技术成果交易、创新创业融资服务和社会化人才服务等平台。扩大风险投资基金规模，加快发展各类创业投资机构，为高层次人才创新创业提供投融资服务。

六　推动产业结构升级

推动产业结构升级，引导人力资本结构优化。第一，利用政策引导、扶持战略性新兴产业的发展。第二，要通过人才培养、技术支持、资金支持以及公共服务等政策，改善技术创新相关要素的供给，促进产业结构升级。第三，应通过目标规划、金融支持、法规规范、产权保护、税收优惠等政策，为技术创新等科技活动提供有利的政策环境，从而间接作用于产业结构升级。第四，可以通过政府采购、贸易政策、用户补贴、应用示范、价格指导等措施来引导市场需求，减少市场的不确定性，从而带动产业结构升级。

七　加强产学研合作，提高人才创新能力

企业是技术创新和使用技术的主体，是聚集技术创新的载体，是推动技术创新的关键环节，高校和科研院所是创新的生力军。产学研合作是学术界与产业界为共同进行技术创新、实现科技成果转化而形成的合作，是提高人才创新能力，真正发挥高技术人力资本价值，实现比较优势提升的重要机制。加强产学研合作，需要政府加大扶持力度，鼓励企业、大学和科研院所进行合作研究，并鼓励国内企业、大学和科研院所加强与国外高等院校、科研机构和先进企业合作的力度，建立技术交流平台，实施科技难题合作攻关，通过合作提高人才创新能力。

第六节　结论

本章以制造业为例，实证研究了我国人力资本技术结构对制造业出口能力和比较优势增进的影响。研究表明，高技术人力资本存量增长是我国制造业出口能力提升的格兰杰原因，人力资本结构优化是我国制造业比较优势提升的重要来源之一，人力资本结构优化对高技术和中技术密集制造品比较优

势的提升具有显著的促进作用，人力资本结构优化是高技术密集制造品显性比较优势提升的格兰杰原因，制造品的技术含量越高，人力资本结构优化对其显性比较优势的影响越显著。

人力资本结构优化的过程具有社会化的性质。增加教育经费投入，加大教育结构调整力度，推动高校面向社会需求办学，引进海外高层次人才，鼓励企业积极引进、培养高端人才，加快建设高层次人才创新创业的载体和平台，通过推动产业结构升级来引导人力资本结构优化，加强产学研合作提升人才创新能力等诸多方面，都会影响或者制约我国人力资本结构的改善和优化。从人力资本结构优化角度促进我国比较优势动态化，实质上是一个社会结构和经济结构共生的过程。

研究强调，人力资本结构优化是我国比较优势动态化的重要源泉。现阶段，我国经济正处于转型的关键期，核心问题是要提高经济增长的质量，改变过去粗放的增长方式，实现集约型增长。在我国经济转型的过程中，产业结构的升级和高级化是必由之路，我国要为产业结构优化升级提供根本的动力支撑，就必须加快人力资本积累，使我国人力资本以高于发达国家的速度增长；并尤为重视科学技术人才的培养，特别是对培养、引进和留住高层次、拔尖科学技术人才给予高度重视，注重对科研机构和人员的培育和支持，为科技人才的成长和发挥价值创造良好的条件和环境。只有这样，我国才能够不断发展技术含量更高、更先进的产业，实现产业结构的优化升级，不断创造新的比较优势。

第 八 章

产业集聚与我国比较优势动态化[*]

产业集聚与比较优势是决定增长的两个关联性变量，它们从不同角度体现了产业经济行为和资源禀赋的空间异质性。比较优势是产业集聚的基础，而产业集聚的循环增长积累和创造出新优势从而实现比较优势动态化，促进比较优势结构升级。我国作为一个发展中大国，地区比较优势差距较大，产业集聚的异质性使区域增长效应有较大差异，从而地区比较优势动态化速度也有明显不同。因此，比较优势动态化与产业集聚冲突与融合仍是促进地区增长转型、实现区域协调发展的关键。本章基于产业集聚与空间异质性，统计检验我国产业集聚显著性，实证研究产业集聚的增长效应以及比较优势动态化效应。

第一节　产业集聚与比较优势动态化

一　比较优势及产业集聚

产业都具有区域分工的形态。当区域分工将与产业有关的生产要素累积到一定的程度，且规模收益是递增的，产业集聚现象就会产生。在专业化条件下，地区分工是产业集聚的一个基础。地区分工使比较优势得以产生，比较优势存在又决定了地区分工，从而使产业集聚获得空间效应与利益，即专

---

* 本章主笔：赵果庆，经济学博士，教授，云南财经大学数统学院；杨怡爽，经济学博士，副教授；云南财经大学印度洋研究中心。

业化分工使区域内的聚集产业促进了知识的积累和生产率的进步。也就是说，产业集聚与地区比较优势分工又是互为因果的。在产业集聚的条件下，地区比较优势得到进一步强化和发展，区域分工更加明显。这种情形不仅表现在地区的内部，而且表现在更大的空间范围内。

由于我国各个地区的自然资源禀赋处在一个不均衡的分布状态之中，具有较强的空间异质性，因此，直到现在，自然资源禀赋仍是产业集聚的初始依据，从而区别于那些以自然资源为主的资源禀赋比较优势，动态化过程中产生的新型资源比较优势成为产业集聚的主要动力。迈克尔·波特将生产要素划分为初级生产要素和高级生产要素。初级生产要素是指天然资源、气候、地理位置、非技术工人、资金等，高级生产要素则是指现代通信、信息、交通等基础设施，受过高等教育的人力及研究机构等。[1] 因此，可以说以基本生产要素为主建立起来的产业集聚仅是利用了它在某个方面初级生产要素资源的比较优势，从而获得了一定的静态比较优势，而以高级要素为主而形成的产业集聚则确立了更具生命力的比较优势，这种优势的取得是培养竞争力的根本支持要素。林毅夫在考察产业群和市场竞争性的形成过程中发现，产业集聚形成的前提是该产业必须符合地区的比较优势，没有比较优势无法形成产业集聚[2]。相关与支持性产业也是某种产业集聚构成的一部分，它们共同推进产业集聚的形成。尽管，有些相关与支持性产业是在产业集聚形成之后才形成的，但是，相关与支持性产业却能引导产业集聚形式新的比较优势。

从因素来看，自然优势条件是产业集聚形成的一个重要基础，而区位因素也深刻地影响着产业集聚的形成与演化。Ge 的研究结果显示，沿海地区对外贸易是推动中国产业集聚的重要原因之一。[3] 范剑勇（2004）从新经济地理学的角度研究表明，即使是在地区间的高贸易壁垒情况下，东部沿海各省的人口初始条件、优越的地理位置、中西部部分省份的劳动力跨省流动三个因素仍促使产业在东部沿海地区集聚，同时使东部沿海地区一定程度上成

---

[1]　〔美〕迈克尔·波特：《国家竞争优势》，李明轩、邱如美译，华夏出版社 2001 年版，第 72—73 页。

[2]　林毅夫：《按照比较优势选择产业政策》，《中国发展观察》2005 年第 7 期，第 24—28 页。

[3]　Ge Ying（2003）. "Regional Inequality, Industry Agglomeration and Foreign Trade: The Case of China", *Working Papers*, University of International Business and Economics, China, 2003.

为中国的制造业中心甚至是世界的制造业中心。[①] 冼国明和文东伟特别关注 FDI 在中国产业布局和产业集聚中的作用,他们的经验分析部分地支持了比较优势理论所解释的影响产业布局的因素和推动产业集聚的力量。[②] 因此,区位因素是工业集聚以及地区增长差距的重要力量。林毅夫建议各地区分析清楚自己的要素禀赋特征,确立每个地区的比较优势产业,遵循比较优势,发展新产业,形成产业集聚,推动产业升级和结构调整。[③]

二　产业集聚与比较优势异质性

比较优势是产业集聚形成并能引发对外贸易的变量。但是,从时间和空间上看,比较优势具有差异性。无论是全球还是大国的地区,资源禀赋主要包括土地、气候和物产等自然因素,存在较大差异。由于资源禀赋不同,产业集聚的初始比较优势也明显不同。以自然资源为基础形成的产业,充分利用地区自然资源的比较优势是形成产业集聚的原始动力。马歇尔认为:"许多不同的原因引起了工业的地区分布,但主要原因是自然条件,如气候和土壤的性质,在附近地方的矿山和石矿,或是水陆交通的便利。因此,金属工业一般是在矿山附近或是在燃料便宜的地方。英国的炼铁工业最初寻求木炭丰富的区域,以后又迁到煤矿附近。"早期的产业集聚得益于各地区在自然资源(土地、矿产、地理位置等)及劳动力资源方面的差异。

新经济地理学文献常把影响区位效应的因素给一个区域带来的优势称为"第一"优势。[④] 但由于"第一"优势无法说明相同或接近的地区为什么会有完全不同的生产结构,甚至有的变成"中心",有的则成为"外围",因此,后来许多学者进行了研究,从而集聚效应概念产生,也称为"第二"优势。集聚效应可以分为基于知识集中与外溢的技术外部性和基于

---

①　范剑勇:《市场一体化、地区专业化与产业集聚趋势——兼谈对地区差距的影响》,《中国社会科学》2004 年第 6 期,第 39—51 页。

②　冼国明、文东伟:《FDI、地区专业化与产业集聚》,《管理世界》2006 年第 12 期,第 18—31 页。

③　林毅夫:《发展比较优势产业》,《人民日报》2013 年 8 月 14 日。

④　Krugman, P. (1993). "First Nature, Second Nature, and Metropolitan Location", *Journal of Regional Science*, 33: 124 - 44.

市场供求联系的外部性。传统贸易理论强调"先天优势"对产业地理集中的影响，认为因素供给决定产业区位，而新贸易理论则发现内生的"后天优势"可以促进产业的地理集中，需求成为更重要的决定因素。

各地区的自然资源禀赋是具有地方特色的产业集聚形成的基础性理由。但是，在全球经济一体化的进程中，产业集聚的出现不一定是以自然要素为导向的。Anthony J. Venables 认为，虽然新技术改变了地理对我们的影响，但是地理仍然是国际收入不平衡的重要因素，是产业集聚的重要条件。[①]Grossman 和 Helpman 的分析认为，不同国家的比较优势不仅来源于初始的自然资源优势，更取决于新技术开发的数量和人力资本禀赋。[②] 发达国家和地区在研发方面的投入较多，人力资本积累也具有优势，导致其在技术含量、产品差异化生产方面形成比较优势。同时，差异化的产品又会刺激研发投入和人力资本开发，结果使得发达国家和地区在国际分工中不断地扩大和强化自身的比较优势，超越了自然资源禀赋对产业集聚的约束，日本就是比较典型的例子。

理解要素的地区性差异，通常的办法是将要素禀赋理解为纯粹的地理特征。杜能的做法是，把肥沃土地的可获得性作为一种比较优势。一个地区的天然地理环境（气候、海拔、地势的起伏度、地形的复杂性、淡水资源的丰裕度、通往海洋的便利性、自然资源的储备等）也可能成为要素禀赋优势的来源。[③] 许多学者证实，地理的差异确实造成了各个地区的比较优势差别。Alex 等论述了非均质空间对于经济活动不均匀分布的影响。[④] 由于非均质空间导致了比较优势具有不同的来源，从而使得各种具体的产业活动不可能在更大的地理区间内扩展开来。然而，这种经济活动的均衡位置并不是经济行为主体内在决策行为的结果，而是完全由外生力量所决定的。

---

① Anthony J. Venables (2000). "Cities and Trade: External Trade and Internal Geography in Developing Economies", *NBER Working Paper*.

② Grossman, G. M. and Helpman, E. (1991). *Innovation and Growth in the Global Economy*, Cambridge, M. A. and London: The MIT Press.

③ 张培刚：《发展经济的非经济因素与政府作用》，《管理与财富》2001 年第 8 期，第 59—61 页。

④ Alex Anas, Richard Arnott and Kenneth (1998). "A. Small. Urban spatial structure", *Journal of Economic Literature*, 36.

从时间维度看，产业集聚所依赖的比较优势是动态变化的。从自然资源看，随着工业化演进，全球生态环境发生了变化，全球气候、水质、土质等都在变化，产业集聚的初始比较优势也在发生变化，不可再生资源开采中的产业集聚最为突出。从人文资源看，产业集聚的技术、文化、政策、价值观念等比较优势都在变化。产业集聚，应是"先天"比较优势和"后天"比较优势、自然资源比较优势和人文资源比较优势、"第一"优势与"第二"优势等共同作用的结果。这就是说，产业集聚的比较优势客观上存在初级比较优势与高级比较优势之分。高级比较优势为比较优势演化的方向，而由低级比较优势向高级比较优势的演化过程，就是比较优势的动态化。比较优势动态化既有方向，又有速度，它是解答产业在特定区位集聚的重要理论基础。每一个地区已形成了与其比较优势结构相适应的产业集聚体，而不同的产业集聚的性质又决定着地区参与国际分工的比较优势动态化速率和进程。

三　比较优势与产业集聚异质性

理论界之所以对以要素禀赋为核心的比较优势理论及其应用有很大的分歧，重要的原因就在于对要素禀赋的理解和强调的侧重面不同。由于产业集聚的要素禀赋存在较大的差异，产业集聚的比较优势也明显不同。有的产业集聚是基于初级生产要素的集聚，也有的是基于高级生产要素的集聚。这说明，一国内部的不同地区之间，以及同一地区可能会有不同类型的产业集聚。有人过于强调要素禀赋中的初级要素禀赋，而忽视了高级要素禀赋在现代产业集聚中越来越重要的作用；而有人因为强调高级要素禀赋的重要性而没有看到初级要素禀赋对高级要素禀赋对产业集聚所起到的基础性作用，就容易否定要素禀赋论，并进一步夸大"比较优势陷阱"。

比较优势作为增长的一种稀缺资源，也具有一定的结构，且不断处于结构演化中。这种比较优势的异质性导致基于不同比较优势的不同产业部门的存在。西方经济学家根据对劳动对象进行加工的顺序将国民经济部门划分为三次产业，产品直接取自于自然界的部门称为第一产业，对初级产品进行再加工的部门称为第二产业，为生产和消费提供各种服务的部门称为第三产业。一个地区的三次产业发展依赖不同的比较优势，三次产业结构的演化也说明地区比较优势结构的变化。这种变化是由工业化推动的产业比较优势的动态化。因此，一个地区的三次产业结构与其比较优势结构具有较高的匹配性。换言之，与第一产业对应的是低级比较优势，而与第二、第三产业相匹配是中级、高级比较优势。一个地区比较优势结构的演化升级成为三次产业结构演化升级的基础，而三次产业结构演化表示了比较优势动态化及其比较优势演化的顺序。

进一步，从资源加工深度方向的各个工业环节形成了一个产业链。按我国《国民经济行业分类与代码》（GB/T4754 – 2011），工业有 38 个部门，其中 B 类采掘业有 5 个，B06、B07、B08、B09、B10，C 类制造业有 30 个，即 C13、C14、C15、C16、C17、C18、C19、C20、C21、C22、C23、C24、C25、C26、C27、C28、C29、C30、C31、C32、C33、C34、C35、C36、C37、C39、C40、C41、C42、C43；D 类电水汽有 3 个，分别为 D44、D45 和 D46。随着制造业序列号的上升，生产制造过程的各个环节形成了一个产业链。研究表明，产业集群的形成有严格的条件，而产品可分性和产业链长短是关键因素。[①] 随着序列号的上升，C 类制造业生产制造过程以及产品的可分性更明显，产业链更长，产业集群产生的可能性越大，依此，把 C 类制造业分为 CL 类低端制造业（C13—C33）和 CH 类高端制造业（C34—C43）。[②] 因此，工业就被分成 B 类（采掘类）、CL 类（低端制造业）、CH 类（高端制造业）和 D 类（水电气）产业，形成四分类产业，其中，CH 类为高端产业，B 类、CL 类和 D 类产业为低端产业。一个地区四类产业结构体现了低级比较优势与高级比较优势的结构水平与高度。

工业产业链是由逐级的工业环节形成的一个有机的统一体。每个链节都要投入劳动力、资金、技术以及其他资源要素，生产函数不同。越是在产业链高端，其资金密集性、技术密集性越是明显，对高级比较优势依赖性越强，而越是产业链的低端，其资源加工性、劳动密集性就越是明显，对低级比较优势也就更具有依赖性。由此，一般而言，欠发达地区更多地在产业链

---

① Steinle, C., Schiele, H. (2002). "When do Industries Cluster? A Proposal on how to Awes an Industry's Propensity to Concentrate at a Single Region or Nation", *Research Policy*, 31：849 – 858.

② 赵果庆、杨怡爽：《中国 FDI 工业双重集聚及其效应——基于产业与空间视角》，《经济管理》2011 年第 4 期，第 32—42 页。

的低端集聚，从事资源开采、劳动密集的经济活动，其技术含量，资金含量相对较低，其附加价值率也相对较低；发达地区更多地集聚在产业链的高端从事深加工、精加工和精细加工经济活动，其技术含量、资金含量相对较高，其附加价值率也相对较高。因此，区域产业类型与产业链的环节之间产生了内在的关联关系。观察表明，欠发达地区一般拥有产业链的上游链环，其下游链环一般分布在发达区域。这也表明，产业集聚对比较优势具有路径上的依赖性。显然，地区比较优势动态化就是要通过产业集聚实现产业生产函数突破性变化。

当然，一个国家、地区可能会分别发生一、二、三产业集聚，也可能发生融合集聚，如二、三产业共同集聚。[①] 从工业看，细分工业产业的集聚更多地取决于地区"异质性"要素禀赋的比较优势强弱。由于要素禀赋在实际产业集聚中的作用是非常复杂的，产业集聚不仅取决于既有的要素存量，而且更重要的是还取决于要素的创造能力、利用能力和配置能力等。也就是说，要素禀赋既包含初级要素禀赋，又包括高级要素禀赋，并且它们相互作用，从而共同决定生产函数的性质。在交通、通信技术革命导致运输成本和通信成本日益下降的全球化时代，自然资源等初级要素禀赋对区域工业产业集聚的作用日益降低，在其他条件相同的情况下，地区工业产业集聚发展日益取决于区域所具有的高级要素禀赋。同样，一个地区产业集聚与其要素禀赋的比较优势结构存在一定的匹配性。也就是说，高端制造业集聚于高级要素具有比较优势的地区，否则高端产业集聚体会衰退，甚至于瓦解；相反，低端产业集聚更多的情况下取决于具有初级要素比较优势的区域。因此，由于地区的比较优势结构不同，比较优势动态化的速度不同，在工业链的不同环节会形成 B 类、CL 类、CH 类和 D 类四类产业集聚体。

四　产业集聚与空间依赖性

产业集聚是产业分布演化过程中的一种空间现象。从统计上看，产业的空间分布只可能有随机分布、平均分布和集聚分布三种状态。现实中，产业

---

① 陈国亮、陈建军：《产业关联、空间地理与二、三产业共同集聚》，《管理世界》2012 年第 4 期，第 82—100 页。

空间分布很少是随机分布、平均分布大量出现的集聚分布状态。这种产业集聚与产业空间自相关性有很大的关系。如果没有空间自相关，就没有产业集聚效应空间依赖性。产业的空间自相关是产业集聚产生的空间力量。空间自相关越强，产业集聚越显著。

空间自相关的出发点是地理学第一定律，即空间中分布的事物是相互联系的，近距离事物之间的相互作用力大于远距离事物之间的相互作用力。对产业来说，空间自相关意味着一个地区产业增长不仅与自身有关，还与相邻地区的同种产业增长密切相关。这样，产业在空间会形成高高相邻分布或者高低间错集聚分布结构，形成不同的空间"俱乐部"。这种结构一般情况下是"中心—外围"结构。

"物以类聚，人以群分"是一个自然现象。集聚成为人类空间经济活动的一种属性。按新经济地理学的解释，集聚或聚类可以节约资源和交易成本，具有外部性，主要是规模效应和溢出效应。在现实的区域经济中，空间中的产业"抱团"集聚在一起，例如美国历史上东北与五大中心的"制造地带"、欧洲的"蓝香蕉"地带和我国沿海地区。[①] 这种"抱团"集聚产生了不同的产业"俱乐部"。空间"俱乐部"及其效应的广泛存在说明空间区位对产业集聚发挥了重要的作用。陆铭、陈钊认为，我国东部沿海是在地理位置上具有优势的地区，在改革之后取得了更快的发展，这其中一个根本的原因就是地理对于经济发展起了重要作用。[②] 从空间位置看，纬度决定气候，气候又影响生产环境和人的生产力，地理条件决定资源储备，离出海口的距离还决定运输成本，很难想象在高海拔地区会形成产业集聚。我国东南沿海地区拥有众多的港口码头、密集的公路和铁路网，并且与经济发达的中国香港、中国台湾及日本、韩国比邻，具有其他地区无法比拟的地缘优势，自然成为产业集聚的适宜空间。研究证实，区位因素形成的外生比较优势与集聚因素形成的内生比较优势是共同决定产业集聚发展的重要因素。[③]

①　范剑勇：《经济地理与地区间工资差异》，《经济研究》2009 年第 8 期，第 73—84 页。

②　陆铭、陈钊：《论中国区域经济发展的两大因素和两种力量》，《云南大学学报》（社会科学版）2005 年第 4 期，第 27—38 页。

③　何青松、臧旭恒、赵宝廷：《产业集聚的起源：一个中心外围模型的扩展》，《财经问题研究》2008 年第 2 期，第 37—40 页。

产业集聚的出现，除了体现空间依赖外，还体现了比较优势或资源分布的空间异质性。表现为每一空间区位上产业赖以集聚的比较优势具有空间异质性。比较优势存在中心地区和外围地区、核心地区和边缘地区、发达地区和落后地区等空间结构，在一定程度上导致产业集聚存在较大的空间异质性。产业的异质性与比较优势空间异质性叠加在一起就会产生各种产业集聚分布，在空间分布上呈现明显的分块特征，在宏观上有大地理范围产业集聚，在地区层面上有小地理范围产业集聚。研究表明，东部沿海地区日益成为全国以非农产品为原料的轻工业产品制造中心，而西部地区则逐渐沦为以采掘型的矿产资源基地和农业生产为主的外围区域。[①] 显然，如果没有比较优势和资源禀赋的差异，产业将在空间上均衡分布，不会有产业集聚发生。

区域产业分工首先还是一个比较优势异质性问题。发达地区之间由于要素禀赋与比较优势相近，所以两者以产业内分工为主，而发达地区与不发达地区之间由于要素禀赋与比较优势有较大差异，两者产业分工则以产业间分工为主。在我国，东部发达地区与西部欠发达地区最大的要素禀赋差异在于人力资本水平。东部地区的劳动力素质较高、资本充足，能生产资本密集型、技术密集型产品，参与全球产业链分工，实现了比较优势动态化，逐步摆脱自然资源约束。而西部的劳动力要素禀赋和资本水平较低，但自然资源丰富，主要生产低附加值的低端产品。这就决定了东部与西部的产业分工是垂直分工，在很大程度上西部只是东部的初级品提供商或原料基地。这样，在国家之内的产业分工就转化为区域分工。在空间效应下，一个地区产业发展会带动一个或多个相邻地区产业的发展，促进不同的产业集聚区得以产生。显然，产业集聚体具有区域产业分工结构，之所以发生取决于区域要素禀赋和比较优势的差异。

在一个国家内部产业集聚分布是否会形成中心—外围二元空间结构，主要取决于国家内部区域的要素禀赋的"异质性"以及在此基础上区域比较优势的动态化进程。中心区与外围区的比较优势"异质性"决定了彼此之间的产业分工格局，而中心区和外围区的形成就是两区域内部比较优势动态化的速度差异的结果，它决定了产业集聚分布的中心区相对资本密集、技术

---

① 范剑勇：《产业集聚与中国地区差距研究》，格致出版社 2008 年版，第 235 页。

密集产品优势与外围区相对自然资源密集产品优势的分工差异。如果，有的地区比较优势动态化速度比较快，比较优势结构转型升级较快，而有些地区比较优势动态化速度比较慢，比较优势结构僵化，那么随着时间的推移就会在空间内形成中心—外围结构，也可能是多中心—多外围结构。

随着国内市场一体化程度的逐渐加深，我国产业的空间配置格局发生了很大的变化，原来较为分散的产业配置模式变得更加集中，制造业逐渐向沿海地区集聚，更是强化了这种产业的集聚分布。既可以把我国产业集聚看成一种比较优势静态的结果，也可以理解为一个比较优势动态化过程的结果。

五　产业集聚、增长与比较优势动态化

从宏观上看，一个地区长期增长的可持续性取决于增长要素比较优势能否符合长期增长可持续条件的要求。如果长期的增长路径与要素禀赋条件、发展环境相匹配，那么比较优势得以动态化和提升，比较劣势得以弱化和转换，在国际贸易竞争中占据比较优势地位。落后地区与发达地区的主要差异在于增长条件的不同及其"比较优势"和"比较劣势"转化速度的不同。落后地区如果想要实现持续增长，唯一的途径是选择与自己增长条件相适应的比较优势动态化发展战略，从而转变增长方式。

贸易能够带来长期的增长和技术进步，是增长的发动机。这一点已确定无疑。从事实来看，对外贸易是一国走向富裕的必经途径。从地理大发现后殖民贸易时代的葡萄牙和西班牙，到工业革命后资本主义贸易时代的英国，再到"二战"后采取出口导向战略的日本和"亚洲四小龙"，无一不是通过主动参与国际贸易实现经济起飞，创造了一个又一个增长奇迹。而中国最近30多年的发展印证了这一论断。改革开放以来，东部地区有效利用比较优势参与国际分工，对外贸易取得了快速发展，增长高于中部与西部地区，珠三角、长三角、环渤海区域相继成为中国的增长极。这说明对外贸易不仅是增长的动力，而且是国内产业集聚加速的重要因素。反过来，产业集聚成为东部地区贸易的支柱，也是增长的源泉。

因此，我们可以推断，对外贸易比较优势及动态化与国内产业空间集聚有着密切的关系。产业活动的集聚是国内经济地理和产业分布的典型特征，集聚中心区因为"集聚租金"和溢出效应获得比较优势，实现连片发展。

我国东部沿海地区的国际贸易比较优势使产业集聚加速发展，而产业集聚又提升了东部沿海地区比较优势动态化能力。

迈克尔·波特从要素竞争和增长推动力的历史演变角度，将经济增长划分为四个不同的阶段：要素推动阶段、投资推动阶段、创新推动阶段和财富推动阶段。① 其中，要素推动阶段采用粗放型增长方式，而创新推动阶段采用集约化型增长方式，投资推动阶段采用准集约化型增长方式。显然，增长转型就是由实现粗放型增长方式向集约化型增长方式转变，也就是由以各种要素投入增加的方式推进增长转向以要素生产率提高的方式推进增长。显然，增长转型要依赖竞争优势转变，也就是依赖比较优势动态化来实现，关键的路径是以创新构建动态化优势，使产业在国际分工与竞争中实现比较优势的再造与升级。

对于竞争优势，迈克尔·波特提出"国家竞争优势"理论，也称"波特钻石模型"②，从而发展了传统比较优势理论，实现了从比较优势到竞争优势的飞跃。从管理学角度，波特认为一个国家的某个产业能否形成产业集群取决于该国资源要素、需求条件、关联和辅助性行业以及战略、结构和竞争企业四个方面相互作用的结果，同时，还有政府与机遇的作用。不同阶段的竞争优势由不同"波特钻石模型"所驱动。后来，有学者把跨国公司直接投资（FDI）引入"波特钻石模型"，以 FDI 强化"波特钻石模型"中六个要素的双向作用，成一个超循环系统③。超循环具有非线性等特点。在市场机制的催化作用下，产业集群体以超循环运动方式获得竞争优势。从经济学角度，产业集聚体的超循环运动推进比较优势动态化，在转变增长方式的同时，实现增长阶段的跃升。对我国来说，加入 FDI 后，产业集聚的比较优势动态化效应得到了更加有力的解说。

东部以其初始的比较优势吸收了大规模的国际直接投资，集聚式地承接了国际产业转移，加速了东部产业集聚，改变了我国产业分布的空间格局，成为我国制造业的集聚区，其中有相当一部分是出口导向型的产业集

---

① 〔美〕迈克尔·波特：《国家竞争优势》，李明轩、邱如美译，华夏出版社 2001 年版，第 534—547 页。

② 〔美〕迈克尔·波特：《国家竞争优势》，李明轩、邱如美译，华夏出版社 2001 年版，第 68 页。

③ 赵果庆：《基于 FDI 集聚的中国产业竞争力研究》，中国经济出版社 2009 年版，第 94—101 页。

聚区。研究表明，FDI产业中CL类制造业、CH类制造业为空间自相关性集聚，集聚中心在东部，绝大部分西部在外围区域。[①] 显然，国际直接投资助推了东部产业集聚，在FDI制造业的引领下，加速了东部地区国际贸易比较优势动态化，改变了增长方式，也拉大了沿海地区和中、西部地区的差距。

　　产业集聚是一种资源空间配置方式。它体现了与之相适应的比较优势结构。比较优势促进增长的重要机制就是，通过促进异质性要素积累，形成异质性产业集聚体，进而使异质性比较优势在更高的层次上发挥作用，最终带动产业结构升级，使产业在更高水平的比较优势上运行。产业集聚是地区产业要素异质性的具体表现，能促进比较优势动态化。换言之，产业集聚是静态比较优势向动态比较优势转化的必要路径。产业异质性决定有的产业在高端集聚，有的在低端集聚。因此，一个地区的产业集聚体中可能存在比较优势不同的多个产业集聚结构。

　　显然，没有资源异质性就没有比较优势存在，也就没有产业集聚，而没有产业集聚，比较优势动态化也就难以实现。但是，产业集聚导致西部高级资源向东部流动、集聚，而东部产业因集聚效应等难以向西部转移，进而会加大东西差距。Hu从对外贸易的角度来研究工业集聚和地区差距之间的关系，认为地区差距、工业区位和对外贸易之间有潜在的联系，即由对外贸易驱动的工业集聚扩大了地区差距，尤其是沿海与内陆的差距。[②] 产业集聚的循环机制导致"东部隆起""中西部塌陷"，区域差异日益扩大。从现实来看，中西部地区尤其是西部被锁定在国内、国际分工的低端，增长转型难度不断加大。这也证实了西部比较优势动态化能力较弱，低端比较优势结构升级缓慢。因此，地区差距扩大给我国产业集聚以及西部比较优势动态化带来挑战。

　　从增长角度，除产业集聚引发贸易优势而推动增长外，产业集聚还直接推动增长。Philippe Mactin和Gianmarco I. P. Ottaviano（2001）在Krugman的

---

① 罗宏翔、赵果庆：《FDI产业空间自相关与空间集聚》，《经济管理》2012年第9期，第37—45页。

② Hu, Dapeng (2002). "Trade, Rural-urban Migration, and Regional Income Disparity in Developing Countries: a Spatial General Equilibrium Model Inspired by the Case of China", *Regional Science and Urban Economics*, 32: 311–338.

新经济地理和新古典经济增长理论的基础上，建立了经济增长和经济活动空间集聚之间自我强化模型，通过该模型证明了由于经济活动的空间集聚降低了经济运行的成本，从而刺激了经济增长。[①] 研究还表明，我国制造业的集聚程度与增长表现为较强的正相关。[②] Baldwin 和 Forslid（2000）将 Romer 的产品革新式增长引入 Krugman 的"中心—外围"模型，证明了地区经济活动空间集聚由于降低了创新成本，从而使产业集聚可以促进两地的经济增长。[③] 当然，中心区与外围区获得产业集聚的增长效应有明显的不同。关于这一点，有文献证实了核心区域的产业集聚对整个广东省经济增长的拉动效应明显要强于边缘区域，同时导致了地区差距的扩大。[④] 虽然，通过制定相关政策促进产业的集聚，可以带动西部经济的增长[⑤]，但现阶段，产业集聚导致东部与西部地区差距扩大也还难免。

总体上看，产业集聚、产业"异质性"和比较优势的空间"异质性"有关。自然资源与区位对产业集聚有一定的影响，但是起到的还不是唯一关键性的作用，而只是一个基础性的作用。区域产业"异质性"在一定程度上是比较优势"异质性"的空间表现形式。任何一个产业集聚都离不开相应的空间和位置，总要落实到具体的地理空间中。产业集聚的分工要通过地区之间产业结构的差异反映出来，体现比较优势结构作为产业地区分工的基础。一个地区比较优势结构的改善和升级不仅是产业集聚结构优化和升级的基础条件，而且是一个地区产业发展过程中的比较优势动态化过程。因此，发挥比较优势绝不能固守现有的比较优势，而必须培育比较优势动态化能力，实现产业集聚结构和贸易结构升级，提升在国际、国内产业链分工中的

① Philippe Mactin and Gianmarco I. P. Ottaviano（2001）. "Growth and Agglomeration", *International Economic Review*, 42（4）: 947–968.

② 罗勇、曹丽莉：《中国制造业集聚程度变动趋势实证研究》，《经济研究》2005 年 8 期，第 106—127 页；潘文卿、刘庆：《中国制造业产业集聚与地区经济增长》，《清华大学学报》（哲学社会科学版）2012 年第 1 期，第 137—147 页。

③ Baldwin and Forslid（2000）. "The Core—Periphery Model and Endogenous Growth: Stabilizing and Destabilizing Integration", *Economica*, 67: 307—324.

④ 李胜会、冯邦彦：《地区差距、产业集聚与经济增长：理论及来自广东省的证据》，《南方经济》2008 年第 2 期，第 3—18 页。

⑤ 周兵、蒲勇健：《一个基于产业集聚的西部经济增长实证分析》，《数量经济技术经济研究》2003 年第 8 期，第 143—147 页。

位置。实际上，产业集聚与比较优势是增长"这枚硬币的两面"，比较优势动态化是伴随着产业集聚增长的一个循环过程。综上，基于异质性提出待验证的三个假说：我国产业具有空间自相关性与集聚分布特点；我国产业集聚具有直接增长效应，且在不同产业中的效应不同；产业集聚是贸易比较优势动态化的决定因素。

第二节 我国产业空间相关性与集聚分布

一 四分类产业集聚与分布特征

(一) 描述性统计

1997 年产业产值数据来自《工业经济统计年鉴（1998）》，2008 年产业数据来自《国研网数据库》。产业数为 38 个，地区数为 31 个。在四分类产业中，CL 类制造业不仅数量多，而且产值最大，在产业体系中起重要作用；CH 类产业虽然只有 6 个，但集聚能力强，B 类、D 类产业相对较小，对自然资源的空间分布有较大的依赖性。此外，1997 年和 2008 年四类产业 J－B 值都大于临界值，呈现非正态分布，1997—2008 年，CH 类产业值大幅上升，B 类、CL 类 J－B 值也有不同幅度上升，D 类产业却略有下降（见表 8－1）。说明 1997—2008 年四类产业的空间分布发生了较大变化。

表 8－1 1997 年、2008 年中国四类产业产值描述性统计

单位：亿元

产业	1997 年				2008 年			
	平均值	最大值	最小值	J－B 值	平均值	最大值	最小值	J－D 值
B 类	145.17	636.82	1.88	23.57	1506.40	6839.21	21.42	37.94
CL 类	1285.41	4814.06	4.40	12.19	7273.83	32911.58	14.17	25.82
CH 类	612.02	3074.61	0.54	33.84	4760.73	30020.39	0.05	54.54
D 类	118.90	542.70	1.79	56.41	865.11	3893.09	6.56	52.55
全部	2161.50	8025.06	8.77	16.07	14406.06	58744.02	42.19	23.75

（二）区域产业结构

目前，在四分类产业结构中 CL 类产业占主要地位，其比重占 50% 以上。1997—2008 年，CL 类产业比重由接近 60% 下降到接近 50%，2008 年中部与西部的 CL 类产业规模比较接近，东部 CL 类产业的比重最大。CL 类产业在地区产业结构中起主导性作用。1997—2008 年，东部、中部 CH 类产业的比重略有上升，其中东部上升 4.92 个百分点，中部上升 0.8 个百分点，西部却下降 2.9 个百分点。2008 年中部与西部的 CL 类产业比重较接近，东部 CL 类产业比重最低。此外，B 类和 D 类产业比重都有不同程度上升，西部上升幅度最大（见表 8-2）。显然，我国区域产业演化存在较大差异，西部朝着低端运动，而东部和中部，尤其是东部向高端运动，区域产业结构差异不断扩大。这种结构变化在很大程度上是由比较优势动态化引起的比较优势结构变化所致。

表 8-2　1997 年、2008 年中国四类产业产值结构

单位：%

区域	1997 年				2008 年			
	B	CL	CH	D	B	CL	CH	D
东部	3.86	59.81	31.18	5.15	7.53	50.49	36.10	5.87
中部	13.01	58.99	21.32	6.68	18.29	52.47	22.12	7.13
西部	14.23	59.93	16.82	9.02	21.70	52.92	13.92	11.46
全国	10.24	59.65	23.07	7.04	15.79	51.94	23.91	8.36

从结构看，产业的区域结构也发生了相应的变化。B 类产业比重已由中部最高转变为东部最高，中部和西部 CL 类、CH 类产业比重下降，而东部进一步增强，CL 类产业比重占 67.14%，CH 类产业比重占 80.69%，占绝对地位；D 类产业比重中部下降，东部略有上升，西部上升幅度最大（见表 8-3）。这也显示了我国区域产业地位变化存在较大差异，四类产业仍向东部集聚，CH 类和 CL 类集中速度明显加快，且东部向高端运动特征较突出，中部地区的四类产业地位都有不同幅度下降，而西部 B 类、D 类产业地位有不同程度上升。显然，东部与西部上升，中部明显下降。这意味着，区域比较优势结构发生了演化，区域比较优势的差距不断扩大。

表 8 - 3　1997 年、2008 年中国四分类产业地区产值结构

单位：%

区域	1997 年				2008 年			
	B	CL	CH	D	B	CL	CH	D
东部	37. 11	62. 91	73. 08	56. 39	45. 49	67. 14	80. 69	57. 62
中部	41. 79	23. 74	17. 57	27. 72	33. 35	20. 00	12. 36	22. 81
西部	21. 10	13. 35	9. 36	15. 90	21. 16	12. 86	6. 95	19. 57

（三）集中与集聚

产业集聚是同一类工业在一些特定地理区域内高度集中的现象，也是工业要素在特定空间范围内不断汇聚的过程。也就是说，工业越集中，发生集聚的可能性就越大。在测度产业集聚水平的方法中，产业集中度（CR）是最简单、最常用的计算指标，它属于第一代产业集聚程度测度方法[①]。然而，产业集聚是空间分布不平衡的体现。从统计上看，主要表现是其不服从正态分布。当然，非正态分布还不完全是显著的集聚分布。

2003—2008 年，我国四分类产业的空间集中度与集聚强度发生较大的变化。从集中度看，B 类产业的 CR_1 有所上升，但 CR_3、CR_4 和 CR_8 却不同程度下降；相反，D 类产业的 CR_1 有所下降，但 CR_3、CR_4 和 CR_8 却有不同幅度上升；CL 类和 CH 类产业的 CR_1、CR_3、CR_4 和 CR_8 都有不同幅度上升，相比较，CH 类产业集中度上升幅度均超过 CL 类产业。以普适性集聚指数（KS）计算与检验[②]，1998 年 B 类产业的空间集聚强度在 5% 的水平上不显著，其他三类产业集聚显著，到 2008 年四类产业的集聚强度在 5% 的水平上都显著，从 1997—2008 年，除 D 类产业的集聚强度略有下降外，B 类、CL 类和 CH 类集聚强度有不同幅度上升（见表 8-4）。总体上看，我国四类产业空间集中变动情况略有差别，但都达到了强集聚水平，CH 类产业的集聚强度最大。显然，我国产业空间集聚强度不断提升，并向高端运动。

---

① 乔彬、李国平、杨妮妮：《产业集聚测度方法的演变和新发展》，《数量经济技术经济研究》2007 年第 4 期，第 124—133 页。

② 赵果庆、罗宏翔：《中国制造业集聚：度量与显著性检验——基于集聚测量新方法》，《统计研究》2009 年第 3 期，第 64—69 页。

表 8 - 4 1997 年、2008 年中国四分类产业地区产值结构

区域	1997 年				2008 年			
	B	CL	CH	D	B	CL	CH	D
CR_1	14. 15	12. 08	16. 21	14. 72	14. 65	14. 60	20. 34	14. 52
CR_3	34. 28	31. 97	40. 79	30. 53	32. 74	36. 76	48. 06	30. 68
CR_4	41. 33	38. 63	49. 05	36. 89	38. 89	45. 49	56. 60	37. 45
CR_8	65. 43	59. 82	68. 07	57. 24	59. 56	66. 05	75. 93	57. 29
KS	22. 61	9. 26	33. 28	54. 99	37. 93	24. 36	54. 54	51. 74

二 空间自相关性检验

产业集聚强度的显著性检验还不能揭示产业集聚的空间结构状况。因此，为了进一步探讨产业集聚的空间结构与分布，需要再对产业的空间自相关性进行检验。也就是要检验一个地区产业规模与一个或多个相邻地区同类产业规模之间是否存在相关性。空间自相关系数计算公式见式（8.1）。[①]

$$r_{(y, W_{ij}^q y)} = \frac{\sum_{i=1}^{n} (y_i - \overline{y_i})(W_{ij}^q y_i - \overline{W_{ij}^q y_i})}{\sqrt{\sum_{i=1}^{n} (y_i - \overline{y_i})^2 \sum_{i=1}^{n} (W_{ij}^q y_i - \overline{W_{ij}^q y_i})^2}} \tag{8.1}$$

式（8.1）中，$r_{(y, W_{ij}^q y)}$ 为空间自相关系数，y_i 为地区产业值，$W_{ij}^q y_i$ 为产业空间自相关产值。W_{ij}^q 为相邻矩阵，$q = 1, 2, \cdots, K$，为最邻近地区数。第 i 行和第 j 列的矩阵元素，行和列都对应空间单元，对角线上的元素为零。[②] 标准的一阶到六阶相近 W_{ij} 分别为：

$$W_{ij}^1 = \begin{cases} 1 \\ 0 \end{cases}, W_{ij}^2 = \begin{cases} 0.5 \\ 0 \end{cases}, W_{ij}^3 = \begin{cases} 0.3333 \\ 0 \end{cases}, W_{ij}^4 = \begin{cases} 0.25 \\ 0 \end{cases}, W_{ij}^5 = \begin{cases} 0.2 \\ 0 \end{cases}, W_{ij}^6 = \begin{cases} 0.1667 \\ 0 \end{cases}$$

由我国 31 个省区市（不含港澳台地区）政府所在地经度和纬度（来自谷歌地图）计算而得一阶至六阶空间矩阵 W_{ij}^q 结构（见图 8 - 1）。

---

① 罗宏翔、赵果庆：《FDI 产业空间自相关与空间集聚》，《经济管理》2012 年第 9 期，第 37—45 页。

② 沈体雁、冯等田、孙铁山：《空间计量经济学》，北京大学出版社 2010 年版，第 45—48 页。

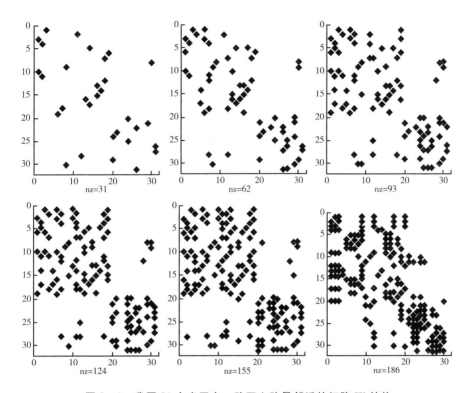

图 8 - 1　我国 31 个省区市一阶至六阶最邻近的矩阵 W 结构

三　产业空间自相关性检验

对 31 个省区市来说，$n = 31$，自由度为 30。在 5% 显著性水平上，当 $r_{(y, W_{ij}^v y)} > 0.349$，则空间自相关性显著，当 $r_{(y, W_{ij}^v y)} < 0.349$，则空间自相关性不显著。

表 8 - 5 报告的是以式（8.1）计算的 1997 年、2008 年四类产业的空间自相关系数。由于 B 类产业的空间自相关系数在 5% 的水平上低于临界值 0.349，因此，B 类产业的空间自相关性不显著。1997 年和 2008 年 CL 类产业的空间相关系数随阶数逐步增大，$r_{(y, W_{ij}^6 y)}$ 最大。同时，2008 年各阶空间自相关系数高于 1997 年的水平。CH 类产业 1997 年和 2008 年的 $r_{(y, W_{ij}^5 y)}$ 最大，2008 年数值略有下降。D 类产业和全部产业 1997 年以 $r_{(y, W_{ij}^6 y)}$ 最大，而 2008 年以 $r_{(y, W_{ij}^5 y)}$ 最大。总体上，除 B 类产业外，CL 类、CH 类、D 类和全

部产业都具有显著的空间自相关性（见表 8 - 5）。综合表 8 - 4 与表 8 - 5，B 类为非空间依赖型集聚，而 CL 类、CH 类、D 类产业为空间依赖型集聚。

表 8 - 5　1997 年、2008 年产业空间自相关系数值

类别 r	1997 年					2008 年				
	B	C_L	C_H	D	全部	B	C_L	C_H	D	全部
$r_{(y,\ w^1_{ij}\ y)}$	0.2343	0.2315	0.5131	0.2302	0.2698	0.0784	0.2411	0.4955	0.0307	0.3250
$r_{(y,\ w^2_{ij}\ y)}$	0.2543	0.4419	0.5816	0.3909	0.4423	0.1472	0.4123	0.5323	0.3003	0.4515
$r_{(y,\ w^3_{ij}\ y)}$	0.1462	0.4660	0.5953	0.3792	0.4656	0.0629	0.3880	0.5414	0.2980	0.4547
$r_{(y,\ w^4_{ij}\ y)}$	0.0863	0.4868	0.6001	0.3987	0.4804	0.0909	0.4214	0.5578	0.3459	0.4771
$r_{(y,\ w^5_{ij}\ y)}$	0.1591	0.5187	0.6315	0.4611	0.5252	0.1271	0.4588	0.5740	0.3890	0.5143
$r_{(y,\ w^6_{ij}\ y)}$	0.1889	0.5293	0.6260	0.4707	0.5359	0.1709	0.4648	0.5723	0.3884	0.5098

四　产业集聚的空间结构与趋势

如果产业具有显著空间自相关性，那么就可以进一步把产业集聚的空间分为四类地区集群：高—高（HH）群，一个高产值地区与其多个相邻高产值地区构成的集群；低—高（LH）群，一个低产值地区与其多个相邻高产值地区间构成的集群；低—低（LL）群，一个低产值地区与其多个相邻低产值地区间构成的集群；高—低（HL）群，一个高产值地区与其多个相邻低产值地区间构成的集群。在四个集群中，HH 类与 LL 类是两个重要的集群，其决定着产业集聚的空间结构。

表 8 - 6 报告的是分别以表 8 - 5 中的最大值把各产业在 1997 年和 2008 年的空间集聚"俱乐部"的地区构成进行的划分。在产业空间效应的影响下，一些地区在 1997—2008 年发生了转型。CL 类产业中的北京、黑龙江由 HH 型转为 LH 型，湖南由 HH 型转为 HL 型，内蒙古由 LL 型转为 HL 型，云南由 HL 型转为 LL 型。CH 类产业中的黑龙江由 HH 型转为 LH 型，内蒙古由 LL 型转为 LH 型，广西由 LL 型转为 LH 型，江西 D 类产业地区变化较为激烈，吉林、安徽由 HH 型转为 LH 型，贵州由 LH 型转变为 HL 型，广西由 LL 型变为为 HL 型。总体上，HH 型以东部地区占主导，LL 型又以西部地区居多。LH 集群和 HL 集群中有至少有一个产业较强的地区，这种空间

分布中有较多产业转移和空间效应；而 LL 集群产业的空间效应较弱，这个"穷人"俱乐部的成员大多数是西部地区。

表 8 - 6　1997 年、2008 年我国工业 CL、CH 和 D 类产业空间集聚分类

产业	集群	1997 年	2008 年
		地区	地区
CL 类	HH	北京、天津、河北、辽宁、上海、江苏、浙江、福建、山东、黑龙江、安徽、河南、湖北、湖南	天津、河北、辽宁、上海、江苏、浙江、福建、山东、山西、安徽、江西、河南、湖北
	LH	山西、吉林、江西、贵州	北京、吉林、黑龙江、贵州
	LL	海南、内蒙古、广西、重庆、西藏、陕西、甘肃、青海、宁夏、新疆	海南、广西、重庆、云南、西藏、陕西、甘肃、青海、宁夏、新疆
	HL	广东、四川、云南	广东、湖南、内蒙古、四川
CH 类	HH	北京、天津、河北、辽宁、上海、江苏、浙江、福建、山东、吉林、黑龙江、安徽、河南、湖北、湖南	北京、天津、河北、辽宁、上海、江苏、浙江、福建、山东、吉林、安徽、江西、河南、湖北、湖南
	LH	山西、江西	山西、黑龙江、内蒙古
	LL	海南、内蒙古、广西、贵州、云南、西藏、甘肃、青海、宁夏、新疆	海南、贵州、云南、西藏、甘肃、青海、宁夏、新疆
	HL	广东、重庆、四川、陕西	广东、广西、重庆、四川、陕西
D 类	HH	北京、河北、辽宁、上海、江苏、浙江、福建、山东、山西、吉林、黑龙江、安徽、河南、湖北、湖南	北京、河北、辽宁、上海、江苏、浙江、福建、山东、山西、黑龙江、河南、湖北、湖南、内蒙古
	LH	天津、江西、内蒙古、贵州	天津、海南、吉林、安徽、江西
	LL	海南、广西、重庆、云南、西藏、陕西、甘肃、青海、宁夏、新疆	重庆、云南、西藏、陕西、甘肃、青海、宁夏、新疆
	HL	广东、四川	广东、广西、四川、贵州
全部	HH	北京、天津、河北、辽宁、上海、江苏、浙江、福建、山东、吉林、黑龙江、安徽、河南、湖北、湖南	北京、天津、河北、辽宁、上海、江苏、浙江、福建、山东、山西、吉林、安徽、河南、湖北、湖南、内蒙古
	LH	山西、江西、贵州	黑龙江、江西
	LL	海南、内蒙古、广西、重庆、云南、西藏、陕西、甘肃、青海、宁夏、新疆	海南、广西、重庆、贵州、云南、西藏、陕西、甘肃、青海、宁夏、新疆
	HL	广东、四川	广东、四川

图 8 - 2　1997 年产业集聚的空间分布

　　从全部产业看，我国有两个主要集聚区，一个是东部沿海构成的 HH 型集聚区，它是产业集聚的中心区，另一个是 LL 型集聚区，它是我国以西部地区为主的外围区。另外，LH 型地区形成了一个承接 HH 型地区产业转移和溢出效应的区域。对比图 8 - 2 和图 8 - 3 不难看出，1997 年与 2008 年产业的空间集聚形态略有不同，主要表现在山西、内蒙古受 HH 型地区集群影响已转变为 HH 型，HH 型集聚范围更大，LH 型发生了较大转变，属于 HL 型的广东、四川没有变化。总体上，产业集聚于东部沿海地带，而西南部距离 HH 型集聚区较远，形成中心—外围结构。

　　产业集聚效应发生的机理在于距离大规模产业区越近的地区，具有成本比较优势，产业间关联度高，接触越频繁，承接中心区产业转移和溢出效应的速度也就越快，外溢效应也就越大，比较优势动态转化速度也就较越快。我国产业集聚存在空间差异，HH 型地区之间的互溢效应更突出，LH 型和 HL 型地区要比 LL 型地区得到更多的产业转移和更大的增长效应，使这些地区的比较优势更易实现动态化。由此可以预见，由于产业集聚存在空间效

图 8 - 3　2008 年产业集聚的空间分布

应，产业难以从东部集聚体向外转移，向西部地区转移的难度较大。这意味着，西部地区产业集聚难度更大，比较优势结构难以升级，东西差距随产业集聚强度提高而扩大。

第三节　我国产业集聚的增长效应

一　资料来源与描述性统计

2003 年、2008 年产业我国地区 B 类、CL 类、CH 类、D 类产业产值（亿元）、劳动力（人）和资产（亿元）数据来自"国研网数据库"。从投入产出指标看，CL 类产业规模最大，CH 类次之，B 类与 D 类产业规模相当。由于四类产业的最小值较小，2003 年有的地区为零，没有产业活动，因此，最大值代表了产业分布的极差。以此看，CL 类和 CH 类极差较大，空间分布异质性较突出，而 B 类和 D 类产业分布较均匀。从 J－B 值看，四类产业的产值、资产 J－B 值都高于 5% 水平的临界值 5.99，为非正态分布，B 类、CL 类和 CH 类劳动力的 J－B 值高于临界值而呈非正态分布，而 D 类产业的劳动力 J－B 值低于临界值而呈正态分布（见表 8－7）。

表 8－7　2003—2008 年中国四分类产业产值、劳动力和资产描述性统计

产业	年份	产值				资产				劳动力			
		平均值	最大值	最小值	J－B值	平均值	最大值	最小值	J－B值	平均值	最大值	最小值	J－B值
B 类	2003	236	1213	0	37	382	1648	0	14	179283	713193	0	18
	2008	1054	4160	14	11	1142	5253	40	18	230607	978172	162	18
CL 类	2003	2349	9647	0	17	2466	7845	0	9	988414	3784864	0	16
	2008	8276	37334	24	24	5819	20321	49	15	1339522	6111346	8648	23
CH 类	2003	1602	10741	0	63	1542	7544	0	28	511990	2866383	0	58
	2008	5231	33227	0.16	57	3791	19747	0	34	851776	6482210	29	115
D 类	2003	227	1126	0	114	920	3462	0.79	23	100398	281970	0	3
	2008	994	4561	7	60	2097	7492	112	25	106160	273195	4513	3
全部	2003	4414	20494	0	25	5310	18493	0	12	1780085	6907552	0	17
	2008	15555	63937	45	24	12850	44304	201	13	2528065	12841411	16901	40

以表 8－7 中的平均值计算，四类产业的产值增长率为 23.36%，B 类和 D 类分别为 28.33% 和 27.91%，高于平均增长率，而 CL 类和 CH 类产业增长率分别为 23.35% 和 21.80%，低于平均水平；四类产业的资产增长率为 15.87%，B 类和 CH 类产业分别为 20.02% 和 16.171%，高于平均增长率，而 CL 类和 D 类产业增长率分别为 15.38% 和 14.72%，低于平均水平；四类产业劳动力增长率为 6.02%，CH 类产业增长率为 8.85%，远超出平均增长率，而 B 类、CL 类和 D 类产业增长率分别为 4.29%、5.20% 和 0.93%，D 类最低，低于平均水平。可以看出，四类产业的投入、产出增长率有明显差异。这充分表明，由于技术等其他要素比较优势动态化速度不同，空间比较优势对四类产业集聚的作用也有很大差异，导致增长率有明显不同，这还可以从结构的变化上体现出。2003—2008 年，B 类比重由 5.35% 上升到 6.78%，D 类由 5.14% 上升到 6.39%，CL 类保持 53% 不

变，而 CH 类由 36.29% 下降到 33.63%。这表明，2003—2008 年我国工业结构水平有下降倾向，B 类、D 类产业可能在中西部有较大发展，优势有所上升。这反映出，产业集聚的变化引起了比较优势结构发生了相应的变化。

二 产业集聚度量

如果产业集聚来源于产业的分工，那么，称这类集聚为第一类集聚，它以区位熵表示，计算公式如式（8.2）。

$$ARC_{it} = \left(Y_{it} \Big/ \sum_{i=1}^{31} Y_{it} \right) \Big/ \left(\sum_{t=2003}^{2008} Y_{it} \Big/ \sum_{i=1}^{31} \sum_{t=2003}^{2008} Y_{it} \right) \tag{8.2}$$

式（8.2）中 ARC_{it} 为专业化分工集聚指数，Y_{it} 为 i 地区第 t 年产业规模。如果 ARC_{it} 值大于 1，表明 i 地区产业专业化分工水平高出全国平均水平，该地区具有较强的比较优势，产业在该地区集聚的倾向较强。相反，如果 ARC_{it} 值小于 1，则表明 i 地区产业专业化分工水平低于全国平均水平，该地区比较优势较弱，产业在该地区集聚的倾向较弱。

同样的，如果产业集聚来源于产业规模效应，那么，称这类集聚为第二类集聚，计算公式如（8.3）所示。

$$CR_{it} = \frac{Y_{it}}{\sum_{i=1}^{31} Y_{it}} \tag{8.3}$$

式（8.3）中，CR_{it} 为规模化集聚指数，反映了产业在 i 地区分布的规模，CR_{it} 值越大，表示 i 地区由产业规模产生集聚的可能性越大。按排序，其最大几个数之和为产业集中度。

图 8-4、图 8-5 分别表示以式（8.2）、式（8.3）计算，我国 2003—2008 年地区 RAC_{it} 和 CR_{it} 的平均值。虽然，四类产业 RAC 值有明显差异，但在区域表现得十分明显（见图 8-4）。以东部、中部、西部顺序，B 类产业的 RAC 平均值分别为 0.9951、0.9751、0.9995，西部最强，东部次之，中部最弱，但差别很小；CL 类产业的 RAC 平均值分别为 1.01161、0.9885、0.9788，东部有比较优势，中部和西部没有比较优势；CH 类产业的 RAC 平

均值分别为 1.0172、0.9902、1.0161，东部最强，西部次之，中部最弱，东部与西部有比较优势；D 类产业 *RAC* 平均值分别为 1.0261、0.9940、1.0045，东部与西部有比较优势，东部最强，中部没有比较优势。

图 8-4 2003—2008 年地区专业化分工集聚指数平均值

从图 8-5 可以看出，四类产业 *CR* 值的区域差异表现得十分明显，东部具有较强的集聚优势。进一步统计，以东部、中部、西部顺序，B 类产业的 *CR* 值分别为 44.38%、17.21%、38.4%，西部最强，东部次之，中部最弱，但差别很小；CL 类产业的 *CR* 值分别为 69.88%、18.27%、11.84%，东部比较优势最强，中部和西部优势较弱；CH 类产业的 *CR* 值分别为 81.98%、11.49%、6.53%，东部最强，中部次之，西部最弱；D 类产业的 *CR* 值分别为 31.14%、22.3%、46.55%，西部最强，东部次之，中部较弱。很明显，B 类和 D 类相对分散，制造业尤其是高端制造业绝大部分集聚在东部，中西部较少。这种产业集聚分布充分体现了区域比较优势结构。这意味着，东部具有高端比较优势，而中部尤其是西部更多的是具有低端比较优势。

三 空间计量模型

(一) 一般产业生产函数

在没有产业集聚效应的情况下，产业的生产函数为：

图 8 - 5 2003—2008 年地区规模化集聚指数平均值

$$Y_{it} = A_{it}K_{it}^{\alpha}L_{it}^{\beta} \tag{8.4}$$

式（8.4）中变量 Y_{it}、K_{it}、L_{it} 分别代表产业在 t 时期 i 地区产业的产值、劳动力和资本。A_{it} 代表 t 期的技术水平，α 和 β 反映的是资本投入和劳动力投入的偏弹性。

（二）产业集聚效应下的生产函数

一个地区比较优势总是通过产业增长来体现，尤其是通过产业增长函数反映出来。产业集聚的增长效应，一种是间接效应，即外部效应，体现为生产要素的效率提高与有效的空间组织，另一种是直接效应，也就是产业集聚作为一种比较优势集成的资源直接参与产业生产。在这里，我们所检验的是产业集聚作为具有比较优势资源的增长效应。产业集聚下的生产函数见式（8.5）。

$$Y_{it} = A_{it}K_{it}^{\alpha}L_{it}^{\beta}ARC_{it}^{\eta_1}CR_{it}^{\eta_2} \tag{8.5}$$

式（8.5）中，ARC_{it} 和 CR_{it} 分别反映了产业在 t 时期 i 地区产业专业化集聚变量和规模集聚变量。对式（8.5）两边取对数后，得产业增长方程：

$$\ln Y_{it} = \ln A_{it} + \alpha\ln K_{it} + \beta\ln L_{it} + \eta_1 ARC_{it} + \eta_2 CR_{it} + u_{it} \tag{8.6}$$

式（8.6）中，η_1 为第一类产业集聚的增长效应，反映的是地区专业化分工集聚对增长的作用，η_2 为第二类产业集聚的增长效应，反映的是产业规模集聚对增长的作用。如果，η_1、η_2 的 t 统计量值大于 5% 水平的临界值，则表示产业集聚在 5% 显著性水平下具有增长效应。如果 η_1、η_2 大于 0，则表示产业集聚对增长有促进效应；反之，如果 η_1、η_2 小于 0，则表示产业集聚对增长有阻碍作用。

（三）空间集聚效应下的产业生产函数

在空间依赖的影响下，某一地区的邻近地区产业增长对本地区产业增长产生影响。这是第三方效应，由此产生空间自相关集聚，称为第三类空间集聚。在产业集聚视角下，估计第三方效应的空间面板模型：

$$\ln Y_{it} = \ln A_{it} + \alpha_i \ln K_{it} + \beta_i lnL_{it} + \eta_1 ARC_{it} + \eta_2 CR_{it} + \lambda_q w_{ij}^q \mathrm{Ln} Y_{it} + u_{it} \tag{8.7}$$

式（8.7）中，$w_{ij}^q \ln Y_{it}$（$q=1,2,\cdots,6$）为 q 阶空间相邻变量。λ_q 表示第三类集聚效应。

（四）区位效应下的产业生产函数

地理区位也是产业集聚的一个决定因素。俄林（Olin）认为，在其他条件不变时，一个地方的运输成本决定了该地方的产业布局。[①] 由于我国地域面积大，区位也有明显的差别。总体上看，我国东部、中部和西部的区位特点可能导致不同的产业集聚，产生不同的增长模式。因此，对我国来说，地区离沿海的距离远近也可能是地区产业集聚类型及增长效应不同的一个重要原因。因此，在式（8.7）中加入区位变量，包括省区到沿海的距离以及各区域的虚拟变量，计量模型如式（8.8）所示。

$$\ln Y_{it} = \ln A_{it} + \alpha_i \ln K_{it} + \beta_i lnL_{it} + \eta_1 ARC_{it} + \eta_2 CR_{it} + \lambda_q w_{ij}^q \ln Y_{it} + D_i + \varphi_1 D_e + \varphi_2 D_m + \varphi_3 D_w + \varphi_4 D_{em} + \varphi_5 D_{mw} + u_{it} \tag{8.8}$$

式（8.8）中，$D = 10000/d$（d 为省区到沿海的距离），D_e、D_m、D_w 分别表示东部、中部和西部地区的虚拟变量，D_{em}、D_{mw} 分别表示东中部和中西部地区的虚拟变量。

（五）全部产业

在没有产业集聚效应的情况下，产业生产函数如下：

---

① Olin, B. (1993). *Interregional and International Trade*, Cambridge：Harvard University Press.

$$Y_{A,it} = A_{it}K_{A,it}^{\alpha}L_{A,it}^{\beta} \tag{8.9}$$

式（8.9）中，变量 $Y_{A,it}$、$K_{A,it}$、$L_{A,it}$ 分别代表全部产业在 t 时期 i 的产值、劳动力、资本。A_{it} 代表 t 时期的全要素技术水平，α 和 β 反映的是资本投入和劳动力投入的产出偏弹性。

在四类产业集聚下的产业增长方程为：

$$\ln Y_{A,it} = \ln A_{A,it} + \alpha_i \ln K_{A,it} + \beta_i \ln L_{A,it} + \sum_{k=1}^{4}\eta_{1k}ARC_{k,it} + \sum_{k=1}^{4}\eta_{2k}CR_{k,it} + u_{it} \tag{8.10}$$

式（8.10）中，$k = 1$，2，3，4，分别表示 B 类、BL 类、BH 类和 D 类产业，$ARC_{k,it}$ 表示 k 类产业专业化集聚变量，$CR_{k,it}$ 表示 k 类产业规模化集聚变量，共有 8 个集聚变量。

在四类产业的六阶空间相邻变量参与的情况下，产业增长方程为：

$$\ln Y_{A,it} = \ln A_{A,it} + \alpha_i \ln K_{A,it} + \beta_i \ln L_{A,it} + \sum_{k=1}^{4}\sum_{q=1}^{6}\lambda_{kq}W_{ij}^{q}Ln Y_{k,it} + u_{it} \tag{8.11}$$

式（8.11）中，$q = 1$，2，$\cdots$，6，为空间相邻变量阶数，共有 24 个空间相邻变量。

在四类产业三类集聚共同参与的情况下的产业增长方程：

$$\ln Y_{A,it} = \ln A_{A,it} + \alpha_i \ln K_{A,it} + \beta_i \ln L_{A,it} + \sum_{k=1}^{4}\sum_{q=1}^{6}\lambda_{kq}W_{ij}^{q}\ln Y_{k,it} +$$
$$\sum_{k=1}^{4}\eta_{1k}ARC_{k,it} + \sum_{k=1}^{4}\eta_{2k}CR_{k,it} + u_{it} \tag{8.12}$$

式（8.12）中，η_{1k}、η_{2k}、λ_{kq} 分别为第一类、第二类、第三类产业集聚的增长效应。在三类集聚效应下，产业增长的一般方程：

$$\ln Y_{A,it} = \ln A_{A,it} + \alpha_i \ln K_{A,it} + \beta_i \ln L_{A,it} + \sum_{k=1}^{4}\sum_{q=1}^{6}\lambda_{kq}W_{ij}^{q}\ln Y_{k,it} + \sum_{k=1}^{4}\eta_{1k}ARC_{k,it} +$$
$$\sum_{k=1}^{4}\eta_{2k}CR_{k,it} + D_i + \varphi_1 D_e + \varphi_2 D_m + \varphi_3 D_w + \varphi_4 D_{em} + \varphi_5 D_{mw} + u_{it} \tag{8.13}$$

式（8.13）中，$D = 10000/d$（d 为省区到沿海的距离），D_e、D_m、D_w 分别表示东部、中部和西部地区的虚拟变量，D_{em}、D_{mw} 分别表示东中部和中西部地区的虚拟变量。

四 参数估计

(一) B 类产业

在表 8 - 8 中，（1）表示在没有产业集聚效应下，$(\alpha + \beta)$ 为 1.0043，表现为规模收益不变型增长。（2）中，$q = 1, 3, 4$ 的空间相邻变量的 t 统计量在 5% 水平下显著，说明 B 类产业增长中存在显著产业集聚效应，在空间效应下，$(\alpha + \beta)$ 为 0.9696，表现出规模收益递减性。（3）中，$RAC_{B,it}$、$C_{B,it}$ 系数的 t 统计量在 5% 水平下显著。这说明，在 B 类产业增长中，第一类、第二类集聚都发挥了显著的增长效应，第一类集聚的增长效应高于第二类集聚的增长效应。在集聚效应下，$\alpha + \beta$ 为 0.8668，仍表现出规模收益递减性。在（4）中，$RAC_{B,it}$、$C_{B,it}$ 系数的 t 统计量在 5% 水平下显著。这说明，B 类产业增长中，第一类、第二类集聚发生显著的正效应，第二类集聚的增长效应高于第一类集聚的增长效应；同时，$q = 3$ 的空间相邻变量的 t 统计量在 5% 水平下显著。其说明，B 类产业增长中存在显著空间集聚负效应，地区之间存在竞争效应。在三类集聚的显著作用下，$\alpha + \beta$ 为 0.7809，在集聚溢出效应下规模收益递减性进一步显现。由于（4）的 Adj. R^2 高于（1）、（2）和（3）的 Adj. R^2，AIC 值低于（1）、（2）和（3）的值，因此，（4）是最优的模型。

在表 8 - 8 的（4）中加入 D 后，其系数为负，且 t 统计量在 5% 水平下显著。这说明，B 类产业增长不仅存在空间集聚效应，同时还受区位因素影响（见表 8 - 9）。具体表现为，距离沿海越远，B 类产业增长受阻越小，增长速度越快，第一类集聚的增长效应高于第二类集聚的增长效应，第三类集聚对增长的阻碍作用进一步加大。同时，在表 8 - 8 的（4）中加入各类虚拟变量后显示，（6）中的 Dum_E 与（10）中的 Dum_{MW}、（8）中的 Dum_W 与（9）中的 Dum_{EM} 系数相等，且 t 统计量在 5% 水平下显著，符号相反，表现为两种相反的区位增长模式；（7）中的 Dum_M 系数的 t 统计量在 5% 水平下不显著，中部不具有独立的区位增长模式。它意味着，西部、中西部的 B 类产业增长明显区别于东部，其区位发挥了正的增长效应。也就是说，对于 B 类产业，西部、中部比东部更具比较优势，集聚有利于 B 类产业增长，更能发挥西部、中部的比较优势（见表 8 - 9）。

表 8 - 8　2003—2008 年 B 类产业集聚的增长效应

$\ln Y_{B,it}$

变量	（1）		（2）		（3）		（4）	
	系数	t 值	系数	t 值	系数	t 值	系数	t 值
c	0.7524	1.4367	2.7887	1.5723	2.5981	3.5358	8.6030	5.1911
$\ln K_{B,it}$	0.8146	17.5775	0.6711	10.7137	0.6276	11.2115	0.4653	6.9143
$\ln L_{B,it}$	0.1897	5.2676	0.2985	5.8574	0.2392	7.0796	0.3156	8.3887
$W_{ij}^1 \ln Y_{B,it}$			0.1248	3.6869				
$W_{ij}^2 \ln Y_{B,it}$			-0.0099	-0.1398				
$W_{ij}^3 \ln Y_{B,it}$			-0.5681	-4.7633			-0.2412	-4.0039
$W_{ij}^4 \ln Y_{B,it}$			0.4759	3.4713				
$W_{ij}^5 \ln Y_{B,it}$			-0.1881	-1.1371				
$W_{ij}^6 \ln Y_{B,it}$			0.1198	0.7107				
$RAC_{B,it}$					0.6442	4.3143	0.6030	4.1974
$C_{B,it}$					0.0578	4.0296	0.0884	5.6132
Adj. R^2	0.9050		0.9237		0.92240		0.9289	
AIC	1.3029		1.1487		1.1230		1.0456	
F	241.0879		159.3656		231.1453		227.5023	
样本	185		185		185		185	

表 8 - 9　2003—2008 年 B 类产业集聚增长的区位模式识别

$\ln Y_{B,it}$

变量	（5）		（6）		（7）		（8）		（9）		（10）	
	系数	t 值	系数	t 值	系数	t 值	系数	t 值	系数	t 值	系数	t 值
c	11.8048	7.6700	10.6229	6.4439	9.2163	5.1642	8.1242	4.9807	8.3003	5.1044	10.3359	6.3384
$\ln K_{it}$	0.3365	5.3888	0.4476	6.9626	0.4455	6.3103	0.5042	7.4982	0.5042	7.4982	0.4476	6.9626
$\ln L_{it}$	0.3045	9.1202	0.2882	7.9121	0.3176	8.4245	0.2938	7.8163	0.2938	7.8163	0.2882	7.9121
$RAC_{B,it}$	0.5823	4.5725	0.5507	4.0053	0.5984	4.1612	0.5825	4.1358	0.5825	4.1358	0.5507	4.0053
$C_{B,it}$	0.1315	8.6129	0.1099	6.9454	0.0954	5.4560	0.0838	5.4095	0.0838	5.4095	0.1099	6.9454
$W_{ij}^3 \ln Y_{B,it}$	-0.2874	-5.3433	-0.3180	-5.2871	-0.2604	-4.0865	-0.2399	-4.0669	-0.2399	-4.0669	-0.3180	-5.2871
D	-0.0054	-6.9646										
Dum_E			-0.2869	-4.2940								
Dum_M					0.0700	0.9284						
Dum_W							0.1761	2.9098				
Dum_{EM}									-0.1761	-2.9098		
Dum_{MW}											0.2869	4.2940
Adj. R^2	0.9445		0.9357		0.9293		0.9322		0.9322		0.9357	
AIC	0.8093		0.9552		1.0515		1.0087		1.0087		0.9552	
F	267.6969		229.2242		206.7346		216.4654		216.4654		229.2242	
样本	185		185		185		185		185		185	

（二）CL 类产业

在没有集聚效应的情况下，表 8 - 10 的（1）的 $\alpha + \beta$ 为 1.1486，表现为规模收益递增型增长。当在（1）中加入各阶空间相邻变量时，各阶相邻变量的 t 统计量在 5% 水平下不显著，相对来说，$W_{ij}^5 \ln Y_{CL,it}$ 系数的显著性最高，但还达不到 10% 水平的临界值。（3）中，$RAC_{CL,it}$ 系数的 t 统计量在 5% 水平下显著，而 $C_{CL,it}$ 项的 t 统计量在 5% 水平下不显著。这说明，CL 类产业增长中第一类集聚效应促进了地区专业比较优势的实现，第二类集聚效应却不显著。（4）中，$W_{ij}^5 \ln Y_{CL,it}$ 系数的显著性有所上升，但仍未达到 10% 水平的临界值，$RAC_{CL,it}$ 系数的 t 统计量在 5% 水平下显著。这说明，CL 类产业增长中第一类集聚较为重要，它更加有助于实现 CL 类产业在地区之间分工的比较优势，空间相邻和规模集聚的增长效应不明显。由于（4）的 Adj. R^2 高于（1）、（2）和（3）的 Adj. R^2，AIC 值低于（1）、（2）和（3）的 AIC 值，因此（4）是最优的模型，其 $\alpha + \beta$ 为 1.1404，表现为规模收益递增效应略有下降。

表 8 - 10　2003—2008 年 CL 类产业集聚的增长效应

$\ln Y_{CL,it}$								
变量	(1)		(2)		(3)		(4)	
	系数	t 值	系数	t 值	系数	t 值	系数	t 值
c	- 0.7323	- 2.2418	- 1.1049	- 1.7729	- 0.7819	- 2.1942	- 1.2774	- 3.1308
$\ln K_{CL,it}$	0.7899	20.2557	0.8091	17.4693	0.7769	20.0436	0.7832	20.3481
$\ln L_{CL,it}$	0.3587	10.5048	0.3367	8.2579	0.3630	10.5509	0.3572	10.4315
$W_{ij}^1 \ln Y_{CL,it}$			0.0023	0.1273				
$W_{ij}^2 \ln Y_{CL,it}$			- 0.0114	- 0.2951				
$W_{ij}^3 \ln Y_{CL,it}$			0.0635	1.0817				
$W_{ij}^4 \ln Y_{CL,it}$			- 0.0941	- 1.4308				
$W_{ij}^5 \ln Y_{CL,it}$			0.1230	1.4596			0.0238	1.5962
$W_{ij}^6 \ln Y_{CL,it}$			- 0.0679	- 0.9760				
$RAC_{CL,it}$					0.2331	2.5435	0.2319	2.5537
$C_{CL,it}$					0.0031	0.7187		
Adj. R^2	0.9906		0.9909		0.9910		0.9911	
AIC	- 1.0553		- 1.0227		- 1.0751		- 1.0866	
DW	0.3017		0.3114		0.2375		0.2423	
F	2680.115		1440.375		2149.045		2174.143	
样本	185		185		185		185	

从表 8 - 11 的（5）看，当在表 8 - 10 的（4）中加入 D 时，其系数的 t 统计量在 10% 水平下也不显著。这也说明，CL 类产业增长受区位因素影响不明显。同样的，在表 8 - 10 的（4）加入各类虚拟变量时，（8）中的 Dum_W、（9）中的 Dum_{EM} 系数相等，符号相反，t 统计量在 5% 水平下显著，其说明西部与东中部表现出两种的区位增长模式；（6）中的 Dum_E、（10）中的 Dum_{MW} 系数相等，符号相反，t 统计量在 5% 水平下不显著，说明东部与中西部没有表现出显著的区位增长模式；而 Dum_M 系数的 t 统计量在 5% 水平下显著，说明中部表现出一种相对独立的区位增长模式。这意味着，CL 类产业集聚不利于西部产业增长，而有利于中部、东部产业在增长中实现比较优势。总体上，对于低端制造业增长，地区的专业优势是至关重要的。也就是说，对于 CL 类产业，西部仍不具比较优势，难以获取集聚的增长效应。

表 8 - 11　2003—2008 年 CL 类产业集聚增长的区位模式识别

$\ln Y_{CL,it}$												
变量	(5)		(6)		(7)		(8)		(9)		(10)	
	系数	t 值	系数	t 值	系数	t 值	系数	t 值	系数	t 值	系数	t 值
c	- 0.6391	- 1.6847	- 0.6895	- 1.8283	- 1.0700	- 3.1914	- 0.5233	- 1.5501	- 0.6010	- 1.8198	- 0.6629	- 1.6967
$\ln K_{CL,it}$	0.7515	16.9452	0.7614	18.0041	0.8041	20.1018	0.7652	20.2121	0.7652	20.2121	0.7614	18.0041
$\ln L_{CL,it}$	0.3890	10.3051	0.3785	10.6991	0.3443	9.7735	0.3637	11.0460	0.3637	11.0460	0.3785	10.6991
$RAC_{CL,it}$	0.2313	2.5367	0.2343	2.5685	0.2438	2.7017	0.2310	2.6006	0.2310	2.6006	0.2343	2.5685
D	0.0004	1.2597										
Dum_E			0.0266	1.0287								
Dum_M					0.0507	2.1011						
Dum_W							- 0.0777	- 3.2004				
Dum_{EM}									0.0777	3.2004		
Dum_{MW}											- 0.0266	- 1.0287
Adj. R^2	0.9910		0.9910		0.9912		0.9915		0.9915		0.9910	
AIC	- 1.0812		1.0782		- 1.0971		- 1.1290		- 1.1290		- 1.0782	
F	2162.271		2155.738		2197.207		2269.214		2269.214		2155.738	
样本	185		185		185		185		185		185	

（三）CH 类产业

没有集聚效应时，在表 8 - 12 中的（1）中，$\alpha + \beta$ 为 1.1107，表现为规模收益递增型增长。当在（1）中加入各阶空间相邻变量时，除 2 阶外，其他空间相邻变量的 t 统计量在 5% 水平下都显著，但正负不一。这说明，CH

类空间相邻集聚效应比较复杂，其中以 $W_{ij}^3 \ln Y_{CH,it}$ 的边际效应最大，显著性最高。一阶至六阶空间相邻变量系数之和为 0.0499，略显正效应。在空间效应下，$\alpha + \beta$ 为 1.0656，仍表现出规模收益递增性。（3）中，$RAC_{CH,it}$ 系数的 t 统计量在 5% 水平下不显著，而 $C_{CH,it}$ 系数的 t 统计量在 5% 水平下显著，说明 CH 类产业增长中第二类集聚的效应显著。在（4）中，$C_{CH,it}$ 和 $W_{ij}^3 \ln Y_{CH,it}$ 系数的 t 统计量在 5% 水平下显著，说明 CH 类产业增长中存在第二类、第三类集聚发生显著的线性联合正效应，相比而言，第三类集聚增长效应高于第二类集聚增长效应；这时，$\ln L_{CH,it}$ 变为负效应，但不显著，$\alpha + \beta$ 为 1，在集聚溢出效应下 CH 变为规模收益不变型增长。由于（4）的 Adj. R^2 高于（1）、（2）和（3）的 Adj. R^2，AIC 值低于（1）、（2）和（3）的 AIC 值，因此（4）是最优的模型。在集聚效应下，高端制造业增长中劳动力投入贡献已不显著，这也表明，规模集聚和空间溢出对劳动力有挤出效应。

表 8 – 12　2003—2008 年 CH 类产业集聚的增长效应

$\ln Y_{CH,it}$								
变量	（1）		（2）		（3）		（4）	
	系数	t 值	系数	t 值	系数	t 值	系数	t 值
c	− 1.3895	− 3.4888	− 1.5767	− 2.5888	− 1.0578	− 2.6049	− 2.4658	− 6.3108
$\ln K_{CH,it}$	0.9905	14.7921	0.9622	15.7306	1.0321	16.0444	1.0016	17.5792
$\ln L_{CH,it}$	0.1202	1.6987	0.1034	1.5991	0.0277	0.3940	− 0.0007	− 0.0105
$W_{ij}^1 \ln Y_{CH,it}$			− 0.0569	− 2.0690				
$W_{ij}^2 \ln Y_{CH,it}$			0.0247	0.5280				
$W_{ij}^3 \ln Y_{CH,it}$			0.3228	3.9384			0.1229	7.0131
$W_{ij}^4 \ln Y_{CH,it}$			− 0.2174	− 2.4034				
$W_{ij}^5 \ln Y_{CH,it}$			0.3046	2.9378				
$W_{ij}^6 \ln Y_{CH,it}$			− 0.3279	− 3.2448				
$RAC_{CH,it}$					− 0.0333	− 0.3294		
$C_{CH,it}$					0.0274	4.5985	0.0307	5.8157
Adj. R^2	0.9786		0.9839		0.9809		0.9851	
AIC	0.5883		0.3667		0.4956		0.2486	
F	1161.033		808.6383		1003.246		1289.864	
样本	185		185		185		185	

从表 8-13 的（5）看，当在表 8-12 的（4）中加入 D 时，D 系数的 t 统计量在 5% 水平下显著。这说明 CH 类产业增长受区位因素的影响明显，离海越近，增长越快。在表 8-12 的（4）中加入各类虚拟变量时，（6）的 Dum_E 与（10）中的 Dum_{MW}、（8）中的 Dum_M 与（9）中的 Dum_{EM} 系数相等，符号相反，t 统计量在 5% 水平下显著，（7）中的 Dum_M 系数的 t 统计量在 5% 水平下不显著。这表明，东部与中西部、西部与东中部表现为两种相反的区位增长模式，中部没有显著的区位增长模式。这意味，CH 类产业集聚不利于西部 CH 类产业增长，对更大的中西部区域来说，区位因素不利于 CH 产业集聚促进比较优势实现。总体上，对于高端制造业增长，地区的规模化优势是至关重要的。也就是说，对于 CH 类产业，西部既有远离沿海地带而减速增长因素，又有规模集聚不利的一面，西部不具高端制造业比较优势，难以集聚发展。

表 8-13　2003—2008 年 CH 类产业集聚增长的区位模式识别

$\ln Y_{CH,it}$ 变量	（5）		（6）		（7）		（8）		（9）		（10）	
	系数	t 值	系数	t 值	系数	t 值	系数	t 值	系数	t 值	系数	t 值
c	-1.8373	-3.8943	-1.6866	-4.1014	-2.5813	-6.5343	-1.6875	-3.3067	-1.8296	-3.8707	-1.4340	-3.2680
$\ln K_{CH,it}$	0.9300	14.4857	0.9299	16.4420	0.9917	17.3956	0.9782	17.1143	0.9782	17.1143	0.9299	16.4420
$\ln L_{CH,it}$	0.0823	1.1579	0.0828	1.3344	0.0147	0.2352	0.0199	0.3213	0.0199	0.3213	0.0828	1.3344
$C_{CH,it}$	0.0251	4.3695	0.0150	2.4349	0.0272	4.7976	0.0279	5.2104	0.0279	5.2104	0.0150	2.4349
$W_{ij}^3 \ln Y_{CH,it}$	0.1024	5.2704	0.0936	5.2229	0.1304	7.2368	0.0936	4.3769	0.0936	4.3769	0.0936	5.2229
D	0.0016	2.3162										
Dum_E			0.2527	4.4204								
Dum_M					-0.0829	-1.6526						
Dum_W					0.1421	2.3308						
Dum_{EM}									0.1421	2.3308		
Dum_{MW}											-0.2527	-4.4204
Adj. R^2	0.9855		0.9866		0.9853		0.9855		0.9855		0.9866	
AIC	0.2290		0.1530		0.2438		0.2286		0.2286		0.1530	
F	1190.369		1285.815		1172.634		1190.826		1190.826		1285.815	
样本	185		185		185		185		185		185	

(四) D 类产业

在没有集聚效应下，表 8 – 14 中，（1）的 $\alpha + \beta$ 为 1.2557，表现为规模收益递增型增长。当在（1）中加入各阶空间相邻变量时，1 阶、3 阶空间相邻变量的 t 统计量在 5% 水平下显著，1 阶集聚效应为正，3 阶集聚效应为负，两者相加后仍为负效应。在空间效应下，$\alpha + \beta$ 为 1.2516，D 类产业仍表现出规模收益递增性。（3）中，$RAC_{D,it}$、$C_{D,it}$ 系数的 t 统计量在 5% 水平下显著，说明 D 类产业增长中第一类集聚、第二类集聚效应显著。在（4）中，而 $RAC_{D,it}$、$C_{D,it}$ 和 $W_{ij}^3 \ln Y_{CH,it}$ 系数的 t 统计量在 5% 水平下显著。这说明，D 类产业增长中存在第一类、第二类、第三类集聚的线性组合效应，$\alpha + \beta$ 为 1.1475，在集聚效应下 D 类产业仍为规模收益递增型增长，但资本和劳动力效应有所下降。（4）的 Adj. R^2 高于（1）、（2）和（3）的 Adj. R^2，AIC 值低于（1）、（2）和（3）的 AIC 值，显然，（4）是最优的模型。在（4）模型中，对于 D 类产业增长，空间相邻地区之间产生竞争效应，而第一、第二类集聚产生正的增长效应。

表 8 – 14   2003—2008 年 D 类产业集聚的增长效应

$\ln Y_{D,it}$								
变量	（1）		（2）		（3）		（4）	
	系数	t 值	系数	t 值	系数	t 值	系数	t 值
c	– 2.0350	– 3.6338	– 1.0287	– 0.6623	– 0.0333	– 0.0440	0.8940	0.6588
$\ln K_{D,it}$	0.7319	14.6090	0.6962	14.3417	0.5973	11.0247	0.5753	10.9369
$\ln L_{D,it}$	0.5238	9.6336	0.5554	10.4271	0.5213	10.3539	0.5722	11.6915
$W_{ij}^1 \ln Y_{D,it}$			0.0797	2.1046			0.1657	3.6989
$W_{ij}^2 \ln Y_{D,it}$			0.0823	1.1089				
$W_{ij}^3 \ln Y_{D,it}$			– 0.4106	– 2.9546			– 0.2235	– 4.3442
$W_{ij}^4 \ln Y_{D,it}$			0.0603	0.3508				
$W_{ij}^5 \ln Y_{D,it}$			0.2340	1.3852				
$W_{ij}^6 \ln Y_{D,it}$			– 0.0864	– 0.4872				
$RAC_{D,it}$					0.3128	2.0092	0.2704	1.8283
$C_{D,it}$					0.0588	4.8910	0.0478	4.0728
Adj. R^2	0.9150		0.9313		0.9281		0.9365	
AIC	0.8481		0.7002		0.7031		0.5997	
F	272.4529		178.4542		251.0329		232.1801	
样本	185		185		185		185	

在表 8 – 14 的（4）加入 D 后，其系数为负，且 t 统计量在 5% 水平下显著，说明 D 类在空间集聚效应下增长还受区位因素影响。具体表现为，随着离海距离越远，D 类产业增长速度越快。在表 8 – 14 的（4）加入各类虚拟变量后，只有（6）中 Dum_E 与（10）中 Dum_{MW} 系数在 10% 水平下显著（见表 8 – 15）。这意味着 D 类产业的区位增长模式不明显。

表 8 – 15　2003—2008 年 D 类产业集聚增长的区位模式识别

$\ln Y_{D,it}$

变量	（5）		（6）		（7）		（8）		（9）		（10）	
	系数	t 值	系数	t 值	系数	t 值	系数	t 值	系数	t 值	系数	t 值
c	4.0676	2.8361	1.7355	1.2196	0.8150	0.5957	1.5202	1.0443	1.5868	1.0742	1.6255	1.1570
$\ln K_{D,it}$	0.5047	9.7847	0.5622	10.6612	0.5757	10.9205	0.5664	10.6697	0.5664	10.6697	0.5622	10.6612
$\ln L_{D,it}$	0.5296	11.3004	0.5751	11.8249	0.5727	11.6748	0.5728	11.7163	0.5728	11.7163	0.5751	11.8249
$W_{ij}^1 \ln Y_{D,it}$	0.1612	3.8224	0.1945	4.1245	0.1705	3.7216	0.1722	3.8182	0.1722	3.8182	0.1945	4.1245
$W_{ij}^2 \ln Y_{D,it}$	−0.2961	−5.8468	−0.2871	−4.6556	−0.2252	−4.3596	−0.2580	−4.3629	−0.2580	−4.3629	−0.2871	−4.6556
$RAC_{D,it}$	0.2658	1.9104	0.2905	1.9720	0.2760	1.8569	0.2698	1.8259	0.2698	1.8259	0.2905	1.9720
$C_{D,it}$	0.0659	5.6521	0.0464	3.9701	0.0481	4.0826	0.0464	3.9309	0.0464	3.9309	0.0464	3.9701
D	−0.0034	−4.8518										
Dum_E			−0.1100	−1.8425								
Dum_M					0.0287	0.5231						
Dum_W							0.0666	1.1796				
Dum_{EM}									−0.0666	−1.1796		
Dum_{MW}											0.1100	1.8425
Adj. R²	0.9441		0.9377		0.9366		0.9370		0.9370		0.9377	
AIC	0.4822		216.0609		0.6089		0.8287		0.8287		216.0609	
F	242.5231		0.5909		211.9610		213.4295		213.4295		0.5909	
样本	185		185		185		185		185		185	

（五）全部产业

在表 8 – 16 中，对于全部产业数据，以式（8.9）估计得（1），$\alpha + \beta$ 为 1.2031，表现出规模收益递增性。以表 8 – 16 中的（2）看，以式（8.10）进行估计时，只有 B 类产业的规模化集聚与低端产业的专业化集聚在 5% 的水平下，对我国产业增长具有显著的促进作用。以式（8.11）估计，（3）中四类产业集聚效应有正的，也有负的，有显著的，也有不显著的，呈现出复杂状态，以 $f(\cdot)$ 表示。（3）的 Adj. R² 高于（2）的 Adj. R²，（3）的 AIC 值低于（2）的 AIC 值，全部产业具有显著的空间效应。（4）为以式（8.17）对三类集聚效应的估计结果，在空间效应影响下，$RAC_{CL,it}$ 的效应上升，$C_{B,it}$ 效应略有下降，但从 Adj. R^2 和 AIC 看，（4）优于（3）与（2）。

表 8 - 16　2003—2008 年全部产业集聚的增长效应

变量	（1）		（2）		（3）		（4）	
$\ln Y_{A,it}$	系数	t 值	系数	t 值	系数	t 值	系数	t 值
c	-1.8668	-3.8695	-2.3629	-5.0463	-0.4111	-0.3897	0.2886	0.3205
$\ln K_{A,it}$	0.8084	15.02996	0.8256	15.9634	0.6347	14.0916	0.6716	18.1962
$\ln L_{A,it}$	0.3947	8.5387	0.3787	8.5234	0.4783	12.2988	0.4601	13.4553
$C_{B,it}$			0.0177	4.47132			0.0066	2.2890
$RAC_{CL,it}$			0.3176	2.5190			0.5510	7.17815
$f(\cdot)$			$f(\cdot)$	$f(\cdot)$				
Adj. R^2	0.9818		0.9828		0.9930		0.9949	
AIC	-0.3605		-1.3605		-1.1626		-1.4344	
F	1370.219		1170.516		1058.50		1241.588	
样本	185		185		185		185	

注：$f(\cdot) = \sum_{k=1}^{4} \sum_{q=1}^{6} W_{ij}^q \cdot \ln Y_{k,it}$。

基于表 8 - 16 的（4），再对空间集聚效应下的产业增长模式进行识别（见表 8 - 17）。表 8 - 17 中变量 D 系数的 t 统计量在 5% 的水平下显著，区位对产业增长产生正效应，这说明离海越近，产业增长越快。从区域看，Dum_E、Dum_M 系数的 t 统计量在 5% 的水平下显著，系数符号相反，是两种截然不同的区位增长模式。从大区域看，Dum_{EM}、Dum_{MW} 系数的 t 统计量在 5% 的水平下显著，系数符号相反，是两种截然不同的区位增长模式。总体上，西部、中部产业增长有不利的区位因素，制约着各类产业的增长。

可以看出，产业集聚的形成必然导致地区间产业增长差距拉大。中国的区域产业增长差距确实存在不断增大的趋势，并且这种区域差距在很大程度上在于不平衡的区域经济政策导致产业增长的比较优势异质性加剧，产业集聚的增长效应所造成。尤其值得注意的是，某一个产业集聚的优势一旦形成，往往具有循环累积因果效应。东部地区通过优惠政策以及其他优势率先形成产业集聚核心区，带动区域产业经济增长；反过来，东部地区的产业快速集聚又进一步促进东部地区在产业集聚增长中实现比较优势的动态化，进而促进比较优势结构升级。

表 8 – 17　2003—2008 年全部产业集聚增长的区位模式识别

$\ln Y_{A,it}$ 变量	（5）		（6）		（7）		（8）		（9）		（10）	
	系数	t 值	系数	t 值	系数	t 值	系数	t 值	系数	t 值	系数	t 值
c	2.3071	2.8998	0.7122	0.8536	0.2157	0.2400	0.8633	0.9686	0.7375	0.8337	0.70242	0.8346
$\ln K_{A,it}$	0.5385	15.3846	0.5609	14.0953	0.6495	16.3476	0.6568	18.1888	0.6568	18.1888	0.5609	14.0953
$\ln L_{A,it}$	0.5726	17.9849	0.5454	15.4477	0.4780	13.2185	0.4697	14.0956	0.4697	14.0956	0.5454	15.4477
$C_{B,it}$	0.0046	1.8817	- 0.0007	- 0.2272	0.0056	1.8869	0.0046	1.5863	0.0046	1.5863	- 0.0007	- 0.2272
$RAC_{CL,it}$	0.5044	7.7908	0.5115	7.1846	0.5464	7.1385	0.5375	7.2027	0.5375	7.2027	0.5115	7.1846
D	0.0024	8.2001										
Dum_E			0.1993	5.3747								
Dum_M					- 0.0506	- 1.4728						
Dum_W							- 0.1258	- 3.2849				
Dum_{EM}									0.1258	3.2849		
Dum_{MW}											- 0.1993	- 5.3747
$f(\cdot)$	$f(\cdot)$	$f(\cdot)$	$f(\cdot)$	$f(\cdot)$	$f(\cdot)$	$f(\cdot)$						
Adj. R^2	0.9964		0.9949		0.9949		0.9952		0.9952		0.9949	
AIC	- 1.7782		- 1.5915		- 1.4372		- 1.4896		- 1.4896		- 1.5915	
F	1693.790		1404.336		1202.697		1267.766		1267.766		1404.336	
样本	185		185		185		185		185		185	

注：$f(\cdot) = \sum_{k=1}^{4} \sum_{q=1}^{6} W_{ij}^q \cdot ln Y_{k,it}$。

同时看到，空间力量很重要，它不仅是由于距离产生运输成本，而且其代表的是区位优势和空间依赖效应。Mori 和 Nishikimi（2002）指出运输密度经济是产业本地化集聚的主要来源。Zeng 指出很小的运输成本提供更高效用，完全集聚格局有可能是稳定的。此外，完全集聚格局不可能出现，除非来自政策制定者的外生力量作用。[①] 实证表明，B 类产业、CH 类产业和 D 类产业产生显

① Zeng, Dao-Zhi（2008）. "New Economic Geography with Heterogeneous Preferences：An Explanation of Segregation", *Journal of Urban Economics*, 63：306 – 324.

著空间效应；对于 B 类产业和 D 类产业，西部具有有利的区位增长因素，而 CL 类与 CH 类，西部呈现出空间劣势的区位增长模式，区位对两类制造业的增长起阻碍作用。总体上，离海越近，制造业区位优势越明显。西部建立在自然资源上以 B 类和 D 类为主体产业体系阻碍着制造业发展，其原因是对高端制造业产生了挤出作用。这意味着，"资源诅咒"一定程度上已在西部发生。西部对低端要素比较优势的过度依赖，使产业体系本身难以创新和技术进步而陷入比较优势动态化能力不足的困境，难以实现增长方式转变。

第四节　我国产业集聚的比较优势动态化效应

一　产业集聚与国际贸易比较优势

我国是发展中大国，地区之间的发展水平存在较大差距，不同地区参与国际产业分工也体现出各地区的比较优势结构。大部分西部地区集中于从事自然资源开发，由于资本不足、技术能力落后、区位劣势等原因，高端产业发展不具有比较优势。而东部地区的高端产业有较强的比较优势，接受了大量的国际产业转移，加速了出口导向型产业的集聚。在这种情况下，产业异质性对区域比较优势动态化产生深刻而持久的影响。

宏观上看，我国四分类产业具有不同的国际贸易能力结构。从销售收入看，2003—2008 年 CL 类比重占一半以上，CH 类占三成以上，B 类和 D 类相当，占 5%—7%，B 类和 D 类产业有所上升，CH 类产业比重略有下降，CL 类相对稳定。从出品交货值看，CH 类由 2003 年的 54.90% 上升到 2008 年的 63.69%，CL 类产业由 2003 年的 43.54% 下降到 2008 年的 35.61%，B 类和 D 类不足 1%。再从出口交货值占销售收入比重看，CH 类由 2003 年的 29.73% 上升到 2008 年的 32.29%，CL 类由 2003 年的 15.53% 下降至 2008 年的 11%，B 类由 2003 年的 4.54% 下降至 2008 年的 1.37%，D 类由 2003 年的 1.10% 下降至 2008 年的 0.37%，已不足 1%，仅 B 类、CL 类和 D 类低于全国平均水平（见表 8 – 18）。

四类产业比重与出口参与度表明，B 类和 D 类产业是内向型产业，在国内产业体系中规模优势不足,参与国际竞争的比较优势很弱,而 CH 类产业为外向型产业,规模优势与 CL 类产业相当,但国际竞争优势较强;相反,CL

表 8－18 2003—2008 年四类产业销售额比重与出口交货值比重

单位:%

指标	产业	2003 年	2004 年	2005 年	2006 年	2007 年	2008 年
销售收入	B 类	5.3286	5.5365	6.0550	6.0277	5.7982	6.7183
	CL 类	53.9749	54.4128	53.4539	53.4187	53.8692	53.9982
	CH 类	35.5586	35.2730	33.2467	33.4913	33.5146	32.8955
	D 类	5.1379	4.7776	7.2444	7.0623	6.8180	6.3879
出品交货值	B 类	1.2587	1.1364	1.0854	0.8770	0.5957	0.5541
	CL 类	43.5423	40.0944	38.7742	37.9262	36.6387	35.6166
	CH 类	54.9031	58.4952	59.9248	61.0203	62.5846	63.6869
	D 类	0.2960	0.2739	0.2156	0.1765	0.1810	0.1424
出口交货值占销售收入比重	B 类	4.5494	4.0797	3.4851	2.7892	1.8881	1.3757
	CL 类	15.5365	14.6453	14.1026	13.6098	12.4989	11.0028
	CH 类	29.7363	32.9605	35.0424	34.9260	34.3167	32.2956
	D 类	1.1094	1.1396	0.5786	0.4790	0.4880	0.3719
	全部	19.2590	19.8754	19.4418	19.1693	18.3769	16.6813

类产业只有较强的规模优势,但国际竞争优势较弱。这就意味着,如果一个地区产业集聚以 CH 类产业为主导,那么不仅可以实现国内比较优势,还可以转化为动态化的比较优势,以大量出口带动地区增长;如果一个地区产业集聚以 B 类和 D 类产业为优势,那么尽管可以实现国内比较优势,但难以实现比较优势动态化;如果一个地区产业集聚以 C 类产业为优势,那么可以实现国内比较优势,也可能部分地实现比较优势动态化。显然,产业集聚性质对比较优势结构以及比较优势结构提升具有重要作用。

改革开放以来,我国地区比较优势产业发生了重组,产生了基于不同比较优势结构的产业集聚体。当我国加入 WTO 后,凸显了国际市场的作用,加速了地区比较优势产业的分化与重组。从沿海地区看,即使在传统体制下,工业中心也在上海、江苏和浙江等地,而这些地区也是对外开放较早的地区,而广东、福建在改革开放初期的工业基础比较薄弱,但在对外开放中高端制造业长足发展，获得了较强的比较优势动态化能力，比较优势结构升级。在对外开放中，一个不争的事实是，四川和东北历史工业重镇的地位被削弱，产业越来越集中在江、浙、鲁、粤、闽等沿海省份。东部发达地区在国际贸易中优化自己的产业结构，不断向更高端产业扩展，实现高端产业集聚，通过出口实现国际资源配置，逐步缩小和发达国家的差距，而西部地区则对低端产业更加依赖，不能有效地参与国际分工，比较优势动态化能力较弱，与发达地区的差距因此扩大。

特别值得注意的是，地理区位对产业集聚实现有重要影响，同时对比较优势动态化也产生重要影响。地理区位是运输成本的决定因素。这种广义的运输成本，除了天然的对海运运输的地理距离（包括港口数目、吞吐量等因素），还包括中央对沿海地区的政策倾斜和扶持（比如沿海经济特区和保税区等）以及各种管制的放松。[①] 另外，沿海与内地地方政府的行政效率差异也构成这种广义运输成本差异的又一个来源。Fujita、Krugman 等的研究表明，虽然从总体上看贸易自由化会使一个国家的工业在空间上显得更加分散，但是对某些工业而言，贸易自由化却可能带来空间集聚。Hu 发展了一个经济地理模型，提出"沿海地区凭借国家贸易中的地理优势，成为了产业集聚的首选区位，并且在规模报酬递增的正反馈机制的作用下，这种领导地位被不断的强化"。[②] 这表明，对外贸易促使外贸依存度高的产业集聚在具有区位优势的东部沿海地区，而规模效益又进一步增强了这些产业集聚的强度。显然，为节省运输成本，依赖对外贸易的产业倾向于在沿海地区生产，沿海地区在国际分工中不断地扩大和强化自身产业集聚地位，更有力地提升沿海地区比较优势动态化。

区位对比较优势动态化的影响可以从国际产业在沿海地区集聚进一步得

---

① Demurger, S., J. D. Sachs, W. T. Woo, S. Bao, and G. Chang（2022）. "The Relative Contributions of Location and Preferential Policies in China's Regional Development: Being in the Right Place and Having the Right Incentives", *China Economic Review*, 13: 444 – 465.

② Hu Dapeng（2002）. "Trade, Rural-urban Migration, and Regional Income Disparity in Developing Countries: A Spatial General Equilibrium Model Inspired by the Case of China", *Regional Science and Urban Economics*, 32: 311 – 338.

到证实。出口比较优势与加工贸易、国际直接投资密切相关，体现了要素配置的国际化。随着经济全球化进程的加快，国际分工不断深化，跨国公司在东部加速集聚，而且在高端产业集聚，这种空间与产业的"双重集聚"效应[1]，使东部日益成为"国际制造业加工厂"，加工贸易也成为我国国际贸易的重要方式。加工贸易在东部的发展，加强了东部参与国际分工和国际贸易的进程，使东部增长方式发生转型，发展成为外向型经济。从比较优势看，东部地区通过承接国际产业转移和发展加工贸易改变了其初始的比较优势，实现比较优势动态化和内生化。这导致我国产业分工格局发生变化，区位条件较好的东部地区以高端产业为主，而中西部地区则以低端产业为主。这种产业集聚结构扩大了东部与西部产业极差，加大了地区间的比较优势结构的分化。

二　贸易比较优势测度

（一）贸易专业化比较优势指数（TC）

一个地区贸易专业化比较优势指数（TC）为该地区的净出口额与进出口贸易总额之比，表示地区参与国际分工的专业化比较优势。计算公式为：

$$TC_{it} = \frac{X_{it} - M_{it}}{X_{it} + M_{it}} \tag{8.14}$$

式（8.14）中，TC_{it} 为 i 地区贸易专业化优势指数，为第一类是贸易比较优势指数，X_{it} 表示 i 地区第 t 年出口额，M_{it} 表示 i 地区第 t 年的进口额。TC_{it} 值越大，表示 i 地区专业化比较优势越强；TC_{it} 值越小，表示 i 地区的专业化比较优势越弱。

（二）贸易显性比较优势指数（RAC）

一个地区产业的贸易显性比较优势指数（RAC）为该地区产业的进出口额或出口额比重与一段时期全国进口额或口出额比重之比。计算公式为：

$$RAC_{it} = \left(x_{it} \Big/ \sum_{i=1}^{31} x_{it} \right) \Big/ \left(\sum_{t=2003}^{2008} x_{it} \Big/ \sum_{i=1}^{31} \sum_{t=2003}^{2008} x_{it} \right) \tag{8.15}$$

---

① 赵果庆、杨怡爽：《中国 FDI 工业双重集聚及其效应——基于产业与空间视角》，《经济管理》2011 年第 4 期，第 32—42 页。

式（8.15）中，RAC_{it} 为第二类贸易比较优势指数，即"显性"比较优势，表示 i 地区一段时间内进出口规模优势变化指数，反映一个地区进出口产品在全国的地位，x_{it} 表示 i 地区第 t 年进出口额。RAC_{it} 值越大，表示 i 地区进出口规模优势越强；RAC_{it} 值越小，表示 i 地区的显性比较劣势越明显。

（三） 出口规模比较优势指数 （CES）

一个地区贸易出口规模比较优势指数（CES）为该地区出口额占当年全国出口额比重之比，表示参与国际竞争的规模比较优势。计算公式为：

$$CES_{it} = x_{it} \bigg/ \sum_{i=1}^{31} x_{it} \qquad\qquad (8.16)$$

式（8.16）中，CES_{it} 为第三类贸易比较优势指数。它表示一个地区出口占全部出口的份额，说明出口比较优势越大，出口的地区集中程度越高。

（四） 三类贸易比较优势测度

以 2004—2009 年《中国统计年鉴》的进口、出口、进出口数据，分别以式（8.14）—（8.16）计算得出我国地区 2003—2008 年地区 TC_{it}、RAC_{it} 和 CES_{it} 的平均值（见表 8-19）。从 TC 值看，全国有 9 个地区 TC 为负值，为净进口地区，有 22 个地区为净出口地区，优势最大的三个地区依次为西藏、山西和宁夏，均为中西部地区，优势最小的三个地区依次为海南、北京和吉林，均为东中部地区。从 RAC 看，东部的天津、辽宁、上海、福建和广东，中部的吉林、湖南，西部的贵州、西藏、陕西和青海，共有 11 个地区的比较优势值大于 1，比较优势最大的三个地区为吉林、青海、福建，比较优势最小的三个地区依次是海南、新疆和甘肃。从 CES 看，超过平均水平的有 6 个地区，依次是广东、江苏、上海、浙江、山东和福建，其占全国出口额的 81%，最弱的三个地区依次是宁夏、青海和西藏，广东独占 31%，而西藏不足万分之三。不难看出，全国地区外贸比较优势差别较大，第一、第二贸易比较优势指标差距相对较小，而第三类贸易比较优势指标差距很大。

表 8 - 19 2003—2008 年地区动态比较优势指数平均值

地 区	TC	RAC	CES	地 区	TC	RAC	CES
北 京	- 0.3147	0.998	2.4277	河 南	0.2448	0.9824	0.7773
天 津	- 0.0401	1.0085	3.1919	湖 北	- 0.0539	0.9781	0.6538
河 北	0.2412	0.9426	1.7339	湖 南	0.1586	1.0093	0.5499
辽 宁	0.0399	1.0166	3.058	内蒙古	- 0.1215	0.9886	0.3104
上 海	- 0.0536	1.0093	11.2437	广 西	- 0.0129	0.9538	0.4166
江 苏	0.0589	0.9826	16.4126	重 庆	0.138	0.9837	0.3404
浙 江	0.3404	0.9773	11.0831	四 川	0.0608	0.9788	0.6332
福 建	0.2650	1.0392	4.3759	贵 州	0.144	1.0137	0.1727
山 东	0.0826	0.9758	6.4282	云 南	0.0023	0.9778	0.3273
广 东	0.1062	1.0195	30.9961	西 藏	0.6555	1.0136	0.0212
海 南	- 0.4139	0.9299	0.1248	陕 西	0.2228	1.0059	0.4599
山 西	0.4103	0.9841	0.8834	甘 肃	- 0.2044	0.9376	0.1465
吉 林	- 0.3113	1.0495	0.3542	青 海	0.1535	1.0465	0.0405
黑龙江	0.0564	0.9764	0.7317	宁 夏	0.3629	0.9895	0.1154
安 徽	0.0578	0.9778	0.6883	新 疆	0.2335	0.9338	0.8601
江 西	0.0496	0.9439	0.4413	全 国	0.0825	0.9879	3.2258

三 空间计量模型

要素禀赋和要素积累决定了生产率的初始水平,进而决定了基于初始比较优势的国际分工,而国际分工的模式和程度通过资源配置进而使技术水平反作用于生产率和要素积累,而生产率和要素积累变化进一步作用于国际分工,从而影响到国内地区贸易比较优势动态化。我国对外开放、贸易促进和产业政策促使地区产业的外生比较优势发生变化,通过产业集聚逐步实现内生比较优势的创造,推进了比较优势动态化,改变了国内地区产业的分工结构。产业集聚在比较优势动态化中存在两方面力量,一方面是产业集聚自身要素积累和技术进步使原有的比较优势得到加强,另一方面是不同产业集聚的差异可能促进比较优势的转变、分化与重构,因而使产业集聚的异质性在一定程度上决定比较优势内生化与外生化的空间分离,促进了内生比较优势动态化,实现比较优势结构转型升级。

至今学术界还没有对比较优势动态化给出一个明确的定义。如果将某一时点上的比较优势称作静态比较优势，那么动态比较优势则可以被看作某种比较优势随时间的变化。静态比较优势决定了给定时点的国际分工和贸易模式，但动态比较优势则决定了这种模式的变化。于是，比较优势动态化是指在后天通过要素积累、经验积累、创新积累等形成新的比较优势，使比较优势结构发生变化，它反映了比较优势随时间的演化过程。它包括生产要素比较优势的动态变化和要素结构比例的动态变化。也就是说，比较优势动态化是由一个时点的比较优势状态向另一个时点的比较优势状态变化的过程。显然，动态比较优势与比较优势动态化是比较优势演化的两个方面。

当然，作为动态比较优势不进则退，比较优势动态化可以有比较优势进化和退化两种可能性。一般来讲，落后地区比较优势的形成主要是由于所产业集聚产生的对低端比较优势产生过度依赖和锁定，比较优势结构僵化，难以动态化，而发达地区的比较优势是在初始比较优势基础上，通过产业集聚实现了比较优势动态化过程而向更高级比较优势结构演化。因此，比较优势动态化就由过去产业集聚的作用产生，并由产业集聚过程带动比较优动态化，也就是产业集聚具有滞后效应即动态效应。产业集聚滞后项体现出产业集聚对比较优势动态化的作用，它是产业集聚的再集聚效应。基于此而构造计量模型：

$$TC_{i,t+n} = \alpha + \sum_{k=1}^{4} \eta_{1k} RAC_{k,it} + \sum_{k=1}^{4} \eta_{2k} CR_{k,it} + u_{it} \qquad (8.17)$$

$$RAC_{Ti,t+n} = \alpha + \sum_{k=1}^{4} \eta_{1k} RAC_{k,it} + \sum_{k=1}^{4} \eta_{2k} CR_{k,it} + u_{it} \qquad (8.18)$$

$$CES_{i,t+n} = \alpha + \sum_{k=1}^{4} \eta_{1k} AR_{k,it} + \sum_{k=1}^{4} \eta_{1k} CR_{k,it} + u_{it} \qquad (8.19)$$

式（8.17）—（8.19）中，$k = 1，2，3，4$，分别表示 B 类、BL 类、BH 类和 D 类产业。η_{1k}、η_{2k} 分别表示第一类、第二类产业集聚的贸易比较优势动态化效应，以体现产业异质性集聚对贸易比较优势动态化的影响。$n = 0$，为静态集聚效应，$n = 1，\cdots，T$，表示贸易比较优势动态超前的期数，n 越大，产业集聚的动态化效应越强。

四　参数估计

（一）贸易优势指数（TC）

在表 8-20 中，当 $n = 0$，1，2，3 时，（1）、（2）、（3）和（4）的 Adj. R^2 依次上升，S. E. 和 AIC 依次下降，因此（4）是最优的。说明产业集聚对第一类贸易比较优势具有动态化效应，而且动态化效应逐步增大。

表 8-20　2003—2008 年动态贸易专业优势的产业集聚贡献

变量	$TC_{i,t}$		$TC_{i,t+1}$		$TC_{i,t+2}$		$TC_{i,t+3}$	
	（1）		（2）		（3）		（4）	
	系数	t 值	系数	t 值	系数	t 值	系数	t 值
c	-0.0236	-0.1917	-0.0019	-0.0134	0.1848	1.4382	0.2555	1.7524
$ARC_{B,it}$	0.0506	1.1099	0.0489	1.0498	-0.0596	-1.4308	-0.0476	-0.8793
$CR_{B,it}$	0.0141	0.8666	0.0216	1.1575	0.0261	1.4133	0.0189	0.9562
$ARC_{CL,it}$	-0.0306	-0.3595	-0.0664	-0.7503	-0.2880	-2.6337	-0.2944	-2.2483
$CR_{CL,it}$	-0.0166	-0.4846	-0.0104	-0.2855	0.0222	0.6990	0.0042	0.1326
$ARC_{CH,it}$	0.0559	1.4013	0.0924	2.1298	0.2352	4.1874	0.1863	2.9110
$CR_{CH,it}$	-0.0016	-0.0511	-0.0183	-0.4909	-0.0492	-1.5630	-0.0282	-0.9000
$ARC_{D,it}$	0.0635	0.9062	0.0153	0.2349	0.0143	0.2888	0.0311	0.7368
$CR_{D,it}$	-0.0066	-0.3048	0.0060	0.2991	-0.0008	-0.0457	-0.0096	-0.6158
Adj. R^2	0.8492		0.8925		0.9544		0.9516	
AIC	-1.4367		-1.6352		-2.3459		-2.8117	
S. E.	0.1065		0.0952		0.0656		0.05101	
F	18.6057		22.15412		41.8659		60.2477	
样本	186		155		124		93	

在表 8-20 的（1）中，剔除在 5% 水平下的不显著项后，得出产业集聚静态效应估计模型：

$$TC_{i,t} = -0.0534 + 0.0900 ARC_{B,it} + 0.0462 ARC_{CH,it} + u_{it}$$
$$(-1.0287)(2.4103) \qquad (1.3600) \qquad\qquad (8.20)$$
$$\text{Adj. } R^2 = 0.8458, AIC = -1.4789, F = 21.9497$$

式（8.20）中，$ARC_{B,it}$ 是四类产业的第一、第二类产业集聚变量中唯一在 5% 水平下显著的变量。B 类产业的专业化分工优势对地区贸易专业化优势具有显著的决定作用，同时，高端制造业集聚对地区贸易专业化优势也有促进作用，但显著性水平较低。

在表 8 - 20 的（4）中，剔除在 5% 水平下的不显著项后，得出产业集聚动态化效应估计模型：

$$TC_{i,t+3} = 0.1278 - 0.2668ARC_{CL,it} + 0.2228ARC_{CH,it} + u_{it}$$
$$(3.3243)(-2.9266) \qquad (3.6514) \qquad\qquad (8.21)$$
$$\text{Adj. R}^2 = 0.9516, \text{AIC} = -2.3840, \text{F} = 49.4902$$

式（8.21）中，$ARC_{CL,it}$、$ARC_{CH,it}$ 是四类产业的二类集聚变量中显著的两个变量。其中，低端制造业专业化集聚对地区贸易专业化比较优势动态化具有显著的阻碍作用，而高端制造业专业化集聚对地区贸易专业化优势动态化起促进作用，两者相比，后者边际效应小于前者。这表明，高端制造业集聚对地区贸易专业化优势动态化的动力小于低端制造业专业化集聚的阻力。因此，一个地区国际分工专业化比较优势动态化取决于高端制造业与低端制造业的结构。从目前情况看，东部地区具有国际分工专业化比较优势动态化能力，而西部地区因受低端制造业的拖累而贸易专业化比较优势动态化能力有退化趋势。

（二）贸易显性比较优势指数（RAC）

表 8 - 21 中，当 $n = 0$，1，2，3 时，（4）的 Adj. R^2 最大，S. E. 和 AIC 最小，因此，（4）是最优的。其说明产业集聚对贸易显性比较优势具有明显动态化效应，主要体现在产业集聚对显性比较优势具有明显滞后效应。

表 8 - 21　2003—2008 年动态进出口比较优势的产业集聚贡献

变量	$ARC_{Ti,t}$		$ARC_{Ti,t+1}$		$ARC_{Ti,t+2}$		$ARC_{Ti,t+3}$	
	（1）		（2）		（3）		（4）	
	系数	t 值	系数	t 值	系数	t 值	系数	t 值
c	0.2555	1.7524	0.7296	3.3053	0.7643	2.1610	0.9539	2.0292
$ARC_{B,it}$	-0.0476	-0.8793	0.1921	2.6832	0.2351	1.7912	0.3140	2.0644
$CR_{B,it}$	0.0189	0.9562	-0.0911	-2.8727	-0.0708	-1.4785	-0.0679	-1.1132
$ARC_{CL,it}$	-0.2944	-2.2483	0.5036	2.6806	0.2226	0.7009	-0.3013	-0.8431
$CR_{CL,it}$	0.0042	0.1326	-0.0321	-0.5883	0.0746	0.9621	0.2451	2.2915
$ARC_{CH,it}$	0.1863	2.9110	-0.1861	-1.9288	-0.0988	-0.6364	0.1014	0.5906

变量	$ARC_{Ti,t}$		$ARC_{Ti,t+1}$		$ARC_{Ti,t+2}$		$ARC_{Ti,t+3}$	
	（1）		（2）		（3）		（4）	
	系数	t 值	系数	t 值	系数	t 值	系数	t 值
$CR_{CH,it}$	- 0.0282	- 0.9000	0.0591	1.0939	- 0.0445	- 0.5848	- 0.1332	- 1.4547
$ARC_{D,it}$	0.0311	0.7368	- 0.0620	- 0.7287	- 0.0882	- 0.8610	- 0.1645	- 1.7881
$CR_{D,it}$	- 0.0096	- 0.6158	0.0130	0.4435	0.0393	1.0379	0.0000	- 0.0005
Adj. R²	0.2877		0.4583		0.4152		0.8326	
AIC	- 1.0454		- 1.2635		- 1.0393		- 1.9848	
S. E.	0.1296		0.11274		0.7974		0.0789	
F	1.3343		1.6924		0.9232		2.8060	
样本	186		124		93		62	

在表 8 - 21 的 （1） 中，剔除在 5% 水平下的不显著项后，得出产业集聚静态效应估计模型：

$$ARC_{Ti,t} = 0.8015 - 0.0342 CR_{B,it} + 0.0920 CR_{CH,it} + u_{it}$$
$$(7.2699)(-2.1302)\quad(3.1520)\qquad\qquad (8.22)$$
$$\text{Adj. R}^2 = 0.2636, \text{AIC} = -1.0766, \text{F} = 1.4323$$

式 （8.22） 中，从静态看，$CR_{B,it}$、$CR_{CH,it}$ 集聚变量对地区贸易显示比较优势有显著的当期作用。B 类产业规模集聚对地区贸易显示比较优势具有显著的副作用，而高端制造业集聚则对地区贸易显性比较优势形成起积极作用。两者相比，后者效应大于前者，说明高端制造业规模集聚对地区贸易显性比较优势产生主导性作用。

在表 8 - 21 的 （4） 中，剔除在 5% 水平下的不显著项后，得出产业集聚动态化效应估计模型：

$$ARC_{Ti,t+3} = 0.4442 + 0.1858 CR_{CL,it} + u_{it}$$
$$(1.6252)\qquad\quad(2.1951)\qquad\qquad (8.23)$$
$$\text{Adj. R}^2 = 0.76517, \text{AIC} = -1.8720, \text{F} = 2.9529$$

式 （8.23） 表明，低端制造业规模集聚对地区贸易显性比较优势动态化具有决定作用。其说明，一个地区低端制造业规模越大，其越能获得贸易显性比较优势动态化效应。进一步显示，$CR_{CL,it}$ 对超前三期的贸易比较优势的边际贡献为 0.1858。这意味着，地区低端产业比重每提高 1 个百分点，三年后地区贸易显性比较优势就可以提高 0.1858。也就是说，在其他因素不变的情况下，低端产业规模集聚创造了贸易显性比较优势。

（三）出口规模比较优势指数（CES）

表 8 - 22 中，当 $n = 0，1，2，3$ 时，（1）、（2）、（3）和（4）中只有 $CR_{CL,it}$ 和 $CR_{CH,it}$ 项的 t 统计量在 5% 水平下显著。这说明 CL 类与 CH 类产业集聚对地区出口规模比较优势动态化具有显著作用。但两者效应相反，CL 类产业集聚对地区出口规模动态优势起显著抑制作用，而 CH 类产业空间集聚对地区出口规模动态优势有显著促进作用，两者正负效应相加后，仍有正效应发生，显然，CH 类产业集聚对地区出口规模比较优势动态化起主导作用。

表 8 - 22　2003—2008 年产业集聚对出口规模动态优势效应

变量	$CES_{i,t}$ (1)		$CES_{i,t+1}$ (2)		$CES_{i,t+2}$ (3)		$CES_{i,t+3}$ (4)	
	系数	t 值	系数	t 值	系数	t 值	系数	t 值
c	- 0.8208	- 0.6876	- 0.4359	- 0.3846	- 0.1577	- 0.1362	- 0.1917	- 0.1564
$ARC_{B,it}$	0.5564	1.0986	0.4046	0.8449	0.2990	0.6025	0.3572	0.6470
$CR_{B,it}$	0.0027	0.0794	- 0.0043	- 0.1285	- 0.0137	- 0.3715	- 0.0153	- 0.3551
$ARC_{CL,it}$	- 0.7446	- 0.8213	- 0.9857	- 1.1057	- 1.5307	- 1.5763	- 1.7124	- 1.6752
$CR_{CL,it}$	- 0.4942	- 9.1650	- 0.4206	- 7.8407	- 0.3600	- 5.9700	- 0.3116	- 4.3136
$ARC_{CH,it}$	- 0.0813	- 0.1626	0.0572	0.1159	0.2687	0.5071	0.3293	0.5318
$CR_{CH,it}$	1.5628	38.4098	1.5141	37.3578	1.4811	32.5552	1.4569	26.7096
$ARC_{D,it}$	0.9163	1.4659	0.7204	1.2471	0.7833	1.3207	0.7892	1.2740
$CR_{D,it}$	- 0.0200	- 0.5072	- 0.0198	- 0.5090	- 0.0161	- 0.3739	- 0.0170	- 0.3283
Adj. R^2	0.9524		0.9609		0.9626		0.9625	
AIC	3.6645		3.4658		3.4392		3.4741	
S.E.	1.4581		1.3151		1.2902		1.3005	
F	264.9633		290.8775		262.2181		210.6974	
样本	186		155		124		93	

进一步从表 8 - 22 中看出，在（1）、（2）、（3）和（4）中，（3）的 Adj. R^2 最大，S.E. 和 AIC 最小，因此（3）是最优的。由于制造业集聚对

出口规模比较优势动态化效应只有一种显著的模式，而（3）明显优于（1），这说明，制造业集聚对出口规模比较优势动态化效应比静态化效应更有解释力。也就是说，产业集聚对出口规模优势效应以动态效应为主导。剔除表 8－22 中（3）在 5% 水平下的不显著项后得：

$$CES_{i,t+2} = -0.3737 - 0.3427CR_{CL,it} + 1.4585CR_{CH,it} + u_{it}$$
$$(-2.4094)\quad(-5.8775)\qquad\quad(33.7832)\qquad\qquad(8.24)$$
$$\text{Adj. R}^2 = 0.9607, \text{AIC} = 3.3918, \text{F} = 577.3818。$$

式（8.24）中，$CR_{CL,it}$ 的边际效应为负，$CR_{CH,it}$ 的边际效应为正，两者正负效应相加后，仍有正效应发生。显然，CH 类制造业规模集聚对地区出口规模比较优势动态化起主导性作用。这意味着，一个地区的 CH 类制造业规模越大，其对出口规模比较优势动态化的效应就越强。

比较优势升级的最直接表现是贸易结构的变化，而贸易结构的变化会带动地区产业结构的升级。从实证结果看，产业集聚具有贸易比较优势动态化效应，但由于产业集聚异质性以及贸易比较优势有多种测度，产业集聚的贸易比较优势动态化效应不具有一致性结论，但也表现出明显的倾向性。这就是，B 类与 D 类产业集聚的贸易比较优势动态化效应不显著，制造业集聚具有显著的贸易比较优势动态化效应。但是，在低端制造业集聚与高端制造业集聚同时具有贸易比较优势动态化效应时，低端制造业集聚对贸易比较优势动态化起阻碍作用，而高端制造业集聚对贸易比较优势动态化起促进作用。当然，高端制造业集聚的比较优势动态化效应不显著时，低端制造业集聚才具有贸易比较优势动态化的促进效应。

总体上，低端制造业集聚是否促进比较优势动态化存在一定的分歧，而高端制造业集聚可以促进比较优势动态化是可以肯定的。高端制造业集聚使地区比较优势结构上升，使地区在更高的比较优势水平上实现增长，这是高端制造业集聚促进比较优势动态化的生命力所在。一个自然的推论是，高端制造业决着地区增长方式、增长动力和增长质量，主要原因在于高端制造业集聚循环既是比较优势动态化的动力，又是高级比较优势的创造者。当然，也正是高端制造业集聚导致地区比较优势结构变化，是东部地区实现比较优势动态化的关键所在，也是东西差距扩大的主要推手。

第五节　结论与含义

改革开放以来——特别是 20 世纪 90 年代初的市场化改革以来，我国区域经济的国际化进程明显加快，东部地区的贸易依存度不断上升，同时，我国交通、通信等基础设施行业的快速发展，也大大推进了我国的制造业尤其是高端制造业向东部地区集聚进程。这对相对落后西部地区的产业集聚发展，进而实现比较优势动态化提出了严峻的挑战。实证表明，中国产业集聚格局、比较优势动态化与地区增长格局之间具有很大程度上的一致性。伴随着国际产业向东部地区大规模转移集聚，东部地区产业总量、对外贸易在全国所占份额一直远远高于中西部地区。进一步研究表明，高端制造业集聚东部，有力地促进了东部贸易比较优势动态化，而贸易比较优势动态化又促进了东部高端制造集聚与增长方式转变，形成良性循环，而中西部地区的比较优势难以动态化，增长质量低，陷入过度依赖低级比较优势循环的主推手就是高端制造业发展不足，甚至于一些西部地区高端制造业严重缺失。因此，我国区域间初始的不平衡通过后来东部地区高端产业集聚产生国际贸易比较优势动态化效应，而国际贸易加速了高端制造空间集聚，更加剧了我国东部与西部的产业差距，形成中心—外围结构。

从理论上看，比较优势动态化与产业集聚是相互作用的。这一点已得到证实。发挥现有的比较优势不仅意味着可以大力发展资源密集型产业，延伸产业集聚高端，而且可以发展高端制造业，进而不断地实现产业集聚的升级与发展。正是在这种互助循环机制中，东部地区实现了增长方式转型，由低级要素驱动的粗放型增长转向由高级要素驱动的集约型增长。因此，高端制造业集聚促进比较优势动态化既存在有利的一面，集聚中心区可以产生良性循环，形成比较优势的自我增强机制，又有不利的一面，那就是外围区比较优势动态化不足，贸易恶化，陷入"贫困化增长"，导致中心—外围的差距扩大。

比较优势动态化是伴随高端制造业集聚增长的一个循环过程。基于比较优势结构，各地区因高端制造业发展水平不同而具有不同的比较优势动态化能力。比较优势动态化能力是一个地区在基于高端制造业主导的增长过程中实现比较优势结构升级与转换的能力。正是由于比较优势动态能力差异的存在，使得地区之间比较优势结构转换存在明显的差异。当一个地区具有较强的比较优势动态化能力时，就意味着该地区的比较优势结构升级过程相对较快，贸易产品的技术含量增加，贸易产品的市场容量扩大。这种能力正是由影响贸易比较优势动态化的高端制造业与低端制造业的构成所决定。

进一步推论，东部比较优势动态化主要是高端制造业集聚东部，实现了增长转型来实现的。在目前条件下，我国西部地区因高端制造业发展不足，在一定程度上了进入低端比较优势陷阱。从美国经验看，制造业集中可以逆转，中国地区差距的缩小主要是促使中西部地区制造业的发展，改变目前制造业主要集中于东部沿海地区的状况。① 当然，高端制造业增长对地区动态比较优势的形成是至关重要的。对于西部地区，发展高端制造业既有远离沿海地带的区位劣势，又有集聚带来的不利影响，且后者因素更大，西部发展高端制造业难度比中部更大。

从比较优势来源看，如果比较优势来源于自然资源禀赋，那么比较优势无疑就是外生的和相对固定的，或说是难改变的。但如果比较优势来源于要素积累、技术创新，那么比较优势就成为动态的、可变化的。这给政策干预留下了空间。政府调控区域差距并不意味着强制性地把一部分资源从产业集聚中心区转移到外围地区，从而以牺牲中心区发展为代价来促进外围地区的发展，而更主要的是，在市场经济条件下，政府干预可以发挥统筹比较优势的能动性，诱导产业从集聚中心区向外围转移，让外围区形增强比较优势动态化的自生能力，实现区域经济协调发展。从我国看，这一目标的有效路径是促进中西部地区高端制造业的集聚与集群发展。

因此，今后较长时期内，我国要继续推进中部崛起与西部大开发战略，扩大内地与沿边开放度，有力地促进高端制造业向中部与西部地区集聚，加速比较优势动态化。为此，政府还必须采取强有力干预，加速高端产业要素积累，加大技术创新支持力度，建立高端制造业体系。更为重要的是，政府

---

① 范剑勇、杨丙见：《美国早期制造业集中的转变及其对中国西部开发的启示》，《经济研究》2002 年第 8 期，第 66—73 页。

能够正确把握好西部产业结构演进趋势和方向，规划高端制造业发展序列并辅之以财政、税收和信贷等政策支持，强化高端制造业比较优势的培育和形成。此外，还必须加大中西部地区吸引外商直接投资集聚，一方面以国际高端制造业转移推动中西部地区产业转型升级，另一方面是推动我国西部要素禀赋结构转变与升级，提升国际高端制造业配套能力，优化国际高端制造业空间布局，吸引国际高端制造业集聚。

最后，东部地区要以资本和技术密集型产业作为起点，加快产业集聚结构优化，提升在国际产业链的位置，转移低端劣势产业，进一步增强比较优势动态化能力，在更高的比较优势水平上实现增长再转型。而中西部地区不仅仅是要实现低端产业向高端产业集聚的转变，而且要拓展产业链高端，以创新加快比较优势动态化，不能固化低级比较优势。只有中西部地区顺利地实现了产业结构长升级，以高端制造集聚带动比较优势动态化与比较优势结构升级，才能实现我国增长方式的全局性转变，才能推进我国区域协调发展进程。当然，通过修改外商投资中西部优势产业目录，改善承接国际高端制造业集聚环境，吸引国际产业向西部高端产业集聚，也是应有之义。

第　九　章

本地市场效应、产业空间效率与
我国比较优势动态化[*]

在其他条件相同的情况下，如果一个国家或地区对某种商品有特别高的需求时，是进口还是出口这种产品呢？传统的理论会告诉我们——进口。因为在传统的 H－O 模型中，分工与贸易是建立在各地区要素禀赋差异带来的比较优势基础之上的。每一个国家或地区都要出口那些比较密集地使用在本地较为丰裕的生产要素所生产的商品。然而，1951 年，里昂惕夫通过进行投入产出分析发现：美国出口劳动密集型商品，同时进口资本密集型商品，这就是"里昂惕夫之谜"。几十年来，人们在 H－O 模型的基础上不断加入各种要素以期对"里昂惕夫之谜"进行解释。以克鲁格曼为代表的空间经济学理论提出了一个命题：对于收益递增行业，国内特别高的需求恰巧是出口这种产品的原因。也就是说，如果某种商品在某个区域具有"超常需求"，那么，这种地方市场的特质需求具有一种"放大效应"，能使该地区生产的增长大于该地区需求的增长，从而使其出口这种产品。这就是空间经济学中一个重要的概念——"国内（本地）市场效应"（Home-Market Effect，HME）。这种"超常需求"的放大效应的源泉就是规模报酬递增和集聚效应。本章从比较优势和"本地市场效应"角度对我国区域间的产业进行考察，认为基于要素禀赋的比较优势在不断升级的同时，基于规模经济

---

* 本章主笔：李娅，经济学博士，副研究员；吴虹丽，硕士研究生，云南大学发展研究院。

形成的比较优势正在凸显，伴随规模经济的"本地市场效应"可以较好地解释我国的产业空间结构的现象。源于克鲁格曼新贸易理论的"本地市场效应"对我国区域产业的发展有着重要的启示。

第一节　比较优势的新源泉——本地市场效应

空间经济学理论指出，由于规模报酬的存在，本地需求增加将导致外部市场的部分企业进入市场份额较大的地区生产以节约成本，出口将增加。本地生产企业增多，通过需求关联效应和价格指数效应形成循环累积因果联系，进一步吸引外部企业进入，从而形成经济活动的集聚。其中，本地市场超额需求的增加将导致本地市场的放大，从而吸引其他地区企业进入该地区，产生"本地市场效应"。空间经济学理论认为，本地市场效应是企业区位选择的重要因素。由于本地市场效应的存在，一国或地区将出口本区域内需求较多的产品①。这是因为在规模报酬递增的条件下，本地需求大也就意味着位于该国的企业能够更好地利用规模经济，因此国内企业的数量增加、企业的生产规模扩大。在迪克西特—斯蒂格利茨（Dixit-Stigliz，D – S）框架下，由于规模报酬递增的存在，市场份额较大国家的生产将超出本国的消费②。对此，国外经济学家已经做出了大量的理论和实证研究。在 Linder 假设有效时，供给和需求之间存在强烈的相关性。如果存在运输成本，本地需求对当地工业份额在短期和长期内将会产生影响③。Davis 和 Weinstein④ 基于 Krugman 的垄断竞争和规模报酬递增模型发展了一个识别标准——"超常需求"判断

---

① Krugman，P. R.（1980）．"Scale Economies, Product Differentiation and the Pattern of Trade"，*The American Economist*.

② 赫尔普曼、克鲁格曼：《市场结构和对外贸易——报酬递增、不完全竞争和国际经济》，尹翔硕、尹翔康译，上海人民出版社2009年版。

③ Justman，M.（1994）．"The Effect of Local Demand on Industry Location"，*The Review of Economics and Statistics*.

④ Davis，Donald，R.，and David E. Weinstein（1996）．"Does Economic Geography Matter for International Specialization"．*Working Paper*，No. 5706，NBER，Cambridge，M. A. .

是否存在本地市场效应。张帆、潘佐红[1]（2006）利用 Davis and Weinstein（1996）所建的模型检验了本地市场效应是决定中国各省主要贸易类型的重要因素。因此，具有强烈的本土市场效应的部门，对于这些产业，从聚集中心转移出来是很困难的，成本很高。政府在布局这些产业时应该遵循需求的分布而不是要素禀赋的分布，以取得资源配置的最大效率。钱学锋和梁琦[2]（2007）指出，"对于广大的中西部地区而言，由于缺乏产业集聚和 FDI 集聚，再加上地理区位的劣势和过高的贸易成本，使其很难通过对外贸易拉动地区的经济发展。因此，注重本地区内部市场需求和国内其他区域的需求，逐步培育相关产业的本地市场效应，或许是实现经济发展的一个现实选择"。Davis 和 Weinstein（1996）指出，在比较优势模型中，对某种商品的超常需求将导致它进口；而在规模报酬模型中，拥有超常需求的地区将成为生产区域并出口该产品。也就是说，如果一个区域的某个产业具有本地市场效应，说明该产业存在较大的本地需求，那么正确识别产业区位选择的影响因子将最大效率地提高资源的配置效率。

"本地市场效应"对我国今后比较优势的演变具有重要的启示作用。中国拥有巨大的劳动力资源，按照传统贸易理论比较优势的观点，一般认为我国的比较优势就是出口劳动密集型产品。改革开放以来我国经济之所以能够迅速发展，也正是因为我国采取了遵循比较优势的发展战略。根据"本地市场效应"的观点，我国日益增大的国内市场会促使某些产业规模经济形成，这些具有规模经济的产品形成新的比较优势。如果我们把各产业分成两类：一类是规模经济明显的产业，一类是规模经济不明显的产业，那么，今后有可能会在规模经济明显的产业部门形成比较优势，并且传统劳动力资源丰富的比较优势有可能会被规模经济比较优势所超越，而且这种趋势也越来越明显。

我国当前经济增长方式为需求拉动型，与新古典的供给推动型有着本质的区别。长期以来，中国经济增长一是靠供给推动，二是靠国外需求。国内

---

①　张帆、潘佐红：《本土市场效应及其对中国省际生产和贸易的影响》，《经济学》（季刊）2006年第 5 期。

②　钱学锋、梁琦：《本地市场效应：理论和经验研究的新近进展》，《经济学》（季刊）2007 年第 3 期。

供给和国外需求两者结合成了过去 30 多年经济快速增长的动力。随着我国发展阶段的转变，经济增长的供给推动力渐弱，外需已经严重不足。过去中国主要是依靠要素比较优势来扩大出口，现在参与国际分工的比较优势也不再存在，吸引外资所依托的廉价劳动力、廉价自然资源和环境资源优势正在消失。我国西部地区的比较优势被解释为资源禀赋优势和低廉的劳动力成本，但是大量的经验已经表明了资源和低廉的劳动力成本的不可持续性。目前具有技术和资金比较优势的发达国家也在发展劳动密集型制造业，我国东部地区制造业总体出口产能过剩，对西部的带动效应和扩散效应明显减弱。再加上现在资源、能源、环境瓶颈约束日益突出，可建设用地越来越紧缺，土地价格明显上升，这些也意味着增长的供给推动力明显衰弱。中国的经济增长将进入需求拉动阶段，扩大内需将成为经济发展的战略基点。当消费需求成为主要拉动力后，消费能力、市场需求、需求规模就进入经济发展理论的视野。而如果某些产业存在"本地市场效应"，那将意味着比较优势的新的源泉——地方市场需求和规模经济非常重要。我国日益扩大的国内市场会促使规模经济的形成，很多制造业部门特别是机电产业有着很强的规模经济，在中国形成了产业集聚，使得我国在这些产品上具有规模经济的比较优势，而且规模经济比较优势正在超过要素禀赋的比较优势。可以说，扩大内需政策能否取得事半功倍的效果，取决于国内相关行业的本地市场效应。

因此，检验某产业部门是否存在本地市场效应对于政府判断某个区域的产业区位是依赖于要素禀赋还是本地需求提供了理论依据。而对于广大中、西部区域而言，注重本地区的内部市场需求和国内其他区域的需求，逐步培育相关产业的本地市场效应，或许是实现经济发展的一个现实选择。

本章试图测算我国不同区域和不同产业的本地市场效应，也就是测算不同区域和不同产业的本地市场效应的大小，即"超常需求"的大小，为从地方市场需求的大小来分析各区域比较优势的动态升级提供一个视角。对相关地区的市场潜能进行度量，而这种度量方式总结起来，大致分为两种。一种是 Hanson[1]、刘修岩等所测度的不含价格因素的"名义市场潜能"，另一

---

① Hanson, G. H. (2004). "Market Potential Inceasing Returns, and Geographic Concentration", *NBER Working Paper*, No. 9429.

种是范剑勇等① （2010）所采用的含有市场准入的"真实市场潜能"，其测度方式是利用不同地区的贸易数据来构造贸易引力模型。范剑勇等②通过D－S垄断竞争模型和贸易引力模型建立起了"真实市场潜能"和工资之间的关系，估算出了中国八大区域的"真实市场潜能"，实证检验了货币外部性的存在，从"真实市场潜能"构成来看，所有地区的"真实市场潜能"主要是由本地区内部需求引致的。刘修岩等③则通过计算名义市场潜能证明了货币外部性的存在。

第二节　本地市场效应与比较优势动态化的作用机制

克鲁格曼（1980）提出一个类似李嘉图的两国两商品模型，假设有两类消费者，每类消费者只消费其中一类产品。如果两国均匀消费两种商品，用 $a = 1$ 表示；如果每个国家偏好于消费一类商品，或者说对某类商品有大量的（高比例的）消费者，用 $a > 1$ 表示。与李嘉图模型不同的是，第一，由于存在运输成本导致价格差异，消费者对进口品的需求小于对本地产品的需求，用 k 表示进口品消费与本地产品消费之比，则 $k < 1$；第二，两类商品的生产都具有收益递增的特质，每类商品具有多样性，不同种类的差异产品有且仅有一家企业生产。用 u 表示每个国家生产的差异产品的种类数。若两国平均地生产两类产品，则 $u = 1$，若每个国家主要生产一种商品以满足主要消费者需求，用 $u > 1$ 表示。对于不完全专业化，有公式（9.1）。

$$u = \frac{a - k}{1 - ak} \tag{9.1}$$

如果 $a = 1$，则有 $k = 1$；如果 $a > 1$，则有 $k > 1$。

现在的问题是：国内市场对某种商品特别高的需求能否导致该种商品的生产和出口？国内市场的这种超常需求能导致出口，意味着这种商品的国内

---

① 范剑勇、谢强强：《地区间产业分布的本地市场效应及其对区域协调发展的启示》，《经济研究》2010 年第 4 期。

② 范剑勇、高人元、张雁：《空间效率与区域协调发展战略选择》，《世界经济》2010 年第 2 期。

③ 刘修岩、殷醒明、贺小海：《市场潜能与制造业空间聚集：基于中国地级面板数据的实证研究》，《世界经济》2007 年第 11 期。

生产的增长必须大于国内需求的增长。用数学的语言，就必须有：

$$u/a = 1 - k^2/(1 - ak)^2 > 1 \tag{9.2}$$

即 $1 - k^2 > (1 - ak)^2$，亦即 $(1 - k)(1 + k) > (1 - ak)(1 - ak)$ 成立。

　　也就是说，国内市场的超常需求具有"放大效应"，能使该国生产的增长大于需求的增长，进而使该国成为这种商品的净出口国，这就是"本地市场效应"的作用机理[①]。

　　导致超常需求具有的"放大效应"的原因是空间经济学中的"集聚效应"。如果一国在一种商品的消费需求上有特别高的比例，不妨借助李嘉图"相对比较"的思想，称该国在该种商品上具有"比较国内市场优势"。我们把传统的不分商品类型考虑的市场规模称为"绝对市场规模"，"绝对市场规模"引导厂商定位于大市场，然而，市场是有限的，竞争不可避免。于是，市场对不同商品需求的大小就会形成一种优先顺序：市场首先吸引和聚集的是那些相对有更大需求的商品，这种对不同商品的相对需求力以及由此形成的相对聚集力，对这个市场的生产专业化和出口模式起决定性的作用。所以，对于收益递增行业的产品，一个地方对该产品的强需求会导致产业的聚集和地方专业化。这也是本章所认同的理论基础。

　　与之相反，在一个规模报酬递减的经济中，强的国内市场需求却导致它是进口品而不是出口品，因为规模报酬递减意味着边际机会成本上升，除非本地市场价格上升，才会有额外的本地供给，如果本地市场价格没有上升，那么额外的需求只能由外国供给满足。如果外国的供给曲线是传统的右上方倾斜的，那么随着需求的专家价格会上升。由于运输成本，外国价格的提升也会使保底价格在均衡中上升，于是本地供给也会增加。所以，本地额外的需求增量一部分由本地供给满足，另一部分由外国供给满足，也就是本地供给不会有一个大于需求增量的提升，本地市场效应不会出现。当我们将比较优势的讨论置于规模报酬递增的经济中，那么，由传统的要素比较优势决定的贸易和生产模式就发生的转变，产生了新的贸易和生产的决定要素，这也是比较优势动态化的一

---

　　① 梁琦：《产业集聚论》，商务印书馆 2004 年版；梁琦：《产业集聚的市场因素考察》，《江苏行政学院学报》2005 年第 5 期。

种表现。

　　冯伟、徐康宁[①]从基于省际层面构建的 22 个产业发展的 6 年平均数据检验我国产业发展中是否存在本地市场效应，发现产业产出与超额需求二者之间呈现出正相关关系，如图 9-1 所示。

图 9-1　产业产出与超额需求之间的散点图

资料来源：冯伟、徐康宁：《产业发展中的本地市场效应》，《经济评论》2012 年第 2 期。

第三节　本地市场效应与比较优势动态化的实证分析

一　本地市场效应测算方法研究

　　Harris[②]认为，一个地区对产业和消费者的吸引能力就是该地区的本地市场效应。Harris 将这种吸引力进行量化，一个地区的本地市场效应就是所有地区购买力的加权平均，而这个权数就是其他地区到出口地的距离的倒数，将 Harris 构造的本地市场效应记为 HSE，则 $HSE_i = \sum\limits_{j} GDP_j / d_{ij}$。Harris 通过测算美国各地本地市场效应发现，"制造业在拥有较大市场规模的地区得到发展，导致该地区的市场规模进一步扩大，并产生其他有利条件

---

　　① 冯伟、徐康宁：《产业发展中的本地市场效应》，《经济评论》2012 年第 2 期。

　　② Harris, C. (1954). "The Market as a Factor in the Localization of Industry in the United States", *Annals of the Association of American Geographers*.

促使制造业更快的发展"。*HSE* 的优点是数据易得，计算简便。

仔细观察就会发现，Harris 构造的 *HSE* 其实是本地市场效应 *SE* 的一种特殊形式，当交易成本只考虑交易两地的地理距离、需求容量只考虑制成品进口地的支出水平时，即令 $T_{ij}^{1-\sigma} = 1/d_{ij}$，$E_j/G_j^{1-\sigma} = GDP_j$，那么就会得到 Harris 构造的名义本地市场效应，而 *SE* 的表达式相对于 *HSE* 把价格因素和规模报酬因素均考虑进去，在微观基础上更具有现实意义。

二　本地市场效应测算模型

一个省份的本地市场效应 *SE* 不仅是由省内需求形成的，还包括区域内其他省份需求形成的本地市场效应和区域外部需求形成的本地市场效应。区域内需求形成的本地市场效应所占比重越高，制造业的产值也就越高。

$$SE_i = \sum_j T_{ij}^{1-\sigma} E_j/G_j^{1-\sigma} = T_{ii}^{1-\sigma} E_i/G_i^{1-\sigma} + \sum_{j \neq i} T_{ij}^{1-\sigma} E_j/G_j^{1-\sigma} \tag{9.3}$$

式（9.3）表明一个地区的本地市场效应由本地区自身贸易和与外地贸易之和形成的。式（9.3）是由空间经济学模型中得到的本地市场效应的表达式，但在实证操作中无法进行量化，因此就需要对相关变量进行技术处理。

对地区 i 和地区 j 的贸易量表达式 $x_{ij} = n_i p_i^{1-\sigma} T_{ij}^{1-\sigma} E_j/G_j^{1-\sigma}$ 等式两边取对数：

$$\ln x_{ij} = \ln(n_i p_i^{1-\sigma}) + (1 - \sigma)\ln T_{ij} + \ln(E_j/G_j^{1-\sigma}) \tag{9.4}$$

其中，$n_i p_i^{1-\sigma}$ 表示制成品出口地 i 的供给容量，由 i 地区的企业数量和产品价格指数决定，用 SC_i 表示其自然对数；$E_j/G_j^{1-\sigma}$ 表示制成品进口地 j 的需求容量，由 j 地区支出水平和价格指数决定，用 NC_j 表示其自然对数；$T_{ij}^{1-\sigma}$ 表示地区 i 和地区 j 之间的交易成本。从而式（9.4）描述了两地区的产品交易量和出口地供给容量、进口地需求容量、运输成本之间的关系。因为其最初构造时借鉴物理学中的万有引力公式，又是测算一个地区的本地市场效应，即产业吸引力的前奏，所以将其命名为贸易引力模型。

下面将贸易引力模型转换为可计量的经济模型：用 d_{ij} 表示制成品出口

地 i 和制成品进口地 j 的直线距离；用 $border_{ij}$ 表示地区 i 和 j 是否相邻的虚拟变量，当两地区在地理位置上相邻时，$border_{ij} = 1$，当两地区不相邻时，$border_{ij} = 0$；用 own_{ii} 表示本地区是否消费本地区的制成品的虚拟变量，当本地区同样消费本地区生产的制成品时，$own_{ii} = 1$，否则为 0。

则（9.4）式变为：

$$\ln x_{ij} = c + \alpha_1 SC_i + \alpha_2 NC_j + \alpha_3 \ln d_{ij} + \beta_1 border_{ij} + \beta_2 own_{ii} + \varepsilon \tag{9.5}$$

其中，c 为模型估计中的常数项，ε 为影响两地区间贸易量的误差项。则：

$$SE_i = d_{ii}{}^{\alpha_3}\exp(NC_i)\exp(\beta_2 own_{ii}) + \sum_{j \neq i} d_{ij}{}^{\alpha_3}\exp(NC_j)\exp(\beta_1 border_{ij}) \tag{9.6}$$

由于直接计算 SC 和 NC 数据难以获得，我们用区域间的各个产业的贸易流量替代，资料来源《2002、2007 年中国区域间投入产出表》，该表将中国划分成八大区域。笔者借鉴范剑勇等采用的方法[①]选取八大区域的中心城市——考虑市场规模较大的城市并且尽量考虑在地理上位于区域中心位置的城市，用这些中心城市间的距离来表示区域间的地理距离。区域内的距离依据公式 $d_{ij} = \dfrac{2}{3}\sqrt{\dfrac{area}{\pi}}$[②]。

表 9 - 1　八大区域及其中心城市如下

东北区域	京津区域	北部沿海区域	东部沿海区域	南部沿海区域	中部区域	西北区域	西南区域
沈阳	北京	济南	上海	广州	武汉	兰州	成都

本研究选取了 2007 年中国 10 个制造业产业区域间的贸易流量数据，即食品制造及烟草加工业、纺织服装制造业、木材加工及家具制造业、造纸印刷及文教用品制造业、化学工业、非金属矿物制品业、金属冶炼及制品业、

① 范剑勇、高人元、张雁：《空间效率与区域协调发展战略选择》，《世界经济》2010 年第 2 期。

② Redding, S. and Venables, A. (2004). "Economic Geography and International Inepuality", *Journal of International Economics*, (62).

机械工业、交通运输设备制造业、电气机械及电子通信设备制造业。将这 10 个制造业数据加总代替总体制造业数据。

根据上述原理，我们通过 Eviews 软件对各个产业分别进行回归分析，并对总体制造业数据同样进行回归分析，得到贸易引力模型转换而来的计量模型（2）式的回归结果，如表 9 - 2。

表 9 - 2　制造业总体和分行业的贸易引力模型系数

	α_1	α_2	α_3	β_1	β_2	调整后的 R^2
总体	0.587451 (0.0932)	0.611327 (0.0985)	- 0.035269 (0.1588)	0.798334 (0.1633)	2.832826 (0.2831)	0.86
食品制造及烟草加工业	0.368274 (0.1632)	0.495841 (0.1700)	- 0.181720 (0.2769)	0.976272 (0.2967)	3.092588 (0.4266)	0.76
纺织服装制造业	0.514242 (0.1263)	0.930056 (0.1142)	- 0.135944 (0.4030)	0.647788 (0.4184)	3.410064 (0.5183)	0.74
木材加工及家具制造业	0.389434 (0.1595)	0.913208 (0.1559)	- 0.061813 (0.4187)	0.943728 (0.4364)	3.557911 (0.4445)	0.75
造纸印刷及文教用品制造业	0.225492 (0.1187)	1.159218 (0.1335)	0.266569 (0.2982)	0.894629 (0.3055)	4.211443 (0.4313)	0.59
化学工业	0.596479 (0.1642)	0.680010 (0.1674)	- 0.281654 (0.2628)	0.696902 (0.2724)	0.720583 (0.4687)	0.72
非金属矿物制品业	0.202047 (0.1912)	0.552219 (0.1945)	- 0.277978 (0.3958)	1.018621 (0.4198)	3.285992 (0.4012)	0.69
金属冶炼及制品业	0.850974 (0.1548)	0.419832 (0.1516)	- 0.148431 (0.2371)	0.935706 (0.2462)	2.649046 (0.4237)	0.78
机械工业	- 0.162867 (0.1878)	1.023732 (0.1783)	- 0.227615 (0.3708)	0.978939 (0.3732)	2.543139 (0.4550)	0.68
交通运输设备制造业	- 0.468983 (0.3112)	0.200440 (0.2470)	- 0.759017 (0.4112)	0.512971 (0.4222)	2.544774 (0.5295)	0.67
电气机械及电子通信设备制造业	0.297512 (0.1389)	1.186743 (0.1453)	0.306261 (0.3969)	1.001843 (0.4008)	3.776610 (0.4921)	0.55

注：数据均在 5% 的统计水平上显著，括号内为标准差。

根据表 9 - 2 结果，造纸印刷及文教用品制造业和电气机械及电子通信设备制造业，表示交易成本的距离系数 α_3 估计为正，不符合实际情况，将这两个行业数据剔除。

三　分省区本地市场效应测算

通过上述回归结果可以计算出八个区域的总体本地市场效应和分产业本地市场效应，但由于《中国区域间投入产出表》仅划分到八个区域，没有细分到省。另外，要计算中国东、中、西三大区域的本地市场效应，也需要分别计算出各区域中每个省份的空间效 Kikkp 率，然后加以平均得到整个大区域的本地市场效应。

需求容量衡量的是一个地区的市场规模潜能，按照公式，通过区域间投入产出表可以直接计算出八大区域的市场容量 $E_j/G_j^{1-\sigma} = \exp(NC_j)$。根据 2008 年中国统计年鉴数据得到各个省份 2007 年的 GDP（y_p）占所在区域的 GDP（y_j）的比重 y_p/y_j，然后将此权重作为划分依据，得到省份 p 的市场容量 $\frac{y_p}{y_j}E_j/G_j^{1-\sigma} = \frac{y_p}{y_j}\exp(NC_j)$。由此，得到各个省份各产业的本地市场效应计算方法：

$$SE_p = d_{pp}{}^{\alpha_3}(y_p/y_j)\exp(NC_j)\exp(\beta_2 own_{jj}) +$$
$$\sum_{p,q\in j} d_{pq}{}^{\alpha_3}(y_q/y_j)\exp(NC_j)\exp(\beta_1 border_{pq}) +$$
$$\sum_{p\notin j} d_{pj}{}^{\alpha_3}\exp(NC_j)\exp(\beta_1 border_{pj})$$

省级本地市场效应由三个部分组成：①省份自身需求规模形成的本地市场效应，即 $d_{pp}{}^{\alpha_3}(y_p/y_j)\exp(NC_j)\exp(\beta_2 own_{jj})$，记为 SE_1，这里省份内部距离依然按照 $d_{pp} = \frac{2}{3}\sqrt{\frac{area_p}{\pi}}$ 计算得到；②省份所在区域里的其他省份的需求规模形成的本地市场效应，即 $\sum_{p,q\in j} d_{pq}{}^{\alpha_3}(y_p/y_j)\exp(NC_j)\exp(\beta_1 border_{pq})$，记为 SE_2，d_{pq} 为两个省会之间的地理距离；③其他区域的需求规模形成的本地市场效应，即 $\sum_{p\notin j} d_{pj}{}^{\alpha_3}\exp(NC_j)\exp(\beta_1 border_{pj})$，记为 SE_3，d_{pj} 为省会到其他七大区域中心城市的地理距离。

经过数据整理，本文测算得到除香港、澳门、台湾以外的 31 个省区市的 8 个制造业的本地市场效应数据，并把本地市场效应进行拆分，分别得到每个省份自身需求、所在区域其他省份需求和其他区域需求形成的本地市场效应，并计算出它们分别对该省本地市场效应的贡献率，表 9 - 3、表 9 - 4 为三大区域的省份本地市场效应的定性描述。

表 9 - 3　2007 年中国 31 个省区市的总体本地市场效应排序及其内部构成

省份	SE	SE 内部构成			SE 的构成份额（%）		
		SE_1 自身	SE_2 区域内部	SE_3 外区域	自身	区域内部	外区域
上　海	545.4798	411.5068	101.5471	32.4258	75.44	18.62	5.94
江　苏	320.3311	213.5338	60.8380	45.9592	66.66	18.99	14.35
北　京	282.2425	191.8569	45.8294	44.5562	67.98	16.24	15.79
浙　江	278.2109	156.5249	87.3711	34.3149	56.26	31.40	12.33
山　东	266.5347	176.6996	50.3101	39.5250	66.30	18.88	14.83
天　津	262.4045	126.1582	84.8759	51.3705	48.08	32.35	19.58
广　东	225.9127	191.5015	8.0713	26.3399	84.77	3.57	11.66
河　北	217.3067	83.6026	95.2877	38.4164	38.47	43.85	17.68
河　南	154.7838	97.6580	14.4699	42.6558	63.09	9.35	27.56
福　建	130.4877	71.6803	22.9475	35.8599	54.93	17.59	27.48
辽　宁	121.9390	76.7234	16.8364	28.3793	62.92	13.81	23.27
湖　北	119.1365	58.6838	23.1748	37.2779	49.26	19.45	31.29
安　徽	118.8403	52.4772	20.3751	45.9879	44.16	17.14	38.70
湖　南	106.8179	53.3453	17.9962	35.4764	49.94	16.85	33.21
江　西	96.1032	35.7798	22.4121	37.9112	37.23	23.32	39.45
山　西	93.7596	38.5182	15.1320	40.1093	41.08	16.14	42.78
吉　林	89.4359	34.4183	32.1523	22.8652	38.48	35.95	25.57
重　庆	88.7572	39.9630	15.8727	32.9215	45.03	17.88	37.09
四　川	77.8729	39.9951	8.8669	29.0108	51.36	11.39	37.25
陕　西	76.1843	32.0610	2.9900	41.1334	42.08	3.92	53.99
海　南	76.1594	17.6423	38.1357	20.3815	23.16	50.07	26.76
广　西	71.5084	32.5831	7.5024	31.4229	45.57	10.49	43.94
黑龙江	67.8499	27.4150	20.5923	19.8426	40.41	30.35	29.24
贵　州	63.0646	17.6846	14.4373	30.9427	28.04	22.89	49.07
云　南	52.8971	20.0682	9.8849	22.9440	37.94	18.69	43.37

省份	SE	SE 内部构成			SE 的构成份额(%)		
		SE₁ 自身	SE₂ 区域内部	SE₃ 外区域	自身	区域内部	外区域
内蒙古	52.6905	14.9031	2.4327	35.3547	28.28	4.62	67.10
宁　夏	44.6103	9.1723	5.6171	29.8209	20.56	12.59	66.85
甘　肃	43.3077	10.7076	4.4839	28.1161	24.72	10.35	64.92
青　海	34.3003	2.4553	5.4886	26.3564	7.16	16.00	76.84
新　疆	22.0012	7.3978	1.4269	13.1764	33.62	6.49	59.89
西　藏	18.7552	0.8239	1.8547	16.0765	4.39	9.89	85.72

根据表 9 - 3，2007 年中国总体本地市场效应排名前十的省份全是东部地区的省份，排名后十的省份除了黑龙江以外全是西部地区省份，并且最高的上海的本地市场效应是最低的西藏的 30 倍，说明中国地区间本地市场效应差距十分显著，相对于上海、江苏、北京这些集聚力较高的省区市，西部地区的省份在货币外部性和产业集聚能力上还有相当大的差距。

总体本地市场效应衡量的是一个地区制造业的集聚能力和专业化能力。东部地区的总体本地市场效应为 274.91，而中、西部地区只有 105.84 和53.83，东部地区是中部地区的 2.5 倍，是西部地区的 5.1 倍。

表 9 - 4　2007 年中国东、中、西部省份本地市场效应构成的对比

	SE	SE 内部构成(%)		
	总体效应	SE₁(自身需求)	SE₂(区域内部需求)	SE₃(外区域需求)
东部省份	274.91	65%(高)	20%(中)	15%(低)
中部省份	105.84	45%(高)	20%(低)	35%(中)
西部省份	53.83	25%(中)	15%(低)	60%(高)

再从本地市场效应的构成结构来看，在东部地区省份的本地市场效应构成中，除了河北省和海南省（河北省和海南省是 SE₂ 占本地市场效应的份额分别达到 43.85% 和 50.07%，即所在区域内部的需求占主导地位），其他的都是省份自身形成的需求占最主要地位，即自身需求形成的 SE₁ 是省份本地市场效应的主体构成，像上海、江苏、北京，SE₁ 的份额均达到65% 以上，广东更是高达 84.77%。另外，需要注意到东部地区的外区域

需求形成的 SE_3 所占份额均小于 30%，上海最低只有 5.94%。东部区域明显低份额的 SE_3 说明东部地区已经形成了自我发展、配套网络设施完善的工业体系。

以上分析说明东部区域省份的本地市场效应主要是由省份自身需求和所在区域内部的需求形成的，外区域需求对东部地区省份集聚能力影响很小。这验证了本研究开头提出的观点：地方市场需求对一个区域的产业集聚和地方专业化生产具有正向的影响。地方市场需求效果越强，产品多样性和消费者偏好多样性越大，市场关联越显著，产业集聚和地方专业化越容易发生，竞争优势就越强。从比较优势动态化的角度来说，应该注意到地方市场需求对一个区域形成聚集和竞争优势的重要作用。一个地区生产区位的选择，应该从资源比较优势向区域内市场需求的培育转化。随着我国需求规模的不断扩大，基于地方市场需求形成的比较优势也正在不断凸显，这是促使比较优势动态升级的有利条件。

再来看中部地区的省份情况。与地理位置顺序一样，中部地区的本地市场效应也是处于东部省份和西部省份之间，整个东、中、西部本地市场效应与 GDP 一样成梯度发展趋势。中部地区省份都是省份自身需求形成的本地市场效应占主导地位，SE_1 份额均达到 40% 以上，但是与东部地区不同的是，中部地区省份本地市场效应构成中，区域外的需求形成的 SE_3 所占份额大于所在区域内部需求形成的 SE_2 份额，均达到 25% 以上，说明中部地区的本地市场效应主要发生在省份自身需求和外区域需求，这可能与中部地区在区位上与东部区域距离较近，容易发生经济联系有关。为此，中部地区应该加强区域中各省区的经济联系，将各省区的需求整合为一股合力，形成区域内的"俱乐部效应"，即一个"区域大市场"，从而提升整个中部地区的本地市场效应，这种地方市场需求的整合与"中部崛起"的战略目标是吻合的。

西部地区的本地市场效应表现出两个特征：第一，靠近中、东部地区的省份，其本地市场效应也就越高；第二，大部分省份的本地市场效应构成中占主导地位的是外区域需求形成的 SE_3，例如陕西、内蒙古、宁夏的 SE_3 份额分别达到 53.99%、67.1% 和 66.85%，青海和西藏的 SE_3 份额更是高达 76.84% 和 85.72%；其次是省份自身需求形成的 SE_1 所占份额，平均 25%

左右；最不显著的是省份所在区域内部需求形成的 SE_2 所占份额，大部分只有百分之十几，还有一部分省份甚至在 10% 以下。这说明，不论是西部省区自己还是各省份之间，都没有培育出地方自身的市场需求，而是严重依赖区域外需求，导致西部地区较低的本地市场规模效应。地方市场需求对一个区域的生产和出口有着重要的影响，由此形成的产业集聚和地方专业化对地区竞争优势的形成具有重要的作用。而西部地区恰恰没有形成这种地方自己的市场需求，主要依靠外区域的需求来支撑区域发展，这样就十分被动，只能依靠资源比较优势，从而落入"比较优势陷阱"。因此，西部地区应该注意到地方市场需求对形成比较优势和竞争优势的重要性，应该逐步从对资源比较优势的依赖转到对地方市场需求的培育方面。

四　分产业本地市场效应测算

表 9 - 5 给出了分产业本地市场效应对比。将每个产业的本地市场效应按省份平均，得到各个产业的全国平均值本地市场效应排序。

从产业本地市场效应排序上看，SE 最高的产业是化学工业，最低的是机械工业。根据张帆、潘佐红[①]的研究，SE 高的行业具有较强的本地市场效应，这些产业从高需求地区向低需求地区转移是十分困难的。据此，东部地区就应该继续发展本地市场效应较高的产业，进行产业升级，如化学工业、金属冶炼及制品业、纺织服装业、非金属矿物制品业等，而中、西部地区应该为承接那些本地市场效应较低的产业转移做好充足的准备，如食品制造及烟草加工业、交通运输设备制造业、木材加工及家具制造业、机械工业等。

表 9 - 5　2007 年中国各行业本地市场效应从大到小排序

行业	SE	行业	SE
化学工业	37.94	食品制造及烟草加工业	9.54
金属冶炼及制品业	35.43	交通运输设备制造业	6.47
纺织服装业	12.08	木材加工及家具制造业	3.38
非金属矿物制品业	10.25	机械工业	1.23

① 张帆、潘佐红：《本土市场效应及其对中国省间生产和贸易的影响》，《经济学》（季刊）2006 年第 5 期。

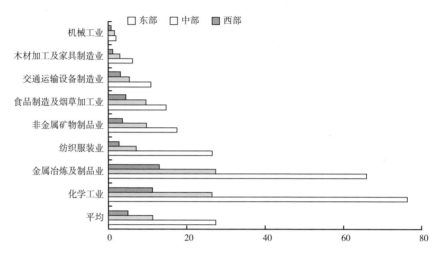

图 9 - 2 2007 年中国东、中、西部分产业本地市场效应

从图 9 - 2 中可以看到，不管是总体的还是分产业，其本地市场效应大小均是东、中、西的排序。分产业来看，本地市场效应在区域间差距最大的是纺织服装业，东部地区纺织服装业的本地市场效应 26.49，而中、西部地区的都不到 7.0，该产业东部的本地市场效应是西部的 12 倍。也就是说整个中国地区的纺织服装业有 73% 集中在东部地区，而中、西部地区只是辅助角色。

其次是化学工业，东部地区的本地市场效应高达 76.14，而中、西部地区只有 26.35 和 11.33，化学工业对于改进工业生产技术、提高农业生产、扩大工业原料、巩固国防及综合利用上都有很大作用，是属于知识密集型和资金密集型行业，东部地区在这两方面都具备一定的优势。

相对于其他产业，交通运输设备制造业是我们所讨论的八个产业中区域间差距最小的产业。各地区交通运输设备制造业的市场需求随着物流业的蓬勃兴起而一直呈现上升态势，而且对其他相关产业的经济发展，如纺织业、橡胶制品业、第三产业批发零售业等，都具有一定的促进作用，各地区的交通运输设备制造业还没有呈现出相当显著的产业集聚。

将东、中、西三大区域的各产业本地市场效应分别进行从高到低的排序，如表 9 - 6。

表 9 – 6　东、中、西部地区各产业本地市场效应从高到低排序

东部		中部		西部	
行业	本地市场效应	行业	本地市场效应	行业	本地市场效应
化学工业	76.14	金属冶炼及制品业	27.43	金属冶炼及制品业	13.02
金属冶炼及制品业	65.85	化学工业	26.35	化学工业	11.33
纺织服装业	26.49	非金属矿物制品业	9.74	食品制造及烟草加工业	4.48
非金属矿物制品业	17.36	食品制造及烟草加工业	9.49	非金属矿物制品业	3.65
食品制造及烟草加工业	14.65	纺织服装业	6.93	交通运输设备制造业	3.27
交通运输设备制造业	10.86	交通运输设备制造业	5.27	纺织服装业	2.82
木材加工及家具制造业	6.15	木材加工及家具制造业	2.98	木材加工及家具制造业	1.03
机械工业	1.88	机械工业	1.55	机械工业	0.24

可以很直观地看出三大区域的优势产业和目前各个产业的需求市场大小。东部地区排名前三的产业是化学工业、金属冶炼及制品业、纺织服装业。这三个产业相对于本文讨论的另外五种产业东部地区更具优势，其中化学工业属于知识密集型和资金密集型行业，金属冶金及制品业属于劳动密集型和资金密集型行业，纺织服装业属于劳动密集型行业，而东部地区在技术、资金和人力资源上都是相对充裕的。从空间经济学角度，东部地区已经成为吸引资本、人力的磁铁，各项资源均在东部地区集聚。中部地区本地市场效应排名前四位的行业是金属冶炼及制品业、化学工业、非金属矿物制品业、食品制造及烟草加工业，西部地区本地市场效应排名前四位的也是这四个行业。

以上的计算结果为我们认识"地方中枢型产业"提供了基础。梁琦[①] (2005) 曾指出，有一些产业本身也许担当不起地方产业支柱的重任，但是它对于吸引上游或下游的产业却有还要的作用，具有很强的向心力，这样的产业对于区域发展无疑具有独特的战略意义，可以称之为"地方中枢型产业"。而上文所计算的各产业本地市场效应的大小，实际上就代表了该产业的地方市场需求的大小，是该产业集聚效应大小的刻画。一个地方对某产品的强需求，会导致产业的集聚与地方专业化的发展。所以，认识并培育这些

---

①　梁琦：《产业集聚论》商务印书馆 2004 年版。

具有较强本地市场效应的产业，对于我国各地的地方产业化发展是有利的，更有利于地方比较优势的建立。

第四节　结论与政策含义

我们认为，比较优势的新源泉——地方市场需求的大小，对产业集聚和地方专业化具有重要的作用。检验某产业是否存在本地市场效应，对于判断某个区域的产业区位是依赖于要素禀赋还是地方市场需求提供了理论依据。对于存在本地市场效应的行业，其需求增加将引起产出的更大比例的增加。因此，扩大内需政策可以兼顾产业结构优化。不同行业的本地市场效应存在较大差异。根据产业结构升级的需要，我们可以有选择地培养一批产业。中国的劳动力成本不断增加，劳动密集型产业优势将逐渐丧失，应当扩大技术密集型产业产品需求。通过有选择的导向性消费，可以起到优化产业结构的效果。本地市场效应为我国各省区市转变产业发展方式、提升产业发展质量和效益提供政策启示：通过培育具有本地市场效应的产业，可以转变以资源密集型或劳动密集型为特征的产业发展方式；可通过发掘和利用产业发展中的规模效应，加快技术创新和产业升级的步伐。

长期以来，我国西部地区的比较优势被解释为资源禀赋优势和低廉的劳动力成本，但是大量的经验事实已经表明了资源和低廉的劳动力成本优势的不可持续性。对于广大中、西部区域而言，注重本地区的内部市场需求和国内其他区域的需求，逐步培育相关产业的本地市场效应，或许是实现经济发展的一个现实选择。

对于东部地区，本地市场效应较高的行业包括化学工业、金属冶炼及制品业、纺织服装业、非金属矿物制品业等。这些产业也都是东部地区的优势产业，进行产业升级具有较好的基础。东部地区目前已经有很好的产业基础和配套设施建设，政府层面应在此基础上采取相应措施，鼓励东部地区完成优势产业升级，鼓励知识密集型产业的发展，使东部地区逐步摆脱由生产要素主导的生产模式，从而在国际竞争中获得相对优势。食品制造及烟草加工、交通运输设备制造业、木材加工及家具制造业、机械工业等本地市场效应较低，发生区域间的产业转移相对容易，是中西部地区承接产业转移的重点。

　　中、西部地区本地市场效应较高的行业包括金属冶炼及制品业、化学工业、非金属矿物制品业、食品制造及烟草加工业，中、西部地区应重点做好相关产业基础配套设施的建设，同时为承接东部地区产业转移做准备。这样中国各地区间能够实现产业明确分工，避免产业分布的同构性，增强了中、西部地区的竞争优势，相关资源也得到相对合理的配置。

　　中、西部落后的交通网络设施是其本地市场效应滞后于东部的重要因素之一。在本地市场效应测算原理中，两地区的距离越短、交通越便利、运输成本越小，其中一个地区的产品需求对另一个地区的市场规模影响也就越大。中、西部地区（尤其是西部地区）应加快道路交通网络的构建，特别是与全国各主要经济城市之间建立起水陆空全面的交通干线，增加交通网络密度，提升运力，从而提高中、西部地区与东部发达地区的设施接近度，加速产品周转，充分利用东部地区较高的需求水平，以此提高各产业的本地市场效应。

　　政府应积极消除贸易壁垒，进而扩大西部区域内部需求。在西部地区有些省份为了保护地方产业，实行或明或暗的壁垒政策阻碍其他省份产业的进入。这种做法对社会整体的损害是显而易见的。从空间经济学角度看，贸易障碍形成的交易成本最终会阻碍该地区整体市场规模的扩大，导致需求容量减少，从而降低地方市场需求，影响要素的投入和产业发展。

　　中、西部地区应致力于积极引进民间资本。中西部地区尤其是西部地区资源丰富，目前正在实施的西部大开发，基本都是国有资本的进入，而国有资本的运行效率和技术创新方面都存在先天的弱势，但国有企业在获取银行贷款又具有先天的优势，从而挤压民营企业，特别是中小企业的融资空间。因此，在西部发展，特别是在一些市场力所能及的产业中适当降低国有资本的比例，将会有利于西部经济的发展。资本的注入将为中西部地区产业发展带来活力，产业的发展也将吸引劳动力的增加，从而增加市场规模，区域内部需求容量得以扩大。

第　十　章

市场一体化与我国比较优势动态化问题[*]

　　对于中国这样一个大国来说，整合国内大市场带来的规模经济是比较优势动态化的一个最重要来源。市场一体化收益来源于市场整合过程中资源配置带来的各种收益，这些收益中除了基于要素禀赋的比较优势带来的分工收益，另一个突出方面是基于规模经济带来的收益。在市场一体化过程中，逐渐趋于整合的市场意味着任何一项经济活动都有机会在更大的市场空间内获得收益，统一大市场的形成为规模经济的实现提供了基础。从国际分工的角度看，拥有国内大市场，可以通过实现规模经济而获得生产和分工上的优势，本地市场效应理论认为本国大市场会带来大规模生产和效率提高，在满足国内市场后还会获得新的出口优势。本地市场效应反映的是本国市场与外国市场之间的相互关系，是基于本国市场需求的分工模式。因此，国内市场一体化将促进比较优势动态化的实现，形成新的比较优势，而这种比较优势是以国内市场需求为基础的，并有助于形成以内需为带动的更为主动的国际分工模式，即由国内市场决定生产，而非被动由国外市场决定生产的分工模式。在经历了几十年由外需引导的对外开放和经济增长后，随着经济增长的转型，逐渐转向由内需引导的主动的全面对外开放和增长方式将是经济发展必然趋势。可见，推进市场一体化和全国统一大市场的建立不仅可以促进比较优势动态化以形成新的比较优势，还是经济增长转型的重要条件之一。本章将首先通过理论与文献的分析确定市场一体化与比较优势动态化的分析路径与分析方法，然后分别对我国市场一体化的程度及本地市场效应做实证分

---

　　* 本章主笔：刘岩，经济学博士，讲师；袁帆，经济学博士，讲师，云南大学发展研究院。

析，进而具体研究我国市场一体化进程与基于规模经济的比较优势的实现问题；最后结合理论分析与实证分析，针对克服市场一体化过程中的负面效应，推进市场一体化和促进比较优势动态化提出政策思考。

第一节　市场一体化与比较优势的来源

市场一体化在促进产品和要素自由流动过程中获得资源配置收益，这些收益包括专业化分工收益和规模经济收益等。其中，规模经济收益是比较优势的重要来源，具体来说，这种基于规模经济的比较优势可以通过对本地市场效应的分析来进行说明与研究。已有实证与经验研究表明，中国商品出口的比较优势正经历着从以要素禀赋为基础的传统比较优势向以规模经济为基础的新比较优势动态转化的过程。

一　市场一体化的收益来源

市场一体化的本意在于实现资源利用的效率，通常市场一体化伴随着区域间市场交易障碍的消除、商品与要素更加自由的流动。研究市场一体化主要应从市场一体化对效率与福利的影响及资源配置收益的角度来诠释问题，并以此来判断经济效应。[①]

总的来说，市场一体化经济收益来源于商品和要素的流动所带来的资源配置收益。市场一体化的经济进程是为了追求资源配置收益的实现，这一过程中的资源配置收益可表现为多种经济收益。第一，传统收益。从根本上说，商品与要素市场一体化的传统收益，来自专业化分工，即来自依照基于要素禀赋的传统比较优势的实现而日益增强的专业化分工。传统观点认为，市场一体化提供根据传统比较优势进行产业专业化分工的广阔机会，并带来合理化的生产。要素的流动会促进实际收入的趋同，在同一市场内实现更有效率的分配及生产率的增长。第二，规模效应收益。在市场一体化过程中，一旦产生了规模经济，市场规模本身就成了市场一体化收益的来源，从而形成经济特征相似的区在分工中获益的贸易模式。近年来，随着分析工具的发

---

① 〔英〕罗布森：《国际一体化经济学》，陈岩译，上海译文出版社 2001 年版，第 1—6 页。

展，市场一体化越来越关注不完全竞争市场、规模经济、收益递增的分析，在不完全竞争市场条件下，市场一体化因规模经济的实现能够获得更大的收益。第三，竞争效应收益。对于垄断竞争及分割市场来说，市场一体化会促进竞争，从而产生新的配置收益来源。降低贸易壁垒的市场一体化过程，会扩大有效市场规模，企业为追求规模经济而增强竞争；市场规模越大，生产的规模经济越容易实现，成本就越低，因此，高成本、低效率的企业将被淘汰。第四，动态收益。市场一体化是一种经济过程，即使其静态效应很大，但随着一些因素的变动，静态收益可能会发生萎缩，因此考虑市场一体化的经济体更应该注重动态效应。新古典贸易理论认为，随着市场一体化的推进，要素的流动性将会促进收入的趋同，但新贸易理论或新经济地理学认为，受集聚效应的影响，将产生自我累积、自我强化的动态效应，即出现两极分化现象，这会给统一市场整体收益的实现带来动态影响。市场一体化应该更注重各种收益在长期中的动态效果。另外，值得提出的是，对于中国这样一个大国来说，统一市场中规模经济的实现不仅仅是比较优势动态化的体现，更是国家实现竞争优势的需要，是经济增长转型的关键点之一。

分析市场一体化的收益应重点逐渐从静态收益转到动态收益、从完全竞争市场转到不完全竞争分析。同时，市场一体化的收益，不论是正向收益还是负面影响都重点指向了规模经济。因此，本课题将以规模经济收益的获得为市场一体化进程中比较优势动态化的切入点，集中分析基于规模经济的新比较优势的获取与动态效果。

二　市场一体化中的本地市场效应与比较优势

在市场一体化的过程中，首要也是最主要的特征是市场规模的变化，规模经济效应是市场一体化收益的集中体现，同时规模经济效应的实现成为统一市场经济中比较优势的新来源。

从世界贸易角度来看，报酬递增和要素禀赋共同决定了贸易模式。在国际贸易理论中，贸易模式主要沿着两种理论范式发展，即完全竞争、规模报酬不变的新古典框架和垄断竞争、规模报酬递增的新贸易理论框架。在新古典框架下，国家间的相对技术和要素禀赋的差异决定了贸易和专业化的模式；而在新贸易理论框架下，决定国家间贸易和专业化模式的则是递增的规模报酬。二者共存于现实经济中，一些部门有新古典特征，而另一些部门则呈现规模报酬的特征，或者兼而有之。但二者对国内需求与进出口的关系却存在恰恰相反的解释，正如 Davis 和 Weinstein（1996，1999，2003）所言，"新古典贸易理论认为在国内需求增加时，进口将增加；而新贸易理论或新经济地理学则指出，由于规模报酬的存在，本地需求增加将导致外部市场的部分企业进入市场份额较大的地区生产以节约成本，进而出口将增加"。本地市场超额需求的增加将导致本地市场的放大。简言之，在一个存在报酬递增和贸易成本的世界中，那些拥有相对较大国内市场需求的国家将成为净出口国，这被称为本地市场效应。

根据克鲁格曼新经济地理学对于关联效应的解释，具有较大规模制造部门的区域会生产更多差异化的商品，因此可以以更低的成本获得商品，这是前向联系；相对的，有较大生产规模的区域会给上游产业提供更大的市场，这是后向联系。这种产业关联会加强本地市场效应。因此，市场整合程度直接关系到本地市场效应，即关系到以规模经济为基础的新比较优势的发挥与比较优势动态化的实现。

三　中国统一大市场下比较优势的新来源

中国持续的贸易顺差通常被认为是劳动力要素禀赋的体现，在劳动密集型产品上具有比较优势，但随着出口贸易结构的升级，工业制成品出口规模越来越大，基于要素禀赋的比较优势在不断升级的同时，基于规模经济形成的比较优势也正在不断凸显，源于克鲁格曼新贸易理论的本地市场效应对我国比较优势动态化有着重要的启示。

很多对中国出口贸易与比较优势的经验研究都对此做出了验证。Rodrik（2006）和 Schott（2008）等都认为中国的出口商品结构相对于中国的要素禀赋和经济发展水平来说，具有一定的独特特征。Wang 和 Wei（2007）也发现中国出口的产品与发达国家之间的交集越来越大，产业内贸易比重增加，我国出口贸易结构的升级主要体现在制造业方面。林发勤、唐宜红认为："我国日益扩大的国内市场会促使规模经济的形成，从而成为这些具有规模经济产品的净出口国。而很多具有较强规模经济的制造业部门，在中国形成了产业集聚，使得我国在这些产品上具有规模经济的比较优势，而且规模经济比较优势正在超过要素禀赋的比较优势。"① 同时，在抵御外部经济冲击、提高本国的竞争力方面，以规模经济为基础的新的比较优势有着更为重要的作用。

第二节　市场一体化及本地市场效应测算

根据上述理论思路，将市场一体化的收益集中于规模经济效应，规模经济又可通过对本地市场效应的分析与新比较优势的实现相联系。因此，市场一体化进程中的比较优势动态化问题就集中在市场一体化程度的考察与本地市场效应的发挥两个方面。在此，首先分别对本地市场效应和市场一体化程度及其测算方法进行分析，为下文的实证研究提供文献与方法依据。

一　市场一体化程度的测算方法

首先，从一体化的理论层面分析，"经济一体化可直观地被定义为区域间经济边界的消除。而经济边界是任何使得实际和潜在的商品、服务和生产要素以及通讯的跨越流动都相对较低的分界线。在经济边界的每一边，价格以及商品、服务和要素质量的决定都受到跨界流动的有限影响"②。根据其理论含义，总体上看"区域经济一体化水平测算方法的发展脉络主要沿着两条思路推进"③。一是直接对经济一体化先决条件满足程度的测量，评估区域或国家间经济交流壁垒的阻碍程度，即对区域间经济壁垒的制度性安排进行研究。二是从一体化引起的经济效应表现的角度来间接衡量，比如对贸易流、资本流、价格或价格指数的测评及研究，这一类测算方法更易于体现一体化的效果。国内对经济一体化程度的测算更适合用第二条思路，可以将以经济效应为依据的测算方法总结为三类，即价格协整分析法、相对价格法

---

① 林发勤、唐宜红：《比较优势、本地市场效应与中国制成品出口》，《国际贸易问题》2010 年第 1 期。

② 〔荷〕雅克·佩克曼斯：《欧洲一体化：方法与经济分析》，吴弦译，中国社会科学出版社 2014 年版，第 4 页。

③ Brahmbhatt, Milan (1998), "Measuring Global Economic Integration: A Review of the Literature and Recent Evidence", World Bank's *World Development Indicators*, 1998.

和边界效应法，前两种方法是基于价格趋同效应的理论，而边界效应法则是利用贸易流量进行测算的方法。

第一，价格协整分析法。价格协整分析法是基于"一价定律"对区域产品市场整合程度进行测算的比较直接的方法，协整分析是时间序列的建模方法之一。价格协整分析法多用于不同地区间某一产品市场在某一时间段内的整合与否的分析。

价格协整分析法是一种测算价格趋同的一种具体方法。价格趋同的理论基础是新古典框架下的"一价定律"。"一价定律"阐述的是如果两个独立的市场被看作一个经济市场，那么在所有时刻两个市场的价格都是等同的。"一价定律"应用到国际经济学中其基本含义是：在假定世界各国之间不存在贸易壁垒的条件下，同一商品在各国的价格应等于生产国价格加运费。如果某国的这一商品价格较高，那么，其他国家生产的此类商品就有"套利"空间，引致价格回落至国际同一水平。将"一价定律"应用到市场一体化中的意义，即如果两个市场完全整合，则一个市场价格的变化将全部传递到另一市场；而非整合的市场其价格传递则可能发生扭曲，从而导致商品低效率流转。

从协整理论的思想来看，自变量和因变量之间存在协整关系，因变量能被自变量的线性组合所解释，两者之间存在稳定的均衡关系；因变量不能被自变量所解释的部分构成一个残差序列，这个残差序列应该是平稳的。因此，检验一组变量之间是否存在协整关系等价于检验回归方程的残差序列是否平稳，通常用 ADF 检验来判断残差序列的平稳性。协整检验的目的是决定一组非均衡序列的线性组合是否具有协整关系，也可以通过协整检验来判定模型设定所包含的变量之间的理论关系是否合理。

价格协整分析法在价格趋同理论与协整理论结合的基础上，对区域市场间价格整合性进行测算，如果不同市场的价格存在协整关系，说明地区间的市场是整合的。利用协整检验来测算市场整合程度的方法也因具体研究的需要而不尽相同，但基本思路是一致的。

第二，相对价格法。在国际经济研究中，"一价定律"作为趋同法则几乎无可置疑。但是，近几年来，有很多研究向这个趋同假设发出了质疑，一些文章提出"一价定律"趋同法则只在长期中有效，如 Parsley 和 Wei

（1996），以及 Cecchettiet 等（2002）的大样本面板数据的运用，还有 Taylor（2000a）对单个国家的长时间序列的运用都印证了这一点。然而，这对于国际市场趋同速度缓慢仍未能形成一致的解释。Engel 和 Rogers（1996）对美国和加拿大的研究，以及 Parsley 和 Wei（2001）对美国和日本的研究提到了因国家边界而产生的价格损耗或因地理距离产生的交易成本损耗而产生的国际市场价格趋同缓慢现象。因此，学者开始广泛运用相对价格方差模型对"一价定律"进行修正。

根据萨缪尔森（1954）的"冰川成本"模型，由于运输消耗等形式的交易成本的存在，商品价值在贸易过程中将像冰川一样融化掉一部分，所以即使完全套利，两地价格仍然不会绝对相等，相对价格会在一定的区间内波动：以 i、j 两地为例，假定某种商品的售价在 i 地为 p_i，j 地为 p_j，交易成本（商品在两地间交易所形成的各种商品损耗）可以表示为每单位价格的一个比例 $c(0 < c < 1)$。此时，只有当条件 $p_i \times (1 - c) > P_j$，或者 $p_j(1 - c) > P_i$ 满足时，套利行为才可行，两地会进行此商品的贸易。当上述条件不成立时，商品的相对价格 p_i/P_j 将在无套利区间 $[1 - c, 1/(1 - c)]$ 内波动。[①] 广义的交易成本，泛指各种致使商品在贸易中发生损耗的因素，既包括自然地理的阻隔，又包括制度性障碍。运输成本的减少、制度性壁垒的削弱均意味着交易成本的下降与市场整合程度的提高，此时相对价格波动的范围也会随之缩窄。因此，通过衡量不同市场之间的商品相对价格波动的幅度，可以对市场一体化水平进行评价。

第三，边界效应法。经济边界效应直接反映市场的一体化水平。从人文地理的角度讲，边界效应是指边界对跨边界经济行为的影响，可分为屏蔽效应和中介效应。边界虽然在贸易自由化中起到了中介的作用，但在经济一体化进程中，边界通常更为突出地表现为屏蔽效应，如贸易障碍增加了运输成本，扭曲了市场区位和供求网络。

边界效应测算法以区域间的贸易流量为量度边界效用的指标，从而建立引力模型进行测算分析。所谓引力模型，是借用物理学上的万有引力定律，

―――――――――

[①] 桂琦寒、陈敏等：《中国国内商品市场趋于分割还是整合：基于相对价格法的分析》，《世界经济》2006 年第 2 期，第 20 页。

用来解释两个地区之间的贸易流量与其经济规模正相关，而与其空间距离负相关。其主要测量在区域范围内的贸易流量的观测值和引力模型方程的理论值之间的差额。其应用有两类：第一类是衡量某一国家内部的市场分割，这类研究依赖于国土内部的各个经济单位之间的贸易流量；第二类关心的是一国与其贸易伙伴国的市场一体化。量度边界效用的具体方法是 Head 和 Mayer 的修正模型。[①]

二 本地市场效应及测算方法

现有文献从理论和实证两个方面对本地市场效应做出了论证与分析。第一，从理论方面来说，本地市场效应的提出并非要否定以要素禀赋为基础的比较优势分工理论，这一论证是在忽略地区要素差异的严格假定下得出的。本地市场效应反映了供给和需求之间存在另一种相关性。由于本地市场效应的存在，一国将出口超过国内需求的产品。这是因为在规模报酬递增下的条件，本国较大的市场规模意味着存在于该国的企业能够更好地利用规模经济，因此国内企业数量增加、企业的生产规模扩大。在迪克西特—斯蒂格利茨框架下，由于规模报酬递增的存在，拥有大规模市场的国家生产将超出本国的消费。在标准的 $2 \times 2 \times 2$ 模型中，克鲁格曼（1991）在核心—边缘模型中得到了本地市场效应。在放松了一些理论假设，如劳动力跨部门流动、多区域以及不同的运输成本等以后，模型中的本地市场效应仍然存在。

第二，在实证方面，若要获得本地市场效应的实证检验，首先需要将资源禀赋和本地市场效应分开，然而由于本地市场效应理论模型中假设条件严格，而难以做到。直到 20 世纪 90 年代后期学术界才逐步出现对本地市场效应的实证检验文献与方法。Davis 和 Weinstein（1999）通过提出并论证一个新概念即"超常需求"，最终验证了本地市场效应。如果没有需求的超常部分，那么区域的产出是按比例分配到各地区的，更大规模的地区将产出更多的商品，按该比例的产出可以被称为分享；当专业化加强后，需求异于其他

---

① 引自 Poncet、Sandra：《中国市场正在走向"非一体化"？——中国国内和国际市场一体化程度的比较分析》，《世界经济文汇》2002 年第 1 期；黄赜琳、王敬云：《地方保护和市场分割：来自中国的经验教训》，《中国工业经济》2006 年第 2 期。

地区的部分可以看作超常需求，由此可以判断比较优势和本地市场效应。在比较优势占优的情况下，对某种商品的超常需求会引致进口需求的增加，而在规模效应递增的情况下，会引致该地区生产该商品并增加出口。运用这样一种思想，可以分离比较优势和本地市场效应，所以应用一个包含要素禀赋和本地市场效应的方程可以检验这一效应。

根据钱学峰、梁琦的分类，可以将本地市场效应的实证分析分为两部分。第一，检验经典的本地市场效应。这一方向主要考察本地需求和供给（生产）之间的关系，并试图分离本地市场效应和要素禀赋对贸易模式的不同影响，如 Domeque 等（2005）对西班牙 17 个地区 9 个制造业部门 1965—1995 年的样本进行检验后也发现了本地市场效应。

第二，检验修正的本地市场效应。理论模型的拓展丰富了本地市场效应的定义和内涵，相应的，一些文献在对经典的本地市场效应进行修正的基础上重新进行了实证检验。这些文献至少包括三类：第一类文献以本土偏向效应重新定义本地市场效应，然后进行检验，如 Trionfetti（2001）及 Brülhart 和 Trionfetti（2005）；第二类文献在考察市场准入影响的情况下进行检验，如 Davis 和 Weinstein（2003）、Hanson 和 Xiang（2004）以及 Behrens 等（2004）；第三类文献则试图验证逆向本地市场效应和非线性本地市场效应，如 Head 和 Ries（2001）、Crozet 和 Trionfetti（2006）。[①] 理论研究及实证研究都表明本地市场效应的存在。但不同研究方法下本地市场效应存有差异。本地市场效应解释力之所以不同与地区的运输成本、贸易壁垒等有直接联系。

第三，对我国本地市场效应的验证。张帆、潘佐红（2006）根据中国 31 个省区市 19 个产业的投入—产出数据，通过考察类似的总供给和总需求方法，分离出资源禀赋和规模效应，发现其中 7 个产业有显著的本地市场效应存在，本地市场效应在决定中国区域间生产和贸易的类型时起着显著的作用。[②] 钱学锋、陈六傅检验了在中美贸易产品中本地市场效应的存在，中美贸易中十大类产品中有 7 类存在显著的本地市场，他们认为中国贸

① 钱学锋、梁琦：《本地市场效应：理论和经验研究的新近进展》，《经济学》（季刊）2007 年第 3 期。

② 张帆、潘佐红：《本土市场效应及其对中国省间生产和贸易的影响》，《经济学》（季刊）2006 年第 5 期。

易的比较优势发生变化，本地市场效应成为重要的来源。① 林发勤、唐宜红结合传统比较优势和本地市场效应对我国制成品出口进行考察，结果发现基于要素禀赋的比较优势在不断升级的同时，基于规模经济形成的比较优势正在凸显。② 颜银根（2010）根据全国 30 个省区市 2002 年的截面数据测算了我国 42 个行业的本地市场效应，其中有 11 个行业存在明显的本地市场效应，另有 14 个行业的超额需求系数接近 1。其中，纺织业等劳力密集型行业不存在本地市场效应，并由此提出扩大内需对我国经济增长具有举足轻重的作用，在优化产业结构和调整出口产品结构方面具有一定的导向性。③

第三节　我国市场一体化及本地市场效应的实证分析

改革开放后，随着我国区域发展战略的调整，中国国内市场一体化进程加速推进，并逐渐减弱了计划经济时期市场分割的影响，但市场一体化是一个过程，现在仍需不断克服各种阻碍因素，促进市场进一步整合，但我国市场一体化程度空间如何？有必要进行实证分析。在对市场一体化程度做出分析后，对我国本地市场效应进行估算，才能论证本地市场效应对比较优势动态化的贡献。

一　市场一体化程度测算

从价格变动来考察市场一体化程度，其理论依据是"一价定律"。但由于现实中存在运输消耗等形式的交易成本④，两地价格仍然不会绝对相等，相对价格会在一定的区间内波动。运输成本的减少、制度性壁垒的削弱均意味着交易成本下降，此时相对价格波动的范围也会随之收窄。据此，我们可

① 钱学锋、陈六傅：《中美双边贸易中本地市场效应估计——兼论中国的贸易政策取向》，《世界经济研究》2007 年第 12 期。

② 林发勤、唐宜红：《比较优势、本地市场效应与中国制成品出口》，《国际贸易问题》2010 年第 1 期。

③ 颜银根：《中国全行业本地市场效应实证研究——从新经济地理角度诠释扩大内需》，《上海财经大学学报》（哲学社会科学版）2010 年第 3 期。

④ 广义上的交易成本，泛指各种致使商品在贸易中发生损耗的因素，既包括自然地理的阻隔，又包括制度性障碍。

以以相对价格变动构造出一个市场分割指数用来反映市场一体化程度。在构造指标之前，先提出几个假设：第一，国内的每一个省级行政区是一个相对独立的市场，即地方保护和市场分割主要是发生在省级行政区之间；第二，如果一个省级行政区对相邻的省级行政区设置贸易壁垒，那么一般也会对不相邻的省级行政区设置贸易壁垒。第一个假设是为把研究限定在省级行政区范围内，第二个假设是为了便于计算各个省级行政区的市场分割程度。同时，由于相邻省级行政区之间的运输成本相对不相邻的省级行政区之间要低一些，因此，这样假设有助于缩小由地理距离造成的价格差异，集中分析由市场分割造成的价格差异。

设时间为 t，第 i 省的价格水平记为 p_i^t，第 j 省的价格水平记为 p_j^t，其中 i 省和 j 省是相邻的省级行政区。用 p_i^t/p_j^t 表示两省之间的商品相对价格，波动幅度越小，表示两个市场的一体化程度越高；波动幅度越大，表示两个市场的一体化程度越低。在实际计算中，由于我们使用的是商品零售价格的环比指数，因此需要对相对价格方差进行一些处理：我们所采用的相对价格为绝对值 $\left| \Delta Q_{ijt} \right|$，其中，

$$\Delta Q_{ijt} = \ln(p_{it}/p_{jt}) - \ln(p_{it-1}/p_{jt-1}) \tag{10.1}$$

式（10.1）可以通过变换就表示为环比价格指数的形式：

$$\Delta Q_{ijt} = \ln(p_{it}/p_{jt}) - \ln(p_{it-1}/p_{jt-1}) = \ln(p_{it}/p_{it-1}) - \ln(p_{jt}/p_{jt-1}) \tag{10.2}$$

采用对数形式的相对价格的差分形式主要是为了能把相对价格变化用环比价格指数 p_{it}/p_{it-1} 和 p_{jt}/p_{jt-1} 表示出来，这与《中国统计年鉴》的各省区市的商品零售价格环比指数相对应。

利用式（10.2）即可计算出 ΔQ_{ijt}，理论上如果 i 省和 j 省的市场一体化程度不断加深，那么，$\left| \Delta Q_{ijt} \right|$ 应该是收敛的，如果 i 省和 j 省的市场分割越来越严重，$\left| \Delta Q_{ijt} \right|$ 应该是发散的。因此，$\left| \Delta Q_{ijt} \right|$ 可作为衡量 i 省和 j 省市场分割水平的指数。t 时期，每个省区市的市场分割水平可用该省区市和所有相邻省区市之间市场分割水平的平均值表示。据此，全国市场分割指数可用所有省区市市场分割水平指数的均值表示。

　　资料来源于历年《中国统计年鉴》中的分地区商品零售价格指数。本章使用 1990—2012 年全国 28 个省区市的数据，考虑到时间序列数据的完整性，剔除了海南、重庆和西藏的资料。

　　根据上述方法，首先计算出各省份与邻近省份的相对价格指数及其均值，即该省份的国内市场分割指数，可得到 28 个省份的市场分割指数在1990—2012 年的变化情况。更确切地说，每一个省份的市场分割指数实际上表示的是这个省份与所有邻省份的市场整合程度，根据第二个假设，我们用这一指数近似表示每个省相对国内市场分割程度，然后通过计算 28 个省份的市场分割指数的均值，得到了 1990—2012 年中国国内市场分割指数的变化趋势，如图 10 - 1 所示。

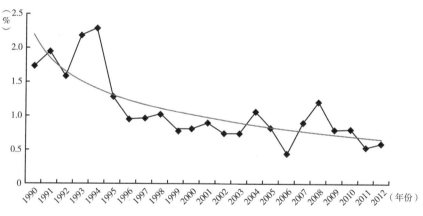

图 10 - 1　中国的国内市场分割指数变化趋势

　　如图 10 - 1 所示，图中折线是国内市场分割指数，平滑的曲线是国内市场分割指数的对数趋势线，显示了考察期内中国国内商品市场分割程度在波动中下降，市场一体化程度缓慢提高。具体来看，图中市场分割指数的波动可以大略地分为几个阶段，1990—1994 年，国内市场分割指数相对较高；1995—2003 年，市场分割指数下降迅速，波动较小，该时期市场一体化进展明显；2004—2008 年，市场分割指数波动较大，一些年份高过前一阶段；2009—2012 年，又呈现明显的下降趋势，这可能与金融危机对需求结构的冲击有一定关系。

　　尽管有学者认为国内市场仍存在一定的分割问题，但从国内市场一体化程度的实证测算结果可以看出，随着市场化改革的深入和经济规模的扩张，特别是全球性金融危机以及世界经济的后续波动，国内市场的重要性进一步得到凸显，国内统一大市场的迅速发展成为不可阻挡的必然趋势。国内市场一体化的顺利推进，为建立在本地市场效应上的新比较优势形成的奠定了基础，从而促进了我国比较优势的动态化。

二 本地市场效应实证分析

对本地市场效应进行实证分析，就是验证建立在国内大市场基础上的规模经济优势。本部分利用 Schumacher（2003）在垄断竞争引力模型的基础上推导出的方程，对我国的本地市场效应进行测算。该模型通过推导得出了一个简单实用的方法，将基于要素禀赋的比较优势与基于本地市场效应的比较优势分离开，从而更清楚地看到在市场一体化过程中，规模经济在比较优势动态化中的体现。

现将模型描述如下[①]：

首先，将刻画一国出口的主要影响因素写为一个方程：

$$\ln X_{ij}^{a} = B_{0}^{a} + B_{1}^{a}\ln Y_{i} + B_{2}^{a}\ln y_{i} + B_{3}^{a}\ln Y_{j} + B_{4}^{a}\ln y_{j} + B_{5}^{a}D_{ij} + \sum_{k=6}^{K} B_{k}^{a}Z_{kij} \qquad (10.3)$$

式（10.3）中 X_{ij}^{a} 代表产业 a 由 i 国向 j 国的出口量；Y_{i} 代表出口国的供给能力，由该国的 GDP 来衡量；y_{i} 代表出口国 i 的资本/劳动比，以衡量该国的要素禀赋状况，由人均 GDP 来衡量；Y_{j} 和 y_{j} 分别代表 j 国的 GDP 和人均 GDP，反映了需求规模；贸易成本由双边距离 D_{ij} 来表示，Z_{kij} 是虚拟变量，用来衡量诸如双边贸易政策、语言、历史等因素对双边贸易的影响。

同时，式（10.1）也决定了产业 a 由 i 国从 j 国的进口量 M_{ij}^{a}，它实际上就是产业 a 由 j 国向 i 国的出口量 X_{ji}^{a}，因此可以得到方程（10.4）：

$$\ln M_{ij}^{a} = \ln X_{ji}^{a} = B_{0}^{a} + B_{1}^{a}\ln Y_{j} + B_{2}^{a}\ln y_{j} + B_{3}^{a}\ln Y_{i} + B_{4}^{a}\ln y_{i} + B_{5}^{a}D_{ji} + \sum_{k=6}^{K} B_{k}^{a}Z_{kji} \qquad (10.4)$$

[①] 钱学锋、陈六傅：《中美双边贸易中本地市场效应估计——兼论中国的贸易政策取向》，《世界经济研究》2007 年第 12 期。

由于在双边贸易中 $D_{ij} = D_{ji}$，$Z_{kij} = Z_{kji}$，因此，将式（10.3）减去式（10.4）我们将得到双边贸易的出口/进口比率：

$$\ln X_{ij}^a - \ln X_{ji}^a = (B_1^a - B_3^a)(\ln Y_i - \ln Y_j)(B_2^a - B_4^a)(\ln y_i - \ln y_j) \tag{10.5}$$

这意味着两国的出口/进口比率 $\dfrac{X_{ij}^a}{X_{ji}^a}$ 取决于两国的 GDP 比率 $\dfrac{Y_i}{Y_j}$ 和两国的人均 GDP 的比率 $\dfrac{y_i}{y_j}$。也就是说，双边贸易模式和结构由双边的相对需求规模和双边的相对要素禀赋决定，而双边贸易成本以及由虚拟变量衡量的其他因素并不影响双边的贸易模式和结构。

对式（10.5）进行考察：第一，如果两国具有相同的资本/劳动比（要素禀赋相同），那么贸易模式由双边相对需求规模决定，当衡量出口收入弹性与进口收入弹性差值 $B_1^a - B_3^a$ 为正时，则存在本地市场效应，因为本地市场规模的扩大使本国在该产业上变为净出口国；第二，如果两国具有相同的需求规模，那么贸易模式由要素禀赋决定，$B_2^a - B_4^a$ 衡量了传统比较优势的大小。

式（10.4）是最终推导出的计量模型，该模型将本地市场效应和传统的要素禀赋优势对双边贸易模式的不同影响分离出来，能够进行直观的分析。

由于模型中用到两国之间的贸易数据，受国际贸易统计与数据收集的限制，本研究仅选取了我国最大的贸易伙伴——美国，对中美双边贸易模式中各行业比较优势的变化进行分析。资料来源于美国国家人口调查局网站①，从 1996—2012 年两位数 SITC 分类中选取 20 个行业进行分析。行业选择基本上排除了所有资源和初级产品，如农产品、矿产品、石油、橡胶、造纸、煤炭等，因为这些产品的比较优势来源于资源禀赋，与市场一体化的关系较弱；保留了大部分制造业产品，基本上可分为几类，化工类，医药、金属冶炼和加工，通用和专用设备，通信设备，仪器、鞋类，计量估计结果如表 10-1 所示。

表 10-1 显示，在 20 个行业中，呈现本地市场效应的有 12 个，分别是有机化工产品（51）、肥料（56）、非初级形态的塑料（58）、非金属矿物制

---

① http://censtats.census.gov.

品（66）、钢铁（67）、有色金属（68）、发电机械及设备（71）工业专用机械（72）、金属加工机械（73）、运输设备（79）、服装和成衣附件（84）、鞋类（85）。虽然行业选取存在一定的主观性，但仍可以看到加工制造业对于基于本地市场效应比较优势的客观偏向。

　　随着中国经济的发展，我国对外贸易中出口商品结构发生了根本的变化，本地市场效应在其中的影响越来越明显。市场一体化产生的规模经济在我国比较优势中占据了越来越重要的地位，对促进比较优势动态化做出了重要贡献。

表 10 – 1　按两位数 SITC 分类的中美贸易模式

SITC 分类	$B_1^a - B_3^a$	$B_2^a - B_4^a$	AdjR^2	D. W. 值
有机化工产品(51)	0.436 (0.759)	-0.295 (-0.919)	-0.053	1.2
无机化学品(52)	-4.264 (-13.789)*	2.046 (11.829)*	0.95	2.1
医药产品(54)	-0.878 (-1.804)***	0.096 (0.353)	0.49	1.2
肥料(56)	19.072 (8.014)*	-9.613 (-7.221)*	0.85	1.7
初级形态的塑料(57)	-0.023 (-0.023)	0.639 (1.171)	0.09	0.9
非初级形态的塑料(58)	0.996 (2.063)**	-0.547 (-2.026)**	0.19	1.5
化工材料及制品(59)	-1.782 (-7.865)*	1.001 (7.923)*	0.81	1.7
非金属矿物制品(66)	0.188 (0.579)	-0.872 (-4.796)*	0.66	2.0
钢铁(67)	0.532 (0.471)	-0.794 (-1.256)	-0.04	1.9
有色金属(68)	0.296 (0.439)	-0.273 (-0.723)	-0.08	1.9
发电机械及设备(71)	3.315 (5.945)*	-1.921 (-1.162)*	0.68	1.1
工业专用机械(72)	3.081 (4.609)*	-1.529 (-4.091)*	0.66	0.8
金属加工机械(73)	0.483 (0.872)	-0.055 (-0.177)	0.14	1.3

续表

SITC 分类	$B_1^a - B_3^a$	$B_2^a - B_4^a$	AdjR^2	D. W. 值
通信、录音及音响设备和仪器 (76)	5.949 (12.692)*	-4.146 (-15.811)*	0.83	0.8
道路车辆(包括气垫车)(78)	-0.526 (-0.562)	0.120 (-0.229)	0.11	0.9
运输设备(79)	1.187 (1.692)***	-0.222 (-0.567)	0.61	1.2
服装和成衣附件(84)	5.465 (7.139)*	-4.961 (-11.587)*	-0.006	1.7
鞋类(85)	4.159 (6.359)*	-4.013 (-10.969)*	-0.07	0.9
专用、科学及控制用仪器及器具(87)	-0.211 (-1.291)	0.013 (0.138)	0.34	1.9
摄影仪器、设备及用品及光学用品和钟表(88)	-2.942 (-7.908)*	1.021 (4.908)*	0.91	2.3

注：*、**、*** 分别表示在 1%、5% 和 10% 的水平上显著。

第四节　以市场一体化推动比较优势动态化的思路

市场一体化旨在消除区际市场交易壁垒，促进商品与要素的流动，获得经济资源配置收益。但是，正如前文所阐述的动态效应，市场一体化所引起的价格和成本的变化将影响贸易流向，进而在规模经济和本地市场效应本身存在的集聚力的作用下，使生产布局发生累积性变化，改变生产的地区分布，致使地区的经济差距扩大。因此，在促进市场一体化、获得规模经济收益的同时，应尽量减少因区域间差距扩大对市场一体化的收益产生的负面影响。

市场一体化在获得规模经济等正向经济效应的同时，也会由于差别扩大或分化而带来负面影响，但对于这一点并没有有力的理论论述。如果说市场一体化是从促进商品与要素的自由流动中获取资源配置收益，而商品与要素的自由流动会因规模经济等效应而使部分区域产生经济集聚，那么旨在缩小区域差异的措施与手段会与市场一体化的基本逻辑存在矛盾，继而影响市场一体化收益的实现。但从国家层面来说，我们仍然可以找到既能促进商品和要素自由流动，同时能缩小区域差异，从而实现规模经济效应的理论依据。第一，从拥挤效应来看，随市场力量形成的中心集聚将带来拥挤效应，从而使资源过度集中，从而降低市场一体化的收益；第二，从锁定效应来看，市场一体化收益来源于商品和要素在大市场范围内的自由流动，由于内部和外部规模经济形成的关联效应对要素的流动形成一定的锁定效应，在某种程度上阻碍了要素的流动，使经济资源无法充分利用；第三，从政治与社会的角度来看，区域差距的扩大不利于社会公平的实现，各个地区无法平衡地获得市场一体化带来的收益，这会对一国竞争优势的实现造成负面影响。

因此，促进市场一体化合理发展，实现以规模经济效应为基础的新比较优势，既需要促进商品与要素的自由流动，又要防止经济差距的扩大，对规模经济效应的发挥形成阻碍。市场一体化的空间效应，即市场一体化收益在空间或区域间的分配是统一大市场的规模经济效应得以实现的决定性因素。

从统一大市场中获取新的比较优势、实现比较优势的动态化，涉及政策的统一性，可以从促进流动和空间收益分配两个方面来考虑。

一方面，一些对贸易和要素流动造成限制性的政策，使规模经济难以实现，这种限制阻碍了减少成本、降低价格的一体化收益的实现。在降低市场分割程度、促进流动性方面需要区域统一的政策思路。其一，通过国家层面规划，或者引入大区域层面的规划，促进省际分工体系的形成。国内市场分割出现的一个重要因素就是地方政府因对自身利益的追求重复设置产业，在地方分权利益诱导下，这种重合是难免的。要推进省区之间分工结构的优化，必须通过超省级发展规划来指导省区的产业发展，努力避免产业结构趋同现象，使国内各省之间的互补性超过竞争性，从而消除地方保护主义的动机和基础，促进市场一体化。其二，建立一个跨省区权威机构，加强省区之间的公共管理、监督和协调。市场一体化必然会涉及跨省区管理的一系列问题，特别是由不同省区之间地方性规定差异导致的冲突，需要通过跨省区之间的公共管理来协调。

另一方面，在收益分配方面存在统一政策的问题。推进市场一体化部分取决于统一市场政策的变化、部分取决于对市场一体化利益的认同。

空间收益分配方面的政策旨在减少不平衡带来的弊端和阻碍，以促进因商品和要素的自由流动而获得的配置收益能够在各个地区间得到合理的分配。单靠市场机制，地区间的经济差距很可能长期存在，甚至有差距扩大问题。经济发展差距的存在会影响统一市场收益的实现。一种方法是在各个地区采取区别对待的措施，刺激地区性优势产业有区别的发展，改变其经济结构；另一种方法是直接通过中央预算，进行财政转移，从财政上来扶持发展，从而使各地区优势得到发挥，提高各地区的要素使用效率。合理分工是市场一体化持续推进、国内统一大市场形成的重要条件。

第五节　结论

　　规模经济是比较优势的来源之一，规模经济的实现有赖于全国统一大市场的发展。市场一体化在促进要素流动的同时，整合了经济资源，扩大了市场规模。市场一体化能够带来各种收益，其中，规模经济收益最为突出。我国在市场化改革之初，在区域不平衡的对外开放战略下，区域市场分割程度较高；但伴随着统一市场的推进和基础设施等条件的提高，我国的市场一体化程度不断上升。市场一体化进程的推进使我国有了发挥基于规模经济比较优势的条件。在全球化的时代背景下，随着我国经济发展水平的提高，对外贸易中出口商品结构的变化印证了以规模经济为基础的新比较优势的显现。本研究在验证我国市场一体化程度得到不断提高的同时，还利用本地市场效应分析了比较优势正在由传统的基于要素禀赋的比较优势向基于规模经济的新比较优势进行动态转化。以基于本国大市场建立起来的规模经济比较优势参与国际分工，对我国来说是一种更为主动的国际分工模式，这种比较优势的动态转化有利于促进现阶段全面的对外开放和经济增长转型。本研究认为比较优势向基于规模经济的比较优势转化是伴随着国内市场一体化的必然趋势，但在这一过程中，要保持这种比较优势，不仅需要不断地促进国内区际商品和要素自由流动，还要关注市场一体化收益的空间分配。

附录 1994—2009 年中国各省市场分割指数

地 区	1990 年	1991 年	1992 年	1993 年	1994 年	1995 年	1996 年	1997 年
全 国	0.01731	0.01951	0.01586	0.02195	0.02294	0.01287	0.00951	0.00966
北 京	0.02736	0.02929	0.01957	0.03940	0.02448	0.02297	0.01551	0.02342
天 津	0.02059	0.02698	0.02463	0.02815	0.03433	0.03193	0.01556	0.02206
河 北	0.02745	0.02687	0.01845	0.02665	0.01884	0.01898	0.00659	0.01063
山 西	0.01184	0.01272	0.01160	0.02081	0.01490	0.00847	0.00898	0.00670
内蒙古	0.01230	0.00943	0.01155	0.00933	0.01888	0.01307	0.00777	0.00564
辽 宁	0.01373	0.00865	0.00847	0.01840	0.00776	0.01389	0.00473	0.01050
吉 林	0.01029	0.00951	0.00871	0.01984	0.00583	0.00838	0.00316	0.00557
黑龙江	0.01441	0.01610	0.01439	0.02386	0.00916	0.01126	0.00332	0.00245
上 海	0.02758	0.05445	0.03575	0.01243	0.04287	0.00793	0.01229	0.01006
江 苏	0.01271	0.02053	0.01651	0.03106	0.02420	0.00773	0.00827	0.00862
浙 江	0.01475	0.02244	0.01253	0.02580	0.01828	0.00947	0.00982	0.00922
安 徽	0.00807	0.02438	0.00849	0.02604	0.01076	0.02050	0.00655	0.00879
福 建	0.02930	0.01561	0.00472	0.03021	0.01727	0.01523	0.01107	0.00233
江 西	0.02140	0.01697	0.01185	0.03626	0.01375	0.01821	0.01119	0.00649
山 东	0.01287	0.01675	0.01041	0.02146	0.01288	0.00697	0.00592	0.01026
河 南	0.01945	0.03000	0.01676	0.04278	0.02205	0.01159	0.00948	0.00912
湖 北	0.01705	0.01542	0.01460	0.02512	0.01106	0.01184	0.00967	0.01271
湖 南	0.02600	0.01554	0.03127	0.01806	0.01638	0.01376	0.01322	0.01140
广 东	0.04345	0.02501	0.01263	0.03397	0.04158	0.03476	0.00760	0.00225
广 西	0.02143	0.01340	0.02820	0.01837	0.03946	0.01781	0.01256	0.01366
四 川	0.01367	0.02688	0.01349	0.01594	0.02346	0.00514	0.00900	0.01222
贵 州	0.01408	0.00727	0.01448	0.02017	0.03720	0.00770	0.01225	0.01308
云 南	0.01491	0.01905	0.01242	0.03468	0.04928	0.00936	0.00965	0.01471
陕 西	0.01467	0.01861	0.02795	0.01644	0.03322	0.00774	0.01239	0.00576
甘 肃	0.00839	0.01553	0.01635	0.00547	0.01955	0.00415	0.01072	0.00685
青 海	0.00698	0.02317	0.00980	0.00576	0.01674	0.00514	0.00673	0.00949
宁 夏	0.01518	0.00761	0.01549	0.00445	0.02454	0.01264	0.00748	0.00425
新 疆	0.00481	0.01810	0.01307	0.00356	0.03356	0.00371	0.01483	0.01233

续表

地　区	1998 年	1999 年	2000 年	2001 年	2002 年	2003 年	2004 年	2005 年
全　国	0.01031	0.00809	0.00809	0.00894	0.00739	0.00740	0.01065	0.00821
北　京	0.01178	0.01171	0.00253	0.00605	0.00916	0.01417	0.02777	0.00797
天　津	0.01438	0.00816	0.00405	0.00706	0.01426	0.01826	0.01977	0.00697
河　北	0.00598	0.00821	0.00711	0.00637	0.00947	0.01143	0.01424	0.00878
山　西	0.00638	0.00721	0.01593	0.00744	0.00445	0.00418	0.00770	0.00774
内蒙古	0.00641	0.00785	0.00788	0.00551	0.00809	0.00576	0.00426	0.01066
辽　宁	0.00307	0.01342	0.00507	0.00834	0.01831	0.01205	0.01203	0.01126
吉　林	0.00340	0.00758	0.00475	0.00964	0.00846	0.01101	0.01004	0.00695
黑龙江	0.00407	0.01137	0.00611	0.00448	0.00708	0.00450	0.00388	0.00892
上　海	0.03309	0.00411	0.02459	0.00406	0.00152	0.00705	0.01524	0.01200
江　苏	0.01256	0.00495	0.00675	0.00767	0.00527	0.00878	0.01242	0.00696
浙　江	0.00885	0.00905	0.00938	0.00649	0.00545	0.00700	0.00510	0.00538
安　徽	0.00737	0.00558	0.00570	0.01174	0.00544	0.00895	0.01003	0.00692
福　建	0.00647	0.00584	0.00504	0.00407	0.00841	0.00804	0.00162	0.00594
江　西	0.00985	0.00551	0.00726	0.00609	0.01424	0.00731	0.00484	0.00674
山　东	0.00753	0.00619	0.00202	0.00502	0.00405	0.00497	0.01252	0.00627
河　南	0.00841	0.00725	0.00510	0.00875	0.00472	0.00745	0.02686	0.01154
湖　北	0.00941	0.01139	0.00628	0.02046	0.00571	0.00612	0.01011	0.01118
湖　南	0.00921	0.00755	0.01217	0.00894	0.00589	0.00531	0.00483	0.00984
广　东	0.01255	0.00438	0.01082	0.00508	0.00757	0.00451	0.00556	0.00813
广　西	0.02001	0.00692	0.01091	0.00789	0.00684	0.00274	0.00603	0.00765
四　川	0.01071	0.00807	0.00890	0.01906	0.00467	0.00474	0.01093	0.00730
贵　州	0.01301	0.00512	0.01020	0.00857	0.00658	0.00250	0.00820	0.00766
云　南	0.01299	0.00766	0.00764	0.01058	0.00987	0.00275	0.01766	0.00845
陕　西	0.01282	0.00692	0.00655	0.00935	0.00390	0.00612	0.01036	0.00879
甘　肃	0.01019	0.00667	0.00829	0.00946	0.00506	0.00550	0.00847	0.00714
青　海	0.01088	0.01305	0.00584	0.01017	0.00531	0.01073	0.01323	0.00574
宁　夏	0.00856	0.00444	0.01154	0.00435	0.00371	0.00601	0.00358	0.00629
新　疆	0.00875	0.02021	0.00811	0.02770	0.01352	0.00935	0.01083	0.01067

续表

地　区	2006 年	2007 年	2008 年	2009 年	2010 年	2011 年	2012 年
全　国	0.00445	0.00891	0.01208	0.00789	0.00795	0.00530	0.00588
北　京	0.00744	0.02787	0.01424	0.01169	0.02799	0.01586	0.01968
天　津	0.00645	0.01611	0.01090	0.00610	0.01617	0.00865	0.01569
河　北	0.00644	0.00906	0.01512	0.00522	0.00718	0.00415	0.00605
山　西	0.00395	0.00422	0.01111	0.00382	0.00895	0.00228	0.00451
内蒙古	0.00160	0.00792	0.01993	0.00538	0.00556	0.00191	0.00514
辽　宁	0.00164	0.00577	0.00914	0.00536	0.00386	0.00064	0.00261
吉　林	0.00099	0.00735	0.00884	0.00369	0.00965	0.00159	0.00588
黑龙江	0.00049	0.01484	0.00711	0.00504	0.00531	0.00382	0.00392
上　海	0.00597	0.00923	0.00663	0.00555	0.01802	0.00908	0.00787
江　苏	0.00179	0.01005	0.01096	0.00343	0.00622	0.00629	0.00354
浙　江	0.00258	0.00715	0.00605	0.00405	0.01027	0.00743	0.00275
安　徽	0.00158	0.00616	0.00527	0.00222	0.00348	0.00399	0.00176
福　建	0.00661	0.00545	0.00409	0.01054	0.00419	0.00317	0.00262
江　西	0.00330	0.00336	0.00252	0.00746	0.00614	0.00476	0.00245
山　东	0.00462	0.00643	0.01383	0.00303	0.00614	0.00444	0.00589
河　南	0.00313	0.00529	0.01330	0.00420	0.00662	0.00681	0.00310
湖　北	0.00346	0.00414	0.00580	0.00756	0.00274	0.00491	0.00571
湖　南	0.00379	0.00463	0.00832	0.00898	0.00146	0.00412	0.00458
广　东	0.00668	0.00914	0.00517	0.01588	0.00291	0.00451	0.00270
广　西	0.00819	0.00695	0.01102	0.01068	0.00242	0.00663	0.00269
四　川	0.00630	0.01126	0.01746	0.01154	0.00764	0.00715	0.00710
贵　州	0.00470	0.00478	0.01127	0.01596	0.00169	0.00427	0.00343
云　南	0.00521	0.01013	0.01275	0.01313	0.01071	0.00763	0.00440
陕　西	0.00535	0.00615	0.01058	0.00730	0.00622	0.00435	0.00462
甘　肃	0.00460	0.00652	0.01660	0.01292	0.00946	0.00365	0.00685
青　海	0.00765	0.01793	0.03887	0.01240	0.01261	0.00668	0.00732
宁　夏	0.00230	0.00639	0.01868	0.00764	0.00643	0.00317	0.01442
新　疆	0.00791	0.01507	0.02268	0.01027	0.01263	0.00637	0.00745

第十一章
进出口贸易互动发展与
我国比较优势动态化[*]

中国经历了极端"进口替代"向"出口导向"转型发展的30多年，最终成为世界第二大经济体、第一大出口国与第一大外汇储备国，"出口导向"战略在中国经济发展进程中所起的作用无论如何强调也是不为过的（余永定，2010）。与此同时，经济的内外失衡——特别是贸易收支的失衡，也使中国经济发展面临着前所未有的危机。建立在要素价格扭曲以及一系列出口鼓励政策基础上的不平衡增长已经在以越来越快的速度蚕食着中国改革开放的成果，使中国经济进一步发展所要付出的社会安全、环境、资源等代价不断提高，并使国民福利水平难有实质性的提高，中国经济也越来越显示出从一种"刚性结构"陷入另一种"刚性结构"的危险。因此，如何抓住对外贸易失衡这一关键矛盾，在进出口贸易的互动发展中逐步实现中国"新重商主义"的转型，成为中国经济可持续增长必须关注的问题。

第一节 "新重商主义"的终结

如何在发展进程中实现经济的"赶超"，一直是发展中国家关注的核心问题。"二战"以后，面对社会经济发展水平与资本主义强国存在的巨大差距，新中国同广大发展中国家一道，开始探索"国强民富"的道路。新中

＊ 本章主笔：刘志坚，经济学博士，讲师，云南大学发展研究院。

国成立初期，"超英赶美"的迫切及受客观政治、经济环境的影响，我国选择了"进口替代"贸易发展战略。改革开放以来，立足于丰裕劳动力、相对完整的工业体系、优良传统文化等独特的要素组合优势，借助于国内经济体制由计划经济向市场经济转变的制度变迁以及国际产业转移等有利的经济发展环境，同时借鉴日本、亚洲"四小龙"的成功经验，中国逐渐实现了由"封闭"向"开放"的转变，由极端"进口替代"贸易发展模式向"出口导向"贸易发展模式的转变。① 在"出口导向"战略的带动下，通过30多年来的发展，我国经济建设取得了斐然成就：规模经济效应迅速形成，国内生产总值实现飞跃式增长，我国在世界中的政治、经济地位大幅攀升（见表 11 - 1）；外贸规模的持续扩大，改变了劳动就业的总量和结构，有效缓解了我国剩余劳动力过多的紧张局面；通过对资源的优化配置与竞争的引入，促进了中国整体经济结构的调整、优化与升级；同时，外汇储备持续增加，也在很大程度上降低了资本"瓶颈"因素对中国经济快速增长的制约。

表 11 - 1　中国进出口贸易额占世界贸易总额的比例及中国外贸规模在世界的位次

年份	2000	2002	2004	2006	2008
进口占世界进口贸易额百分比(%)	3.4	4.5	6.0	6.5	7.1
出口占世界进口贸易额百分比(%)	3.9	5.1	6.5	7.4	9.0
进出口贸易额增长率(%)	31.5	21.8	35.7	23.8	17.8
国内生产总值增长率(%)	9.0	8.0	9.5	11.4	9.0
进出口规模在世界的位次	7	5	3	3	2

资料来源：根据 UNCTAD 数据整理。

---

① 关于中国对外贸易发展战略的演变，中外学者对于 1978 年以前中国贸易发展战略基本持一致意见，认为中国所采取的是"进口替代"贸易战略，而对于改革开放后中国所采取贸易发展战略类型的争议却很大，目前仍无权威性定论。张幼文（1997）、沈程翔（1999）尹翔硕（2001）、张鸿（2006）等学者认为，改革开放后的中国采取了"出口导向型"贸易战略，并通过对中国外贸的相关实证分析予以证明；但也有学者如王允贵（2002）等，通过对中国的贸易壁垒、汇率政策以及出口鼓励措施等的进行分析，认为中国的贸易战略接近于温和的"进口替代型"贸易战略。本章认为，至少从进出口贸易的规模来看，改革开放以来中国放弃了传统的"进口替代"贸易战略发展思路，并开始注重发挥比较优势以扩大出口，逐步向"出口导向"战略转型；同时，改革开放以来中国政府所实施的贸易促进政策以及一系列与之相配套的政策措施也在很大程度上表明中国实施的是"出口导向"贸易发展战略。

考虑到 20 世纪 80 年代我国所面临的内外约束条件，"出口导向型"发展战略的选择与实施有其合理性与必然性，虽然当前还难以最终判定其历史作用，但是"出口导向型"发展战略创造了经济增长的奇迹已经是不争的事实。历经 30 多年的高速发展，我国也最终成为世界第二大经济体、第一大出口国与第一大外汇储备国，人民生活水平得到显著提高，因此很有必要详细探讨"出口导向型"贸易战略。然而，"辩证法在对现存事物的肯定的理解中同时包含对现存事物的否定的理解"（马克思），我国"出口导向型"贸易战略在迅猛推进的同时，也逐渐给未来中国经济的可持续发展留下了严重隐患。

一般而言，"出向导向型"贸易战略是指一个国家或地区为谋求经济的增长，以国际市场需求为导向，根据其在国际分工中的比较优势积极扩大出口，并建立与之相适应的经济运行体系。不同于典型的"出口导向型"贸易发展战略，中国的"出口导向型"战略既包含了一般"出口导向型"的内容，又具体体现了我国的国情与发展阶段。

第一，我国"出口导向型"战略依据的比较优势与形成的竞争优势，集中体现在生产要素的"低成本"上。政府利用廉价而丰裕的劳动力大力发展劳动密集型产业，同时通过土地、资本等优惠政策，将生产要素吸引至外贸部门，以期在短时期内有效调整经济结构并缓解就业问题对社会经济运行造成的压力。

第二，通过推行一系列优惠政策，吸引国际直接投资的大量流入，同时通过限制进口、鼓励出口，消化国内过剩的生产能力，力图保持经常项目的顺差以积累进口机械设备与引进技术所需的外汇，摆脱"资本缺口"对经济增长的约束。因而，我国"出口导向型"经济在一定程度上也可称为"出口导向型创汇经济"。

第三，通过市场扭曲、低价竞销等一系列政策持续扩大对出口的支持。其中市场扭曲包括产品市场的扭曲和要素市场的扭曲，市场扭曲导致出口企业过度竞争与出口收益显著下降，而出口收益的下降又会进一步导致出口企业陷入"向底线竞争"的低价竞销模式。

第四，强有力的政府管理保证了对外贸的干预。一方面，出口和外资增长成为上级政府考核下级政府的重要指标，"指标型经济"成为地方利益和部门利益的维持的结果；另一方面，通过区别化的对外贸易政策，政府能将外贸的发展与国内宏观经济政策结合起来，稳步实现国内财政和货币政策目标。

　　与此同时，由于我国"出向导向型"贸易战略的逻辑起点还在于国内有效需求不足情况下，靠外需实现国内供给能力的扩张，形成以出口促增长以及出口促国内投资的联动机制，而出口所得增加及其对进口的支持，反过来为出口的进一步扩张创造条件，实现进出口的良性循环，因此，外部的需求状况与与之对应的外汇获得成为维持、推进此种发展战略的关键所在。也正是因为如此，对外汇的追求与我国"出口导向型"战略自身的"中国特色"相结合，决定了我国"出口导向型"发展战略必然演化成一种带有"出口至上"浓厚重商主义特征的"新重商主义"。[①] 而我国"出口导向型"发展战略所引发的深层次矛盾也必然突出反映在进出口贸易失衡与贸易顺差激增的问题上，中国贸易顺差发展如图 11 - 1 所示。

图 11 - 1　1978 - 2008 年中国外贸顺差历程

资料来源：《中国对外经济贸易年鉴》（2009）。

---

　　① 一般而言，重商主义在鼓励出口的同时否定进口的作用，把进口简单地看作国民收入的"漏出项"或者经济增长的"减项"，因此，按此逻辑，重商主义的根本错误在于把国际贸易视为一方得益必然使另一方受损的"零和游戏"。表面来看，中国的贸易发展战略似乎具有重商主义的典型特征，但是也有学者认为中国贸易战略与重商主义其实背道而驰，比较有代表意义的是我国学者贾根良（2010）的研究，贾根良从美元霸权条件下的贸易顺差与重商主义的区别、中国的贸易结构对重商主义基本原则的严重违反、中国的自由贸易和外资政策与重商主义严重冲突以及中国自然资源的贱卖与黄金流失四个方面阐述了中国贸易战略对重商主义的违背。基于中国贸易战略呈现出的重商主义表征及时代特点，本章将中国贸易战略称为"新重商主义"。

对于一个经济处于"起飞阶段"的发展中国家而言，适当规模的贸易顺差不仅有助于促进国内经济和就业的增长，为本国经济成长引进国外先进技术、设备、产品等提供外汇支持，同时，适当规模的贸易顺差还是一国国际竞争能力提高与更好融入世界经济的表现。但是，必须认识到贸易顺差本质上是一国持有国外资产的增加，持续拥有巨额的贸易顺差不仅意味着一部分资源未能被国内经济发展所充分利用，而且会削弱本国货币政策的独立性，加剧经济发展的内外失衡以及对外需的依赖、增大因汇率变动导致外汇资产缩水的风险，还会加剧本币升值的压力及与贸易伙伴的贸易摩擦。随着中国特色"出口导向型"发展战略的深化发展，其本身的不合理性以及建立在政策扭曲基础上的内外经济失衡所产生的消极影响正在变得越来越大，特别是进出口贸易收支的失衡，不但导致了中国总体贸易成本的上升，也威胁到中国整体经济稳定，成为我国经济可持续增长所面临的最为严峻的挑战。

尽管贸易摩擦的增多从根本上可以归结为开放经济条件下贸易保护主义抬头的结果，但不可否认，贸易顺差的高速增长也是诱发贸易摩擦的重要原因。在"出口导向型"战略下，中国出口的持续扩大，在世界市场所占份额的不断上升，必然会加剧相关产品在国际市场上的竞争程度，并对他国相关外贸行业造成威胁，最终招致攻击与报复。当前，中国已经身处世界贸易摩擦的中心，成为贸易争端旋涡中的最大受害者。同时，中国所面临的外贸摩擦形势也更加复杂化。

贸易摩擦对象不断扩大，不仅与发达国家的贸易摩擦不断增多，与发展中国家的贸易摩擦也在不断增多，特别是与经济发展水平相近、产业结构相似、比较优势重叠的发展中国家的贸易摩擦呈扩大化趋势；贸易摩擦形式发生显著变化，不同于加入世贸组织前基本以反倾销形式为主，近年来中国外贸摩擦已经扩展全技术标准、检验检疫、知识产权等多种形式；贸易摩擦领域不断扩大，除去传统的劳动密集型产品，机电、化工等中国在开放进程中逐渐形成竞争优势的资本密集型或技术密集型产品也日益成为贸易摩擦的对象。此外，外贸摩擦的领域也逐步由货物贸易向服务贸易领域延伸。对外贸易摩擦的频繁化与长期化使中国外贸面临巨大的不确定性，并对中国宏观经济整体运行及国家政治外交造成严重干扰。

在持续高额顺差的条件下持有外汇储备的机会成本不断增高。从本质上说，一国外汇储备是指其政府所拥有的可以在国际市场上进行自由兑换的流动性资产。同时，外汇储备也是一国平抑外汇市场大幅波动、维持宏观经济内外均衡的重要手段。然而，外汇储备也存在最优规模问题，并非越多越好。一般认为，最适度外汇储备规模，能够保证一国在足以弥补短期内国际收支逆差的条件下维持本币汇率的稳定，并使外汇储备的潜在损失最小（高丰、于永达，2003）。①据中国学者的相关测算，早在 2002 年中国外汇储备的实际规模就已经大于最适度规模。巨额外汇储备给中国经济发展所带来的困扰在当前更是显露无遗。

首先，过度持有外汇储备产生高昂的机会成本。一方面，在持续贸易顺差与外汇储备大量积累的情况下，利用部分外汇储备购买诸如欧美国债等外国资产，成为外汇储备保值增值的必然选择，就此而言，中国属于资本输出国。与此同时，中国鼓励 FDI 大规模进入，从而中国所增持的外国国库券等债权资产实际上被外商投资中国所带来的负资本权益抵消，这等于说中国以迂回的方式为外国的企业提供了融资。另一方面，在发展中国家资本回报率普遍高于发达国家的背景下，中国大规模的资本输出无异于低价将国内资金转到国外给外国人使用，同时还要承担从国际金融市场筹措资金所支付的高昂利息。经济发展成果的累积不能被国内所充分利用，反而形成外资代替中资并挤出国内投资的局面，巨额外汇储备形成的机会成本不容低估。

其次，持有巨额外汇（美元债券）的通胀风险与汇率风险不可小觑。一方面，美国的通货膨胀将逐步侵蚀中国外汇储备的价值，即便美国不会发生严重的通货膨胀（美国通货膨胀率在正常期为 2%—3%），按正常通货膨胀速度，中国外汇储备的利息收入足以被自动抵消，而美国财政状况一旦恶化，通胀失去控制，中国外汇储备更可能面临本金价值也难以保证的局面；另一方面，外国投资者持有美国国债的比例越高，美国政府就越有动机通过通货膨胀来摆脱债务负担，而不幸的是，美国国债的购买者相对分散，其中中国已成为美国国债的最大买主，同时美国政府的财政状况每况愈下。

最后，美元贬值将直接导致中国外汇储备的损失。美元的贬值意味着外

---

① 　具体而言，经济学家通常认为一个谨慎的外汇储备水平应当为该国 3—6 个月的进口额，即相当于年进口额的 1/4—1/2，这是国家帮助进口商或进口企业在出现不可抗拒的支付危机中作为最后债权人的保证。

汇储备所代表的购买力受损，而从长远来看，不仅美元（包括欧元）贬值的风险未能有效释放，而且发生风险的概率大大增加，中国外汇储备面临前所未有的两难困境：一方面，如果继续增持美国国债，中国将不得不冒巨额资本损失的风险；而如果减持美债，快速推进外汇储备多元化，则马上会遭受到外储的损失。这也就是克鲁格曼所谓的"中国的美元陷阱"。

同时，高对外依存度下存在着巨大的发展风险。应该说，对外依存度的提高说明一国经济更加深入地融入了世界，能够更加充分利用国际资源发展自身。但是，过高的对外依存度也说明本国经济发展不仅受制于国内的约束条件，同时受制于国际市场的状况，经济自主发展的选择空间大大缩小。在"出口导向"增长模式下，持续的贸易顺差既是中国外贸依存度提高的原因，也是外贸依存度提高的结果。随着"出口导向型"战略的深入，中国外贸依存度急剧攀升，不仅远远超出发达国家水平（如美国、日本等高度开放国家，其外贸依存度均在 20%—30% 的区间），甚至远远高于一些发展中大国的水平（如印度、巴西等），中国在外贸依存度上表现出明显的小国特征，中国外贸依存度变化如表 11 - 2 所示。

表 11 - 2　中国对外贸易依存度变化

单位：%

年份	出口依存度	进口依存度	外贸依存度
1978	4. 3	5. 47	9. 80
1980	6. 02	6. 45	12. 47
1985	8. 91	13. 76	22. 67
1990	15. 91	13. 67	29. 58
1995	20. 44	18. 14	38. 58
2000	20. 79	18. 79	39. 58
2001	20. 09	18. 38	38. 47
2002	22. 39	20. 31	42. 70
2003	26. 71	25. 16	51. 87
2004	30. 72	29. 07	59. 79
2005	34. 07	29. 51	63. 58
2006	36. 45	29. 78	66. 23
2007	37. 12	29. 12	66. 24
2008	32. 97	26. 15	59. 12

资料来源：根据历年《中国统计年鉴》数据整理计算所得。

　　在高外贸依存度下，中国抗击外部风险的能力将大大降低。在经济全球化与世界经济一体化的进程中，开放国家的一些内部问题也相应地向"国际"延伸，进而影响本国的利益。在此背景下，世界政治、经济格局的跌宕起伏，各种各样突发性事件，都势必增加高度外贸依存度国家所面临的不确定性。特别像中国这种以汇率低估、低要素成本、加工贸易等参与国际竞争而导致外贸依存度被持续放大的国家，更容易受到国际政治、经济波动的影响。

　　此外，内外失衡下国家宏观政策调整难度增加。中国"出口导向型"贸易发展战略不仅产生了一系列问题，而更为严重的是其运作机制从根本上制约了对其的调整。

　　首先，持续巨额的贸易顺差必然削弱中国货币政策实施的有效性与独立性。在现行强制结汇制度下，持续巨额贸易顺差导致货币当局被动地向国内市场投放大量基础货币，而基础货币的持续增加，意味着货币供给的总量会通过派生存款按乘数持续扩张，最终导致通胀，影响国内经济的健康发展。近年来，中国基础货币存量变动与外汇占款存量变动趋于一致，表明外汇占款所导致的"被迫"基础货币投放已经成为中国基础货币投放的主要形式（见图 11 - 2 和图 11 - 3）。

图 11 - 2　　中国央行外汇占款与基础货币存量变动趋势

　　资料来源：根据中国人民银行网站（http：//www.pbc.gov.cn/）金融统计数据与《中国金融统计年鉴》相关数据以及各年汇率调整整理所得。

图 11 - 3　中国外汇占款数量与基础货币存量增长对比

资料来源：根据中国人民银行网站（http：//www.pbc.gov.cn/）金融统计数据与《中国金融统计年鉴》相关数据以及各年汇率调整整理所得。

中国货币管理当局（央行）近年来执行独立货币政策面临的困境也突出反映在应对由外汇增加所导致的通胀之中，如果同时遭遇输入型通胀所产生的叠加效应，则操作政策更显苍白无力：运用利率政策缓解通胀压力，则利率提高会增强本币升值的预期，并引发大规模热钱套利活动，进一步加剧通胀，只能运用与市场经济相背离的行政管理手段控制通胀。

其次，投机对经济、金融稳定政策造成破坏。持续的贸易顺差无可避免地会带来本币升值的预期，国际金融机构会借助发达国家对人民币汇率施加的压力而乘机炒作人民币，促进其升值。同时，国际投资者的跟风也会刺激大量"热钱"涌入。在中国资本项目尚未开放的情况下，热钱的肆意投机经常破坏经济管理当局稳定经济的政策效果，加大宏观经济调控的难度，甚至引发金融危机。2008 年世界金融危机以前，中国股票市场与房地产市场持续大幅上涨就与热钱的炒作不无关系，虽然其规模难以确定，但是值得关注。

再次，政策制定越来越妥协于国际贸易保护主义势力的压力。中国巨额贸易顺差已经"常态化"地成为一些国家转移国内矛盾的借口，特别是 2008 年世界金融危机以来，在经济萧条与政治动荡下的西方国家，不断以汇率低估、廉价品倾销为由指责中国向世界输出通货紧缩，使世界经济贸易失衡，并抢走其他国家人民的就业机会。虽然从所占世界贸易量份额来看，"中国出口导致国际通货紧缩"纯属无稽之谈，但鉴于事实上的巨额贸易顺差与中国经济增长对国际市场的严重依赖，中国政府不得不看别人的"脸色"，在政策制定特别是对外贸易政策的制定上，甚至会妥协于外部的压力。

最后，经济增长的持续性与稳定性也间接地受到深远影响。其一，贸易失衡导致对信贷、投资水平调控与国内金融秩序控制的弱化。国内信贷与国际储备之间的此消彼长关系意味着外汇储备增加必然要求国内信贷水平的降低与之对应，而国内信贷水平降低又会加剧国内资金供需的矛盾，最终影响国内投资水平与经济增长水平。同时，因为中国中央银行和众多金融机构事实上已经解除了再贷款关系，对外汇占款实施冲销政策的主体就落在了国有商业银行头上，一方面，冲销政策将限制商业银行的发展，削弱其竞争力；另一方面也将大大弱化商业银行的货币创造力，并难以为国内企业的发展提供支持，从而导致黑市金融活跃，间接影响货币当局对金融秩序的控制。其二，贸易失衡导致内外部门经济结构失调。中央银行对贸易顺差占款的冲销政策，无疑会减少社会资金的供应与再贷款，一方面国内部门资金紧缺，另一方面对外部门由于出口结汇，资金供需的缺口对其影响较小，在不对称的资金获取条件下，大量劳动力、原材料等经济要素会自动地流向对外部门，从而对外部门迅速发展而国内部门却不断萎缩，中国经济整体上将面临巨大的结构性风险。

在2008年全球性金融危机影响下，世界贸易规模严重萎缩，而从世界经济发展史来看，每一次全球性经济危机都无疑会引发贸易保护主义抬头，进口关税的提高、汇率的贬值、贸易救济措施的滥用以及一系列产业保护、劳工保护等政策的实施，使世界贸易有进一步萎缩的风险。严峻的内外形势已经给中国的"出口导向型"发展模式敲响了警钟，实现中国"新重商主义"的"范式转变"刻不容缓；而如何在贸易发展战略调整"时间窗口"不断缩短的情况下，抓住进出口贸易失衡这一关键矛盾，在进出口贸易互动发展中推动贸易发展战略的渐进转型，成为中国经济继续发展必须关注的问题。

第二节 文献回顾

"出口导向型"发展战略对未来中国经济可持续发展产生了越来越重要

的影响，进行贸易发展战略的转型已成为学术界的共识，但诸多学者基于不同理论与不同研究视角，对于如何转型得出的结论却不尽相同。下文从中国贸易发展模式的转型基础与影响因素、中国贸易发展战略转型的理论依据以及中国外贸发展战略转型的方向选择三个方面进行相关研究的回顾，在此基础上提出关于中国外贸发展战略的转型思路。

一　关于中国贸易发展战略的转型基础与影响因素

在对中国贸易发展战略的转型基础以及影响因素的分析中，许多专家、学者认识到，现代开放条件下一国经济发展战略的选择，不仅要依据本国的基本国情，考虑国内发展条件的约束，同时必须考虑国际经济环境因素及其变化所带来的影响。

杨圣明等（1999）认为，一国或地区在选择适合自身发展的贸易模式时，有五大因素必须予以充分考虑：经济发展阶段与水平、国家整体的经济发展战略、贸易在国家经济发展中的作用、国内的要素资源禀赋以及本国所处国际经济环境与在世界经济中的地位。在对中国国情做出细致分析的基础上，杨圣明等进一步指出，作为世界上最大的发展中国家，中国除了需要考虑上述五大因素外，还必须考虑如何利用广阔的国内市场优势以及如何避免因贸易规模巨大而可能带来的冲击。尹翔硕（2001，2006）认为，中国贸易发展战略的选择必须着重考虑四个因素以适应国情与外部经济环境：必须有利于突破中国当前阶段经济发展主要约束条件的限制；必须符合中国经济发展的长远目标；必须适应中国经济发展的市场规模，并将疆域、人口等指标作为战略选择的依据；必须遵守国际贸易的游戏规则，实施低干预的贸易政策。佟家栋（2005）也认为，贸易发展战略的选择必须与国家经济发展的阶段性重点相结合，而在我国主要体现为：在贸易发展进程中引进先进技术；有选择性地吸收符合本国实际的国外经济发展经验；正确选择本国的经济运行体制，形成发展要素高效配置的有利环境。

刘力（1997）则着重研究了中国选择贸易发展战略的特殊性，主张将谋求对贸易动态收益作为贸易发展战略的基本目标，同时要适应世界经济自由化与一体化趋势，实行更加开放的贸易政策。此外，选择贸易发展战略，还必须重视进口贸易在经济发展中所起的作用。

还有学者主要考虑了外部环境对于中国贸易发展战略选择的影响。如贾继锋等（2000）深入分析了在中国经济规模巨大的条件下，贸易条件改变及其给本国贸易乃至整体经济带来的冲击：一方面，中国巨大的出口份额容易影响国际市场的供求关系，导致出口商品价格的下降与出口贸易条件的恶化，也容易对进口国相关产业造成冲击，招致贸易壁垒与贸易报复；另一方面，中国进口同样因为规模较大而容易影响到国际市场的供需关系，导致进口价格上升与进口贸易条件恶化；同时，巨大经济规模导致中国贸易政策的任何改变都会引起贸易相关国做出"条件反射"的"保护主义"连锁反应。因此，贾继锋等认为制定中国贸易发展战略应尽可能协调与贸易伙伴国的经济利益，尽量减轻贸易活动与贸易政策本身带来的冲击，以保证贸易与经济的可持续发展。

二　关于中国贸易发展战略选择的理论依据

任何发展战略都有其系统的理论支撑。关于中国外贸发展战略究竟应以何种理论作为基础，国内理论界分歧巨大，但大都围绕一个相同的主题——"比较优势"——而展开。比较优势理论的支持者认为，一国——特别是发展中国家——如果放弃其比较优势，转而支持其具有比较劣势的产业发展与产品出口，结果可能会在中短期内促进经济的增长，但从长期看，不仅不能实现贸易结构的合理化与产业结构的高度化，而且会损害本身具有比较优势的产业发展，最终贸易发展仍必须回归于本国的比较优势。而传统比较优势理论的批判者则认为，如果后进国完全按比较优势参与国际分工，将本国在国际市场的竞争优势局限在自然资源、廉价劳动力等要素上，而忽视资本形成、技术创新与经济结构升级等更为关键的发展因素，则一国初始的比较优势将不断弱化。

中国著名学者林毅夫、胡鞍钢、樊纲等坚持中国应该实行比较优势战略。林毅夫（2002）认为一国的产业结构、生产技术等只有符合其要素禀赋结构特征，本国微观层次的企业才能逐步具备自生发展能力，并进一步产生要素禀赋结构升级的效应，从而促进经济持续增长。依照比较优势战略，一国比较优势越大，剩余就越大，积累率也越高，从而要素禀赋结构转换也就越快，经济增长水平也会随之高水平收敛；反之，如果一国逆比较优势选择产业与技术，则在国际市场上不仅缺乏竞争力与自我发展能力，要素禀赋结构、产业结构提升也会较慢。因此，鉴于在劳动力资源上的巨大比较优势，中国必须先通过劳动密集型产业的发展，为比较优势向资本、技术优势转化奠定基础。胡鞍钢（1997）通过对未来世界经济的发展趋势、中国现行比较优势与未来可能比较优势的分析，认为中国应当选择比较优势战略以及与之对应的贸易自由化战略。樊纲（2002）进一步认为，如果中国不抓住比较优势这个关键因素，不在开放条件下充分实现自身比较优势，就失去了"赶超"发达国家的机会。

但诸多学者也对比较优势战略提出了质疑与批评。在较具代表意义的研究中，洪银兴（1997）认为，依赖比较优势的国家，特别是那些依赖自然资源密集型产品与劳动密集型产品比较优势的国家，在国际经济中总处于被支配地位，同时其国内产业结构被锁定于低层次的现象也较为严重，因此，对大多数发展中国家而言，比较优势战略是一个"陷阱"。左大培（2000）指出，像中国这样的一个发展中大国，国内市场的巨大规模及其对国际市场的巨大影响，都决定了不该将发展的基础放在对外部市场的依赖上，鼓吹依据比较优势出口从而带动本国经济发展的观点是极其有害的，发展中大国应该通过内部市场的培育与完善促进国内产业结构升级进而"超越"比较优势。张小蒂（2007）等基于对发展中国家比较优势战略实施过程中进出口关系的分析，更是认为如果一国出口扩张过度依赖技术引进，可能弱化本国的自主技术创新能力，从而阻碍其获取后发优势，并最终丧失技术进步这一实现"赶超"过程中的最重要能力。

还有学者通过对比较优势理论优点与不足的归纳总结，认为中国不能单纯地坚持或者反对将比较优势理论作为中国对外贸易发展战略的理论基础，而应该采取一种更为折中的态度对待比较优势理论，弃其不足、取其所长，走一条综合性道路。

尹翔硕（2001）认为，虽然比较优势理论批评者与比较优势理论支持者的态度与主张完全不同，但其实他们并不否认比较优势的存在，而是认为后进国家仅仅依靠现有比较优势而不努力创造后天比较优势将无法赶超先进国家。因此，对于比较优势理论的批评者而言，实际上主张通过对不具备比较优势产业的保护实现比较优势更快的转换。刘重力、胡昭玲（2005）认为，比较优势理论与逆比较优势理论并不对立，一国贸易发展战略的制定，应综合考虑相关理论，既要借鉴传统比较优势理论的观点，又要借鉴逆比较优势理论的观点，同时还应参考战略性贸易等理论的观点。陆善勇等（2007）也认为，比较优势理论与逆比较优势理论两者在实践上均存在严重缺陷，只有将先天初始的比较优势与后天内生形成的竞争优势综合考虑，一国才能在长期内实现贸易的动态收益。郭克莎（2003）则明确提出，中国贸易发展战略应以比较优势理论为基础，以比较优势转换为导向，有选择地利用静态比较优势，同时有针对性地推进逆比较优势战略。

总之，从理论界的争论来看，国内学者就中国对外贸易发展战略究竟应以何种理论作为基础，远未达成一致意见。从而，关于中国贸易发展战略的转型方向，不同学者依据不同的理论也得出诸多不同结论。

三　关于中国外贸发展战略的转型方向选择

关于我国外贸发展战略的转型方向，从近年国内研究现状来看，国内学术界主要围绕对比较优势理论的争论，提出了两种较有影响的外贸战略理论：依托本国市场内向发展的"内需消费型"战略与有管理的贸易自由化战略。

基于"出口导向型"贸易战略的弊端及其成功发展所需的因素组合，许多学者认为，"出口导向型"战略主要对那些国内市场狭小的国家行之有效（如东南亚国家），而中国地大物博、国内市场广阔，有条件将经济持续增长的动力放在国内。因此，国际贸易的重要性相对降低，中国更应以国内市场为主，放弃外向型发展模式，转而实行偏内向发展的"进口替代"战略。如我国学者孔祥敏（2007）就认为，"出口导向型"战略作为经济初始发展阶段的阶段性策略选择是行之有效的，但当经济跨越起飞阶段后，就必须适时地进行调整，通过加强自主技术创新与提高本国居民消费水平继续推动经济增长，最终实现产业结构、贸易结构的合理化与高级化。否则，当国际贸易环境的变化影响到出口的扩张，本国经济将会遭遇较大挫折。

由外向发展的"出口导向"模式向偏向进口替代的"内需消费"模式转变得到了诸多认同，有学者针对中国国内需求不足的现状，进一步分析了产生需求不足的原因并提出了相应对策。茅于轼（1999）认为，中国有效需求不足的根本原因在于信用的不足，信用问题不仅阻碍了市场经济的正常运行，还阻碍了资本市场的顺畅流通，导致投资需求的不足，因此，中国应健全社会信用体系，建立低成本的信用记录，而不能简单地以货币或财政政策的扩张扩大国内有效需求。康静萍（2000）认为，造成中国内需不足的根本原因在于社会财富分配的不均，对此应利用税收、转移支付等财政手段调整收入分配的格局，提高中、低收入者的实际可支配收入水平。陈躬林（2001）认为中国国内有效需求不足源于体制问题，国企改革的困境、非公有经济市场竞争力的缺乏以及市场交易的不规范，都严重制约了有效需求，而相应对策是要继续深化国企改革，对非公有经济类企业（特别是中小企业）给予制度与政策的扶持、优惠。袁恩帧（2001）则认为，中国的过剩经济是相对的，表现为无效供给过剩与有效供给不足之间的矛盾，因此有效需求不足的原因根本在于需求潜力难以在供需结构不匹配状态下得以释放，策略在于以需求为导向，积极调整产业结构与供给结构，为消费者提供真正需要的产品与服务。此外，还有学者从消费观念、心理预期等角度探讨了中国有效消费需求不足的原因。

　　针对中国"出口导向"战略的发展困境与国内经济发展现状，同时依据"折中"比较优势理论，更多学者认为，中国实行单一"出口导向"战略或者单一"内需主导"战略均不可取，而应综合两者优点，实行有管理的贸易自由化战略。唐海燕（1993）指出，中国不应在"进口替代"与"出口导向"之间做非此即彼的选择，事实上还可以选择有效结合两者各自优势的平衡发展外贸战略。张鸿（2005）基于对"二战"以来一些国家的发展战略选择的成功经验与失败教训的研究，提出中国应根据经济发展的整体目标，打组合拳，即综合"进口替代"和"出口导向"，实行整体自由、局部适度保护的贸易自由化战略。尹翔硕（2001）认为，在愈加开放的经济条件下，中国贸易战略只能向低干预度的"出口导向"方向发展：在出口鼓励方面，不利于公平竞争市场环境形成的优惠政策应逐步取消；在进口保护方面，要大量削减非关税措施，大幅度降低关税；同时，对于国外产品的冲击，也应当根据世界贸易组织的具体条款，进行"合法"的保护。刘力（1999）则提出中国应实行"内撑外开型"贸易发展战略，同时注重国际与国内两个市场，通过外贸发展大力推进产业结构升级、技术进步与制度革新，最终实现工业化和现代化。此外，李计广（2008）还提出了"中性"贸易发展战略，主张以国家长远利益的实现为核心内容，通过规范而非扭曲的政策推动外贸的持续发展，并继续创造良好的对外贸易内外环境。

可以看出，"折中"思路企图组合"进口替代"与"出口导向"各自的有效部分，在积极发展"出口导向"的同时，最大限度地利用"进口导向"的某些政策以促进经济的持续增长。但这种混合型战略也招致了批评。从理论缺陷来看，此种战略容易造成政策间的相互矛盾，导致种种扭曲和低效率现象，并妨碍统一市场价格体系形成与生产要素自由流动；从实践来看，此种战略操作难度较大，不仅国内需求可能"启而不动"，出口也可能不断下滑，导致经济发展陷入困境。

四　文献述评与中国外贸发展战略转型路径的提出

从对相关文献的回顾来看，关于中国贸易发展战略的转型问题，国内学术界主要围绕比较优势理论能否作为其理论指导以及与之相对应的中国应该采取什么样的策略而展开讨论。应当认识到，比较优势理论批评者关于先天比较优势在长期外贸交往中将逐渐弱化的观点具有重要意义。特别像中国这样的发展中大国，人口基数巨大，人均占有资源并不丰裕，依据比较优势发展出口贸易，必然产生资源消耗的上升与资源产品价格的上涨，从而导致资源产品比较优势的弱化，而经济增长过程中工资水平的不断上升也将导致劳动力比较优势持续减弱；同时，国际市场上资源型产品与劳动力密集型产品相对技术水平低、附加值低、需求弹性小，极易导致出口的"合成谬误"与"贫困化增长"，国际发展空间也会越来越窄。

但也必须认识到，学术界对于比较优势理论的批评与责难，大多是针对传统比较优势理论而言的，现代比较优势理论的发展并未得到更多的关注。传统比较优势理论基于狭义要素禀赋，将比较优势来源仅限于劳动力、土地和自然资源等要素，因此从根本上说是一种静态的理论。如果将比较优势源泉仅仅局限于低级的、原始的要素禀赋，便意味着这种由先天要素禀赋所形成的比较优势是无法逆转的，也意味着在正常情况下国家之间的发展差距不可弥合。同时，正是由于静态比较优势对初始要素禀赋的过度依赖，使经济结构刚性与要素优势动态转换能力被削弱，先天的资源、劳动力成本等优势不能内生出更高级的资本优势、技术优势等；更为严重的是，对低端劳动力与自然资源的依靠还会造成对国民经济其他部门的挤出效应，最终使经济整体陷入困境。

"二战"以后，在经受"里昂惕夫之谜"的质疑以及世界贸易形态发生重大改变情况下，传统比较优势得以迅速改进从而解释世界贸易的运行。针对传统比较优势理论的静态缺陷，现代比较优势理论从比较优势的源泉与影响因素方面赋予了比较优势动态化的内涵，并着重强调了诸如规模经济、分工、技术进步、制度、政府作用等对获得动态化比较优势的关键性作用。对狭义要素禀赋困境的突破，还体现在现实经济中比较优势内涵的层次性与替代性。一般而言，先天存在的要素禀赋比较优势层次较低，而后天创造的比较优势则层次较高，低层次的比较优势不仅在国际竞争中获得比较利益较少，且极容易被竞争对手替代，转换成比较劣势。因此，对于高层次比较优势的培养将突破低层次比较优势的局限，比较优势动态化体现为不同层级优势的跃进。

对于是否应将比较优势理论作为外贸发展战略理论基础的问题，许多人持反对态度，根本原因在于将静态要素禀赋优势理解为比较优势的全部，从而以凝固化的眼光看待比较优势，遵循这种"固化"的比较优势，在国际贸易中当然会产生"比较优势弱化"现象。此外，国内诸多学者对于比较优势理论的误解，还在于往往将"比较优势"等同于"出口导向"。比较优势必然通过国际贸易体现，依据比较优势发展经济，对外部门在国民经济中所占比重也必然比推行内向发展的经济体大得多，但是，与依据比较优势"顺其自然"产生外向型经济特征相比，"出口导向"显然更具强烈追求贸易规模的倾向。

有鉴于此，依据并实现比较优势这一国际贸易中"最重要、最古老，也最基本的命题"（克鲁格曼，1992）仍然是中国贸易发展战略转型选择所应考虑的关键问题。一方面，必须认识劳动密集型产业的快速扩张并不是比较优势弱化的"先兆"，而是经济发展不可逾越的阶段，只有根据现有要素禀赋比较优势参与国际分工，要素禀赋结构也才能朝更高级层次内生转化；另一方面，必须根据经济发展阶段以及业已形成的发展基础，从而才能促进比较优势的动态转化。

同时，中国经济发展面临的约束也决定了中国贸易发展战略的转型基点依然在于贸易发展本身，而并不在于内向的"内需主导型"发展模式的建立。

第一，中国开放经济的进程已不可逆转。当今世界经济已不再是各国经济的简单相加，而是一个开放的有机整体，随着经济联系的愈加密切和国际分工与一体化程度的不断提高，任何一个国家或地区企图在封闭条件下寻求发展已不可能。在此背景下，中国经济必须更加深入地融入国际竞争之中，成为国际分工体系的组成部分，并在与国际经济的相互作用中，实现经济体制与国际的接轨。因此，中国经济发展模式转型应充分考虑到中国开放经济的不可逆转性，并有效利用开放经济所带来的机遇。

第二，通过实行自主性较强的内需主导型发展战略有效整合国内外资源与市场从而实现经济持续增长，无疑是中国经济发展的长期目标，但是由于复杂的国情与中国长期"出口导向"战略发展下的现实起点，在短时期内实现外向型模式向内需型模式的转换并不现实。首先，国内消费不足的现实短期难以改变。在经济增长高度依赖于国内投资与外需拉动的条件下，中国国民最终消费率在 GDP 中所占比重呈逐年下降趋势（2000 年除外）（见表11–3）。我们认为，储蓄过高而消费滞后，其根本原因在于公共管理制度不健全与收入分配制度扭曲下收入分配差距过大。收入分配差距的矛盾必然通过制度改革来化解，但制度的建立却是一个漫长而艰苦的过程。同时，东亚地区节俭的传统以及中国社会保障体系的完善与重构，短时期内也难有大的改变，因此，中国消费不足与储蓄过度的现状短期内难有改观，经济发展对于外部市场的依赖也将长期持续。其次，中国长期形成的外向型结构难以改变。随着"出口导向"贸易战略的推进，中国出口产品在国际市场上已经占据了巨大的份额，特别是在低附加值的劳动密集型产品上形成了庞大生产规模，该规模远远超出中国国内市场的"消化"能力。在"出口导向"战略的转型过程中，低端劳动密集型产业的削减与替换是必然的，但这需要一个渐进的过程，而当靠扩大内需不能充分吸收这部分生产能力时，必须依赖外部市场对其进行转移与处置。因此，在长期形成的外向型生产结构难以改变的情况下，对于出口的要求不仅是必要的，而且是必需的。

表 11－3　中国投资率与消费率变化情况（1986—2008 年）

单位：%

年份	1986	1988	1990	1992	1994	1996	1998	2000	2002	2004	2006	2008
投资率	37.5	37.0	34.9	36.6	40.5	38.8	36.2	35.3	37.9	43.2	42.6	53.5
最终消费率	64.9	63.9	62.5	62.4	58.2	59.2	59.6	62.3	59.6	54.3	49.9	48.6

来源：《中国统计年鉴》（2009）。

第三，中国面临较大的就业压力的状况短期内难以改变。新中国成立以来，人口的快速增长使得中国在经济发展的任何阶段，始终面临巨大的劳动就业压力，而在经济体制转型过程中，这一问题显得更为突出，不仅大量农村剩余劳动力需要转移，大批下岗工人也需要再就业。在"出口导向"贸易战略下，丰裕劳动力不仅成为中国参与国际贸易的比较优势，同时成为缓解劳动力就业问题的最优选择。劳动就业的巨大压力与劳动力资源长期存在的比较优势，决定了中国在长时期内仍然必须将劳动密集型产业作为经济发展的重要组成部分，从而，对外部市场需求的依赖也将具有长期性。

综上所述，既然中国贸易发展战略的转型基点依然在于贸易发展本身，而转型关键又在于对外贸易中动态化比较优势的实现，那么，作为贸易发展战略的转型手段，进出口贸易互动的主要内涵也当然在于动态比较优势的实现。像中国这样经济发展水平比较落后的发展中大国，对外贸易的内容不能再等同于传统"出口导向型"贸易发展战略下以"出口创汇"、"奖入限出"、简单利用劳动力比较优势获取静态贸易利益，而是要将对外贸易的发展与实现本国的工业化与现代化相结合起来，与本国资本形成、技术进步、产业结构演进等反映动态利益的内容相结合起来，从而实现经济发展的协调、稳定与持续增长目标。

第三节　进出口贸易与比较优势动态化机制研究

通过前文对中国贸易发展战略以及比较优势理论相关文献的回顾可以看出，无论是支持还是批评比较优势理论的学者，都将比较优势作为一国参与国际贸易的依据来研究，而往往忽略贸易发展与比较优势获取的双向互动关系——贸易本身也可以成为获取比较优势的途径。同时，基于开放经济条件下比较优势来源的扩展，发展要素已经越来越突破传统国界的限制而在世界范围内广泛流动。我们认为，能否通过进出口贸易的要素引致效应与要素溢出效应，使游动于国际的发展要素有效"沉淀"下来，成为一国能否实现比较优势动态化转换的关键。

一　进出口贸易与资本形成

无论在经济增长理论还是比较优势理论中，资本积累能力对一国经济发展都具有决定性的意义。在经济发展过程中，如果给定了劳动力增长的外生路径，则资本的积累过程也就意味着要素禀赋结构调整与比较优势动态转化的过程，因此，利用对外贸易加速资本积累，增加资本在要素禀赋结构中的丰裕度，能形成现实比较优势与潜在比较优势的动态转换。

根据雷布津斯基定理，某种生产要素存量的增加，将导致较密集使用该要素产业部门的扩张，而较少使用该要素产业部门将随之收缩，因为任何要素的增加都将促使密集使用该要素的企业扩大其生产规模，而生产过程是要素搭配使用的过程，未密集使用存量增加要素的企业必然缩减其要素使用量，其结果最终导致了密集使用存量增加要素产业部门的扩张与另一部门的萎缩。由雷布津斯基定理可以进一步推断：在消费者偏好一定的状态下，密集使用存量增加要素的产品将出现超额供给，而非密集使用存量增加要素的产品将出现超额需求，其结果是密集使用存量增加要素产品相对价格的下降、比较优势的增强，非密集使用存量增加要素产品相对价格的上升、比较优势的弱化。据此，一国其他要素资源状况不变，而资本要素积累使其要素禀赋结构发生改变情况下，资本要素价格趋于下降，资本密集型产业将扩张。同时，资本密集型产业扩张引致对劳动力配套的需求，劳动密集型产业将趋于收缩。从而，比较优势实现了由劳动力向资本的转化。

通过进出口贸易实现资本积累，进而实现中国比较优势的动态化发展，其路径在于：对应于劳动密集型产业的比较优势，国际市场将扩张对中国劳动密集型的产品需求，而需求的增加将使劳动密集型产品的价格提高，从而资本积累增加、资本要素丰裕度提高，并且在 S - S 定理（斯托尔珀 - 萨谬尔森定理）的作用下，劳动力工资随之提高，这使得要素供给优势转化、比较优势发生动态变迁（见 11 - 4）。

图 11 - 4 对外贸易、资本形成与比较优势动态化的连接示意

二 进出口贸易与技术进步

作为推动经济发展的最重要因素，技术可以通过提高要素边际生产率以扩展生产函数的边界，从而在一国要素总量与要素结构均不发生改变的状态下，促进其经济持续增长。技术进步的作用等同于生产要素供给的增加，而技术对于其他生产要素的替代将提高生产产品的技术要素密集度，从而比较优势也随之动态化变迁。根据希克斯（Hicks）对技术的定义，技术进步一般可以分为三种类型：中性技术进步、资本节约型技术进步与劳动节约型技术进步。[①] 基于中国及广大发展中国家的现状，本研究以劳动密集型"出口导向"产业部门与资本密集型"进口替代"产业部门的技术进步为例，分析不同类型技术进步对比较优势动态转换的影响。

---

① 希克斯中性技术进步即是指技术进步使资本与劳动的边际生产率以相同比率提高，从而在资本劳动比率不变的条件下实现同样数量商品生产需要的资本与劳动以同等比率下降；劳动增大型技术进步则是指技术进步以劳动边际生产率提高大于资本边际生产率提高的形式表现出来。

（一） 中性技术进步对比较优势的影响

假定资本密集型"进口替代"产业部门产生了中性技术进步，则在劳动与资本边际生产率同比率上升的状态下，资本密集型"进口替代"产业部门生产规模会扩张、工资水平会提高，从而生产要素也会向该产业部门流动。如此，在中性技术进步促进资本密集型"进口替代"产业部门产能增加的同时，劳动密集型"出口导向"产业部门的规模会缩减。尽管这会导致出口的减少与进口的增加，影响经济的短期增长，但从长期来看，这样的结构调整为比较优势从劳动密集型产品向资本密集型产品的动态转换铺平了道路。

（二） 资本节约型技术进步对比较优势的影响

假定劳动密集型"出口替代"产业部门产生了资本节约型技术进步，则劳动的边际生产率较之于资本的边际生产率会提高，这将产生两方面的影响：一方面，经济增长中劳动要素的使用量高于资本要素的使用量，劳动密集型"出口导向"产业部门与资本密集型"进口替代"产业部门的资本劳动比率都将下降；另一方面，要素从资本密集型"进口替代"产业部门向劳动密集型"出口导向"产业部门转移，劳动密集型"出口导向"产业部门产量扩张。资本节约型技术进步促使比较优势从资本密集型产品向劳动密集型产品转化。从短期来看，资本节约型技术进步可能较适应于一国经济发展的初始要素禀赋，劳动密集型产品出口的扩大不仅可以积累相对稀缺的资本，还可缓解就业的压力。但从长期来看，在资本节约型技术进步的作用下，劳动密集型"出口导向"产业部门的扩张与资本密集型"进口替代"产业部门的萎缩呈此消彼长的关系。同时，劳动密集型产品产能与出口的大幅增加，可能会伴随贸易条件的恶化，陷入"贫困化增长"的困境。

（三） 劳动节约型技术进步对比较优势的影响

假定资本密集型"进口替代"产业部门产生了劳动节约型技术进步，则资本的边际生产率较之于劳动的边际生产率会提高，这会导致一国经济增长中对资本要素的使用量高于对劳动要素的使用量，从而经济系统中资本要素存量规模与人均资本拥有量相应增加。资本要素相对于劳动要素丰裕程度的提高，意味着资本要素对于劳动要素的替代与资本要素在生产中的投入比例的提高，因此，一国的比较优势向资本密集型产品转化。劳动节约型技术进步对比较优势动态转化的作用具体体现为：短期内改善对外贸易的条件；促使生产要素从劳动密集型"出口导向"产业部门向资本密集型"进口替代"产业部门的流动；引致资本要素价格的上涨与国际资本的流入，从而有利于资本密集型"进口替代"产业部门的发展及其向出口主导型部门的动态转化。

三　进出口贸易与产业结构优化升级

长期以来，对经济增长本质的争论使经济学界达成了共识：经济增长是结构转变过程中资源要素配置的结果，产业结构的优化调整在经济的持续增长过程中起着关键的作用。因此，如何利用开放条件下的进出口贸易实现产业结构的优化调整，进而强化在国际竞争中的比较优势或取得新比较优势，也成为进出口贸易互动的应有之义。

如前文所述，一国通过进出口贸易能改善其资本形成状况以及拓展其技术进步的渠道，促使在对外贸易的进程中产生动态化的比较优势。与此同时，在资本的形成、技术的进步中一国产业结构优化升级效应也随之生成，产业结构的优化升级不仅意味着经济增长的巨大突破与质的飞跃，同时意味着建立在本国产业结构优化基础上的更为强劲的国际竞争比较优势的获得，此种比较优势不仅超越了由单一资本要素或者技术要素带来的比较优势，更反映为一种全方位的综合比较优势，诸如产业优化升级过程中规模经济竞争优势、专业化分工优势、制度创新优势以及中观、微观层次上的行业、企业竞争优势等。

第一，进出口贸易作用下产业结构优化升级与规模经济的形成。就进口贸易而言，进口结构或规模变动会直接导致一国国内产业结构发生变动，因为进口的变化意味着一国供给的变化，从而产业结构必须调整与供求相适应。进口贸易对产业结构优化升级的促进作用主要表现为：进口贸易通过示范效应形成本国对进口产品的需求，推动本国并不存在的或者是生产能力较弱产业的建立与培育，形成产业结构的优化调整效应。在此过程中，相应产业市场规模的拓展与扩张将使得该产业的生产成本大幅降低，从而反向出口产品到国际市场并获取国际竞争的规模经济比较优势。就出口贸易而言，依据国际市场的需求变化并结合本国的生产优势，调整出口产品的结构，将直接产生国内产业结构的调整升级效应。着眼于外需的产业结构优化调整，不仅可以扩大某类产品的出口从而形成规模经济效应，同时也能够通过产业内的前向、后向关联效应，推动中间品行业的快速发展，从而在更大层面上形成产业的规模经济效应，进一步强化其在国际竞争中的规模经济比较优势。

第二，进出口贸易作用下产业结构优化升级与专业化分工的深化。在通过进出口贸易实现产业结构优化升级进而取得规模经济收益的同时，也必然产生专业化分工的优势。因为要将潜在产品优势与整体产业结构优势转化为现实的优势，必然要通过一定的经济组织结构形式，而分工深化构成有效经济组织结构的基本内涵。一方面，分工深化能直接提高生产效率、间接促进技术累积与创新，从而降低生产成本与产品价格，在强化原有比较优势的基础上进一步实现由潜在比较优势向现实比较优势的转化；另一方面，分工深化意味着生产"迂回度"的提高，伴随新生产函数的建立与迂回生产链条的延长，技术知识外溢与人力资本积累将加速，并形成新产业部门或新专业化部门，从而在强化专业化分工优势的同时进一步催生新比较优势。由此可见，一国外贸发展过程中专业化分工的演进，在直接强化比较优势并将潜在比较优势转化为现实优势的同时，又间接促进产业结构进一步调整升级，形成新产品的比较优势，从而实现比较优势产品范围的扩展。

第三，进出口贸易作用下产业结构优化升级与综合竞争优势的获得。通过进出口贸易实现产业结构优化升级的同时，还将引致一系列竞争优势的产生，从而实现一国在国际竞争中比较优势的动态化发展。首先，进出口贸易及国际投资的扩大，必然带来外资在经营管理、企业文化、经营诀窍等方面的示范效应，一旦这些新要素与本国比较优势相结合，则本国比较优势将更加显著；其次，随着产业结构的调整、规模经济的产生，生产企业将面临更大的国内、国际市场竞争压力，从而迫使其不断提高生产效率，形成新比较优势；最后，开放条件下的产业结构升级，增加了一国学习国外新观念、新知识与新规则的机会，从而体制与机制的改进也将演化出制度创新的比较优势。

进出口贸易、产业结构优化升级与一国比较优势动态化发展如图 11 – 5 所示。

图 11 – 5　对外贸易、产业结构升级与比较优势动态化发展示意

第四节　中国进出口贸易互动发展的比较优势动态效应

基于前文对进出口贸易与动态化比较优势实现互动作用机制的研究，下文将进一步实证分析改革开放以来，进出口贸易对中国资本积累、技术进步与产业结构优化升级产生的作用，并得出如何促进进出口贸易互动发展以实现比较优势动态转化的相关结论。

一　中国进出口贸易互动发展与资本形成

对外贸易是开放经济条件下一国资本要素积累的重要途径，具体体现在：其一，通过进出口直接实现资本要素积累。一方面，出口增加将提高出口部门的赢利水平，进口增加则会加剧国内市场的竞争，进出口增加都将促使企业加大对资本的投入，从而资本要素积累随之上升；另一方面，通过出口使一国或地区储蓄与外汇储备提高，使扩大对资本品的进口成为可能，从而在克服发展"瓶颈"问题的同时提高资本积累率。其二，通过引致国际直接投资，间接促进资本积累率的上升。20 世纪 80 年代以来的相关研究均表明，国际直接投资与东道国外贸发展存在相互促进关系，一国或地区参与国际贸易的程度越高越有利于国内投资环境的改善，从而也就越有利于该国吸引国际投资及提高资本积累率。

(一) 关于资本形成的估算

基于数据的可得性与直观性，研究一国资本的形成状况，一般主要考虑其资本存量（CA）以及资本存量的增长率水平，大多数学者也认为以资本存量及其增长速率作为衡量一国资本形成规模及其变动的指标是合适的。

在经济学的研究中，资本存量的估计对于一国全要素生产率、投资效率等的测算都相当重要，因此，关于中国资本存量估计的文献也大量出现，其中以张军（2003）、郭庆旺（2004）等的研究较具代表性。而当前对资本存量的估计，运用最为广泛的方法是戈登史密斯（Goldsmith，1951）开创的永续盘存法（以下简称 PIM），PIM 基本思路是以累计的固定资产投资规模计算资本存量规模，其表达式为：

$$k_t = (1 - \delta)k_{t-1} + I_t \tag{11.1}$$

在式（11.1）中，K_t 与 K_{t-1} 分别表示第 t 年及其上一年的资本存量，I_t 表示第 t 年的净投资额，δ 表示第 t 年的资本折旧率。概括而言，式（11.1）所表达的意思是第 t 年的资本存量等于上一年的净资本存量（总资本存量减去资本折旧）加上 t 年的投资。式（11.1）的应用涉及以下几个关键问题。

第一，衡量资本投资额所使用的指标。在对资本投资额指标的选择中，中国学者大多采用年固定资本形成额（张军，2004；刘洪，2009），因此，本研究也采用这一指标，并以 1978 年的固定资本总额作为基期数据。

第二，折旧额或折旧率的确定。在大量的研究中，为求简洁方便，都假设各类型资本的折旧率与寿命期不随时间的变动而发生变化。但本研究认为，在现实生产活动中，随着存量资本的增加与新投资本品技术含量的提高，资本折旧率会不断上升，从而社会总资本的折旧率也会不断升高。借鉴我国学者叶宗裕（2010）据此对中国国有企业固定资产基本折旧率在不同时间段的修正，本研究采用他的调整数据对中国资本存量进行估算，所得数据对数形式（lnCA）见附表 11 – 1。[①]

（二）进出口贸易的直接资本形成效应

进口贸易和出口贸易都对一国或地区资本形成具有重大影响。出口增加将提高外贸部门的赢利水平，从而外汇的流入能有效弥补资本缺口、促进本国的资本形成，但如果出口贸易是以"有量无价"的形式增长，则长期资本形成能力会受到损害，同时如果国内资金已经比较充裕，出口贸易迅速增加带来对现存资产的加速折旧，又会使资本的形成额趋于减少；进口贸易的增长从表面上看会加剧国内市场的竞争，从而刺激国内企业加大对竞争性资本的投入，同时如果进口商品主要包括机械设备等固定资产，则对资本形成的作用越大，但进口的增长从根本上体现为资源的流出与资本来源的萎缩，从而进口结构不合理也将不利于一国资本的形成。因此，进出口贸易对于一国资本形成的确切效应，必须通过具体的实证分析才能得出准确结论。

1. 模型建立与采用数据的说明

根据本研究的内容，建立资本形成与进出口关系的模型如式（11.2）。

$$\ln CA_t = \mu + \alpha \ln EX_t + \beta \ln IM_t \tag{11.2}$$

其中，$\ln CA_t$ 为资本形成总额的对数时间序列，μ 为截距项，$\ln EX_t$ 为出口总额的对数时间序列，$\ln IM_t$ 为进口总额的对数时间序列。数据均采用自然对数形式主要是由于数据的自然对数形式不仅不改变时间序列的性质，而且还能保留原时间序列的信息与特征。同时，自然对数形式具有使时间序列趋于线性化、降低数据波动对分析的影响、消除异方差等优点。[②] 模型使用数据的区间为 1978—2009 年。其中，为消除物价水平变动的影响，以 1978 年作为基期对中国资本形成总额数据进行了相应的调整。同时，为消除汇率

---

① 参见叶宗裕《中国资本存量再估算：1952—2008》（《统计与信息论坛》2010 年第 7 期）。在叶宗裕文中，1952 年建筑安装类资本和机器设备类资本的折旧率分别为 6.9% 与 14.9%，平均寿命分别为 45 年和 20 年；1953—1979 年，建筑安装类资本的折旧率与机器设备类的折旧率每年递增分别为 0.02% 与 0.1%，到 1979 年建筑安装类和机器设备类的折旧率分别为 7.44% 和 17.6%，寿命年限分别约为 42 年和 17 年；1980—1993 年建筑安装类和机器设备类的折旧率每年分别递增 0.03% 与 0.15%，到 1993 年建筑安装类和机器设备类的折旧率分别为 7.86% 和 19.7%，寿命年限分别约为 39 年和 15 年；1994—2008 年建筑安装类和机器设备类折旧率每年分别递增 0.04% 和 0.2%，2008 年建筑安装类和机器设备类的折旧率分别为 8.46% 和 22.7%，寿命年限分别约为 37 年和 13 年。

② 本研究计量模型所采用时间序列数据如无特别说明，基本取自然对数形式。

及价格变动的影响，对用当年美元价格统计的进出口总额数据用当年的平均汇率转化为以人民币为单位的总额数据，再以 1978 年为基期对该总额数据进行物价的调整（相关数据见附表 11 - 1）。

2. 平稳性检验

在对时间序列经济变量的分析中，通常假定所要分析的数据具备平稳性特征，但诸多实证研究表明，多数时间序列数据不具备平稳性，而采用一般估计方法来进行非平稳变量间关系的判断，可能会产生错误。因此，本研究计量模型首先对相关数据进行单位根检验，以确定其平稳性状况。[①]

采用 ADF 检验，得出本模型变量的单位根检验结果如表 11 - 4 所示。

表 11 - 4 LCA、LEX 与 LIM 变量 ADF 单位根检验结果

变量	检验形式（C,T,K）	ADF 检验统计量	5% 临界值	结论
LCA	（C,T,1）	- 2.157310	- 3.568379	不平稳
LEX	（C,T,1）	- 2.234132	- 3.562882	不平稳
LIM	（C,T,1）	- 3.096103	- 3.68379	不平稳
△LCA	（N,N,1）	- 2.001167	- 1.952473	平稳
△LEX	（N,N,1）	- 2.698160	- 1.952473	平稳
△LIM	（N,N,1）	- 2.719928	- 1.952473	平稳

注：在本章所有的 ADF 单位根检验中，C 表示常数项，T 表示趋势项，N 表示既不含趋势项也不含常数项；△表示变量的一阶差分，△△则表示变量的二阶差分，并依此类推；所有的滞后项数均设定为 0。

从 ADF 单位根检验的结果可以看出，LCA、LEX 和 LIM 的 ADF 检验统计量均大于 5% 的临界值，即在 5% 的显著性水平下，所有变量的数据序列均不平稳。进一步对各变量的一阶差分数据序列进行单位根检验，结果显示均已平稳，即各变量的数据序列均为一阶单整序列 I（1）。

非平稳时间序列的最小二乘法分析（OLS）往往会产生"伪回归"结果，因此，本研究将继续采用 Johansen 协整分析方法以检验变量间存在的长期关系。

---

① 单位根检验包括 ADF 检验、PP 检验、DFGLS 检验、KPSS 检验、NP 检验、ERS 检验等多种形式，本研究主要运用 ADF 方法。

3. Johansen 协整关系检验

对于非平稳性变量间是否存在长期稳定关系，可以借助以均衡分析为基础的协整理论进行分析，满足协整关系的变量在经济冲击下不会长期偏离均衡位置而将逐渐自动恢复。[①]

在进行 LCA、LEX 和 LIM 的 Johansen 协整检验之前，应先进行内生变量对于外生变量的 VAR 回归，由 AIC、SC 信息准则可知，VAR 模型的最优滞后阶数为一阶，并且协整方程包含截距项和确定性趋势，检验结果如表 11 - 5 所示。

表 11 - 5　Johansen 协整关系检验

	似然比统计值	5% 水平临界值	P 值
不存在协整关系	41. 43100	35. 19275	0. 0093
至多存在一个协整关系	19. 47530	20. 26184	0. 0639
至多存在两个协整关系	6. 686891	9. 164546	0. 1439

Johansen 协整关系检验结果表明，在不存在协整关系的零假设下，似然比统计值为 41. 43100，大于 5% 临界值（35. 19275），因而拒绝零假设，即变量间至少存在一个协整关系。进一步，在至多存在一个协整关系的零假设下，似然比统计值为 19. 47530，小于 5% 临界值（20. 26184），不能拒绝零假设，即可确定变量间存在唯一协整关系，对应协整方程为：

$$LCA_t = 4.4180 + 0.2355LEX_t + 0.1665LIM_t \tag{11.3}$$
$$(10.5647) \quad (-4.6756) \quad (-2.7968)$$
$$[0.0853] \quad [0.0461] \quad [0.0153]$$

（方程下圆括号内数值是 T 统计量的值，方括号内数值是 T 检验的相伴概率值）

从该协整方程可以看出，长期内，出口贸易每增 1 个百分点，资本形成总量将增 0. 2355 个百分点，而进口贸易每增 1 个百分点，资本形成总量将增 0. 1665 个百分点。通过模型的简单分析，进口贸易与出口贸易对资本形成均存在显著的正面影响，其中出口贸易的资本形成作用略大于进口贸易，无论进口贸易还是出口贸易，都是改革开放以来中国资本形成的重要原因。

----

① 本章主要采用 Engle - Ganger 两步法进行变量间的 Johansen 协整检验，并建立相应的协整方程。

因此，从资本形成角度而言，中国应继续扩大对外贸易的规模。

（三）进出口贸易的间接资本形成效应

1. 贸易引致投资：国际直接投资与国际贸易的融合之势

在传统国际经济联系中，无疑是先有国际贸易后有国际投资，国际投资只是作为国际贸易的一种替代方式出现，但随着国际分工与国际合作的日益深入，以节约交易成本、规避国际贸易壁垒为目的的国际投资已越来越少，而以利用要素成本区域差异、谋求贸易公平环境等为目的的国际投资行为越来越多。因此，国际投资引致的国际贸易规模也远远超越了单纯的国际贸易。从而，国际贸易与国际投资之间的关系不再是贸易决定投资抑或投资决定贸易，而是企业如何根据自己利益的需要，将投资与贸易同步配置到最有利于获取发展资源、最有利可图的区域。因此，继续从互补或者替代关系来考察国际贸易与国际投资两者关系已不合时宜，国际贸易的扩展必然带动国际投资规模的扩大，而国际投资规模的扩大又会导致对外贸易量的进一步提高，国际贸易与国际投资已形成深度融合的发展趋势。按此逻辑，国际贸易对本国资本形成的促进作用自然也体现在其引致的国际直接投资上。

概括而言，国际直接投资的资本形成效应，一方面在于其直接转化为固定资产投资，从而促进东道国的资本形成；另一方面，国际直接投资还通过产业的前向、后向关联效应以及必要的辅助性投资，通过投资乘数效应扩大资本形成规模。然而，由于受东道国吸收能力、经济政策以及投资方投资动机等的影响，国际直接投资与一国的资本形成并非呈确定性的正相关关系，如果在国际直接投资进入的同时产生了对东道国国内资本的"挤出"效应，则国际直接投资对东道国资本形成实际产生的是破坏作用。总之，国际直接投资对一国资本形成的影响取决于其"挤出"效应与"挤入"两种效应的此消彼长（见表 11 −6）。①

---

① 严格意义上讲，"挤出效应"是指跨国企业通过在产品市场或金融市场的竞争取代国内企业的结果，而"挤入效应"则是指国际投资在产品市场上发挥补充作用或先进技术产生转移或外溢，国内企业提高生产率并实现扩张的效果，本研究中的"挤出"效应与"挤入"效应则着重强调国际资本与国内资本的替代与补充作用。

表 11 - 6　国际直接投资对东道国资本形成的 "挤入" 效应与 "挤出" 效应

直接"挤入"效应	直接"挤出"效应	间接"挤入"效应	间接"挤出"效应
1. 增加新投入资本 2. 购并形式的外国直接投资盘活东道国资本存量	可能挤占国内投资（如在东道国筹集资金）	1. 带动产品前后项辅助性投资 2. 引发东道国相关投资 3. 刺激东道国资本市场发育	1. 外资规模过量导致国内通货膨胀压力 2. 投资过度带来环境污染

资料来源：金芳《双赢游戏：外国直接投资激励政策》，高等教育出版社 1999 年版，第 73 页。

随着中国引进国际直接投资的与日俱增并成为世界上吸收国际直接投资最多的国家，该对外贸易的间接效应对于中国资本形成产生了什么样的影响呢？是"挤入"效应还是"挤出"效应？下文将进行实证分析。

2. 分析模型建立与数据准备[①]

在开放经济条件下，一国的资本形成不再全部依靠本国的国内储蓄，国外储蓄也是其重要来源。考虑到国际直接投资在国际资本流动中的主体地位，本研究认为一国国内储蓄（SAV）与国际直接投资（FDI）构成其社会总资本（CAP），即 $CAP = SAV + FDI$。以这些变量的自然对数形式构建基本分析模型：

$$\ln CAP = \alpha_0 + \alpha_1 \ln + \alpha_2 \ln FDI + \varepsilon \tag{11.4}$$

根据前文所提供资本存量数据以及历年《中国统计年鉴》的相关数据，本研究在进行汇率（平均汇率）、平减指数等相关调整的基础上，得到分析数据如附表 11 - 2 所示。

3. 平稳性检验

利用历年 $\ln CAP$、$\ln SAV$ 和 $\ln FDI$ 的数据绘成折线图，可以看出变量之间具有大致相同的变化趋势，初步判断其具有长期正相关关系。

长期趋势关系并不能构成数据平稳性的充要条件，而对于非平稳的时间序列数据，还需进行变量差分项阶数的平稳性检验。通过采用 ADF 检验法对变量进行检验的结果中可以看出，$\ln CAP$、$\ln SAV$ 和 $\ln FDI$ 均为非平稳的二阶单整序列，满足于协整分析条件（如表 11 - 7 所示）。

[①]　本章参考了董莉的文章，并对其文章中模型的内容与数据进行了再调整。详见董莉《FDI 与我国国内资本形成的关系研究》（《市场研究》2007 年第 10 期）。

表 11 - 7　**ln*CAP*、ln*SAV* 与 ln*FDI* 变量的 ADF 单位根检验结果**

变量	检验形式(C,T,K)	ADF 检验统计量	5% 临界值	结论
ln*CAP*	(C,T,1)	- 3.447006	- 3.622033	不平稳
ln*SAV*	(C,T,1)	- 1.516696	- 3.622033	不平稳
ln*FDI*	(C,T,1)	- 1.482960	- 3.622033	不平稳
△ln*CAP*	(C,N,1)	- 3.083096	- 3.244861	不平稳
△ln*SAV*	(C,N,1)	- 2.096168	- 2.998064	不平稳
△ln*FDI*	(C,N,1)	- 2.165507	- 2.998064	不平稳
△△ln*CAP*	(N,N,1)	- 4.219628	- 1.957204	平稳
△△ln*SAV*	(N,N,1)	- 5.486454	- 1.957204	平稳
△△ln*FDI*	(N,N,1)	- 5.198975	- 1.957204	平稳

4. Johansen 协整关系检验

由 AIC、SC 信息准则可知，VAR 模型的最优滞后阶数为一阶，并且协整方程包含有截距项和确定性趋势，协整检验结果如表 11 - 8 所示。

表 11 - 8　**Johansen 协整关系检验**

	似然比统计值	5% 水平临界值	P 值
不存在协整关系	45.28162	35.01090	0.0029
至多存在一个协整关系	14.44782	18.39771	0.1637
至多存在两个协整关系	1.021399	3.841466	0.3122

检验结果表明，ln*CAP*、ln*SAV* 和 ln*FDI* 序列存在唯一协整关系，建立长期协整方程如下：

$$\ln CAP = 7.4873 + 0.1848\ln SAV + 0.5277\ln FDI \tag{11.5}$$
$$(7.4952) \quad (-2.1475) \quad (-5.9867)$$
$$[0.0253] \quad [0.0147] \quad [0.0045]$$

（方程下面圆括号内数值是 t 统计量的值，方括号内数值是 t 检验的相伴概率值）

从式（11.5）可以看出，ln*SAV* 与 ln*FDI* 的导数均为正值，说明无论是国内储蓄还是外国直接投资，对中国的资本形成都具有明显的促进作用，而外国直接投资较之国内储蓄其资本形成效应更加显著；引进国际直接投资数量每增 1 个百分点，中国资本形成率可以提高 0.5277 个百分点，而国内储蓄每增 1 个百分点，资本形成只增加 0.1848 个百分点。因此，整体而言，国际直接投资对于中国资本形成的促进作用十分显著。同时，$\ln FDI$ 的系数远大于 $\ln SAV$ 的系数也表明，国际直接投资对中国国内自身资本形成可能产生了一定程度的"挤出"效应，这也是今后中国引进外资所需关注的突出问题。

5. 误差修正模型

协整回归方程只是对变量间长期均衡关系的反映，而误差修正模型则能反映出从短期偏离到长期均衡的修正机制，从而有效弥补只重视长期分析的不足。将存在协整关系的各经济变量以一阶差分形式予以重构，同时将协整模型中的残差序列作为误差修正模型的解释变量，通过逐步去除模型中的不显著项，得到 VEC 模型（限于篇幅原因，本研究的相关误差修正模型均省略详细的建立过程）：

$$\triangle \ln CAP = 0.149798 + 0.7042\triangle \ln CAP_{t-1} + 0.3392\triangle \ln FDI - 0.7460 ecm_{t-1} \quad (11.6)$$
$$(4.1458) \qquad (4.5963) \qquad (3.2198) \qquad (-2.9768)$$
$$[0.0015] \qquad [0.0265] \qquad [0.0065] \qquad [0.0019]$$
$$R^2 = 0.8747 \qquad DW = 2.1344$$

从各项检验数据可以看出，参数稳定性检验与统计检验都能通过，模型具有合理的统计意义，且拟合优度较高，达到 87.47%。

在误差修正模型的结果中，CAP_{t-1} 与 FDI 差分项系数均为正且数值较大，表明中国资本存量变动不仅与前期投资密切相关，也与当期外国直接投资密切相关；同时，CAP_{t-1} 差分项系数大于 FDI 差分项系数表明，短期内滞后一期的国内储蓄变动在更大程度上影响了中国资本存量的变动，滞后一期国内储蓄每增加 1 个百分点，则资本存量将增加 0.7042 个百分点；ecm_{t-1} 项系数为负，符合误差修正模型的反向修正机制，表明滞后一期的非均衡误差以 0.7460 个百分点的速率快速向长期均衡运动。

6. Granger 因果关系检验

正如 Granger（1988）指出：如果变量之间是协整的，那么至少存在一个方向上的 Granger 原因；在非协整情况下，任何原因的推断都将是无效的。因此，必须进行变量间的因果关系检验。本研究进行的 Granger 因果关系检验结果如表 11-9 所示。

表 11 - 9　国内储蓄、外国直接投资与社会总资本的 Granger 因果检验结果

零假设	F 统计量	概率值	结论
lnSAV does not Granger Cause lnCAP	1. 49194	0. 25147	拒绝
lnCAP does not Granger Cause lnSAV	2. 60338	0. 10161	不拒绝
ln FDI does not Granger Cause lnCAP	1. 13439	0. 34356	拒绝
lnCAP does not Granger Cause lnFDI	0. 16167	0. 85194	不拒绝
lnFDI does not Granger Cause lnSAV	2. 96998	0. 07680	拒绝
lnSAC does not Granger Cause lnFDI	1. 08537	0. 35888	不拒绝

检验结果显示 lnSAV 和 lnFDI 均是 lnCAP 的 Granger 原因，而 lnCAP 是 lnFDI 的原因则被拒绝，这与本计量模型的设定相一致。

通过本模型的设立与验证，可以得出结论：国际直接投资的进入对于中国国内资本形成具有极大的促进作用，而这一促进作用在长期内表现得更为明显。但是，资本形成对国际直接投资较之于国内储蓄反映更为灵敏的事实也说明，虽然国际直接投资整体上对国内资本形成构成正效应，但该正效应可能在逐渐减弱。因此，中国在整体上鼓励引进国际直接投资的同时，也必须充分关注其可能产生的"挤出"效应。

二　中国进出口贸易互动发展与技术进步

概括而言，一国主要可以通过四种途径实现技术的进步：一是依靠国内技术的研发（R&D），二是通过进口贸易引进高技术含量的产品，三是通过技术许可方式直接进口技术，四是依赖国际投资开发或引进技术。其中，依靠自身力量研发新技术，其巨额的投入费用不仅使得技术水平较低的发展中国家难以承受，即便是发达国家也往往需要寻求国际合作来完成；发展中国家由于前期技术积累相对薄弱，技术研发具有很高的风险，即便自主形成技术创新，也很可能意味着这一技术在国际上已经落后，即只是实现了"落后的先进技术的研发"。因此，对于技术落后国家而言，如何充分利用对外贸易以及对外贸易进程中的技术溢出效应①，实现对国际先进技术的有效吸

---

① 严格说来，技术溢出是指在国际贸易与国际投资等活动中，非意愿性地、无偿地对技术进步的获取；而通过技术贸易等方式进行意愿性地有偿性的技术获取，则称为技术扩散。在本章中，无论技术溢出还是技术扩散而引起东道国技术的进步与生产率的提高，最终都使东道国获得收益，因此，本章不对两者做严格区分，都称为技术溢出。

收，并在此基础上模仿、改进、创新，使之真正成为适合于本国发展的技术，从而弥补"技术缺口"，就成为其实现技术进步的重要选择。[①]

下文将实证分析中国进口贸易发展进程中的技术溢出效应，以检验中国的技术吸收能力与外贸对中国技术进步所起的作用（从理论上讲，进出口都能产生技术进步效应，但鉴于中国是技术落后国，在国际贸易中主要以吸收先进国家的技术为主，因此本章主要研究进口贸易的技术进步效应）。

（一）中国进口技术溢出效应实证模型

一般而言，直观上通过进口与经济增长水平（如 GDP 总量、GDP 增长率等）的回归可以判断两者之间的关系，从而确定进口技术溢出在经济增长中的作用。但是，一国在经济实力不断增强中所产生的内生进口扩大效应使得这种方法不再适用，而检验进口贸易与本国生产率之间的关系则相对有效。

本研究主要在综合考察 Coe 和 Helpman（1995）建立的技术溢出模型与中国学者对该模型改进的基础上，假设中国从高技术水平国家进口所产生的技术溢出要远远大于从低技术水平国家进口所产生的技术溢出，并以此构建进口贸易技术溢出效应的回归模型，如式（11.7）所示：

$$\ln TFP_{ti} = \alpha_0 + \alpha_1 \ln SD_{it} + \alpha_2 \ln SF_{it} + \varepsilon_t \tag{11.7}$$

$$SF_{it} = \sum_{i \neq j} \frac{SD_{jt}}{Y_{jt}} M_{ijt} \tag{11.8}[②]$$

$$\ln TFP_t = \ln Y_t - \alpha \ln K_t - \beta \ln L_t \tag{11.9}[③]$$

在该计量模型中，t 代表年份，i 与 j 分别代表技术吸收国与技术先进的产品出口国；式（11.7）中，SF_{it} 表示用 LP96 方法计算的通过进口贸易渠

---

①　经济全球化日益深入，国际贸易与国际投资表现出的相互促进和相互补充交叉发展特征以及国际投资的技术溢出效应也在很大程度上通过其进出口产品的技术含量体现出来，因此本应将通过后三种方式实现的技术进步效应一并看作对外贸易的技术溢出效应，或者本章所谓的技术溢出效应是指广义上的技术溢出效应。

②　式（11.8）采用了 Lichtenberg 和 Potterie（1996）提出的加权方法（简称为 LP96 方法），由于此方法不需要考虑贸易国之间的规模差异，在国内得到了广泛使用，如符宁（2007）、赵伟等（2006）、喻美辞等（2006）、黄先海等（2005）。

③　在式（11.9）的简单推导如下：假设生产函数符合科布—道格拉斯形式，即 $Y_t = A_t K_t^\alpha L_t^\beta$，对该式两边取对数得 $\ln Y_t = \ln A_t + \alpha \ln K_t + \beta \ln L_t$，则全要素生产率（TFP）的对数形式为 $\ln TFP_t = \ln Y_t - \alpha \ln K_t - \beta \ln L_t$。

道扩散的其他国家研发支出存量，SD_{it} 表示 i 国在第 t 年的研发资本存量，TFP_{ti} 表示 i 国 t 年的全要素生产率，系数 α_1 表示 i 国国内研发资本存量对该国全要素生产率的弹性，α_2 表示国外研发扩散对该国全要素生产率的弹性；式（11.8）中的 Y_{jt} 表示 j 国 t 年的国内生产总值，从而 $\dfrac{SD_{jt}}{Y_{jt}}$ 可以看做是表现了一国产出的研发资本密度，M_{ijt} 表示 t 年 i 国从 j 国进口的份额；式（11.9）中的 K_t、L_t、Y_t 分别表示 t 年的资本存量、劳动力存量与国内产出水平，α 与 β 分别表示资本与劳动力的产出弹性。

1. 资料来源及计算方法的确定[①]

第一，国内产出水平 Y 用 GDP（单位为亿元）来表示，并且以 1978 年为基期采用不变价格指数对各年 GDP 进行调整；资本存量 K 用年资本存量来表示；[②] 劳动力存量 L 则以全国就业总人口来表示。

第二，本国研发资本存量 SD_{it}^d 使用中国研发支出统计数据；而国外研发存量 SF_{it} 的确定则使用 G7 国家研究与开发数据计算所得；[③] 在式（11.9）中，根据张军（1991）的权威论证，α^* 与 β 的数值设定为 0.7 和 0.3。

通过对前文所确定数据的整理以及利用式（11.9）对全要素生产率的估算，得出分析所需数据，具体参见附表 11 - 3 所示。从所得数据可以看出，1982—2009 年，中国全要素生产率整体上保持了逐年递增之势，说明改革开放以来中国的技术发展水平得到了持续的提高。技术进步是来自国内研发水平的提高还是来自进出口贸易的技术溢出效应，本研究将继续利用模型设定中的式（11.7）予以论证。

2. 单位根检验（ADF 检验）

从 $\ln LSD$、$\ln LSF$ 与 $\ln LTFP$ 的时序图可以看出，各数据都具明显随时间不断增长的趋势。而从 ADF 检验的结果（见表 11 - 10）可以看出，

---

① 除必要说明，本章在回归模型中所使用数据均来自《中国统计年鉴》《中国对外经济统计年鉴》以及 OECD 网站（http://www.oecd.org）。

② 其中，1981—2000 年的资本存量值来自包群、阳小晓、赖明勇论文中的数据（参见包群、阳小晓、赖明勇：《关于我国储蓄—投资转化率偏低的实证分析》，《经济科学》，2004 年第 3 期），而 2001—2009 年的数据则根据其提供的计算方法与《中国统计年鉴》各期数据计算而得。

③ 由于全球研发投入主要集中在 OECD 国家，而 OECD 国家的研发活动又主要集中在 G7 国家，同时这些国家也是中国的主要进口来源地，因此，我们认为 G7 国家对于中国的技术溢出可以大致衡量中国进口贸易的技术溢出效应。

lnLTFP、lnLSD 和 lnLSF 的 lnADF 检验统计量均大于 5% 时的临界值水平，即在 5% 的显著水平下，所有变量的序列都是非平稳性的。通过进一步对各变量的一阶差分序列进行单位根检验，结果显示均已平稳，即各变量的数据序列均为一阶单整序列 I（1）。

表 11 - 10　LSD、LSF 与 LTFP 变量的 ADF 检验结果

变量	检验形式（C,T,K）	ADF 检验统计量	5% 临界值	结论
LTFP	（C,T,1）	－ 3.156862	－ 3.587527	不平稳
LSD	（C,T,1）	－ 2.186272	－ 3.587527	不平稳
LSF	（C,T,1）	－ 2.975360	－ 3.587527	不平稳
△LTFP	（N,N,1）	－ 2.183670	－ 1.953858	平稳
△LSD	（N,N,1）	－ 3.624354	－ 1.953858	平稳
△LSF	（N,N,1）	－ 2.203333	－ 1.953858	平稳

注：△表示变量序列的一阶差分。

3. Johansen 协整检验

由 SC 与 AIC 信息准则可知，VAR 模型的最优滞后阶数为一阶，且协整方程包含截距项和确定性趋势，协整检验结果如表 11 - 11 所示。

表 11 - 11　Johansen 协整关系检验

	似然比统计值	5% 水平临界值	P 值
不存在协整关系	70.6666	29.51345	0.0000
至多存在一个协整关系	14.423782	16.36188	0.0236
至多存在两个协整关系	3.842446	6.940559	0.0593

Johansen 协整关系检验结果表明，在不存在协整关系的零假设下，似然比统计量为 70.6666，大于 5% 临界值（29.51345），因而拒绝零假设，即变量间存在至少　个协整关系。进一步，在至多存在一个协整关系的零假设下，似然比统计量为 14.423782，小于 1% 临界值（16.36188），不能拒绝零假设，即可确定变量间存在唯一的协整关系，对应的协整方程为：

$$LTFP = 2.4673 + 0.3147LSD + 0.2625LSF \qquad (11.10)$$
$$\quad\quad\quad (0.0512) \quad\quad\quad (0.0703)$$

（括号中的数字为系数标准差）

从式（11.10）可以看出，无论本国还是国际的研发活动，都对中国技术进步具有积极的促进作用。通过进口贸易，国际研发资本存量每增加 1 个百分点，中国全要素生产率可以提高 0.2625 个百分点；而中国国内研发资本存量每增加 1 个百分点，则全要素生产率可提高 0.3147 个百分点。因此，进口贸易的技术扩散效应是显著的，开放条件下国外研发活动的技术溢出有力促进了中国的经济增长（且这一促进作用不断增强，如我国学者符宁采用同种方法，以 1981—2005 年的数据得出 α_2 为 0.1952，即国外的研发资本存量每增长 1 个百分点，我国全要素生产率可以提高 0.1952 个百分点，远低于本章按照 1985—2009 年所计算的水平，可以认为近年来我国进口贸易的技术溢出效应出现了强化趋势）。同时，虽然 α_2 与 α_1 的差距不大，但 α_2 仍小于 α_1 的事实表明，依靠本国研发活动仍然是中国取得技术进步的关键。一方面，只有具备了一定的技术基础，才能更好地吸收国外技术溢出；另一方面，只有加大对关键技术的研发支出，才能突破技术瓶颈以及发达国家对技术的垄断，从而更好地吸收、模仿国际先进技术，最终达到整体技术进步的目的。

4. 误差修正模型

由于一阶差分的滞后期与协整检验相同，取滞后一阶，估计结果如下：

$$\triangle LTFP = 0.4742\triangle LTFP_{t-1} + 0.2467\triangle LSD_{t-1} - 0.2349_e cm_{t-1} \tag{11.11}$$

$$(4.1214) \qquad (-2.6573) \qquad (-5.7426)$$

$$R^2 = 0.7547 \qquad DW = 0.1867$$

（括号中数字为 t 检验值）

在式（11.11）的误差修正模型的结果中，变量 LSF 因其差分项各阶滞后项系数均表现不显著，因此将 LSF 变量剔除出误差修正模型，同时这也说明进口贸易对中国技术进步的滞后作用不明显；$LTFP$ 与 LSD 差分项系数为正，表明中国技术进步与发展进程中自身的技术积累与前期研发投入密切相关。同时，$LTFP$ 差分项系数大于 LSD 差分项系数表明，短期内滞后一期的国内整体技术水平在更大程度上影响了中国技术进步的幅度，滞后一期全要素生产率每增加 1 个百分点，则全要素生产率将增加 0.4742 个百分点；ecm_{t-1} 项系数为负，符合误差修正模型的反向修正机制，表明存在滞后一期效应的非均衡误差以 0.2349 个百分点的速率向长期均衡运动。

5. Granger 因果关系检验

协整检验结果表明模型变量间存在长期均衡关系，但变量间是否存在如模型所设定的因果关系还需进行验证，下文即通过 Granger 因果关系检验考察变量间的因果关系，在 Granger 因果关系检验中首先涉及的是滞后阶的选取问题，本章经过反复论证与试验，最终确定滞后阶为 2，检验结果如表 11 - 12 所示。

表 11 - 12　进口贸易与中国全要素生产率的 Granger 因果检验结果

零假设	F 统计量	概率值	结论
lnLSD 不是 ln$LTFP$ 的 Granger 原因	4.52186	0.02264	拒绝
ln$LTFP$ 不是 lnLSD 的 Granger 原因	2.80827	3.48200	不拒绝
lnLSF 不是 ln$LTFP$ 的 Granger 原因	1.51434	0.24201	拒绝
ln$LTFP$ 不是 lnLSF 的 Granger 原因	0.20175	0.81880	不拒绝

检验结果显示"lnLSD 不是 ln$LTFP$ 的 Granger 原因"和"lnLSF 不是 ln$LTFP$ 的 Granger 原因"均被拒绝，而"ln$LTFP$ 不是 lnLSD 的 Granger 原因"和"lnLSF 不是 ln$LTFP$ 的 Granger 原因"则不被拒绝。这与本计量模型的假定相一致。

通过协整检验可以看出，中国的全要素生产率与国内、国外研发存量之间具有稳定的长期均衡关系，且较之于国外研发投入，国内研发投入对技术进步的促进作用更大，这可能在于吸收国际先进技术必须具备相应的技术基础与吸收能力；误差修正模型的结果表明，中国进口贸易技术溢出的滞后效应并不显著，而滞后一期的全要素生产率差分项与国内研发存量差分项却对中国全要素生产率有显著的正效应；最后，通过 Granger 因果关系检验，国内与国外研发投入都成为中国全要素生产率提升的原因，反之则不成立。综上所述，进口贸易是中国技术进步的重要渠道，应充分注意进口贸易的技术溢出功能，并增强本国的技术吸收能力。

根据研究的需要，本章将进一步考察按分工方式划分的一般贸易进口与加工贸易进口以及按产品类别划分的劳动密集型产品进口与资本密集型成技术密集型产品进口对中国技术进步的影响，从而拓展实证研究中国进口贸易的技术溢出效应。

(二) 一般贸易与加工贸易进口对技术进步的影响

在建立的关于一般贸易进口与加工贸易进口对技术进步影响的计量分析模型中，将加工贸易进口额（PIM）、一般贸易进口额（CIM）与其他贸易进口额（EIM）作为解释变量，全要素生产率（TFP）作为被解释变量。模型采用数据均来自《中国统计年鉴》（2009）以及前文的相关数据，并进行了相应的调整，数据的时间序列区间为1981—2008年（见附表11-4所示）。

1. 平稳性检验

变量对数的线性趋势图显示各变量具有一致的发展趋势，在此基础上本章进一步进行变量的单位根检验。

本章对包含常数项和线性时间趋势项的各变量进行了 ADF 单位根检验，检验结果如表11-13所示。通过 ADF 单位根检验，发现在5%的显著性水平下，各变量的数据序列都是一阶单整序列 I（1）。

表11-13　不同分工方式进口与 TFP 的单位根检验

变量	检验形式	ADF 统计量	5% 临界值	平稳性
LTFP	(C,T,1)	-3.3483	-3.5950	不平稳
LCIM	(C,T,2)	-1.1858	-3.5875	不平稳
LPIM	(C,T,3)	-8.3629	-3.5950	不平稳
LEIM	(C,T,1)	-1.6339	-3.5875	不平稳
△LTFP	(C,N,1)	-3.1666	-2.9862	平稳
△LCIM	(C,N,1)	-4.0434	-2.9810	平稳
△LPIM	(C,N,2)	-12.4466	-2.9810	平稳
△LEIM	(C,N,1)	-4.7232	-2.9810	平稳

2. Johansen 协整检验

根据研究内容，建立变量间的协整模型如式（11.12）所示。

$$LTFP_t = \alpha_1 + \alpha_2 LCIM_t + \alpha_3 LPIM_t + \alpha_4 LEIM_t + \varepsilon_t \tag{11.12}$$

由 SC 与 AIC 信息准则可知，VAR 模型的最优滞后阶数为二阶，且协整方程包含确定性趋势与截距项，协整检验结果如表11-14所示。

表 11 - 14 Johansen 协整关系检验

	似然比统计值	5% 水平临界值	P 值
不存在协整关系	83. 97159	71. 47921	0. 0004
至多存在一个协整关系	46. 85697	49. 36275	0. 0192
至多存在两个协整关系	17. 89928	31. 15385	0. 3507

Johansen 协整关系检验结果表明，在不存在协整关系的零假设下，似然比统计量为 83.97159，而大于 5% 临界值（71.47921），因此拒绝零假设；在至多存在一个协整关系的零假设下，似然比统计量为 46.85697，小于 1% 的临界值（49.36275），不能拒绝零假设，因此可确定变量间存在唯一长期协整关系，相应协整方程为：

$$LTFP_t = -4.7932 + 0.2054LCIM_t - 0.1275LPIM_t + 0.0048LEIM_t \qquad (11.13)$$
$$(0.0799) \qquad (0.0542) \qquad (0.0321)$$

（括号内数字为系数标准差）

式（11.13）表明，一般贸易进口量每增长 1 个百分点，会使中国全要素生产率提高约 0.2054 个百分点；而加工贸易进口量每增长 1 个百分点，会使中国全要素生产率降低约 0.1275 个百分点；其他贸易进口对全要素生产率的影响则不明显。

3. 误差修正模型

在协整关系研究的基础上，进一步使用误差修正模型研究变量之间的短期动态特征，变量 LTFP 与 LCIM、LPIM 之间误差修正模型一般形式为：

$$\triangle LTFP = \alpha_0 + \sum_{i=1}^{n}\alpha_{1i}\triangle LTFP_{t-1} + \sum_{i=1}^{n}\alpha_{2i}\triangle LCIM_{t-1} + \sum_{i=1}^{n}\alpha_{3i}\triangle LPIM_{t-i} + \alpha_{4i}ecm_{t-1} + \varepsilon_1$$

$$(11.14)$$

取滞后期为二期，同时基于从一般到特殊的误差修正模型建立方法，从滞后二期开始对误差修正模型进行估计，并逐渐排除不显著变量，估计结果如式（11.15）所示。

$$\triangle LTFP = 0.3014\triangle LTFP_{t-1} + 0.0743\triangle LCIM_{t-1} - 0.1376ecm_{t-1} \qquad (11.15)$$
$$(4.7788) \qquad (2.0154) \qquad (7.2983)$$

$$R^2 = 0.9376 \qquad DW = 1.8479$$

（括号内数字为变量 T 统计值）

在上述误差修正模型的结果中，变量 $LTFP$ 与 $LCIM$ 差分项系数均为正，表明中国技术进步与前期技术积累与一般贸易进口形成正相关关系，而与加工贸易进口的关系却不明显；同时，$LTFP$ 差分项系数大于 $LCIM$ 差分项系数表明，短期内滞后一期的技术发展整体水平在更大程度上影响了中国技术进步的幅度。此外，误差修正项 ecm_{t-1} 系数符号为负，符合误差修正模型的反向修正机制，表明存在滞后一期的非均衡误差以 0.1376 个百分点的速率从非均衡状态向长期均衡状态进行调整。

4. Granger 因果关系检验

检验所得结果如表 11 – 15 所示。

表 11 –15　一般贸易品进口与中国全要素生产率的 Granger 因果检验结果

零假设	F 统计量	概率值	结论
△LTFP 不是 △LCIM 的 Granger 原因	0.4723	0.9781	不拒绝
△LCIM 不是 △LTFP 的 Granger 原因	3.1043	0.0378	拒绝
△LTFP 不是 △LPIM 的 Granger 原因	0.2098	0.7994	不拒绝
△LPIM 不是 △LTFP 的 Granger 原因	3.0675	0.0219	拒绝

通过 Granger 因果关系检验，"△LPIM 不是 △LTFP 的 Granger 原因" 和 "△LCIM 不是 △LTFP 的 Granger 原因" 两个原假设均被拒绝，表明加工贸易进口与一般贸易进口都是构成中国全要素生产率（TFP）变动的 Granger 原因。

模型分析表明，一般贸易品进口是中国吸收国际技术溢出从而推动技术进步的重要渠道，而加工贸易进口却对中国全要素生产率提高整体上显现出负面影响。从而，对于加工贸易这一中国参与国际分工的主要形式，必须进行结构上的再调整。

（三）资本密集型与劳动密集型产品进口对技术进步的影响

在建立不同类别产品进口对技术进步影响的计量分析模型中，将资本密集型产品的进口（CI）、劳动密集型产品的进口（LI）作为解释变量，全要素生产率（TFP）作为被解释变量，并分别将变量数据取自然对数形式以消除异方差的影响[①]（模型中所采用的数据均来自《中国统计年鉴（2009）》以及上文中相关数据，如附表 11 - 5 所示）。

1. 平稳性检验

通过 LCI 与 LLI 的线性趋势图可以看出，两者发展趋势较为一致，进一步选取包含常数项和线性时间趋势项的各变量进行单位根检验，检验结果如表 11 - 16 所示。通过 ADF 单位根检验，发现在 5% 的显著性水平下，各变量都是一阶单整序列 I（1）

表 11 - 16　不同贸易方式的进口与 TFP 的单位根检验

变量	检验形式	ADF 统计量	5% 临界值	平稳性
LTFP	（C，T，1）	- 2.829778	- 3.710482	不平稳
LCI	（C，T，1）	- 2.907788	- 3.710482	不平稳
LLI	（C，T，2）	- 3.698601	- 3.710482	不平稳
△LTFP	（N，N，1）	- 1.990685	- 1.962813	平稳
△LCI	（N，N，1）	- 1.203668	- 1.962813	平稳
△LLI	（C，N，2）	- 5.068024	- 3.065585	平稳

2. 协整检验

建立变量间的协整方程模型如式（11.16）所示：

$$LTFP_t = \alpha_1 + \alpha_2 LCI_t + \alpha_3 LLI_t + \varepsilon_t \tag{11.16}$$

由 SC 与 AIC 信息准则可知，VAR 模型的最优滞后阶数为二阶，且协整方程包含确定性趋势与截距项。协整检验结果如表 11 - 17 所示。

表 11 - 17　Johansen 协整关系检验

	似然比统计值	5% 水平临界值	P 值
不存在协整关系	38.18368	3545817	0.0043
至多存在一个协整关系	10.77339	19.93711	0.2258
至多存在两个协整关系	0.550456	6.634897	0.4581

---

① 其中，资本密集型产品进口额（CI）为化学品及有关产品进口额与机械及运输设备进口额之和，劳动密集型产品进口额（LI）为原料类的制成品进口额与杂项制品进口额之和。

Johansen 协整检验结果显示，在不存在协整关系的零假设下，似然比统计量为 38.18368，大于 5% 临界值水平（35.45817），因此拒绝零假设；在至多存在一个协整关系的零假设下，似然比统计量为 10.77339，小于 1% 的临界值（19.93711），不能拒绝零假设，因此可确定变量间存在唯一长期协整关系，相应协整方程为：

$$LTFP_t = -1.4273 + 0.4758LCI + 0.0133LLI \qquad (11.17)$$
$$(0.0543) \qquad (0.0629) \qquad (0.0856)$$

（括号内数字为系数标准差）

式（11.17）表明，资本密集型、技术密集型产品进口量每增加 1 个百分点，中国全要素生产率将增加约 0.4758 个百分点；而劳动密集型产品的进口对中国全要素生产率的影响不明显。

3. 误差修正模型

在协整分析的基础上，进一步使用误差修正模型来研究变量之间的短期动态特征，变量 LTFP 与 LCI、LLI 之间误差修正模型的一般形式为：

$$\Delta LTFP = \alpha_0 + \sum_{i=1}^{n} \alpha_{1i} \Delta LTFP_{t-i} + \sum_{i=1}^{n} \alpha_{2i} \Delta LCI_{t-i} + \alpha_3 ecm_{t-1} + \varepsilon_t \qquad (11.18)$$

取滞后期为二期，同时根据从一般到特殊的误差修正模型建立方法对误差修正模型进行估计，并从滞后二期开始逐渐排除不显著变量，得出结果如式（11.19）所示：

$$\Delta LTFP = 0.2251 \Delta LTFP_{t-1} + 0.1347 \Delta LCIM_{t-1} - 0.0987 ecm_{t-1} \qquad (11.19)$$
$$(3.2576) \qquad (2.8714) \qquad (6.6976)$$
$$R^2 = 0.8847 \qquad DW = 1.9023,$$

（括号中数字为变量 t 统计值）

从上述误差修正模型可以看出，中国全要素生产率差分项与资本、技术密集型产品进口差分项系数为正，表明两者均显现滞后作用，而误差修正项 ecm_{t-1} 的系数符号为负，符合误差修正模型的反向修正机制，表示存在滞后一期的非均衡误差以 0.0987 个百分点的速率从非均衡状态向长期均衡状态调整。

4. Granger 因果关系检验

检验结果如表 11-18 所示。

表 11 – 18　资本密集型、技术密集型产品进口与中国技术进步的 Granger 因果检验结果

零假设	F 统计量	概率值	结论
ΔLCI 不是 $\Delta LTFP$ 的 Granger 原因	2.2322	0.9781	拒绝
$\Delta LTFP$ 不是 ΔLCI 的 Granger 原因	5.0491	6.3427	不拒绝

通过 Granger 因果关系检验，"ΔLCI 不是 $\Delta LTFP$ 的 Granger 原因"被拒绝，这表明资本密集型、技术密集型产品进口是中国全要素生产率提高的 Granger 原因，这与本计量模型的原假定相一致。

根据以上分析，劳动密集型产品的进口与资本、技术密集型产品的进口均有利于促进中国的技术进步；但资本密集型、技术密集型产品进口产生的技术进步效应远超出劳动密集型产品。因此，从技术进步的角度，中国应合理调整资本密集型、技术密集型产品与劳动密集型产品进口的结构。

三　中国进出口贸易互动发展与产业结构优化升级

如果说改革开放以来，中国"出口导向型"贸易发展战略迅速打破了中国经济结构的刚性，有效缓解了由产业结构不合理带来的问题，那么在当前开放经济发展的新阶段，进一步发挥对外贸易的产业结构调整效应、促进产业结构的优化升级就成为摆在中国面前的重大问题。

下文即通过计量模型实证考察中国进出口总量以及分类产品进出口额（产品分类主要是劳动密集型产品与资本密集型、技术密集型产品分类以及加工贸易品与一般贸易品的分类）对二、三产业的影响，并以此判断外贸产品结构变化对中国产业结构调整的长期影响。

（一）模型的确定与调整

在对产业结构影响因素的实证分析中，最经典同时也最具影响力的是钱纳里与塞尔奎因（1975）在《发展的形式：1950—1970》中建立的半对数模型：

$$X = \beta_1 + \beta_2 (\ln y)^2 + \beta_3 \ln N + \beta_4 (\ln N)^2 + \beta_5 F + \beta_6 t \tag{11.20}$$

在该模型中，X 为产业结构状态变量，N 为总劳动力变量，F 为一国净资源的流入变量，y 为人均可支配收入变量，t 为时间变量。中国学者李萌进一步对此式进行了调整（略掉时间变量、用对外贸易发生额变量替代净资源的流入额变量），建立了衡量进出口贸易对产业结构影响的计量模型[①]：

$$\ln(ys_1) = \beta_1 + \beta_2 \ln y + \beta_3 \ln N + \beta_4 (\ln N)^2 + \beta_5 \ln im$$
$$\ln(ys_1) = \beta_1 + \beta_2 \ln y + \beta_3 \ln N + \beta_4 (\ln N)^2 + \beta_5 \ln em \qquad (11.21)$$

在该调整模型中，ys_i（$i = 1, 2, 3$）分别表示第一、二、三产业占国民经济的比重，im 为进口贸易额，em 为出口贸易额，其余变量与钱纳里与塞尔奎因建立的模型中的变量相同。

本章为了分别分析进口、出口贸易以及不同分类的进口、出口贸易对中国产业结构的影响，进一步对上述模型进行了相应的调整，如式（11.22）和式（11.23）所示。

$$\ln(ys_i)_i \alpha_1 + \alpha_2 \ln y_t + \alpha_3 \ln N_t + \alpha_4 (\ln N_t)^2 + \alpha_5 \ln im_{jt} + \varepsilon_{1t} \qquad (11.22)$$
$$\ln(ys_i)_i \alpha_1 + \alpha_2 \ln y_t + \alpha_3 \ln N_t + \alpha_4 (\ln N_t)^2 + \alpha_5 \ln im_{jt} + \varepsilon_{2t} \qquad (11.23)$$

在式（11.22）和式（11.23）中，em_{jt} 与 im_{jt}（$j = 1, 2, 3, 4, 5$）分别表示出口产品总额（em_{1t}）与进口产品总额（im_{1t}）、一般贸易产品出口额（em_{2t}）与进口额（im_{2t}）、加工贸易产品出口额（em_{3t}）与进口额（im_{3t}）、劳动密集型产品出口额（em_{4t}）与进口额（im_{4t}）、资本密集型或技术密集型产品出口额（em_{5t}）与进口额（im_{5t}），ε_{1t} 与 ε_{2t} 为误差项。

（二）关于数据选取与回归方法选择

在该模型中，鉴于数据的可得性以及为统一时间区段，将变量的样本选取时间确定为 1990 - 2008 年，相关数据均来源于国家统计局网站以及《中国统计年鉴（2009）》。除上文已有数据，整理其余相关数据如附表 11 - 6 所示。

在利用普通最小二乘法对上述模型进行相关估计时，误差项存在严重的自相关，这对回归结果的正确性产生了严重影响。因此，本研究在不断重复试验的基础上，采用比较行之有效的自回归序列相关修正方法对回归模型进行了重新估计。

---

① 李萌：《我国对外贸易结构与产业结构的互动性研究——基于 1981—2006 年的数据》，兰州大学研究生学位论文，2009 年，第 29 页。

（三）估计结果

本章在剔除对外贸易变量对产业结构影响低于 5% 显著水平的方程后，得到如下结果[①]。

对于第二产业：

$$\ln(ys_{2t}) = -666.69 + 0.20\ln y_t + 115.93\ln N_t - 5.06(\ln N_t)^2 - 0.04\ln ex_{2t} + 0.32AR(1)$$
$$(-0.27) \qquad (1.43) \qquad (0.27) \qquad (-0.28) \qquad (-0.20) \qquad (0.91)$$
$$R^2 = 0.76 \quad DW = 1.92 \quad F = 11.71$$

（括号内的数字表示系数的标准差，下同）

对于第三产业：

$$\ln(ys_{3t}) = -70.98 + 0.24\ln y_t + 14.65\ln N_t - 0.75(\ln N_t)^2 + 0.24\ln im_{3t} + 0.30AR(1)$$
$$(-0.04) \qquad (1.74) \qquad (0.05) \qquad (-0.06) \qquad (-0.59) \qquad (0.82)$$
$$Adjusted\ R-Squared = 0.77 \quad DW = 2.06 \quad F = 12.21$$

$$\ln(ys_{3t}) = -1830.575 + 0.14\ln y_t + 313.96\ln N_t - 13.48(\ln N_t)^2 - 0.09\ln ex_{3t} + 0.30AR(1)$$
$$(-0.60) \qquad (0.80) \qquad (0.61) \qquad (-0.61) \qquad (0.22) \qquad (0.69)$$
$$R^2 = 0.83 \quad DW = 1.76 \quad F = 11.74$$

$$\ln(ys_{3t}) = 1094.87 - 0.95\ln y_t - 183.97\ln N_t + 10.04(\ln N_t)^2 + 0.22\ln im_{st} + 0.55AR(1)$$
$$(0.74) \qquad (-1.99) \qquad (-0.61) \qquad (0.83) \qquad (1.21) \qquad (0.69)$$
$$R^2 = 0.93 \quad DW = 1.98 \quad F = 10.04$$

$$\ln(ys_{3t}) = -798.61 + 0.14\ln y_t + 189.\ln N_t - 7.67(\ln N_t)^2 - 0.15\ln ex_{5t} + 0.57AR(1)$$
$$(-0.65) \qquad (0.84) \qquad (0.66) \qquad (-0.66) \qquad (0.27) \qquad (0.78)$$
$$R^2 = 0.83 \quad DW = 1.76 \quad F = 11.74$$

从估计的结果可以看出，对第二产业而言，一般贸易品的出口与第二产业占国民经济比重呈负相关关系，其他变量的影响均不明显；对于第三产业而言，加工贸易产品进口和资本密集型成技术密集型产品进口与第三产业占国民经济比重呈正相关关系，而加工贸易产品出口和资本密集型成技术密集型产品出口与第三产业占国民经济比重则呈负相关关系，且进口的正效应大于出口的负效应。同时，一般贸易品进出口与劳动密集型产品进出口对第三产业的发展均无明显影响。

[①]　鉴于第一产业在国民经济中地位的不断降低以及其对于中国产业结构优化升级的意义不大，本章主要对进出口贸易与二、三产业发展之间的关系进行研究。

第五节　结论

通过对进出口贸易及其引致国际直接投资对于中国资本形成、技术进步与产业结构优化升级影响的实证分析，本章得出如下主要结论。

应更加重视进口贸易的作用。通过本章的实证分析，证明了进口贸易对于中国资本形成、技术进步与产业结构优化升级均具有十分显著的促进作用，从而有利于实现中国比较优势的动态转化。特别是在资本形成效应方面，进口贸易及其引致国际直接投资的作用甚至远远超过了出口。因此，在中国对外贸易的发展进程中，要充分重视进口的作用，在长期内实现进出口贸易的动态平衡。可以预见，中国必然会进入进口与出口大体平衡、小规模贸易顺差与逆差交替出现的新发展阶段，同时考虑到中国的市场规模、资源供给与产业结构等状况，由当前"出口导向型"贸易发展战略着重于出口转向实现进出口贸易的平衡，并实施进口鼓励政策、放松进口限制，是符合中国比较优势动态发展需要的。

应合理调整加工贸易中劳动密集型产品与资本密集型成技术密集型产品进出口的比例，促进加工贸易产品比较优势的动态化发展。通过实证分析，中国参与国际分工所主要采用的加工贸易形式其进口技术溢出效应不及一般贸易产品的进口，按产品类别区分的劳动密集型产品进口技术溢出效应也不及资本、技术密集型产品，而加工贸易与资本、技术密集型产品的进出口对于中国第三产业发展的影响却较显著。因此，这似乎形成了一个发展的"悖论"，即产业发展与技术进步相背离。我们认为，形成此"悖论"的原因根本在于加工贸易中劳动密集型产品与资本密集型成技术密集型产品比例的不同，劳动密集型加工品比例过大弱化了加工贸易本应显著的技术溢出效应。因此，协调技术进步与产业结构优化升级一致性发展的关键在于，要降低加工贸易中劳动密集型产品比例而提高资本、技术密集型加工产品的比例。

应正确处理国内自主研发与吸收国际技术溢出的关系。从本章实证结果来看，国内研发投入与自主技术创新较之于国际贸易对中国整体技术进步的影响更为显著。这表明，中国在充分吸收国际先进技术的同时，更应加强对国内研发的投入。本章认为对技术溢出的吸收不仅仅是对生产技术的简单获取，其关键在于以此为基础形成并强化自身的技术创新能力；而如果一国具有较好的研发基础，其技术的吸收能力也必然增强，从而有利于技术的消化、有利于加快技术的创新速度。此外，国内研发投入的不足也会使得一国缺乏掌握世界技术发展趋势的能力，结果陷入"吸收－落后－再吸收"的恶性循环。

应继续扩大国际直接投资的引入规模。近年来，中国大量国际直接投资的引入引发了对国家经济可持续性发展与经济安全的担忧，但从本章实证分析结果来看，无论长期还是短期，国际直接投资对于中国资本形成均具有显著的正效应，且该效应远大于国内储蓄。据此，我们认为严格控制外资引入规模的观点并不可取，外资流入从整体上仍然发挥着促进中国经济增长的重要作用；中国在引进外资方面也应继续坚持现有的开放与鼓励政策，并在此基础上重视外资利用效率与质量的提高，防范外资利用中的各类风险，充分发挥外资的积极作用。

附表

附表 11 – 1　资本形成与进出口关系模型所主要采用主要数据

年份	CPI	LCA	LEX	LIM
1978	100	2. 6231	0. 4959	0. 6065
1979	104. 5	2. 6499	0. 7093	0. 8471
1980	109. 5	2. 6816	0. 9069	1. 0038
1981	114. 8	2. 6533	1. 1638	1. 1641
1982	119. 3	2. 7051	1. 2437	1. 0975
1983	124. 7	2. 7943	1. 2570	1. 2186
1984	126. 5	2. 9898	1. 5236	1. 5903
1985	131. 1	3. 2723	1. 8197	2. 2612
1986	147. 8	3. 2836	1. 9908	2. 3162
1987	162. 3	3. 3139	2. 2036	2. 2971
1988	187. 8	3. 4129	2. 2415	2. 3927
1989	197. 1	3. 4698	2. 2949	2. 4125
1990	216. 4	3. 4397	2. 6245	2. 4762
1991	223. 8	3. 5598	2. 8391	2. 7204
1992	238. 1	3. 7462	2. 9776	2. 9265
1993	273. 1	4. 0527	2. 9628	3. 0874

续表

年份	CPI	LCA	LEX	LIM
1994	339	4.0944	3.4257	3.3803
1995	396.9	4.1616	3.4460	3.3263
1996	429.9	4.1351	3.3760	3.2915
1997	441.9	4.1688	3.5354	3.2853
1998	438.4	4.2106	3.5480	3.2779
1999	432.2	4.2565	3.6214	3.4589
2000	434	4.3856	3.8617	3.7600
2001	437	4.4511	3.9200	3.8315
2002	433.5	4.5808	4.1298	4.0317
2003	438.7	4.7632	4.4154	4.3560
2004	455.8	5.0222	4.6796	4.6238
2005	464	5.1444	4.9054	4.7619
2006	471	5.2973	5.1044	4.9020
2007	493.6	5.3641	5.2435	5.0004
2008	522.7	5.5784	5.2579	5.0248
2009	519	5.7585	5.0630	4.8844

资料来源:《中国统计年鉴》相关年份的统计数据。

附表 11-2 关于国际直接投资与中国资本形成的分析数据表 (1985—2009)

年份	CAP	SAV	FDI(美元)	汇率	FDI	LNCAP	LNSAV	LNFDI
1985	2543.2	1622.6	19.56	2.937	57.4477	7.8412	7.3918	4.0509
1986	3120.6	2237.6	22.44	3.453	77.4853	8.0458	7.7131	4.3501
1987	3791.7	3073.3	23.14	3.722	86.1271	8.2406	8.03051	4.4558
1988	4753.8	3801.5	31.94	3.722	118.8807	8.4667	8.2432	4.7781
1989	4410.4	5146.9	33.92	3.765	127.7088	8.3917	8.5461	4.8498
1990	4517	7034.2	34.87	4.783	166.7832	8.4156	8.8585	5.1167
1991	5594.5	9110.3	43.66	5.323	232.4022	8.6295	9.1172	5.4485
1992	8080.1	11545.4	110.08	5.516	607.2012	8.9972	9.3540	6.4089
1993	13072.3	15203.5	275.15	5.762	1585.4143	9.4783	9.6293	7.3686
1994	17042.1	21518.8	337.21	8.619	2906.4130	9.7434	9.9767	7.9747
1995	20019.3	29662.3	375.21	8.351	3133.3788	9.9045	10.2976	8.0499
1996	22974	38520.8	417.26	8.314	3469.0996	10.0421	10.5590	8.1517
1997	24941.1	46279.8	452.57	8.29	3751.8053	10.1243	10.7425	8.2300

续表

年份	CAP	SAV	FDI(美元)	汇率	FDI	LNCAP	LNSAV	LNFDI
1998	28406.2	53407.47	454.63	8.279	3763.8818	10.2543	10.8857	8.2332
1999	29854.7	59621.83	403.19	8.278	3337.6068	10.3041	10.9958	8.1130
2000	32917.7	64332.38	407.15	8.279	3370.7949	10.4018	11.0718	8.1229
2001	37213.5	73762.43	468.78	8.277	3880.0921	10.5244	11.2086	8.2636
2002	43202	86910.65	527.43	8.277	4365.5381	10.6736	11.3726	8.3815
2003	55566.6	103617.65	535.05	8.277	4428.6089	10.9253	11.5485	8.3958
2004	70477.4	119555.39	606.3	8.277	5018.3451	11.1630	11.6915	8.5209
2005	88773.6	141050.99	603.25	8.192	4941.8240	11.3938	11.8569	8.5055
2006	109998.2	161587.3	694.68	7.811	5426.1455	11.6082	11.9928	8.5990
2007	137323.9	172534.19	616.74	7.807	4814.8892	11.8301	12.0584	8.4795
2008	172828.4	217885.35	924	7.011	6478.1640	12.0601	12.2917	8.7762
2009	224598.8	260771.7	900.3	6.827	6146.3481	12.3221	12.4714	8.7236

附表 11-3　历年统计数据的整理与全要素生产率的估算

年份	Y_t	K_t	L_t	$\ln Y_t$	$\ln K_t$	$\ln L_t$	LTFP	SD	LSD	SF	LSF
1981	4889.0	12456.2	43725	8.4947	9.4310	10.6857	-1.3120	114.5	4.7401	160.6	5.0790
1882	5227.9	13015.0	45295	8.5618	9.4739	10.7210	-1.2862	181.6	5.2018	156.9	5.0556
1983	5754.7	13744	46436	8.6578	9.5284	10.7458	-1.2358	245.1	5.5017	160.5	5.0783
1984	6778.6	14685.8	48179	8.8215	9.5946	10.7827	-1.1295	315.3	5.7534	208.0	5.3375
1985	7558.6	15310	49873	8.9304	9.6363	10.8172	-1.0601	353.4	5.8675	335.3	5.8150
1986	8027.8	16519.2	51282	8.9907	9.7123	10.8450	-1.0615	401.7	5.9956	265.8	5.5827
1987	8656.1	17821.5	52783	9.0660	9.7882	10.8739	-1.0479	432.5	6.0697	223.2	5.4081
1988	8950.3	17879.7	54334	9.0994	9.7914	10.9029	-1.0254	412.6	6.0225	185.2	5.2214
1989	8702.1	16985.0	55329	9.0713	9.7401	10.9211	-1.0231	402.5	5.9977	198.3	5.2898
1990	9460.3	18320.0	64749	9.1549	9.8157	11.0783	-1.0396	447.9	6.1045	223.4	5.4090
1991	10496.8	19085.0	65491	9.2588	9.8567	11.0897	-0.9677	482.2	6.1783	340.8	5.8313
1992	11927.2	20204.9	66152	9.3866	9.9137	11.0997	-0.8829	505.5	6.2256	498.3	6.2112
1993	13447.2	21776.3	66808	9.5065	9.9886	11.1096	-0.8183	499.7	6.2140	817.8	6.7066
1994	14675.8	25725.3	67455	9.5940	10.1552	11.1192	-0.8505	461.5	6.1346	1059.8	6.9658
1995	15620.9	30253.8	68065	9.6564	10.3174	11.1282	-0.9043	454.4	6.1189	1159.1	7.0554
1996	16837.8	35329.1	68950	9.7314	10.4725	11.1411	-0.9417	480.4	6.1747	1261.8	7.1401
1997	18174.8	40746.4	69820	9.8078	10.6152	11.1537	-0.9689	537.9	6.2876	1376.7	7.2274
1998	19447.4	47826	70637	9.8755	10.7753	11.1653	-1.0169	616.8	6.4245	1481.4	7.3007
1999	20997	54409.7	71394	9.9521	10.9043	11.1760	-1.0337	722.7	6.5830	1697.1	7.4367

续表

年份	Y_t	K_t	L_t	$\ln Y_t$	$\ln K_t$	$\ln L_t$	LTFP	SD	LSD	SF	LSF
2000	23071	61322.0	72085	10.0463	11.0239	11.1856	− 1.0261	816.6	6.7051	2077.2	7.6388
2001	25266.2	66293.6	73025	10.1372	11.1018	11.1986	− 0.9936	934.9	6.8404	2580.8	7.8559
2002	28125.7	73407.9	73740	10.2444	11.2034	11.2083	− 0.9607	1089.9	6.9938	3169.5	8.0613
2003	31636.5	81682.2	74432	10.3621	11.3106	11.2176	− 0.9206	1254.4	7.1344	4125.7	8.3250
2004	36158.4	91083.8	75200	10.4957	11.4195	11.2280	− 0.8664	1401.8	7.2455	4981.7	8.5135
2005	41200	104385.6	75825	10.6262	11.5558	11.2362	− 0.8338	1608.5	7.3831	5399.2	8.5940
2006	46543	121374.4	76400	10.7481	11.7066	11.2437	− 0.8196	1876.7	7.5373	6624.2	8.7985
2007	52611.3	134740.7	76990	10.8707	11.8111	11.2514	− 0.7725	2187.9	7.6907	7749.5	8.9554
2008	57322.1	148960.9	77480	10.9564	11.9114	11.2578	− 0.7589	2585.3	7.8576	8047.4	8.9931
2009	62538.4	159208.3	77995	11.0435	11.9780	11.2644	− 0.7204	2703.4	7.9023	9483.7	9.1573

附表 11 − 4　一般贸易进口与加工贸易进口对全要素生产率影响模型的相关主要数据

年份	LTFP	LCIM	LPIM	LEIM
1981	− 1.3119	5.3165	2.7107	0.3365
1982	− 1.2862	5.2410	1.0152	0.3221
1983	− 1.2358	5.2347	3.1232	1.2528
1984	− 1.1295	5.4743	3.4490	1.4207
1985	− 1.0601	5.9208	3.7551	1.9516
1986	− 1.0615	5.8638	4.2051	2.2925
1987	− 1.0479	5.6620	4.6241	3.7488
1988	− 1.0254	5.8637	5.0176	3.9042
1989	− 1.0231	5.8753	5.1454	4.1530
1990	− 1.0396	5.5683	5.2343	4.4296
1991	− 0.9677	5.6883	5.5227	4.5240
1992	− 0.8829	5.8177	5.7538	5.0389
1993	− 0.8184	5.9415	5.8963	5.6883
1994	− 0.8505	5.8727	6.1648	5.7844
1995	− 0.9043	6.0724	6.3694	5.7151
1996	− 0.9417	5.9753	6.4341	5.9189
1997	− 0.9689	5.9670	6.5540	5.8031
1998	− 1.0169	6.0795	6.5309	5.6333
1999	− 1.0337	6.5079	6.6009	5.5247
2000	− 1.0261	6.9085	6.8304	5.7825
2001	− 0.9936	7.0340	6.8456	5.8895

续表

年份	*LTFP*	*LCIM*	*LPIM*	*LEIM*
2002	− 0. 9607	7. 1633	7. 1083	6. 0836
2003	− 0. 9206	7. 5372	7. 3957	6. 4317
2004	− 0. 8664	7. 8166	7. 7039	6. 8178
2005	− 0. 8338	7. 9361	7. 9158	6. 9690
2006	− 0. 81968	8. 0751	8. 1113	7. 2220
2007	− 0. 7725	8. 2108	8. 3623	7. 3695
2008	− 0. 7589	8. 2382	8. 6516	7. 5085

附表 11 - 5　模型所采用的 *LCI* 与 *LLI* 数据

年份	资本密集型进口额（亿美元）	劳动密集型进口额（亿美元）	*LCI*	*LLI*
1990	234. 93	110. 09	5. 4593	4. 7013
1991	288. 78	129. 32	5. 6657	4. 8623
1992	424. 69	248. 61	6. 0514	5. 5159
1993	547. 27	350. 22	6. 3049	5. 8586
1994	635. 97	348. 52	6. 4552	5. 8537
1995	699. 41	370. 33	6. 5502	5. 9144
1996	728. 69	398. 77	6. 5912	5. 9884
1997	720. 71	407. 7	6. 5802	6. 0105
1998	770. 03	395. 31	6. 6464	5. 9797
1999	934. 83	440. 18	6. 8404	6. 0872
2000	1221. 44	545. 58	7. 1078	6. 3018
2001	1391. 19	570. 14	7. 2379	6. 3459
2002	1760. 46	682. 9	7. 4733	6. 5263
2003	2418. 01	969. 13	7. 7907	6. 8764
2004	3183. 03	1241. 29	8. 0656	7. 1239
2005	3682. 12	1420. 19	8. 2112	7. 2585
2006	4440. 6759	1582. 3431	8. 3986	7. 3667
2007	5200. 1316	1903. 8701	8. 5564	7. 5516
2008	5609. 5261	2048. 0612	8. 6322	7. 6246

附表 11 - 6 进出口贸易对于不同产业影响计量模型所采用的相关数据的整理

年份	$\ln(ys_2)$	$\ln(ys_3)$	$\ln y$	$\ln N$	$\ln ex_2$	$\ln ex_3$	$\ln ex_4$	$\ln e_{x5}$
1990	- 0. 8833	- 1. 1538	7. 4049	11. 6469	5. 8708	5. 5396	5. 5319	4. 5345
1991	- 0. 8725	- 1. 0881	7. 5458	11. 6598	6. 0035	5. 7387	5. 7390	4. 6975
1992	- 0. 8335	- 1. 0568	7. 7455	11. 6714	6. 0790	5. 9810	6. 2220	5. 1686
1993	- 0. 7642	- 1. 0870	8. 0058	11. 6828	6. 1521	6. 0623	6. 3131	5. 2936
1994	- 0. 7642	- 1. 0916	8. 3050	11. 6940	6. 4232	6. 3456	6. 5952	5. 6395
1995	- 0. 7513	- 1. 1128	8. 5263	11. 7045	6. 5732	6. 6019	6. 7661	6. 0039
1996	- 0. 7437	- 1. 1156	8. 6735	11. 7150	6. 4431	6. 7368	6. 7443	6. 0911
1997	- 0. 7436	- 1. 0737	8. 7672	11. 7250	6. 6000	6. 9040	6. 9556	6. 2904
1998	- 0. 7719	- 1. 0152	8. 8241	11. 7342	6. 6096	6. 7567	6. 9342	6. 4059
1999	- 0. 7818	- 0. 9736	8. 8761	11. 7423	6. 6738	7. 0114	6. 9639	6. 5397
2000	- 0. 7783	- 0. 9411	8. 9692	11. 7499	6. 9581	7. 2267	7. 1610	6. 8533
2001	- 0. 7951	- 0. 9050	9. 0620	11. 7569	7. 0213	7. 2959	7. 1772	6. 9871
2002	- 0. 8032	- 0. 8803	9. 1483	11. 7633	7. 2160	7. 4959	7. 3402	7. 2605
2003	- 0. 7772	- 0. 8859	9. 2631	11. 7693	7. 5063	7. 7906	7. 5761	7. 6370
2004	- 0. 7716	- 0. 9068	9. 4202	11. 7752	7. 7745	8. 1013	7. 8518	7. 9883
2005	- 0. 7473	- 0. 9036	9. 5600	11. 7811	8. 0554	8. 3342	8. 0812	8. 2636
2006	- 0. 7350	- 0. 8931	9. 7111	11. 7864	8. 3339	8. 5375	8. 3256	8. 5189
2007	- 0. 7478	- 0. 8701	9. 9119	11. 7915	8. 5911	8. 7283	8. 5501	8. 7599
2008	- 0. 7456	- 0. 8717	10. 0736	11. 7966	8. 7375	8. 9466	8. 6968	8. 9262

第十二章

国际分割生产条件下的我国
动态比较优势实现问题[*]

改革开放以来，中国的出口规模迅速扩张。中国出口总额的世界排名由 1980 年的第 28 位上升至 2007 年的第 2 位，2009—2011 年，中国一直保持世界第一大出口国的排名。中国的出口主要以工业制成品为主。近年来，工业制成品占总出口的比重一直保持在 95% 左右。而当前制成品生产的一个最基本现象是：产品生产过程中不同的工序、不同的区段、不同的零部件分散到不同国家和地区来进行，从而形成了同一个最终产品由不同国家或地区的厂商共同参与完成的国际分割生产（International Fragmentation of Production）模式。在国际分割生产条件下，随着一国从外国进口技术含量较高的中间品和零部件，经过加工或组装后出口，该国的出口比较优势会显著增强。因此，在国际分割生产条件下，了解我国真实的比较优势，我国制造业动态比较优势的源泉是一个值得深入研究的问题。

第一节　我国比较优势真实实现程度

在传统国际贸易理论中，最终产品生产的各个阶段都是在同一个国家和地区完成的，在各国间进行贸易的产品都是最终产品，这与现实中

---

*　本章主笔：杨永华，经济学博士，副教授，云南师范大学经济与管理学院。

的国际分割生产现象是不一致的。Baldone 等[1]认为传统的国际贸易理论模型预测与经验研究之间存在差异的一个重要原因是：中间投入品和零部件贸易在总产品贸易中占了很大的份额，但是传统贸易理论模型却把它忽略了，也就是说把国际分割生产现象忽略了。观察当今的世界经济现实，我们可以看到，原来所有生产过程都在同一个国家完成，现在已经被分割成几个生产区段，并被配置到不同国家和地区进行国际分割生产。考虑到国际分割生产，传统贸易模型中一国的经济特征与一国专业化生产某种最终产品之间的一一对应关系可能就不再存在，因为每个国家可能根据本国的要素禀赋专注于分割生产过程中的某些区段，如劳动密集型区段、资本密集型区段或技术密集型区段，而不再专注于整个最终产品的生产。由于国际分割生产的存在，一国最终产品的生产过程使用了进口的中间投入品和零部件，即一国的最终产品中包含了其他国家的要素含量和贡献。如果该国是从外国进口了技术含量较高的中间品和零部件，经过加工或组装后出口，则此时该国会表现出在高技术含量行业的出口比较优势增强，出口结构明显升级。显然，国际分割生产影响了该国的出口比较优势。

当前对于中国比较优势的经验研究大都以显性比较优势指数为基础。傅朝阳[2]对中国出口商品的比较优势进行了经验分析，发现中国的出口比较优势基本符合 H - O 定理。魏浩等[3]在对制成品按技术结构和要素密集度分类的基础上，对 1997 年以来中国制成品的出口比较优势和贸易结构做了经验分析。结果表明，中国最具有比较优势的制成品主要集中在技术含量低的非熟练劳动力密集型产品，且这类产品在中国制成品出口中

---

[1] Baldone, S. , Sdogati, F. and Tajoli, L. (2007) . "On Some Effects of International Fragmentation of Production on Comparative Advantages, Trade Flows and the Income of Countries", *The World Economy*, 30 (11), pp. 1726 - 1769.

[2] 傅朝阳：《中国出口商品的比较优势的实证分析：1980—2000》，《世界经济研究》2005 年第 3 期，第 34—39 页。

[3] 魏浩、毛日、张二震：《中国制成品出口比较优势及贸易结构分析》，《世界经济》2005 年第 2 期，第 21—33 页。

占一半以上的份额。鲁晓东、李荣林①研究了中国 1987—2005 年的贸易结构和比较优势及其变化，从总体上看中国的比较优势已发生了变化。对中国比较优势的稳定性检验表明，以要素禀赋为基础的比较优势显示出相对的稳定性。

从以上研究可以看出，学者们主要是从要素禀赋的角度解释中国出口比较优势的变化，这种研究尚不足以充分解释中国出口结构和比较优势的变化。通过本研究的文献综述可以看出，国际分割生产和由此引起的中间产品贸易是国际贸易中的一个普遍现象。通过分割生产，一国可能会在分割生产以前没有竞争力的产品上具有比较优势，即国际分割生产可以影响一国的出口比较优势②。因而在国际分割生产条件下，分割生产的最终产品包含了不同国家的贡献。此时，一国的出口中不仅仅包含了该国的技术或生产要素，也包含了其他国家的技术和要素的贡献，因此，要真实地反映一国的出口比较优势和出口结构必须考虑国际分割生产这一因素。

本章将首先将对国际分割生产和动态比较优势相关文献进行梳理；其次在李嘉图模型的框架下，对比分析在国际分割生产和不在国际分割生产两种条件下，一国出口比较优势的变化；再次利用我国制造业的出口数据，分析考虑和不考虑国际分割生产时我国制造业的出口比较优势有何不同；最后分析国际分割生产条件下我国制造业动态比较优势的源泉。

第二节　文献回顾

一　国际分割生产的概念与特点

20 世纪末至 21 世纪初，随着经济和生产全球化的发展，国际生产体

---

① 鲁晓东、李荣林：《中国对外贸易结构、比较优势及其稳定性检验》，《世界经济》2007 年第 10 期，第 39—48 页。

② Deardorff, A. V. (2001a). Fragmentation Across Cones, in S. W. Arndt and H. Kierzkowski, eds, *Fragmentation: New Production Patterns in the World Economy*, Oxford University Press, USA, pp. 35 – 51.

系发生了重大变革，当前国际生产体系的一个最基本的现象是：以往在同一国家（地区）完成的最终产品的生产，现在则会把产品的生产过程进行分解，并把产品生产过程中不同的工序、不同的区段、不同的零部件分散到不同国家和地区来进行，从而形成了同一个最终产品由不同国家或地区的厂商共同参与完成的国际分割生产，不同学者使用不同的术语来描述这一现象，如产品内分工[①]、外包[②]、垂直专业化[③]、分散生产[④]、全球生产共享[⑤]、全球生产网络[⑥]等。术语的多样化也反映了经济学者们并未对此形成统一认识。为了论述的方便，以及考虑到要从宏观到微观分析国际分割生产的原因，及其对中间品和最终产品贸易的影响，本书倾向于使用国际分割生产。

根据 Hummels 等[⑦]的研究，国际分割生产大概有三方面的特点：第一，同一种最终产品的生产可以分割为两个或两个以上的连续的生产阶段；第二，两个或两个以上的国家或地区参与这一种最终产品的增值过程；第三，在这一产品的加工阶段至少有一个国家需要进口中间投入品，由此生产出的一些产品是用于出口的。由此可见，国际分割生产对出口和进口都会造成影响，分割程度越高，中间品贸易在总贸易中占的份额也就越大；进口的中间品又会包含在最终产品的出口中。

① Arndt, S. W. (1997). "Globalization and the Open Economy", *The North American Journal of Economics and Finance*, 8 (1), pp. 71 – 79；卢锋：《产品内分工》，《经济学》（季刊）2004 年第 4 期，第 55—82 页。

② Grossman, G. M. and Helpman, E. (2005). "Outsourcing in a Global Economy", *Review of Economic Studies*, 72 (1), pp. 135 – 159.

③ Hummels, D., Ishii, J. and Yi, K. - M. (2001). "The Nature and Growth of Vertical Specialization in World Trade", *Journal of International Economics*, 54 (1), pp. 75 – 96.

④ Jones, R. W. and Kierzkowski, H. (1990). "The Role of Services in Production and International Trade: A Theoretical Framework", in Jones, R. W. and Krueger, A. O. (Eds): *The Political Economy of International Trade*, *Essays in Honor of Robert E. Baldwin*, Basil Blackwell, pp. 31 – 48.

⑤ Feenstra, R. C. and G. H. Hanson (2001). "Global Production Sharing and Rising Inequality: A Survey of Trade and Wages", *NBER Working Papers*, No. 8372.

⑥ Ernst, Dieter and Linsu Kim (2002). "Global Production Networks, Knowledge Diffusion and Local Capability Formation", *Research Policy*, Vol. 31, pp. 1417 – 1429.

⑦ Hummels, D., Ishii, J. and Yi, K. - M. (2001). "The Nature and Growth of Vertical Specialization in World Trade", *Journal of International Economics*, 54 (1), pp. 75 – 96.

二　国际分割生产对贸易的影响

（一）国际分割生产对贸易增长的影响

许多学者对国际分割生产促进国际贸易的问题进行了研究。按照 Yi[1] 的研究，国际分割生产是在过去半个世纪里世界贸易总量迅速增长的关键原因。Hummels 等[2]的研究表明国际分割生产下的贸易具有乘数效应，对贸易增长具有突出的贡献。在过去的二三十年中，国际分割生产对总出口增长的贡献超过 1/3，对出口增长贡献大的行业如化工、机械行业也是产品内贸易增长快的行业。Yi（2003）建立了一个关于国际分割生产的两国动态李嘉图模型，并对关税削减进行了模拟分析，结果表明 50% 以上的贸易增长来源于国际分割生产。原因在于国际分割生产与贸易涉及（中间）产品多次跨越国界，关税削减与运输成本降低等因素对贸易增长的影响被放大。

（二）国际分割生产对贸易模式的影响

Deardorff[3] 研究了一个小型开放的李嘉图模式经济的国际分割生产，这一经济体生产两种产品，其中一种产品可以被分割成区段生产。当然分割是有一定的成本的。如果分割发生在出口部门，假定最终产品的价格是刚性的，一国贸易模式将会由分割产生的比较优势决定，主要表现在由于分割生产使中间投入品的价格更低，从而使贸易模式可能发生较大的变化。Deardorff [4]把国际分割生产纳入 H－O 模型，国际分割生产发生的条件是：由于国家间要素价格的差异导致国际分割生产的直接生产成本的节省，足够弥补由于分割生产导致的额外成本，特别是额外产生的服务联系成本；同时

---

①　Yi, K. - M. (2003). "Can Vertical Specialization Explain the Growth of World Trade?", *Journal of Political Economy*, Vol. 111, pp. 52 - 102.

②　Hummels, D., Rapoport, D. and Yi, K. - M. (1998). "Vertical Specialization and the Changing Nature of World Trade", *Federal Reserve Bank of New York Economic Policy Review* 4 (2), pp. 79 - 99. Hummels, D., Ishii, J. and Yi, K. - M. (2001). "The Nature and Growth of Vertical Specialization in World Trade", *Journal of International Economics*, 54 (1), pp. 75 - 96.

③　Deardorff, A. V. (2001a). "Fragmentation Across Cones", in S. W. Arndt and H. Kierzkowski, eds, *Fragmentation: New Production Patterns in the World Economy*, Oxford University Press, USA, Chapter 3, pp. 35 - 51.

④　Deardorff, A. V. (2001b). "Fragmentation in Simple Trade Models", *The North American Journal of Economics and Finance*, 12 (2), pp. 121 - 137.

发现，诸如运输成本和关税等贸易壁垒是促进或抑制国际分割生产重要因素。

三　国际分割生产对动态比较优势的影响

梳理国内外相关国际分割生产的文献发现，直接研究国际分割生产对动态比较优势的影响方面的文献几乎没有，而更多的相关文献从国际分割生产对比较优势、规模经济、技术进步、劳动生产率的影响等角度来间接地说明国际分割生产对一国动态比较优势的影响。

（一）　国际分割生产对比较优势的影响

国际分割生产使得比较优势不再局限于产品层面，而是深入生产工序层面，比较优势的范围因此得到进一步拓展和延伸。国际分割生产使比较优势的表现形式发生了变化。由于不考虑国际分割生产的传统国际贸易表现为产品之间的国际分工，因此传统国际贸易理论的比较优势表现在产品层面上，而在国际分割生产条件下，各国的比较优势表现在产品国际分割生产的不同环节上。发达国家在研发、设计和营销上占据优势，而发展中国家的比较优势则表现在对零部件或原辅材料的初级加工、装配等劳动密集型环节上。正如 Deardorff[①] 的研究结果所揭示的，一个国家可能在某种产品的生产上不具有比较优势，但是在该产品的不同生产区段上往往有不同的要素结构与比例要求；只要该国在该生产区段上具有比较优势，就可以参与产品的国际分割生产中，从而使其比较优势得到更为充分的发挥。

此外，国际分割生产使一国原本具有比较优势的产品的分工更加细化和深化，因而也有利于生产成本的下降和资源配置的优化，从而对生产效率的提高及对一国比较优势具有促进作用。Munch 和 Skaksen[②] 通过研究丹麦制造业发现了国际分割生产的比较优势效应。他的研究表明，不同的国家间的要素禀赋的差异，使得不同的国家在某些生产环节上具有优势，这种差异性带来了比较优势的专门化收益。

---

① Deardorff, A. V. (2001b). "Fragmentation in Simple Trade Models", *The North American Journal of Economics and Finance*, 12 (2), pp. 121 – 137.

② Munch, Jakob R. and Skaksen, Jan Rose (2005). "Specialization, Outsourcing and Wages", IZA Discussion Papers 1907, Institute for the Study of Labor (IZA).

当然，在国际分割生产条件下，一国或地区只要在产品分割生产的某一个区段或环节上具有比较优势就可以参与国际分割生产，获取相应的利益。发展中经济体由于劳动力成本低，在加工组装环节具有比较优势，通常承担着将各种中间产品加工组装成成品出口的任务，从而使得近年来发展中经济体高新技术产品和机电产品的出口比例不断提高，出口商品结构出现"虚高"现象。

（二）国际分割生产对规模经济的影响

规模经济指产出数量规模与单位成本存在反向关系，即随生产能力的扩大，企业单位产品成本下降的一种关系。规模经济区分为内部规模经济与外部规模经济。按照标准微观经济学教科书的理论，内部规模经济是指厂商的平均生产成本随着其自身生产规模的扩大而出现下降，即企业生产达到最优化时所必需的生产规模；外部规模经济指企业生产的平均成本与单个厂商的生产规模无关，而与整个行业的规模有关，规模经济更多的是一种经济外部性的表现。

卢锋[①]的研究表明，国际分割生产可以使各国在同一产品的不同生产区段或工序上实现最佳的生产规模，从而获得更大的内部规模经济，进而促进生产区段生产率与比较优势的提升。另外，国际分割生产会使企业专业化于某一生产环节或零部件的生产，分工更加细化和深化，生产效率因此得到很大提高，并通过"干中学"效应，不断积累经验，生产成本因而下降，生产效率进一步提高，从而带来外部规模经济效应。正如 Grossman 和 Helpman[②]的研究表明，企业采取垂直专业化分工的国际分割生产模式，不但可以降低企业的经营管理成本，而且还可以获得专业化分工生产时的"干中学"效应所带来的利益。另外，国际分割生产使参与分割生产的生产区段和环节在地理位置上相对集中，从而带来外部规模经济效应。

国际分割生产将规模经济由完整产品生产的规模经济效应扩展到产品生产的各个区段上的规模经济，国际分割生产对上述两种规模经济效应都有促进作用，同时规模经济效应又同时加强国际分割生产的趋势，累计循环，促

---

① 卢锋：《产品内分工》，《经济学》（季刊）2004 年第 4 期，第 55—82 页。

② Grossman, G. M. and Helpman, E. (2005). "Outsourcing in a Global Economy", *Review of Economic Studies*, 72 (1), pp. 135–159.

进了一国或地区比较优势的不断提升。

（三）国际分割生产对技术进步的影响

国际分割生产的组织方式主要有以下两种：一是国际直接投资（FDI），即通过跨国公司在国外直接投资建立子公司或分支机构完成零部件的生产或组装；二是外包，即通过将企业的部分生产活动转移给另一个与自己没有特殊关联关系（arm-length）的企业，即通过外包来完成。我国参与国际分割生产的组织方式主要是引进 FDI。加工贸易是国际分割生产的基本形态之一，也是我国参与国际分割生产的主要方式之一。因此，国际分割生产主要通过 FDI 和加工贸易的转移和溢出技术对技术进步产生影响。

1. FDI 的技术进步效应

FDI 对东道国技术进步的作用体现了 FDI 的技术转移效应包括 FDI 的直接技术转移效应（狭义的 FDI 技术转移效应）和 FDI 的间接技术转移效应（FDI 技术溢出效应）。

根据日本学者小岛清[①]的研究，FDI 应该理解为向接受投资的国家传递资本、管理技巧、技术知识和经营资源等一揽子资源（package）。根据邓宁的折中理论，跨国公司（FDI 载体）只有同时具备垄断优势、东道国区位优势和内部化优势时，才考虑对外直接投资。其中，具备技术优势是跨国公司从事对外投资的基础和前提。因此，跨国公司既是先进技术的拥有者，也是先进技术的创新者和转移者。在现代技术发展中，跨国公司一直是从事新产品研究与开发、进行技术创新的主要组织者和承担者，也是绝大多数现代先进技术与生产工艺的率先采用者和垄断者。技术优势成为跨国公司海外扩张的出发点。跨国公司之所以能够迅速发展、壮大，成为全球经济中最为活跃的角色之一，不仅是因为其自身拥有雄厚的资本实力、精湛的工艺设备和完善的科研基础设施等有形资产，更为重要的是跨国公司拥有技术研究与开发的能力，以及专利技术、商标、组织管理和营销技能等许多无形资产。正是凭借对以上两种资产所有权的垄断优势，跨国公司才得以在激烈的国际竞争中立于不败之地。跨国公司在国际技术转移中扮演着重要角色，主要是因为跨国公司垄断了世界大部分技术开发资源与研究

---

① 〔日〕小岛清：《对外贸易论》，南开大学出版社 1987 年版，第 420—421 页。

开发成果。跨国公司通过对 R&D 的巨额投入，获得并控制了世界大量的先进技术。而技术垄断是跨国公司对外直接投资的一个重要手段，可以说，跨国公司每一次对外直接投资都孕育着科学技术的跨国转移。因此，跨国公司对外直接投资的增长，直接扩大了国际技术转移的规模，从而使跨国公司成为国际技术转移的主体。当一个跨国公司在外国建立了一个子公司，子公司就会得到一定数量的专有技术，从而形成子公司特殊的优势，获得了跨国公司转移的技术。东道国只需在劳动力和基础设施方面予以配合就能很快形成生产力，东道国的资源与 FDI 转移的技术相结合，直接提高了东道国的技术水平。

其次，FDI 除了对东道国子公司进行直接的技术转移外，还对东道国本土企业的技术进步产生了间接影响。本土企业从 FDI 所获益处表现在：跨国公司在当地建立的子公司应用新的技术，给当地生产资料供给者和产品购买者提供技术援助，对其当地职员进行培训，而这些职员后来可能会流入本土企业。跨国公司的进入会加剧当地市场的竞争，竞争的压力会刺激当地的企业更有效率地运作以及更早地引进新技术。显然，不能很确切地度量这些影响的价值，从而跨国公司也不可能获取这些影响的全部收益，所以通常把这些影响叫作"溢出效应"[①]。在多数情况下，FDI 的技术溢出效应通过以下几个渠道产生。

（1）跨国公司与本土企业间的关联效应

FDI 的一些技术溢出效应是通过跨国公司与它们当地的供应者、销售商和消费者产生联系而产生的。由于后者有可能从跨国公司的产品创新、先进的工艺技术和市场技巧中"免费搭车"，从而产生溢出效应。后向联系是指跨国公司子公司与当地供给者之间的联系，通常跨国公司通过一些后向联系活动产生了溢出效应，如帮助供给商装配生产设备；为提高供给商的产品质量或促进其创新而提供技术援助或提供信息；在经营管理方面提供培训或帮助；为供给商购买原材料和中间产品供给产品或提供帮助；帮助供给商寻求更多的消费者。

---

① Kokko, Ari (1994). "Technology, Market Characteristics and Spillovers", *Journal of Development Economics*, Vol. 43 (2), pp. 279 – 293.

（2）市场竞争和示范效应。

由于跨国公司母公司对其子公司转移的技术比本土企业的技术先进，形成了子公司的技术优势，从而使其在市场竞争中占有优势，获得了更多的市场份额和利润。这种技术示范，使得本土企业为了同跨国公司子公司竞争，纷纷模仿其技术。许多学者的研究表明，跨国公司对本土企业的溢出效应都是通过示范和竞争的相互作用产生的。示范与竞争效应机制表现为，当外商直接投资进入东道国的特定行业后，一方面，由于跨国公司采用的先进生产与管理技术为其创造了高额利润，从而在本土企业中产生了示范效应；而本土企业通过对跨国公司的观察与模仿最终达到了提高自身效率的结果，获得了溢出效应；另一方面，跨国公司的进入和对本地市场的争夺，对本土企业构成了竞争的压力。为了保持原有市场份额并且争取生存和发展的机会，对于本土企业而言，在跨国公司的竞争压力下不得不投资于学习过程，而学习过程的投资越大，本土企业的技术能力越强，就越能够获取高额利润，从而表现为本土企业因为跨国公司的进入而获得了溢出效应。与此同时，由于本土企业与跨国公司的技术差距缩小，又会促使跨国公司不得不更多更快地向东道国子公司转移技术，以提高相应的竞争能力和保持原有的利润空间。这样，本土企业竞争能力的增强提高了外资企业的溢出效应，而外资企业技术的转移反过来为本土企业进一步获取溢出效应提供了新的机会。

（3）人力资本的培训和流动。

当 FDI 从发达国家流入发展中国家，由于东道国的劳动力不具备 FDI 所必需的专业技术水平，跨国公司需要对其当地的职员进行培训。培训的对象包括生产性操作人员、技术人员和管理人员，这些人后来可能就职于当地企业或自己创建新公司，于是他们在跨国公司工作时所学的专业操作技术和管理技术就会随之流出，从而产生技术溢出效应。大多数跨国公司会对其职员进行培训，而培训的量和类型取决于跨国公司进入的行业、规模和时间、运作方式及当地的条件。东道国职员总体的技术技能水平是决定其接受的培训量的主要因素之一。而竞争性是另一个主要的因素，在国际竞争或国内竞争中受到保护的企业很少有可能投资于成本昂贵的培训。如果东道国的竞争较为激烈，跨国公司会对子公司转移更多的、较先进的技术，也会对职员的培训投入较多，对本土企业的技术溢出效应也就越大。

所以，FDI 通过对子公司的技术转移和对东道国本土企业的技术溢出效应，促进了东道国技术水平的提高。

2. 加工贸易的技术进步效应

许多学者在研究技术与国际贸易的关系时，也涉及有关国际贸易技术效应的内容。其中之一就是波斯纳所提出的技术差距理论，波斯纳假设每种行业产品在各国都能生产，生产要素在各国均匀分布。但是，各国在技术知识和技巧上存在差距，从而导致各国的技术创新水平存在差距，使得各国的同一行业采取不同的工艺技术进行生产。该理论认为，首先完成技术创新的国家取得了技术上的优势，并且在一段时间内，凭借其技术上的优势，在运用此技术进行生产的产品上取得了垄断地位，形成了与未进行技术创新的其他国家间的技术差距，并且导致了该技术产品的国际贸易。随着技术产品国际贸易的扩大，技术创新国家的该技术产品在经济增长中的示范效应也会明显体现，其他国家为了追求同样的效应，通过多种途径进行模仿。随着技术模仿国与技术创新国关于该项技术产品的国际贸易，两国之间该产品的技术差距逐渐缩小直至消失。克鲁格曼（1990）等对国际贸易的技术效应进行了进一步研究。研究表明，每个国家的技术进步都使得本国所有产业的生产率提高；而且，技术密集程度越高的产品，其生产率提高的程度越高。发达国家是技术创新国，发展中国家通过技术引进、模仿进行技术追赶，使得发展中国家能够生产更多种类的产品，从而增加了发展中国家从国际经济活动中获得的收益份额。这就迫使发达国家加快技术创新，通过创新产品的绝对优势争取更多的贸易利益。所以，发展中国家与发达国家的贸易技术效应是一个动态的相互作用过程。

加工贸易获得贸易技术效应的途径主要有：加工贸易给予技术落后国模仿技术前沿国的技术的机会，而模仿是一个通过"干中学"提高技术的过程；进口新的中间产品能通过投入产出效应提升进口国生产率；技术落后国可以通过进口了解和学习关于产品设计、生产方法和市场等信息，从而提升相关的技术；进、出口使各国避免重复劳动而改善全球范围内的研究活动的效率等；另外，技术的进口直接带来了进口国技术的进步；出口商对新产品的演示和推销过程会带来技术的溢出效应等。

（1）加工贸易的直接技术转移效应

加工贸易与技术转移的直接关系主要表现在中间品的进口——特别是进口的技术含量较高的中间品，通常会对技术进步有直接的影响。由于国际贸易中很大部分是由生产投入品贸易而不是消费品贸易构成的，因此，中间投入品的技术转移效应比较显著。

（2）加工贸易的间接技术转移效应。

加工贸易的特点之一是最终产品的增值链加长，即同一种产品的生产由几个国家共同参与。从事加工贸易的企业从外国进口关键料件和设备进行组装生产，在加工过程中摸索、了解和吸收国外同行的知识和技术窍门，逐步掌握生产这些中间产品的能力，使产品国产化率不断提高。在出口过程中，国外的消费者会对产品的性能进行反馈，使企业能根据市场的需求改进产品设计，增加产品销量。这些在进口和出口过程中获得的知识和技术，在经济学中属于"干中学"效应。"干中学"式的技术进步，大部分是从技术溢出中获得的。作为技术落后的发展中国家，通过开放市场，可以在学习的过程中达到技术知识的积累。显然，加工贸易通过直接的中间投入品的进口投入和"干中学"效应，促进了参与加工贸易国家的技术的提升。

（四）国际分割生产对生产率的影响

当母国通过国际分割生产将生产的一部分转移到劳动力成本低的国家时，产品的价格将会随着生产成本的下降而降低，产品价格的降低效应将会随着母国的生产率的提高而增大。产品的贸易会随产品价格的下降而增大，因此，国际分割生产的生产率效应通过产品价格对贸易有正向的作用。许多学者以分割生产行业的全要素生产率（TFP）或劳动生产率作为因变量，以度量分割生产的代理变量作为解释变量，通常采用 Feenstra 和 Hanson[1] 方法，用进口的中间投入品占总投入成本的比重作为分割生产的度量，结合其他影响 TFP 的因素——如资本、劳动力和研发等作为解释变量，建立计量模型，分析了国际分割生产对 TFP 的影响。

---

[1]　Feenstra, R. C. and G. H. Hanson （1996）. "Globalization, Outsourcing, and Wage Inequality", *American Economic Review*, 86（2）, pp. 240－245.

Amity 和 Wei[1] 使用美国 1992—2000 年的制造业数据，对比分析了基础原料生产分割和服务外包对劳动生产率的影响，结果表明服务外包对劳动生产率有显著的正向作用，并能够解释 10% 的生产率的增长，基础原料生产区段的分割对劳动生产率有显著的正向作用，但是只能解释 5% 的生产率的增长。Egger 等[2]使用奥地利 18 个制造业 1990—1998 年的数据，检验了向东欧国家的分割生产对 TFP 的影响。以东欧进出口占总产出的比重和行业特征作为控制变量，结果发现分割生产对 TFP 有正向的影响，在奥地利 0.9% 的 TFP 的平均增长率中 0.2% 可以归因于分割生产，这种影响在资本密集行业比在低技能劳动力密集的行业更突出。Görg 和 Hanley[3] 使用爱尔兰 1990—1995 年 12 个电子工业部门（包括软件发展、软件生产、通信和 IT 服务等服务部门），652 个企业的数据，分割生产用进口投入占总投入的比重度量，把企业间的出口强度差异作为控制变量，把出口强度超过平均强度的企业赋值为 1，考虑时间虚拟变量，以企业的 TFP 作为因变量，检验了基础原料生产分割和服务外包对 TFP 的影响，结果两者都对 TFP 有正向的影响。但是基础原料生产分割对 TFP 的影响系数更大。Criscuolo 和 Leaver[4] 聚焦于服务外包，使用英国 2000—2003 年 3700 个企业的数据，这些数据有三种不同来源，包括企业进口和出口服务的确切值，外包变量用服务外包价值相对企业购买的总服务的比重度量，把不同厂商特征，以及该厂商是否为跨国公司分支机构作为控制变量。回归式中包括行业固定效应、地区固定效应和时间固定效应。研究发现服务外包对企业生产率有正向的效应。然而，当将制造业和服务部门的样本分离，分割生产仅在服务部门中对生产率有正向效应，对于服务部门企业，分割增长 10%，则 TFP

①　Amiti, M. and S. Wei (2007). "Service Offshoring and Productivity: Evidence from the United States", *NBER Working Paper*, No. 11926.

②　Egger, P., Pfaffermayr, M. and Wolfmayr - Schnitzer, Y. (2001). "The International Fragmentation of Austrian Manufacturing: The Effects of Outsourcing on Productivity and Wages", *The North American Journal of Economics and Finance*, 12 (3), pp. 257 - 272.

③　Görg, H. and Hanley, A. (2005). "International Outsourcing and Productivity: Evidence from the Irish Electronics Industry", *North American Journal of Economics and Finance* 16 (2): pp. 255 - 269.

④　Criscuolo C. and M. Leaver (2005). "Offshore Outsourcing and Productivity", www.oecd.org/dataoecd/55/23/35637436.pdf.

增长 0.68%。Girma 和 Görg[1] 使用1980—1992 年英国化学工业、机械制造业和电子工业等制造业行业数据，分析了分割生产对生产率水平和增长的影响。研究结果在化学工业和机械制造业，分割对生产率的影响是正向的，且后者的效果是前者的 3 倍强，在电子工业外包领域该效应为负。

　　国内对国际分割生产的研究近几年才刚刚开始，研究国际分割生产对劳动生产率影响的论文较少。胡昭玲[2]从比较优势、规模经济与技术外溢三个层次分析了国际分割生产对劳动生产率的影响途径，研究表明中国参与国际分割生产促进了中国工业生产率的提高。研究表明，国际分割生产对生产率提升有促进作用，但其作用程度因行业特性而异。与劳动密集型行业相比，国际分割生产对资本（技术）密集型行业生产率的影响更大，原因主要在于以下几方面。一是，与劳动密集型行业相比，发展中国家资本密集型或技术密集型行业由于工序更为复杂，生产过程的迂回环节更多，因而参与国际分割生产程度较高，本国的比较优势由此可以得到更充分的发挥。二是，从规模经济角度看，资本密集型或技术密集型行业一般生产规模较大，因而国际分割生产给这类行业不同生产环节带来的规模经济效果也就更为突出。三是，从国际技术转移和溢出角度看，资本密集型或技术密集型行业使用的设备和技术更先进，因而这类行业生产环节的转移带来所带来的技术溢出效果也更加显著。四是，随着资本密集型或技术密集型产业的生产率相对较快地提高，劳动密集型行业中原有的优势资源，如部分熟练劳动力，也被吸引到资本密集型或技术密集型行业中，从而进一步强化了国际分割生产对发展中国家资本密集型或技术密集型行业生产率提升的积极效应，因此，国际分割生产对发展中国家劳动密集型行业生产率提升的促进作用相对较小[3]。

---

　　[1]　Girma, S. and Görg, H. (2004). "Outsourcing, Foreign Ownership, and Productivity: Evidence from UK Establishment-level Data", *Review of International Economics*, 12 (5), pp. 817 – 832.

　　[2]　胡昭玲：《产品内国际分工对中国工业生产率的影响分析》，《中国工业经济》2007 年第 6 期，第 30—37 页。

　　[3]　张小蒂、孙景蔚：《基于垂直专业化分工的中国产业国际竞争力分析》，《世界经济》2006 年第 5 期，第 12—21 页。

第三节　国际分割生产与中国制造业的比较优势实证研究

一　国际分割生产条件下的出口比较优势原理分析

假设两个国家 A 和 B，用唯一的生产要素劳动力 L，生产两种最终产品 X 和 Y。用 a_k^i（其中，$k = X$ 或 Y，$i = A$ 或 B）表示 i 国生产一单位产品 k 所需要的劳动力的单位数。假如：

$$\frac{a_X^A}{a_Y^A} < \frac{a_X^B}{a_Y^B} \tag{12.1}$$

式（12.1）说明 A 国生产产品 X 的劳动成本与生产 Y 的劳动成本的比值比 B 国的相应比值低，即 A 国在生产 X 上具有比较优势，B 国在生产 Y 上具有比较优势。如果市场是完全竞争的，且不考虑贸易壁垒（包括关税和运输成本等），则 A 国将出口 X 产品，B 国出口 Y 产品，各国根据其比较优势在各行业间配置资源，出口其具有比较优势的产品，并从中获益。由此可见，不考虑或不存在国际分割生产时，A 国在生产 X 上具有比较优势，将出口 X 产品，而 B 国在生产 Y 上具有比较优势，将出口 Y 产品。

假设 Y 产品的生产是不可分割的，即为一个单一阶段的生产过程，假设 X 产品的生产可以分割成 m（$m = 1$，$\cdots$，n）个连续的生产阶段，每个生产阶段都对最终产品 X 的价值增值做出贡献。参照 Deardorff[1] 的方法，假定产品 X 的每个生产阶段生产的部分为 Z_{Xm}，每个生产阶段需要的劳动力单位数为 a_{Xm}。生产每单位产品 X 的过程中每个生产阶段生产的中间品 Z_{Xm}，同时 Z_{Xm} 也是下一阶段生产一单位的 Z_{Xm+1} 的中间投入品。最后一个阶段生产一单位的产品 X，即 $Z_{Xn} = X$，即每单位中间品 Z_{Xm} 的生产，除了需要劳动力 a_{Xm} 的投入以外，还需要一单位前一个阶段中间品 Z_{Xm-1} 的投入（第一阶段是基本原料的投入）。当然，一般来说，不是所有的生产阶段都可以分割到国外

---

[1] Deardorff, A. V. (2001b). "Fragmentation in Simple Trade Models", *The North American Journal of Economics and Finance*, 12 (2), pp. 121 – 137.

去，有些中间品可能是不可贸易的，但是鉴于本章主要分析国际分割生产，考虑不可贸易的部分没有意义，而且不可跨国分割的部分可以与邻近的可以跨国分割的阶段合并为一个生产阶段，所以，我们现在考虑的都是可以跨国分割的生产阶段。

对于产品 X 的第 m 个生产阶段的产出 Z_{Xm}，A、B 两国的相对劳动成本（比较成本）可以定义为：

$$A(X_m) = \frac{a_{X_m}^A}{a_{X_m}^B} \tag{12.2}$$

其中，$m = 1, \cdots, n$，假设 $A(X_1) \geqslant A(X_m) \geqslant A(X_n)$（或者通过重新排序可满足此式），$(A'X_m) < 0$，也就是说，两国生产 Z_{Xm} 的比较优势可以按照国家 A 单调递增（国家 B 单调递减）的比较优势排序，即：

$$\frac{a_{X_1}^A}{a_{X_1}^B} > \frac{a_{X_2}^A}{a_{X_2}^B} > \frac{a_{X_3}^A}{a_{X_3}^B} > \cdots > \frac{a_{X_m}^A}{a_{X_m}^B} > \cdots > \frac{a_{X_n}^A}{a_{X_n}^B} \tag{12.3}$$

给定 A、B 两国的工资水平为 ω_A 和 ω_B，两国各生产阶段的生产成本和各阶段产出（中间品）的价格为：

$$
\begin{aligned}
P_{X_1}^A &= \omega_A a_{X_1}^A, P_{X_1}^B = \omega_B a_{X_1}^B \\
P_{X_2}^A &= \omega_A a_{X_2}^A, P_{X_2}^B = \omega_B a_{X_2}^B \\
&\cdots \\
P_{X_m}^A &= \omega_A a_{X_m}^A, P_{X_m}^B = \omega_B a_{X_m}^B \\
&\cdots \\
P_{X_n}^A &= \omega_A a_{X_n}^A, P_{X_n}^B = \omega_B a_{X_n}^B
\end{aligned}
\tag{12.4}
$$

在自由贸易、不考虑运输成本和市场完全竞争条件下，每个阶段的产品将以最低成本出售。因此，如果有 $\omega_A a_{X_m}^A = P_{X_m}^A < P_{X_m}^B = \omega_B a_{X_m}^B$，则国家 B 将以价格 $P_{X_m}^A$ 从国家 A 进口 Z_{Xm}，而 B 国内部不再进行此生产阶段的生产，A 国成为此阶段产品的出口者。

定义 $\omega = \dfrac{\omega_B}{\omega_A}$，对于某一生产阶段的产品 Z_{Xm}，如果有 $P_{X_m}^A \leqslant P_{X_m}^B$，或者有：

$$\omega_A a_{X_m}^A \leqslant \omega_B a_{X_m}^B \tag{12.5}$$

则有：$A\ (X_m)\ =\dfrac{a^A_{X_m}}{a^B_{X_m}}\leqslant\omega$，那么 A 国将以比 B 国低的价格生产中间产品

Z_{X_m}，B 国将不会出口中间产品 Z_{Xm}。反之，如果 $A\ (X_m)\ =\dfrac{a^A_{X_m}}{a^B_{X_m}}\geqslant\omega$，则 B 国

将以比 A 国低的价格生产产品 Z_{X_m}，A 国将不会出口产品 Z_{Xm}。结合

（12.3），如果如下关系成立：

$$A(X_1)=\frac{a^A_{X_1}}{a^B_{X_1}}\leqslant\omega \tag{12.6}$$

则 A 国将以比 B 国低的价格生产所有生产阶段的产品，B 国将不会出口任何

生产阶段的产品，即没有中间品国际贸易的空间。

同样，如果有：

$$A(X_n)=\frac{a^A_{X_n}}{a^B_{X_n}}\geqslant\omega \tag{12.7}$$

则 B 国将以比 A 国低的价格生产所有生产阶段的产品，A 国将不会出口

任何生产阶段的产品，也没有中间品国际贸易的空间。

由此可见，国际贸易发生的条件是 ω 必须处于式（12.3）两个极端的

比较成本之间，即

$$\frac{a^A_{X_1}}{a^B_{X_1}}>\omega>\frac{a^A_{X_n}}{a^B_{X_n}} \tag{12.8}$$

可以用以上类似的方法证明，A 国将生产比较成本低于 ω 的所有生产阶

段的中间产品并出口，而那些比较成本高于 ω 的所有生产阶段的中间产品

将由 B 国生产并出口。

对于不可分割的产品 Y，若 $a^A_Y/a^B_Y<\omega$，则 A 国将生产 Y 产品并出口；若

$a^A_Y/a^B_Y>\omega$，则 B 国将生产 Y 产品并出口；当 $a^A_Y/a^B_Y=\omega$ 时，一般的，这种产

品在两国都生产，并且不再发生国际贸易。

假设两国之间存在贸易壁垒，即存在关税和运输成本，且 A、B 两国分

别对所有进口的商品征收 T_A 和 T_B 的关税，需要从国外进口 $\tau\ (m)\ >1$ 单

位的第 m 个阶段的产品，以保证国内获得一单位的这个阶段的产品，τ^A

(m) 和 $\tau^B(m)$ 分别表示 A、B 两国 X 产品第 m 个生产阶段的贸易成本。国家 A 从国家 B 进口的第 m 个阶段中间品的价格、国家 B 从国家 A 进口的第 m 个阶段中间品的价格分别为：

$$(1 + T_A)\tau^A(m)P_{X_m}^B = (1 + T_A)\tau^A(m)\omega_B a_{X_m}^B$$
$$(1 + T_B)\tau^B(m)P_{X_m}^A = (1 + T_B)\tau^B(m)\omega_A a_{X_m}^A \qquad (12.9)$$

如果式（12.10）的关系成立，则第 m 个生产阶段将由 B 国生产，A 国从 B 国进口此生产阶段生产的中间产品：

$$(1 + T_A)\tau^A(m)P_{X_m}^B = (1 + T_A)\tau^A(m)\omega_B a_{X_m}^B < P_{X_m}^A = \omega_A a_{X_m}^A$$
$$(1 + T_A)\tau^A(m)\omega < \frac{a_{X_m}^A}{a_{X_m}^B} = A(X_m) \qquad (12.10)$$

显然，在相反的不等式成立的情况下，第 m 个生产阶段将由 A 国生产，A 国不再从 B 国进口此生产阶段生产的中间产品。

类似的，如果式（12.1）的关系成立，则第 m 个生产阶段将由 A 国生产，B 国从 A 国进口此生产阶段生产的中间产品：

$$(1 + T_B)\tau^B(m)P_{X_m}^A = (1 + T_B)\tau^B(m)\omega_A a_{X_m}^A < P_{X_m}^B = \omega_B a_{X_m}^B$$
$$A(X_m) = \frac{a_{X_m}^A}{a_{X_m}^B} < \frac{\omega}{(1 + T_B)\tau^B(m)} \qquad (12.11)$$

在相反的不等式成立的情况下，第 m 个生产阶段将由 B 国生产，B 国不再从 A 国进口此生产阶段生产的中间产品。

因为 $\dfrac{\omega}{(1 + T_B)\tau^B(m)} <$（$1 + T_A$）$\tau^A$（$m$）$\omega$，所以，对于比较成本 A（X_m）满足式（12.12）的第 m 个生产阶段，此阶段对应的中间产品将不参与贸易：

$$\frac{\omega}{(1 + T_B)\tau^B(m)} < A(X_m) < (1 + T_A)\tau^A(m)\omega \qquad (12.12)$$

显然，由于关税和贸易成本的出现，会产生一定区间内的非贸易的生产阶段，即介于式（12.12）的区间内，这也意味着有些生产阶段由于受关税和贸易成本的影响，不再进行跨国分割，也不会发生国际贸易。由于我们的分析重点是国际分割生产，可以将不可跨国分割的部分与其邻近的可以跨国分割的阶段合并为一个生产阶段。因此，即使考虑关税和贸易成本，我们在前面分析的方法和思路同样适用。

从以上的分析可知，当没有考虑国际分割生产的时候，A 国在生产 X 产品上具有比较优势，B 国在生产 Y 产品上具有比较优势，即 A 国将会出口 X 产品，B 国将会出口 Y 产品。假定 Y 的生产不可分割而 X 的生产可以分割成 m 阶段，X 的生产被分割到 A、B 两国，A 国和 B 国按照各自的比较优势完成产品 X 的某些生产阶段，通过中间品贸易和国外中间品的投入，最终完成产品 X 的生产。此时，有可能 X 的最后一个生产阶段 Z_{Xn}（$Z_{Xn} = X$）在 B 国进行，从而使 B 国也能出口 X 产品，即 B 国的出口结构也发生变化，与此同时，B 国的出口中也可能包含 A 国的投入。即使 X 的最后一个生产阶段在 A 国进行，A 国出口的最终产品 X 也不能够全面和准确地体现 A 国的比较优势，因为 X 的生产过程中既有 B 国的中间品的投入，也有 A 国的价值增值过程，所以，在国际分割生产条件下必须区分一国出口比较优势和出口结构中国内含量和国外含量，才能真实地反映一国的出口比较优势和出口结构。

二 国际分割生产条件下中国制造业出口比较优势实证分析

在已有的文献中，通常用 Balassa 显性比较优势指数（Revealed Comparative Advantage，RCA）反映一个国家或地区某一产业的比较优势。但是度量 RCA 时用的是整体贸易的数据，并没有把最终贸易和加工贸易进行区分[①]。加工贸易是一国参与国际分割生产的主要方式，从前面的分析已知，由于国际分割生产的存在，一国的总体出口不仅包含本国的价值增值，也包含其他国家要素的贡献，如果使用总产品出口数据测算 RCA，即使一国只是对某一产品进行了组装，但是测算出的 RCA 会显示这一国家能够出口这一产品且这一产品拥有比较优势。因此，必须区分最终贸易和参与国际分割生产的贸易，从而真实地反映一国的比较优势。

---

① Baldone, S., Sdogati, F. and Tajoli, L. (2007). "On Some Effects of International Fragmentation of Production on Comparative Advantages, Trade Flows and the Income of Countries", *The World Economy*, 30 (11), pp. 1726 – 1769.

（一）比较优势测度指标：RCA

显性比较优势指数（RCA）是美国经济学家 Balassa Bela 提出的测算国际贸易比较优势的一种方法，Balassa 最初是用某类出口产品在一国出口中所占比重与该类产品出口占世界总出口的比重之比作为显性比较优势指数度量一国产品的比较优势，其比较优势的测算公式如下：

$$RCA_{ij} = \frac{X_{ij}/X_{it}}{X_{wj}/X_{wt}} \tag{12.13}$$

式（12.13）中 RCA_{ij} 表示 i 国第 j 种商品的显性比较优势指数，X_{ij} 表示 i 国第 j 种产品的出口值，X_{it} 代表 i 国所有产品的出口总值，X_{wj} 代表世界第 j 种产品的出口值，X_{wt} 代表世界所有产品的出口总值。

此后许多学者用 Balassa 的显性比较优势指数进行了各种比较优势的研究，并在此基础上对 RCA 指数进行各种扩展和推广。在已有的文献中，根据研究问题的不同，式（12.13）中的 X 所包括的产品类别和国家范围也不同。根据产品类别，显性比较优势指数的计算可以分为：一是一国某种产品在世界市场上的比较优势；二是一国某行业的产品（某类产品）在世界市场上的比较优势。由于本章中研究的是中国制造业的比较优势，所以可以将中国某行业 k 的显性比较优势指数表示如下：

$$RCA_k = \frac{\text{中国 } k \text{ 行业的出口值／中国制造业的出口值}}{\text{世界 } k \text{ 行业的出口值／世界制造业的出口值}} \tag{12.14}$$

式（12.14）中的世界范围可以分为三类："世界"代表全部贸易国家；"世界"代表某一区域的全部国家；"世界"代表与中国进行贸易的某个国家或者是某些代表性国家（魏浩等，2005）。本章计算中国制造业的比较优势时，使用的是第一类范围。

按照日本贸易振兴会制定的标准，如果 $RCA_{ij} > 2.5$，则说明 i 国家第 j 种产品具有极强的比较优势，如果 $1.25 \leqslant RCA_{ij} \leqslant 2.5$、$0.8 \leqslant RCA_{ij} \leqslant 1.25$ 和 $RCA_{ij} < 0.8$，则对应的表明 i 国家第 j 种产品具有较强的、中度的和弱的比较优势。当产品 j 是属于某一产业的一类产品时，这些标准对行业也同样适用，即对 RCA_k 也适用。

（二）不考虑国际分割生产时的中国制造业出口比较优势

在现有的许多文献中，计算比较优势时并没有考虑国际分割生产这一现象,即计算比较优势时使用的是总的贸易数据,没有分离加工贸易(国际分割引起的贸易)和一般贸易(又称最终产品贸易)。下文将用式(12.14)分别计算不考虑国际分割生产时和考虑国际分割生产时的中国制造业出口的显性比较优势。计算不考虑国际分割生产时将使用中国和世界制造业各行业的总产品的出口数据;计算考虑国际分割生产时,最佳的选择是同时使用中国和世界制造业各行业的一般贸易的出口数据。由于只有中国有一般贸易的统计数据,而世界贸易没有一般贸易的分类,所以,计算考虑国际分割生产时的显性比较优势,我们使用中国制造业各行业的一般贸易的出口数据和世界制造业各行业的总产品的出口数据。由于式(12.14)中的分母是一种参照物,而 RCA_k 是一个相对的比值,所以在不可获得世界的一般贸易的数据的情况下,可以使用世界的总体贸易数据作为替代,以便把参照物统一到同一个标准。

用式(12.14)的指标计算不考虑国际分割生产和考虑分割生产时的中国制造业出口比较优势,其中涉及的中国制造业的总体出口数据和一般贸易出口数据均可以从国研网数据库中获得,世界制造业的出口数据则可以从联合国 COMTRADE 数据库中获得。但是国研网数据库和联合国 COMTRADE 数据库中有关贸易的数据是按照 HS 编码(The Harmonization Code System Code)分类的数据,没有按照国民经济行业分类的数据,因此本章参考盛斌(2002)[1] 的方法,把 HS 编码四位码的相关产品的出口贸易数据集结到我们所选取的 26 个制造业行业中,就可得到这些行业的一般贸易、总体贸易的出口数据和世界出口数据,其中,本章把 COMTRADE 数据库中所有国家按 HS 编码四位码分类的每个产品的出口额进行加总,所得值作为按此分类的每个产品的世界出口额,然后再把每个产品集结到其所属行业,得出制造业分行业的世界出口额。由于 COMTRADE 数据库中包含绝大部分的贸易大国,因此以这些国家作为世界代表是可行的[2]。所选数据的时间跨度为2001—2008 年。

根据上述方法获得中国和世界制造业的总的出口数据,并根据式

---

① 盛斌:《中国对外贸易政策的政治经济学分析》,上海人民出版社 2002 年版,第 480—529 页。
② 杨长志:《外商直接投资是否降低了中国内资企业的出口竞争力——基于显示比较优势的研究》,《经济学家》2009 年第 5 期,第 15—20 页。

（12.14）计算所得的不考虑国际分割生产时的中国制造业 26 个制造业的出口比较优势指数 RCA（如表 12 - 1 所示）。

表 12 - 1　不考虑国际分割生产时的中国制造业出口比较优势

行业＼年份	2001	2002	2003	2004	2005	2006	2007	2008
食品加工和制造业	0.74	0.68	0.56	0.52	0.48	0.46	0.42	0.35
饮料制造业	0.48	0.39	0.30	0.29	0.23	0.25	0.17	0.15
烟草加工业	0.27	0.28	0.26	0.21	0.18	0.16	0.13	0.12
纺织业	1.66	1.66	1.53	1.53	1.47	1.56	1.57	1.50
纺织服装、鞋、帽制造业	4.18	3.70	3.33	3.17	2.97	3.10	2.82	2.85
皮革毛皮羽绒及其制品业	4.45	4.30	3.84	3.69	3.41	2.79	2.81	2.80
木材加工及家具制造业	1.23	1.34	1.28	1.36	1.39	1.46	1.46	1.51
造纸及纸制品业	0.23	0.22	0.23	0.22	0.25	0.30	0.31	0.28
印刷业记录媒介的复制	0.40	0.44	0.36	0.39	0.38	0.41	0.45	0.47
文教体育用品制造业	3.91	4.15	3.72	3.57	3.39	3.24	2.95	2.78
石油加工及炼焦业	0.51	0.46	0.50	0.47	0.32	0.23	0.24	0.27
化学原料及化学制品制造业	0.58	0.55	0.50	0.50	0.49	0.48	0.52	0.57
医药制造业	0.13	0.10	0.08	0.07	0.07	0.06	0.06	0.07
化学纤维制造业	1.75	1.76	2.02	1.92	1.92	1.93	1.90	2.03
橡胶制品业	0.73	0.74	0.67	0.75	0.82	0.87	0.91	0.89
塑料制品业	1.31	1.28	1.13	1.12	1.08	1.04	0.92	0.88
非金属矿物制品业	1.40	1.48	1.35	1.39	1.42	1.43	1.34	1.40
黑色金属冶炼及压延加工业	0.45	0.36	0.35	0.68	0.66	0.84	0.95	0.98
有色金属冶炼及压延加工业	0.66	0.64	0.66	0.71	0.58	0.55	0.43	0.40
金属制品业	1.45	0.96	1.36	0.64	1.39	1.44	1.44	1.46
普通机械制造业	0.44	0.57	0.54	0.57	0.57	0.6	0.64	0.66
专用设备制造业	0.29	0.31	0.32	0.36	0.39	0.45	0.64	0.69
交通运输设备制造业	0.27	0.25	0.27	0.28	0.3	0.32	0.36	0.42
电气机械及器材制造业	1.65	1.56	1.57	1.58	1.51	1.52	1.52	1.52
通信设备、计算机及其他电子设备制造业	1.21	1.48	1.75	1.93	1.95	1.95	2.07	2.12
电子设备制造业仪器仪表及文化办公用机械	0.95	0.99	1.02	1.08	1.22	1.19	1.15	1.19

资料来源：笔者根据国研网数据库和联合国 COMTRADE 数据库数据计算而得。

从表 12 - 1 中可以看出，不考虑国际分割生产时，从 2001—2008 年的平均情况看，中国制造业具有比较优势的行业，即显性比较优势指数 RCA 大于 1 的行业一共有 11 个，分别是：纺织业，纺织服装、鞋、帽制造业，皮革毛皮羽绒及其制品业，木材加工及家具制造业，非金属矿物制品业和金属制品业6个劳动密集型行业①；文教体育用品制造业，塑料制品业，化学纤维制造业，电气机械及器材制造业，通信设备、计算机及其他电子设备制造业和电子设备制造业仪器仪表及文化办公用机械5个资本密集型或技术密集型行业。其中，显性比较优势指数 RCA 大于 2.5 的行业有 3 个：纺织服装，鞋、帽制造业，皮革毛皮羽绒及其制品业，文教体育用品制造业，说明中国这些行业在世界市场有极强的比较优势和竞争力。而显性比较优势指数 RCA 介于 1.25—2.5 之间的行业有 7 个：纺织业，木材加工及家具制造业，化学纤维制造业，非金属矿物制品业，金属制品业，电气机械及器材制造业和通信设备、计算机及其他电子设备制造业，说明这些行业具有较强的比较优势和竞争力。显性比较优势指数 RCA 小于 0.8 的行业有 13 个：食品加工和制造业，饮料制造业，烟草加工业，造纸及纸制品业，印刷业记录媒介的复制，石油加工及炼焦业，化学原料及制品制造业，医药制造业，黑色金属冶炼及压延加工业，有色金属冶炼及压延加工业，普通机械制造业，专用设备制造业和交通运输设备制造业，说明中国这些行业在世界市场上的比较优势和竞争力非常弱，是中国的劣势行业。其余 3 个行业的显性比较优势指数 RCA 介于 0.8—1.25 之间，具有中度的比较优势和竞争力。

（三）国际分割生产条件下的中国制造业出口比较优势

考虑国际分割生产，把由分割生产引起的加工贸易从总体贸易中分离，用一般贸易数据计算我国制造业的显性比较优势指数 RCA。同样选用 2001—2008 年，中国的一般贸易数据和世界出口数据，可以计算得到国际分割生产条件下，中国制造业出口的显性比较优势指数。

_____

　① 按照产业资源密集程度分类法，根据不同的产业在生产过程中对资源依赖程度的差异，把产业划分为资源密集型、劳动密集型、资本密集型或技术密集型产业；而根据 SITC 一位码的分类标准，共有 10 大类产品，通常将 0—4 类初级产品定义为资源密集型产品，第 6、8 类制成品定义为劳动密集型产品，而第 5、7 类制成品产品定义为资本或技术密集型产品。本章综合这两类方法，把我国 26 个制造业行业分为三类产业，分别是资源密集型行业：食品加工和制造业、饮料制造业和烟草加工业；劳动密集型行业：纺织业、纺织服装，鞋、帽制造业、皮革毛皮羽绒及其制品业、木材加工及家具制造业、造纸及纸制品业、印刷业记录媒介的复制、橡胶制品业、非金属矿物制品业、金属制品业；资本密集型或技术密集型行业：文教体育用品制造业、石油加工及炼焦业、化学原料及制品制造业、医药制造业、化学纤维制造业、塑料制品业、黑色金属冶炼及压延加工业、有色金属冶炼及压延加工业、普通机械制造业、专用设备制造业、交通运输设备制造业、电气机械及器材制造业、电子设备制造业仪器仪表及文化办公用机械。

表 12 – 2 考虑国际分割生产时的中国制造业出口比较优势

行　　　业 ＼ 年份	2001	2002	2003	2004	2005	2006	2007	2008
食品加工和制造业	1.24	1.11	0.93	0.86	0.76	0.72	0.64	0.48
饮料制造业	0.90	0.86	0.64	0.64	0.50	0.53	0.33	0.26
烟草加工业	0.62	0.63	0.58	0.50	0.43	0.36	0.30	0.24
纺织业	2.69	2.80	2.64	2.70	2.56	2.70	2.67	2.22
纺织服装、鞋、帽制造业	4.74	4.68	4.46	4.51	4.45	4.76	4.15	3.71
皮革毛皮羽绒及其制品业	4.29	4.69	4.59	4.79	4.52	3.32	3.54	3.26
木材加工及家具制造业	1.58	1.78	1.75	2.02	2.09	2.21	2.28	2.28
造纸及纸制品业	0.25	0.25	0.23	0.21	0.23	0.26	0.28	0.25
印刷业记录媒介的复制	0.11	0.17	0.12	0.16	0.18	0.23	0.30	0.36
文教体育用品制造业	2.41	2.54	2.51	2.60	2.35	2.20	2.06	1.65
石油加工及炼焦业	0.88	0.78	0.87	0.74	0.36	0.16	0.17	0.55
化学原料及化学制品制造业	1.05	0.99	0.89	0.92	0.88	0.82	0.85	1.16
医药制造业	0.25	0.19	0.15	0.14	0.12	0.10	0.10	0.10
化学纤维制造业	2.42	2.84	3.60	3.61	3.55	3.41	3.11	2.97
橡胶制品业	0.28	0.30	0.27	0.30	0.32	0.35	0.37	0.31
塑料制品业	0.93	1.02	0.98	1.09	1.11	1.08	0.88	0.82
非金属矿物制品业	2.49	2.70	2.48	2.65	2.68	2.59	2.33	2.25
黑色金属冶炼及压延加工业	0.71	0.65	0.64	1.41	1.26	1.76	1.84	1.80
有色金属冶炼及压延加工业	0.93	0.74	0.68	0.69	0.62	0.68	0.63	0.56
金属制品业	2.19	1.43	2.14	1.03	2.50	2.56	2.49	2.37
普通机械制造业	0.64	0.82	0.81	0.84	0.80	0.83	0.89	0.86
专用设备制造业	0.37	0.39	0.42	0.49	0.55	0.62	0.58	0.64
交通运输设备制造业	0.22	0.21	0.23	0.27	0.30	0.33	0.37	0.39
电气机械及器材制造业	1.08	1.01	1.14	1.17	1.13	1.13	1.17	1.18
通信设备、计算机及其他电子设备制造业	0.18	0.23	0.27	0.32	0.35	0.40	0.46	0.53
电子设备制造业仪器仪表及文化办公用机械	0.40	0.44	0.41	0.40	0.37	0.35	0.38	0.38

资料来源：作者根据国研网数据库和联合国 COMTRADE 数据库数据计算而得。

　　根据上述处理数据的方法获得中国制造业各行业的一般贸易出口数据和世界制造业各行业的总的出口数据，并根据（12.14）式可以计算得到考虑分割时的中国制造业 26 个行业的出口显性比较优势指数 RCA 如表 12 – 2 所示。从表 12 中可以看出，考虑国际分割生产时，从 2001—2008 年的平均情况看，中国具有比较优势的行业，即显性比较优势指数 RCA 大于 1 的行业一共有 9 个，分别是：纺织业，纺织服装、鞋、帽制造业，皮革毛皮羽绒及其制品业，木材加工及家具制造业，非金属矿物制品业和金属制品业等 6 个劳动密集型行业，文教体育用品制造业、化学纤维制造业和电气机械及器材制造业等 3 个资本密集型或技术密集型行业。其中，显性比较优势指数 RCA 大于 2.5 的行业有 4 个：纺织服装、鞋、帽制造业，皮革毛皮羽绒及其制品业，化学纤维制造业和非金属矿物制品业，说明中国这些行业在世界市场有极强的比较优势和竞争力。而显性比较优势指数 RCA 介于 1.25—2.5 之间的行业有 3 个：木材加工及家具制造业、文教体育用品制造业和金属制品业，说明这些行业在世界市场上具有较强的比较优势和竞争力。显性比较优势指数 RCA 小于 0.8 的行业有 14 个：食品加工和制造业，饮料制造业，烟草加工业，造纸及纸制品业，印刷业记录媒介的复制，石油加工及炼焦业，化学原料及制品制造业，医药制造业，橡胶制品业，有色金属冶炼及压延加工业，专用设备制造业，交通运输设备制造业，通信设备、计算机及其他电子设备制造业，电子设备制造业仪器仪表及文化办公用机械，说明中国这些行业在世界市场上的比较优势和竞争力非常的弱，是中国的劣势行业。其余 5 个行业的显性比较优势指数 RCA 介于 0.8—1.25 之间，具有中度的比较优势和竞争力。

（四）对比分析

对比不考虑国际分割生产和考虑国际分割生产时的中国制造业的出口比较优势，可以发现在两种情况下具有比较优势的行业有变化。首先，考虑国际分割生产后，即分离了中国出口的国外含量以后，中国具有比较优势的制造业行业个数减少了，从不考虑国际分割生产时的 11 个减为 9 个，其中具有比较优势的劳动密集行业的个数保持 6 个不变，具有比较优势的资本密集型或技术密集型行业的个数减少了 2 个。其次，考虑国际分割生产后，在世界市场有极强的比较优势和竞争力的行业增加了 1 个，减少了原来的文教体育用品制造业，增加了化学纤维制造业和非金属矿物制品业。考虑国际分割生产后，在世界市场有较强的比较优势和竞争力的行业共减少了 4 个，减少了纺织业，化学纤维制造业，非金属矿物制品业，电气机械及器材制造业和通信设备、计算机及其他电子设备制造业，增加了文教体育用品制造业。考虑国际分割生产后,在世界市场上比较优势和竞争力非常弱、处于劣势的行业增加了 1 个,减少了原来的黑色金属冶炼及压延加工业和普通机械制造业,而增加了橡胶制品业,通信设备、计算机及其他电子设备制造业和电子设备制造业仪器仪表及文化办公用机械。再次,在考虑国际分割生产,消除了国际分割生产的影响后,比较优势有所增强的行业有:所有资源密集型行业的比较优势都提高或者比较劣势减弱;纺织业,纺织服装、鞋、帽制造业,皮革毛皮羽绒及其制品业,木材加工及家具制造业,非金属矿物制品业和金属制品业等部分劳动密集型行业的比较优势增强;化学原料及制品制造业、化学纤维制造业、黑色金属冶炼及压延加工业和有色金属冶炼及压延加工业等行业的比较优势有所增强;而文教体育用品制造业、塑料制品业、电气机械及器材制造业、电子设备制造业仪器仪表及文化办公用机械等资本或技术密集型行业的比较优势减弱。但是,从总体看,考虑了国际分割生产的影响后,也就是说分离了国际分割生产导致的贸易后,则中国制造业的比较优势行业减少了,资源密集型和劳动密集型行业的比较优势变化不大,但资本密集型或技术密集型行业的比较优势总体上明显下降,特别是技术含量较高的电气机械及器材制造业,通信设备、计算机及其他电子设备制造业和电子设备制造业仪器仪表及文化办公用机械等行业的比较优势下降非常明显,通信设备、计算机及其他电子设备制造业和电子设备制造业仪器仪表及文化办公用机械更是从比较优势行业变成了比较劣势行业。可以说,由于中国参与国际分割生产,使得中国的制造业的比较优势比较高,如果分离了国际分割生产导致的贸易,则中国的制造业——特别是高技术含量的行业的比较优势并不突出。

第四节　国际分割条件下中国制造业比较优势的动态化路径

当今世界的生产体系已经进入一个以国际分割生产为基础的全球化生产阶段,中国经济只有嵌入世界分工体系之中,才能够融入世界经济体系而分享经济全球化的利益。国际分割生产为中国融入全球化生产,并沿着全球化产业链条不断地由劳动密集型环节向资本密集型环节提升,进而为对中国的比较优势进行完善、培育与提升提供了一条有效而便捷的途径。为此，本研究认为，在国际分割生产条件下，我国制造业比较优势的发展要通过以下几个途径。

一　促进我国制造业参与国际分割生产

国际分割生产促使国际分工程度不断细化与专业化，国际分工从产品层面深入工序层面，从传统比较优势理论的角度分析，这意味着比较优势范围的扩展。一方面，即使一国在某些产品的生产中不具有优势，但只要在这些产品的特定生产阶段上具有优势，就可以参与国际分割生产；另一方面，在一国具有优势的产品上，国际分割生产带来的分工程度的加深也有利于生产成本的节约和资源的优化配置，这对于生产效率的提高，从而对比较优势的提升是有利的。因此，我们应该积极促进我国制造业参与国际分割生产，而富余且低成本的劳动力资源仍是我国参与国际分割生产的基础。FDI 和加工贸易是我国参与国际分割生产的两种主要组织方式。

（一）继续加大吸引 FDI 的力度

从国际范围来看，积极吸引 FDI 已成为世界潮流，是经济全球化趋势下绝大多数国家采取的策略，尤其是发展中国家，更是展开了 FDI 的激烈争夺。发展中国家对外资的吸引力之一在于劳动力成本相对较低。中国改革开放以来，外资大量流入中国的一个重要原因是为了利用中国廉价的劳动力，所以外资大量集中于劳动密集型产业。但随着中国经济的发展及劳工保护意识的增强，中国的劳动力成本也在不断上升，不断超过东南亚国家，而这些周边国家和我国的 FDI 竞争是最为激烈的，中国在吸引外资方面的低成本优势正在逐渐丧失。毋庸置疑，FDI 的大量流入，不仅缓解了我国的资金短缺问题，而且促进了我国的技术进步，对我国经济发挥了积极作用。因此，今后我国在吸引外资、参与竞争的过程中，应注意通过相关的优惠措施以及稳定的政治环境、良好的宏观经济形势、基础设施的不断完善等因素，使中国依然对外资保持吸引力，从而提高我国参与国际分割生产的程度。

（二）鼓励企业"走出去"

中国政府 2000 年提出了"走出去"发展战略，明确将"引进来"和"走出去"相结合，改变了过去一味强调"引进来"的方针。因为不管是

"引进来"还是"走出去"的 FDI，都反映了我国参与国际分割生产的进程和趋势。通过引进 FDI，中国得到了参与国际分割生产的机会，充分地融入全球化生产中。FDI 的引入也促进了竞争，加快了中国企业优胜劣汰的进程，提升了企业的竞争优势，最终提升了中国的国际竞争优势。经济全球化是当今世界发展的主题与趋势，越来越多的跨国公司在世界范围内开展竞争。中国企业要想在这种严峻的环境下获得生存，就必须适应全球化的发展趋势，参与竞争，取得市场份额，开发国内、国外两种资源和两个市场。所以，必须鼓励中国企业"走出去"，为企业"走出去"参与国际分工和全球竞争创造良好的政策条件，为本土企业"走出去"的战略提供良好的金融支持。

（三）发展加工贸易

为了促使我国积极参与国际分割生产，应该促进加工贸易的发展。尽管中国在通过加工贸易参与国际分割生产的过程中，处于价值链的低端，但是我们不能因为加工制造环节的低附加值而否认参与国际分割生产、承接发达国家加工制造环节转移的经济合理性。中国现实的优势条件决定了加工制造环节是中国融入国际分割生产导致的全球生产链的切入点，也是中国承接国际产业链转移，吸收、学习国外先进的技术和管理经验的重要途径。完善法律等相关程序，政府部门从政策上加以支持，在关税结构设置上保护国内中、高技术密集型的加工环节，对国内低技术密集型和劳动密集型加工环节完全放开，在产业发展政策上对高科技、附加值大的高技术密集型加工环节实行倾斜，有利于促进我国进一步参与国际分割生产。

二　促进国际分割生产规模经济效应的实现

国际分割生产可以节约生产成本、提高生产效率，有利于实现规模经济效应，促进我国比较优势的动态化。

在生产过程为一个整体、不存在空间分离的情况下，生产企业只能依据产品的整个生产过程的有效规模安排生产规模，这样并不是所有生产区段或环节都能够达到最佳规模。企业通过国际分割生产，将有效规模不同的生产区段或环节加以分割，配置到不同的国家或地区进行生产，使产品的生产成本下降，获得超额利润。因此，中国企业积极参与国际分割生产，可以获得参与区段或环节的内部规模经济，从而提升这些区段或环节的比较优势。

另外，国际分割生产会导致生产区段或环节的集聚。一般而言，某些产品的较低的生产成本，会使一些国家大规模从事某些生产区段或环节的生产，它们容易成为某类零件部件的生产供应者，成为中间投入品生产基地，而中间品的需求和贸易成本的存在，又促使生产同类产品的某些生产区段或环节企业在地理上集聚，生产区段或环节的集聚有利于技术外溢。因此，中国企业积极参与国际分割生产，还可以获得参与区段或环节的外部规模经济，从而增强这些生产区段或环节以至整个产品的比较优势。

三　促进国际分割生产技术转移和外溢效应的实现

为了促进国际分割生产技术转移和外溢效应的实现，促进我国制造业比较优势的提升，应该关注以下几方面。

（一）提高自主创新能力

Cohen 和 Levinthal[①] 的研究表明，研发（R&D）有两种不同功能：一是进行技术创新，二是提高企业的吸收能力。一国或一个地区的技术水平和吸收能力是决定 FDI 是否能引进并发生经济的技术转移效应的重要因素。技术水平太低，将妨碍 FDI 引进的数量，且 FDI 的积极效应也较小，如果技术水平比较高，就可能吸引大量的 FDI，本土企业也将逐渐地熟悉并模仿这些先进的技术，使技术缺口缩小，竞争激化；技术转移方为了确保自身在东道国市场的技术和产品质量优势，就必须不断地将更为先进的技术转移过来。最终，缩小了技术缺口。这一切发生的前提是 FDI 输入方有一定的研发创新基础。

对于中国来说，中国制造业的比较优势不断提升的过程，事实上就是由劳动密集的低附加值环节逐步向资本或技术密集的高附加值环节演进的过程。在这一进程中，我国的自主创新能力是我国制造业价值链升级的根本动力。参与国际分割生产的行业和企业只有提升自主创新能力，才能获得竞争优势，才能参与更多的国际分割生产区段，才能为中国制造业承接国际分割

---

① Cohen, W. and D. Levinthal. (1989). "Innovation and Learning: The Two faces of R&D", *Economic Journal*, 99, pp. 569–596.

生产的技术转移和技术溢出提供更多的机会。同时，加强自主创新能力，才能提升参与国际分割生产的行业和企业的吸收能力，才能充分吸收国际分割生产的技术转移和技术溢出效应，才能逐步从国际分割生产中的劳动密集型生产环节，向国际分割生产中的附加值更高的生产环节推进，从而使我国制造业的比较优势不断提升。

（二）培育有竞争力的本土企业

由于我国制造业在参与国际分割生产过程中，大多只从事低端的加工生产，在全球价值链中处于不利的地位，获得的利益较少，对增强我国制造业和比较优势、促进经济发展来说作用有限。而且，如果我国长期依赖这种"两头在外"的经济，将会在一定程度上导致中国企业被边缘化，不利于我国制造业的发展。因此，我国可以推动一些有实力的企业，将某些生产环节安排在国外进行或者构建自己的国际分割生产网络；同时，参与更高附加值的国际分割生产区段，对于增强中国企业和行业的比较优势具有十分重要的意义。培育有竞争力的本土企业，也可以促进 FDI 流入和带来较先进的技术，以便与本土企业竞争。增强本土企业的竞争实力，首先应为企业兼并和集聚实力创造外部条件。其次，加快企业制度改革，使企业尤其是国有企业注重增强长期的发展能力。最后，促使竞争乏力的企业联手或结成战略联盟，在生产、R&D 等环节进行合作。

（三）促进参与国际分割生产的企业与本土企业的联系

在经济活动过程中，各个产业之间广泛存在着复杂而密切的技术联系和经济联系，这种联系便是产业关联。产业关联中最基本的纽带是产业之间的供求关系。在国际分割生产体系中，各个生产区段或环节之间也存在着紧密的产业关联，包含着各个生产区段或环节的专业化和整个产品的各个生产区段或环节之间的相互协作。产业关联对一国产业的发展和优势的形成具有很大影响，中国参与国际分割生产就是要充分发挥产业关联效应，带动相关产业的发展。

但是，目前中国在国际分割生产中主要处于基本组装和简单加工等低端环节，这就导致了产业关联效应难以发挥，使国际分割生产对我国制造业比较优势的提升效果不明显。因此，我们应当促进国际分割生产的产业关联，促进我国制造业比较优势的提升。一方面，提高产业关联效应就必须推动我国参与国际分割生产的价值链升级，只有进入价值链高端，才能获得国际分割生产的主导权，进而通过产业关联带动本土产业比较优势的提升。也就是说，我国已经参与国际分割生产的企业，不能锁定在充当下游生产商，而是要在积极参与国际分割生产的基础上，加强与本土企业的联系，提高核心零部件的本土化生产水平，由下游生产商向上游生产商推进，逐步提升在国际分割生产中的主导地位，进而通过产业关联效应，促进我国制造业的比较优势的提升。

第五节 结论

改革开放以来，中国的出口规模迅速扩张。中国出口总额的世界排名由1980 年的第 28 位，上升至 2007 年的第 2 位，到 2009 年，中国超过德国成为世界第一大出口国。中国的出口中制成品出口占了绝大部分份额，且制成品出口的增长速度快于所有货物出口总额的增长速度。制成品是我国参与国际分割生产的主体。国际分割生产，即把产品的生产过程分割成不同的区段配置到不同国家和地区，已经成为影响我国制造业出口的重要因素。传统的国际贸易理论没有考虑国际分割生产现象，不能解释国际分割生产对出口贸易的影响。因此，本部分首先对国际分割生产和动态比较优势相关文献进行梳理；其次在李嘉图模型的框架下，对比分析考虑国际分割生产和不考虑国际分割生产条件下，一国出口比较优势的变化，再次以中国和世界制造业分行业的贸易数据，对比分析了不考虑和考虑国际分割生产情况下，即不分离和分离国际分割生产的影响后，中国制造业的比较优势和出口结构变化，得到以下结论。

对比不考虑国际分割生产时和考虑国际分割生产时的中国制造业的出口比较优势发现，在两种情况下具有比较优势的行业有变化。首先，考虑国际分割生产后，即分离了国际分割生产的影响后，中国具有比较优势的制造业行业个数减少了。其次，分离了国际分割生产的影响后，在世界市场有极强的比较优势和竞争力的行业增加了 1 个；有较强的比较优势和竞争力的行业共减少了 4 个；在世界市场上的比较优势和竞争力处于劣势的行业减少了 1个。总体看，由于国际分割生产的影响，虽然资源密集型和劳动密集型行业的比较优势变化不大，但资本密集型或技术密集型行业的比较优势总体上明显上升，特别是技术含量较高的电气机械及器材制造业，通信设备、计算机及其他电子设备制造业，电子设备制造业仪器仪表及文化办公用机械等行业的比较优势下降非常明显，而且通信设备、计算机及其他电子设备制造业以及电子设备制造业仪器仪表及文化办公用机械更是从比较劣势行业变成了比较优势行业。可以说，由于中国参与国际分割生产，进口一些技术含量较高的中间品，因此，中国的制造业——特别是高技术含量的行业的比较优势上升了。

由于中国参与国际分割生产，中国的出口中包含了他国的贡献和含量，因此，中国制造业中具有出口比较优势的行业增多，特别是高技术含量的行业的比较优势上升了。分离了国际分割生产中包含的他国的含量，则中国制造业的出口比较优势没有这么突出。

通过以上研究表明，在国际分割生产条件下，我国制造业比较优势的发展要通过以下几个途径。

一是，促进我国制造业参与国际分割生产。FDI 和加工贸易是我国参与国际分割生产的两种主要方式。因此，我们应该从 FDI 和加工贸易入手提升我国参与国际分割生产的程度。通过相关的优惠措施，中国以稳定的政治环境、良好的宏观经济形势、基础设施不断完善等因素，继续加大吸引 FDI 的力度。同时，也必须鼓励中国企业"走出去"，为企业走出去参与国际分工和全球竞争创造良好的政策条件，为本土企业"走出去"战略提供良好的金融支持。只有中国企业"走出去"参与全球竞争，才能最终提升中国的国际竞争优势。为了促使我国积极参与国际分割生产，应该促进加工贸易的发展。加工制造环节是由中国现实的优势条件决定的，是中国融入国际分割生产导致的全球生产链的切入点。政府应对高科技、附加值大的高技术密集型加工环节实行政策倾斜，促进我国参与国际分割生产区段或环节。

二是，促进国际分割生产规模经济效应的实现。通过国际分割生产，将有效规模不同的生产区段或环节加以分割，配置到不同的国家或地区进行生产，使产品的生产成本下降，获得超额利润。因此，积极参与国际分割生产，可以获得参与区段或环节的内部规模经济。国际分割生产会导致生产区段或环节的集聚现象，因为中间品的需求和贸易成本的存在，促使生产同类产品的某些生产区段或环节的企业在地理上集聚。而且，生产区段或环节的集聚有利于相互合作和技术外溢。因此，积极参与国际分割生产，可以获得参与区段或环节的外部规模经济。

三是，促进国际分割生产技术转移和外溢效应的实现。①提高自主创新能力。参与国际分割生产的行业和企业只有加强自主创新能力，才能获得竞争优势，才能参与更多的国际分割生产区段，才能为中国制造业承接国际分割生产的技术转移和技术溢出提供更多的机会。同时，加强自主创新能力，才能提升参与国际分割生产的行业和企业的吸收能力，才能把充分吸收国际分割生产的技术转移和技术溢出效应，才能逐步从国际分割生产中的劳动密集型生产环节，向国际分割生产中的附加值更高的生产环节推进，从而使我国制造业的比较优势不断提升。②培育有竞争力的本土企业，可以推动我国一些有实力的企业，将某些生产环节安排在国外进行或者构建自己的国际分割生产网络，同时，有竞争力的本土企业可以参与更高附加值的国际分割生产区段，这对于增强中国企业和行业的比较优势具有十分重要的意义。培育有竞争力的本土企业，也可以促进 FDI 流入和提高技术水平，以便与本土企业竞争。增强本土企业的竞争实力，首先应为企业兼并和集聚实力创造外部条件。其次，加快企业制度改革，使企业尤其是国有企业注重增强长期的发展能力。最后，促使竞争乏力企业联手或结成战略联盟，在生产、R&D 等环节进行合作。③促进参与国际分割生产的企业与本土企业的联系。一方面，提高产业关联效应就必须推动我国参与国际分割生产的价值链升级，只有进入价值链高端，才能获得国际分割生产的主导权，进而通过产业关联带动本土产业比较优势的提升。另一方面，参与国际分割生产的企业传播技能、知识和技术的最强大的渠道是它们与本土企业建立联系。而建立联系的过程受到政策环境、基础设施和宏观经济状况的影响。事实上，本土企业的技术能力是建立有效联系的一个关键因素。

第十三章

全球价值链升级、比较优势
动态化与中国位置[*]

在全球价值链分工体系下，一国的比较优势已不再仅仅体现为一个具体的产业或行业及特定的产品，而更多的是在整个价值创造链条上的环节或工序上要素禀赋的投入。在这种新型国际分工体系下，一国的产业升级是在全球价值链条中不断攀升的动态进程，将更加依赖于比较优势的深化与演变。全球价值链分工为发展中国家的企业提供了融入更大世界市场的机会，如何更好地利用这个机会，实质取决于发展中国家的全球价值链升级战略与比较优势动态化的耦合程度。

第一节 基于全球价值链视角的比较优势动态化

由于技术进步、国际投资的增大以及国际贸易壁垒的逐渐降低与消除，国际经济发生了深刻的变化，整个世界在成为一个规模巨大的全球性大市场。生产要素在国与国之间流动速度的加快，国际市场激烈的竞争压力，促使各国的企业把视角逐渐由国内转向国外，在全球范围内进行生产要素优化配置，以最大限度地降低生产成本与交易费用。在这样的背景下，国际分工也发生了实质性改变，伴随着国际市场逐渐走向一体化的同时，国际分工的形式却在逐渐走向非一体化。20 世纪 80 年代以

---

* 本章主笔：吴明，经济学博士，讲师，云南大学发展研究院。

来，以全球价值链分工为基础的国际生产网络成为国际经济的基本组织范式。

在全球价值链分工的国际生产体系中，产品的生产不再完全按照比较优势原则，局限在一个国家或地区，然后以最终产品的形式进行国际贸易，而是按照产品从概念到最终交付到消费者手中所需要的各种活动，以先后次序、轻重缓急等分成不同的工序环节，被拆解后的生产环节在空间上进行重组，分散到不同的国家或地区，进而形成以工序、区段、环节为对象的分工体系①。多个国家和企业被纳入该生产体系中，国际生产由产业间分工逐渐转变为全球价值链分工。全球价值链连接了世界范围的企业和生产要素，为发展中国的企业提供了融入国际市场的机会，对一些国家来说，融入国际生产体系和出口导向的工业化几乎等同经济发展②。

比较优势理论把一国从事国际分工的动因归于贸易利得，而贸易收益的来源是要素禀赋的优势。传统的贸易理论是从静态的观点分析比较优势的形成与国际分工的原因。而在全球化的背景下，技术和网络化带来全球贸易运输成本、交易成本的快速下降，各国不再仅是静态地获取比较利益，而是要改变其在国际分工体系中的位置，动态地改变其要素禀赋，如主要生产劳动密集型产品为主的国家转向生产资本技术密集型产品的国家就必须要改变劳动相对资本更丰富的要素禀赋结构。全球价值链分工的本质是各国在国际分工体系位置的改变及比较优势的动态演化过程，其主要特征是发达国家在全球价值链环节中利用其比较优势占据着领导地位，发展中国家在分工过程中不断提升其价值轨道，进而实现价值链的高端攀升。比较优势演化的过程就是一国产业升级或产业高端化的过程，这种高级化在全球价值链条上表现为分工的片断化，就是将一种产品的生产过程片断化为不同的价值生产过程，各个国家按其比较优势的不同取得不同价值过程的收益。

---

① 卢峰：《产品内分工》，《经济学》（季刊）2004 年第 4 期，第 55—82 页。

② Gereffi, G., Humphrey, J., Kaplinsky, R. & Sturgeon, T. J. (2001). "Introduction: Globalisation, Value Chains and Development", *IDS Bulletin* [online], 32 (3).

第二节 全球价值链升级与比较优势动态化的关系

一 全球价值链分工与产业升级

在全球价值链分工体系中，产业升级指实现由低技能、低附加值状态向高技术、高附加值状态的演变，与之同步的是产业价值链的提升。具体表现为经济体的经济结构从农业为主到工业为主再向服务业为主的波浪形递进，同时也可以表现出要素密集度的相对转化的结构性特征。当一国出口产品的要素密集度中技术、资本要素的含量相对于劳动或资源要素的含量更丰裕时，我们就认为这个国家产业比较优势发生了演化，价值链升级正在进行中。Teece 和 Pisano[1]认为产业升级的创新动力来源于企业内部加工流程，包括改进型学习过程，即企业进入其他企业或区域创新系统从而培养其动态能力。其变化是有路径依赖的价值链升级的过程。产业升级的不断深化，也是价值链上高低不同附加值环节在空间上的一次优化与配置。这种优化与配置是按照各个区域或国家的要素禀赋高低的标准进行的，全球价值链分工存在一种等级体系与全球各地要素禀赋匹配的过程，也是全球价值链各个价值环节在全球垂直与空间的再构过程。在这一过程中，区域要素禀赋演化决定了其产业在整个价值链体系中所处的环节，产业升级主要借助价值链，通过学习效应取得技术进步和市场关联，向更高价值经济活动转移，从而提高其竞争力。产业升级的路径主要有两种，一种是基于学习积累的内生性拓展型路径，这种升级路径主要通过资本、技术积累来构建完整的产业链条，提高其制造环节的水平，并向研发、设计、服务等环节拓展，向附加值高的环节转移，实现产业的内部升级。这种升级对产业的创新能力和学习积累能力要求高，并且需要有雄厚的资本支持。另一种是外生性嵌入型，即将产业链的关键环节外生性地嫁接到全球价值链中，通过利用自身的比较优势，引进技术、委托加工、订单贸易等与国外的核心产业链进行融合，然后通过技术外

---

① Teece, D. and G. Pisano (1994). "The Dynamic Capabilities of Firms: An Introduction", *Industrial and Corporate Change*, 3 (3), 537–556.

溢来实现自身能力的提高和产业链的延伸。要根据不同的产业和地区的实际情况，考虑具体的发展目标、政策来选择产业升级方式①。内生性拓展型路径，呈现环环相扣的状态，可以通过比较优势的线性升级来实现；外生性嵌入型路径，具有外部选择性大，与国际分工链的联系范围更广等特点，可以用跳跃式的比较优势非线性转化，通过合资、合作、引进、并购等方式适时进入一个全新的产业领域，取得某个产业或产品的主导地位，从而实现产业的跨越式升级。无论是哪种产业升级方式，都需要找到最合适的价值切入点，发挥动态比较优势，根据价值链条的增值路径来安排未来的发展战略，实现产业链的升级。

二　全球价值链升级与比较优势动态化耦合的内在机制

Humphrey 和 Schmitz② 从全球价值链视角提出了产业升级的四种方式：工艺升级（Process Upgrading）、产品升级（Product Upgrading）、功能升级（Functional Upgrading）、跨产业升级（Inter – sector Upgrading）。前三者属于产业内升级。Ernst③ 将产业升级方式划分为五种类型：产业间升级：在产业层级中从低附加值产业（如轻工业）向高附加值产业（重工业和高技术产业）的移动；要素间升级：在生产要素层级中从"禀赋资产"（endowed assets）或"自然资本"（natural capital）（自然资源和非熟练劳动力）向"创造资产"（created assets）——物质资本、人力资本和社会资本——移动；需求升级：在消费层级中从必需品向便利品，然后是奢侈品移动；功能升级：在价值链层级中，从销售、分配向最终的组装、测试，零部件制造、产品开发和系统整合移动；链接上的升级：在前后链接的层级中，从有形的商品类生产投入无形的、知识密集的支持性服务。

张其仔④认为全球价值链升级路径选择与比较动态演化之间有着密切的

---

① 吴彦艳、丁志卿：《基于产业价值链视角的产业升级研究》，《科技管理研究》2009 年第 6 期，第 376—378 页。

② John Humphrey and Hubert Schmitz（2000）. "Governance and Upgrading：Linking Industrial Cluster and Global Value Chain Research", *Institute of Development Studies*, 2000.

③ Ernst, D.（2001）. Global Production Network and Industrial Upgrading – knowledge – centered Approach, East – Wester Center Working Paper：Economic Series.

④ 张其仔：《比较优势的演化与中国产业升级路径的选择》，《中国工业经济》2008 年第 9 期。

联系。图 13 – 1 中的 OEA_1、OEM_1、ODM_1、OBM_1 和 OEA_2、OEM_2、ODM_2、OBM_2 分别代表产业 1 和产业 2 的加工组装、委托加工自主设计与加工及自主品牌生产等环节从 OEA_1 到 OEM_1，从 OEA_1 到 ODM_1，从 OEA_1 到 OBM_1，表现为产业内分工，从 OEA_1 到 OEA_2，表现为产业间升级。

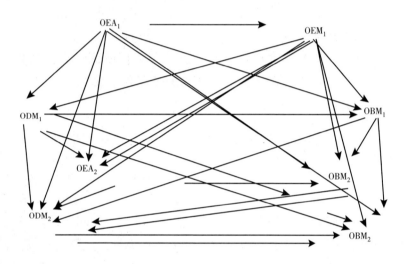

图 13 – 1   比较优势动态演化与全球价值链升级复杂网络

价值链分工的升级从工艺流程升级开始，经历产品升级、功能升级到跨产业升级路径，这是比较优势的线性演化升级；反之，如果没有经历其中的某一个环节，而直接进入一个新的价值链体系，则认为是非线性演化升级。一般而言，发展中国家大多经历比较优势在全球价值链上的线性演化，也即我们通常认为的从劳动密集型产品转向资本密集型产品的过程。根据产品的生命周期理论，一种产品从研发、生产、成熟和衰落不断地变化，产品与产品在不断更替，如果只是一味地遵循比较优势线性演化，那么当企业一种产品的价值链攀升到最高层级时，才发现产品已经走到了周期的最末端。如此，则一国很难在全球价值链中获取更高的价值收益。比较优势非线性演化是一种跳跃式的价值链变化，可以根据技术差距的变化选择产业价值链的不同升级形式和不同的升级战略，进而可以动态地跳跃产品的生命周期，在产品价值链上灵活地获取更高的价值分工利益。图 13 – 2 动态演示了全球价值链升级与比较优势动态耦合的机制。

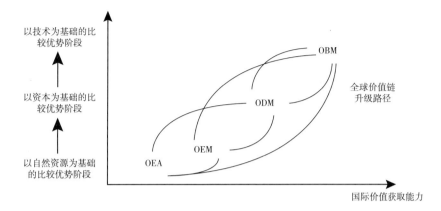

图 13-2　全球价值链升级与比较优势动态耦合

第三节　全球价值链升级与比较优势
动态化耦合的测度

一　全球价值链升级与比较优势动态化的测度思想

一国参与国际分工的结果可以从多个角度来刻画，如国际贸易、国际直接投资、经济规模、市场规模等。不论从什么角度来研究，其内在是一致的。

比较优势的动态观点强调在开放条件下保持民族经济的独立性，主张适度开放，适度吸引外商投资，注重经济（产业）安全，同时强调产业政策的作用，认为有必要在战略性产业领域中争取赶超。从现实来看，第一种选择很有可能落入所谓的"比较优势陷阱"，第二种选择则有机会促进我国在相关产业领域实现赶超，促进产业升级的"蛙跳"。

比较优势不仅应包括提高生产率、降低成本的因素，还应包括提高价值和能力的因素。可以说，对比较优势概念和内涵进行拓展后，要素价格不是影响比较优势的主因，全球价值链分工体系中的环节、对利润的控制以及分配主导权才是决定比较优势的重中之重。处在价值链上不同国家企业之间的关系决定着国家之间的贸易模式，也是比较优势形式的根源。

由于在研究对象上很难严格区分全球价值链分工与产品内分工、外包、垂直非一体化等，所以很多学者利用测度贸易一体化、垂直非一体化、外包、产品内分工等间接反映全球价值链的问题。

主要指数有：贸易一体化指数（ITIj）、显性比较优势指数（RCA）、贸易竞争指数（TC）、垂直专门化指数（VS）等。采用比较多的方法是Hummels等[1]创建的 I – O 法测量 VSS。

I – O 法则基于这样的思想：当进口中间品被用于生产的商品再出口时，就出现了生产的垂直非一体化。因此衡量垂直分离的基本思想，可以用出口产品中所含有的进口中间投入品的比例来反映。

一个产业的垂直专业化水平为：$VS_i = \left(\dfrac{M_i}{Y_i} \right) X_i = \left(\dfrac{X_i}{Y_i} \right) M_i$。其中，$M_i$ 为 i 产业进口中间品金额，Y_i 为 i 产业总产出，X_i 即 i 产业出口。M_i/Y_i 指的是产业 i 每一单位产出中所需要的进口中间品，即进口中间品对产出的贡献程度，所以乘上 X_i 即可以衡量每单位出口中的中间进口品的贡献率。当产业全部采用国产中间品或该产业没有出口，则没有贸易发生，此时 VS 为零，当产出全部用于出口时，VS 即为中间品进口量。

一个国家（或地区）所有产业的垂直专业化程度即 VS 可以表示为：$VS = \sum_{i=1}^{n} VS_i$，其中 n 表示该国产业数。

将 VS 值除以总出口，这样该国总出口中的 VS 份额就可以表示为：

$$VSS = \frac{VS}{X} = \frac{\sum_{i=1}^{n} VS_i}{\sum_{i=1}^{n} X_i} = \frac{\sum_{i=1}^{n} (VS_i/X_i) X_i}{\sum_{i=1}^{n} X_i} = \sum_{i=1}^{n} \left(\frac{VS_i}{X} \frac{X_i}{X} \right)$$

利用国家投入产出表计算时，VSS 真实水平有一定程度的偏离，部门划分越粗，VSS 的精确性越低。越是靠近下游，中间品的投入比例越高，VSS 指数越大；越是处在一个行业的早期阶段，VSS 越小；价格上升，VSS 下降。

---

① David Hummels , Jun Ishii , Kei – Mu Yi （2001）. "The Nature and Growth of Vertical Specialization in World Trade", *Journal of International Economics*, 54：75 – 96.

本章构建的全球价值耦合链升级与动态比较优势测度方法是基于 I－O 法测度 VDI。但是不同之处主要有：其一，本章主要基于国际投入产出模型，而 I－O 法测度 VDI 是国家投入产出模型。国际投入产出模型的便利之处是国与国之间联系已经是通过协调的各个产业部门之间的关系。其二，本章构建的 IVD 指数是产业的价值获取份额，是从价值创造和价值获取的角度来度量一国的某个产业价值获取能力，在对产业价值获取能力度量的同时考虑该产业在世界市场的份额，前一个指标是"质"的度量，后一个指标是"量"的度量，这两个指标共同表示一个国家某个产业在世界同类产业中利益获取能力的大小。其三，本章所采用的把产业利益获取能力指标加总成国家指数的加权平均法不同于 I－O 法测度 VDI，本章采用的权重是各个产业在对该国经济的贡献率，体现了一个产业在国家中的重要性。

由此，我们构建了全球价值链分工与比较优势动态化耦合指数，这个指数不但考察每个国家的每个产业在世界同类产业中的价值获取能力，还考察每个国家每个产业在世界同类产业中的市场份额；用每个产业对国家经济的贡献率作为权重主要是考虑了国家的产业结构因素。

二　全球价值链升级与比较优势动态化耦合测度模型

1. 国际投入产出模型

投入产出方法产生于 20 世纪 30 年代[①]，但直到 50 年代初期，受数据可得性和计算机运算能力等约束，投入产出理论和实证研究发展较为缓慢。50 年代之后，学者们对投入产出模型进行了广泛的理论探讨和实际应用，各个层次的空间投入产出模型不断研制并发展起来。

投入产出模型大致分为两类：单个国家或区域的投入产出模型；区域间/国家间的投入产出模型。以不同国家或不同地区的集合为研究对象的投入产出结构，包括国内投入产出模型、多区域投入产出模型、地区间投入产出模型和国际/国家间投入产出模型。地区间投入产出模型（Interregional IO

---

① Leontief, W. (1936). "Quantitative Input and Output Relations in the Economic System of the United States", *The Review of Economic and Statistics*, 18, 105 - 125.

Model, IRIO Model）和多区域投入产出模型（Multiregional IO Model, MRIO Model）是国际/国家间投入产出模型的重要基础。

假定国家的数目和产业部门的数目分别为 n 和 s。以矩阵形式表示的供求均衡方程为：

$$X = AX + F \tag{13.1}$$

此处：$X = \{x_1^1, x_2^1, \cdots, x_n^1; x_1^2, x_2^2, \cdots, x_n^2; \cdots; x_1^s, x_2^s, \cdots, x_n^s\}'$，产出向量；$F = \{f_1^1, f_2^1, \cdots, f_n^1; f_1^2, f_2^2, \cdots, f_n^2; \cdots; f_1^s, f_2^s, \cdots, f_n^s\}'$，最终需求向量；

$$A \equiv \begin{bmatrix} A^{11} & A^{12} & \cdots & A^{1n} \\ A^{21} & A^{22} & \cdots & A^{2n} \\ \vdots & \cdots & \ddots & \vdots \\ A^{=n1} & A^{n2} & \cdots & A^{nn} \end{bmatrix}_{ns \times ns}, 其中 A^{hk} \equiv \begin{bmatrix} \alpha_{11}^{hk} & \alpha_{12}^{hk} & \cdots & \alpha_{ln}^{hk} \\ \alpha_{21}^{hk} & \alpha_{12}^{hk} & \cdots & \alpha_{2n}^{hk} \\ \vdots & \cdots & \ddots & \vdots \\ \alpha_{n1}^{hk} & \alpha_{n2}^{hk} & \cdots & \alpha_{nn}^{hk} \end{bmatrix}$$

方程（13.1）中：x_n^s 表示国家 n 的 s 部门的总产出向量；

f_n^s 表示国家 n 的 s 部门的最终需求向量；

A^{hk} 表示国家 k 生产一单位产品对国家 h 中间品的需求系数；

α_{ij}^{hk} 表示国家 h 的 i 部门对国家 k 的 j 部门产品的直接消耗系数。

假定 G 是增加值率（value-added ratio）的对角矩阵：

$$G \equiv \begin{bmatrix} g^1 & 0 & \cdots & 0 \\ 0 & g^2 & \cdots & 0 \\ \vdots & \vdots & \vdots & \vdots \\ 0 & 0 & \cdots & g^n \end{bmatrix}, 其中 g^k \equiv \begin{bmatrix} r_1^k & 0 & \cdots & 0 \\ 0 \cdots r_2^k & \cdots & 0 \\ \vdots & \vdots & \vdots & \vdots \\ 0 & 0 & \cdots & r_n^k \end{bmatrix}$$

r_j^i 表示国家 i 的 j 部门的增加值率（$K = 1,2,\cdots,n; j = 1,2,\cdots,n$）。

$[I-A]^{-1}$ 是里昂惕夫逆矩阵，国家产业部门 n 的价值全球分布就可以表示为：

$$D = G[I-A]^{-1} \tag{13.2}$$

式中的 D 为：$D \equiv \begin{bmatrix} D^{11} & D^{12} & \cdots & D^{1n} \\ D^{21} & D^{21} & \cdots & D^{2n} \\ \vdots & \vdots & \vdots & \vdots \\ D^{n1} & D^{n2} & \cdots & D^{nn} \end{bmatrix}, 其中 D^{hk} \equiv \begin{bmatrix} v_{11}^{hk} & v_{12}^{hk} & \cdots & v_{1s}^{hk} \\ v_{21}^{hk} & v_{22}^{hk} & \cdots & v_{2s}^{hk} \\ \vdots & \vdots & \vdots & \vdots \\ v_{s1}^{hk} & v_{s2}^{hk} & \cdots & v_{ss}^{hk} \end{bmatrix}$

v_{ij}^{hk} 表示国家 k 的 j 部门初始创造的被国家 h 的 i 部门获取的增加的份额，也可以表示一个部门初始创造的增加留在国内的份额和流向国外的份额以及损耗。

2．IVD（International Value Distribution）指数

$$v_j^{k \to h} \equiv \sum_{i=1}^n v_{ij}^{hk}$$

表示某产业所创造的增加值有多少比例保留在国内，多少比例流向国外其他国家（地区）或者以关税、运输成本的形式耗散；利用该指数能够从产业层面上对全球价值链空间分布进行测度。

在投入产出表中每一个国家的每一个企业都与其他所有国家的每一个企业建立联系。从一个国家的角度，该国的某一个产业所创造的增加值会被分解到每一个国家的每一个部门。本章重点研究一个国家的某个产业所创造的增加值有多少比例留在国内，余下的比例流向国外或者以关税、运输成本的形式耗散，至于流向其他国家的具体比例不是分析的重点。

这样每个国家的每一个产业获取价值份额矩阵定义为 IVD：

$$IVD \equiv \begin{bmatrix} V^{11} & V^{12} & \cdots & V^{1n} \\ V^{21} & V^{21} & \cdots & V^{2n} \\ \vdots & \vdots & \vdots & \vdots \\ V^{s1} & V^{s2} & \cdots & V^{sn} \end{bmatrix}_{s \times n}$$

IVD 矩阵中的列对应国家，行对应产业。这样任意一列就是一个国家 s 个产业的 IVD 指数。

3．产业赢利能力指标

主流国际贸易理论假定国际分工对所有的参与者都是有益的。哪个国家的哪个产业获得最多的增加值，哪些获得的最少，中国很多产品占世界市场的"物质生产份额"比较大，是否意味着中国获得了相应的"价值份额"，本研究用一种相对比较的方法来考察一国的一个产业在物质生产份额与价值份额方面的"大分流"现象。利用 IVD 指数和世界市场份额的变化组合来考察一国的一个产业在价值获取的相对公平程度，两个指标、两种状态的可能组合为四个。

某产业的世界市场份额可以用多种方法表示，结合本章的数据特点，我们用某国某产业的总产出占世界同产业总产出的比值来代表某产业在世界市场的份额。

表 13 – 1　全球价值链分工中产业绩效矩阵

		IVD	
		上升	下降
市场份额	上升	绝对赢者	问题赢者
	下降	相对赢者	绝对输者

这样，在给定的年份，某国某产业就有两个对应的指标：IVD 和世界市场份额。利用世界投入产出表 1995—2009 年的数据，可以得到每个国家每个产业 15 年的 IVD 指数和世界市场份额指标，依据这些指标的变化趋势，把产业分为四类（见表 13 – 1）。

绝对赢者——国际市场份额上升，IVD 指数上升，该类产业在国际生产网络中获取了更多的增加值；

相对赢者——国际市场份额下降，IVD 指数上升，该类产业虽然失去了国际市场份额，但是仍然能够获取更多收益，因为其流向其他国家的增加值变小了。

问题赢者——国际市场份额上升，IVD 指数下降，与第二类相对赢者相反。

绝对输者——国际市场下降，IVD 指数下降，该类产业不但失去了世界市场份额，而且更多的增加值流向其他国家。

把 IVD 指数标准化，然后与世界市场份额相乘构成一个新的指数表示该产业在世界同类产业中的赢利能力大小。

4. 全球价值链升级与比较优势动态化耦合指数

国家经济是由具体产业构成的，产业在国际上的竞争力决定国家在世界分工中的地位。一个国家产业的 IVD 指数乘以该产业的世界市场份额表示该产业的赢利能力指数。利用每个产业对国家的贡献率做权重对产业赢利能力指数进行加权平均就得到耦合指数。

$IVD^k = \{V_1^k, V_2^k, \cdots, V_s^k\}$ 是行向量。

对应的世界市场份额：

$\beta^k = \{\beta_1^k, \beta_2^k, \cdots, \beta_s^k\}$ 是行向量。

国家每个产业的赢利能力指数表示为：

$$M^k = \{V_1^k\beta_1^k, V_2^k\beta_2^k, \cdots, V_s^k V_s^k, \cdots, V_{ms}^k\beta_{ms}^k\} \tag{13.3}$$

国家每个产业对该国经济的贡献率用每个产业总产出占该国总产出的比重表示。产业对国家经济的贡献率定义为 α：

$\alpha^k = \{\alpha_1^k, \alpha_2^k, \cdots, \alpha_s^k\}$ 是行向量。

全球价值链升级与比较优势动态化耦合指数 I^k：

$$I^k = \sum_{i=1}^{s} M_i^k \cdot \alpha_i^k \tag{13.4}$$

第四节　数据分析与结果讨论

一　资料来源

本章采用的是 WIOD 项目组编制的世界投入产出表。WIOD 项目是欧盟委员会第七框架研究计划的一部分。由欧洲 11 个大学和研究机构承担，世界投入产出数据库（WIOT）构造了包括 40 个国家 35 个产业和 59 种产品的 1995—2009 年的年度时序国际投入产出表。把各个国家的供给表和使用表（SUTs）——而不是投入产出表作为主要的数据来源。

1. 世界投入产出表构成

表 13 - 2 是三个区域世界投入产出表结构简表。世界投入产出表是基于区域间投入产出表编制的。三个区域分别是国家 A、国家 B 和世界其他国家。采用相同的产业分类，每个产业的产出分解为中间需求和最终需求。行表示中间需求，列表示中间投入。行的中间需求与最终需求相加等于产业的总产出，列的中间投入和附加值相加等于总产出。总产出等于总投入。

表13-2　三个区域世界投入产出表

			国家A	国家B	世界其他国家	国家A	国家B	世界其他国家	总和
			产业	产业	产业				
			中间需求	中间需求	中间需求	最终需求	最终需求	最终需求	
国家A	产业	中间投入	X^{AA}	X^{AB}	X^{AR}	F^{AA}	F^{AB}	F^{AR}	A国总产出
国家B	产业	中间投入	X^{BA}	X^{BB}	X^{BR}	F^{BA}	F^{BB}	F^{BR}	B国总产出
世界其他国家	产业	中间投入	X^{RA}	X^{RB}	X^{RR}	F^{RA}	$F\ RB$	F^{RR}	世界其他国家总产出
			附加值	附加值	附加值				
			A国总投入	B国总投入	世界其他国家总投入				

2. 世界投入产出表包含的国家（地区）

世界投入产出表基本覆盖了世界重要的经济体，欧盟的 27 个国家、非欧盟的 13 个国家或地区。这 40 个国家或地区的 GDP 占世界 GDP 的 90% 以上（见表 13-3）。

表13-3　WIOD 世界投入产出表包含的国家或地区

欧盟	奥地利、比利时、保加利亚、塞浦路斯、捷克、丹麦、爱沙尼亚、芬兰、法国、德国、希腊、匈牙利、爱尔兰、意大利、拉脱维亚、立陶宛、卢森堡、马耳他、荷兰、波兰、葡萄牙、罗马尼亚、斯洛伐克、斯洛文尼亚、西班牙、瑞典、英国
北美	加拿大、美国
拉丁美洲	巴西、墨西哥
亚洲太平洋地区	中国、印度、日本、韩国、澳大利亚、土耳其、印度尼西亚、俄罗斯、中国台湾

3. 世界投入产出表采用的产业分类（见表 13－4）

表 13－4　世界投入产出表产业分类

产业代码	产业名称（英文）	产业名称（中文）
C1	Agriculture，Hunting，Forestry and Fishing	农林牧渔业
C2	Mining and Quarrying	采矿业
C3	Food，Beverages and Tobacco	食品、饮料和烟草制品业
C4	Textiles and Textile Products	纺织业
C5	Leather，Leather and Footwear	皮革；皮革与制鞋业
C6	Wood and Products of Wood and Cork	木材加工业
C7	Pulp，Paper，Paper，Printing and Publishing	纸浆，纸，印刷及出版
C8	Coke，Refined Petroleum and Nuclear Fuel	焦炭、精炼油及核燃料加工业
C9	Chemicals and Chemical Products	化学原料及化学制品制造业
C10	Rubber and Plastics	橡胶及橡胶制品业
C11	Other Non－Metallic Mineral	其他非金属制品业
C12	Basic Metals and Fabricated Metal	基本金属及金属制品业
C13	Machinery，Nec	通用设备制造业
C14	Electrical and Optical Equipment	电子和光学设备制造业
C15	Transport Equipment	交通运输设备制造业
C16	Manufacturing，Nec；Recycling	通用制造业、回收
C17	Electricity，Gas and Water Supply	电力、燃气及水的生产和供应业
C18	Construction	建筑业
C19	Sale，Maintenance and Repair of Motor Vehicles and Motorcycles；Retail Sale of Fuel	汽车、摩托车销售、维修；燃料零售
C20	Wholesale Trade and Commission Trade，Except of Motor Vehicles and Motorcycles	除汽车和摩托车外的批发
C21	Retail Trade，Except of Motor Vehicles and Motorcycles；Repair of Household Goods	零售贸易，除汽车和摩托车家居用品修理
C22	Hotels and Restaurants	住宿和餐饮业
C23	Inland Transport	道路运输
C24	Water Transport	水上运输
C25	Air Transport	航空运输
C26	Other Supporting and Auxiliary Transport Activities；Activities of Travel Agencies	其他支持性运输活动、旅行社活动

续表

产业代码	产业名称（英文）	产业名称（中文）
C27	Post and Telecommunications	邮政业
C28	Financial Intermediation	金融业
C29	Real Estate Activities	房地产业
C30	Renting of M&Eq and Other Business Activities	租赁和商务服务业
C31	Public Admin and Defence；Compulsory Social Security	公共管理和国防；强制性社会安全
C32	Education	教育
C33	Health and Social Work	卫生和社会工作
C34	Other Community，Social and Personal Services	其他社区，社会及个人服务业
C35	Private Households with Employed Persons	有雇工的私人家庭

　　世界投入产出表把产业部门分为 35 个，大部分国家涵盖 35 个产业，中国的产业 19 和产业 35 的产出为零。图 13 - 3 显示了中国、日本和美国的产业耦合指数。

图 13 - 3　中国、日本和美国产业耦合指数

二　结果讨论

1. 中国、日本和美国各产业 IVD 指数比较

三个国家的产业 IVD 指数变化有各自的特点，中国和日本 IVD 下降的

产业比较多，美国相对较少，而且各国 IVD 下降的产业是不同的（见图 13 - 4、图 13 - 5、图 13 - 6）。

中国 IVD 指数下降幅度最大的产业有 C8、C10、C12、C13、C14、C15、C25；日本有 C8、C2、C17、C12、C9、C24；美国有 C8、C15、C5、C9、C24、C10。

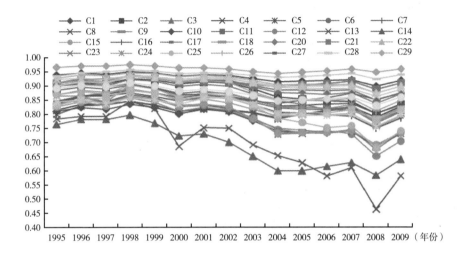

图 13 - 4　中国各产业 IVD 指数变化

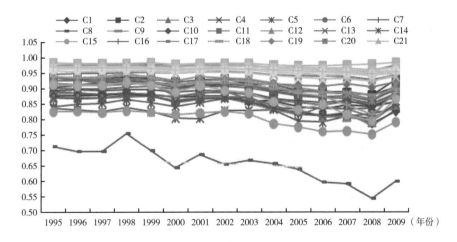

图 13 - 5　美国各产业 IVD 指数变化

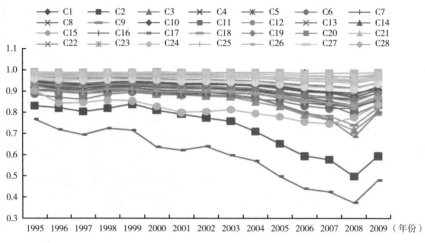

图 13-6 日本各产业 IVD 指数变化

对中、日、美三国各产业 15 年的 IVD 指数取均值，然后根据数值高低进行排序（见表 13-5）。

表 13-5 中国、日本和美国产业 IVD 指数排序

排名	中国产业 IVD		日本产业 IVD		美国产业 IVD	
1	C29（房地产业）	0.958899	C29（房地产业）	0.990449	C29（房地产业）	0.980725
2	C28（金融业）	0.939793	C32（教育）	0.983195	C20（批发）	0.973468
3	C1（农林牧渔业）	0.928928	C28（金融业）	0.979421	C21（零售）	0.972372
4	C22（住宿、餐饮业）	0.919347	C27（邮政业）	0.973662	C28（金融业）	0.969827
5	C20（批发）	0.911911	C20（批发）	0.972208	C32（教育）	0.967513
6	C21（零售）	0.911911	C30（租赁和商务服务）	0.972154	C30（租赁和商务服务）	0.966633
7	C32（教育）	0.908899	C21（零售）	0.971764	C34（社区、个人服务业）	0.96269
8	C31（公共管理、国防）	0.908737	C31（公共管理、国防）	0.963364	C33（卫生和社会工作）	0.958746
9	C3（食品、饮料和烟草）	0.902482	C34（社区、个人服务业）	0.96283	C26（支持性运输活动、旅行社活动）	0.956958

续表

排名	中国产业 IVD		日本产业 IVD		美国产业 IVD	
10	C23	0.896197	C26（支持性运输活动、旅行社活动）	0.96172	C27（邮政业）	0.956325
11	C26	0.885204	C23	0.949748	C22	0.947619
12	C2	0.881351	C22	0.948551	C31	0.946513
13	C34	0.873863	C33	0.942735	C19	0.922795
14	C27	0.871518	C7	0.930056	C23	0.920059
15	C17	0.866958	C1	0.925859	C2	0.917047
16	C11	0.854244	C5	0.92552	C1	0.909719
17	C16	0.848661	C3	0.922964	C25	0.90779
18	C24	0.847122	C19	0.916565	C18	0.905971
19	C6	0.841394	C18	0.910113	C7	0.90393
20	C30	0.834068	C4	0.90753	C11	0.901616
21	C18	0.831747	C16	0.903771	C3	0.891844
22	C7	0.828875	C10	0.899116	C16	0.880775
23	C33	0.823798	C15	0.898772	C17	0.879708
24	C25	0.821354	C13	0.89028	C24	0.877912
25	C4	0.816287	C25	0.887231	C6	0.874296
26	C5	0.813885	C14	0.885036	C4	0.866849
27	C13	0.792231	C11	0.877893	C12	0.852062
28	C15	0.789516	C9	0.867957	C14	0.850765
29	C9	0.788693	C6	0.866638	C13	0.850642
30	C12	0.786906	C17	0.861816	C10	0.850523
31	C10	0.778134	C12	0.851914	C9	0.850077
32	C8	0.695032	C24	0.81773	C5	0.820332
33	C14	0.68995	C2	0.72614	C15	0.802426
34			C8	0.594605	C8	0.655543

　　通过对三国 IVD 指数取值排名前十的产业比较发现，中国的 IVD 指数值小于美国和日本，日本 IVD 指数依然最高，而且中国排在第十位的产业的 IVD 指数小于 0.9，与日本、美国相差大于 0.05。三个国家 IVD 指数最高的产业都是房地产业，作为国民经济序列中重要的产业，房地产业对国民经济的重要性是不言而喻的。其余的诸如教育、金融、邮政都可以归入国内服务业，其创造的价值留在国内的比例应该是比较高的。

2. 三国各产业世界市场份额变化比较

中国产业世界份额呈上升趋势的产业比较多，而且上升幅度比较大。美国产业在 2000 年以前有缓慢上升趋势，但是进入 21 世纪后，美国很多产业的世界份额进入下降趋势，但是下降幅度不大。日本产业的产业世界份额整体呈下降态势，而且很多产业的下降幅度比较大（见图 13 - 7、图 13 - 8、图 13 - 9）。

图 13 - 7　中国产业世界份额变化

图 13 - 8　美国产业世界份额变化

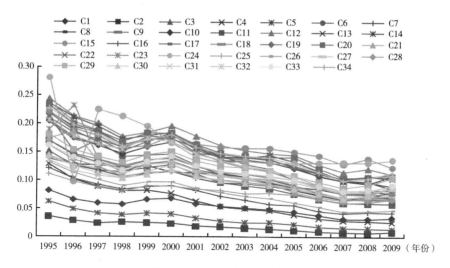

图 13 – 9   日本产业世界份额变化

3. 三国各产业获利能力指数变化比较

中国获利能力最高的产业是 C4、C5，就是纺织业和皮革及制鞋业。与很多研究的结论相反，我们认为对于中国来说这两个产业的获利能力并不低。中国的这两个产业之说以能获得这样大世界市场份额，从经营企业的角度来说，之所以其原意并且不断发展一定是能够获得利润。中国赢利能力最

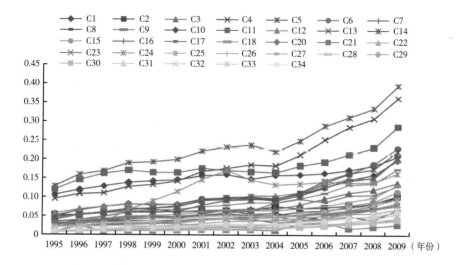

图 13 – 10   中国各产业获利能力变化

高的产业处在产业分类表的前半段，大多属于原材料产业、劳动密集型、有部分资本密集型和低技术密集型产业，处在产业分类表后半部分的服务业相对较少。中国、美国、日本三国各产业获利能力变化如图 13 - 10、图 13 - 11、图 13 - 12 所示。

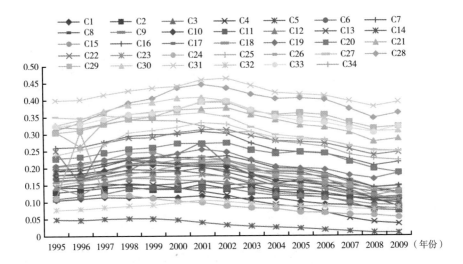

图 13 - 11　美国各产业获利能力变化

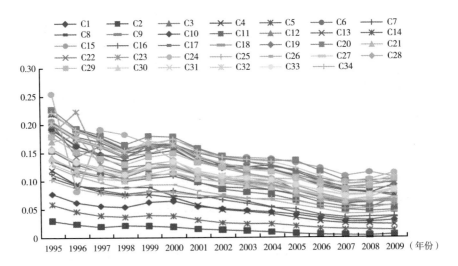

图 13 - 12　日本各产业获利能力变化

美国产业赢利能力较高的产业与中国不同，主要集中在产业分类表的后半段，大多属于服务类产业。比如排名最前的 C31、C28，即公共管理和国防，金融业，属于高新技术和现代金融业。

日本赢利能力高的产业不同于中国和美国，主要集中在产业分类表的中间部分。属于技术密集型产业比较多，尤其是高新技术产业。如 C15，即交通运输设备制造业。

4. 三国制造业比较

从国际贸易的视角，国际贸易比较活跃的产业主要集中在制造业。我们选择产业分类中的制造业来比较三个国家的 IVD 指数变化。依据表 13－6，选取 C3 到 C16 作为比较的制造业，同时比较这些产业的世界市场份额。

表 13－6　中国、日本和美国制造业各产业 IVD 指数、世界份额比较

产业	中国			美国			日本		
	IVD 指数	趋势	世界份额	IVD 指数	趋势	世界份额	IVD 指数	趋势	世界份额
C3	3.499888	小降	小升	0.866849	不变	小降	0.922964	不变	小降
C4	4.337584	小降	大升	0.820332	小降	大降	0.90753	小降	大降
C5	1.912486	小降	大升	0.874296	不变	小降	0.92552	不变	小降
C6	0.952266	小降	大升	0.90393	小降	大降	0.866638	小降	大降
C7	1.078883	小降	小升	0.655543	不变	小降	0.930056	不变	小降
C8	1.735067	大降	小升	0.850077	大降	小升	0.594605	大降	小降
C9	2.019123	大降	大升	0.850523	大降	小降	0.867957	大降	大降
C10	3.208386	大降	大升	0.901616	小降	大降	0.899116	小降	大降
C11	2.072281	小降	大升	0.852062	小降	大降	0.877893	小降	大降
C12	1.942499	大降	大升	0.850642	小降	大降	0.851914	大降	大降
C13	2.277205	大降	大升	0.850765	不变	大降	0.89028	小降	大降
C14	0.966535	大降	大升	0.802426	不变	大降	0.885036	小降	大降
C15	0.7476	大降	小升	0.880775	大降	大降	0.898772	小降	大降
C16	3.499888	小降	小升	0.866849	小降	小降	0.903771	小降	小降

注：小降——降低幅度比较小；　大降——降低幅度比较大。
　　小升——小幅上升；　　　　大升——大幅上升。

三国制造业的 IVD 指数基本是在下降，只是下降的幅度不同，但是三国制造业的世界市场比较份额，中国很多产业是大幅上升的。

5. 三国产业对国民经济的贡献率比较

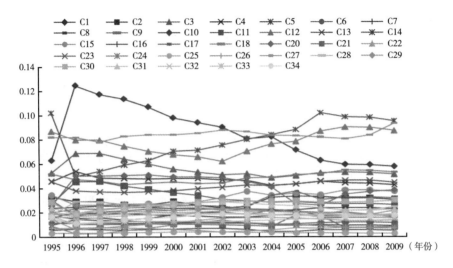

图 13 - 13　中国各产业对国民经济的贡献率

由于 C1 是农林牧渔业，几乎等同于第一产业，所以在中国国民经济中的比重很高，但是可以看出 C1 的比重一直是下降的。

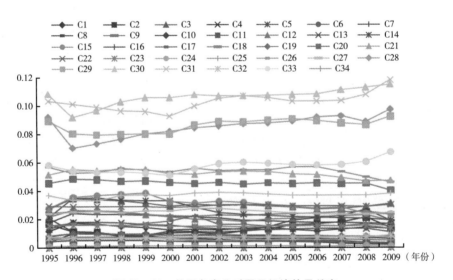

图 13 - 14　美国各产业对国民经济的贡献率

占国民经济比重最大的产业有电子和光学设备制造业（C14），基本金属及金属制品业（C12），建筑业（C18），化学原料及化学制品制造业（C9），通用设备制造业（C13）。从前面的分析可以看出，这些产业的IVD指数、世界市场份额和产业获利能力在中国的产业中都不是最高的。换言之，中国赢利能力大的产业对国民经济的贡献率不是最高的产业。有两层含义：一是中国国民经济中贡献率高的产业赢利能力有待提高；二是赢利能力高的产业对中国国民经济的贡献率不高。自然而然地引申出政策主张：提高赢利能力高的产业的贡献率；增大贡献率高的产业的赢利能力。

美国贡献率高的产业集中在产业分类的后半段，大多属于服务业，这些产业的获利能力也是最高的。

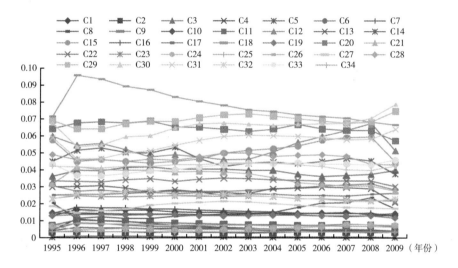

图13－15　日本各产业对国民经济的贡献率

日本贡献率高的产业与美国相比有共同之处，一部分属于服务业，但是也有制造业。服务业不是日本赢利能力最高的产业，制造业——尤其是高新技术制造才是日本赢利能力高的产业。

第五节　结论

中国在国际分工中的地位一直处于上升状态，但是，推动中国地位上升的主要因素是中国很多产业的国际市场份额增加。IVD 指数相当于"利润率",而"世界份额"则相当于产量。二者共同决定产业的获利量。在量不变的情况下,可以通过提高"利润率"来实现赢利的增加,当然也可以在利润率不变的情况下,甚至小幅下降的情况下,通过大幅提高世界份额来实现赢利的增加。中国通过增加世界市场份额的方式来参与国际竞争的产业面临着资源价格上升、市场价格下降、国际贸易摩擦增多等困境,如何从量的扩张走向质的提高是中国进一步提升在国际分工中地位要研究的问题。

第一,从产业价值获取能力看,中国产业与发达国家产业相比,获取价值的能力还是比较低的,提高中国产业价值获取能力是提升中国在国际分工地位的根本。产业的价值获取最终要通过企业在全球价值链中获取价值的能力来实现,所以,从微观层面来说,政策的着力点应该是提高参与全球价值链分工的中国企业的价值获取能力,或者说是议价能力。

第二,中国产业的世界市场份额的快速增加对提升中国在国际分工中的地位有着非常巨大的贡献,以量的扩张来实现增长会逐渐受到资源、市场能力方面的压力,这种量的比较优势会逐渐减弱,因为资源的价格会随着使用而提高,由于资源价格上升而带来的成本增加会逐渐降低比较优势。同时单纯的量的扩张导致的贸易问题会加剧国际竞争的激烈程度,近年针对中国的一些贸易摩擦是伴随着中国很多产业的世界市场份额快速增加而出现的。

第三,与发达国家相比,中国有优势的产业主要还是集中在产业分类表的前端,这些产业的规模经济特征与国际市场导向之间是一致的。在外需受限、扩大内需的背景下,中国可以通过产业结构的调整和升级来提高在全球价值链分工中的国际竞争力。

第十四章
国家能力与我国比较优势动态化[*]

　　全球经济一体化程度的提高，知识和信息传播速度的加快，各国的贸易政策以及知识的跨国扩散，导致价格发生扭曲，并引致贸易模式的变化。在这样的情况下，基于李嘉图的比较成本理论及其新古典版本 H－O 模型的要素禀赋论所建立的静态分析框架，已经不能很好地解释当前经济赶超国家所陷入的"比较优势陷阱"。显然，从长期来看，不论比较优势来自技术水平的差异，还是来自各国要素禀赋结构的差异，一国所拥有的要素禀赋会随着经济的增长而不断增加，并使技术不断进步，由此会使国家之间比较优势发生动态变化。这种国际贸易中新出现的比较优势动态化的趋势表明，学术界有必要将原有的理论做新的扩展，以深入分析要素积累和技术进步对开放经济的影响。由此，本章试图从经济学的角度引入并解释国家能力（National Capacity）的概念，在此基础上分析影响动态比较优势的决定因素及其对长期经济增长的作用，进而提出促进中国经济转型的国家能力实现路径。

第一节　吸收能力为什么是
比较优势动态化的基础

　　无论是对外贸易结构还是对内产业结构的动态升级，实现比较优势动态化都是一个必不可少的前提和途径。一方面，技术进步、要素的积累和高效

---

　　* 本章主笔：杨海滨，经济学博士，讲师，云南财经大学国际工商学院。

配置，可使比较优势得到动态演化，进而促使对外贸易结构从低级的资源型和劳动密集型产品出口向高级的资本和技术密集型产品出口升级；另一方面，由于产业结构是要素禀赋结构的表现，比较优势的动态演化同时能促进国内产业结构从低级到高级的演变。因此，只有形成动态的比较优势才能真正使发展中国家贸易地位得到转变，实现对发达国家的赶超。然而，如果一国的吸收能力偏弱，则很难从贸易中得到技术外溢的好处，也就很难形成动态化的比较优势。

一　比较优势动态化的源泉

传统比较优势理论存在一定的局限性，即比较优势一旦存在，贸易模式一旦建立起来，就保持惯性不再改变，正如 Krugman（1991）指出的：专业化生产传统产品能从贸易中得到静态收益，但失去的却是动态比较优势的形成机会，实际的长期增长率可能下降，从而形成"一朝落后，处处落后"的被动局面。在经济全球化的条件下，资本、劳动力、资源等生产要素可以在国际流动，使传统比较优势理论的假定条件发生变化。随着技术水平的提高，许多自然资源可以被改良、人工合成或被新材料替代，通过增加对人力资本的投资，可以提高劳动力的素质和技能，解决劳动力数量不足的问题。市场是不完全竞争的，商品价格大于边际成本和平均成本，不能如实地反映一国的比较优势，从而引起贸易福利的不均衡分配。此外，规模经济、技术进步成为引发国际贸易的新经济变量。如果仍用静态比较优势理论指导实践，按照比较优势理论开展国际贸易，发展中国家永远只能进行劳动密集生产，出口低附加值产品，直到发达国家产业进行升级，才有可能接受从发达国家传递的落后产业。这样，处于产业链低层次的发展中国家永远没有赶超发达国家的机会，使发展中国家陷入"比较优势陷阱"。

因此，无论是李嘉图的比较优势理论还是自然禀赋理论，它们都将国际贸易形成的原因归于经济体系的外部条件，或者说比较优势是静态的，无法解释产业内贸易形成的原因以及贸易与经济内生增长之间的关系。这种理论反思直到 Dixit - Stiglitz 模型出现后才开始有了新的解释方法。Dixit - Stiglitz 模型及其后由克鲁格曼努力所形成的新贸易理论以规模报酬递增来解释产业内贸易形成的原因，认为规模经济可以决定不同的专业化选择。这种基于规模经济的比较优势很显然是后天的、动态的，李嘉图意义上的先天（外生）比较优势却是静态的。由于静态的比较优势不可能演进，而动态的比较优势会随着时间演进，所以，新贸易理论中的动态比较优势可以用来解释经济增长，而且同样以动态为特征的新增长理论也可以用来解释动态比较优势的演进。Redding（1999）对如何界定动态比较优势曾做出解释：当且仅当一国在时点 t 上关于 i 部门生产活动的机会成本增长率比其他国家低时，该国在时点 t 上关于 i 部门的生产活动才具有动态比较优势。总的来看，比较优势动态化的理论发展路线大致有三种不同进路。

（一）基于"干中学"的动态比较优势演进

早期关于动态比较优势理论的研究尽管沿着李嘉图的模型，将技术作为外生变量，但还是能够从动态角度分析技术变动对贸易模式和各国福利水平的影响。直到 20 世纪 80 年代，国际贸易理论开始将技术作为内生变量，从技术进步的角度解释国际贸易增长与国际分工的变化，重点研究了比较优势的内生性与动态演进。这一时期的研究主要集中在对动态比较优势来源和形成的探讨上，其思路大致可以分为源于"干中学"、源于创新以及源于内生个人专业化三个方面。作为发展中国家，自主创新能力薄弱是制约其经济发展和高级比较优势形成的主要原因。历史上后发国家实现赶超，绝大多数要经历引进、消化、吸收再到实现自主创新的过程。关于"干中学"效应对动态比较优势的形成与演进作用的阐述，Krugman、Lucas 和 Young 等人曾有过相互继承和发展式的研究。沿着 Krugman（1991）等人的思路，可以发现在"干中学"促进一国动态比较优势提升的过程中，人力资本起到积极作用。而在各类人力资本中，由于企业家人力资本在企业的经营活动中总是处于支配和控制其他资源的核心地位，所以企业家人力资本是地区经济发展和企业经营活动中最为关键的要素资源。在企业作为经济主体参与国际竞争的今天，企业家这类异质型人力资本理应被视为我国可以利用的重要比较优势。企业家人力资本的较好利用将大大加快我国比较优势的动态提升速度，进而有助于我国在国际分工中持续获取较多的比较利益。

（二）基于创新的动态比较优势演进

传统比较优势理论建立在外生技术的基础上，无法解释为什么一国会在一组特定产品上获得技术优势，而基于内生技术进步的内生增长理论为动态（内生）比较优势理论的扩展提供了理论基础。一国创新产品的份额大小取决于该国在国际分工中所处的地位和长期贸易模式，而国际分工地位和长期贸易模式是由动态（内生）比较优势决定的。Grossman 和 Helpman 通过将 Krugman 的水平创新与比较优势的分析动态化，首先分析了水平差异产品创新时的动态比较优势的决定因素，将产业内贸易放在动态框架下分析，证明了贸易模式是由各国研发出的新技术的数量决定的，或者说，比较优势随着研发投资水平而动态演进。此后，Aghion 和 Howitt 在 Grossman 与 Helpman 的分析基础上，将熊彼特（Schumpeter，1947）增长模型纳入动态比较优势理论中。同基于"干中学"的动态优势理论相比，基于创新的动态比较优势理论分析的市场结构从完全竞争过渡到了垄断竞争，其中最主要的是引入了具有报酬递增特征的 R&D 部门。无论是水平创新还是垂直创新，一国的创新增长速度都取决于知识资本和人力资本的数量、研究部门的生产效率。动态比较优势对一国长期增长所产生的影响就是通过改变这些变量来实现的，这些变量的变化构成了贸易影响增长的不同渠道。

（三）基于内生个人专业化的动态比较优势演进

Yang 和 Borland 在批评新古典主流理论的基础上，从专业化分工的角度扩展了对内生比较优势的分析，核心观点是认为内生比较优势会随着分工水平的提高而提高，并证明通过参与分工，提高自己的专业化水平可以获得内生比较优势。Yang 等建立了一个新 H－O 模型，其中不仅包括要素禀赋优势，还包括技术比较优势，国际资本流动和贸易成本，同时在方法上运用了超边际分析，将生产模式内生化。研究结果表明，H－O 理论中的多样化假设只有在边界处才能成立。此外，他们还提出了一个机制，通过该机制，交易效率的改进能促进国际贸易发展，从而刺激劳动力在全国范围内的分配，并且由"效率集中"调整的技术比较优势将取代由要素禀赋来决定贸易的流动。

二　以吸收能力为基础的比较优势动态转换

吸收能力与"干中学"不同，"干中学"通常指的是通过在实践中不断积累经验，对那些已经做过的事情自动地变得更高效，而吸收能力是指获得外部知识，使得做这件事情的方式有较高层次的创新。所以说，"干中学"的结果是提高了做某件事情的熟练程度与效率，而吸收能力则会提高一国的自主创新能力。相对于物质资本积累，知识的积累对经济增长的作用更具有主导性，而吸收能力是知识积累的重要方式。一国经济通过不断生产"质量阶梯"上更高层次的产品来获得更强的"干中学"效应，从而加快知识的积累。国家间不同的比较优势和经济增长率，就是源于知识从简单产品生产部门向复杂产品生产部门转移速度和程度的差异。无疑，在"干中学"、创新和专业化促进一国动态比较优势提升的过程中，基于知识累积效应的吸收能力将起到积极作用。

如何实现比较优势的动态化呢？以 Romer、Lucas 和 Young 为代表的学者构建了"干中学"模型，认为"干中学"通过知识的外溢效应可以提高生产率，从而提供了比较优势动态变化的路径。但"干中学"不是企业有意的行为，它发生在生产活动的不经意间，因此知识的外溢是偶然的现象，不能内生于企业的生产行为，"干中学"只能是比较优势实现动态变化的外生路径。Romer（1990）率先开拓了内生的技术进步增长思路，提出知识的产生不是一个意外的过程，而是研发投入的结果。企业之所以愿意进行 R&D 投入，是因为由此获得的知识积累可以增加新产品种类数、提高生产率，从而获得垄断收益。Grossman 和 Helpman（1991）在 Romer 工作的基础上提出，企业持续进行研发投入确保了知识的累积，通过知识的外溢效应还可以提高其他要素的生产率，人力资本累积速度加剧，这些因素都使得比较优势的动态化成为可能。

经济增长模型往往侧重于分析技术外溢对经济增长的影响，然而对技术外溢、技术扩散过程自身的特征却缺乏深入分析。Romer（1990）指出知识产品、技术的非竞争性（non-rivalry）使得发展中国家可以较低的成本进行技术模仿，但现实却是发达国家和发展中国家存在着巨大的生产率差异。如何有效解释这一现象呢？早期的一些研究（Parente and Prescott，1994）认为是技术转移壁垒的作用，即技术壁垒的存在导致发展中国家不得不付出高昂的技术模仿、技术引进成本来利用外部先进技术。然而，技术壁垒这一模糊的概念很难解释为什么对于同样实行经济开放的国家会出现截然相反的技术变化，因为技术壁垒显然对所有的技术模仿国都是等同的。因此，一些学者研究了在没有技术壁垒或者技术壁垒作用很小的情况下，导致了技术扩散、技术模仿效果差异的因素。

（一）技术吸收能力

Cohen 和 Levinthal（1989）认为企业研发投入对其技术进步的影响表现在两方面：研发成果直接促进了技术进步，企业研发投入增强了企业对外来技术的吸收、学习、模仿能力，使得企业拥有更强的技术能力去吸收外部技术扩散。基于这样的认识，Cohen 和 Levinthal（1989）提出了企业如下的技术进步表达式：

$$Z_i = m_i + \lambda_i(\theta \sum_{j \neq i} m_j + T), 0 < \theta < 1, 0 \leqslant \lambda_i \leqslant 1 \qquad (14.1)$$

其中，Z_i 代表第 i 个企业的技术进步，m_i 代表自身研发投入，m_j 代表其他企业研发能力，θ 代表企业间技术外溢程度，T 代表政府研发投入，λ_i 则代表该企业的技术能力。进一步有：

$$\lambda_i = \lambda(m_i, \beta) \qquad (14.2)$$

其中，β 度量了外界技术复杂性或者技术适用程度。

$\dfrac{\partial \lambda_i}{\partial m_i} > 0$，$\dfrac{\partial \lambda_i}{\partial m_i^2} < 0$，同时，$\dfrac{\partial \lambda_i}{\partial \beta} < 0$

因此，吸收能力 λ_i 实际上是企业研发投入 m_i 的凹函数。

Cohen 和 Levinthal 在分析微观企业技术进步时仅仅考虑企业自身技术水平对吸收能力的决定性，然而，当吸收能力这一概念被借鉴到宏观经济中的知识外溢效应分析时，吸收能力的内涵被大大拓展了。

（二）技术专用性

Basu 和 Wei（1996）假设技术可以免费在各国扩散，而且没有技术扩散成本。其关键假设是某一类技术只适用于一定的生产条件，Basu 和 Wei 用要素投入组合来表示这种技术专用性。Basu 和 Wei 假设技术进步满足下式（14.3）。

$$A(j,t) = \beta(A \cdot (j) - A(j,t)) \quad if \quad k - r < j < k + r \qquad (14.3)$$

否则 $A(j,t)$ 等于 0 ，其中 $A(j)$ 代表对于给定人均资本 (k) 技术参数的最高水平。式（14.3）的经济含义是能够使得一国使用某项技术的人均资本存量必须满足一定的参数范围 (r) 。Basu – Wei 模型的政策建议是明显的：发展中国家在利用和引进外部技术的关键是要考虑技术的适用性（appropriate technology），如果一味引入高水平的生产技术，反而不利于本国的技术消化和生产效率提高。更为重要的是，技术适用度取决于本国人均资本存量的提高，因此 Basu 和 Wei 给出了人均资本存量对经济增长率的另一种影响：更高的人均资本存量意味着本国技术消化、学习能力的提高，因而提高了本国适宜技术的引进层次。在引入了"技术适用性"这一关键变量之后，Basu – Wei 模型具有比新古典增长模型、内生增长模型更强的解释能力：即使没有考虑技术扩散成本，各国（尤其是发展中国家）国内人均资本存量差异导致了技术引进适用性的区别，因而导致了各国不同的技术进步率、经济增长率，同时解释了同样是利用外部先进技术，为什么发展中国家会出现不同的经济趋同现象。此外，Basu 和 Wei（1996）研究所指出的要素禀赋与技术扩散速度之间的互补关系，也得到了经验研究的支持（Caselli，Coleman and Lee，2000）。

（三）要素适配度

Acemoglu 和 Zilibotti（2001）关于技术与工人生产技能的"适配度"概念具有类似的思想，他们的研究表明，即使是在发展中国家可以对发达国家研发成果进行自由模仿的情况下，技术使用与生产技能适配度问题也导致发展中国家无法充分吸收发达国家的知识成果，即存在技术与工人技能的非适配性问题。这一关于技术与劳动者技能适配性的思想直接来源于 Acemoglu（1998）的研究成果。类似于 Atkinson 和 Stiglitz（1969）、Acemoglu（1995）指出现实经济中技术进步并不是一种 Harrod 中性技术进步模式；相反，技术进步往往是有目的的研发行为的结果，即技术进步是在考虑到生产环境、要素禀赋等约束下的最优决策。对于发达国家而言，其技术进步方向往是趋向于发明适合于熟练劳动力的先进技术。然而，这些适合发达国家生产环境的先进技术未必适合发展中国家的生产条件，因为发展中国家熟练劳动力的相对匮乏决定了这些先进技术不能在发展中国家生过程中充分发挥作用。因此，即使不存在技术转移、技术模仿壁垒，单纯的技术模仿也不一定能够带来生产率的趋同现象。在 Acemoglu – Zilibotti 的模型中，发达国家与发展中国家唯一的区别在于熟练劳动力的比重。

正如我们前面所指出的，在"干中学"、创新和专业化促进一国动态比较优势提升的过程中，基于知识累积效应的吸收能力将起到积极作用。事实上，通过将 Krugman（1987）的边干边学模型和 A. Bernard 和 C. Jones（1994，1996）的技术转让模型相结合，可以清楚地揭示出比较优势的演变机制，特别是国际范围的知识外溢或吸收能力差异可能引致的比较优势变化：

$$\ln\left[\frac{A_{ij}(t)}{A_{ij}(t-1)}\right] = \psi L_{ij} + \lambda\ln\left[\frac{A_{Xj}(t-1)}{A_{ij}(t-1)}\right] \tag{14.4}$$

其中 ψ，$\lambda \geq 0$，$\forall i,j$ 即假定一个两国（本国 H 和外国 X）的开放经济。其中，A_{ij} 表示 i 国 j 商品部门的熟练劳动生产率，A_X 表示技术领先国 j 部门的劳动生产率，ψ 为"干中学"率参数，λ 为技术追赶参数。进一步假定外国是世界技术领先国（$A_{Hj}/A_{Xj} \leq 1$），由式（14.4）可以得到本国 j 部门相对于外国的生产率变化：

$$\Delta\ln\left[\frac{A_{Hj}(t)}{A_{Xj}(t)}\right] = \psi\left[\frac{1+L_{Hj}(t-1)}{1+L_{Xj}(t-1)}\right] - \lambda\ln\left[\frac{A_{Hj}(t-1)}{A_{Xj}(t-1)}\right] \tag{14.5}$$

由上述模型不难看出，一方面，部门内的"干中学"、知识累积能力会强化初始的比较优势，使比较优势的演变呈固化性特征；另一方面，跨国技术外溢和部门间生产技术进步率的差异则可能引起比较优势的逆转，进而使比较优势的演变呈流动性特征。Cohen 和 Lvinthal（1989）发现，因为任何新知识都是在已有知识的基础上开发出来的，较大的现存知识量意味着具有较强的研发能力去开发出更多的新知识产品，所以知识产品的生产具有很强的自我累积性和路径依赖特点。此外，研发投入不仅在于直接带来了新技术成果，更重要的是增强了企业、本国对外来技术的模仿、学习和吸收能力。尽管可供国内企业进行技术模仿、学习的机会很多，如果内、外资企业技术水平差距过大，仍然会出现由于内资企业自身没有足够的技术能力去吸收、模仿外资企业的技术而导致最后技术外溢效果很小的局面。

第二节　吸收能力理论

在经济学中，吸收能力是一个比较复杂且还在不断发展的概念，它已成为分析经济增长的一种新的范式，被称为近十几年来组织研究和技术发展研究中最重要的概念之一（P. J. Lane，2002）。对本研究来说，我们更关注在经济赶超中一国如何实现从技术吸收能力到国家能力的转变，特别是国家能力对形成比较优势动态化的作用。因此，至少有三种吸收能力理论与本研究中提出的"国家能力"有密切的关系。

一　地区 FDI 吸收能力理论

自 Mundell（1957）首先从比较静态角度论证了投资与贸易的替代关系，即在存在贸易壁垒的情况下，国际直接投资便会成为国际贸易的一种市场进入替代而发生，其后学者们除了针对 FDI 形成的动因和行为、作用提出了前述一系列理论学说之外，还在实证研究方面重点考察了 FDI 与东道国的相互影响。早期的研究基于 H. B. Chenery 和 M. Bruno（1962）的"两缺口"模型，更多强调的是 FDI 的资本属性，从 FDI 填补东道国资本缺口的角度来思考其对经济增长的影响。现在人们已经意识到，FDI 是一个内含着资本、技术、制度、管理和项目的"打包型"的"复合产品"，它对东道国的影响是有多重渠道的，需要从微观的角度来探索这些渠道生成并发挥作用的内在逻辑，既考察 FDI 对东道国市场结构、金融体系、福利水平等是否有正面的溢出效应，也考察东道国自身的因素——成本状况、经济技术水平、市场结构、金融市场以及汇率体系对 FDI 总量、分布及溢出效应大小的影响。

Cohen 和 Levinthal 等关于"吸收能力"的思想总体上还是从微观企业的角度出发的，但是其基本思想仍然是我们理解宏观层次上的地区 FDI 吸收能力的核心。从这个角度说，本研究将地区 FDI 吸收能力理解为"一个地区对 FDI 引进、利用和创新过程中进行资源要素的有效配置、提高经济增长质量、促进可持续发展的能力"，应该是合适的。

在明确地区 FDI 吸收能力概念的基础上，需要进一步明确的是吸收的主体，这对我们进一步理解其基本组成要素具有十分重要的作用。虽然目前国内学术界对利用 FDI 的理解主要停留在相对狭义的层面，也主要集中在微观层次，但在对吸收主体的认识上仍然存在着"企业主体""企业与政府机构双主体"的争论。从本研究对地区 FDI 吸收能力的理解看，显然，仅仅考虑企业这个主体是远远不够的。即便是对企业的 FDI 吸收能力建设而言，还会受到很多企业之外的因素，如政策环境、对外交流、融资氛围、基础设施、文化传统等的影响。正如 Yemile Mizrahi 所说的，国家能力并不仅仅是国家内各类组织和个体能力的加总，如果国家和社会需要发展能力，他们必须比扩展个体技能做得更多，他们需要为人们使用和扩展个体技能创造机会和提供激励。Lall 在区分国家吸收能力和企业吸收能力时候，也是出于这样的考虑。他认为，企业层次的能力是个别企业独立发展出来的。但国家吸收能力并不是成千上万的单个企业层面能力的加总。尽管存在着个体异质，有许多给企业带来特定影响的因素，导致企业吸收能力发展在微观层面有不同的和异质性的结果，但是在企业对政策、市场、体制框架的反应中存在着一些共性的元素，如他们所依赖的政策体系、技能、要素禀赋和体制结构，正是这些构成了吸收能力的国家差异，也正是对这些共性因素的讨论引出了国家吸收能力的概念。

二 技术吸收能力理论

技术吸收能力是一个动态发展变化的概念。Abramowitz（1986）提出的"社会能力"（Social Capability）被称为技术吸收能力的理论雏形，他在分析国际生产率水平的分化和收敛时指出，国家间生产率水平存在强烈的潜在收敛趋势的假定前提条件为，后进国家均具有足够的社会能力去吸收先进技术，并认为制度和人力资源是一国社会能力的重要组成部分，如人力资本的受教育年限、政治、商业、工业和金融体制等。一个国家要吸收先进的科技成果，必须首先拥有足够的基础设施、技术水平等基本条件。Chenery 和Strout（1996）通过对 50 多个国家近代的经济发展史进行研究发现，发展中国家常常受到三种约束，即储蓄约束（也称投资约束）、外汇约束（或称贸易约束）和技术约束。其中第三种约束也可以称为"技术吸收能力约束"，即由于缺乏必要的技术能力、企业家和管理人才，无法更多地吸引外资和动员各种资源，从而影响了生产效率的提高和经济增长。Chenery 的模型较好地解释了吸收能力约束对赶超国家而言是长期存在的，而且对实现赶超能力非常重要。

由于本研究的实证对象为中国 FDI 技术吸收能力，有必要将传统的吸收能力的概念限定在技术吸收能力的范畴，扩展到宏观领域，即将技术吸收能力的概念扩展到国家层面。到目前为止，还没有文献就国家层面的 FDI 技术吸收能力给出一个明确的定义。本研究在总结已有文献关于吸收能力概念的基础上，认为国家层面的技术吸收能力为：一国获得、吸取、转化和利用跨国公司在该国的分支机构的技术，从而产生动态的自主创新能力的能力。这个定义有以下几个特点。一是定义的是国家层面东道国对 FDI 的技术吸收能力。二是定义的是技术吸收能力，而不是简单的吸收能力。FDI 的吸收能力与技术吸收能力是两个密切相关的概念，但也存在区别。FDI 吸收能力是指一个国家能够最大限度地利用整合 FDI 的能力，显然，FDI 吸收能力包括 FDI 技术吸收能力和 FDI 引进能力，引进能力代表着 FDI 量的方面，FDI 技术吸收能力决定着 FDI 质的方面。FDI 吸收能力是质和量的统一。技术吸收能力是 FDI 吸收能力的核心能力。三是本研究所指的 FDI 技术吸收能力是指吸收跨国公司在该国的分支机构的技术，贸易和技术许可不在我们的研究范畴。四是 FDI 技术吸收能力包括四个关键环节"获得、吸取、转化和利用"，"获得"提供的是技术吸收的机会或者可能性；"吸取"是通过学习对技术具有较全面的理解；"转化"在"吸取"的基础上将吸取到的技术转化为自有知识，以便灵活运用；"利用"指的是 FDI 技术吸收能力最终在利用技术的过程当中实现自主创新。另外，FDI 技术吸收能力与"干中学"不同，"干中学"通常指的是通过在实践中不断积累经验，使那些已经做过的事情自动地变得更高效，而技术吸收能力是指获得外部知识，使得做这件事情的方式有了较大的创新。所以说，"干中学"的结果是提高了做某件事情的熟练程度与效率，而技术吸收能力是提高一国的自主创新能力，并对其赶超能力有着直接的影响。

三　国家吸收能力理论

国家吸收能力是从微观的企业吸收能力转化而来的。Cohen 和 Levinthal（1989）在分析企业的研发作用时首次提出了"吸收能力"的概念，随后一些学者将吸收能力的概念从企业扩展到地区、国家，发展了国家吸收能力的概念并进行了相关的实证研究。

Dahlman 和 Nelson（1995）将企业吸收能力的思想拓展到了宏观领域，在国家层面上把吸收能力定义为"一个国家能够有意义地利用或整合进它的经济中去的 FDI 的最大量"，认为处在不同技术发展阶段的国家具有不同的吸收能力。具体而言，Dahlman 和 Nelson 假设国家吸收能力由三方面因素决定，其表达式如式（14.6）所示。

$$\lambda_t = G_{t-1}\exp\left[-G_{t-1}(\varphi_t M_t)^\delta\right] \quad 0 < \delta < 1 \tag{14.6}$$

其中，M_t 代表该国研发投入，G_{t-1} 代表该国技术水平，ψ_t 代表影响技术吸收的系列社会、经济环境因素。Dahlman 和 Nelson 指出，该国技术水平变化服从 S 形曲线形状，随着技术水平的变化，吸收能力的时间变化具有倒 U 形曲线轨迹，即在技术模仿初期，吸收能力随着技术水平的变化而迅速上升，而一旦本国技术水平超过临界值后，技术水平的进一步上升反而导致吸收能力的下降，因为此时可供选择的模仿技术集缩小，而且为了提高单位吸收能力所需要的研发努力强度也变大。Dahlman 和 Nelson 强调国家吸收能力包括三个方面的内容：首先是获得、接近先进技术的学习机会以及选取、识别最适合本国学习的技术；其次是学习、模仿能力；最后是在实际生产中应用先进技术的社会、经济激励因素。与企业层面的吸收能力不同的是，在分析国家层面的吸收能力时，影响技术吸收的各类因素之间的"协同效应"是至关重要的。因为对于单个企业的技术吸收而言，外在的社会、法律以及制度环境被视为给定的，然而对于国家而言，这些因素本身就是构成一国技术吸收能力的基本要素。因此，国家层面的吸收能力并不等同于所有企业吸收能力的加总，而是取决于构成国家吸收能力的众多因素的组织结构与系统协调。

Stern 和 Porter（2000）指出国家吸收能力是一个国家在长时间内整合外来先进性技术并使之商业化的能力，其依赖于一组相互关联的支持外来技术整合的投资、政策以及资源投入；国家吸收能力不是已经实现的在某一时间点上的产出水平，而是反映了吸收过程更基本的决定因素；国家吸收能力的培育和提高有赖于市场与政府作为互为补充的两种力量共同推动科技与经济发展，并弥补彼此的不足。正如一些美国学者指出的"近年来统一考虑技术和制度因素，是吸收能力理论研究的一个新的发展阶段"。

第三节 从吸收能力到国家能力——实现比较优势动态化的选择

一直以来，理论研究都较少从国家层面来思考：发达国家和发展中国家目前的比较优势是如何形成的？到底是哪些因素决定了发展中国家比较优势的形成和演变？发展中国家应该采取什么样的战略和政策提升自己的比较优势，在更高的层次上参与国际分工，以促进自己产业结构的升级和经济的发展？要回答上述问题，需要从两个方面考虑：一是比较优势是如何演变的，比较优势的动态变化取决于哪些因素；二是发展中国家能够采取哪些政策和措施影响和决定自己的比较优势。为此，本节首先在技术吸收能力的基础上，引入国家能力（National Capacity）的概念，并以 Durkin（1997）的工作为基础，将 Redding（1999）动态比较优势的概念引入 Durkin 的基本模型，在此基础上进一步探讨国家能力影响比较优势动态变化的路径问题。

一 国家能力：基于国家知识累积的定义

能力（Capacity）一词虽然还没有形成经济学意义上的正式定义，但是在经济研究中"能力"概念的使用已扩展到组织的层面和宏观层面，出现了诸如企业能力、国家能力等许多提法。尽管国家能力建设、国家能力发展问题在关于发展的文献中得到广泛而深入的关注，而且这个主题已经从不同的视角得到研究，但是如何定义、操作和测度能力和能力发展仍然没有得到一致的认识。UNDP（联合国发展项目）提供了最有分析价值和争论最少的定义，即能力是指"执行功能、解决问题和设立并实现目标的能力"。这个定义认识到国家能力并不仅仅是个体能力的加总，如果国家和社会需要发展能力，他们必须比扩展个体技能做得更多，他们需要为人们使用和扩展个体技能创造机会和提供激励①。此外，Fransman 和 King 的研究揭示了发展中国家如何通过技术引进、消化吸收、提高自主技术创新能力，实现对发达国家的技术赶超，即宏观层面的技术能力，为后续研究从国家层面理解技术能力和技术吸收能力提供了新的视角②。

经验研究已经证明，如果发展中国家首先模仿发达国家的现行技术，而后进行创新发明，那么发展中国家就有可能向发达国家收敛。但是，现有的技术是从高到低不同水平的技术组成的集合，有必要从国家层面的能力视角研究如何增进经济开放阶段国家动态比较优势，以及国家发展战略对技术选择、吸收能力和模仿成本的影响。因此，在本研究中，国家能力不是企业技术能力和技术吸收能力的简单综合，而是在国家层面上对外部激励产生的反应与适应因素的集聚。我们认为，国家能力具有累积的性质，因此构成开放经济中动态比较优势实现的基础与支持体系。在 Criscuoloa 和 Narula 研究的基础上，我们首先将技术知识的累积过程分为追赶前阶段（pre-catching-up stage）、追赶阶段（catching-up stage）、前沿分享前阶段（pre-frontier-sharing stage）和前沿分享阶段（frontier-sharing stage），然后将开放经济条件下经济赶超国家的国家能力（γ）定义为一国 R&D 能力（M_t）、FDI 引致的技术吸收能力（ω_t）和技术差距（G_t）的函数：

$$\gamma_t = \gamma(\omega_t, M_t, G_t) \quad 0 \leqslant \gamma \leqslant 1 \text{ 并且 } \omega_t > 0 \tag{14.7}$$

在技术追赶前阶段，技术资源主要来自后进国家自身的知识积累，以此建立最基本的技术能力。缺乏基本的技术能力，后进国家会因为落后而没有能力有效地转移和内化技术，这就是所谓的门槛效应。因此，技术缺口被定义为：

$$G_t = \ln(\bar{Z}_t / Z_t)$$

$\bar{Z}_t$ 表示前沿阶段的知识积累；Z_t 则表示当前的技术水平。

当技术赶超已经接近前沿时，由于这一阶段技术模仿的机会变得越来越

① Yemile, M. (2004). "Capacity Enhancement Indicators-review of the Literature", WBI Working Paper, 2004, No. 37232.

② Fransman, M., and K. King (1984). *Technology Capacity in the Third World*, London: MacMillan,

少，吸收能力开始递减（$\gamma_G > 0$）。同时，我们假定研发 R&D 活动对吸收能力的积累有正的作用但存在一个递减的速率（$\gamma_M > 0$，$\gamma_{MM} < 0$）。此外，参数 ω_t 代表 FDI 引致的技术扩散和知识积累（$\gamma_\omega > 0$），由于 FDI 具有一系列要素转移特性，对贸易结构变化、人力资本积累、企业制度治理和市场网络扩大必然产生深刻的影响①。

技术变化并不是一个线性过程，而是具有不连续均衡的特征。为了说明吸收能力和技术缺口之间的非线性关系，我们通过改进 Caniels 和 Verspagen 的工作，构造满足凹条件的吸收能力函数形式：

$$\gamma_t = M\exp - \left(\frac{G_t}{M} - \omega M \right)^2 \qquad 0 < M < 1 \qquad (14.8)$$

当 G 等于 ωM 时吸收能力参数达到一个最大值 M，如图 14 - 1 所示。

图 14 - 1　吸收能力和技术缺口的非线性关系

由图 14 - 1 不难看出，当在赶超阶段早期 R&D 投入增加（从 M 到 M′）或改变相关变量 ω 时，都能使得吸收能力水平相应达到一个更高的水平。正如前面强调的，国家能力（γ_t）与技术知识积累（Z_t）之间是动态的关

---

①　规避市场风险是任何一个要在市场谋求生存和发展企业的首要任务。技术驱动型企业通过加大研发投入来化解风险，而市场驱动型的企业则靠提高决策的精确性来回避风险。IBM 在 1991 年、1992 年和 1993 年分别亏损 28.6 亿美元、49.7 亿美元和 81 亿美元，累计亏损高达 159 亿美元，但紧接着在 1994 年不仅扭亏，而且赢利高达 30.2 亿美元，市场驱动型企业对此是无法想象的。研发积累的技术不仅是技术驱动型企业的护身符，也是企业在新兴和高端市场上赚取丰厚利润的利器。

系，而知识累积的过程可通过式（14.9）计算。

$$Z_t = \int_0^t \dot{Z} dt$$

$$\dot{Z}_t = \underbrace{M_D(1 + \gamma_{Ft}^{mD}\theta_{mD})}_{\text{I}} + \underbrace{M_F(1 + \gamma_{Dt}^{mF}\theta_{mF})}_{\text{II}} + \underbrace{\bar{M}_F\theta_{mF}^-(\gamma_{Fi}^{mF} + \gamma_{Di}^{mF})}_{\text{III}} + \underbrace{\bar{M}_D\theta_{mD}^-(\gamma_{Di}^{mD} + \gamma_{Fi}^{mD})}_{\text{IV}}$$

$$(14.9)$$

由式（14.9）可以发现，和企业层面的知识累积不同，国家层面的知识累积水平 Z_t 由四个部分组成：（Ⅰ）代表有效的国内 R&D 投资，其中也包括 FDI 引致的技术外溢效应；（Ⅱ）代表有效的 FDI 内向 R&D 活动，国内企业的技术吸收能力决定了这部分 R&D 活动的水平；（Ⅲ）代表国外企业研发引起的国际技术外溢，以及国内企业和合资企业的吸收能力；（Ⅳ）代表国内企业海外研发活动，以及内外合资企业对研发的同化利用能力产生的 R&D 外溢效应。上述四种国家知识累积的来源都和国家的技术发展阶段密切相关，追赶前阶段国家的研究活动建立起基本的技术能力，而在追赶阶段国家对外国的 R&D 研发外溢的同化能力则变得非常重要。当达到前沿分享前阶段时这四种知识来源转变为国家的技术能力基础，此时国家由于模仿的机会和成本的缘故，开始通过自己的研发势力来增进自身的吸收能力；而在前沿分享阶段国家已经不再依赖于贸易和 FDI 相关的技术溢出，转而更多地通过战略联盟和外向 FDI 的方式增进国家的技术能力。

二 从技术吸收能力到国家能力的演进及必然

大量的研究表明，在经济追赶阶段，经济赶超国的技术吸收能力对该国是否获取技术溢出发挥着关键性作用，该国必须进行技术投资使其吸收能力跨越阈值或最低水平（Gorg，Greenaway，2004）。因此，有必要从理论上说明经济赶超国家如何实现从技术吸收能力到国家能力的转变。由于 Durkin（1997）研究的启发，我们考虑一个两国间存在技术吸收与扩散的李嘉图模型，与一般的李嘉图模型不同之处在于，这里的企业行为函数强调研发投入的促进作用，即国家能力 γ_t 中 M_t 的作用，而研发投入的作用通过人均专业化知识的形式表达。为了简化分析，本研究没有深入讨论 FDI 引致的技术扩散和知识积累（γ_ω）和技术缺口（γ_G）的作用机制，但是通过下面建立的分析框架，同样可以很好地对上述国家能力函数所包含的其他因素进行有效研究。

假设存在两个国家（$j = 1, 2$），两国在贸易前都各自生产两种商品（$i = h, z$），分别为技术含量较高的商品 h 和技术含量较低的商品 z。两种商品生产都使用劳动 L 一种投入要素，在部门内部，劳动资源一部分用于生产过程，一部分用于研发过程，对于单一劳动者意味着一部分时间用来生产，一部分时间用来研发。两个国家的生产行业都只有一个代表性企业存在，因此企业的生产函数就是全行业的生产函数。企业的生产行为不是简单的劳动投入，还受到原有生产经验累积的影响，本研究的生产函数考虑三方面的影响。首先，是劳动者的时间投入 $u_j^i(t)$，显然，随着劳动者时间投入的增加，产出递增，即 $\partial y / \partial u > 0$。其次，考虑原有生产经验累积存量 $K_i^j(t)$ 对产出的影响（相当于国家知识累积水平 Z_t），$K_i^j(t) = L_i^j(t) k_i^j(t)$，生产经验累积存量（国家知识累积水平）是人均知识水平与劳动者数量的乘积。最后，重点考虑部门的研发（R&D）投入对产出以及贸易开放后比较优势动态变化的影响。这里，研发投入通过部门内专业化知识的获得与运用影响产出量。关键问题是如何界定专业化知识。在模型中，只考虑具有排他性的专业化知识，不考虑一般性知识，前者对行业生产者来说具有垄断性，其主要来源于研发投入，拥有排他性专业化知识的企业能获得垄断地位，从而获得垄断利润，这也成为企业研发投入的核心动力，而一般性知识容易通过"干中学"产生外溢效应，不易获得垄断收益，具有很强的外生性，这不是本研究的重点。对于排他性知识，Lucas（1988）认为可通过人力资本形式展现，Romer（1986）认为难以找到合适的具体形式。本研究接受 Durkin 的观点，提出以人均专业化知识水平 $k_i^j(t)$ 作为 Lucas 和 Romer 两者的合一表达，不考虑其具体形式是否存在问题。受 Durkin 的启发，为了简化分析，假设 $k_i^j(t)$ 更多为企业研发投入的产物，具有排他性，两部门之间不能变化。

（一）消费者行为

遵循 Ricado 模型的基本假设，两国居民既是生产者也是消费者，他们根据消费偏好消费两种商品 h 和 z。假设全体消费者偏好都是同质的，代表性消费者的消费函数采用科布—道格拉斯函数。

$$U(z,h) = Z^a h^{1-a} \tag{14.10}$$

跨期效用函数表示为，

$$U_t = \int_{t=0}^{\infty} e^{-\rho(T-t)} \ln U[z^{(\tau)}, h^{(\tau)}] d\tau \tag{14.11}$$

若商品 z 和 h 分别按稳态的增长率 γ_z 和 γ_h 增长，那式（14.11）可重新表示为：

$$U_t = \int_{t=0}^{\infty} e^{-\rho(\tau-t)} \ln U[z(t) e^{\gamma_z(\tau-t)}, h(t) e^{\gamma_h(\tau-t)}] d\tau \tag{14.12}$$

将式（14.10）代入式（14.12）并积分，得到式（14.13）：

$$\rho U_t = a \ln z(t) + (1-a) \ln h(t) + a\gamma_z/\rho + a\gamma_h/\rho \tag{14.13}$$

（二）生产与技术

两类商品的生产函数分别表示如下：

$$h^j(t) = k_h^j(t) u_h^j(t) [R_h^j(t)]^a$$
$$z^j(t) = k_z^j(t) u_z^j(t) [R_z^j(t)]^a \tag{14.14}$$

其中，$h(t)$ 表示 j 国在 t 时生产的 h 产品的数量；$z(t)$ 表示 j 国在 t 时生产的 z 产品的数量。$K_i^j(t)$ 表示 j 国 i 部门在 t 时的知识累积存量，$K_i^j(t) = L_i^j(t) k_i^j(t)$；$L_i^j(t)$ 表示 j 国 i 部门在 t 时的劳动数量，令 $L^1 = L^2 = L$ 且 $L^j = L_h^j + L_z^j$。$k_i^j(t)$ 表示 j 国 i 部门在 t 时人均专业化水平；$u_z^j(t)$ 表示 j 国 i 部门在 t 时劳动者用于生产的时间占比；$1 - u_z^j(t)$ 表示 j 国 i 部门在 t 时劳动者用于研发的时间占比；R_i^j 表示 j 国 i 部门在 t 时的 R&D 投入。

在排他性知识具有同质性条件下，单位化研发产出，即一单位研发投入获得一单位的排他性专业知识，则 $R_h^j(t) = k_i^j(t)$。由于企业的专业化知识能够带来垄断利润，所以企业为追求利润最大化，有持续进行研发投入的动力。也就是说专业化知识的取得是持续研发投入的结果，为描述这一过程，建立如下的等式：

$$\dot{K}_i^j(t) = k_i^j(t) [1 - u_h^j(t)] \delta_i^j \tag{14.15}$$

δ_i^j 表示 j 国 i 部门在 t 时的研发效率，为外生变量。从式（14.15）可以看出，专业化知识的增加不仅受研发效率的影响，而且受原有知识累积存量的影响，而知识累积存量又是研发投入的产物，这进一步明确持续的研发投入（以国家能力 γ_M 代表）对企业要素禀赋结构的影响，后文我们将深入讨论 R&D 对比较优势结构动态变化的影响机制。而且，更为重要的是，与一般性物质资本不同的是，专业化知识不受边际效用递减规律的约束，只要 $1-u_h^j(t)>0$，专业化知识就会持续增长，$\dot{k}_i^j>0$，这和我们前文对于国家能力的定义和分析相一致。

三 开放条件下国家吸收能力与比较优势的动态变化

前面我们描述了作为生产者的企业行为模型和作为消费者的居民消费模型，现在将两者置于统一的一般化动态均衡框架中，考虑在追求国民福利最大化过程中，企业的 R&D 投资行为会对各国比较优势，贸易结构产生何种动态影响。R&D 对比较优势影响的动态性，表现在贸易前的比较优势结构与贸易后比较优势结构的差异，下面依次分别讨论封闭条件下的初始比较优势结构，和贸易开放条件下 R&D 专业化投入对比较优势结构的动态影响。

（一）封闭条件下的静态比较优势分析

首先建立有约束条件的福利最大化方程，其中商品的产出受企业选择 R&D 投入行为的影响。在一般均衡框架中，追求国民福利最大化过程，也是企业追求利润最大化的过程。在生产函数模型中，企业通过选择 R&D 的最优投入数量，实现利润最大化。

$$\max U_t = \int_{t=0}^{\infty} e^{-\rho(\tau-t)} \ln U[z(\tau), h^{(\tau)}] d\tau$$

$$\text{s. t. } \dot{k}_i^j(t) = k_i^j(t)[1 - u_h^j(\iota)]\delta_i^j$$

然后，建立现值汉密尔顿方程：

$$\rho U_t = a\ln z(t) + (1-a)\ln h(t) + a\gamma_z/\rho + a\gamma_h/\rho \qquad (14.16)$$

求得一阶最优条件为：

$$a/u_z = u_z\delta_z k_z \qquad (1-a)/u_h = u_h\delta_h k_h \qquad (14.17)$$

$$\dot{u}_z = \rho u_z - a/k_z - u_z(1 - u_z)\delta_z$$
$$\dot{u}_h = \rho u_h - (1 - a)/k_h - u_h(1 - u_h)\delta_h \tag{14.18}$$

方程（14.16）为汉密尔顿方程分别对 $u_i^j(t)$ 求导所得，而方程（14.18）则说的是影子价格的时间路径。根据式（14.17）和式（14.18）式可得稳态的 u_i^*：

$$u_i^* = \rho/\delta_i \tag{14.19}$$

也就是说，u_i^* 和 $1 - u_i^*$ 为部门最优的劳动力资源分布比例，企业将会把 $1 - u_i^* = 1 - \rho/\delta_i$ 的劳动力资源用于研发活动。

结论 1：利润最大化的企业将应把 $1 - u_i^* = 1 - \rho/\delta_i$ 的劳动力资源用于研发活动。而且这一研发投入的最优解，只受制于一组外生变量 δ_i^j 和 ρ，与生产的规模和知识的累积水平无关。

定义专业化知识增长率 $\gamma_{ki} = \dot{k}/i$，将式（14.19）代入式（14.15）可得：$\gamma_{ki} = \delta_i - \rho_i$，可以看到，专业化知识的稳态增长路径为研发活动的生产率与折现率之差。由于研发活动的生产率与折现率均假设为外生变量，不受研发投入多少的影响，所以稳态的专业化知识增长路径也是外生的。即使贸易开放被融入分析框架，也不会影响专业化知识的稳态增长路径。

接下来我们考察封闭条件下各国初始的比较优势结构。本研究采用机会成本法，将用相对劳动生产率表示的机会成本作为衡量比较优势的准则。如果说一国在高技术含量的 h 商品上具有比较优势，则意味着该国生产 h 商品的相对劳动生产率较高，也就是生产该商品的机会成本小于他，因此该国在贸易条件下可以专业化生产 h 商品。

将 $K_i^j(t) = L_i^j(t)k_i^j(t)$ 和 $R_h^j(t) = k_i^j(t)$ 代入（14.14）可得：

$$h^j = u_h^j(t)[k_h^j(t)]^{1+\sigma}L_h^j$$
$$z^j = u_z^j(t)[k_z^j(t)]^{1+\sigma}L_z^j \tag{14.20}$$

根据 Redding（1999）对静态比较优势的定义，令 $A_i^j = u_i^j(t)[k_i^j(t)]^{1+\sigma}$，则比较优势可用相对劳动生产率（机会成本）$\dfrac{A_h^j}{A_z^j}$ 来衡量。将式（14.19）代入 $A_i^j = u_i^j(t)[k_i^j(t)]^{1+\sigma}$，得到：

$$A_i^j = \rho/\delta_i [k_i^j(t)]^{1+\sigma} \tag{14.21}$$

$$\frac{A_h^1}{A_z^1} = \left(\frac{k_h^1}{k_z^1}\right)^{1+\delta} \cdot \frac{\delta_Z^l}{\delta_H^1} \frac{A_H^2}{A_Z^2} = \left(\frac{k_h^2}{k_z^2}\right)^{1+\delta} \cdot \frac{\delta_z^2}{\delta_h^2} \tag{14.22}$$

比较 $\dfrac{A_h^1}{A_z^1}$ 和 $\dfrac{A_h^2}{A_z^2}$ 的大小，可决定比较优势结构，在开放贸易条件下可决定国际分工模式。现假定 $\dfrac{A_h^1}{A_z^1} > \dfrac{A_h^2}{A_z^2}$，则国家 1 在 h 产品的生产上具有比较优势，国家 2 在 z 产品的生产上具有比较优势。之所以做出这样的假定，是为了将封闭条件下的初始比较优势结构与开放条件下的比较优势结构进行比较，以考察专业化的 R&D 对比较优势动态变化的影响。

（二）开放条件下的动态比较优势分析

在封闭条件下，我们假定国家 1 在 h 产品的生产上具有比较优势，国家 2 在 z 产品的生产上具有比较优势。现在转向贸易开放，为了让问题变得简单，我们讨论完全国际分工情况下的比较优势动态变化问题。由于国际分工是由初始比较优势结构决定的，因此国家 1 不仅专业化生产 h 产品，而且专业化研发 h 产品；相应的，国家 2 不仅专业化生产 z 产品，而且专业化研发 z 产品。下文着重考虑开放条件下，各国专业化的研发投入对比较优势动态变化的影响。

与封闭条件下的比较优势概念略有不同，这里涉及动态比较优势的概念。在一个时间序列中，比较优势是否会发生变化、如果发生变化如何界定动态的比较优势？Redding（1999）首次详细提出了动态比较优势的概念，认为一国如果在某种商品的生产上有动态的比较优势，那么在时间序列中，该国生产该商品的机会成本增长率一定小于他国。依据 Redding 的思想，我们首先计算生产商品的机会成本增长率。

将式（14.21）对 ι 求导，得到：

$$\dot{A}_i^j = A_i^j(1+\sigma)(\delta_i^j - \rho)$$

$$\frac{\dot{A}_i^j}{A_i^j} = (1+\sigma)(\delta_i^j - \rho) \tag{14.23}$$

根据动态比较优势的概念，如果国家 1 通过专业化研发投入能获得 h 商品的动态比较优势，则必须满足如下条件，即：

$$\frac{\partial(A_h^1/A_z^1)/\partial t}{A_h^1/A_z^1} > \frac{\partial(A_h^2/A_z^2)/\partial t}{A_h^2/A_z^2} \Leftrightarrow$$

$$\left[\frac{\dot{A}_h^1(t)}{A_h^1(t)} - \frac{\dot{A}_z^1(t)}{A_z^1(t)}\right] - \left[\frac{\dot{A}_h^2(t)}{A_h^2(t)} - \frac{\dot{A}_z^2(t)}{A_z^2(t)}\right] > 0 \qquad (14.24)$$

如果说传统的静态比较优势决定了在一个特定时间点上的贸易模式，那么动态比较优势则解释了这一贸易模式随时间推移发生的变化。式（14.19）描述了国家 1 基于专业化研发投入获得的机会成本递减的过程，如果国家 1 在开放条件下能满足式（14.24）的要求，则说明该国生产 h 商品的机会成本降低，生产率水平提高，原有的初始比较优势得到了加强，获得了动态比较优势；反之，说明两国的比较优势结构出现逆转。

问题是国家 1 如何才能满足式（14.24）的要求？这就要我们详细讨论国家 1 获得动态比较优势的条件。

将式（14.23）代入式（14.24）得：

$$(1+\delta)\left[(\delta_h^1 - \delta_h^2) - (\delta_z^1 - \delta_z^2)\right] > 0 \qquad (14.25)$$

要满足式（14.23）的要求，必须保证式（14.24）大于 0。显然 $1+\delta > 0$，只有当国家 1 选择合适的研发活动生产率水平，才能保证式（14.18）左边 $(\delta_h^1 - \delta_h^2) - (\delta_z^1 - \delta_z^2) > 0$，下面讨论满足式（14.24）左边大于零的条件。

若国家 1 在 h 产品研发效率上具有绝对优势，在 z 产品研发效率上具有绝对劣势，则 $(\delta_h^1 - \delta_h^2) > 0$，$(\delta_z^1 - \delta_z^2) < 0$，式（14.23）得到满足。这时贸易开放条件下的研发专业化确保 1 国获得 h 产品的动态比较优势，相应的，国家 2 获得 z 产品的动态比较优势；若国家 1 在 h、z 两种产品研发上都具有绝对优势，则 $(\delta_h^1 - \delta_h^2) > 0$，$(\delta_z^1 - \delta_z^2) > 0$，需要比较两者绝对值的大小。若前者大于后者，则国家 1 能获得动态比较优势；反之，则不能。

结论 2：在开放条件下，专业化研发投入通过研发活动的生产效率来影响比较优势的动态变化，这一影响路径不受初始的经济规模和知识累积水平的制约。

结论 3：在开放条件下，一国专业化研发投入能否获得动态比较优势是不确定的。如果该国在具有初始比较优势的产品方面具有研发效率的绝对优势，而在具有初始比较劣势的产品方面具有研发效率的绝对劣势，那么专业化研发投入可以确保获得动态比较优势；如果该国在两类产品上都具有研发效率的绝对优势，则需要比较哪类产品的研发更具有相对优势，只有当具有初始比较优势产品的研发更具有相对优势时，专业化研发投入才可确保获得动态比较优势。

从两种条件下的比较优势动态变化过程中可以看出，在开放条件下，专业化研发投入通过影响研发效率促使比较优势动态转化。这使得本研究阐述的模型有别于一般的内生增长模型和"干中学"模型。内生增长模型和"干中学"模型强调贸易的作用在于资源的重新配置，Lucas（1988）总结为劳动力资源向人力资本的变化，正是生产要素的重新配置改变了技术水平和生产经验的累积程度，从而影响了各国相对生产效率，比较优势也发生动态改变。本研究的专业化研发投入模型，也强调贸易对资源的重新配置作用，甚至知识对生产的促进作用也通过人力资本的形式体现，但与内生增长模型和"干中学"模型不同的是，劳动力资源的重新配置改变的不是各国相对的生产效率，而是各国绝对的研发效率，也就是说这里比较优势的动态变化不取决于研发的相对效率，而且取决于研发的绝对优势。一个重要的问题是，为什么专业化研发投入影响比较优势动态转化的途径是研发活动的绝对效率，而不是像专业化生产那样依靠的是相对效率？这涉及模型的一个重要前提假设，即研发活动产生的专业化知识具有排他性。因为专业化知识的排他性可以为企业带来垄断利润，企业才有了研发投入的动力。而专业化知识的排他性意味着知识不可交换（这一点区别于一般性知识，后者通过"干中学"可以外溢），那么国际贸易就不能为各国带来本身具有劣势的知识积累。而专业化生产之所以依靠相对效率进行分工，就在于交换可以弥补不足，提高共同收益。显然，专业化研发的绝对优势来源于前面所关注的国家能力，这也在理论上表明在比较优势动态化过程中国家能力具有极为重要的作用。

第四节　基于能力结构发展的比较优势动态化案例——中国 FDI 吸收能力、外资与贸易发展

外商直接投资（FDI）是各国——尤其是发展中国家获取先进技术的最

主要形式①。然而，FDI 的积极效应并不是自动产生的，最显著的影响因素之一是东道国的吸收能力。自 1979 年 7 月国务院颁布了《中华人民共和国中外合资经营企业法》以来，我国经济的持续增长、巨大的国内市场需求潜力、丰裕的劳动力资源等因素吸引了大量 FDI，同时我国引资区域分布、引资产业结构、引资来源国也发生了阶段性的转变。出于对以上理论研究背景与中国现实经济问题的综合考虑，本研究拟从发展中东道国 FDI 吸收能力的角度出发，系统、全面、深入地分析吸收能力决定要素在推动 FDI 促进发展中东道国经济增长过程中的具体作用机制，并结合中国国情，建立反映中国 FDI 吸收能力的量化指标体系，在此基础上，实证考察诸如人力资本存量、国内金融市场发展、贸易开放度以及技术创新水平等东道国吸收能力构成要素在我国 FDI 经济增长效应中的作用。

一　FDI 与中国经济增长的现状

从中国经济现实背景来看，自 1993 年以来，我国已经连续多年成为吸收 FDI 最多的发展中国家，2003 年中国实际吸引 FDI 达 535 亿美元，居世界第一位。截至 2006 年底，中国累计吸收外商直接投资项目数 594445 个，实际利用外资金额达到 7039.74 亿美元。中国多年来一直坚持执行"以市场换技术"的引资战略，大量 FDI 的引入，不仅直接推动了我国经济的高速增长，同时对我国出口贸易、国内就业、产业结构调整等国民经济各方面做出了重大的贡献，FDI 成为创造中国经济增长奇迹的重要动力之一。然而，中国在让出巨大市场的同时，技术水平特别是核心技术却并未得到相应程度的提升，这已成为阻碍中国经济增长的重要因素。一般认为，导致中国成功引进 FDI 却未能取得相应水平经济增长的原因在于，一方面跨国公司和发达国家设立技术壁垒，限制核心技术的出口，另一方面则源于中国的 FDI 吸收能力还较弱。

改革开放以来，我国年均经济增长速度一直在 9% 左右，创造了经济发展的奇迹。同期，FDI 流入量亦保持较高速度的持续增长，20 世纪 90 年代连续

---

① OECD, "The Measurement of Scientific and Technological Activities Proposed Guidelines for Collecting and Interpreting Technological Inovation Data (Oslo Manual)", European Commission and Euro stat, 3rd Edition：25 – 26.

数年成为吸收 FDI 最多的发展中国家。FDI 与 GDP 经历着相似的增长过程，1987—2009 年，我国 GDP 由 12058.60 亿元增加到 340506.90 亿元，累计增长了 328448.30 亿元。生产总量的快速提高，需要使用要素总量与之适应，从而不断推动社会再生产的顺利进行。作为要素使用总量一部分的 FDI，也通过整个国民经济循环系统，对经济增长起着积极的推动作用。在此期间，我国利用 FDI 金额也由 1987 年的 23.14 亿美元增加到 2009 年的 900.30 亿美元，增长了近 38 倍，累计增长数额达到了 877.16 亿美元，如表 14－1 和图 14－2 所示。

表 14－1　1987—2009 年中国 FDI ｛XE "FDI"｝和 GDP 情况

年份	FDI（亿美元）	汇率中间价	FDI（亿元）	FDI增长率（%）	GDP（亿元）	GDP增长率（%）	FDI/GDP（%）
1987	23.14	372.21	86.13	3.12	12058.60	11.6	0.71
1988	31.94	372.21	118.88	38.03	15042.80	11.3	0.79
1989	33.93	376.51	1210.75	6.23	16992.30	4.1	0.75
1990	34.87	478.32	166.79	2.77	186610.80	3.8	0.89
1991	43.66	532.33	232.42	25.21	21781.50	9.2	1.07
1992	110.08	551.46	6010.05	152.13	26923.50	14.2	2.25
1993	275.15	576.20	1585.41	149.95	35333.90	14.0	4.49
1994	3310.67	861.87	2910.28	22.72	481910.90	13.1	6.01
1995	375.21	835.10	3133.38	11.12	60793.70	10.9	5.15
1996	4110.26	831.42	3469.18	11.21	71176.60	13.0	4.87
1997	452.57	828.98	3751.71	8.46	78973.00	9.3	4.75
1998	454.63	8210.91	3763.93	0.46	84402.30	10.8	4.46
1999	403.19	8210.83	33310.73	-11.31	896710.10	10.6	3.72
2000	4010.15	8210.84	3370.55	0.97	99214.60	8.4	3.40
2001	468.78	8210.70	3880.09	15.15	109655.20	8.3	3.54
2002	5210.43	8210.70	4365.54	12.51	120332.70	9.1	3.63
2003	535.05	8210.70	4428.61	1.44	135822.80	10.0	3.26
2004	606.30	8210.68	5018.22	13.32	159878.30	10.1	3.14
2005	603.25	819.17	4941.64	-0.50	1838610.90	11.31	2.69
2006	630.21	7910.18	5023.91	4.47	210871.00	12.68	2.60
2007	7210.68	760.40	5533.28	9.20	265810.30	14.16	2.453
2008	923.95	694.51	6416.93	13.77	314045.40	9.63	2.10
2009	900.30	683.10	6149.95	-4.34	340506.90	9.11	1.84

资料来源：FDI 数据源自商务部网站；汇率中间价数据、GDP、GDP 增长率数据均源自《中国统计年鉴（2010）》；FDI 增长率与 FDI/GDP 数据经计算所得。

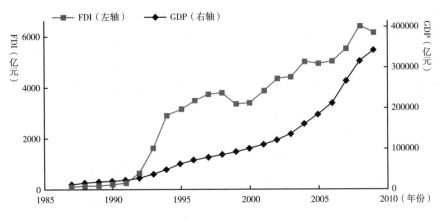

图 14 - 2　1987—2010 年 FDI〔XE"FDI"〕与 GDP 比较

　　直观上看，1987—2010 年我国的 FDI 与 GDP 经历着相似的增长趋势，并且两者之间呈现出较强的正相关性。然而实际情况是否如此，尚需对数据做进一步的检验。目前，对 FDI 与经济增长关系的实证研究大都是直接对 GDP 与 FDI 数据进行回归分析（赖明勇、包群，2002）。这种方法存在一个较大的缺陷，即在检验过程中可能存在伪回归的现象。也就是说，变量间本来不存在相依关系，但回归结果却得到存在相依关系的错误结论。从长期来看，我国的产出与 FDI 之间存在长期稳定的均衡关系。无论是从短期还是长期来看，我国经济增长都未促进 FDI 的增加。究其原因，主要有两个。原因之一，与母国对外投资的动机与战略选择有关。一般而言，一国的经济发展水平并非跨国公司在制定 FDI 战略时考虑得最多的因素。原因之二，受东道国影响。东道国的经济发展水平、吸收能力、产业结构等都影响着 FDI 流入规模与水平。从短期来看，FDI 不是促进我国经济增长的原因，这是因为 FDI 投资需要一个过程，其投资效果有一定的时滞。但从长期来看，FDI 却成为促进我国经济增长的原因。作为一个内含资本、技术、制度、管理和项目的"打包型"的"复合产品"，FDI 不仅是一种资本形式，它的流入可以增加总体的资本资源，从而促进我国的资本形成和经济增长。而且 FDI 的流入还可以转移先进的技术、管理和营销经营等，从而提高生产效率和要素生产率，达到间接促进我国经济增长的效果，FDI 对我国经济增长均有明显的促进作用。这将为后续章节从吸收能力的角度来探讨 FDI 对我国经济增长的促进作用提供现实基础。

二　FDI 吸收能力的决定因素及量化指标体系

现有文献对 FDI 吸收能力的概念界定大致存在以下几个问题：首先，将企业吸收能力直接移植到 FDI 吸收能力，没有考虑到 FDI 经济增长效应这个前提背景；其次，对 FDI 吸收能力的概念界定还停留在企业微观层面，没有将此概念拓展到国家或区域等宏观层面；最后，考虑的仅仅是 FDI 技术吸收能力，忽略了对 FDI 引进能力的考察。因此，我们将在现有关于 FDI 吸收能力相关文献归纳和总结的基础上，尝试将 FDI 吸收能力界定为：一国或地区获取、消化、转化和运用跨国公司的知识溢出，并动态地加以自主创新的综合能力。该定义将 FDI 吸收能力的概念界定在国家层面，而这种层面界定对于讨论 FDI 经济增长背景之下的吸收能力是必要的。同时，与孟亮（2007）和张斌盛（2007）的定义相同，本定义所指的 FDI 吸收能力是指吸收跨国公司在东道国（地区）的分支机构知识溢出，贸易和技术许可证不纳入研究范畴。该定义还体现了 FDI 吸收能力质和量的统一。FDI 吸收能力是指一个国家能够将最大量的 FDI 有效地整合并运用到其经济中去的能力，FDI 吸收能力既包括对外商直接投资的吸引能力，也包括对外商直接投资的利用能力。吸引能力体现了一国（地区）获取 FDI 量的能力，而利用能力则体现一国（地区）对 FDI 溢出知识的消化、转化和创新能力。

然而，实践证明，FDI 对东道国的模仿技术创新效应并不是必然的[①]。如图 14－3 所示，FDI 对东道国技术水平的提升，进而推动经济增长的作用，不仅受跨国公司因素（诸如跨国公司的海外投资动机，FDI 投资区位选择等）的影响，更主要的还依赖于东道国自身的 FDI 吸收能力。如前文定义所述，东道国 FDI 吸收能力受到人力资本、金融市场发展、市场体制等多因素的影响，因此几乎不可能用某个单一指标来将其直接量化，这必然给实证检验造成了巨大的困难。现阶段的实证研究中，学者们大多采用将吸收能力的决定要素作为其间接量化指标放入模型进行实证分析，通过考察这些决定因素对技术进步和经济增长作用，来检验吸收能力对 FDI 经

---

① Kathuria，V.，"Spillover Effects of Technology Transfer to Indian Manufacturing Firms"，*Journal of International Development*，2002（12）：343－369；姚洋、章奇：《中国工业企业技术效率分析》，《经济研究》2001 年第 10 期，第 13—19 页。

济增长效应的影响。然而，吸收能力涉及的要素非常繁杂，现有文献大多仅仅针对其中的一项进行研究，其结果虽然具有一定的价值，但在系统性和全面性方面始终缺乏说服力。因此，全面考察一国 FDI 吸收能力的影响因素，并选取吸收能力的决定要素，构建相应的量化指标体系，就显得非常重要。

图 14 - 3　东道国 FDI {XE "FDI"} 吸收能力
{XE "吸收能力"} 影响经济增长

（一）FDI 吸收能力的影响因素分析

FDI 吸收能力的影响因素是一个多方面、多层次、多角度的综合体，任何一个或者是几个因素都不能反映吸收能力的全部。本研究主要选择东道国的贸易开放度、金融市场发展效率以及人力资本状况、科技创新水平四大决定要素来分析它们在 FDI 经济增长效应中的作用。需要注意的是，虽然这四大决定要素能够近似体现一国（地区）的 FDI 吸收能力，但这并不是代表其他诸如基础设施状况、政府政策、发展战略以及文化、风俗等因素对 FDI 吸收能力就没有影响。本研究仅仅是 FDI 吸收能力研究的一个阶段性成果，而对其他影响因素在 FDI 经济增长效应中的作用的考察，以及建立一个全面衡量 FDI 吸收能力的完备指标体系将成为我们今后研究的主要方向①。

（二）FDI 吸收能力的量化指标体系

在确立了 FDI 吸收能力的四大决定要素之后，我们尝试利用相关的指标将各影响因素量化。

（1）贸易开放度（OPEN）。Koizumi 和 Kopecky（1978）、Wang（1990）以及 Rivera Batiz（1991）等对于 FDI 规模扩大对东道国经济增长的促进作用进行了严密的理论分析，证实了对外开放规模和 FDI 经济增长效应之间存在着正相关关系。在对中国的实证过程中，研究者们（包群等，2003；杨艳红，2005；李杏，2008）一般采用贸易依存度与出口依存度来反映我国的贸易开放程度。贸易依存度指标可以从整体上检验我国贸易开放度对 FDI 经济增长的影响，而出口依存度指标则可以对这种影响做进一步的结构分析。另外，这两个指标还可以用于检验我国的对外贸易与 FDI 之间究竟存在着替代效应（Substitution）还是互补效应（Complement）。参照现有研究采取的方法和指标，本研究亦选取进出口总额占 GDP 的比重 $OPEN_1$，以及出口总额占 GDP 比重 $OPEN_2$ 作为衡量我国贸易开放度的代理指标。

（2）金融市场发展（FIND）。本研究扩展了金融市场发展效率的代理指标，使金融市场发展的代理指标既包含信贷市场发展效率指标，又包含股票市场发展效率的指标：①信贷市场发展效率指标。金融系统的流动性负债（LLY），广义货币供应量与 GDP 的比值，是度量全部金融中介包括中央银行、储蓄存款货币银行和其他金融机构规模的一个指标；商业银行资产（BTOT），等于商业银行资产除以商业银行资产与央行资产之和，它反映了商业银行对央行来说的分配社会储蓄资源的程度；私人部门贷款（PRIVCR），等于金融中介对私人部门的贷款除以 GDP，它衡量了除央行之外的私人金融中介分配社会储蓄的能力；银行贷款（BANKCR），等于储蓄存款货币银行对私人部门的贷款除以 GDP，它衡量了除央行、金融信托投

---

① 周剑（2006）参照世界银行对东道国吸收能力的衡量框架，构建了一个由宏观经济、自然资源与人力资本三个影响因素和八个衡量指标构成的 FDI 吸收能力指标体系。而赵果庆（2006）建立了一个由吸收能力（AC）、利用能力（UC）和扩展能力（SC）构成，包括 21 个指标的衡量我国区域 FDI 吸收能力的指标体系。

资公司、金融租赁公司之外的其他私人金融机构分配社会储蓄的能力。在实证过程中，我们采用广义货币供应量 M2 与 GDP 的比值，以及金融机构贷款余额占 GDP 的比重 LOAN 两个指标来反映我国信贷市场的发展状况；②股票市场发展效率指标。根据 Levine 和 Zervos（1998）的方法[①]，选取反映股票市场流动性（$STOCK_1$）的指标，股票市场的交易额占的比重，以及反映股票市场规模（$STOCK_2$）的指标，股票市价总值占 GDP 的比重来衡量我国股票市场的发展状况。

（3）人力资本状况（H）。Narula（2004）指出，东道国吸收能力的一个重要组成部分就是人力资本水平。自从人力资本概念提出以来，其测度问题一直是人们争论的焦点。现有文献对人力资本的测度指标归纳起来，大致分为以下三类（钱雪亚、邓娜，2004）。

①人力资本投资类指标：主要由反映人力资本投资的水平、主体结构和方式结构的一类指标构成，如人力资本投资总额、政府人力资本投资额、个人人力资本投资额以及教育，卫生投资额等指标。在实证文献中，赖明勇等（2003）和张斌盛（2006）就选取政府教育投入作为衡量我国人力资本水平的代理指标。

②人力资本存量类指标：主要由反映人力资本存量水平与结构的一系列指标组成。其中，人力资本存量指标中一国平均受教育年限指标运用得较普遍（Barro 和 Lee，1995；Borenztein 等，1995；杨艳红，2005）。人力资本存量的结构指标则是指劳动力人口中各种受教育水平的人口比率或者具有各种工作经验的人口比率，包括小学生人口比率、中学生人口比率、大学生人口比率以及技术人员比率、留学回国人员比率等指标，如李杏（2007）运用我国各地区接受高等教育在校学生数占从业人员的比重作为衡量我国区域人力资本水平的替代指标。

③人力资本效率类指标：鉴于本研究目的是考察我国 FDI 经济增长效应的产生是否受到人力资本发展水平的限制，以及检验不同受教育水平的人力资本对 FDI 经济增长效应的影响是否存在差异性，我们选取平均受教育年

① Levine, R. and Zervous, S., "Stock Market, Banks and Economic Growth", *American Economic Review*, 1998（88）：537–558.

限、接受中等教育水平人力资本以及接受高等教育水平人力资本三个指标来衡量我国的人力资本发展状况。平均受教育年限（H）指标的计算公式为：（小学在校学生人数×6＋中学在校学生人数×12＋高等院校在校学生人数×16）／总人口数。与王志鹏、李子奈（2004），姚树洁等（2006）的方法相似，我们采用接受高等教育在校学生人数占总人口的比重 H_1，以及接受中等教育在校学生人数占总人口数的比重 H_2 来分析不同教育水平人力资本对我国 FDI 经济增长效应的影响。

本研究拓展了研发活动的替代指标，既包含研发投入指标，又包含研发产出指标。①研发活动的投入指标。广义的研发投入包括全社会的 R&D 资金投入和人员投入。然而基于数据的可获取性和便于对比分析，一般文献都仅仅选用 R&D 经费指标。鉴于此，本研究选取全国的 R&D 经费总额占 GDP 的比重、各地 R&D 经费总额与地区生产总值的比值作为研发投入的替代指标。另外，政府财政科技拨款也反映了一国（地区）政府对科技活动的重视力度。因此，为了检验政府对科技的支持力度对提升我国技术创新水平，进而推动 FDI 促进我国经济增长的作用，实证过程中我们还选取全国和各地政府财政科技拨款占财政支出的比重为研发投入的另一替代指标。②研发活动的产出指标。现阶段衡量我国科技活动的产出指标主要包括专利申请量、三系统（这里指"科学引文索引"、"科学技术会议录索引"及"工程索引"）收录的我国科技论文数，以及高科技产品出口额占工业制成品的比重这三大指标。由于专利申请量、三系统收录科技论文数的分省数据缺失相当严重，本研究主要选取高科技产品出口额占工业制成品出口额的比重作为衡量研发活动产出代理指标。

三　实证分析：基于贸易开放吸收能力的 FDI 与中国经济增长

借用 Kokko（1994）在分析墨西哥 FDI 溢出效应影响因素时采用的方法，对指标相乘以后作为解释变量进行回归，我们建立如式（14.26）所示的计量经济模型：

$$GROWTH = c_0 + c_1 K + c_2 H + c_3 GFDI + c_4 GFDI \times OPEN + \varepsilon \qquad (14.26)$$

变量的指标选取及数据处理如下。

GROWTH：人均实际 GDP 的增长率，用以代表每年的经济增长。采用人均实际 GDP 增长率而不是 GDP 的原因在于，人均地区生产总值可以更好地表征经济的内生增长以及各地区技术水平的提高（孟亮，2007）。

K：国内资本存量指标，由于无法获取我国每年国内资本存量的时间序列，我们借鉴 Balasubrananyam 等（1996）采用的方法，以每年国内固定资本投资总额占国内生产总值的比重，近似地替代国内固定资本存量。国内投资总额是利用全社会固定资产投资总额减去经人民币折算后的 FDI，再用 GDP 缩减指数调整得到的数据。一般而言，国内资本存量对经济增长应有正向的促进作用。

H：人力资本存量指标，我们采用平均受教育年限作为人力资本的替代指标。理论上讲，人力资本存量应当与经济增长呈正相关，即该指标的系数应为正值。

GFDI：外商直接投资流入量占国内生产总值的比重。其中外商直接投资数据是利用当年人民币兑换美元的汇率中间价，折算成人民币后，再利用 GDP 缩减指数消除价格影响因素后得到的。GDP 数据也是经价格调整后的真实 GDP。该指标用以衡量外商直接投资对经济增长的直接作用，即 FDI 对经济增长的资本积累作用。

GFDI × OPEN：外商直接投资与贸易开放度的乘积项，用以检验外商直接投资对经济增长的促进作用是否受到贸易开放程度的影响。用两个指标来衡量我国的贸易开放程度，分别是：（1）进出口总额占 GDP 的比重，记为 $OPEN_1$；（2）出口总额占 GDP 的比重，记为 $OPEN_2$。其中，进出口总额的数据是利用当年人民币兑换美元的汇率中间价，折算成人民币后，再利用 GDP 缩减指数消除价格影响因素后得到的。GDP 数据同样是经价格调整后的真实 GDP。

ε：代表随机误差项。

在本研究中，我们选取 1987—2011 年的时间序列数据为研究样本。所有的数据均源自《新中国 55 年统计资料汇编：1949—2004》和各年的《中国统计年鉴》。时间序列的回归分析是以样本数据的平稳性为前提的，对非稳定性的时间序列数据应用往往会导致伪回归现象，从而致使结论无效。有鉴于此，我们首先对时间序列进行平稳性检验，然后在平稳性的基础之上进行协整检验，若变量间存在协整关系，则对变量的水平值进行回归分析。

表 14 - 2　变量平稳性检验结果

检验变量	ADF 统计量	各显著性水平下的临界值			检验形式	检验结果
		1%	5%	10%		
GROWTH	− 2. 5071	− 4. 5716	− 3. 6908	− 3. 2869	(C,T,1)	不平稳
ΔGROWTH	− 2. 9408 *	− 3. 8868	− 3. 0522	− 2. 6666	(C,N,1)	平稳
GFDI	− 0. 1870	− 2. 6924	− 1. 9602	− 1. 6070	(N,N,1)	不平稳
ΔGFDI	− 2. 2712 **	− 2. 6998	− 1. 9614	− 1. 6066	(N,N,0)	平稳
K	− 2. 0408	− 3. 8868	− 3. 0522	− 2. 6666	(C,N,1)	不平稳
ΔK	− 2. 1435 **	− 2. 6998	− 1. 9614	− 1. 6066	(N,N,0)	平稳
H	− 2. 4340	− 4. 5716	− 3. 6908	− 3. 2869	(C,T,1)	不平稳
ΔH	− 2. 8267 *	− 3. 8868	− 3. 0522	− 2. 6666	(C,N,1)	平稳
GFDI × OPEN$_1$	− 2. 0295	− 3. 8868	− 3. 0522	− 2. 6666	(C,N,1)	不平稳
ΔGFDI × OPEN$_1$	− 3. 1269	− 2. 6998	− 1. 9614	− 1. 6066	(N,N,0)	平稳
GFDI × OPEN$_2$	− 1. 5630	− 3. 8315	− 3. 0100	− 2. 6552	(C,N,0)	不平稳
ΔGFDI × OPEN$_2$	− 3. 3717 **	− 2. 6998	− 1. 9614	− 1. 6066	(N,N,0)	平稳

注：1. 表中结果均由 Eviews 6. 0 软件计算所得，*、**、*** 分别表示在 10%，5% 和 1% 水平下显著。2. 检验形式为 (C，T，K)，其中 C 和 T 分别表示 ADF 检验带有常数项和趋势项，N 代表无常数项或无趋势项；K 表示滞后阶数，由 AIC 最小化准则确定。3. △为差分算子。

如表 14 - 2 所示，在 10% 显著性水平下，所有变量的水平序列均是非平稳的，而它们的一阶差分都是平稳的，即都是 I（1）序列，因此可以采用协整分析方法来确定各变量之间的长期稳定关系。

常用的检验协整关系的方法有两种：一是 E - G 两步法，即基于回归残差的平稳性检验；二是 Johansen 和 Juselius 的似然比检验方法（以下简称 JJ 检验），主要用来分析诸多变量组成的 VAR 系统，借助典型相关理论在 VAR 模型基础上使用似然比检验进行协整检验的同时确定协整关系。前者尽管比较简单实用，但主要用于两个变量之间的协整分析。JJ 检验相对前者复杂很多，但它的检验功效更大且重要的是它能够估计和检验多重协整关系，还允许对协整关系和速度调整系数施加约束进行检验，这些都是前者所不及的，因此 JJ 检验在实证中得到了广泛的应用。鉴于此，这里也采用 JJ

法来进行协整检验。

JJ 协整检验法的原理是在 VAR 系统下用极大似然估计来检验多变量之间的协整关系，因此在进行 JJ 协整检验之前必须要确定 VAR 模型的最后滞后期 k，如果 k 太小，误差项的自相关会非常严重，这将会导致被估参数的非一致性，所以可以通过增加 k 来消除误差项中存在的自相关。但是 k 又不能太大，因为若 k 太大会导致自由度减少，并直接影响到被估参数的有效性。

利用 AIC（赤池）信息准则和 SC（舒瓦茨）准则可以确定滞后阶数 k。方法是两个准则最小的模型的阶数为最佳滞后阶数。如果两个准则出现不一致，则需要利用似然比检验来选择模型。构建 LR 统计量：$LR = -2 \left[\log (k) - \log (k+1) \right] - X_{n2}^2$，这里 k 表示模型中滞后变量的最大滞后期，$\log (k)$ 和 $\log (k+1)$ 分别为 VAR (k) 和 VAR $(k+1)$ 模型的极大似然估计值。当 LR > LR（临界值）时，表示增加滞后值能够显著增加极大似然函数的估计值。由于滞后阶数选择过大会损失自由度，所有对于最大滞后阶数的选择，效仿 Saikkonen 和 Lutkepoh（1996）的做法，将考虑的最大阶数 k 设定为样本个数 T 的 $T^{1/3}$ 的整数部分，即 $k = \left[T^{1/3} \right] = \left[21^{1/3} \right] = 2$。

经过检验，发现五变量的 VAR 模型在滞后阶数为二阶时，AIC 和 SC 统计量值都达到最小，可以初步选定滞后期为二阶。进一步用 Q、ARCH 和 JB 统计量分别检验 VAR（2）模型残差的自相关性、异方差性和正态性，检验结果表明，在滞后阶数为 2 的情况下，VAR 模型不存在异方差性和自相关性，而且残差也服从正态分布，所以滞后二阶的 VAR 模型为最优模型。

由于协整检验是对无约束的 VAR 模型施以向量协整约束后的 VAR 模型，因此进行协整检验选择的滞后阶数应该等于无约束的 VAR 模型的最优滞后阶数减 1，即协整检验的最优滞后阶数为 1。通过对初始数据的形态分析，我们确定数据空间中没有线性确定趋势，协整方程中有截距项，但没有趋势项。我们同时运用迹（Trace）检验和最大特征根（Maximum Eigenvalue）两种检验方法对变量进行协整检验，当且仅当两种检验方法都成立时，才认为存在协整关系。检验结果如表 14 - 3、表 14 - 4 所示。

表 14 - 3 变量 GROWTH、GFDI {XE "FDI"}、K、H、
GFDI × OPEN₁ 协整检验结果

协整方程个数	迹统计量	临界值(0.05)	最大特征值统计量	临界值(0.05)
None*	111.6548	60.06141	48.23296	30.43961
At most 1*	63.42179	40.17493	33.13030	24.15921
At most 2*	30.29149	24.27596	20.95195	110.79730
At most 3*	9.339535	12.32090	8.625175	11.22480
At most 4*	0.714361	4.129906	0.714361	4.129906

注：1. 迹检验和最大特征值检验都表明在 5% 显著性水平下变量之间存在 3 个协整关系。

2. * 表明在 5% 显著性水平下拒绝原假设。

表 14 - 4 变量 GROWTH、GFDI {XE "FDI"}、K、H、
GFDI * OPEN₂ 协整检验结果

协整方程个数	迹统计量	临界值(0.05)	最大特征值统计量	临界值(0.05)
None*	133.0651	69.81889	54.33292	33.87687
At most 1*	78.73215	410.85613	33.56095	210.58434
At most 2*	45.17120	29.79707	30.86383	21.13162
At most 3*	14.30737	5.49471	13.43610	14.26460
At most 4*	0.871275	3.841466	0.871275	3.841466

注：1. 迹检验和最大特征值检验都表明在 5% 显著性水平下变量之间存在 3 个协整关系。

2. * 表明在 5% 显著性水平下拒绝原假设。

结果显示，所有变量之间，在 95% 的置信度都存在至少一个协整关系，因此可以用变量的水平值进行回归分析。

分别选取贸易依存度（OPEN₁）和出口依存度（OPEN₂）作为贸易开放度的替代指标来考察贸易开放对我国 FDI 经济增长效应的影响。运用式（14.4）的测算方法，可以得到如表 14 - 5 所示的回归结果。

表 14 - 5 贸易开放度影响 FDI 经济增长效应的回归结果

解释变量		模型 1	模型 2	模型 3
C	系数	0.8048	10.5127	1.0115***
	t 统计量	1.9845	0.3978	2.3915
GFDI	系数	0.0868	0.0637	-0.0489
	t 统计量	1.047	1.2155	-0.4506

解释变量		模型 1	模型 2	模型 3
K	系数	0.0436 **	0.0125 **	0.0834 *
	t 统计量	1.977	2.0412	1.7847
H	系数	0.0691 **	0.0495 **	0.0598 **
	t 统计量	4.9861	3.2137	4.7042
GFDI × OPEN₁	系数	0.0524	− 0.079	
	t 统计量	0.4697	− 0.0221	
GFDI × OPEN₂	系数			0.0989
	t 统计量			1.1251
AR(1)	系数		0.9915 **	
	t 统计量		31.5917	
调整后的 R²		0.8901	0.9948	0.9174
F 统计量		141.4772	272.2289	144.4078
D – W 统计量值		0.6055	1.8659	1.6748
贸易开放度门槛值			0.8063	0.4944

注：*、**、*** 分别表示在 10%、5% 和 1% 水平下显著。

　　如表 14 – 5 中模型 1 的回归结果所示，直接用 GROWTH、GFDI、K、H、GFDI × OPEN₁ 进行回归，模型的 D – W 统计量值为 0.6055，这表明回归模型的残差序列存在着较强的自相关性。若仍用 OLS 法估计，将导致参数估计值虽是无偏的，但不是有效的，进而使得显著性检验失效。因此，我们在模型 1 中添加 AR（1）项，结果显示 D – W 统计量值变为 1.8659，可以基本认为残差序列间不存在序列自相关性。模型 2 回归结果中调整后的 R² 值和 F 统计量都显示模型的整体拟合度较好。模型 3 是用 OPEN₂ 作为贸易开放度替代指标所做的回归分析，结果表明模型整体拟合度较好，D – W 统计量也说明回归残差基本不存在序列自相关现象。因此可以用模型 2 和模型 3 来分析贸易开放度对 FDI 经济增长效应的影响。对于模型 2 和模型 3 的回归结果，可以做出如下分析。

　　（1）资本投入对经济增长的影响分析。与新古典经济增长和内生经济增长理论强调的资本积累对经济增长的贡献的结论一致，回归结果表明无论是物质资本投入（K）还是人力资本投入（H）对我国的经济增长都有显著的推动作用。GFDI 的系数为正向的不显著或者为负值，这表明流入我国的

FDI 对国民经济的推动作用较少地反映在资本积累效应上，在目前我国储蓄总额居高不下的时代背景下，如果引入外资的目的仅仅只是利用外部资金的话，反而会因为导致负的资本积累而阻碍投资总额的增加，即 FDI 的引入对国内投资存在着"挤出"效应。

（2）贸易开放度对 FDI 经济增长效应的影响分析。模型 2 以贸易依存度为贸易开放程度的度量指标，回归结果显示交叉项 GFDI × OPEN$_1$ 的系数为负（ - 0.0790）；当模型 3 选用出口依存度为替代指标时，交叉项 GFDI × OPEN$_2$ 的系数变为正（0.0989）。虽然两者均为通过 10% 显著性水平下的 t 检验，但是也大致可以说明以下两点。第一，出口贸易能推动 FDI 促进我国经济的增长，其原因可能在于国际市场竞争压力远远大于国内市场，出口企业迫于市场竞争压力势必进行更多的研发投入以提高自身的吸收能力。第二，进出口贸易对我国 FDI 经济增长效应产生较为轻微的不利影响。

（3）贸易开放度的门槛效应分析。在回归方程模型 2 和模型 3 中，GFDI 与交叉项的回归系数符号相反，这表明外商直接投资对我国经济增长的贡献受到国内贸易开放度发展的门槛限制。经计算，可以得到各模型所确定的贸易开放发展门槛值。如表 14 - 5 结果所示，只有进出口贸易总额或出口贸易额占当年国内生产总值达到 80.63% 和 49.44% 时，当年的经济才能从外商直接投资中获益。

基于贸易开放吸收能力视角的实证分析表明，流入我国的 FDI 与出口贸易之间存在"互补"关系。以出口依存度衡量的贸易开放度能够推动 FDI 促进我国经济的增长，但这种推动作用还不明显，而以贸易依存度衡量的贸易开放度对我国 FDI 经济增长效应却有微弱的不利影响，贸易开放度对我国 FDI 经济增长效应的影响受到贸易发展门槛的限制，贸易开放对我国 FDI 经济增长效应的影响存在着明显的地区差异。东部地区良好的对外贸易环境，促进了 FDI 经济增长效应的发挥，而中、西部地区的贸易开放却阻碍了当地 FDI 经济增长效应的产生。相对于中部地区而言，这种阻碍现象在西部地区表现得更为明显。当前我国的出口贸易能够促进 FDI 推动经济的增长，而进口贸易对 FDI 经济增长效应却产生了微弱的不利影响。因此，如何提高贸易开放吸收能力，进而加速推动 FDI 促进我国的经济增长，是目前亟待解决的问题。

表 14 – 6　贸易开放度 {XE "贸易开放度"} 影响 FDI {XE "FDI"}

经济增长效应的分地区检验结果

解释变量		全国样本	东部地区样本	中部地区样本	西部地区样本
C	系数	0.0555 ***	0.0567 ***	0.0538 ***	0.0732 ***
	t 统计量	62.8661	41.5291	38.9037	74.3983
GFDI	系数	0.0972	– 0.0511 ***	0.3782 ***	0.1285 **
	t 统计量	1.4177	– 8.1331	5.4877	2.0604
K	系数	0.0095 ***	0.0061 *	0.0031	0.0134 ***
	t 统计量	4.8158	1.8632	0.8871	6.3983
H	系数	0.3625 ***	0.4009 ***	0.3618 ***	1.1964 ***
	t 统计量	28.4547	24.1133	13.9577	12.1982
GFDI × OPEN	系数	– 0.0278	0.0014	– 0.0159 ***	– 0.1190 ***
	t 统计量	– 1.4488	1.148	– 2.5207	– 3.9316
Hausman 检验值(P 值)	系数	1.8299	2.6152	1.1821	0.0121
	t 统计量	0.7670	0.6240	0.8810	0.0000
调整后的 R^2		0.7828	0.8787	0.8058	0.8999
F 统计量		522.4958	385.3297	178.2520	154.8018
估计方法		IV – RE	IV – RE	IV – RE	IV – FE
样本数		551	209	152	190

注：1. 本表的计量结果由 Eviews 6.0 软件包完成，括号中的数值为参数的 t 检验值，* 、** 、*** 分别表示在 10% 、5% 、1% 水平下显著；2. p 值是拒绝原假设（工具变量 – 随机效应）犯错误的概率，当概率低于 0.1 时采用工具变量一个体固定效应（IV – FE），否则采用工具变量一个体随机效应（V – RE）；3. GFDl 和 GFDI × OPEN 的工具变量分别为滞后一期的 GFDl 和 GFDI × OPEN，其余变量的工具变量均为其自身。

第五节　我国如何构建基于国家能力的
动态化比较优势

经济赶超的国际历史经验证明，从长期来看，正是技术差距与国家能力的结合，共同决定着一国或地区潜在的增长率水平。在经济全球化和高新技术革命飞速发展的今天，如果仅仅以外生的静态资源禀赋比较优势来作为发展中国家制定发展战略和产业政策的理论依据，则不利于发展中国家的发展。它不仅不能使发展中国家收敛于发达国家，而且只能使发展中国家的经济、技术结构永远处于产业链和技术链的下游。因此，我国应该以提高整体经济的竞争力为出发点，紧紧抓住产业和科技的制高点，努力形成基于国家能力的比较优势动态化，才能更快地带动产业结构的升级换代，从而实现赶超。

一　国家能力与比较优势动态化：如何构建赶超能力

技术创新是缩小技术差距，实现技术赶超的关键。但是发达国家的技术是适合本国要素禀赋和技术能力的，其开发的技术可能对于发展中国家并不适合，因为发展中国家普遍缺乏像发达国家那样适应技术所必需的组织、技术基础、人力资本等要素禀赋和技术能力。基于此，本研究认为，国家能力所包含的技术吸收能力是实现后发技术赶超的关键，但是技术吸收能力又是由一个经济体的动态比较优势所决定的

一般来说，与技术前沿的差距越大，后发国家越有可能通过模仿取得较快的技术进步，从而使得其经济收敛于领先国。Acemoglu 等的研究指出，以增长最大化为目标的制度和政策需要根据后发国与国际技术前沿差距来制定。最新的一些研究和证据也表明，增长政策和技术政策取决于后发国家与国际技术前沿差距。因此，技术差距对后发国家技术进步模式的选择有重要影响，将技术差距和自主创新纳入同一分析框架有助于确立后发国的适宜技术进步模式，从而解释如何实现经济赶超和破解技术后发优势悖论。

（一）模型设定

假设存在这样一种经济，由技术发达的先进地区和技术落后的后进地区构成，它们的技术进步方式具有不同特征。先进地区的技术进步是创新型的，只依赖于本地区的 R&D 创新，如拥有众多高新技术的欧美各国，它们一直处于世界技术领域的最前沿。后进地区的技术进步是追赶和创新并重，在不同的发展阶段，追赶和创新在经济中所占的比重会发生变化。在发展之初，当自身 R&D 能力还很薄弱时，后进地区主要靠引进吸收外来先进技术来促进增长，而当其技术能力随着技术外溢的积累提高后，后进地区则会开始关注自主 R&D 创新的重要性。

假设先进地区在 t 期的技术水平为：

$$A(t) = A(0)e^{rt} \tag{14.27}$$

其中，A（0）为先进地区的初始技术存量，r 为先进地区 R&D 创新活动（不变的）年增长率，假设 r 为正。这里，我们没有考虑后进地区技术进步对先进地区的扩散作用，先进地区的技术水平仅取决于其初始技术存量和 R&D 活动的增长，自主 R&D 是先进地区技术进步的唯一源泉。据此假设，先进地区的技术以稳定的速率增长：

$$\frac{\dot{A}(t)}{A(t)} = r \tag{14.28}$$

后进地区的技术进步是同时通过吸收模仿和自主创新实现的。吸收模仿就是吸收利用先进地区的先进技术，根据 Nelson 和 Phelps 的基本思想，这种技术利用会有一个时滞（time lag），也就是说先进地区创新获得的技术要经过一段时间后才能传播到后进地。假设这段滞后的时间为 $l(t)$，基于先进地区技术领先的假定，在后进地区赶上先进地区之前，$l(t)$ 应为非负值，即后进地区总是晚于先进地区获得先进技术。同时，根据 Fagerberg（1988），后进地区也有一定程度的自主创新，这种 R&D 活动有双重作用（Cohen 和 Levinthal，1989）：提高吸收能力加速先进技术的利用，和促进后进地区技术存量的提高。用下标 c 表示后进地区，r_c 表示后进地区 R&D 创新活动（不变的）增长率，假设后进地区在 t 期的技术水平为：

$$A_c(t) = A(0)^{e(r-l(t))+r} r_c^{t} \tag{14.29}$$

由于技术进步来源不同，因此后进地区呈现出不同的技术变迁方式。后进地区的技术增长率为：

$$\frac{\dot{A}_c(t)}{A_c(t)} = r_c + r(l - \dot{l}(t)) \tag{14.30}$$

由此可见，先进地区的技术进步只取决于自身的 R&D 增长率，而后进地区的技术进步不仅取决于自身的 R&D 增长率，还取决于先进地区的 R&D 增长率和技术引进时滞的变化。时滞 $l(t)$ 反映了后进地区吸收利用外来技术的能力，吸收能力越强则时滞越短，反之则越长。根据吸收能力的变化，后进地区的技术追赶可分为以下几种情形。

（1）如果 $\dot{l}(t)$ 小于 0，即随着时间的推移，后进地区引进先进地区技术所需要的时间在不断缩短，后进地区的技术吸收能力在不断增强，后进地区的技术追赶速度在不断加快。即 $r_c + r[l - \dot{l}(t)] > r_c + r$，$\dfrac{\dot{A_c}(t)}{A_c(t)} > r_c + r$。这时，追赶具有极高的效率，由于吸收能力很强，后进地区以超过两地区技术创新率之和的速度追赶发达地区，这里技术后发优势得到了最充分的发挥。

（2）如果 $\dot{l}(t)$ 为 0，即技术引进时滞 $l(t)$ 是一个稳定的常量，不会随着时间的推移发生变化。先进地区的技术经过一段固定时间后总会扩散到后进地区，这时，后进地区的技术进步率为 $\dfrac{\dot{A_c}(t)}{A_c(t)} > r_c + r > r$。也就是说，后进地区的技术水平会以高于先进地区的速度增长：引进吸收外来技术保证其技术水平增长速度（r）跟上先进地区，但技术水平的绝对差距依然存在；而自主创新活动则使其具有了更高的技术增长速度（$r_c + r > r$），从而在一定程度上缩小绝对技术差距。

（3）如果 $\dot{l}(t)$ 大于 0，即随着时间的推移，后进地区引进先进地区技术所需要的时间在不断增加，这表明后进地区的技术吸收能力在弱化，这种弱化的吸收能力减缓了后进地区的技术追赶速度，即 $r_c + r[l - \dot{l}(t)] < r_c + r$，这时 $\dfrac{\dot{A_c}(t)}{A_c(t)} < r_c + r$。

（4）当 $\dot{l}(t)$ 大于 1 时，$r_c + r[l - \dot{l}(t)] < r_c$，这时 $\dfrac{\dot{A_c}(t)}{A_c(t)} < r_c$，出现了负的扩散效应，原因是技术吸收能力太弱，以至于吞噬了技术创新可能带来的技术进步率，这时后进经济不但没有追赶反而在落后。

因此，在我们的模型中，技术吸收能力的增强是确保后进经济高效率追赶至关重要的因素，下面将围绕其揭示后发技术追赶的实现机制。

（二）技术追赶机制

技术水平的落后预示了落后地区利用先进地区现有技术实现高增长的潜力。正是由于后进地区技术水平较低，同先进地区之间存在较大的技术差距，才有了后进地区进行技术追赶的可能性。下面我们用两个地区技术存量比的对数形式定义 t 期的技术差距。

$$X(t) = \ln[A(t)/A_c(t)] \tag{14.31}$$

由前面给出的先进地区和后进地区的技术存量函数，可有：

$$X(t) = \ln\{A(t)e^{rt}/A_c(t)e^{r[l-l(t)]+r_c t}\} = rl(t) - r_c t \tag{14.32}$$

由此看来，后进地区与先进地区的技术差距同先进地区的 R&D 增长率、后进地区技术引进时滞正相关，与后进地区自身的 R&D 增长率负相关。也就是说，在后进地区 R&D 投入增长一定的情况下，先进地区 R&D 投入增长越快，后进地区引进吸收先进技术的时间越长，后进地区与先进地区之间的技术差距就会越大。反之，在后进地区获取的技术外溢 [决定于 r 和 l (t)] 一定时，后进地区加大 R&D 投入能够在一定程度上缩小与先进地区的技术差距。

为更详细地研究影响技术差距的因素，以下分析技术差距的变化：

$$\dot{X}(t) = \frac{\dot{A}(t)}{A(t)} - \frac{\dot{A}_c(t)}{A_c(t)} = r - \{r_c + r[l - \dot{l}(t)]\} \tag{14.33}$$

根据 Verspagen（1991），后进地区的技术进步取决于自身的 R&D 和先进地区的技术扩散效应 D（Diffusion effect），我们定义：

$$\frac{\dot{A}_c(t)}{A_c(t)} = r_c + r[l - \dot{l}(t)] \equiv r_c + D \tag{14.34}$$

其中，先进地区技术的扩散效应 D 取决于先进地区的 R&D 增长率 r 和后进地区的技术吸收时滞 l (t)。根据 Abramovitz（1986），可以合理地假定后进地区获取的这种技术扩散效应取决于技术差距本身，以及后进地区吸收利用先进地区技术的能力，即：

$$D = r[1 - \dot{l}(t)] \equiv \alpha X(t) \tag{14.35}$$

其中，表示后进地区吸收先进地区技术的吸收能力（或社会能力）。于是，由式（14.32）至式（14.35）可有：

$$\dot{X}(t) = r - (r_c + D) = \beta - \alpha X(t) \tag{14.36}$$

式（14.36）即为基于技术差距、吸收能力和自主创新的技术追赶基本模型，其中，$\beta = r - r_c$，表示后进地区的相对自主创新努力，或两地区的R&D 增长率差异。

可见，相对于先进地区的技术水平，后进地区在努力从两个方面缩小与先进地区的技术差距。（1）后进地区在积极进行自主创新活动（r_c），这是该模型区别于一般追赶模型的一个特征，即在追赶过程中突出了后进地区自主创新的作用。不过，后进地区的这种自发努力往往不足以完全弥补技术差距，表现为 $\beta \geqslant 0$，要完全消除技术差距还需要另一个方面的努力。（2）后进地区必须大力利用先进地区技术的扩散效应 $[\alpha X(t)]$。扩散效应不仅取决于其与先进地区技术差距的大小，还会受到吸收能力的制约，技术差距和吸收能力共同决定了后进地区可以获取的技术溢出效应的大小。这里，吸收能力的取值范围受到一定的限制。一般说来，$0 < \alpha \leqslant 1$，α 不为 0 是因为现实经济中不存在没有任何吸收能力的地区，α 小于等于 1 是因为后进地区一般没有能力完全吸收利用先进地区的技术。α 越大表明该国的技术吸收能力水平越高，能有效地吸收利用外来先进技术，从而也更利于技术追赶取得成功。

通过分析技术差距的变化，前面我们找到了影响技术追赶的各种因素。要知道这些因素是如何作用于技术追赶过程的，还需要进一步分析技术引进的快慢问题。在追赶的范畴内，始终有 $\beta \geqslant 0$，因此追赶方程（14.36）有唯一稳定的均衡点，且为正值。如果初始技术差距大于 β/α，那么其差距就会降低到均衡水平；如果初始技术差距小于 β/α，那么其差距就会上升到均衡水平。解微分方程（14.36），可得：

$$X(t) = \beta/\alpha + [X(0) - \beta/\alpha]e^{-\alpha t} \tag{14.37}$$

其中，$t \geqslant 0$。技术差距函数 $X(t)$ 关于时间严格凸（凹），从上方（下方）严格趋近于 β/α。当 $\beta = 0$ 时，技术差距函数 $X(t)$ 就变成了一个严格凸函数。这时，后进地区的 R&D 增长率赶上了先进地区的 R&D 增长率，决定技术差距的就只有获取的技术扩散效应，这时就回到了传统的技术差距模型：$X(t) = X(0)e^{-\alpha}$。这里，技术差距只取决于两地区的初始技术差距 $X(0)$ 和吸收能力，后进地区和先进地区的 R&D 增长率没有发生作用。

（三）技术引进时滞与追赶速度

在我们的模型中，技术差距的缩小与技术引进吸收时滞密切相关，下面考察不同情形下的技术追赶速度。由式（14.37）和技术差距定义（26），t 期后进地区引进先进技术的时滞为：

$$l(t) = [X(t) + r_c t]/r$$

其中，$t \geq 0$。将引进技术的时滞 $l(t)$ 关于 t 求导，可以看出影响技术引进快慢的因素：

$$\dot{l}(t) = \frac{1}{r}\{rc - [\alpha X(0) - \beta]e^{-\alpha}\} \tag{14.38}$$

此时，后进地区的技术追赶速度为：

$$\frac{\dot{A}_c(t)}{A_c(t)} = r_c + r[l - \dot{l}(t)] = r + [\alpha X(0) - \beta]e^{-\alpha} \tag{14.39}$$

式（14.39）就是后进地区的技术追赶方程。由此可见，随着时间的推移，后进地区引进技术所需要的时间是会增加还是减少，即后进地区是否在有效地追赶先进地区的技术，取决于多方面的因素，这些因素包括后进地区的技术吸收能力、初始技术差距 $X(0)$、先进地区的 R&D 增长率 r 和本地区的 R&D 长率 r_c。其中，最为关键的因素是技术吸收能力和初始技术差距决定的技术扩散效应，它极大地影响了后进地区的追赶速度。

命题 1：超高速技术追赶。当 $\alpha X(0) - \beta > r_c$，即 $X(0) > r$ 时，一定会有 $\dot{l}(t) < 0$，于是 $\frac{\dot{A}_c(t)}{A_c(t)} > r_c + r$。这就是说，如果后进地区的初始技术差距和吸收能力决定的技术外溢利用效率，高于先进地区的创新增长率，那么后进地区引进技术的时间将会越来越短，吸收能力越来越强，因此追赶速度越来越快，甚至快于两地区技术创新速度之和，这样的技术追赶是高效率的。这是多数成功追赶地区遇到的超高速追赶情形。

值得注意的是，$\alpha X(0) > r$ 是后进地区成功追赶的一个充分而非必要条件，它没考虑后进地区自主创新对于追赶所做的贡献，如果考虑自主创新，那么 $\alpha X(0)$ 比 r 小也可以追赶成功，小的部分由后进地区的自主创新来补足。至于 $\alpha X(0)$ 能够小多少，则取决于后进地区自主创新努力的程度。因此，后进地区技术的自主创新和模仿引进是彼此互补的，共同促进后进地区的技术追赶过程，而不是通常我们所说的相互替代此消彼长的关系。命题 3 和命题 4 也存在这种情况。

命题 2：高速技术追赶。当 $\alpha X(0) - \beta = r_c e^{-\alpha}$ 时，$\dot{l}(t) = 0$，$\dfrac{\dot{A}_c(t)}{A_c(t)} = r_c + r$。这是一种特殊的情形，也就是说后进地区的吸收能力在各期保持不变，以稳定的高速度追赶先进地区，这时追赶速度为两地区技术创新率之和。这也是一种非常快的技术追赶速度，它表明后进地区迅速且完全地吸收了先进地区的技术创新成果。

命题 3：慢速技术追赶。如果 $\alpha X(0) - \beta < r_c$，即 $X(0) < r$，这时 $\dot{l}(t) > 0$，$\dfrac{\dot{A}_c(t)}{A_c(t)} > r_c + r$，于是引进技术的时间会不断增加，吸收能力减弱，技术追赶未能充分吸收外来先进技术而显得缺乏效率，不过追赶依然继续，只是由于吸收能力不强追赶的速度减缓。

命题 4：技术落后。当 $\alpha X(0) - \beta < \beta e^{\alpha}$ 时，$\dot{l}(t) > 1$，$\dfrac{\dot{A}_c(t)}{A_c(t)} < r_c$，引进技术的时间大幅度增加，吸收能力在大幅衰减，技术进步率小于自己的技术创新率，当然也小于先进地区的技术进步率，因此这时没有追赶，两地区间的技术差距在进一步拉大。

在我们的理论模型中，初始技术差距、国家能力（技术吸收能力）、先进地区的 R&D 增长率以及后进地区的 R&D 增长率共同决定了后进地区的技术追赶进程。其中，技术吸收能力要素起到了至关重要的作用。对于追赶地区而言，更高的国家能力意味着更快的技术知识追赶速度。如果其他条件相同，国家能力更高的地区通过获取技术外溢增长将更快。当后进地区面临的初始技术差距和技术吸收能力决定的技术溢出利用效率高于先进地区的 R&D 创新增长率时，后进地区将呈现加速度的技术追赶。反之，如果国家能力太弱，不能有效利用先进地区的先进技术，后进地区便会陷于技术进一步落后的状态。

二　实现我国能力建设与改进的重点路径

我国改革开放 30 余年的经济增长说明，基于赶超的发展方式确实能够在一定时期内促进经济增长。正是通过短期的经济赶超，我国缩小了与世界技术前沿的差距。然而，如果不能在长期形成有效的动态比较优势，那么当我国经济发展到技术前沿阶段时，由于技术能力差异将导致东、西部发展差距进一步扩大，并不可避免地出现一系列问题：首先，预计到2020—2025年时中国的农村剩余劳动力基本转移完毕，劳动力成本快速上升，我国低成本的劳动力优势将不复存在；其次，我国未来环境、资源和要素成本的快速上升，将改变我国投资环境的综合优势，降低成本驱动型国际资本的吸引力，整个加工贸易生产体系转型的压力增大；最后，在后危机时代，我国长期推行的技术模仿模式面临挑战，如何从简单模仿向自主的技术创新过渡，将是一个艰难的转变。因此，在这样一个转折时期，研究适合我国比较优势的转型发展战略就具有特别重要的意义。

我国近10年来以年均10%、高于世界平均速度的增长率，创造了"二战"以来经济增长的"世界奇迹"。但是，在当前世界经济艰难复苏、发达经济体增长乏力、外部需求对经济增长拉动作用减弱的背景下，原来支撑中国经济高速增长的内外环境正在发生变化。据世界银行研究2012年的报告预测，2011—2015年我国潜在年均经济增长率将回落到8.5%，2026—2030年将进一步回落到5%[①]。

与发达国家相比，我国现有的经济增长总体上仍然属于数量型和粗放型，经济赶超主要体现在规模和速度上。Zhang（张军）等利用中国省际资本存量的数据，发现我国资本产出比从1994年的2%上升到2004年的2.8%，资本的贡献率达到60%，但全要素生产率（TFP）的增速仅为3%，并且TFP在90年代以后开始呈下降趋势[②]。这直观反映了我国的经济增长过度依靠资本投入，当TFP增速下降的时候，资本积累对产出的贡献份额就开始上升。即使将数据更新到1993—2010年，上述结论依然成立。事实上，2008年全球金融危机以后，中国经济凭借政府过度的刺激政策仍然保持着9%以上的高增长率，但是货币化水平已经大大超过国际标准，使我国

---

①　World Bank, "China 2030 – Building a Modern, Harmonious, and Creative High – Income Society", 2012, p. 8.

②　Zhang, Jun, Wan, Guanghua, Jun Yu, "The Financial Deepening – Productivity Nexus in China: 1987 –200", *Journal of Chinese Economic and Business Studies*, Vol. 5, No. 1, 2007, pp. 137 –49.

的通胀水平上升过快、资产泡沫化加剧。

从我国经济的现实情况来看，以 FDI 为例，2013 年我国实际吸引 FDI 达 1057 亿美元，居世界第一位。截至 2013 年底，我国累计吸收外商直接投资项目数 710747 个，实际利用外资金额达到 11078.58 亿美元[①]。客观地讲，由于我国多年来一直坚持执行"以市场换技术"的引资战略，FDI 不仅直接推动了中国经济的高速增长，同时对出口贸易、国内就业和产业结构调整等方面也做出了重要的贡献，FDI 已经成为创造中国经济增长奇迹的重要动力之一。然而，不可否认的是，由于跨国公司和发达国家设立技术壁垒，限制核心技术的出口，加之我国的 FDI 吸收能力还较弱，我国的技术创新水平特别是核心技术研发并未得到相应程度上的提升，这已成为阻碍中国经济增长的致命弱点。

我们认为，我国近十年来实现经济增长的实质是政府主导下的以技术模仿为主要动力的赶超。这种赶超模式的有效性并不取决于人均 GDP 水平，而是取决于我国现有的技术水平与发达国家技术水平的距离，更确切地说，取决于我国是否有足够的国家能力吸收、转化来自发达国家的技术转移和扩散。然而，现实经验告诉我们，随着我国与发达经济体的技术差距缩小，技术模仿导致的赶超效应也将减弱。因此，我国的增长模式必须尽快从政府主导下的技术模仿型赶超向市场导向下的技术创新型赶超转变。正是从这个意义上来说，未来我国经济发展战略应该改变过去那种只注重赶超速度而忽视能力内涵的增长方式。

对我国目前的经济增长而言，一定程度的赶超能够促进经济增长。但是，我们的研究也表明，在长期，一个国家将收敛于比较优势条件下的贸易格局。为了实现更高的收入水平，发展中国家应该尽量延长向比较优势均衡状态收敛的过程。当技术差距处在不同水平时，FDI 对技术进步的作用会呈现较大的不同。在技术差距较小的技术水平发达地区，FDI 的溢出效果并不十分明显，但相对的自主创新的弹性很高，创新能力将成为这些地区科技进步和经济发展的核心动力。随着技术差距的增大，中等科技水平地区正处在

---

① 源自商务部网站，http://www.fdi.gov.cn/pub/FDI/wztj/lntjsj/wstzsj/2013nzgwztj/t20130130_140692.htm。

由模仿向创新转变的关键时期，如何促进这些地区的科技进步转型是各地政府需要考虑的重要课题。而在技术差距很大的落后地区，加强基础设施建设，增强吸收能力是实现赶超的重要手段。

通过对后发优势假说和吸收能力假说的实证检验，学界一般认为初始收入水平低蕴含的后发追赶潜力只是一种外在的可能性，其实现需要积累足够高的国家能力，特别是技术吸收能力[1]。从中国区域经济的经验来看，初始收入水平最低的西部地区赶超的潜力最大，初始收入水平最高的东部地区由于吸收能力较强，赶超能力也在不断加强（肖利平，2010）。

从长期来看，经济赶超国家将收敛于比较优势条件下的贸易格局。为了实现更高的经济增长率，赶超国家应当尽量延长向比较优势均衡状态收敛的过程[2]。林毅夫等学者在波特国家竞争力理论的基础上也提出，发展中国家有必要实行以能力为基础的比较优势战略[3]。自 2008 年全球金融危机以来，我国一直将转变增长方式作为重要国策，强调走新兴工业化道路，发展绿色经济和低碳经济，提高科技进步对经济增长的贡献。根据《国家长期科学和技术发展规划纲要（2006—2020）》设定的发展目标，到 2020 年我国科技进步贡献率将达到 60%，全社会研发投入占 GDP 比重提高到 2.5% 以上。2013 年以后我国经济将面临诸多变化，比如高储蓄率将发生调整，劳动力低成本优势逐步减弱，提升全要素生产率的难度增大，资源、环境的约束明显强化等。我们认为，我国正处于经济发展的十字路口，加快经济转型已经成为中国在后危机时代持续发展的首要目标。就我国长期的经济发展战略而言，中国经济需要尽快构建以国家能力为内在基础的动态比较优势以应对未来的挑战。

首先，提高技术吸收能力和创新水平，采用、改进和掌握现有技术，缩小同技术前沿的差距。按照这一思路，我国应该从制度环境、初始技术水平、基础设施和人力资本积累四个方面形成自身的技术吸收能力，并通过专

---

①　联合国工业发展组织的《工业发展报告》（2005）认为吸收能力可以从累积的研发，知识基础的多样性、开放程度以及组织边界的相互作用来衡量。

②　杨汝岱、姚洋：《有限赶超与经济增长》，《经济研究》2008 年第 8 期。

③　林毅夫、蔡昉、李周：《比较优势与发展战略——对"东亚奇迹"的再解释》，《中国社会科学》1999 年第 5 期。

业化和行业内贸易以及 FDI 投资的双向流动加快发展国家能力。同时，我国的高储蓄率可以相对迅速地补充资本，并推动快速的技术赶超。随着我国国家能力的提升，中国将形成一个产品和流程的创新体系，并能在一些方面实现技术突破。

其次，国家能力对追赶型增长具有正效应，正是国家能力的累积使赶超能力得以实现，提高国家能力后我国经济的增长速度更快。但是，当我国达到技术前沿阶段时，政府对经济的过度介入就会成为增长的阻碍。此时，政府应该转向发展民营经济，确保市场足够成熟以有效配置资源，同时提高投入要素的使用效率，增加人力资本投资，强化创新和转向高附加值的服务业，使经济增长获得新的动力，这将有助于我国避开中等收入陷阱。

最后，从我国各个地区的技术吸收能力来看，西部地区的增长潜力要大于东部地区。就构建国家能力而言，虽然东部地区增长潜力最小，但由于东部在人力资本和贸易开放度等方面具有较大的比较优势，这种基于能力的比较优势使东部的增长总量远远超过其他地区。相比较而言，中西部地区由于吸收能力的劣势造成增长的潜力较低，也抑制了中西部地区的发展进程。因此，我国区域经济发展水平和吸收能力的这种不平衡性决定了中西部地区必须采取不同的、与自己技术吸收能力相适应的经济发展战略。

第六节 结论

结合我国在技术发展上属于后发国家、在经济体制上正处于转型关键期这一实际背景，本章主要从比较优势和发展战略相结合的角度，引入经济学意义上的国家能力概念，分析了国家能力——特别是技术吸收能力对形成我国比较优势的作用途径。通过讨论比较优势理论的发展和比较优势的动态化过程，分析了我国比较优势动态化的路径选择。此外，从国家能力层面探讨 R&D 研发活动对比较优势动态变化的影响机制，并在此基础上扩展了传统吸收能力理论的内涵。通过研究可以发现，比较优势的动态变化取决于研发和创新活动产生的专业化知识具有排他性。显然，经济转型国家通过专业化研发和创新形成的比较优势来源于国家能力的增强，这也从理论上表明在比较优势动态化过程中国家能力具有极为重要的作用。由此，我们认为，在当前中国进入经济开放新阶段的条件下，我国必须获得基于国家能力的动态比较优势才能顺利地实现经济转型。

本章研究发现，即使后进地区不能迅速充分地利用先进地区的技术，只要后进地区有一定的技术吸收能力，而且自身的 R&D 增长率较快，后进地区也能维持一定的技术追赶速度，而这种维持是通过后进地区自身的 R&D 积累实现的。现有文献经常无视后进地区自主 R&D 积累的作用，政策实践也经常站在后进地区的视角而理所当然地忽视这一点。本章研究从理论上证明，在一定的条件下，后进地区的自主 R&D 是使其得以实现赶超的关键要素。

此外，本章还通过实证分析了 FDI 吸收能力和技术缺口等吸收能力因素对于比较优势动态变化的影响。我们认为，一方面应该在保持出口数量稳步上升的同时提高出口价格，使我国出口增长方式实现由粗放式的数量扩张型增长到稳步的质量提升型增长的转变。回归结果显示，我国的出口贸易虽然能够促进 FDI 经济增长效应，但这种作用的力度并不显著。这与当前我国出口导向型贸易发展战略指导下，出口规模的快速增长主要体现为数量扩张型的增长，出口价格指数却一直处于下降趋势的现状是相吻合的。因此，在当前中国对外贸易进入快速发展的阶段，要避免"贫困化增长"，增强出口贸易对 FDI 经济增长效应的促进力度，就必须尽快调整对外贸易的指导方针。通过优化出口产业结构，提升出口商品的技术含量和档次，提高出口价格水平。另一方面，应该积极调整原有的贸易战略。出口导向型战略重出口轻进口，主要着眼于外需，当外部环境发生变化时，极易给单纯实施出口导向型战略的发展中国家造成不利影响。特别是当前受世界性金融危机的影响，我国出口导向型战略多年来赖以成功的国内、国际关系背景正悄然发生改变，我们应该将外贸发展与国内经济相结合，促成建立统一的大市场，形成统筹发展的思路。

参考文献

〔澳〕A. G. 肯伍德、A. L. 洛赫德：《国际经济的成长：1820—1990》，王春法译，经济科学出版社 1997 年版。

〔以〕埃尔赫南·赫尔普曼、〔美〕保罗·R. 克鲁格曼：《市场结构和对外贸易——报酬递增、不完全竞争和国际经济》，尹翔硕、尹翔康译，上海人民出版社 2009 年版。

白重恩等：《地方保护主义及产业地区集中度的决定因素和变动趋势》，《经济研究》2004 年第 4 期。

〔英〕彼得·罗布森：《国际一体化经济学》，戴炳然等译，上海译文出版社 2001 年版。

蔡昉等：《渐进式改革进程中的地区专业化趋势》，《经济研究》2002 年第 9 期。

曹明福、李树民：《全球价值链分工：从国家比较优势到世界比较优势来源》，《世界经济研究》2006 年第 11 期。

曹明福、李树民：《全球价值链分工的利益来源：比较优势、规模优势和价格倾斜优势》，《中国工业经济》2005 年第 10 期。

陈菲琼：《从世界经济发展中解析动态比较优势》，《生产力研究》2005 年第 11 期。

陈躬林：《股份合作制：一种过渡性的企业制度》，《经济师》2001 年第 3 期。

陈惠雄：《资源层次、经济重心与区域经济的多元合作发展》，《中国工业经济》2004 年第 8 期。

陈健生、李文宇：《本地市场效应及其对邻近省区的影响——基于中国省份生产数据的验证》，《财经问题研究》2010 年第 9 期。

陈利霞、王长义：《比较优势的动态性与发展中国家贸易利益的维护》，《商业研究》2005年第3期。

陈涛涛：《影响中国外商直接投资溢出效应的行业特征》，《中国社会科学》2003年第4期。

陈晓玲、连玉君：《资本—劳动替代弹性与地区经济增长——德拉格兰德维尔假说的检验》，《经济学》（季刊）2013年第11期，第93—118页。

陈智远：《动态比较优势经验研究》，《世界经济文汇》2002年第1期。

崔云：《中国经济增长中土地资源的"尾效"分析》，《经济理论与经济管理》2007年第11期。

代谦、别朝霞：《人力资本，动态比较优势与发展中国家产业结构升级》，《世界经济》2006年第11期，第70—96页。

〔美〕戴维·罗默：《高级宏观经济学》，王根蓓译，上海财经大学出版社2009年版。

〔美〕丹尼·罗德里克：《探索经济繁荣：对经济增长的描述性分析》，中信出版社2009年版。

邓光君等：《基于动态比较优势的我国资源产业的政策选择》，《资源与产业》2009年第8期。

杜朝晖：《从比较优势到动态比较优势——兼论比较优势理论应用于发展中国家的缺陷》，《经济纵横》2003年第8期，第29—32页。

〔意〕多西：《技术进步与经济理论》，钟学义等译，经济科学出版社1992年版。

〔日〕筱原三代平：《产业构成论》，中国人民大学出版社1998年版。

范承泽、胡一帆、郑红亮：《FDI对国内企业技术创新影响的理论与实证研究》，《经济研究》2008年第1期，第89—101页。

范剑勇、高人元、张雁：《空间效率与区域协调发展战略选择》，《世界经济》2010年第2期。

范剑勇、谢强强：《地区间产业分布的本地市场效应及其对区域协调发展的启示》，《经济研究》2010年第4期。

范剑勇：《市场一体化、地区专业化与产业集聚趋势——兼谈对地区差距的影响》，《中国社会科学》2004年第6期。

冯伟、徐康宁：《产业发展中的本地市场效应》，《经济评论》2012 年第 2 期。

冯雁秋：《后发优势悖论与中国的技术战略选择》，《世界经济》2000 年第 7 期。

傅朝阳：《中国出口商品的比较优势的实证分析：1980—2000》，《世界经济研究》2005 年第 3 期。

〔英〕弗里德利希·冯·哈耶克：《法律、立法与自由第 1 卷规则与秩序》，邓正来等译，中国大百科全书出版社 2000 年版。

符宁：《人力资本、研发强度与进口贸易溢出效应——基于吸收能力的实证研究》，《世界经济研究》2007 年第 7 期。

傅元海、叶祥松、王展祥：《制造业结构优化的技术进步路径选择》，《中国工业经济》2014 年第 9 期。

高丰、于永达：《中国外汇储备对经济的影响及适度规模分析》，《金融经济》2003 年第 6 期。

干春晖、余典范：《中国构建动态比较优势的战略研究》，《学术月刊》2013 年第 4 期。

葛扬、何婷婷：《长三角经济发展中土地资源的增长阻力分析》，《学海》2010 年第 4 期。

郭炳南、黄太洋：《比较优势演化、全球价值链分工与中国产业升级》，《技术经济与管理研究》2010 年第 6 期。

郭克莎、孙希芳：《经济发展的比较优势战略理论》，《国际经济评论》2003 第 6 期。

郭克莎：《对中国外贸战略与贸易政策的评论》，《国际经济评论》2003 年第 5 期。

郭庆旺、贾俊雪：《中国潜在产出与产出缺口的估算》，《经济研究》2004 年第 5 期。

郭熙保：《发展经济学研究》（第三辑），经济科学出版社 2005 年版，第 80 页。

洪银兴：《WTO 条件下贸易结构调整和产业升级》，《管理世界》2001 年第 2 期。

洪银兴：《从比较优势到竞争优势——兼论国际贸易的比较利益理论的缺陷》，《经济研究》1997 年第 6 期。

胡鞍钢：《中国的比较优势与贸易自由化战略》，《战略与管理》1997 年第 5 期。

胡兵：《中国出口贸易发展：基于结构视角的实证分析》，西南大学博士学位论文，2006 年。

胡汉昌、郭熙保：《后发优势战略与比较优势战略》，《江汉论坛》2002 年第 9 期。

胡荣涛等：《产业结构与地区利益分析》，经济管理出版社 2001 年版。

胡昭玲：《产品内国际分工对中国工业生产率的影响分析》，《中国工业经济》2007 年第 6 期，第 30—37 页。

华民：《中国经济高速增长的逻辑与面临的选择》，《学术月刊》2009 年第 7 期，第 51—61 页。

黄建忠：《国际贸易新论——现代国际贸易比较优势探源》，经济科学出版社 1999 年版。

黄凌云、徐磊、陈明强：《中国进口贸易技术溢出效应的实证分析》，《重庆大学学报》（社会科学版）2010 年第 1 期。

黄菁：《基于垂直化分工的加工贸易结构升级研究》，湖南大学硕士学位论文，2005 年。

黄文正：《人力资本积累、动态比较优势与发展中国家经济增长》，东北财经大学博士学位论文，2010 年。

贾继锋：《中国对外贸易的竞争战略》，《世界经济研究》2001 年第 6 期。

贾冀南、赵炳乾：《河北省人力资本结构优化与产业结构升级互动关系研究》，《知识经济》2012 年第 23 期。

贾冀南、董航、张琦：《基于人力资本视角的河北省教育存在问题及路径优化研究》，《河北工程大学学报》（社会科学版）2013 年第 9 期。

杰弗里·M. 伍德里奇：《计量经济学导论》，中国人民大学出版社 2008 年版。

金煌、陈钊、陆铭：《中国的地区工业集聚：经济地理、新经济地理与经济政策》，《经济研究》2006 年第 4 期。

〔英〕卡普林斯基：《夹缝中的全球化：贫困和不平等中的生存与发展》，顾秀林译，知识产权出版社 2008 年版，第 14 页。

〔美〕克鲁格曼：《国际经济学》（第五版），中国人民大学出版社 2006 年版。

康静萍：《社会总需求不足的财富分配分析》，《经济理论与经济管理》2000 年第 1 期。

孔祥敏：《从出口导向到内需主导——中国外向型经济发展战略的反思及转变》，《山东大学学报》2007 年第 3 期。

雷鸣、杨昌明、王丹丹：《我国经济增长中能源尾效约束的计量分析》，《能源技术与管理》2007 年第 5 期。

赖明勇、包群、彭水军、张新：《外商直接投资与技术外溢：基于吸收能力的研究》，《经济研究》2005 年第 8 期。

李辉文：《现代比较优势理论的动态性质——兼评"比较优势陷阱"》，《经济评论》2004 年第 1 期。

李辉文：《现代比较优势理论研究》，中国人民大学出版社 2006 年版。

李梅、谭力文：《FDI 对我国技术创新能力溢出的地区差异和门槛效应检验》，《世界经济研究》2009 年第 3 期，第 68—74 页。

李计广、桑百川：《"出口导向"贸易战略回眸与下一步"中性"贸易战略的提出》，《改革》2008 年第 4 期。

李荣林：《动态国际贸易理论研究均衡与非均衡分析》，中国经济出版社 2000 年版。

李水：《动态比较优势理论：一种新的模型解释》，《经济评论》2003 年第 1 期。

李文：《现代比较优势理论的动态性质》，《经济评论》2004 年第 1 期。

李文杰、张文秀、司秀林：《四川省经济增长中土地资源的"阻力"研究》，《国土与自然资源研究》2010 年第 4 期。

李影、沈坤荣：《能源约束与中国经济增长——基于能源尾效的计量检验》，《经济问题》2010 年第 7 期。

李永：《动态比较优势理论：一种新的模型解释》，《经济评论》2003

年第 1 期。

联合国贸易与发展会议：《2002 年世界投资报告跨国公司与出口竞争力》，冼国明总译校，中国财政经济出版社 2003 年版。

联合国贸易与发展会议：《2003 年世界投资报告促进发展的外国直接投资政策：国家与国际展望》，中国财政经济出版社 2005 年版。

廖国民、王永钦：《论比较优势与自生能力的关系》，《经济研究》2003 年第 9 期。

梁琦：《产业聚集论》，商务印书馆 2004 年版。

梁琦：《产业集聚的市场因素考察》，《江苏行政学院学报》2005 第 5 期。

林发勤、唐宜红：《比较优势、本地市场效应与中国制成品出口》，《国际贸易问题》2010 年第 1 期。

林善浪：《中国核心竞争力问题报告：问题·现状·挑战·对策》，中国发展出版社 2005 年版。

林毅夫：《后发优势与后发劣势——与杨小凯教授商榷》，《经济学》（季刊）2003 年第 3 期：第 989—1004 页。

林毅夫：《后发优势与后发劣势》，《新闻周刊》2002 年第 18 期。

林毅夫、蔡昉、李周：《赶超战略的再反思及可供替代的比较优势战略》，《战略与管理》1995 年第 3 期，第 1—10 页。

林毅夫、蔡昉、李周：《比较优势与发展战略——对"东亚奇迹"的再解释》，《中国社会科学》1999 年第 5 期。

林毅夫、李永军：《比较优势、竞争优势与发展中国家的经济发展》，《管理世界》2003 年第 7 期，第 21—28 页。

林毅夫、孙希芳：《经济发展的比较优势战略理论》，《国际经济评论》2003 年第 6 期。

林毅夫：《比较优势与中国经济发展》，《经济前沿》2005 年第 1 期。

林毅夫、刘培林：《经济发展战略与公平、效率的关系》，《中外管理导报》2002 年第 8 期。

刘佳、陈飞翔：《关于中国实现比较优势动态转换的路径选择——一个文献综述》，《财贸研究》2006 年第 1 期。

刘力：《贸易的动态利益与发展中大国的贸易战略选择》，《国际贸易问题》1997 年第 6 期。

刘力:《摒弃"出口至上":中国贸易战略的调整》,《财贸经济》2004 年第 9 期。

刘洪、黄燕:《基于经典计量模型的统计数据质量评估方法》,《统计研究》2009 年第 3 期。

刘丽、任保平:《技术进步偏向对实际工资变化趋势影响的实证分析》,《软科学》2008 年第 2 期。

刘修岩、殷醒明、贺小海:《市场潜能与制造业空间聚集:基于中国地级面板数据的实证研究》,《世界经济》2007 年第 11 期。

刘耀彬、陈斐:《中国城市化进程中的资源消耗"尾效"分析》,《中国工业经济》2007 年第 11 期。

卢峰:《产品内分工》,《经济学》(季刊)2004 年第 4 期,第 55—82 页。

卢启程:《资源优势理论的竞争优势观比较研究》,《云南财经大学学报》2008 年第 11 期。

鲁晓东、李荣林:《中国对外贸易结构、比较优势及其稳定性检验》,《世界经济》2007 年第 10 期。

鲁钊阳、廖杉杉:《FDI 技术溢出与区域创新能力差异的双门槛效应》,《数量经济技术经济研究》2012 年第 5 期。

路江涌、陶志刚:《中国制造业区域聚集及国际比较》,《经济研究》2006 年第 3 期。

陆善勇:《基于综合优势原则的我国外经贸发展新战略——超越比较优势论与竞争优势论之争的外贸发展新思维》,《国际商务》2007 年第 3 期。

罗浩:《自然资源与经济增长:资源瓶颈及其解决途径》,《经济研究》2007 年第 6 期。

罗军、陈建国:《研发投入门槛、外商直接投资与中国创新能力——基于门槛效应的检验》,《国际贸易问题》2014 年第 8 期。

罗勇、曹丽莉:《中国制造业集聚程度变动趋势实证研究》,《统计研究》2005 年第 8 期。

马云泽:《"比较优势战略"与"赶超战略"的再思考》,《当代经济研究》2003 年第 7 期。

毛其淋、盛斌：《贸易自由化与中国制造业企业出口行为："入世"是否促进了出口参与?》，《经济学》（季刊）2014年第1期。

茅于轼：《信用不足是需求不足的最终原因》，《改革》1999年第3期。

牛泽东、张倩肖：《FDI创新溢出与门槛效应——基于非线性面板平滑转换回归模型的分析》，《产业经济研究》2012年第6期。

〔美〕诺斯：《经济史中的结构与变迁》，陈郁等译，上海三联书店1991年版。

〔美〕诺斯：《制度、制度变迁与经济绩效》，刘守英译，生活·读书·新知三联书店1994年版。

〔意〕乔万尼·阿里吉：《亚当·斯密在北京：21世纪的谱系》，路爱国等译，社会科学文献出版社2009年版。

钱学锋、梁琦：《本地市场效应：理论和经验研究的新近进展》，《经济学》（季刊）2007年第3期。

钱学锋、陈六傅：《中美双边贸易中本地市场效应估计——兼论中国的贸易政策取向》，《世界经济研究》2007年第12期。

钱学锋、梁琦：《本地市场效应：理论和经验研究的新近进展》，《经济学》（季刊）2007年第3期。

桑德拉·庞塞特：《中国市场正在走向"非一体化"?——中国国内和国际市场一体化程度的比较分析》，《世界经济文汇》2002年第1期。

申朴：《技术变迁、要素积累与发展中国家服务贸易比较优势动态变化的研究》，复旦大学博士学位论文，2004。

盛斌：《中国对外贸易政策的政治经济学分析》，上海人民出版社2002年版。

盛朝迅：《比较优势动态化与我国产业结构调整——兼论中国产业升级的方向与路径》，《当代经济研究》2012年第9期。

沈坤荣、李影：《中国经济增长的能源尾效分析》，《产业经济研究》2010年第2期。

石奇、孔群喜：《实施基于比较优势要素和比较优势环节的新式产业政策》，《中国工业经济》2013年第12期。

石燕：《要素禀赋理论、战略贸易政策与二元经济发展》，湘潭大学硕士学位论文，2004。

史铭鑫：《比较优势的动态性与内生性》，《理论探讨》2004 年第 2 期。

宋泓：《必将消失的特殊性——从投资与贸易视角探析中国与世界经济的融合》，《国际贸易》2003 年第 1 期。

孙豪杰：《中国出口商品比较优势动态转换分析》，同济大学硕士学位论文，2008。

孙杰、余剑：《开放经济条件下中国产业结构调整——基于比较优势和汇率因素的理论考察与计量分析》，经济管理出版社 2007 年版。

孙小茗：《我国制造业进出口贸易与经济增长的实证研究》，湖南大学硕士学位论文，2009 年。

孙晓刚：《从动态比较优势理论看东亚模式》，《世界经济研究》2001 年第 3 期。

唐海燕：《中国外贸发展战略转换与政策调整》，《国际经贸探测》1993 年第 3 期。

〔日〕藤田昌久、〔美〕克鲁格曼：《空间经济学城市、区域与国际贸易》，中国人民大学出版社 2011 年版。

田素华、尹翔硕：《论不同经济发展阶段的对外贸易政策选择——美国对外贸易政策的演进机理及对我国的启示》，《上海经济研究》2006 年第 4 期。

佟家栋：《对外贸易依存度与中国对外贸易的利益分析》，《南开学报》2005 年第 6 期。

王缉慈等：《创新的空间：企业集群与区域发展》，北京大学出版社 2001 年版。

王启洋：《中国制造业外商直接投资对中美贸易失衡的影响》，上海交通大学硕士学位论文，2009 年。

王晓翔：《我国区域贸易开放度与经济增长收敛性研究》，江西财经大学硕士学位论文，2009 年。

王孝成、于津平：《进口贸易、人力资本与技术进步》，《南京社会科学》2010 年第 1 期。

王允贵：《中国加入 WTO 后的贸易战略与经济发展》，《管理世界》

2001 年第 3 期。

王子龙等：《产业集聚水平测度的实证研究》，《中国软科学》2006 年第 3 期。

王子先：《以竞争优势为导向——我国比较优势变化与外贸长期发展的思考》，《国际贸易》2000 年第 1 期。

〔美〕威廉·伊斯特利：《在增长的迷雾中求索经济学家在欠发达国家的探险与失败》，姜世明译，中信出版社 2005 年版。

魏浩、毛日、张二震：《中国制成品出口比较优势及贸易结构分析》，《世界经济》2005 年第 2 期。

文玫：《中国工业在区域上的重新定位和聚集》，《经济研究》2004 年第 2 期。

〔美〕西奥多·W. 舒尔茨：《报酬递增的源泉》，姚志勇、刘群艺译校，北京大学出版社 2001 年版，第 25 页。

〔美〕小艾尔弗雷德·钱德勒、〔日〕引野隆志协助：《规模与范围：工业资本主义的原动力》，张逸人等译，华夏出版社 2006 年版。

〔日〕小岛清：《对外贸易论》，南开大学出版社 1987 年版，第 420—421 页。

吴金铎：《中国出口制成品动态比较优势研究》，长沙理工大学硕士学位论文，2009。

吴晓波、黄娟：《从技术差距、吸收能力看 FDI 与中国的技术追赶》，《科学学研究》2005 年第 3 期。

吴彦艳、丁志卿：《基于产业价值链视角的产业升级研究》，《科技管理研究》2009 年第 6 期。

伍业君、张其仔：《比较优势演化与经济增长：基于阿根廷的实证分析》，《中国工业经济》2012 年第 2 期。

谢书玲、王铮、薛俊波：《中国经济发展中水土资源的"增长尾效"分析》，《管理世界》2005 年第 7 期。

熊贤良：《比较优势战略与大国的经济发展》，《南开经济研究》1995 年第 4 期。

徐建斌、尹翔硕：《贸易条件恶化与比较优势战略的有效性》，《世界经济》2002 年第 1 期。

薛俊波、王铮、朱建武、吴兵：《中国经济增长的"尾效"分析》，《财经研究》2004 年第 9 期。

姚洋、杨汝岱：《有限赶超和大国经济发展》，《经济研究》2008 年第 8期。

颜银根：《中国全行业本地市场效应实证研究——从新经济地理角度诠释扩大内需》，《上海财经大学学报》2010 年第 3 期。

杨宝良：《论中国区域比较优势与产业地理集聚的非协整发展及成因》，《经济评论》2003 年第 5 期。

杨长志：《外商直接投资是否降低了中国内资企业的出口竞争力——基于显示比较优势的研究》，《经济学家》2009 年第 5 期。

杨海余、吴金铎：《我国贸易条件恶化与经济持续增长并存的原因——基于比较优势动态化的视角》，《四川大学学报》（哲学社会科学版）2007年第 4 期。

杨圣明、刘力：《服务贸易理论的兴起与发展》，《经济学动态》1999年第 5 期。

杨小凯：《经济改革和宪政转轨：回应》，《经济学》（季刊）2003 年第3 期。

杨小凯：《发展经济学：超边际与边际分析》，张定胜、张永生译，社会科学文献出版社 2003 年版。

杨杨、吴次芳、罗罡辉：《中国水土资源对经济的"增长阻力"研究》，《经济地理》2007 年第 4 期。

银温泉、才婉如：《我国地方市场分割的成因与治理》，《经济研究》2001 年第 6 期。

尹翔硕：《试论贸易战略选择的客观基础》，《世界经济系》1992 年第 7期。

尹翔硕、尹翔康：《贸易保护、技术进步与经济增长——对两段历史经验的比较》，《亚太经济》2001 年第 2 期。

尹翔硕、徐建斌：《论落后国家的贸易条件、比较优势与技术进步》，《世界经济文汇》2002 年第 6 期。

于润：《动态比较优势导向与西部地区经济发展》，《中国软科学》1997年第9期。

余永定：《2010：中美贸易摩擦年》，《中国外汇》2010年第1期。

余永定：《见证失衡——双顺差、人民币汇率和美元陷阱》，《国际经济评论》2010年第3期。

余泳泽：《我国技术进步路径及方式选择的研究述评》，《经济评论》2012年6期，第128—134页。

喻美辞：《中国进口贸易技术溢出效应的实证分析》，《国际贸易问题》2005年第6期。

袁恩帧：《扩大内需论》，上海社会科学院出版社2001年版。

张二震：《国际贸易分工理论演变与发展述评》，《南京大学学报》（人文社会科学版）2003年第1期。

张帆、潘佐红：《本土市场效应及其对中国省间生产和贸易的影响》，《经济学》（季刊）2006年第5期。

张辉：《全球价值链理论与我国产业发展研究》，《中国工业经济》2004年第5期。

张其仔：《比较优势的演化与中国产业升级路径的选择》，《中国工业经济》2008年第9期。

张鸿：《关于中国对外贸易战略调整的思考》，《国际贸易》2005年第9期。

张军、章元：《对中国资本存量K的再估计》，《经济研究》2003年第7期。

张军、吴桂英、张吉鹏：《中国省际物质资本存量估算：1952—2000》，《经济研究》2004年第10期。

张维迎：《地区间竞争与中国国有企业的民营化》，《经济研究》1998年第12期。

张小蒂、李晓钟：《经济全球化与我国比较优势理论的拓展》，《学术月刊》2001年第6期。

张小蒂、孙景蔚：《基于垂直专业化分工的中国产业国际竞争力分析》，《世界经济》2006年第5期，第12—21页。

张小蒂、朱勤：《论全球价值链中我国企业创新与市场势力构建的良性互动》，《中国工业经济》2007 年第 5 期。

张小蒂、赵榄：《"干中学"、企业家人力资本和我国动态比较优势增进》，《浙江大学学报》（人文社会科学版）2009 年第 7 期。

张亚斌、易先忠：《后发国知识产权保护与技术赶超》，《中国软科学》2006 年第 7 期。

章铮、谭琴：《论劳动密集型制造业的就业效应——兼论"民工荒"》，《中国工业经济》2005 年第 7 期。

赵果庆、罗宏翔：《中国制造业集聚：度量与显著性检验——基于集聚测量新方法》，《统计研究》2009 年第 3 期。

赵兰香、林生：《人力资本投资与比较优势升级》，《科学学研究》2004 年第 6 期。

赵榄：《企业家要素增进与动态比较优势提升——一个转型经济下技术进步的视角》，浙江大学博士学位论文，2010 年。

郑江淮、高春亮、张宗庆、刘健：《国际制造业资本转移：动因、技术学习与政策导向——以江苏沿江开发区产业配套为例的实证研究》，《管理世界》2004 年第 11 期。

郑猛、杨先明等：《有偏技术进步、要素替代与中国制造业成本——基于 30 个行业面板数据的研究》，《当代财经》2015 年第 2 期。

郑毓盛、李崇高：《中国地方分割的效率损失》，《中国社会科学》2003 年第 1 期。

钟伟、覃东海：《国际资本的流入结构和政府间 FDI 的激励竞争》，《管理世界》2003 年第 10 期。

周文夫、赵清华：《创造动态比较优势——发展中国家迎接知识经济挑战的战略选择》，《东北财经大学学报》1999 年第 5 期。

邹薇、代谦：《技术模仿、人力资本积累与经济赶超》，《中国社会科学》2003 年第 5 期。

邹薇：《论竞争力的源泉：从外生比较优势到内生比较优势》，《武汉大学学报》（社会科学版）2002 年第 1 期。

左大培：《中国对外贸易战略选择》，《战略与管理》2000 年第 4 期。

左大培、杨春学：《经济增长理论模型的内生化历程》，中国经济出版社 2007 年版，第 16—20 页。

Abramovitz, M. "Catching up, Forging Ahead, and Falling Behind", *Journal of Economic History*, 1986, 46 (2): 385 – 406.

Abramovitz , M. , *Thinking about Growth*, Cambridge Books, 1989.

Abramovitz, M. , "The Elements of Social Capability", *Social Capability and Long – Term Economic Growth*, MacMillan Press, 1995.

Amador , J. , Cabral , S. , Maria, J. R. , "Relative Export Structures and Vertical Specialization: A Simple Cross-country Index", *Economic Bulletin*, 2006, 47 – 66.

Amiti Mary and Wei, S. J. , "Fear of Service Outsourcing: Is It Justified?", *Economic Policy*, 2005, 20 (42): 308 – 347.

Amiti, M. and S. Wei , "Service Offshoring and Productivity: Evidence from the United States", *NBER Working Paper*, No. 11926, 2007.

Amsden, Alice Hoffenberg, *Asia's Next Giant: South Korea and Late Industrialization*, Oxford University Press, 1992.

Anas Alex, Richard Arnott, and Kenneth A. Small, "Urban Spatial Structure", *Journal of Economic Literature*, 1998, 1426 – 1464.

Arndt, S. W. , "Globalization and the open economy", *The North American Journal of Economics and Finance*, 1997, 8 (1), 71 – 79.

Arrow, K. J. , Chenery H B, Minhas B S, et al. , "Capital-labor Substitution and Economic Efficiency", *The Review of Economics and Statistics*, 1961, 225 – 250.

Aydin Hamit and John E. Tilton, "Mineral Endowment, Labor Productivity, and Comparative Advantage In Mining", *Resource and Energy Economics*, 2000, 22 (4), 281 – 293.

Balassa, B. , "Trade Liberalisation and Revealed Comparative Advantage", *The Manchester School*, 1965, 33, 99 – 123.

Balassa, B. , "The Changing Pattern of Comparative Advantage in Manufactured Goods", *Review of Economics and Statistics*, 1972, 61.

Baldone, S. , Sdogati, F. and Tajoli, L. , "On Some Effects of International Fragmentation of Production on Comparative Advantages, Trade Flows and the Income of Countries", *The World Economy*, 2007, 30 (11), 1726 – 1769.

Belloc, M. , "Institutions and International Trade: A Reconsideration of Comparative Advantage", *Journal of Economic Surveys*, 2006, 20 (1): 3 – 26.

Behrens, K. , A. Lamorgese, G. Qttaviana and T. Tabuchi, "Testing the 'Home Market Effects' in a Multi-Country World: A Theory-Based Approach", *CEPR Discussion Paper*, 4468, 2004.

Bernard, A. B. , Jones, C. I. , "Technology and Convergence", *The Economic Journal*, 1996, 1037 – 1044.

Bougheas, S. , Riezman, R. , "Trade and the Distribution of Human Capital", *Journal of International Economics*, 2007, 73 (2), 421 – 433.

Brülhart, M. , and Trionfetti, F. , "A Test of Trade Theories When Expenditure is Home Biased", *CEPR Discussion Papers*, 5097, 2005.

Bruvoll, A. , Glomstrd, S. , and Vennemo, H. , "Environmental Drag: Evidence from Norway", *Ecological Economics.* 1999, 30, 235 – 249.

Cameron, A. C. , Trivedi, P. K. , *Microeconometrics Using Stata*, College Station, TX: Stata Press, 2009, 430.

Changjun Yue, Ping Hua, "Does Comparative Advantage Explains Export Patterns In China?", *China Economic Review*, 2002, 13.

Cohen, W. and D. Levinthal, "Innovation and Learning: The Two faces of R&D", *Economic Journal*, 1989, 99, 569 – 596.

Costinot, A. , Komunjer, I. , "What Goods Do Countries Trade? New Ricardian Predictions", *National Bureau of Economic Research*, 2007, No. w13691.

Criscuoloa, Paola and Rajneesh Narula, "National Absorptive Capacity and the Stage of Development", *Innovation, Learning and Technological Dynamism of Developing Countries' Conference*, Maastricht, 2001.

Criscuoloa, Chiara, and Mark Leaver. "Offshore Outsourcing and Productivity", *OECD Conference on Globalisation of Production*, 2005.

Crozet, Matthieu, and Federico Trionfetti. "Trade Costs and the Home Market Effect", *Journal of International Economics*, 76, 2 (2008): 309 – 321.

Cypher Jumes M. and Dietz Jumes, L., "Static and Dynamic Comparative Advantage: A Multi-period Analysis with Declining Terms of Trade", *Journal of Economic Issues*, 1998, 32, (6): 305 – 314.

Davis, D. R. and David E. Weinstein, "Does Economic Geography Matter for International Specialization?", *National Bureau of Economic Research*, 1996, No. w5706.

Davis, D.R., "The Home Market, Trade, and Industrial Structure", *American Economic Review*, 1998.

Davis, D. R. and David, E., Weinstein. "Economic Geography and Regional Production Structure: An Empirical Investigation", *European Economic Review*, 1999, 43 (2): 379 – 407.

Davis, D. R. and David E., Weinstein, "Market Size, Linkages, and Productivity: A Study of Japanese Regions", 2003: Working Paper Series UNU-WIDER Research Paper, World Institute for Development Economic Research (UNU-WIDER).

Davis, Donald, R. and David E. Weinstein, "Market Access, Economic Geography and Comparative Advantage: An Empirical Test", *Journal of International Economics*, 2003.

David Hummels, Jun Ishii, Kei-Mu Yi, "The Nature and Growth of Vertical Specialization in World Trade", *Journal of International Economics*, 2001 (54): 75 – 96.

De La Grandville, O., "In Quest of the Slutsky Diamond", *American Economic Review*, 1989, 79 (3): 468 – 481.

De La Grandville, O., "Curvature and the Elasticity of Substitution: Straightening It Out", *Journal of Economics*, 1997, 66 (1), 23 – 34.

De La Grandville, O., Solow, R. M., "*On the Determinants of Economic Growth: Is Something Missing?*", University of Geneva and MIT, 2004.

Deardorff, A. V., "Factor Proportions and Comparative Advantage in the

Long Run: Comment. ", *The Journal of Political Economy*, 1974, 829 – 833.

Deardorff, A. V. , Staiger, R . W. , " An Interpretation of the Factor Content of Trade", *Journal of International Economics*, 1988, 24 (1), 93 – 107.

Deardorff, A. V. , " Fragmentation in Simple Trade Models", *The North American Journal of Economics and Finance*, 2001, 12 (2), 121 – 137.

Deardorff, A. V. , " Fragmentation Across Cones ", in S. W. Arndt and H. Kierzkowski, eds, *Fragmentation: New Production Patterns in the World Economy*, Oxford University Press, 2001a, Chapter 3, 35 – 51.

Dixit, Avinash, K. , and Joseph E. Stiglitz, "Monopolistic Competition and Optimum Product Diversity", *The American Economic Review*, 1977, 297 – 308.

Domeque, N. , C. Fillat, and F. Sanz, "The Home Market Effect in Spanish Industry: An Empirical Analysis", http: //www. etsg. org, 2005.

Dowlinga, Malcolm, and Chia Tien Cheang, " Shifting Comparative Advantage In Asia: New Tests of the 'Flying Geese' Model", *Journal of Asian Economics*, 2000, 11 (4): 443 – 463.

Eaton J, Kortum S. , " Technology, Geography, and Trade ", *Econometrica*, 2002, 70 (5): 1741 – 1779.

Egger, P. , Pfaffermayr, M. and Wolfmayr-Schnitzer, Y. , " The International Fragmentation of Austrian Manufacturing: The Effects of Outsourcing on Productivity and Wages", *The North American Journal of Economics and Finance*, 2001, 12 (3): 257 – 272.

Engel, C. and J. H. Rogers, "How Wide Is the Border?", *American Economic Review*, 1996, 86, 5, 1112 – 1125.

Ernst, Dieter and Linsu Kim, " Global Production Networks, Knowledge Diffusion and Local Capability Formation", *Research Policy*, 2002, 31, 1417 – 1429.

Fajgelbaum, P. D. , Grossman, G. M. , and Helpman, E. , " Income Distribution, Product Quality, and International Trade. ", *National Bureau of Economic Research*, 2009, No. 15329.

Fajgelbaum Pablo, Gene M. Grossman, and Elhanan Helpman, " Income

Distribution, Product Quality, and International Trade", *Journal of Political Economy*, 2011, 119 (4), 721 – 765.

Findlay, R. , *Trade and Specialization*, Harmondsworth: Penguin, 1970.

Feenstra, R. C. and G. H. Hanson, "Globalization, Outsourcing, and Wage Inequality", *American Economic Review*, 1996, 86 (2), 240 – 245.

Feenstra, R. C. and G. H. Hanson, "Global Production Sharing and Rising Inequality: A Survey of Trade and Wages", *NBER Working Papers*, No. 8372, 2001.

Görg, H. and Hanley, A. , "International Outsourcing and Productivity: Evidence from the Irish Electronics Industry", *North American Journal of Economics and Finance*, 2005a, 16 (2): 255 – 269.

Grossman, G. M. , Helpman, E. , "Trade, Innovation, and Growth", *The American Economic Review*, 1990, 80 (2), 86 – 91.

Grossman, Gene, M. , "Explaining Japan's Innovation and Trade: A Model of Quality Competition and Dynamic Comparative Advantage", *Monetary and Economic Studies*, 1990, 8 (2), 75 – 100.

Grossman, Gene, M. , and Elhanan Helpman, "Comparative Advantage and Long-Run Growth", *The American Economic Review*, 1990, 796 – 815.

Grossman, G. , Helpamn, E. , *Innovation and Growth in the Global Economy*, MIT Press , 1991.

Grossman, G. M. , Maggi, G. , "Diversity and Trade", *American Economic Review*, 2000, 90, 1255 – 1275.

Grossman, G. M. , "The Distribution of Talent and the Pattern and Consequences of International Trade", *Journal of Political Economy*, 2004, 112, 209 – 239.

Grossman, G. M. and Helpman, E. , "Outsourcing in a Global Economy", *Review of Economic Studies*, 2005, 72 (1), 135 – 159.

Hanson, G. H. , "Market Potential Increasing Returns, and Geographic Concentration", *NBER Working Paper*, No. 9429, 2004.

Hanson, G. H. , "Market Potential, Increasing Returns, and Geographic

Concentration", *Journal of International Economics*, 2005.

Harris, C., "The Market as a Factor in the Localization of Industry in the United States", *Annals of the Association of American Geographer*, 1954.

Head, Keith, and Thierry Mayer, "Illusory Border Effects: Distance Mismeasurement Inflates Estimates of Home Bias in Trade", Vol. 1. Paris: CEPII, 2002.

Head, K., and J. Ries, "Increasing Returns Versus National Product Differentiation as an Explanation for the Pattern of US-Canada Trade", *American Economic Reviews*, 2001, 91 (4), 858 – 876.

Helpman, E., Krugman, P., *Market Structure and Foreign Trade*, MIT Press, 1985.

Gereffi, G., Humphrey, J., Kaplinsky, R. Sturgeon, T. J., "Introduction: Globalisation, Value Chains and Development", *IDS Bulletin* [online], 2001, 32 (3).

John Humphrey and Hubert Schmitz, "Governance and Upgrading: Linking Industrial Cluster and Global Value Chain Research", *Institute of Development Studies*, 2000.

Jones, R. W. and Kierzkowski, H., "The Role of Services in Production and International Trade: A Theoretical Framework", in Jones, R. W. and Krueger, A. O. (Eds): *The Political Economy of International Trade*, Essays in Honor of Robert E. Baldwin, Basil Blackwell, 1990, 31 – 48.

Hummels, D., Ishii, J. and Yi, K. – M., "The Nature and Growth of Vertical Specialization in World Trade", *Journal of International Economics*, 2001, 54 (1): 75 – 96.

Hummels, D., Rapoport, D. and Yi, K. – M., "Vertical Specialization and the Changing Nature of World Trade", *Federal Reserve Bank of New York Economic Policy Review*, 1998, 4 (2): 79 – 99.

Oniki H. and H. Uzawa, "Patterns of Trade and Investment in a Dynamic Model of International Trade", *Review of Economic Studies*, 1965 (1): 15 – 38.

Romalis John, "Factor Proportions and the Structure of Commodity Trade",

American Economic Review, 2004, 94 (1): 67 – 97.

Hicks, J. , *Theory of Wages*, London: Macmillan (Second Edition), 1963.

Hinloopen Jeroenand Charles van Marrewijk, " Dynamics of Chinese Comparative Advantage, *Tinbergen Institute*", 2004, No. 04 – 034/2.

Ishikawa, J. , "Scale Economies in Factor Supplies, International Trade, and Migration", *Canadian Journal of Economics*, 1996, 29, 573 – 594.

Irmen, A. and Klump, R. , "Factor Substitution, Income Distribution, and Growth in a Generalized Neoclassical Model", *University of Heidelberg, Department of Economics*, 2007, No. 2148.

Justman, M. , " The Effect of Local Demand on Industry Location", *The Review of Economics and Statistics*, 1994, 742 – 753.

Kamin, Steven, B. , "Devaluation, External Balance, and Macroeconomic Performance: A Look at the Numbers", *Departement of Economics Princeton University*, 1988, No. 62.

Kenen Peter B. and Paul R. Masson, "Understanding Interdependence: The Macroeconomics of the Open Economy", *Journal of Economic Literature*, 1996, 34 (3), 1360.

Kim, Sukkoo, "Expansion of Markets and the Geographic Distribution of Economic Activities: the Trends in US Regional Manufacturing Structure, 1860 – 1987", *The Quarterly Journal of Economics*, 1995, 110 (4), 881 – 908.

Kim Sukkoo, "Regions, Resources, and Economic Geography: Sources of US Regional Comparative Advantage, 1880 – 1987", *Regional Science and Urban Economics*, 1999, 29 (1), 1 – 32.

Klenow, Peter, J. and Andres Rodriguez-Clare, " Externalities and Growth", *Handbook of Economic Growth*, 2005, 1, 817 – 861.

Klein Roger W. , "A Dynamic Theory of Comparative Advantage", *The American Economic Review*, 1973, 173 – 184.

Klump, R. and De La Grandville, O. , "Economic Growth and the Elasticity of Substitution: Two Theorems and Some Suggestions", *American Economic Review*, 2000, 90 (1), 282 – 291.

Klump, R., McAdam, P. and Willman, A., "Factor Substitution and Factor-augmenting Technical Progress In the United States: A Normalized Supply-side System Approach", *The Review of Economics and Statistics*, 2007, 89 (1), 183 – 192.

Kokko, Ari., "Technology, Market Characteristics and Spillovers", *Journal of Development Economics*, 1994, 43 (2), 279 – 293.

Krugman Paul, "Scale Economies, Product Differentiation and the Pattern of Trade", *The American Economist*, 1980.

Krugman Paul, R., *Strategic Trade Policy and the New International Economics*, MIT Press, 1986.

Krugman Paul, "The Narrow Moving Band, the Dutch Disease, and the Competitive Consequences of Mrs. Thatcher: Notes on Trade In the Presence of Dynamic Scale Economies", *Journal of Development Economics*, 1987, 27 (1), 41 – 55.

Krugman Paul, "History and Industry Location: the Case of the Manufacturing Belt", *The American Economic Review*, 1991, 80 – 83.

Leontief, W., "Quantitative Input and Output Relations in the Economic System of the United States", *The Review of Economic and Statistics*, 1936 (18), 105 – 125.

Mallick, D., "The Role of the Elasticity of Substitution in Economic Growth: A Cross-country Investigation", *Labour Economics*, 2012, 19 (5), 682 – 694.

Maneschi, Andrea, "Dynamic Aspects of Ricardo's International Trade Theory", *Oxford Economic Papers*, 1983, 67 – 80.

Martin, W., and Mitra, D., "Productivity Growth and Convergence in Agriculture versus Manufacturing", *Economic Development and Cultural Change*, 2002, 49 (2), 403 – 422.

Melitz, M. J., "The Impact of Trade on Intra - industry Reallocations and Aggregate Industry Productivity", *Econometrica*, 2003, 71 (6), 1695 – 1725.

Miyagiwa, K. and Papageorgiou, C., "Elasticity of Substitution and

Growth: Normalized CES in the Diamond Model", *Economic Theory*, 2003, 21 (1), 155 – 165.

Mori Tomoya, Nishikimi Koji, "Economies of Transport Density and Industrial Agglomeration", *Regional Science and Urban Economics*, 2002, 32, 167 – 200.

Morrow, P. M., "*East is East and West is West: A Ricardian-Heckscher-Ohlin Model of Comparative Advantage*", University of Torontomimeo, 2008.

Munch, Jakob, R. and Skaksen, Jan Rose, "Specialization, Outsourcing and Wages", IZA Discussion Papers 1907, *Institute for the Study of Labor (IZA)*, 2005.

Murphy Kevin, M., Andrei Shleifer, and Robert W. Vishny, "The Allocation of Talent: Implications for Growth", *The Quarterly Journal of Economics*, 1991, 160 (2), 503 – 530.

Nagi, L. R., "Barriers the transition to modern growth 2000", *Quarterly Journal of Economics*, 1956, 70 (1), 65 – 94.

Navarro, Peter, "Why Do Corporations Give to Charity?", *Journal of Business*, 1988, 65 – 93.

Nishimizu, Mieko and John M. Page Jr., "Productivity Change and Dynamic Comparative Advantage", *The Review of Economics and Statistics*, 1986, 68, No. 2, 241 – 247.

Noel, D., "A Reconsideration of Effect of Energy Scarcity on Economic Growth". *Energy*, 1995, (1), 1 – 12.

Nordhuas, W. D., "The Limits to Growth Revisited", *Brookings Papers on Economic Activity*, 1992, No. 2, 1 – 43.

Ohkawa, Kazushi, and Henry Rosovsky, *Japanese Economic Growth: Trend Acceleration In the Twentieth Century*, Stanford: Stanford University Press, 1973.

Ohnsorge, F., Trefler, D., "Sorting it out: International Trade and Protection with Heterogeneous Workers", *Journal of Political Economy*, 2007, 115, 868 – 892.

Parente, Stephen L., and Edward C. Prescott, *Barriers to Riches*, MIT

Press，2000.

R. E. Lucas，"On the Mechanics of Economic Development"，*Journal Monetary Economics*，1988，22，3 – 42.

Parente Stephen，L.，and Edward C. Prescott，"Barriers To Technology Adoption and Development"，*Journal of Political Economy*，1994，298 – 321.

Papyrakis Elissaios and Reyer Gerlagh，"Resource Abundance and Economic Growth In the United States"，*European Economic Review*，2007，51（4），1011 – 1039.

Parsley D.，and S. Wei，"Convergence to the Law of One Price without Trade Barriers or Currency Fluctuations?"，*Quarterly Journal of Economics*，1996，No. 447，1211 – 1236.

Parsley，D.，and S. Wei，"Explaining the Border Effect：The Role of Exchange Rate Variability，Shipping Cost，and Geography"，*Journal of International Economics*，2001，55，87 – 105.

Proudman J，Redding S.，"Evolving Patterns of International Trade"，*Review of International Economics*，2000，8（3），373 – 396.

Raymond Vernon，"International Investment and International Trade in the Product Cycle"，*The Quarterly Journal of Economics*，1966（5），80，2：190 – 207.

Razin，Assaf，"The Dynamic-optimizing Approach to the Current Account：Theory and Evidence"，*National Bureau of Economic Research*，1995，No. w4334.

Redding，S.，"Dynamic Comparative Advantage and the Welfare Effects of Trade"，*Oxford Economic Papers*，1999，51（1），15 – 39.

Rodrik，Dani，"What's So Special about China's Exports?"，*China & World Economy*，2006，14，5，1 – 19.

Romalis，J.，"Factor Proportions and the Structure of Commodity Trade"，*American Economic Review*，2004，94（1），67 – 97.

Sachs Jeffrey，Xiaokai Yang，and Dingsheng Zhang，"Globalization，Dual Economy，and Economic Development"，*China Economic Review*，2000，11（2），189 – 209.

Samuelson, Paul, A., "The Pure Theory of Public Expenditure", *Review of Economics and Statistics*, 1954, 36 (4), 387 – 389.

Schott, Peter, K., "The Relative Sophistication of Chinese Exports", *Economic Policy*, CEPR, CES, MSH, 2008, 23, 53, 5 – 49.

Stepphen M. Miller, Mukti P. Upadhyay, "The Effective of Openness, Trade Orientation, and Human Capital on Total Factor Productivity", *Journal of Development Economics*, 2000, 63 (2), 399 – 423.

Sequeira, Tiago Neves, "Human Capital Composition, Growth and Development: An R&D Growth Model versus Data", *Empirical Economics*, 2007, 32 (1), 41 – 65.

Shailey Dash, "Human Capital as a Basis of Comparative Advantage Equations in Services Outsourcing: A Cross Country Comparative Study", *Information and Communication Technologies and Development*, *International Conference* on. IEEE, 2006.

Stijns, Jean-Philippe, C., "Natural Resource Abundance and Economic Growth Revisited", *Resources Policy*, 2005, 30 (2), 107 – 130.

Solow, R. M., "Reflections on Growth Theory", *Handbook of Economic Growth*, 2005, 1, 3 – 10.

Sun, Sunny Li, et al., "A Comparative Ownership Advantage Framework for Cross-border M&As: The Rise of Chinese and Indian MNEs", *Journal of World Business*, 2012, 47 (1), 4 – 16.

Teece David, and Gary Pisano, "The Dynamic Capabilities of Firms: An Introduction", *Industrial and Corporate Change*, 1994, 3 (3), 537 – 556.

Trionfetti, Federico, "Using Home-biased Demand to Test Trade Theories", *Weltwirtschaftliches Archiv*, 2001, 137 (3), 404 – 426.

Tsai Chun-Li, Ming-Cheng Hung, and Kevin Harriott, "Human Capital Composition and Economic Growth", *Social Indicators Research*, 2010, 99 (1), 41 – 59.

Wade, Robert, *Governing the Market: Economic Theory and The Role of Government in East Asian Industrialization*, Princeton University Press, 1990.

Wooldridge, J. M. , "A Simple Method for Estimating Unconditional Heterogeneity Distributions in Correlated Random Effects Models", *Economics Letters*, 2011, 113 (1), 12 – 15.

Vanek, Jaroslav, "The Factor Proportions Theory: The n-Factor Case", *Kyklos*, 1968, 21 (4), 749 – 756.

Yi, K. – M. , "Can Vertical Specialization Explain the Growth of World Trade?", *Journal of Political Economy*, 2003, 111, 52 – 102.

Young, Alwyn, "Learning by Doing and the Dynamic Effects of International Trade", *The Quarterly Journal of Economics*, 1991, 106 (2), 369 – 405.

索　引

B

巴拉萨　33，59，78，108，209

巴洛　73

巴西　319，412

巴辛尼蒂　32

贝克尔　72，73，149，189

本地市场效应　27，273—280，283—296，
299—301，304—307，309

本土化　25，397

比较优势理论　7—10，22—24，29，31—
37，41，42，49，72，75—78，106—
108，222，224，230，324—329，331，
332，393，401，426—428，473

比较优势陷阱　1，14—17，30—32，34，
76，77，106，110，204，224，271，287，
405，425，426

比较优势战略　324—326，472

不完全竞争　33，38，39，41，107，274，
294，426

C

产品差异　32，33，223

产品内分工　370，373，401，406

产品生命周期理论　32，40，78

产业关联　194，226，295，396，397，399

产业集群　225，230

产业间贸易　11，203

产业结构　19，21，29，33，46，71，91，
103—106，130，147，194，199，203，
204，216—219，224，225，231，232，
234，260，269，272，290，301，308，
317，324—328，331，335—337，357—
360，407，424—426，437，448，450，
463，471，474

产业集聚　26，27，150，220—224，226—
233，235，236，238，240—261，263—
272，275，276，278，285—290，295

产业链　15，28，29，76，104，225，226，
228，232，272，392，394，402，403，
426，462

产业内贸易　11，31，34，37，38，203，
295，426，428

产业升级　6，13，17，18，21，28，29，
104，106，203，217，222，287，290，
400—405

产业政策　23，29，105，127，221，263，
405，462

超常需求　26，27，273—278，299，300

出口补贴　74

后　记

　　本书是在杨先明教授主持完成的国家社会科学基金项目"中国经济开放新阶段的动态比较优势实现问题与战略调整"基础上形成的成果。随着时间的推移，课题成果进行几次重大修改，一些新的内容也注入其中，呈现在读者面前的专著与原来的课题文本相比有很大的拓展和修正。

　　本书是集体通力合作的研究成果。杨先明、黄宁、赵果庆、吴明、张建民、杨永华、李娅、刘岩、刘志坚、陶小龙、赵鑫铖、杨海滨、郑猛、袁帆、杨怡爽、秦开强、吴虹丽为本书各章的完成做出了重要的贡献。各章主笔人姓名，我们在每章第一页用脚注的形式一一标明，他们同时也是各子课题的负责人。

　　需要我们特别提及的是：杨先明主持并完成了课题的申报工作，全面负责书稿的拓展、统稿和修改；黄宁自始至终负责课题的协调和推进，并对书稿的整理和结构调整付出极多；李娅对书中的模型和计量方法进行了检查；刘岩负责完成了本书的索引编写工作。

　　除了各章作者的辛勤投入和重要贡献外，博士研究生田永晓同学和云南大学经济学院、工商管理学院的硕士研究生蒙昱竹、马娜和王巧然同学，分别在中英文文献资料和文字整理、参考文献的梳理、英文目录的翻译方面做了大量工作，尤其是田永晓同学各个环节都参与其中，认真细致地完成了种种繁杂的工作。我们对各位同学为书稿的完成所付出的时间和精力深表谢意。

　　社会科学文献出版社的恽薇主任和责任编辑高雁女士为本书的顺利出版给予了大力帮助，在此表示深深的感谢。没有她们的支持，本书不可能如此顺利出版。

图书在版编目(CIP)数据

增长转型与中国比较优势动态化研究/杨先明等著.—北京：
社会科学文献出版社，2015.4
　（国家哲学社会科学成果文库）
　ISBN 978 - 7 - 5097 - 7220 - 1

　Ⅰ.①增…　Ⅱ.①杨…　Ⅲ.①中国经济 - 经济发展 - 研究
Ⅳ.①F124

中国版本图书馆 CIP 数据核字（2015）第 048036 号

·国家哲学社会科学成果文库·

增长转型与中国比较优势动态化研究

著　　者 / 杨先明 等

出 版 人 / 谢寿光
项目统筹 / 恽　薇
责任编辑 / 高　雁

出　　版 / 社会科学文献出版社·经济与管理出版分社（010）59367226
　　　　　　地址：北京市北三环中路甲 29 号院华龙大厦　邮编：100029
　　　　　　网址：www. ssap. com. cn
发　　行 / 市场营销中心（010）59367081　59367090
　　　　　　读者服务中心（010）59367028
印　　装 / 北京盛通印刷股份有限公司

规　　格 / 开　本：787mm × 1092mm　1/16
　　　　　　印　张：33.375　插　页：0.375　字　数：534 千字
版　　次 / 2015 年 4 月第 1 版　2015 年 4 月第 1 次印刷
书　　号 / ISBN 978 - 7 - 5097 - 7220 - 1
定　　价 / 158.00 元